Jerzy Konikowski
Uwe Bekemann

Eröffnungen

Damenbauernspiele

lesen – verstehen – spielen

Joachim Beyer Verlag

ISBN 978-3-95920-172-8

1. Auflage 2022

Ein Imprint des Schachverlag Ullrich, Zur Wallfahrtskirche 5, 97483 Eltmann

Herausgeber: Robert Ullrich

Zeichenerklärung

!	ein sehr guter Zug
!!	ein ausgezeichneter Zug
?	ein schwacher Zug
??	ein grober Fehler
!?	ein beachtenswerter Zug
?!	ein Zug von zweifelhaftem Wert
+−	Weiß hat entscheidenden Vorteil
−+	Schwarz hat entscheidenden Vorteil
±	Weiß steht besser
∓	Schwarz steht besser
⩲	Weiß steht etwas besser
⩱	Schwarz steht etwas besser
=	ausgeglichen
∞	unklar, mit beiderseitigen Chancen
$\overline{\overline{\infty}}$	mit Kompensation für den materiellen Nachteil
↑	mit Initiative
→	mit Angriff
⇄	mit Gegenspiel
Δ	mit der Idee
⌓	besser ist
x	schlägt
+	Schach
#	matt

Vorwort

Alle Eröffnungen, in denen Weiß mit d2–d4 beginnt und damit die Kontrolle über die Felder c5 und e5 übernimmt, ohne bald den Zug c2–c4 folgen zu lassen, werden üblicherweise unter der Bezeichnung „Damenbauernspiele“ zusammengefasst. Unser neuer Band aus der Buchreihe mit den Leitworten „lesen – verstehen – spielen“ widmet sich den so eingeleiteten Spielweisen.

Zu ihnen zählen heutzutage sehr populäre Systeme wie der Trompowsky-Angriff und das Londoner System. Die Weressow-Eröffnung ist demgegenüber ein Beispiel für in der Praxis seltener anzutreffende Einleitungen, die dann aber gerne als Überraschungswaffe genutzt werden. Das Blackmar-Diemer-Gambit zeichnet eine treue Anhängerschaft aus, die sich zumindest teilweise nahezu als Familie betrachtet. Schon diese beispielhafte Aufzählung macht deutlich, wie facettenreich die Damenbauernspiele in vielerlei Richtung sind.

Wie in dieser Buchreihe üblich haben wir uns in unserer Arbeit daran orientiert, was besonders die folgenden Schachfreunde brauchen:

1. Anfänger im Schach, die schon die Regeln sicher beherrschen, die Grundzüge einer geordneten Spielführung kennen und nun eine erste Basisausstattung zur Welt der Eröffnungen benötigen.
2. Spielerinnen und Spieler mit etwas Erfahrung, die aber speziell im Bereich der Eröffnung ein Defizit bei sich sehen und dieses schnell und mit einem begrenzten Aufwand aufarbeiten wollen.
3. Freizeitspieler, die über eine ordentlich gespielte Eröffnung einfach nur Stellungen erreichen wollen, aus denen heraus sie ein interessantes und unterhaltsames Schach spielen können.

Wir haben einmal mehr allerhöchsten Wert auf die Darstellung der Ideen und Pläne, die sich mit einer Eröffnung verbinden, gelegt. In den Hauptlinien soll grundsätzlich jeder Zug erläutert werden, der für das Verständnis der Eröffnungswege von Belang ist. Unsere Leserinnen und Leser sollen wissen, warum sie einen Zug spielen und warum gerade dieser gerade jetzt angebracht ist. So können Sie ihre Eröffnungen in der eigenen Partie mit Sinn und Verstand spielen.

Wir haben unsere Arbeit in 11 Kapitel gegliedert, die sich jeweils mit einer bestimmten Eröffnung befassen. Umfangreichere Systeme werden in einer Einführung, die auch eine die Orientierung unterstützende stoffliche Gliederung anzeigt, zunächst allgemein vorgestellt. Für wichtige Teilsysteme mit einer entsprechenden inhaltlichen Breite haben wir eigene Abspiele eingerichtet.

Wir raten dazu, ein Kapitel von vorne an zu bearbeiten. So ist sichergestellt, dass keine wichtigen Informationen verpasst werden. Um Wiederholungen zu vermeiden und auch Platz zu sparen, haben wir Züge, die wir in einer vorhergehenden Variante bereits ausführlich besprochen haben, nicht ein weiteres Mal an späterer Stelle gleichartig erläutert.

Soweit sich dies angeboten hat, haben wir nach vielversprechenden Möglichkeiten gesucht, die noch nicht allzu oft auf der Turnierbühne ausgespielt worden sind. Damit verbinden wir die Absicht, unsere Leserinnen und Leser mit Ideen auszustatten, die ihre Gegner dazu zwingen, Probleme am Brett zu lösen.

Gut vorbereitete Überraschungen erhöhen die Chancen und steigern den Spielspaß!

Wir sind sehr zuversichtlich, dass unsere Leserinnen und Leser mit den Erkenntnissen aus unserem Buch die besprochenen Eröffnungen in ihren grundlegenden Zügen beherrschen werden und damit alle Trümpfe in der Hand halten, um gut in ihre eigenen Partien zu kommen.

Wir wünschen Ihnen viel Freude an unserem Buch und viel Spaß und Erfolg in Ihren Partien! Wenn wir ein wenig beim Erreichen Ihrer Ziele helfen können, hat sich unsere Arbeit gelohnt.

Einführung

1.d4

Alle Eröffnungen, in denen Weiß mit d2–d4 beginnt und damit die Kontrolle über die Felder c5 und e5 übernimmt, ohne bald den Zug c2–c4 folgen zu lassen, werden üblicherweise unter der Bezeichnung „Damenbauernspiele“ zusammengefasst. Sie gelten grundsätzlich als ruhige Spielweisen, auch wenn sie zum Teil in sehr scharfe Varianten führen können. Ihre Theorie ist noch nicht so tief ausgearbeitet wie jene für die Hauptsysteme. Dies macht sie interessant auch für Spitzenspieler. So sind sie im heutigen Turnierschach auch im Repertoire von Großmeistern verankert. Der Aufwand, um sich Theoriekenntnisse zu verschaffen, die eine versierte Anwendung einer Eröffnung aus dem Fächer der Damenbauernspiele erlauben, ist begrenzt.

Mit dieser Übersicht stellen wir die wichtigsten Damenbauernspiele zusammen und zeigen auf, wie wir die Erörterung organisiert und die einzelnen Kapitel angeordnet haben.

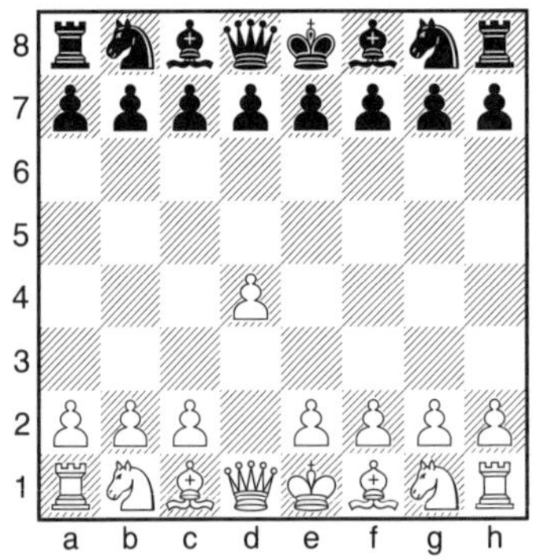

In der Diagrammstellung können die Damenbauernspiele nach zwei Erwiderungen entstehen. Diese sind 1...♘f6 und 2...d5.

I. 1...♘f6

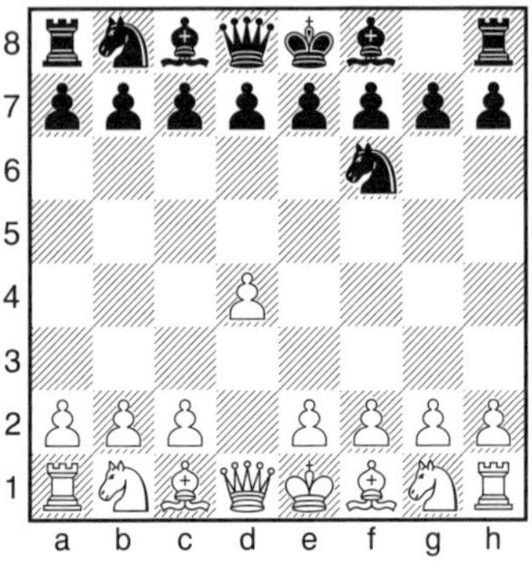

Je nach weißer Antwort kann die Partie nun bereits den Weg in ein Damenbauernspiel nehmen, oder die Frage, wohin die Reise gehen wird, kann auch noch gänzlich offen bleiben.

A) Der gegenwärtig sehr beliebte Zug 2.♗g5 bringt den **Trompowsky-Angriff** auf das Brett **(Kapitel 1)**.

B) Nach 2.♘c3 kommt es zwecks Zuordnung darauf an, wie Schwarz erwidert.

2...d5

(2...g6 mit Postierung des Läufers auf der langen Diagonale a1–h8 lässt die Ausgangsstellung des **Barry-Angriffs** entstehen **(Kapitel 2)**.

Die Spielweise 3.♗g5 ist unter dem Namen **Weressow-Eröffnung** bekannt **(Kapitel 3)**.

C) Die Entwicklung 2.♗f4 zu diesem Zeitpunkt wird in Veröffentlichungen oft dem Londoner System zugeschrieben. In klassischer Form entsteht dieses

System jedoch über 1.d4 d5 2.♗f4 usw. Wir behandeln diese Eröffnung als **„Londoner System ohne d7–d5“ (Kapitel 4)**.

D) Mit der Wahl 2.♘f3 behält sich Weiß eine größtmögliche Flexibilität vor. Er kann weiterhin c2–c4 spielen und eines der Hauptsysteme ansteuern oder aber ein Damenbauernspiel anstreben, in das die Weichenstellung erst später erfolgt.

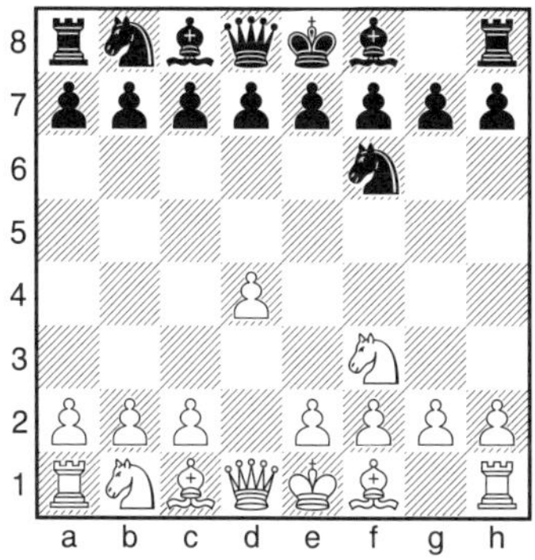

Hier müssen wir uns mit den Fortsetzungen 2...d5, 2...c5, 2...e6 und 2…g6 befassen.

D1) Zu den Folgen der Entwicklung 2...d5 schlagen Sie bitte unsere Erörterungen nach 1...d5 auf (siehe unten).

D2) 2...c5 3.e3

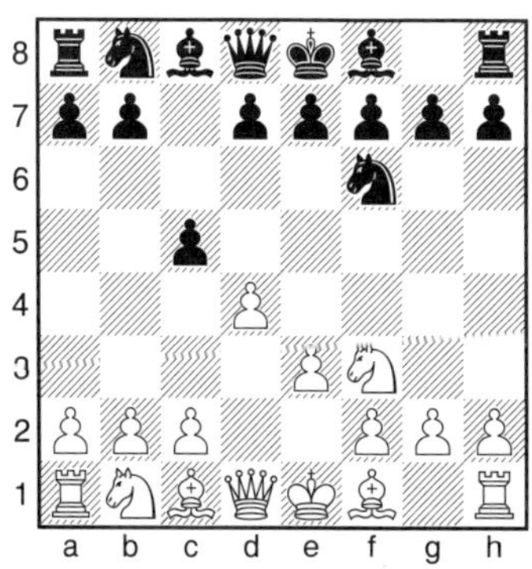

3...e6

(– Möglich ist auch das Fianchetto 3...b6 4.♗d3 ♗b7.

– Ebenso spielbar ist 3...g6 mit Aufbauplänen nach dem Muster 4.♘bd2 ♗g7 5.c3 d6 6.♗d3 0-0 7.0-0 usw. Hier kann Schwarz die Entwicklung seines Damenflügels mit ♘b8–c6 bzw. ♘b8–d7 fortsetzen.)

4.♗d3 d5

– Nun kann sich das Spiel mit 5.c3 in Richtung des **Colle-Systems** entwickeln **(Kapitel 7)**.

– Hingegen lässt 5.b3 das **Zukertort-System** entstehen **(Kapitel 8)**.

D3) 2...e6 behandeln wir unter „**Torre-Angriff ohne d7–d5**“ **(Kapitel 5)**.

D4) 2...g6 geht nach 3.♘c3 d5 4.♗f4 ♗g7 in den **Barry-Angriff** über **(Kapitel 2)**.

II. 1...d5

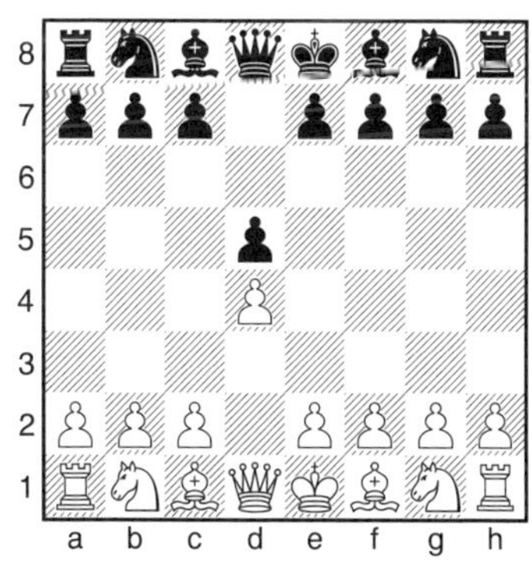

Schwarz antwortet symmetrisch und nimmt die Zentralfelder c4 und e4 unter Kontrolle. An dieser Stelle kann Weiß dem Spiel sehr unterschiedliche Richtungen geben.

A) 2.♗f4

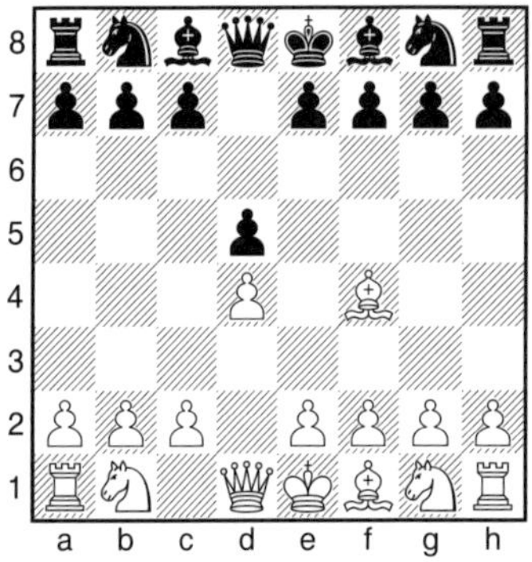

Das hiermit eingeleitete **Londoner System** erfreut sich einer großen Beliebtheit besonders auch im allgemeinen Turnierspiel sowie auf Klubebene **(Kapitel 6)**.

B) Mit 2.e4 kommt es zum Blackmar-Diemer-Gambit, das seit Jahrzehnten eine sehr treue Anhängerschaft hat **(Kapitel 9)**.

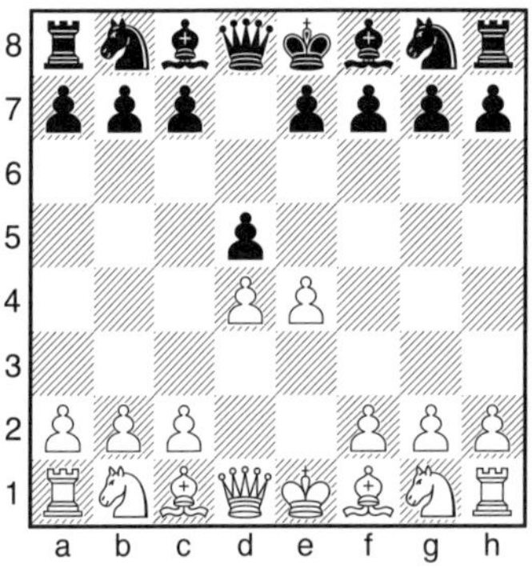

C) Bei der Wahl 2.e3 bleibt noch offen, ob es zu einem der Damenbauernspiele kommt und welcher konkreten Idee dann ggf. gefolgt wird. Schwarz kann nun universell mit 2...♘f6 antworten. Mit 3.♗d3 kommt der Läufer ins Spiel, verwehrt damit dem ♗c8 das Betreten der Diagonale b1–h7 und Weiß behält die Option, seinen ♘g1 via e2 zu aktivieren, ohne den Läufer einzusperren.

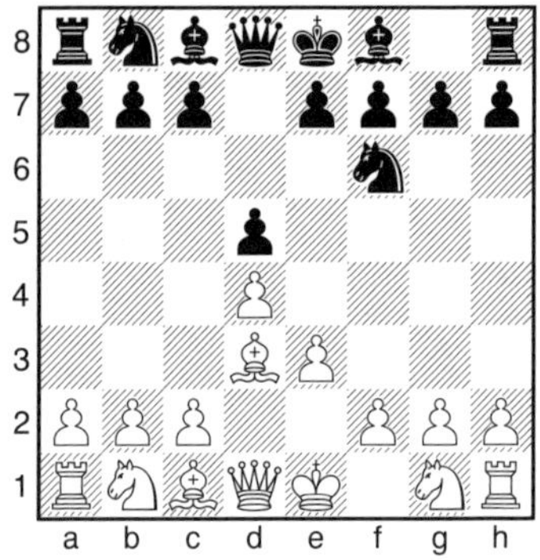

C1) Der energische Vorstoß 3...c5 verspricht Schwarz den schnellsten Zugriff auf die weitere Entwicklung der Partie. Zugleich kann der Springer in der Folge nach c6 entwickelt werden, ohne dass er dabei dem c-Bauern vor die Nase gerät.

Nach 4.c3 ♘c6 ist 5.f4 die mit Abstand am häufigsten gewählte Fortsetzung. Weiß verstärkt seine Kontrolle über das Feld e5, bevor Schwarz zu e7–e5 kommt, was beispielsweise nach ♘b1–d2 der Fall wäre.

5...♗g4 6.♘f3

(6.♕c2 mit der Absicht, 6...e6 mit einer Jagd auf den schwarzen Läufer zu beantworten, würde Schwarz auf dem Weg 7.h3 ♗h5 8.g4 ♗g6 9.♘d2 ♗d6 eine vorteilhafte Stellung einbringen.)

Der Läufer ist „durch", so dass mit 6...e6 der e-Bauer ohne Nachteil aufgezogen werden kann. Nun bringt das Manöver 7.h3 ♗h5 8.g4 ♗g6 Weiß keinen Vorteil ein. Nach beispielsweise

9.♘e5 ♗xd3 10.♕xd3 c4 11.♕e2 ♘e4 steht Schwarz schon auf den ersten Blick erkennbar ausgezeichnet.

C2) 3...e6 ist etwas ruhiger, aber nicht schwächer, und kann als Vorbereitung von c7–c5 fungieren. Mit 4.f4 kann Weiß einen Stonewall-Angriff starten, der dem schwarzen König gilt. Nach 4...c5 5.c3 ♘c6 kann sich Weiß entscheiden, welchen Springer er zunächst ins Spiel bringen will.

6.♘f3

(Nach 6.♘d2 kann sich eine Phase anschließen, die von den beiderseitigen Entwicklungsbemühungen geprägt ist. Eine natürliche Zugfolge wäre 6...♗d6 7.♘gf3 0-0 8.♘e5 ♘d7 9.0-0 f5 usw.)

6...♘e4 Es geht Schwarz in erster Linie nicht um den Einfluss, den der Springer auf e4 bekommt, sondern darum, dass er den Weg für den f-Bauern frei macht. 7.0-0 f5 Anschließen kann sich beispielsweise 8.♘e5 ♘xe5 9.fxe5 ♗d7 10.♘d2 ♗e7 und Schwarz hat eine feste Stellung.

D) Die nach einfachen Eröffnungsprinzipien gespielte Zugfolge 2.♘f3 ♘f6 3.e3 e6 4.♗d3 c5 führt zu einer neuen Weichenstellung zwischen zwei Damenbauernspielen in der Hand von Weiß.

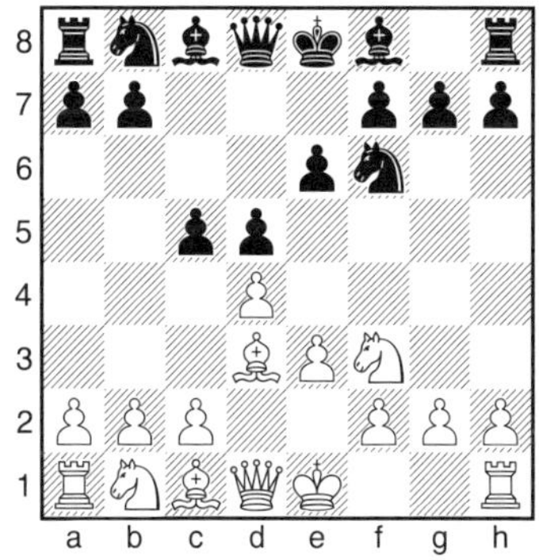

– 5.c3 lässt das **Colle-System** entstehen **(Kapitel 7)**.

– 5.b3 leitet das Duell in das **Zukertort-System** über **(Kapitel 8)**.

Die auf diesem Weg mögliche Abweichung (nach 2.♘f3 ♘f6) 3.♗g5 ♘e4 führt zum **Torre-Angriff mit d7-d5 (Kapitel 11)**.

E) 2.♘c3 ♘f6

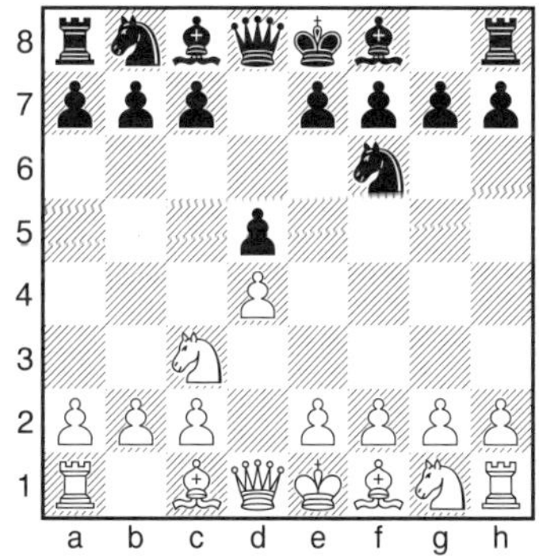

Mit 3.♗g5 ist auch hier die Ausgangsstellung der **Weressow-Eröffnung (Kapitel 3)** erreicht.

F) 2.♗g5

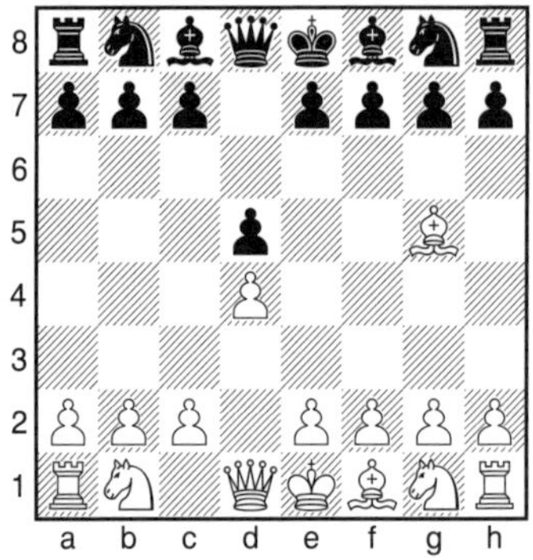

Diese wichtige Fortsetzung führt zum Pseudo-Trompowsky-Angriff, der in einigen Publikationen auch als Hodgson-Angriff bezeichnet wird **(Kapitel 10)**. In dieser Übersicht haben wir die wichtigsten Damenbauernspiele zusammengestellt und aufgezeigt, wie wir die Erörterung organisiert und die einzelnen Kapitel angeordnet haben.

Kapitel 1

Trompowsky-Angriff

1.d4 ♘f6

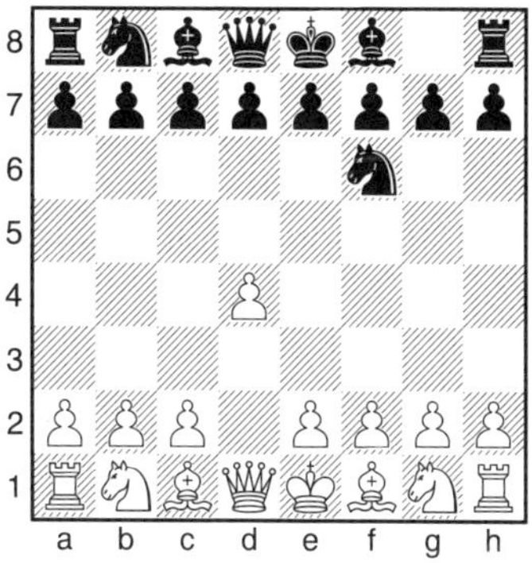

2.♗g5

Dieser gegenwärtig sehr beliebte Zug führt zum Trompowsky-Angriff. Der Name geht auf den brasilianischen Schachspieler Octavio S. Trompowsky (1898–1984) zurück, der diese Idee schon in den 30er Jahren des 20. Jahrhunderts vorübergehend populär machte. Die Motivation vieler Spieler, sich dieses Zuges zu bedienen, liegt darin, der umfangreichen Theorie der Indischen Eröffnungen aus dem Weg zu gehen. Nun möchte Weiß gerne auf f6 schlagen, um so die schwarze Bauernstruktur zu schwächen.

Im Unterschied zum „Pseudo-Trompowsky-Angriff“ (siehe **Kapitel 10**) hat Schwarz hier nicht den d-Bauern ins Feld gebracht, sondern eben den Springer.

2...♘e4

Mit dieser logischen Reaktion läutet Schwarz die Hauptvariante ein. Weiß wird das Schlagen auf f6 verwehrt und zugleich gewinnt Schwarz ein Tempo, weil sich sein Gegner jetzt zunächst um seinen Läufer kümmern muss.

Schwarz kann sich allerdings auch zugunsten anderer Fortsetzungen entscheiden. Hierzu zählen insbesondere die Alternativen 2...c5, 2...e6 und 2...d5, die wir nachstehend etwas genauer unter die Lupe nehmen werden.

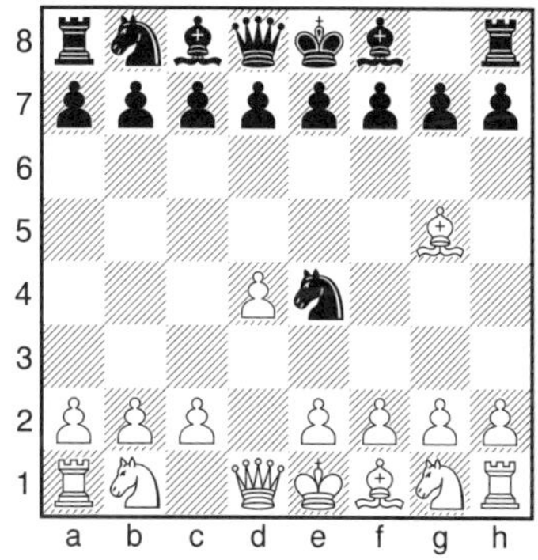

I. Das scharfe Vorgehen 2...c5 ist chancenreich, will aber gut überlegt sein. Der noch sehr unerfahrene Spieler kann leicht etwas übersehen. Für ihn dürften die beiden angesprochenen Alternativen eher geeignet sein.

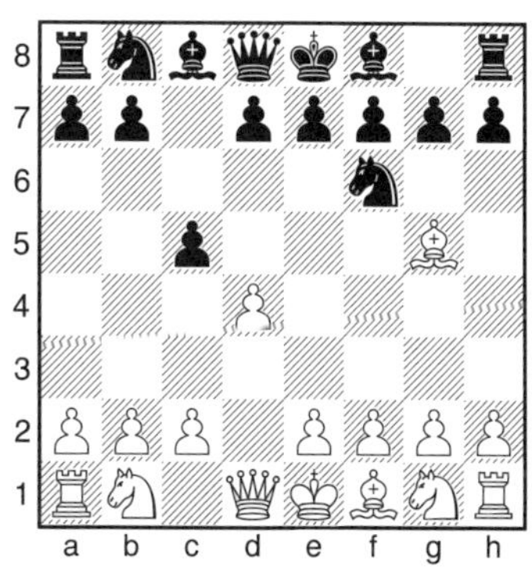

Zumeist antwortet Weiß mit 3.d5, womit er sich aus der Sicht der Statistik die besten Aussichten verschafft, aber auch 3.♗xf6 und 3.♘c3 sind von Bedeutung, so dass wir uns auch diese Alternativen etwas genauer anschauen müssen.

A) 3.d5

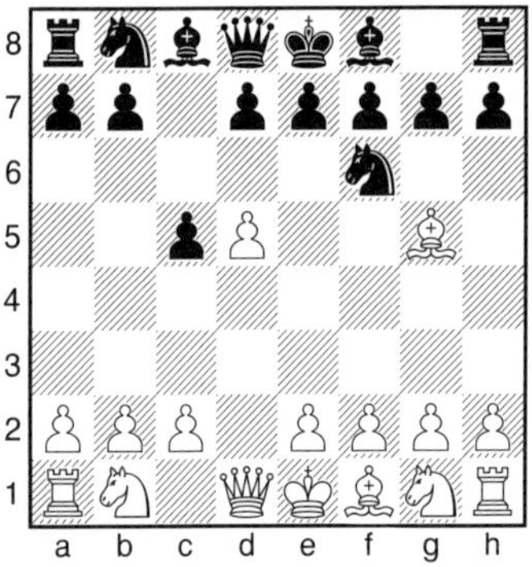

A1) Nun kann Schwarz mit 3...♘e4 einen schnellen Übergang in **Abspiel 1** provozieren. Nach 4.♗f4 ist der Übergang ins Abspiel 1 vollzogen (in die mit 4.d5 eingeleitete Variante zum Hauptzug 4.f3).

A2) Ein alternativer Plan läuft über 3...♕b6, wonach Weiß mit 4.♘c3 seinen ♙b2 als Opfer anbieten kann, um im Falle einer Annahme zu einer beschleunigten Entwicklung zu kommen.

(– Auf den Sicherungszug 4.b3 ist 4...♘e4! stark.

– Die Deckung des Bauern mit 4.♗c1 macht eine Entwicklung in Richtung „Moderne Benoni-Verteidigung“ möglich. Diese wird über 4...e6 eingeleitet und nimmt über eine Zugfolge mit 5.c4 exd5 6.cxd5 d6 7.♘c3 g6 Konturen an.)

4...♕xb2

(Die Annahme des Opfers bringt Schwarz zwar einen Materialvorteil, zugleich aber auch Komplikationen ein, aber natürlich ist er nicht dazu gezwungen. Alternativ kann er sich zugunsten einer ruhigen Fortsetzung seiner Entwicklung entscheiden. Diesen Weg schlägt er beispielsweise mit der Wahl von 4...d6 ein. Das Spiel kann dann einen Fortgang nach dem Muster in der Variante 5.e4 ♘bd7 6.♖b1 g6 7.♘f3 ♗g7 8.♗e2 0-0 usw. nehmen. Diese Stellung ist in der jüngeren Turnierpraxis mehrfach und mit gutem Ergebnis für Schwarz ausgespielt worden.)

Nach dem Deckungszug 5.♗d2 sollte Schwarz seine Dame zurückführen. Weiß muss dann unter Beweis stellen, dass er genügend dynamische Kompensation für den investierten Bauern hat.

Nach 5...♕b6 entwickelt er mit 6.e4 ein Übergewicht im Zentrum, das er im Anschluss mittels f2–f4 sichern und ausbauen will. Schwarz steht vor der Aufgabe, die weißen Kräfte zu bremsen und seine eigene Entwicklung voranzubringen. Hierzu bieten sich die beiden Möglichkeiten e7–e5 und d7–d6 an.

6...e5

(Nach 6...d6 7.f4 verschafft sich Schwarz etwas Ruhe, indem er seine Dame aus der Schusslinie zu erwartender Angriffe bringt. Der Rückzug 7...♕d8 ist im Fernschach als beste Methode anerkannt. Im Turnierschach allgemein unterliegt sie einer Konkurrenz mit Alternativen, nach denen Schwarz allerdings auf ♖a1–b1 ebenfalls zur Sicherung der Dame gezwungen wird.

Mit 8.♘f3 greift der Springer in den Kampf um e5 ein und leistet zugleich seinen Beitrag zur Entwicklung des Königsflügels.

Nach 8...a6 verhindert Weiß mit 9.a4 den Vorstoß b7–b5. Auf der Diagonale a3–f8 hat der schwarze Königsläufer keine guten Aussichten. Hinsichtlich der Diagonale a1–h8 sieht dies anders aus, weshalb eine Fianchetto-Lösung für den schwarzen Königsflügel die richtige Entscheidung ist.

Nach 9...g6 10.♗c4 ♗g7 11.0-0 0-0 ∞ haben sich die Konturen des weiter zu erwartenden Kampfes herausgebildet. Weiß ist besser entwickelt und verfügt über einen Raumvorteil, Schwarz ist materiell im Vorteil. Weiß kann nun versuchen, seinen dynamischen Vorsprung für die Entwicklung eines Angriffs zu nutzen und zugleich das schwarze Gegenspiel zu erschweren. Dazu bietet sich ein Plan mit ♖a1–b1 sowie ♕d1–e1–h4 an. Schwarz muss seine Entwicklung abschließen und sehen, dass er zu einem Gegenspiel kommt. Für ihn bietet sich ein Vorgehen mit ♘b8–d7–b6 und ♗c8–g4 an. Es ist nicht absehbar, wessen Strategie sich am Ende als besser erweisen wird.)

Nach einem Fortgang über die natürlichen Züge 7.f4 d6 8.fxe5 dxe5 9.♘f3 ♘bd7 ist wie nach 6...d6 eine weitere Positionierung mit 10.♗c4 ♕d8 11.♖b1 möglich. In dieser Variante aber kann der schwarze Königsläufer in die Mitte entwickelt werden, so dass ein Fortgang mit 11...♗d6 12.0-0 0-0 möglich wird. Die Lage ist unübersichtlich und schwer einzuschätzen. Weitergehen kann es beispielsweise mit 13.♗g5 h6 14.♗h4 a6 15.a4 ♕c7 Δ♘f6–e8, ♘d7–b6 und f7–f5 mit zweischneidigem Spiel.

B) Mit 3.♗xf6 gibt Weiß die sogenannte „kleine Qualität“ (also den Läufer für den Springer), um die schwarze Bauernstellung zu beschädigen. Zugleich verschafft er sich damit die Möglichkeit, sich ungestört seinen weiteren Entwicklungsabsichten zu widmen, da sein Läufer nun nicht mehr angegriffen werden kann und kein weiteres Zugrecht mehr verbrauchen wird.

3...gxf6

(Spielbar ist auch 3...exf6 mit der möglichen Folge 4.d5 d6 5.e3. Schwarz kann nun seinen Königsläufer sowohl nach e7 als auch im Anschluss an g7–g6 nach g7 entwickeln. Mancher Spieler mag allerdings nicht gerne eine Situation, in der ein Bauer wie hier der ♙e5 quasi wie ein Dorn in der eigenen Hälfte steckt, ohne dass es zumindest eine theoretische Möglichkeit gibt, diesen bei Gelegenheit mit einem eigenen Bauern anzugreifen.)

4.d5

Es ist schon angesprochen worden, dass der Vorstoß d4–d5 quasi ein Standardzug nach 2...c5 ist. So ist er auch hier die beste Fortsetzung für Weiß.

Mit 4...♕b6 bringt Schwarz seine Dame ins Spiel und zwingt seinen Gegner zugleich dazu, sich um seinen angegriffenen ♙b2 zu kümmern. Nach 5.♕c1 übernimmt Schwarz mit 5...f5 die Kontrolle über e4.

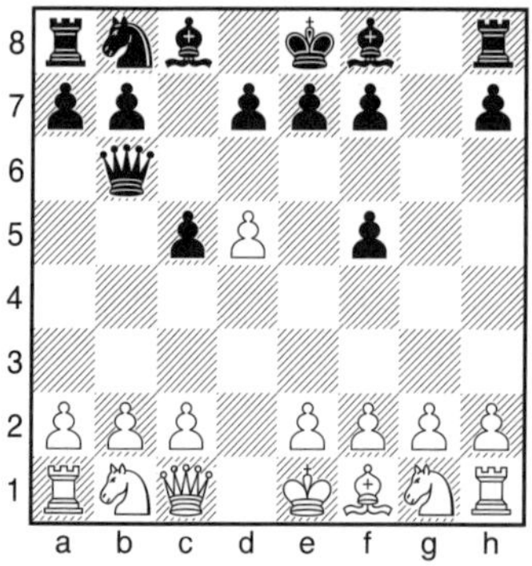

Hierin liegt allerdings nicht der Hauptgrund für diesen Zug. Vor allem soll auf diese Weise dem Königsläufer das Terrain auf der Diagonale a1–h8 bereitet werden, da er umgehend nach g7 geführt werden wird.

B1) 6.e3 ♗g7 7.c3 Nachdem Weiß hiermit den ♙b2 gesichert hat, sind die aktuellen Spannungen so weit aufgefangen, dass beide Seiten ihr Augenmerk auf ihre weitere Entwicklung konzentrieren können. Es ist gut ersichtlich, dass Weiß zuvorderst seinen Königsflügel und Schwarz seinen Damenflügel aktivieren muss. Dies kann beiderseits nach dem folgenden Muster geschehen: 7...d6 8.♘e2 ♘d7 9.♘f4 ♘f6 10.♗c4 ♗d7=.

Auf f4 hat Weiß seinen Springer sehr gut postiert. Er steht aktiv und kann nicht so ohne weiteres vertrieben werden. Die weißen Kräfte üben einen starken Einfluss auf das Feld e6 aus. Der schwarze Damenläufer war schwer ins Spiel zu bringen. Mit der Wahl des Feldes d7 hat Schwarz die beste Option gezogen. Der Ausgang ist völlig offen. Nach beispielsweise 11.0-0 0-0 kann Weiß u.a. mit 12.a4 am Damenflügel aktiv werden und in der Folge ein Spiel über die e-Linie zu entwickeln versuchen. Schwarz kann u.a. über die g-Linie zu operieren versuchen, indem er zunächst den König in die Ecke und dann den Turm nach g8 führt. Er kann weiter auf die Durchsetzung von e7–e5 hinarbeiten.

B2) Eine gewichtige und in der Praxis sogar beliebtere Alternative ist 6.c4, die Weiß grundsätzlich aber auch nur ein gleiches Spiel einbringt. Nach 6...♗g7 ist er zum Schutz seines ♙b2 zu 7.♘c3 gezwungen. Der Bauernzug 7...d6 macht ♘b8–d7 möglich und setzt einen Anker für das Feld e5.

8.e3 ♘d7 9.♕c2

(Der alternative Entwicklungszug 9.♘f3 kann ebenfalls mit der natürlichen Fortsetzung 9...♘f6 beantwortet werden. Nach beispielsweise 10.♗d3 ♘e4 11.♗xe4 fxe4 12.♘d2 f5= hat Weiß nichts in der Hand, womit er einen Vorteil für sich reklamieren könnte.)

Nach 9...♘f6 10.♗d3 e5!?= darf Weiß natürlich nicht mit 11.♗xf5?? auf einen Bauerngewinn spielen, denn nach 11...♗xf5 wäre seine Dame überlastet. Auf 12.♕xf5 würde 12...♕xb2–+ folgen und die weiße Stellung wäre bereits aufgabereif.

C) 3.♘c3

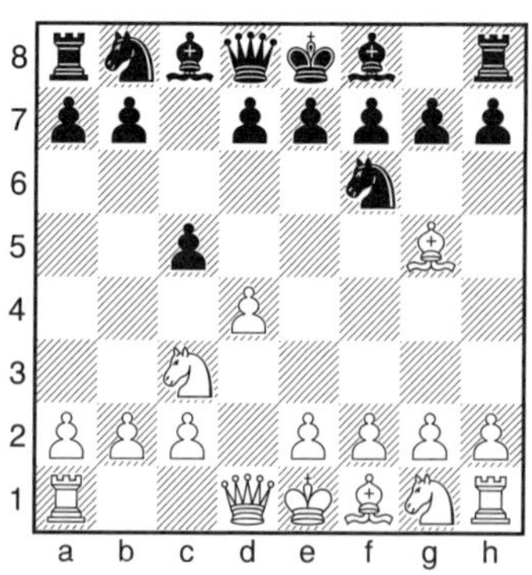

C1) Unsere Empfehlung ist nun 3...d5!?.

Anders als bei 3...cxd4 leistet Schwarz hiermit keinen Beitrag dazu, dass die weiße Dame frühzeitig ins Spiel kommt.

Weiß kann nun die Gelegenheit zu 4.♗xf6 nutzen und nach 4...gxf6 mit 5.e3 der Dame den Weg nach h5 bereiten, von wo aus sie die Schwäche f7 aufs Korn nimmt.

5...♘c6 6.♕h5

Mit seinem letzten Zug hat Schwarz zwar für den Fall, dass die weiße Dame auf den Flügel geht, ein Übergewicht auf d4 entwickelt, doch nun muss er zunächst den Schutz für den ♙d5 verstärken.

Nach 6...e6 7.0-0-0 cxd4 8.exd4 kann Schwarz mit 8...♗d7 die Vorbereitung der langen Rochade aufnehmen und sich etwa gleiche Chancen sichern.

C2) 3...cxd4 4.♕xd4 ♘c6 5.♕h4 e6

Schwarz hat zwar die frühe Entwicklung der weißen Dame zugelassen, diese dann aber für seine Zwecke nutzen können, indem er seinen Springer mit Tempogewinn aktiviert hat. Ein Abtausch auf f6 wäre für Weiß jetzt nicht mehr lukrativ, so dass er auch die Möglichkeit einer Schwächung seiner Bauernstellung entschärft hat.

Im Anschluss an einen aus natürlichen Zügen bestehenden Fortschritt mit 6.0-0-0 ♗e7 7.e4 hat Weiß die besseren Möglichkeiten zu einem aktiven Spiel. Dies zeigt sich schon in den kräftigen Zügen, die er beispielsweise im Anschluss an die gegnerische Aktivierung der Dame mit 7...♕a5 zur Verfügung hat.

Nach 8.f4 d6 9.♘f3 steht der schwarze Königsflügel bereits unter Druck. Nun sorgt 9...h6 nur für wenig Entlastung, denn die weiße Dame kann sich mit 10.♕h3 zurückziehen, weil der ♙h6 wegen des ungedeckten Turms auf h8 gefesselt ist. Damit macht sie h4 als Ausweichfeld für den Läufer frei, der somit im Spiel gehalten wird.

(Für den Angriffsspieler und im Duell gegen einen noch unerfahrenen Gegner kommt ein Bauernopfer in Betracht, das Weiß mit 10.e5 anbieten kann. Wenn Schwarz sich gut verteidigt, ist das Opfer arg riskant. Mit 10...dxe5 geht er auf das Angebot ein, worauf die Entwicklung 11.fxe5 ♘xe5 12.♘xe5 ♕xe5 eintreten kann. Die Zahl der schwarzen Verteidiger hat sich reduziert und mit weiteren kraftvollen Zügen kann Weiß seinen Gegner weiter unter Druck setzen. Nach 13.♗b5+ ♔f8 14.♗f4 ♕c5 wird die Luft für Weiß allerdings schon dünner. Anschließen kann sich beispielsweise 15.♕e1 a6 16.♗d3 ♗d7 17.♖f1 ♗c6 und es ist nicht sehen, wie Weiß seinen Angriff in der Erfolgsspur halten kann. Schwarz hat den Mehrbauern behauptet und das Gröbste überstanden.)

Nach 10...0-0 ist die Bedrohung des Läufers akut, so dass er sich erklären muss.

11.♗h4

(Das Figurenopfer 11.♗xh6 ist nichts für schwache Nerven, was aber für beide Spieler gilt. Nach einem möglichen Fortgang mit 11...gxh6 12.g4 ♔g7 13.g5 hxg5 14.fxg5 ♘h7 ∞ ist keine sichere Prognose zum weiteren Geschehen möglich.)

Folgen kann beispielsweise 11...d5 12.♗xf6 ♗xf6 13.e5 ♗e7 14.♔b1 mit einer starken weißen Initiative am Königsflügel. Mit g2–g4 kann der Angriff weiter verstärkt werden.

II. Nach 2...e6 3.e4 kann sich Schwarz mit 3...h6 langfristig den Vorteil des Läuferpaars sichern, denn Weiß kommt nicht an 4.♗xf6 vorbei.

(4.♗h4? g5 5.♗g3 ♘xe4∓)

4...♕xf6

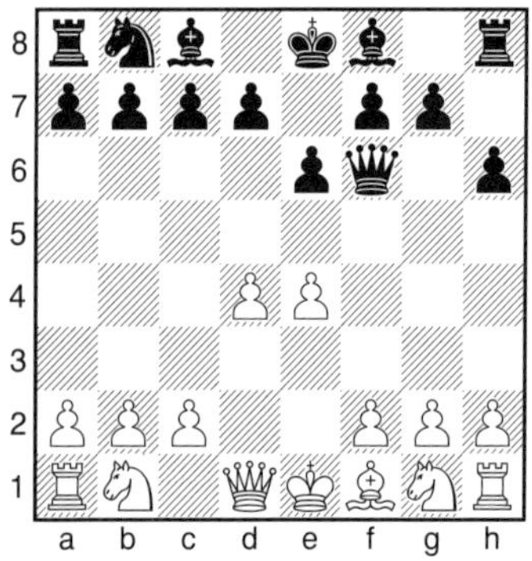

Schwarz muss nun insbesondere mit den Fortsetzungen 5.♘f3, 5.Sc3 und 5.c3 rechnen. 5.e5 muss er nicht fürchten, was wir in der Folge ebenfalls kurz mit einer Variante untermauern werden.

A) Nach 5.♘f3 liegt ein guter Aufbauplan für Schwarz darin, seinen Springer über d7 zu aktivieren und auf die Durchsetzung von c7–c5 zu spielen. Seinen Damenläufer entwickelt er auf die lange Diagonale a8–h1, während der andere Läufer auf der Diagonale a3–f8 von hinten stützt.

Nach 5...d6 muss Weiß sich entscheiden, auf welchem Weg er seinen Damenspringer ins Feld bringen will. Wenn dies nicht via d2 passieren soll, kann er jetzt 6.♘c3 spielen.

(Mit 6.c3 schließt er die Diagonale a1–h8 bis auf weiteres und sperrt das Feld c3 zugleich für den Springer. Nach 6...♘d7 ist der weitere Verlauf offen. Eine bekannte Variante läuft über die Züge 7.♗d3 g5 8.0-0 ♗g7. Schwarz kann in einem passenden Moment e6–e5 oder auch c7–c5 als Hebelzug einsetzen, um ein Gegenspiel aufzuziehen; z.B. 9.♘bd2 0-0 10.b4 e5 11.d5 h5 ⇄ usw.)

Nach 6...♘d7 ist 7.♕d2 gefolgt von der langen Rochade die klare Nummer 1 unter den Aufbauplänen für Weiß. Schwarz kontert zumeist nach dem Muster der Variante 7...a6 8.0-0-0 ♕d8 9.h4 b5. Der weitere Weg ist nicht vorgezeichnet. Die natürliche Variante 10.♗d3 ♗b7 11.♔b1 c5 12.dxc5 ♘xc5 13.♕e3 ♕c7 14.♘d4 0-0-0= dient dazu, ein beispielhaftes Bild von den Perspektiven für beide Seiten zu vermitteln.

B) 5.♘c3 ♗b4

(Es gibt einen alternativen Plan, mit dem Schwarz schneller e6–e5 erreichen möchte und dies mit 5...d6 unter Einsperrung des ♗f8 einleitet. Nach einer typischen Zugfolge 6.♕d2 c6 7.f4 e5 ∞ wird es zum Abtausch auf e5 kommen, worauf der Läufer wieder frei und häufig nach b4 geführt wird.)

Bevor Weiß den Läufer mit seinem a-Bauern anrempelt, sorgt er mit 6.♕d2 dafür, dass ♗b4xc3 nicht zu einer Beschädigung seiner Bauernstellung führen kann. Mit 6...d6 beteiligt sich der Bauer an der Kontrolle über e5 und wird den geplanten Vorstoß e6–e5 unterstützen. Es kann sich nun eine

Phase anschließen, in der sich beide Parteien weitgehend konfliktfrei um Fortschritte in ihrer Entwicklung bemühen. Diese kann nach dem Muster 7.a3 ♗a5 8.♘f3 ♘d7 9.b4 ♗b6 10.♗e2 0-0 11.0-0 verlaufen. Nach 11...c6 (womit Schwarz die Felder b5 und d5 sichert) und der Turmaktivierung mit 12.♖fd1 kommt Schwarz zum befreienden Zug 12...e5. Mit dem anschließenden Manöver ♖f8–e8 und ♘d7–f8–g6 sichert er sich ein gleichwertiges Spiel.

C) 5.c3 stützt den ♙d4 und zementiert die lange Diagonale.

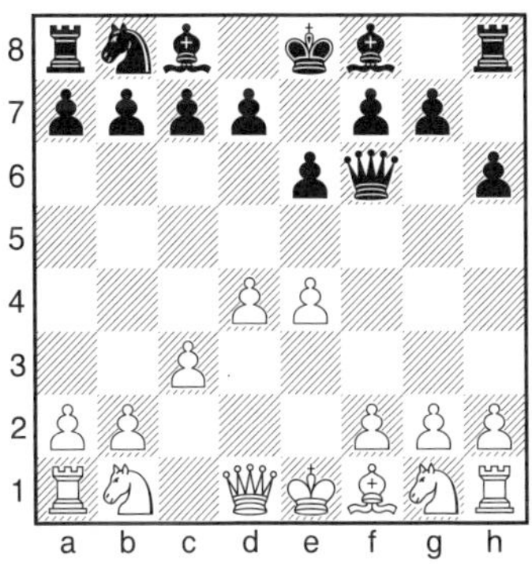

Damit schafft er die Voraussetzungen dafür, dass er möglichst ungestört einen Aufbau mit den Eckpunkten ♗f1–d3, ♘g1–e2 und 0-0 realisieren kann, verbunden mit der Option f2–f4.

C1) Die Fortsetzung 5...d5 wird als die bedeutsamste eingeschätzt, wenn es um die Bewertung der ganzen Variante geht. Schwarz macht seinem Gegner den Anspruch auf das Zentrum streitig, wonach dieser es mit 6.e5 schließen kann.

(Am häufigsten greift Weiß zu 6.♘d2, worauf Schwarz aber an seiner energischen Linie festhalten kann. Mit 6...c5 erhöht er den Druck auf das gegnerische Zentrum. Eine natürliche Entwicklung ist dann beispielsweise 7.♘gf3 cxd4 8.♘xd4 ♗c5= usw. Schwarz hat keine Probleme, den Ausgleich sicherzustellen.)

Nach 6...♕d8 lauten die Hauptalternativen 7.♘f3, 7.♗d3 und 7.f4. Auf diese ist jeweils c7–c5 die Standarderwiderung. Am Beispiel von 7.♘f3 kann sich das Duell dann etwa wie folgt entwickeln: 7...c5 8.dxc5 ♗xc5 9.♗d3 ♘c6 10.0-0 a6= mit etwa gleichen Chancen. Auch wenn die Eröffnungsfragen in weitem Rahmen beantwortet sind, möchten wir die Variante noch etwas weiterführen, um ein Schwarz bald zur Verfügung stehendes Manöver zu zeigen. Nach 11.♘bd2 ♗d7 12.♘b3 ♗b6 kann er nämlich mit ♕d8–b8–a7 liebäugeln. Beiden Parteien bieten sich interessante Möglichkeiten.

C2) 5...d6 wird am häufigsten gespielt. Wir machen diese Alternative aber nicht zu unserer Empfehlung, weil die Praxis (nicht zuletzt auch im Fernschach) bestätigt, dass der Weg zum Ausgleich für Schwarz steiniger ist.

6.♗d3 g6

(6...e5!? ist eine wichtige Alternative, die sowohl zu einer breiteren theoretischen Streuung als auch ggf. nur als Zugumstellung in andere Varianten führen kann. Nach 7.♘e2 g6 leitet 8.0-0 ♗g7 den Übergang in die Variante nach 6...d6 und dann 8...e5 ein.)

Ein natürlicher Fortgang ist nun beispielsweise über 7.♘e2 ♗g7 8.0-0 0-0 möglich.

(Auch als Antwort auf 8...e5 kann Weiß aggressiv mit 9.f4 reagieren.

Nach 9...♕e7 10.♘d2 0-0 ∞ ist unklar, wer auf lange Sicht die größeren Chancen haben dürfte. Aktuell erkennt der Computer für keine Seite einen Vorteil, wenn auch Weiß über ein optisches Übergewicht verfügt.)

Nach 9.f4 ♕e7 10.♘d2 kann Schwarz mit 10...e5 in die gerade betrachtete Variante nach 8...e5 überleiten. Riskant, aber nicht ohne praktische Chancen ist 10...f5∞, wie ein Beispiel aus dem Fernschach zeigt.

D) 5.e5 sieht für einen unerfahrenen Spieler – je nach der Perspektive – aussichtsreich oder gefährlich aus, ist aber schwächer als die weiteren besprochenen Möglichkeiten.

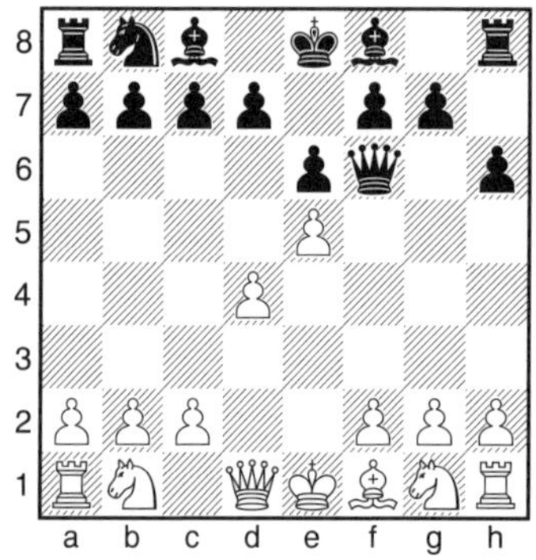

Mit 5...♕d8 holt Schwarz seine Dame einfach auf das Ausgangsfeld zurück, wonach es beispielsweise mit 6.♘f3 d5 weitergehen kann.

(6...d6!? wird ebenfalls häufig und mit guten Ergebnissen gespielt.)

7.c4

(Die Alternativen 7.♗d3, 7.c3 und 7.♘bd2 beantwortet Schwarz einfach mit c7–c5, verbunden mit einem frühen guten Spiel.)

Nun geht 7...♗b4+ 8.♘bd2 dxc4 9.♗xc4 ♘c6 und Schwarz hat den Ausgleich in der Tasche. Auf 10.0-0 folgt 10...♗xd2 11.♕xd2 ♘e7= usw. Für Weiß ist es nun eine plausible Idee, die Türme auf e1 und d1 zu postieren, während Schwarz neben der kurzen Rochade die Läuferaktivierung mit b7–b6 und nachfolgend ♗c8–b7 ins Auge fassen kann.

III. Gemessen an der Zahl der Anwendungen ist 2...d5 im Fernschach die klare Nummer 2. Im Duell Auge in Auge rangiert sie nur unter „ferner liefen“.

3.♗xf6

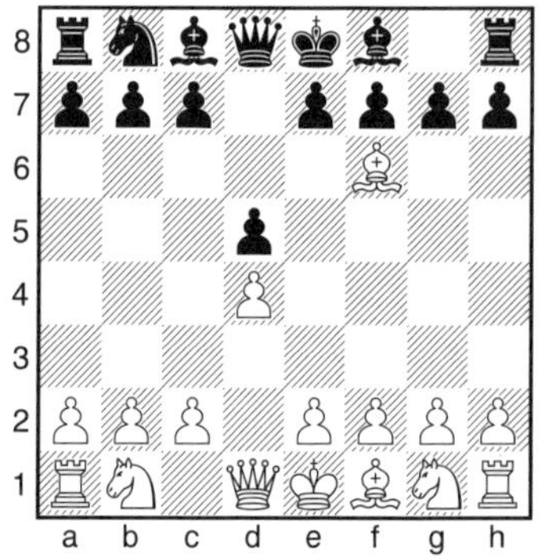

Wenn Schwarz die Schwächung seines Königsflügels zulässt, nimmt Weiß diese Einladung gerne an.

A) 3...exf6

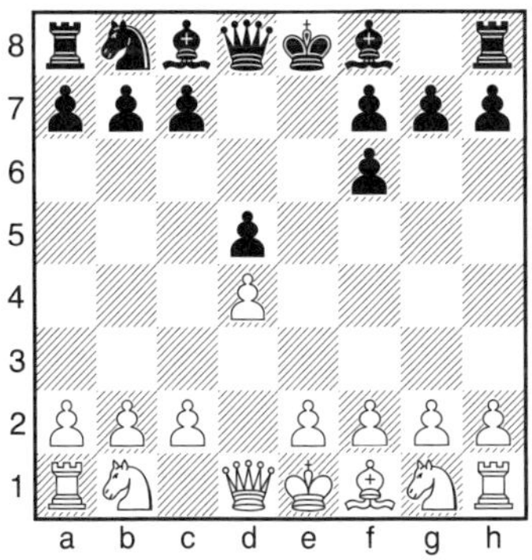

Wenn Schwarz mit dem e-Bauern zurückschlägt, ist dies mit der Absicht verbunden, mit den Figuren und nicht mit den Bauern um die Kontrolle im Zentrum zu spielen. Für seinen vorderen f-Bauern hat er den Plan f6–f5–f4 gefasst.

4.e3

(Auf 4.g3 mit der Absicht, den Läufer auf die lange Diagonale a8–h1 zu entwickeln, ist u.a. 4...c6 eine gute Antwort, die diesem Finchetto-Läufer frühzeitig Grenzen setzt. Nach 5.♗g2 läuft eine Möglichkeit für beide Seiten, die Entwicklung voranzutreiben, über die Variante 5...♗d6 6.♘f3 0-0 7.0-0=. An dieser Stelle gefällt uns einmal mehr 7...f5, womit Schwarz seine Kontrolle über das Feld e4 stärkt. Folgen kann 8.e3 ♗e6 9.♘bd2 ♘d7= und in der Phase des Übergangs in das Mittelspiel sind die beiderseitigen Perspektiven in etwa gleichwertig.)

Nach 4...♗d6 ist der Königsflügel so weit vorbereitet, dass Schwarz dessen Entwicklung im Falle von 5.c4 (der aktivsten gegnerischen Möglichkeit im Streben um einen Vorteil) 5...dxc4 6.♗xc4 0-0 abschließen kann. Es ist nicht zu sehen, wie Weiß jetzt noch einen Eröffnungsvorteil erzwingen könnte. Wenn er mit 7.♘c3 fortsetzt, kann Schwarz mit 7...f5 die vertraute Riposte setzen und das Spiel unter Kontrolle halten. Nach der möglichen Folge 8.♘f3 ♘d7 9.0-0 ♘f6 10.♕c2 c6= ist die Stellung völlig ausgeglichen. Die schwarze Dame findet auf e7 einen guten Stand. Der ♗c8 kann nach e6 entwickelt und die Türme können gut auf d8 und e8 postiert werden. Die weißen Türme dürften am besten auf c1 und d1 aufgestellt werden.

B) Das alternative Schlagen in Richtung Zentrum mit 3...gxf6 führt zur Öffnung der g-Linie, die vom Turm eingenommen werden soll. Die beiden wichtigsten eigenständigen Erwiderungen für Weiß sind nun 4.e3 und 4.c4.

B1) 4.e3 ist auf der Turnierbühne wie auch im Fernschach die häufigste Wahl.

4...c5

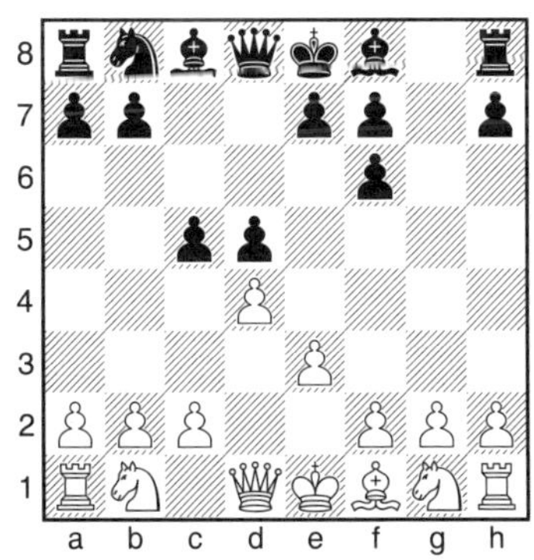

Dieser Vorstoß ist besonders aktiv, macht zugleich den Weg für die Dame Richtung Damenflügel frei und ermöglicht ♘b8–c6 ohne ein Verstellen des c-Bauern.

B1a) 5.dxc5 ist die Nummer 1 in der Gunst der Spieler und gehört auch zum Repertoire des Weltmeisters. Wählt Weiß nach 5...e6 einen natürlichen Zug wie etwa 6.♘f3, kommt Schwarz ungestört zu ♗f8xc5 und Weiß hat wenig Aussicht zur Entwicklung eines Vorteils. Deshalb wird heute gerne auch 6.c4 Δ6...dxc4 7.♕xd8+ gespielt.

(7.♕c2 ♕a5+ 8.♘d2 c3!?)

Nach 7...♔xd8 8.♗xc4 ♗xc5 hat Schwarz das Rochaderecht eingebüßt, einen unentwickelten Damenflügel und seine Bauernstruktur besteht aus drei Inseln. Dennoch sind seine Chancen um keinen Deut schlechter als jene seines Gegners. Nach etwa 9.♘c3 ♔e7 wird bereits deutlich, dass die verlorene Rochade kein Nachteil ist. Plausibel weitergehen kann es zum Beispiel mit 10.♘f3 b6 11.♔e2 ♗b7 12.♖ac1 ♘d7 13.♖hd1 ♘e5= und der Ausgang des Duells ist völlig offen.

B1b) Nach 5.c3 kann die Dame mit 5...♕b6 und Angriff gegen den ♙b2 entwickelt werden. Nach 6.♕b3 favorisieren wir für Schwarz die Entscheidung, den offenen Charakter des Spiels aufrechtzuerhalten, so wie dies üblicherweise passiert und wie es auch bei 6...♘c6 der Fall ist.

(Aber auch das Schließen der Stellung mittels 6...c4 ist in der Praxis anzutreffen. Wir gehen nicht weiter darauf ein, nehmen aber eine plausible Variante auf, um zumindest einen Eindruck von der möglichen weiteren Entwicklung zu vermitteln. Ergänzend geben wir den Hinweis, dass wir ähnliche Konstellationen auf dem Damenflügel in anderen Kapiteln dieses Buches behandelt haben, die hier beigezogen werden können.

7.♕c2 ♘c6 8.♘d2 f5 9.g3 ♗d7 10.♗g2 e6 11.♘e2 ♖c8 12.0-0 ♗d6 13.f3 ♘e7 14.e4 0-0∞)

Nach 7.♘d2 e6 schlagen wi für Weiß einen Entwicklungsplan vor, bei dem er seinen Königsspringer auf f4 stellt, was er mit 8.♘e2 einleiten kann. Mit 8...f5 kann Schwarz gut dagegenhalten. Er verstärkt seine Kontrolle über das Feld e4, so dass Weiß nicht ohne weiteres e3–e4 in seine Pläne einbeziehen kann.

Nach 9.♘f4 ♗d6 liegt es in weißer Hand, in welche Richtung es weitergehen wird. Insbesondere entscheiden kann er sich für die Fortsetzungen 10.g3, 10.♘h5, 10.dxc5 oder 10.Dxb6. Schwarz kann erwägen, ohne eine Rochade auszukommen. Je nach Verlauf kann sich das Feld e7 für seinen König anbieten.

Weiß kann erst noch abwarten, bevor er sich zur Rochade entscheidet. Wir nutzen die den Springer stützende Alternative 10.g3, um zu zeigen, wie es weitergehen kann. Auch bei dieser Wahl hält sich Weiß alle Optionen zur Rochade offen. Nach 10...♖g8 verspricht die halboffene g-Linie Angriffschancen und nach den weiteren Zügen 11.♗e2 ♗d7 12.♘f3 c4= ist der Ausgang des Duells völlig offen. Die Stellung verspricht einen spannenden Kampf, in den beide Spieler viel Kreativität einbringen können.

B2) Im Spiel gegen 4.c4 hat Schwarz im Fernschach eine gute Statistik im Rücken, was für ihn zumindest ein Fingerzeig dafür sein kann, dass er die gute Chance auf einen gesunden Aufbau hat. Zu dessen Verwirklichung empfehlen wir die solide Fortsetzung 4...c6, worauf sich beispielsweise eine natürliche weitere Entwicklung über die Züge 5.e3 e6 6.Sc3 Sd7 ergeben kann.

Die Bauernformation auf den Linien ‘c’ bis ‘e’ entspricht jener in verschiedenen Bereichen der Halbslawischen Verteidigung, die als starke und kämpferische Spielweise für Schwarz bekannt ist. Allerdings ist die vorliegende Stellung gravierend durch den auf der f-Linie entstandenen Doppelbauern geprägt. Zumeist setzt Weiß nun mit 7.cxd5 fort, worauf wir uns deshalb auch konzentrieren.

(Daneben werden auch die Alternativen 7.Ld3 und 7.Tc1 gespielt, gegen die sich Schwarz aber mit natürlichen Eröffnungszügen gut behaupten kann.)

In den seltenen Fällen, in denen die Stellung nach 7...cxd5 8.Ld3 ausgespielt wurde, ist Schwarz mit der Antwort 8...f5 am besten gefahren. Diese ist aktiv und verstärkt die Kontrolle über e4. Nach den natürlichen Zügen 9.Sge2 Sf6 stehen Weiß mehrere geeignete Fortsetzungen zur Verfügung, die wir nicht alle abbilden können. Aus dem Spitzenschach kommt der Versuch 10.Db3, während der Computer u.a. 10.Lb5+ vorschlägt. Zwei kurze Varianten, die ohne eine besondere Kommentierung ausreichen sollten, können veranschaulichen, wie sich das Duell jeweils weiter entwickeln kann.

– 10.Db3 a6 11.0-0-0 Ld7 12.Kb1 und nun verschafft sich Schwarz mit 12...b5 und nach 13.a3 mit 13...Tb8 ⇄ endgültig ein gutes Gegenspiel.

– 10.Lb5+ Ld7 11.Lxd7+ Dxd7 12.0-0 Ld6= und nun bietet sich für Weiß das Manöver Se2–c1–d3 usw. als Idee an, während Schwarz mit Ta8–c8 fortsetzen kann.

Zusammenfassung: Wie wir am Anfang des Kapitels erwähnt haben, verfolgt Weiß mit der Wahl des Trompowsky-Angriffs den primären Zweck, viele der bekannten und ausführlich ausgearbeiteten Eröffnungen zu umgehen. Andererseits kann dieses System zu einem dynamischen Spiel mit guten Angriffsmöglichkeiten auf den gegnerischen König führen. Deshalb hat der Trompowsky-Angriff in den letzten Jahren immer mehr Anhänger gefunden und ist heute oft in der Turnierpraxis anzutreffen.

!

An dieser Stelle verzweigt sich unsere Erörterung in die folgenden drei Abspiele:

I. 3.Lf4 **(Abspiel 1)**

II. 3.Lh4 **(Abspiel 2)**

III. 3.h4!? **(Abspiel 3).**

Nach dem Zug 2.Lg5 antwortet Schwarz normalerweise mit 2...Se4, dann hat Weiß u.a. die Wahl, den Läufer auf f4 oder h4 zu lassen. Mit diesen Varianten werden wir uns in Abspiel 1 und 2 befassen. Daneben kann er 3.h4!? spielen. Dieser Möglichkeit widmen wir uns im Abspiel 3.

Abspiel 1

1.d4 ♘f6 2.♗g5 ♘e4

Fortsetzung 3.♗f4

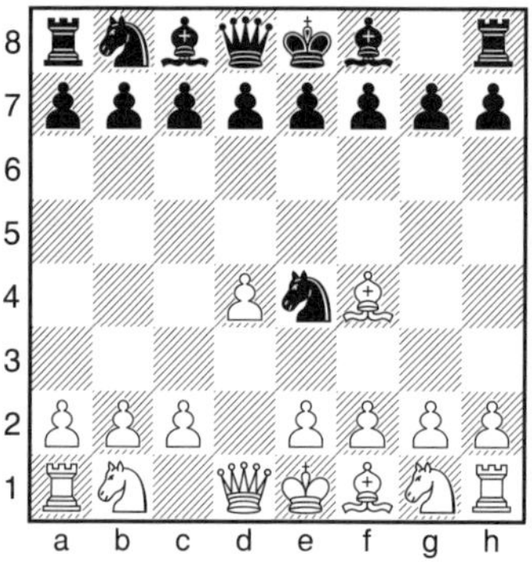

Der Vorteil dieses Zuges gegenüber 3.♗h4 besteht darin, dass der Läufer nach c1 zurückkehren kann, was in einigen Fällen hilfreich ist. Deshalb ist diese Fortsetzung in der aktuellen Turnierpraxis beliebter, während bis vor rund 40 Jahren der Rückzug nach h4 häufiger vorkam.

3...c5

Dieser Vorstoß leitet den üblichen Plan ein. Schwarz greift das gegnerische Bauernzentrum an, um zu einem guten Figurenspiel zu kommen. Als Alternativen sind insbesondere 3...d5 und 3...d6 zu betrachten.

I. Mit der Wahl von 3...d5 verfolgt Schwarz in erster Linie das Ziel, dem weißen Bauern ein weiteres Vorrücken zu verwehren.

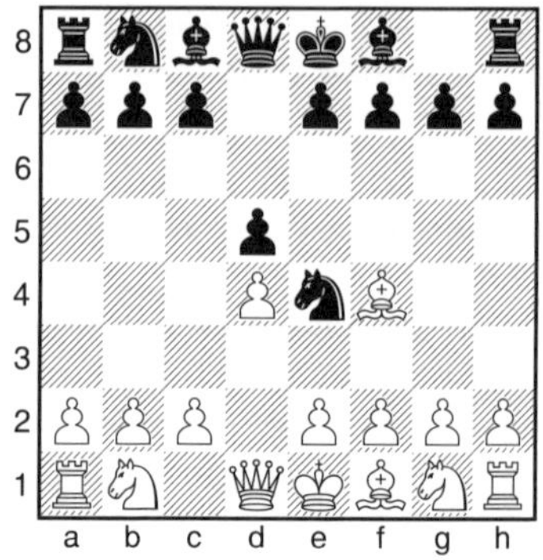

Entsprechend ist mit diesem Zug nicht etwa eine Absage an c7–c5 verbunden, sondern grundsätzlich nur ein zeitliches Zurückstellen. Natürlich stärkt d7–d5 auch dem ♘e4 den Rücken, doch fällt dies weniger ins Gewicht, weil der Springer dort keine lange Zukunft mehr hat, sofern Weiß sie ihm nicht zubilligt.

A) 4.e3

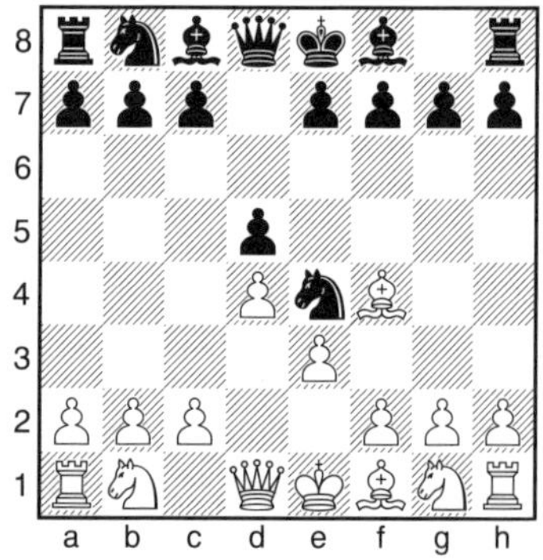

Bei dieser Wahl hat es Weiß mit der Springervertreibung nicht eilig. Er versucht seine natürliche Entwicklung fortzusetzen und ggf. ohne f2–f3 auszukommen. Nun streitet sich die forsche Fortsetzung 4...c5 insbesondere mit der Läuferentwicklung nach f5 um die Gunst der Spieler.

(Entsprechend ist 4...♗f5!? ebenfalls spielbar. Wir belassen es bei der Aufnahme einer Beispielvariante, um die daraus entstehenden Möglichkeiten aufzuzeigen.

Mit 5.f3 vertreibt Weiß den Springer, um im Anschluss von diesem ungestört seine Entwicklung fortsetzen zu können. Nach 5...♘d6 verschafft er sich mit 6.♘d2 die Option auf einen Aufbau, der auf der Durchsetzung von c2–c4 fußt.

Nach 6...e6 7.c4 dxc4 8.♘xc4 ♘xc4 9.♗xc4 haben beide Parteien die wesentlichen Eröffnungsaufgaben erledigt. Weitergehen kann es beispielsweise mit 9...♗d6 10.♘e2 0-0 und beiderseitig annähernd gleichen Aussichten. Für die Aktivierung seines Springers hat Schwarz eine offene Wahl zwischen den Feldern d7 und c6.)

5.♗d3

(Auch hier ist natürlich wieder 5.f3 möglich. Schwarz ist nun der Zwischenzug 5...♕a5+ vorzuschlagen, um mit Tempo die Dame ins Spiel zu bringen. Verfrüht ist diese Aktivierung hier nicht, weil die Dame nicht so ohne weiteres von weißen Kräften angegriffen werden kann, worauf sie zu schützen Zeit kosten würde.

Wenn Weiß nach 6.c3 ♘f6 mit 7.♘d2 eine natürliche weitere Entwicklung anstrebt, kann Schwarz mit 7...cxd4 die Spannung im Zentrum aufheben. Nach 8.exd4 kann sich ein ruhiger weiterer Verlauf mit 8...♘c6 9.♗d3 g6 10.♘e2 ♗g7 11.0-0 0-0= anschließen. Die Kontrahenten haben sich vergleichbar wirksam und solide aufgebaut und gehen mit gleichen Perspektiven ins Mittelspiel.)

Nun liefert 5...♘f6 die besten Ergebnisse aus der Turnierpraxis, weshalb wir uns auf diese Fortsetzung als Empfehlung festlegen.

6.c3

(Die Alternative 6.dxc5 kann zu interessanten Verwicklungen führen, in denen Weiß auf die Behauptung des Bauern spielt, Schwarz sich aber doch den Ausgleich erkämpft. Folgen kann beispielsweise 6...♘c6 7.♗b5 ♕a5+ und das Spiel hat an Schärfe zugelegt.

Weiß darf nicht übersehen, dass neben dem Schachgebot auch sein noch ungedeckter Läufer angegriffen ist, so dass an 8.♘c3 kein Weg vorbeiführt. Nach 8...a6 ist nur 9.♗xc6+ geeignet, um weiter auf ein Halten des Mehrbauern hinzuarbeiten.

Nach 9...bxc6 10.♕d4 e6 11.b4 scheint Weiß mit seinem Vorhaben Erfolg haben zu können, aber der Drops ist noch nicht gelutscht. Nach 11...♕a3 und der besten Erwiderung 12.♘ge2 ist 12...a5 zwingend notwendig, aber auch sehr im Sinne des schwarzen Plans.

Nach 13.b5 ♗xc5 gibt es für beide Seiten nicht viel Raum für ein Abweichen in der möglichen Zugfolge 14.♕a4 ♕xa4 15.♘xa4 ♗b4+ 16.c3 cxb5 und nach beispielsweise 17.♘b6 ♖a6 18.cxb4 ♖xb6= sind die beiderseitigen Perspektiven gleich.)

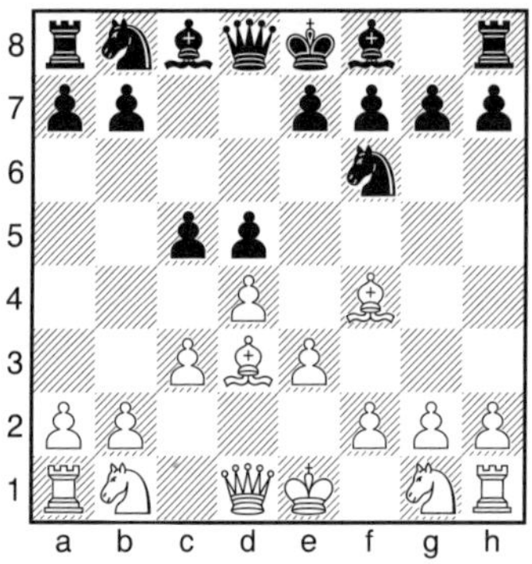

6...♘c6

Der c-Bauer ist „durch“, also kann der Springer ohne Nachteil nach c6 entwickelt werden, von wo aus er den Druck gegen den ♙d4 und das weiße Zentrum generell erhöht.

(Mehr als nur ein Zwischenzug ist die interessante Abweichung 6...♕b6!?, die Weiß zu einer Maßnahme zur Sicherung seines ♙b2 veranlasst. Nach 7.♕c1 wird 7...♘c6 unter geänderten Rahmenbedingungen möglich. Schwarz hat den Vorstoß e7–e5 im Sinn. Im Vorfeld hat er jetzt den Druck gegen die Mitte weiter erhöht, während die weiße Dame etwas auf Abwege geraten ist. Eine mögliche Folge ist 8.♘d2 cxd4 9.exd4 e5! mit ausgezeichnetem Spiel für Schwarz.)

7.♘d2

(7.dxc5? wird mit 7...e5 8.♗g3 ♗xc5∓ widerlegt.)

Nach dem üblichen Fortgang zur beiderseitigen Entwicklung mit 7...♗g4 8.♘gf3 e6 9.0-0 kommen für Schwarz mehrere Fortsetzungen in Betracht. Mit 9...a6 kann er eine Möglichkeit wählen, die noch nicht allzu oft ausgespielt worden ist und noch einiges an Überraschungspotenzial in sich trägt. Auf diese konzentrieren wir uns.

(– Eine solide Alternative ist 9...♗e7, worüber eine weitere Entwicklung in üblichen Bahnen eingeleitet wird. Zur Veranschaulichung belassen wir es bei der Abbildung der Beispielvariante 10.♕b3 ♕b6 11.dxc5 ♗xc5 12.h3 ♗h5 13.♕c2 ♗e7 14.♘e5 0-0= usw.

– Im Fernschach wird gerne 9...♖c8 gespielt. Aus der Warte des unerfahrenen Spielers empfehlen wir diese Fortsetzung nicht, weil es einfachere Wege für ihn im Kampf um Ausgleich gibt. Die Hauptlinie führt weiter über die Züge 10.♕a4 ♘d7 11.h3 ♗h5 usw. Zumeist wählt Weiß nun 12.♗e2 oder auch 12.♘e5 und es wird erkennbar, dass Schwarz noch zu kämpfen hat, um auf Augenhöhe ins Mittelspiel zu kommen.

– Am Rande sei noch erwähnt, dass Weiß seinen Gegner nach 9...♗d6 mit 10.♕b3 vor Probleme stellen kann.)

Der Zug 10.h3 erzwingt von Schwarz die Entscheidung über die Zukunft des ♗g4 und verschafft dem ♗f4 für den Bedarfsfall ein Schlupfloch auf h2. Nach 10...♗h5 verfolgen die Kontrahenten mit 11.♖e1 ♗e7 schlichte Entwicklungsabsichten, bevor Weiß mit 12.a3 und der Absicht b2–b4 aktiv wird.

Nach 12...0-0 verdeutlicht die Abwicklung 13.b4 cxd4 14.cxd4 ♗d6 15.♗xd6 ♕xd6=, dass sich dem Weißen in dieser Variante kaum Raum bietet, sich einen Vorteil zu erstreiten. Die c-Linie ist nun ein verlockendes Einsatzgebiet für die Türme beider Parteien.

B) Die mit 4.f3 verbundene Absicht liegt auf der Hand: Weiß will den Springer nicht länger auf e4 dulden. Allerdings erschöpft sich dieser Zug nicht unbedingt in dieser Idee, denn er kann zusätzlich auch mit der Folge e2–e4 in Verbindung stehen.

4...♘f6 5.♘c3

(Da Weiß schon f2–f3 gespielt hat, kann er nun auch die Gambitvariante 5.e4 anbieten, die zu unklaren Verhältnissen führt. Weitergehen kann es mit 5...dxe4 6.♘c3 exf3 7.♘xf3 usw., worüber Weiß sich eine gewisse dynamische Kompensation für den geopferten Bauern verschaffen kann. Der beispielhafte weitere Verlauf über 7...e6 8.♗c4 ♗d6 9.♗g5 ♗e7 10.0-0 0-0 ∞ vermittelt einen Eindruck davon, wie es im Duell weitergehen kann.)

Nach 5...e6 will Schwarz zunächst seinen Königsflügel entwickeln, bevor er sich um die Konstruktion seines Gegenspiels kümmert.

(Mit 5...c5!? kann er seinen Gegner aber auch sofort unter Druck setzen. Mit 6.e4 kann Weiß die Spannung eskalieren und 6...cxd4 7.♕xd4 ♘c6 8.♗b5 provozieren. Es wird dann 8...♗d7 mit der Abwicklung 9.♗xc6 ♗xc6 10.exd5 ♘xd5 möglich. Nach 11.0-0-0 e6= usw. hat Schwarz eine feste Position.)

Mit 6.e4 sichert Weiß sich eine starke Zentralstellung.

6...♗e7 7.♕d2 0-0 8.0-0-0

Wegen der entgegengesetzten Rochaden birgt die Stellung scharfe Möglichkeiten für beide Parteien. Wir können nur an einem Beispiel aus der Turnierpraxis zeigen, wie sich dieses Potenzial jeweils in einen Angriff entwickeln lässt.

Mit 8...a6 sucht Schwarz seine aktiven Chancen auf dem Damenflügel und bereitet den Vorstoß b7–b5 vor, während Weiß sich mit 9.g4 für seine Attacke auf den Königsflügel konzentriert. Weil ihre Könige auf verschiedenen Seiten stehen, können die Kontrahenten ohne Angst um die eigene Königssicherheit die Bauern nach vorne beordern.

Nach 9...b5 10.g5 ♘e8 sieht die Lage für den schwarzen König bedrohlicher aus als für den weißen, aber Schwarz agiert noch annähernd auf Augenhöhe. Das Szenario 11.h4 b4 12.♘a4 ♘d7± usw. ist absehbar. Weiß steht aktiver und ist am Drücker, so dass uns seine Stellung etwas besser gefällt. Schwarz kann beispielsweise versuchen, seinen a-Bauern weiter nach vorne zu bringen, etwa mit dem Manöver ♗c8–b7–c6 usw.

II. In der Variante 3...d6 führt Schwarz seinen Läufer anschließend nach g7.

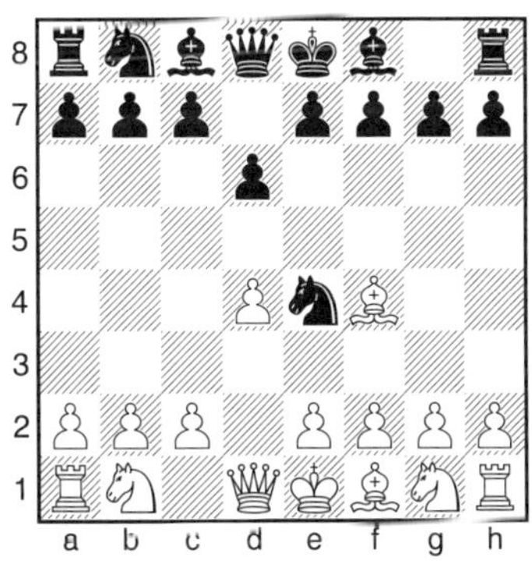

Das Spiel nimmt dann regelmäßig Züge an, die man aus der Pirc-Verteidigung oder auch der Philidor-Verteidigung kennt. Schwarz hat Mühe, zu einem ausgeglichenen Spiel zu kommen. Nicht zuletzt deshalb raten wir insbesondere dem unerfahrenen Spieler zur Wahl einer der beiden genannten Alternativen zu 3...d6.

Sowohl mit 4.f3 als auch mit 4.♘d2 kann Weiß auf die Errichtung eines starken Bauernzentrums spielen.

A) 4.f3

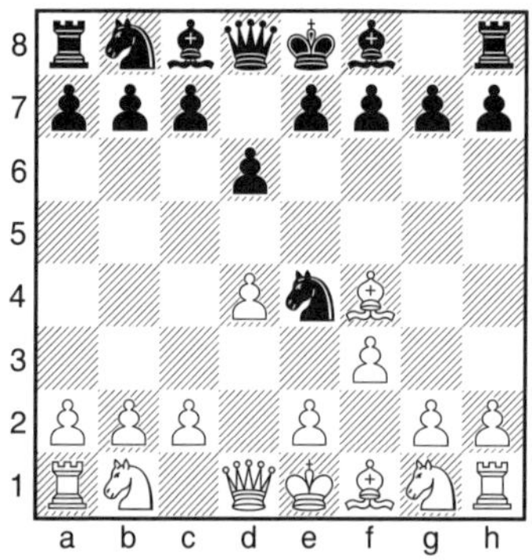

Nach 4...♘f6 verschafft Weiß sich mit 5.e4 ein starkes Bauernzentrum, aber nach der Vorbereitung mit 5...♘bd7 kann Schwarz dieses mit dem Hebelzug e7–e5 unter Druck setzen.

Nach der Folge 6.♘c3 e5 7.♗e3 hat die Partie endgültig die Pirc-Verteidigung erreicht, die wir in unserem Buch „Eröffnungen, Halboffene Spiele, lesen-verstehen-spielen", Joachim Beyer Verlag 2018, behandelt haben. Die herkömmliche Zugfolge ist 1.e4 d6 2.d4 Sf6 3.Sc3 Sbd7 4.Le3 e5 5.f3 usw. Da wir die Pirc-Verteidigung ohne g7–g6 dort nur am Rande dargestellt haben, geben wir nachfolgend ein paar Informationen, wie man diese Stellungsbilder behandeln kann.

Nach 7...c6 hat Schwarz eine starke Bastion aufgebaut. Die Hauptfortsetzung ist nun 8.♕d2 mit dem geradezu lehrbuchmäßigen Plan 0-0-0 nebst Angriff auf dem Königsflügel, eingeleitet über ein Vorrücken der dortigen Bauern.

(8.♘ge2 ist eine wichtige Alternative, während andere Züge von einer nachrangigen Bedeutung sind. Anders als in der Hauptvariante kommt der Königsspringer früh ins Spiel. Auch hier plant Weiß den Aufbau mit der langen Rochade und das schwarze Gegenspiel kann wieder über b7–b5 usw. laufen.

Damit der ♘c3 nach e2 ausweichen kann, muss der nach dort entwickelte Springer noch einmal ziehen. Entsprechend verzichtet Weiß beim vorgestellten Plan auf einen Bauernsturm im Wettlauf mit Schwarz auf dem anderen Flügel und geht etwas verhaltener vor.

Weitergehen kann es mit 8...♗e7 9.♕d2 0-0 10.0-0-0 b5 11.♘g3 b4 12.♘ce2, wonach Schwarz verschiedene Möglichkeiten hat, um den Ausgleich zu halten. Insbesondere kommen die Ansätze 12...♘b6 und 12...c5 in Betracht, während die Fortsetzung 12...d5 13.dxe5 ♘xe5 ∞ in der Praxis zwar versucht, aber nicht weiter ausgespielt wurde.)

Ein typischer Verlauf ist nun 8...♗e7 9.0-0-0 0-0 10.g4 b5 11.h4 b4, wonach die Pläne beider Parteien deutlich erkennbar sind. Weiß geht, wie schon beschrieben, am Königsflügel vor, und Schwarz kontert auf der anderen Seite. Es kommt zu einem scharfen Spiel, bei dem die entgegengesetzten Rochaden ein Schlüsselmerkmal sind; z.B. 12.♘ce2 ♕a5 13.♔b1 ♘b6 ⇄ usw.

B) 4.♘d2 ♘f6

(Der Abtausch 4...♘xd2 5.♕xd2 mit der Absicht, im Anschluss den geplanten Fianchetto-Aufbau des Königsflügels einzuleiten, ist nicht zu empfehlen. Im Anschluss an 5...g6 6.♘f3 ♗g7 kann Weiß mit 7.♗h6 die gegnerischen Pläne aggressiv durchkreuzen. Auf 7...0-0 reagiert er mit 8.h4! und entwickelt eine starke Initiative am Königsflügel.)

Nach 5.e4 hat Schwarz einen klaren Aufbauplan, dem er jetzt mit 5...g6 unverzüglich folgen sollte.

(5...♘bd7 ist hier als Entwicklungszug unpassend platziert, was die Variante 6.♘gf3 g6 7.e5 zeigt. Nach 7...♘d5 8.♗g3 ♗g7 und nun 9.♗c4 ♘7b6 10.♗b3 steht Weiß freier und aktiver. Für Schwarz bietet sich als Fortsetzung 10...dxe5 Δ11.dxe5 c5 12.0-0 0-0 ∞ an, auf die Weiß allerdings nicht eingehen muss. Er sollte besser mit dem Springer – ggf. nach zunächst 11.a4 a5 – oder mit dem Läufer auf e5 schlagen.)

Für beide Seiten liegt die Hauptaufgabe nun darin, zielstrebig die Aktivierung der Kräfte voranzutreiben. Dies kann beispielsweise in der Variante 6.♘gf3 ♗g7 7.♗e2 0-0 8.0-0 passieren. Typisch ist nun die Befragung des Läufers mittels 8...♘h5. Wir favorisieren hier 9.♗e3, womit sich der Läufer aus dem Einflussbereich des Springers entfernt, somit erhalten bleibt und den ♙d4 stärkt.

(Mit 9.♗g3 lässt Weiß den Abtausch Springer gegen Läufer und das Entstehen eines Doppelbauern zu. Nach 9...♘xg3 10.hxg3 kann es plausibel mit 10...♘d7 11.c3 e5 12.dxe5 dxe5 und nun beispielsweise 13.♗c4 ♕e7 weitergehen. Für den weiteren Aufbau ist Schwarz ♘d7–c5 nebst ♗c8–e6 zu empfehlen. Die unbeschädigte Bauernstellung sowie das Läuferpaar lassen uns die schwarze Stellung auf längere Sicht leicht vorziehen.)

Mit dem Rückzug nach e3 räumt Weiß seinem Gegner aber die Möglichkeit zum raumgreifenden Vorgehen mit 9...e5 ein, obwohl 10.c3 (10.d5 f5∞) dessen Wirkung begrenzt hält. Nach 10...♘c6 11.♖c1 a5± steht Weiß einflussreicher und ist insgesamt besser entwickelt.

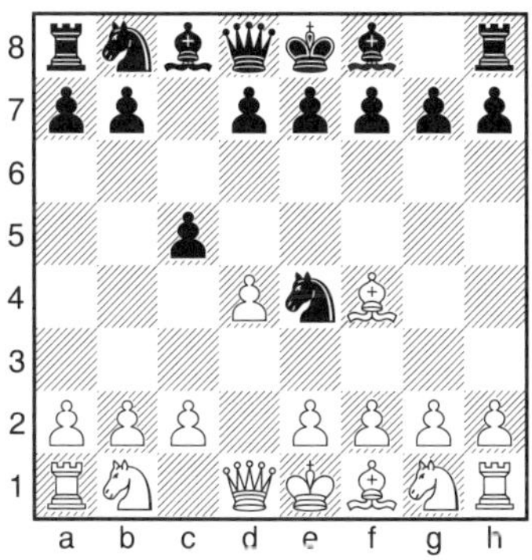

4.f3

Als Antwort auf 4.d5 ist 4...♕b6! stark. Die Theorie empfiehlt nun 5.♗c1, auch wenn Weiß seinen Läufer damit zum dritten Mal binnen fünf Zügen zieht.

(5.b3?? käme wegen 5...♕f6–+ mit schwerem Materialverlust einer Katastrophe gleich.)

Nun ist 5...e6 für die Entwicklung nützlich und bringt früh etwas Schärfe ins Spiel. Zumeist vertraut Schwarz dieser Fortsetzung, die auch die besten Statistikwerte auf sich vereinigt.

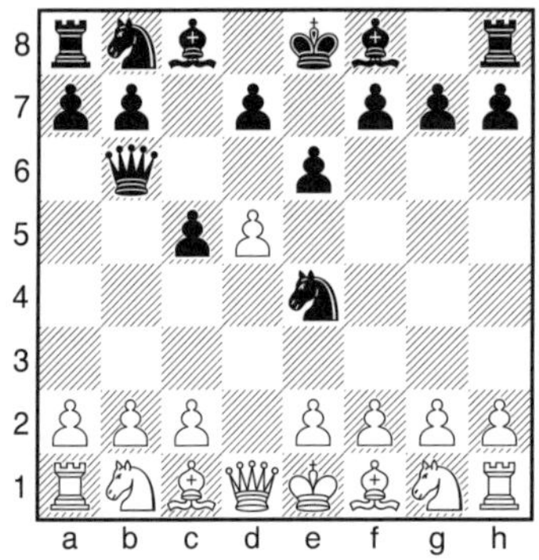

A) Hier wird fast ausschließlich 6.f3 gespielt.

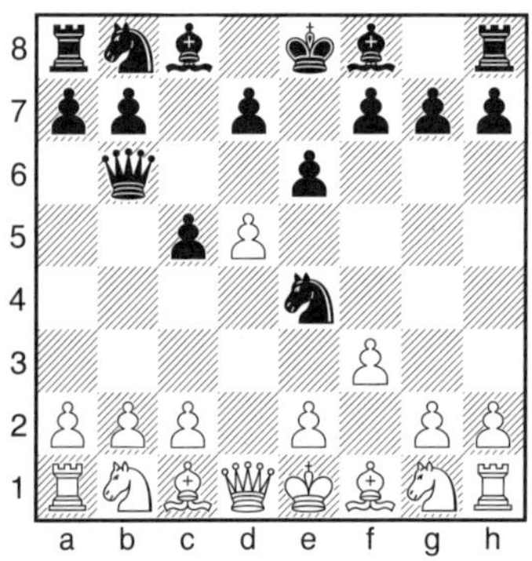

A1) 6...♘f6 7.e4

(Nach 7.c4 exd5 8.cxd5 kann Schwarz zwei Wege wählen: 8...c4 Δ♗f8–c5 mit taktischen Komplikationen oder 8...d6 in Richtung des Modernen Benoni.)

7...exd5 8.exd5

(8.e5 kann Schwarz zunächst mit 8...♕e6 und Fesselung des weißen Bauern abfangen. Nach 9.♕e2 aber muss der Springer doch weichen, wobei als Refugium nur sein Ausgangsfeld in Betracht kommt. Nach 9...♘g8 kann sich 10.♘c3 a6 11.♘h3 ♘e7 12.♘f4 ♕c6 ∞ mit einer unübersichtlichen Lage anschließen.)

Nachdem die Bauernspannung aufgelöst ist, können die Kontrahenten auf schnelle Entwicklungsfortschritte spielen. Die Beispielvariante 8...♗e7 9.c4 0-0 10.♗d3 d6 11.♘c3 ♘bd7 veranschaulicht einen natürlichen Verlauf. Mit 12.f4 kann Weiß die gegnerischen Entfaltungsversuche beschränken, denn der Bauer kontrolliert das Feld e5.

In der Folge 12...♖e8 13.♘ge2 ♘f8 14.0-0 ♘g6 behält Weiß das freiere Spiel. Schwarz kann versuchen, den Vorstoß b7–b5 vorzubereiten, etwa über ♗c8–d7, a7–a6 und ♕b6–c7, ggf. ergänzt um ♖a8–b8.

A2) Möglich ist auch das Zwischenschach 6...♕a5+ mit Rückzug des Läufers erst nach 7.c3. Insbesondere im Fernschach wurde die Variante 7...♘f6 8.e4 d6 9.♗d2 ♕d8 auf Herz und Nieren getestet.

(9...exd5 10.c4 ♕d8 11.cxd5 wäre für Weiß bequemer.)

Nach 10.c4 exd5 11.cxd5 g6 12.♗d3 ♗g7 hat Schwarz sich die Chancen auf einen vollständigen Stellungsausgleich bewahrt, auch wenn Weiß aktuell etwas freier steht.

B) Wer seinen Gegner überraschen möchte, kann dies mit 6.e3 versuchen und damit 6...exd5 provozieren. Danach ist die Springerentwicklung 7.♘e2 universell, denn sie kann sowohl der Vorbereitung von ♘b1–c3 als auch von ♘e2–f4 dienen.

(Auf 7.♕xd5 folgt 7...♕e6!.)

Mit 7...d4 setzt Schwarz auf den befreienden Vorstoß d7–d5 und gibt den vorderen Bauern hierfür ohne Kampf auf.

8.exd4

B1) Nach 8...d5 spielt Weiß mit 9.♘f4 auf die schnelle Entwicklung seines Königsflügels, obwohl der ♙d5 nach 9...cxd4 nicht wirklich bedroht ist (10.♘xd5? ♕a5+).

Nach 10.♗d3 ♘f6 11.0-0 ♗e7 12.♖e1 ♘c6 sind die Eröffnungsfragen weitgehend geklärt und anschließen kann sich beispielsweise 13.c3 dxc3 14.♘xc3 ♕d8 ∞ mit ziemlich komplizierter Stellung. Schwarz hat einen Mehrbauern auf der hohen Kante, Weiß aber ist dafür besser entwickelt.

B2) Im Fernschach wurde auch 8...♘c6 getestet, worauf die Entwicklung 9.f3 ♘f6 10.d5 ♘a5 zu einer schwer einzuschätzenden Stellung führte. Im angesprochenen Duell versuchten die Kontrahenten ihre Aufgabe zur Aktivierung der Kräfte in der Variante 11.♘g3 ♗d6 12.♘c3 0-0 13.♘f5 (13.♗e2!?) 13...♗e5 zu erfüllen.

Die lästige schwarze Dame wurde mit 14.♘a4 vertrieben und nach 14...♕d8 versuchte Weiß, die gegnerische Stellung mit 15.d6 zu lähmen, wobei diese allerdings ein starkes Konterpoten zial birgt.

Nach 15...♖e8 muss Weiß etwas gegen die Wirkung eines Läuferabzugs von e5 mit Schachgebot durch den ♖e8 unternehmen. Nach 16.♗e2 b5 17.♘xc5 ♘c4 (zwecks Angriff gegen den ♙b2 mit Springer und Läufer) und dann 18.♘d3 ♘d5 19.0-0 ♗b7 20.♘xe5 ♖xe5 21.♗xc4 bxc4= verfügt Schwarz über ein aktives Spiel.

4...♕a5+

Mit diesem Schachgebot nimmt Schwarz seinem Gegner die Option ♘b1–c3.

Die Alternative 4...♘f6 erlaubt es Weiß, für ihn bequeme Verhältnisse herbeizuführen. Nach der absehbaren Zugfolge 5.dxc5 ♕a5+ 6.♘c3! ♕xc5 hat er die Chance, sich einen Entwicklungsvorteil zu verschaffen. Im Anschluss an den kräftigen und raumgreifenden Schritt 7.e4 und dann beispielsweise 7...d6 kann er ein Manöver starten, über das er seinen König in die lange Rochade führt und im Anschluss einen Bauernsturm am Königsflügel startet. Das Duell kann entsprechend einen Verlauf nach dem Muster 8.♕d2 a6 9.0-0-0 ♘bd7 10.g4 h6 11.h4 nehmen. Weiß ist erkennbar besser entwickelt, er hat mehr Raum und im Zusammenhang damit auch das aktivere Spiel.

5.c3

Wenn Weiß die Folgen von 4...♕a5+ ignoriert und unbeeindruckt 5.♘c3? zieht, folgt 5...♘xc3 6.bxc3 ♕xc3+ 7.♗d2 ♕xd4 mit schwarzem Materialvorteil.

5...♘f6

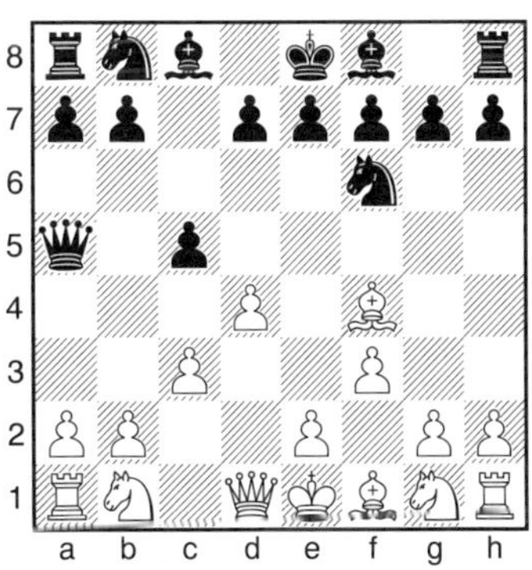

An dieser Stelle haben allein die beiden Fortsetzungen 6.d5 und 6.♘d2 eine praktische Bedeutung. Im herkömmlichen Turnierspiel weisen sie ähnliche statistische Erfolgswerte auf. Im Fernschach allerdings hat sich 6.d5 als deutlich vielversprechender erwiesen. In beiden Fällen basieren die Ergebnisse auf einer breiten Datenbasis.

6.d5

Die Alternative 6.♘d2 verbindet sich gewöhnlich mit der Absicht zu ♘d2–b3.

6...cxd4 7.♘b3

(7.♘c4 geht auch und wird am besten mit 7...♕d8 beantwortet. Nach 8.cxd4 hat Schwarz die Wahl zwischen verschiedenen Fortsetzungen, die dem Spiel sehr unterschiedliche Charakterzüge vermitteln können. Wir favorisieren 8...g6, womit Schwarz auf recht ruhigem Weg zum Ausgleich kommen kann.

Mit 9.♕d2 steht Weiß, natürlich neben anderen, eine logische Reaktion zur Schwächung der schwarzen Fianchetto-Stellung zur Verfügung, denn mit der Dame im Rücken kann der ♗f4 nach h6 vorrücken und den verteidigenden Läufer abtauschen.

Nach der Entwicklung 9...♗g7 10.♗h6 0-0 11.♗xg7 ♔xg7 liegen die weiteren Pläne bezüglich der offenen Eröffnungsbaustellen beider Parteien auf der Hand: Weiß muss seinen Königs- und Schwarz seinen Damenflügel entwickeln. Vonstatten gehen kann dies beispielsweise über 12.e3 d5 13.♘e5 ♘fd7 14.♘xd7 ♗xd7 Δ♕d8–b6, ♗d7–b5 für Schwarz – bzw. ♗f1–d3, ♘g1–e2 usw. für Weiß, verbunden mit gleichen Chancen.)

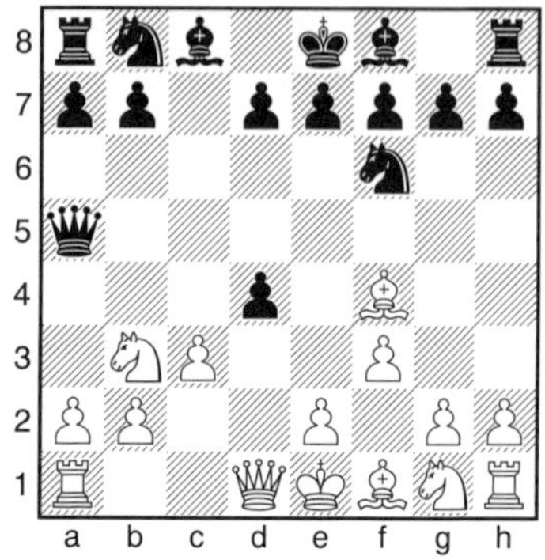

In der Praxis bedeutsam sind nun die drei Antworten 7...♕b6, 7...♕d8 und 7...♕f5, auf die wir entsprechend weiter eingehen.

A) 7...♕b6 8.♕xd4

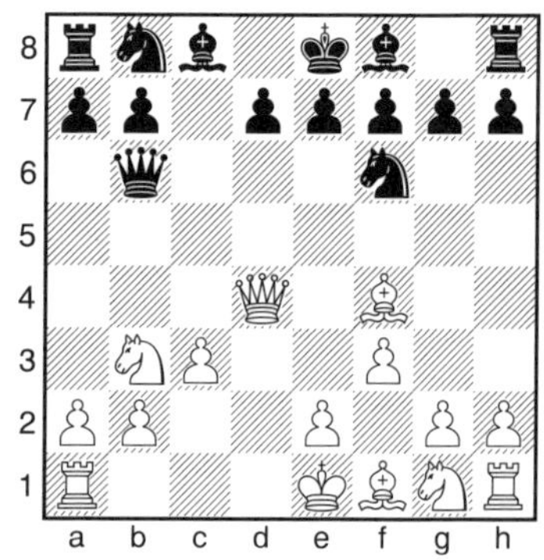

A1) Hier legen wir uns auf 8...♕xd4 als Fortsetzung fest. Nach 9.cxd4 d5 10.e3 e6 stellt die aggressive Fortsetzung 11.g4 keine ernste Gefahr für Schwarz dar, denn mit 11...♘c6 12.♗b5 ♗d7 13.a3 ♘e7 Δ♘e7–g6 nebst ♗f8–e7 usw. behält er alles im Griff.

A2) Häufiger wird 8...♘c6 gespielt, worauf es so gut wie immer mit 9.♕xb6 axb6 weitergeht. Dieser Stellungstyp mit dem isolierten Doppelbauern ist von einem unerfahrenen Spieler nicht leicht zu behandeln. Um die sich hier ergebenden Entwicklungsmöglichkeiten nicht ganz unter den Tisch fallen zu lassen, stellen wir sie über ein paar knapp kommentierte Varianten in groben Zügen vor.

10.♘d4 e5 11.♘xc6 dxc6!?

(11...exf4 12.♘d4 d5 13.g3 ♗d6 14.♔f2 0-0 15.gxf4 ♗xf4 16.e3 ♗e5=)

12.♗xe5 ♘d7 13.♗g3 ♘c5 14.a3 ♗e6

(Auf 14...♘a4? ist 15.0-0-0! stark, worauf Weiß die Initiative übernimmt.)

Nach 15.0-0-0 ♗b3 16.♖d2 ♗e7 befindet sich die Stellung in einem dynamischen Gleichgewicht. Weiß hat einen Mehrbauern, Schwarz aber das besser entwickelte Spiel.

B) 7...♕d8 8.cxd4

(Nach 8.♘xd4 d6 muss Weiß die drohende Bauerngabel durch e7–e5 vermeiden, aber auch wenn sich der Läufer mit 9.♗g3 in Sicherheit gebracht hat, ist 9...e5 mit Vertreibung des Springers stark. Nach 10.♘c2 ♕b6∓ hat Weiß Probleme, zu einer harmonischen weiteren Entwicklung zu kommen.)

Mit 8...d5 verschafft Schwarz sich einen Zentrumsanker und verhindert e2–e4. Beiden Parteien wird eine natürliche weitere Entwicklung in der Variante 9.e3 e6 10.♖c1 ♘c6 möglich. Logisch ist nun die Entwicklung des Läufers, wofür sich die Zielfelder d3 und b5 anbieten.

11.♗d3

(11.♗b5 ♗d7 12.♘e2 ♘h5∞)

11...♘h5 12.♗g3 Will Weiß nach dem Willen seines Gegners den Läufer gegen dessen Springer abgeben, sollte dies am besten auf g3 geschehen. Allerdings kann Schwarz die entstandene Situation zunächst mit 12...♗b4+ zur Entwicklung nutzen und nach 13.♔f2 mit 13...0-0= einen weiteren Fortschritt erzielen. Wenn er seinen Springer gerne gegen den ♗g3 abtauschen möchte, hat er sich diese Möglichkeit konserviert.

Beide Spieler haben ihre Entwicklung noch nicht zum Abschluss gebracht, aber es ist ersichtlich, dass keine Seite einen bemerkenswerten Eröffnungsvorteil erringen wird. Wir nutzen eine interessante Variante aus der Praxis, um einen Eindruck darüber zu vermitteln, was folgen kann.

Nach 14.f4 mit Angriff auf den ♘h5 gefolgt von 14...♘f6 15.♗h4 löst Schwarz die Fesselung auf, indem er die Möglichkeit zu dem Schachgebot 15...♘e4+ nutzt, um im Anschluss den Läufer eliminieren zu können. Nach 16.♗xe4 ♕xh4+ 17.g3 ♕d8 hat sich am Gleichstand nichts geändert.

C) 7...♕f5 empfehlen wir dem unerfahrenen Spieler nicht, denn nach 8.♗xb8 ♖xb8 9.♕xd4 b6 10.e4 usw. hat Weiß das einfachere Spiel.

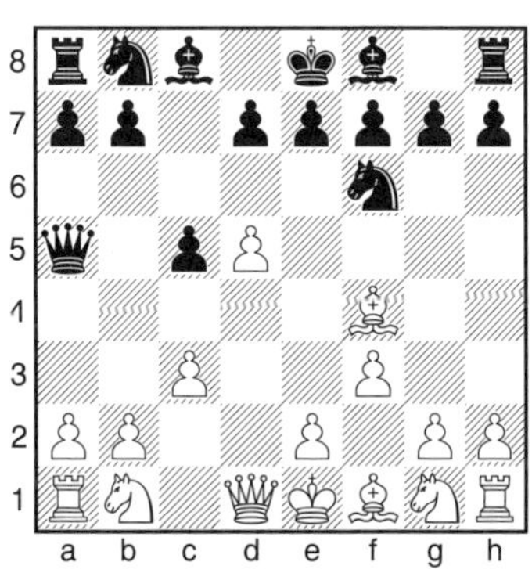

6...♕b6

Der Zug scheint der allgemeinen Eröffnungsregel zu widersprechen, möglichst alle Figuren schnell zu aktivieren und nicht eine Figur mehrfach zu ziehen. Der Angriff auf den ♙b2 ist allerdings nicht leicht zu parieren.

Die durchaus spielbare Alternative 6...d6 möchten wir zumindest dem unerfahrenen Spieler trotzdem nicht empfehlen, weil Schwarz sich den Ausgleich damit erschwert. Weitergehen kann es beispielsweise mit 7.e4 g6 8.♘a3 ♗g7 9.♘c4 ♕d8 und nun 10.a4 zur Absicherung der Lage am Damenflügel. Weiß verfügt über mehr Raum und steht infolgedessen auch freier.

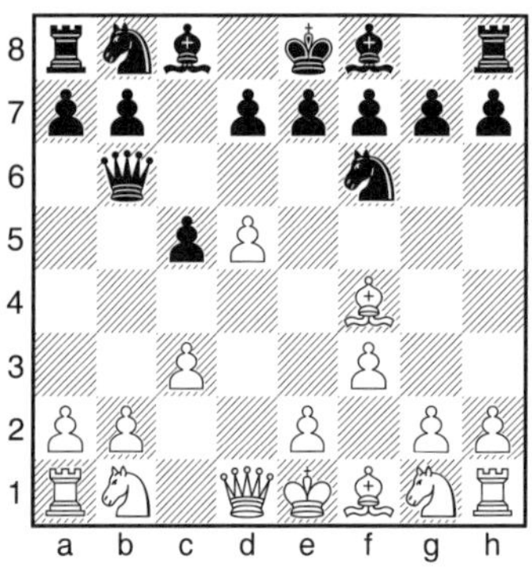

7.♗c1

Diesen Rückzug empfiehlt die Theorie.

I. Mit der Wahl der Alternative 7.e4 verbindet Weiß die Hoffnung auf dynamische Gegenwerte für den geopferten Bauern. Ernsthaft gefährden kann er Schwarz damit nicht, wenn dieser hinreichend auf die Sicherheit seiner Dame achtet.

Nach 7...♕xb2 8.♘d2 ♕xc3 kann Weiß die gegnerische Dame mit 9.♗c7 daran hindern, sich über die Diagonale a5–d8 aus der Gefahrenzone zu begeben. Eine solide Aufbaumöglichkeit führt nun über 9...g6, wonach Schwarz jedoch die Übersicht bewahren und die weißen Angriffschancen gegen seine Dame im Blick behalten muss.

10.♖c1

(10.♘e2 sieht ebenfalls gefährlich aus, kann aber gut mit 10...♕d3 pariert werden, denn wenn Weiß seinen ♘e2 ein weiteres Mal zieht und damit die schwarze Dame vom ♗f1 angegriffen wird, ist ♕d3–e3+ möglich.

Folgt stattdessen 11.♖c1 mit Angriff auf den ♙c5, geht 11...♗h6 12.♖xc5 ♘a6 mit Springergabel gegen c5 und c7. Nach 13.♖c3 kann Schwarz mit 13...♗xd2+ 14.♕xd2 ♕xd2+ viel von der bisherigen Schärfe aus der Stellung nehmen und die Folge 15.♔xd2 d6 16.♘d4 ♘c5∓ führt zu Minimalvorteil.)

Nach 10...♕e3+ 11.♘e2 muss 11...d6 kommen, womit der ♗c7 vom Königsflügel abgeschnitten wird, denn ohne diese Maßnahme wird es ungemütlich für die schwarze Dame. Nach 12.♘c4 ♕h6 hat Schwarz die akuten Gefahren abgewehrt und dabei ein materielles Plus behauptet. Dieses sollte als Kompensation für den schlechteren Entwicklungsstand und für die fortbestehenden Probleme, zu einer harmonischen Figurenstellung zu kommen, ausreichen.

Die folgende unkommentierte Variante soll veranschaulichen, wie sich beide Seiten weiter verhalten können: 13.♕b3 ♘bd7 14.♗a5 g5 15.♗d2 ♕h4+ 16.g3 ♕h5 17.♗g2 ♖b8 18.a4 ♕g6 und

Schwarz hat seinen Materialvorteil konserviert.

II. Mit 7.b3 sorgt der Bauer selbst für seine Rettung. Mit 7...e6 oder 7...g6 kann Schwarz seinem Spiel unterschiedliche Richtungen geben, indem er seinen ♗f8 entweder Richtung Mitte oder auf die Diagonale a1–h8 entwickelt; z.B. 7...e6 (7...g6 8.e4 ♗g7 usw.) und nach 8.e4 gibt das Manöver 8...exd5 9.exd5 ♗d6 Schwarz einen unmittelbaren Zugriff auf das weitere Geschehen. Nach dem natürlichen weiteren Verlauf 10.♗g5 ♗e7 11.♗c4 0-0 12.♘e2 d6 13.0-0 ♘bd7 14.♘g3 ♘e5 ∞ usw. haben beide Parteien ihre Kräfte mit Nachdruck ins Spiel gebracht.

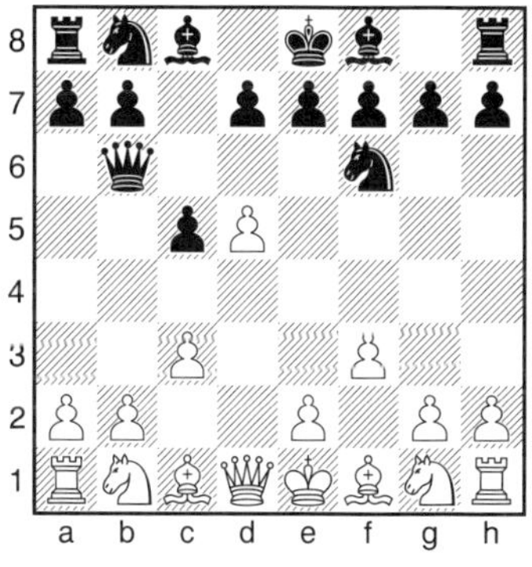

7...e6

Dieses Vorgehen ist typisch für den Plan, unverzüglich ein Gegenspiel im Zentrum einzuleiten.

Alternativ kann sich Schwarz zunächst auf eine ruhige weitere Entwicklung konzentrieren, wofür sich am Königsflügel die Fianchetto-Lösung anbietet. Es kann dann zu der wenig spektakulären Fortsetzung 7...g6 8.e4 d6 9.c4 ♗g7 10.♘c3 0-0 kommen, die Schwarz eine gut spielbare Stellung einbringt.

8.c4

Weniger klar einzuschätzen sind die Folgen von 8.e4 exd5 9.exd5 mit der Läuferentwicklung zur Mitte 9...♗d6 und der möglichen Folge 10.c4 0-0∞.

8...exd5 9.cxd5

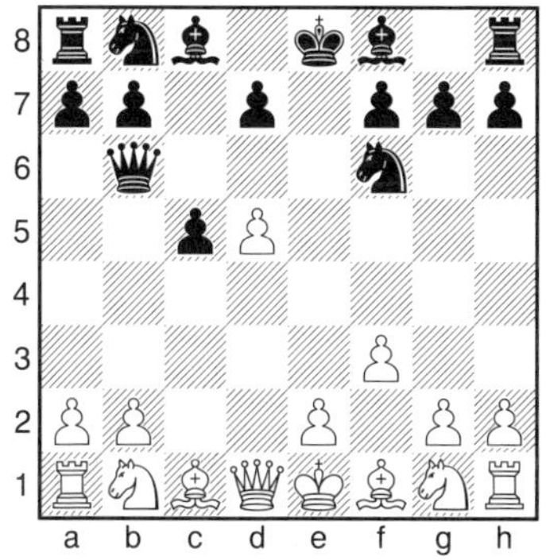

9...c4!?

Bei dieser Wahl ist Schwarz bereit, einen Bauern für die Initiative zu opfern.

Wem dies nicht behagt, der kann auch eine solide Variante mit 9...d6 und anschließendem Fianchetto des Königsläufers spielen. Möglich wird dann beispielsweise eine Entwicklung mit 10.e4 g6 11.♘e2 ♗g7 12.♘ec3 0-0 mit fester schwarzer Stellung.

Weiß hat ebenfalls Fortschritte in der Entwicklung seines Königsflügels erzielt und wird diese in wenigen Schritten abschließen können. Seinen bis dahin etwas unglücklichen ♘g1 hat er nach c3 in eine gute Position führen können. Eine natürliche Fortsetzung besteht nun in 13.♗e2 ♘bd7 14.0-0 ♘e8, wobei der Springerrückzug den

Weg für den f-Bauern freimacht, um den baldigen Vorstoß f7–f5 mit Gegenspiel am Königsflügel zu ermöglichen.

10.e3

Im Unterschied zu e2–e4 bleibt hier die Diagonale a7–g1 teilweise geschlossen, so dass die schwarze Batterie aus Dame und dem auf c5 auftauchenden Königsläufer nicht ganz so frei schalten und walten kann.

Nach 10.e4 hat Weiß der besagten Aktivierung 10...♗c5 nur 11.♘h3 entgegenzusetzen. Mit 11...d6 lässt Schwarz seinen ♗c8 den verteidigenden Springer sofort aufs Korn nehmen. Nach 12.♗xc4 ♗xh3 13.gxh3 hat Weiß auch hier den Bauerngewinn realisiert, allerdings unter Inkaufnahme einer nachhaltig geschwächten Stellung. Mit den nachfolgenden Zügen ♘b8–d7 und ♖a8–c8 kann Schwarz mit schnellen Schritten sein Gegenspiel aufziehen.

10...♗c5

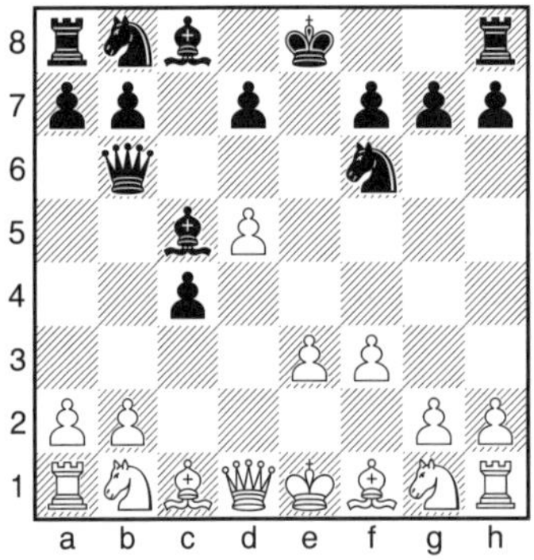

11.♔f2

Natürlich ist immer höchste Vorsicht geboten, wenn sich der König wie hier in einen Bereich begibt, der massiv von gegnerischen Figuren bestrichen wird.

Der schon jetzt zweifach angegriffene ♙e3 wird sich bald auch noch des auf e8 erscheinenden Turms erwehren müssen. Weiß setzt darauf, dass er sowohl diesen Bauern halten, als auch den ♙c4 erobern können wird. Zur Entlastung seiner Stellung kann er die Opposition der Damen herbeiführen, wobei der ♙e3 eine weitere Deckung erhält. Hier noch ein abschließender Blick auf eine entsprechende Beispielvariante.

11...0-0 12.♗xc4 ♖e8 13.♕b3 ♕d6 14.♘c3 a6 mit dem Plan b7–b5 und gutem schwarzem Gegenspiel für den Bauern.

Zusammenfassung: 3.♗f4 gilt im Vergleich mit 3.♗h4 (unserem Themazug im Abspiel 2) als stärker. In dieser Variante stehen Schwarz neben dem Hauptzug 3...c5 die starken Alternativen 3...d5 und 3...d6 zur Verfügung, die ihm Chancen auf ein ausgeglichenes Spiel eröffnen.

Abspiel 2

1.d4 ♘f6 2.♗g5 ♘e4

Fortsetzung 3.♗h4

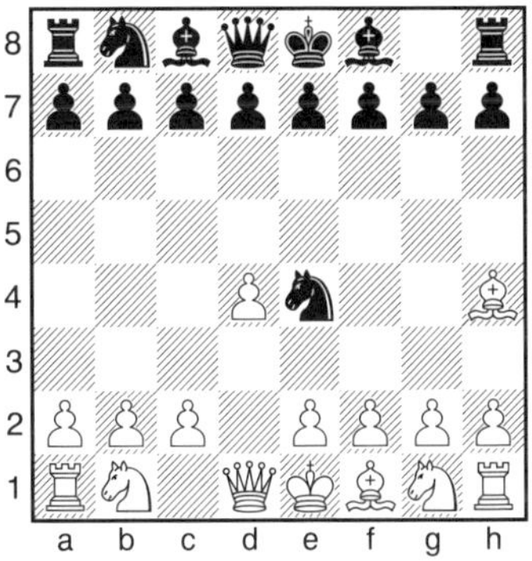

Diese Fortsetzung hat in der Turnierpraxis heute nur noch eine geringe Bedeutung. Sie wird von Weiß in unter 8% aller Partien gewählt und liegt damit weit hinter den Alternativen 3.♗f4 (rund 75%) und 3.h4 (rund 17%) in der Spielergunst zurück. Vor diesem Hintergrund gehen wir mit weniger Intensität und Umfang auf sie ein und konzentrieren uns auf die Hauptwege, wobei wir uns insbesondere die Möglichkeiten anschauen, mit denen Schwarz sein Spiel stützen kann.

3...c5

Dieser Bauernvorstoß leitet die Hauptvariante ein, die im Turnierspiel mit der besten Erfolgsstatistik aufwartet. Zu beachten sind besonders auch die Alternativen 3...d5, 3...c6 und 3...g5. Wir legen uns als Empfehlung auf die Hauptvariante fest und befassen uns mit den weiteren Möglichkeiten nur in einer verkürzten Form.

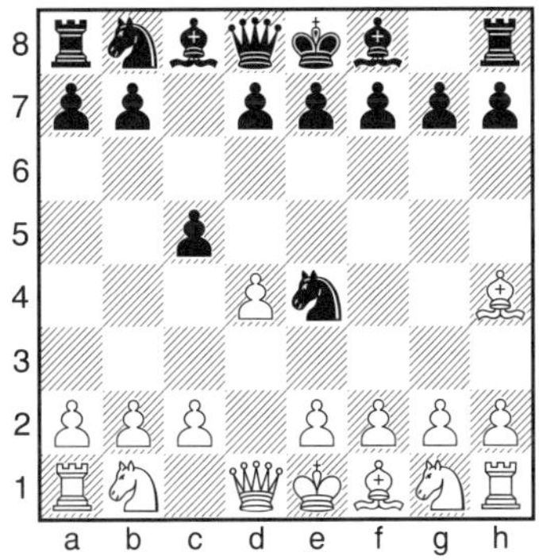

I. 3...d5 4.f3

(4.e3 c5 5.c3 ♕b6 6.♕b3 c4 7.♕xb6 axb6 8.♘d2 ♘xd2 9.♔xd2 ♘c6=)

4...♘f6 5.♘c3

(Die Gambitvariante 5.e4 dxe4 6.♘c3 exf3 7.♘xf3 führt zu einem zweischneidigen Spiel. Nach der möglichen Folge 7...♗g4 8.♗c4 e6 9.0-0 c6 10.♕d2 ♘bd7 usw. hat Weiß sich einen Entwicklungsvorsprung verschafft, Schwarz aber hat den Mehrbauern behauptet.)

5...e6 6.e4 ♗e7 7.e5

(Wenn Weiß mit 7.♕d2 0-0 8.0-0-0 die scharfe Variante mit entgegengesetzten Rochaden ansteuert, sollte Schwarz mit 8...a6! reagieren und damit sein Gegenspiel in Richtung des gegnerischen Königs aufziehen.)

7...♘fd7 8.♗xe7 ♕xe7 9.f4 a6 10.♘f3 c5 11.dxc5 ♘c6 12.♕d2 ♘xc5 13.♗d3 b5 14.0-0-0 b4 15.♘e2 a5 mit ausreichenden schwarzen Kontermöglichkeiten.

II. 3...c6 4.♘d2

(Keine Probleme hat Schwarz nach 4.f3 ♕a5+ 5.♘d2 ♕h5 6.♘xe4 ♕xh4+ 7.g3 ♕h5=.)

Nach 4...♕a5 5.c3 ♘xd2 6.♕xd2 d5 7.♘f3 ♗f5 gefolgt von e7–e6 und ♗f8–d6 kann Schwarz die Entwicklung seines Königsflügels beenden.

III. 3...g5 4.f3

(Keinerlei Probleme hat Schwarz nach 4.♗g3 h5 5.f3 ♘xg3 6.hxg3 d5 7.♘c3 ♕d6⇄.)

4...gxh4 5.fxe4 c5

(Die Variante nach 5...e5 6.e3 ♗h6 7.♕h5 ♕g5 ist auch spielbar, was sie in – allerdings wenigen – Turnierpartien wie auch im Fernschach bewiesen hat.)

6.e3 ♗h6 7.♔f2 cxd4 8.exd4 e5 9.♘c3 ♘c6 10.♕h5 exd4 11.♕xh6 dxc3 12.bxc3 ♕a5 13.♕e3 ♘e5 14.h3 ♖g8 15.♗e2

(15.♘f3 ♘xf3 16.gxf3 d6 17.♗c4 ♗e6∞)

15...♕c7 16.♘f3 ♘xf3 17.♗xf3 b6 und in dieser zweischneidigen Stellung kann Schwarz seinen Läufer auf b7 bzw. a6 postieren.

4.f3

Die Hauptalternativen zu diesem Zug, mit dem Weiß den zentral postierten schwarzen Springer vertreiben will, sind 4.♘d2 und 4.dxc5.

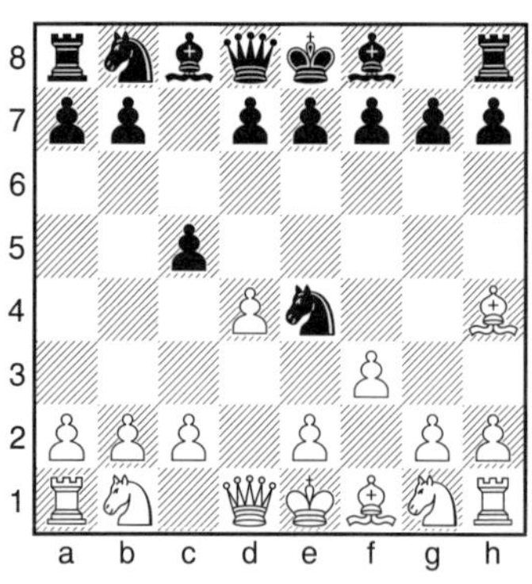

I. Nach 4.♘d2 eröffnet 4...♘xd2 Schwarz den wohl einfachsten Weg zum Ausgleich.

(Gelegentlich wird auch 4...d5 gespielt, wonach es mit 5.♘xe4 dxe4 6.dxc5 ♕a5+ 7.c3 ♕xc5 8.e3 weitergehen kann. Sodann führt die mit der forschen Fortsetzung 8...g5 eingeleitete Variante 9.♗g3 ♗g7 10.♘e2 0-0 ∞ in unklare Verhältnisse.)

Nach 5.♕xd2 cxd4 kann Weiß mit 6.♘f3 den Rückgewinn seines Bauern einleiten. Schwarz kann sich nun mit 6...♘c6 7.♘xd4 g6 aufbauen, muss sich dabei aber grundsätzlich mit der Aufgabe seiner Möglichkeit zur kurzen Rochade abfinden.

Nach 8.♘xc6 bxc6 kann Weiß mit 9.♕c3 die Antwort 9...♖g8 provozieren, aber in der Folge winkt dem ♗f8 ein starkes Wirkungsfeld auf der langen Diagonale a1–h8. Eine Idee für Weiß, sich aktiv und raumgewinnend weiter zu entwickeln, liegt in einem Aufbau mit Bauern auf e5 und f4, wozu es über 10.e4 ♗g7 11.e5 ♕b6 12.f4 kommen kann.

Nun führt die Fortsetzung mit 12...♖b8 13.0-0-0 d5 in zweischneidige Verhältnisse, wobei Schwarz sich ein ausreichendes Gegenspiel erarbeitet hat. Sein starkes Duo aus Dame und Turm auf der b-Linie stellt eine massive Bedrohung des weißen Königs da, die unter Umständen auch noch vom ♗g7 wird unterstützt werden können. Hierfür kann Schwarz den Vorstoß g6–g5 vorbereiten. Allerdings ist sein König in der Mitte stecken geblieben, was zu einer Gefahr für ihn werden kann.

II. 4.dxc5

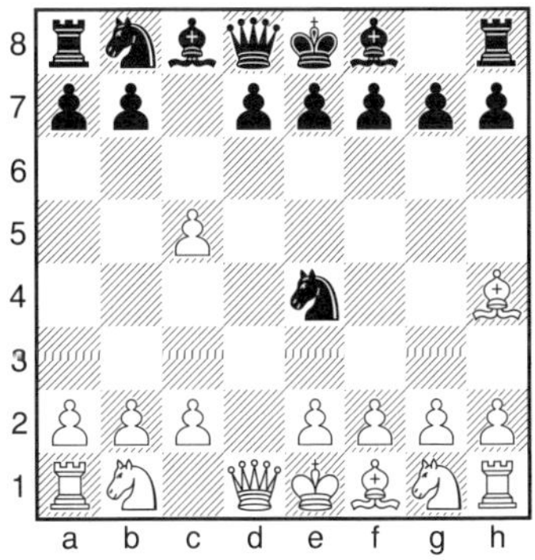

Diese Wahl gibt Schwarz die Gelegenheit zu 4...♕a5+. Im Anschluss erhält er die Möglichkeit, mit natürlichen Zügen zu einer schnellen und harmonischen Entwicklung zu kommen.

(4...♘xc5 lässt diese Gelegenheit aus, ist aber auch spielbar. Allerdings hat Schwarz weniger Möglichkeiten, die Partie in eine für ihn günstige Entwicklung zu drücken. Plausibel weitergehen kann es beispielsweise mit 5.♘c3 ♘c6 6.♘f3 g6, wonach sich ein etwa ausgeglichenes Eröffnungsergebnis abzeichnet.

Es gibt hier noch einiges zu entdecken; unseres Wissens ist diese Stellung erst einmal und zwar vor mehr als 40 Jahren ausgespielt worden. Schwarz wird seinen Fianchetto-Aufbau am Königsflügel beenden, Weiß wird die Rolle des gegnerischen Läufers auf der langen schwarzen Diagonale begrenzen und sein Zentrum stärken wollen. So kann sich beispielsweise ein weiterer Verlauf nach dem Muster 7.♘d5 ♗g7 8.c3 ♘e6 9.e4 0-0 10.♗e2 d6 11.0-0 ♘c7 usw. ergeben.)

Nach 5.c3 ♕xc5 kann das Spiel den Fortgang 6.♘d2 ♘xd2 7.♕xd2 g6 8.e4 ♗g7 nehmen. Weiß kann nun nach dem Plan fortfahren, seinen Königsflügel zu entwickeln und zugleich sein Zentrum zu stärken. Schwarz wird seinen rechtsseitigen Aufbau mit der Rochade vollenden und in der Mitte dagegenhalten wollen.

Entsprechend kann es beispielsweise mit 9.f4 weitergehen. Der Bauer schreitet sofort voran, damit er nicht durch ♘g1–f3 verstellt wird.

9...d6 10.♘f3 0-0 11.♗f2 ♕c7 12.♗e2 ♘c6 13.0-0 ♗d7

Beide Kontrahenten haben ihre Figuren elastisch aufgestellt und müssen nur noch ihre Türme ins Spiel bringen. Eine von mehreren denkbaren Entwicklungen ist nun 14.♖ac1 ♖ad8 15.c4 e5 usw. Schwarz steht das Motiv f7–f5 zur Verfügung, auf das er in einem günstigen Moment zurückgreifen kann.

4...g5

Mit diesem energischen Vorstoß lässt Schwarz zum Preis einer zerrissenen Bauernstellung ein kompliziertes und für ihn chancenreiches Spiel entstehen. Auf die Alternativen 4...♕a5+ und 4...♘f6 gehen wir unseren Leitgedanken für dieses Abspiel entsprechend nur so weit ein, dass sich der Leser ein Bild von grundsätzlichen Entwicklungsmöglichkeiten verschaffen kann.

I. Mit 4...♕a5+ provoziert Schwarz 5.c3, wonach dem ♘b1 das Feld c3 für seine Aktivierung genommen ist. Mit etwas Verspätung kann Schwarz nun wie in unserer Hauptvariante zu 5...g5 greifen.

(Wenn er vorsichtiger mit 5...♘f6 reagiert, kann sich Weiß mit 6.d5 raumgreifend weiterentwickeln. Nach der möglichen Folge 6...d6 7.e4 ♘bd7 8.♘d2 g6 9.♘c4 ♕c7 10.a4 ♗g7 11.♗d3 0-0⩲ usw. hat Weiß das freiere Spiel.)

6.fxe4 gxh4 7.e3

Wie in der Hauptvariante ist es hier am besten, sofort mit 7...♗h6 den schwachen ♙e3 anzugreifen.

8.♘d2 ♕b6

Die hinter dieser Entscheidung steckende Idee wird mit dem nächsten Zug erkennbar.

(8...♗xe3?? 9.♘c4+–)

9.♘c4 ♕g6 10.dxc5 ♘c6 11.♕d3 b5 12.cxb6 axb6⩲ mit komplizierter Stellung, in der die Bauernstellungen beider Seiten beschädigt sind, wenn auch die weiße noch etwas mehr Zusammenhalt aufweist.

II. 4...♘f6

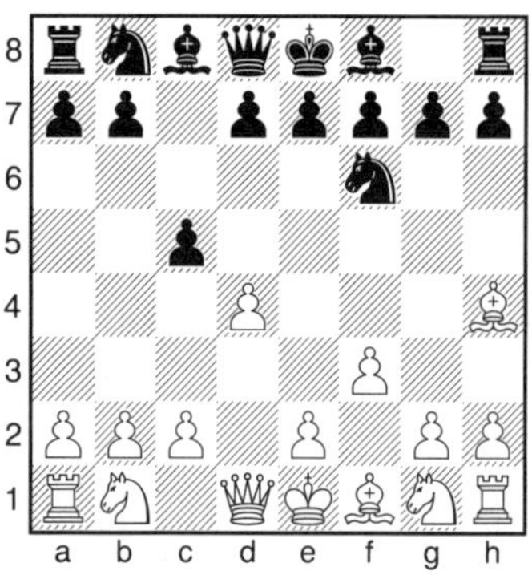

Dieser einfache Rückzug ist gut spielbar.

5.dxc5

(Auf 5.d5 folgt 5...♕b6 mit Angriff auf den ♙b2. Es bringt Weiß keinen realen Vorteil ein, wenn er darauf nicht reagiert und diesen Bauern opfert. Die beispielhafte Variante 6.e4 ♕xb2 7.♘d2 g6 8.♖b1 ♕c3 9.♗d3 ♗h6= zeigt einen möglichen Weg zum Gleichstand auf.)

Die Fortsetzung 5...e6 leitet laut Theorie den aktivsten Plan für Schwarz ein.

(Bei der Wahl von 5...♕a5+ 6.♕d2 ♕xc5 bekommt Schwarz Probleme, mit der gegnerischen Entwicklung Schritt zu halten. Weiß steht bereit, mit mehreren effektvollen Zügen seinen Aufbau voranzutreiben und dabei ein starkes Bauernzentrum zu bilden, das wirkungsvoll von Figuren unterstützt wird.

Die Variante 7.♘c3 e6 8.e4 a6 9.f4 d6 10.0-0-0 ♗e7 11.♘f3 ♘bd7 12.♗d3 zeigt aussagekräftig an, wie Weiß zu einer besseren Entwicklung und damit auch zu den besseren Aussichten kommen kann.)

Wenn Weiß seinem Gegner den Rückgewinn des Bauern mit der Wahl von 6.b4 nicht ohne weiteres erlauben will, kann Schwarz auf die Variante 6...a5 7.c3 axb4 8.cxb4 ♘c6 setzen. Wegen seiner Fesselung wäre der a-Bauer nicht zur Deckung des ♙b4 geeignet, so dass a2–a3 nichts bringen würde. Und auf 9.♕b3 folgt 9...b6! mit Gegenspiel.

5.fxe4 gxh4

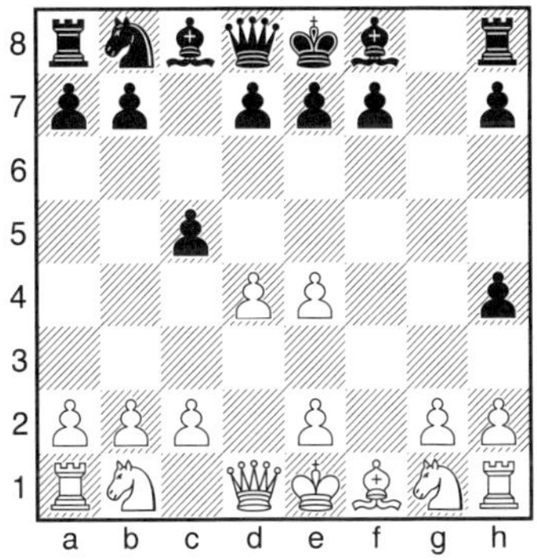

6.e3

Diese Entscheidung ist logisch, denn sie führt zu einer Stärkung des weißen Bauernzentrums.

Zu Recht steht 6.♘c3 auf der Turnierbühne nicht hoch im Kurs, denn damit akzeptiert Weiß, dass auch er selbst mit einer zerrissenen Bauernstellung weiterspielt.

Nach 6...cxd4 7.♕xd4 (mit Angriff gegen den ♖h8) 7...♖g8 8.e5 hat Schwarz den guten Konter 8...♘c6. Weiß hat die Wahl, ob er auf einen Materialvorteil spielen oder mit 9.♕e4 eher positionell agieren soll.

(Über 9.♕xh4 ♘xe5 10.♕xh7 heimst er einen Mehrbauern ein, gerät aber etwas unter Druck, weil seine Dame auf Abwege geraten ist. Mit 10...♖g6 sorgt der Turm für seine Rettung und verhindert eine Annäherung der Dame ans eigene Lager über die Diagonale b1–h7.

Über die beispielhafte Zugfolge 11.0-0-0 d6 12.e3 ♗d7 13.♘f3 können die Kontrahenten ihre Entwicklung voranbringen, bevor 13...♘g4 mehr Schärfe in die Stellung bringt. Es droht die Springergabel auf f2, aber Weiß kann mit der stärkeren (Matt-)Drohung 14.♗c4 antworten und sich auf diese Weise eine bessere Position zur Vermeidung der Springergabel verschaffen.

Nach 14...e6 15.♖he1 ♕b6 ∞ entzieht sich die Stellung einer klaren Einschätzung zu den weiteren Perspektiven.)

9...♕a5 10.♘f3

(Wenn Weiß diese neue Gelegenheit nutzt, die Verteidigung des ♙e5 aufzugeben und auf h7 zu schlagen, wird wieder das Manöver 10.♕xh7 ♖g6 möglich. Nach 11.♕xh4 kommt Schwarz mittels 11...b5 ⇄ zu einem gefährlichen Gegenspiel.)

Durch den Angriff auf den ♙b2 mit 10...♕b4 provoziert Schwarz die gegnerische Dame zum Abtausch.

11.♕xb4 ♘xb4 12.0-0-0 ♗g7 und in dieser zerfahrenen Stellung, in der für keine Seite ein Vorteil auszumachen ist, kann es beispielsweise mit 13.e3 ♘c6 14.♘d5 ♔d8 15.♘xh4 ♘xe5= usw. weitergehen.

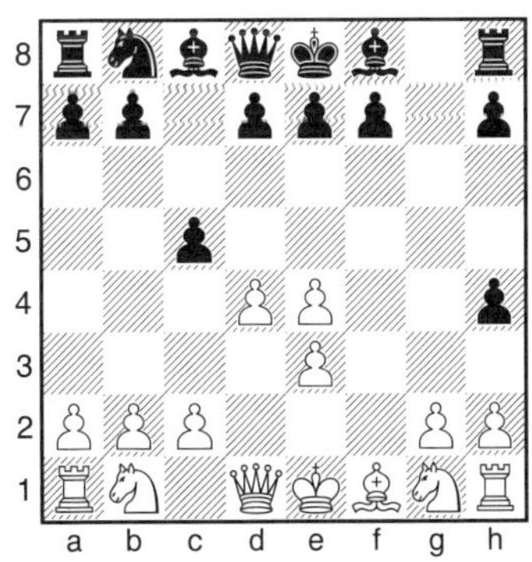

6...♗h6

Dieser Angriff auf den schwachen ♙e3 ist die Empfehlung der Theorie. Mit großem Abstand zu 6...♕b6 als Nummer 2 in der Spielergunst wird entsprechend in der Praxis am häufigsten verfahren.

6...♕b6 ist problematisch, was sich auch in der Erfolgsstatistik bestätigt. Im Fernschach, das für seine tiefe Prüfung der in Stellungen verborgenen Möglichkeiten bekannt ist, fällt das Missverhältnis in beiden Punkten besonders krass aus.

Weiß bekommt für den Bauern eine starke Initiative und die schwarze Dame wird ins Abseits gestellt. Mit 7.♘c3! positioniert sich der Springer für ein Weiterziehen nach d5 für den Fall, dass Schwarz der Verlockung auf b2 nicht widerstehen kann. Weil wir jedoch von 6...♕b6 abraten, gehen wir auf die möglichen Folgen erneut ohne tiefe Kommentierung und weitgehend auf aussagekräftige Beispielvarianten beschränkt ein.

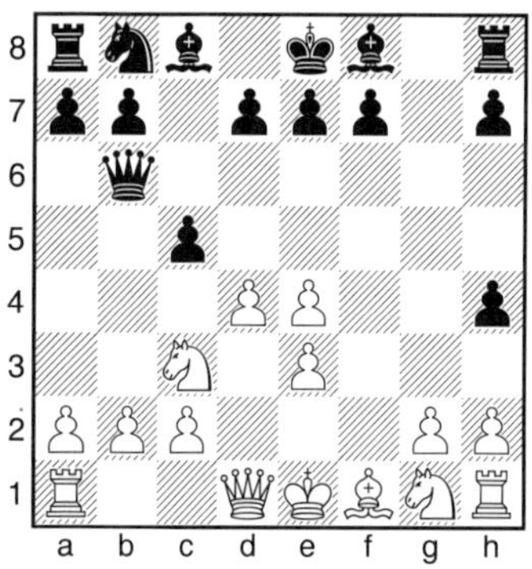

A) Nach 7...e6 8.♘f3 ♕xb2 9.♘b5 kommt Schwarz über das Manöver 9...♕b4+ 10.♔f2 ♕a5 zur Deckung des kritischen Feldes c7.

(10...♘a6 ist nicht ratsam wegen 11.c3 ♕a5 12.♘e5 d6 13.♘c4 ♕d8 14.♕h5± usw.)

11.♘e5 a6 12.♕h5 ♗e7 13.♘d6+

(In der Variante 13.♘c4 ♕xb5 14.♘d6+ ♗xd6 15.♗xb5 axb5 bekommt Schwarz drei Figuren für die Dame.)

13...♗xd6 14.♕xf7+ ♔d8 und Schwarz hält die Partie. Der dornenreiche Weg verspricht ihm nicht mehr als einen Ausgleich, dies aber auch nur dann, wenn er immer trittsicher am Abgrund weitergeht.

B) Nach 7...♕xb2 8.♘d5 gerät Schwarz unter Druck; z.B. 8...♔d8 9.♖b1 ♕a3

(Nach 9...♕xa2? 10.♖a1 ♕b2 11.♗c4 Δ11...e6 12.♖a2+– kann die Dame nicht fliehen.)

Nach 10.♕h5 geht 10...♕xa2, weil die weiße Dame die Deckung des ♙c2 aufgegeben hat. Und nach 11.♖d1 ♘c6 12.♘f3 ♕a5+ 13.♔f2± hat Schwarz große Probleme mit seinen unentwickelten Figuren.

7.♔f2

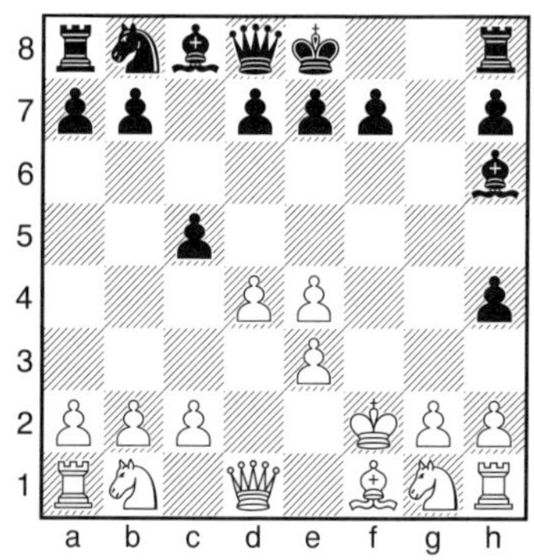

Der König sorgt nicht nur für die Deckung des Bauern, sondern leistet auch einen Beitrag zur Entwicklung des Königsflügels.

7...cxd4 8.exd4 ♕b6

In einem günstigen Moment wie diesem ist dieser Ausfall stark. Schwarz setzt das weiße Zentrum unter Druck und hindert seinen Gegner an der weiteren elastischen Entwicklung. Weiß muss energisch auftreten, um im Spiel zu bleiben.

9.♘c3

Das ist die richtige Wahl. Die Folgen eines zu zögerlichen Auftretens werden anhand der weniger guten Alternative 9.b3 deutlich. Mit 9...♘c6 nimmt Schwarz das weiße Zentrum unter Beschuss und erzwingt dessen Schwächung, um diese dann auszunutzen. Nach der möglichen Folge 10.♘f3 ♗g7 11.c3 hat Weiß die Attacken bisher abfangen können, doch mit 11...f5 sorgt Schwarz für die Zerrüttung des Zentrums, die nach 12.exf5 d5 zu seinem Vorteil führt. Beispielsweise wird 13.♗d3 mit 13...♘xd4!∓ beantwortet und die weiße Konstellation ♔f2/♖a1 erweist sich als tragisch.

9...e6 10.♘f3 ♘c6

Auf eine möglichst schnelle Entwicklung des Damenflügels gespielt.

Zu beachten ist auch die Idee, zunächst mit 10...0-0 den König aus der Mitte zu führen, bevor andere Aufgaben erfüllt werden. Beispielsweise kann plausibel 11.♗e2 ♘c6 12.♘a4 ♕a5 13.c3 ♘e7 14.♖e1 d6∓ 15.b4 folgen.

(15.♘xh4?? würde Weiß wegen 15...b5 die Partie kosten.)

Nach 15...♕h5∓ steht Schwarz aktiver und erzeugt Druck gegen den weißen König.

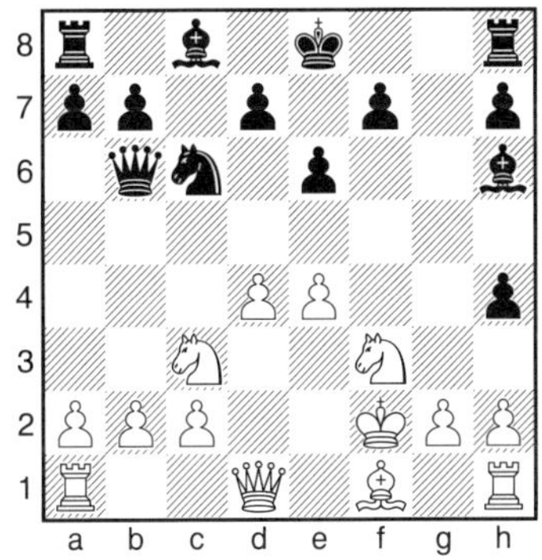

11.♗b5

Weiß sollte seine Kräfte schnell in den Kampf bringen und die offene Stellung seines Königs sichern, während Schwarz noch Entwicklungsarbeit am Damenflügel zu leisten hat.

11.♘b5 kann Schwarz mit 11...0-0 beantworten und nach 12.c4 macht die auf den ersten Blick möglicherweise etwas unverständliche Reaktion 12...d6 (12...a6 13.c5!) eine recht wilde Variante möglich, in der die Fesselung des ♙d4 eine Rolle spielt.

Nach 13.♘xd6 e5 14.♕b3 wird durch die Opposition der Damen zwar der Fesselungsdruck entschärft, andererseits jedoch die Fortsetzung 14...exd4 15.♕xb6 ♗e3+ 16.♔e1 axb6 mit gutem Spiel für Schwarz ermöglicht.

11...d6

Möglich ist auch ein Plan, der eine schnelle Rochade beinhaltet, etwa über die Variante 11...♗g7 12.♗xc6 bxc6 13.e5 0-0 Δf7–f6.

12.♖e1

In der Variante nach 12.♗xc6+ bxc6 13.♘a4 ♕a5 14.b3 0-0 15.♖e1 usw. kommt Weiß über ein ausgeglichenes Spiel nicht hinaus.

12...♗d7

Damit sind die wesentlichen Weichenstellungen in der Eröffnung getroffen. Die Stellung ist kompliziert, die beiderseitigen Chancen dürften sich in etwa auf einer gleichen Höhe befinden, wie die folgende Beispielvariante veranschaulicht.

13.a4 ♗g7 14.♗xc6 ♗xc6 15.♕d3 h3 16.a5 ♕c7 17.g3 0-0

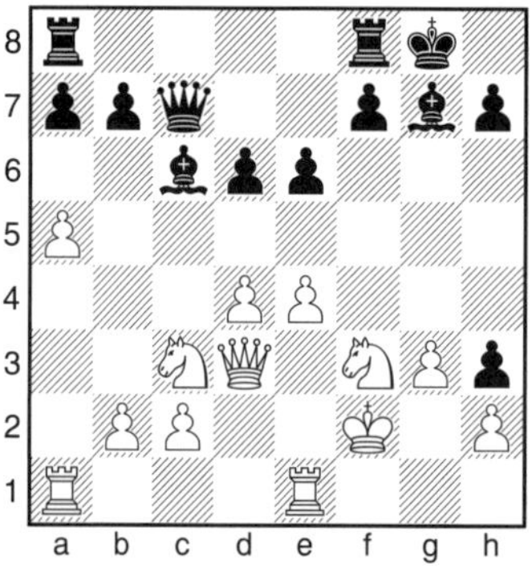

An dem dynamischen Gleichgewicht hat sich nichts geändert und Schwarz sollte nun den Vorstoß f7–f5 vorbereiten.

> **Zusammenfassung:** In dieser Variante sollte Schwarz nach 3...c5 und 6...♗h6 ohne große Probleme um eine ausgeglichene Partie kämpfen können.

Abspiel 3

1.d4 ♘f6 2.♗g5 ♘e4

Fortsetzung 3.h4!?

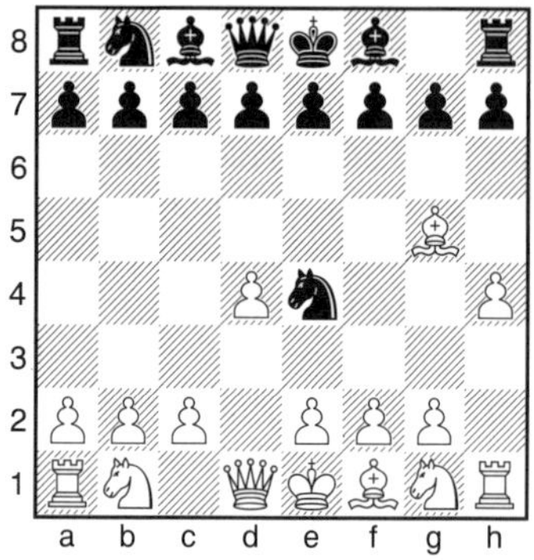

Diese interessante Idee, im Tausch für die Öffnung der h-Linie auf das Läuferpaar zu verzichten, ist Thema dieses Abspiels.

3...c5

Dieser Vorstoß des c-Bauern gegen die Mitte wird am häufigsten gespielt. Daneben sind insbesondere 3...♘xg5 und 3...d5 von Bedeutung. Beide Alternativen schauen wir uns deshalb etwas genauer an.

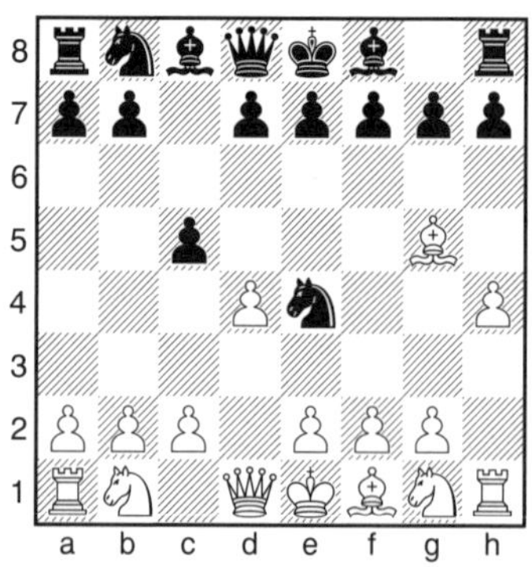

I. Der Abtausch 3...♘xg5 4.hxg5 kommt grundsätzlich Weiß entgegen, führt er doch dazu, dass die h-Linie für den Turm geöffnet wird. In der Praxis sind an dieser Stelle mehrere Fortsetzungen ausprobiert worden. Zu diesen zählt auch 4...c5, womit Schwarz mit Verzögerung und unter nun etwas anderen Bedingungen wie in der Hauptvariante spielt.

(Eine ruhige Alternative ist 4...g6. Wem eine Stellung mit einem bis d5 vorgerückten weißen d-Bauern nicht behagt, so wie sie nach 4...c5 entstehen kann, kann dieser hiermit ausweichen. Zum Aufbau gehört dann neben dem obligatorischen Läufer-Fianchetto der Aufzug d7–d5. Die Partie kann verschiedene Richtungen nehmen, und da wir diese nicht alle darstellen können, müssen wir es mit der Abbildung einer Beispielvariante bewenden lassen.

5.♘f3 ♗g7 6.c3

Der Bauer stützt des ♙d4 und unterbricht den Röntgenblick des Läufers bis b2. Nach 6...d5 kann Weiß auf die Durchsetzung von e2–e4 spielen.

7.♘bd2 c6 8.e4 dxe4 9.♘xe4 ♗f5

Eine natürliche weitere Entwicklung mit 10.♗d3 ♘d7 11.♕e2 ♕c7 12.0-0-0 0-0-0 ∞ lässt eine komplizierte Stellung entstehen, die sich einer sicheren Einschätzung zum Chancenverhältnis entzieht. Weiß kann mittels ♖h1–h4 und ♖d1–h1 Druck auf den ♙h7 aufbauen, Schwarz kann mit dem Verteidigungsmanöver h7–h5 entsprechend dagegenhalten. Perspektivisch wird er auf den Gegenschlag im Zentrum mit e7–e5 setzen.)

5.d5

(Unklar sind die Folgen von 5.dxc5 e6 6.♘f3 ♗xc5 7.e3 ♘c6 ∞ mit der Absicht d7–d5 usw.)

5...g6 6.♘d2

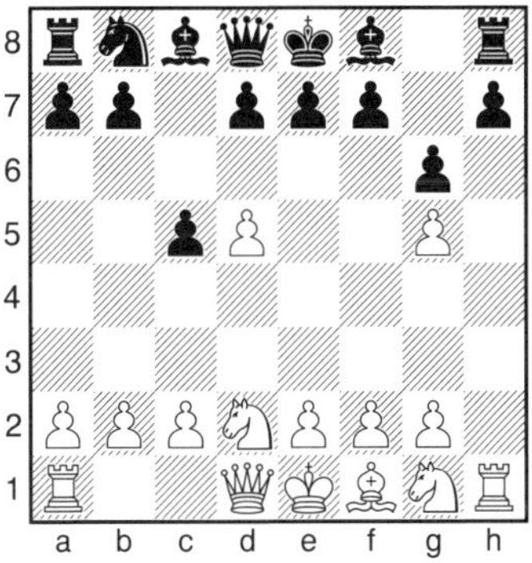

Der Springer wird nicht nach c3 entwickelt, da dieses Feld für den c-Bauern freigehalten werden soll.

6...♗g7

Anders als in der Variante nach 4...g6 hat der Läufer hier einen größeren Wirkbereich. Schwarz setzt im Kampf um Einfluss im Zentrum besonders auf seine Figuren.

Nach 7.c3 d6 macht eine kurze Momentaufnahme deutlich, dass Weiß vorrangig die Entwicklung seines bisher vernachlässigten Königsflügels voranbringen sollte, während sich Schwarz die gleichartige Aufgabe auf der anderen Seite stellt. Weitergehen kann es dabei beispielsweise nach dem Muster 8.♘gf3 ♘d7 9.e4 a6.

Wenn Weiß es zulässt, soll b7–b5 folgen, sonst b7–b6.

10.a4 b6 11.♗d3 ♕c7 12.♕e2 ♗b7 13.0-0-0 0-0

Die Stellung ist weitgehend ausgeglichen. Weiß kann weiter nach einem

Plan mit 14.♖h3 gefolgt von ♖d1–h1 verfahren, um auf der h-Linie zu drücken. Schwarz kann mit 14...♖fe8 reagieren, um im Anschluss ♘d7–f8 zu spielen und den ♙h7 zu verteidigen. Anschließend kann er die Öffnung im Zentrum mit e7–e6 usw. anstreben.

Als Alternative zu 14...♖fe8 kommt auch 14...♖fb8!? in Betracht, gefolgt von b6–b5 zum Aufbau eines Gegenspiels am Damenflügel. Auch hier kann Schwarz nach 15.♖dh1 mit 15...♘f8 den Bauern h7 verteidigen und dann mit e7–e6 die Position im Zentrum öffnen.

II. Die Logik des Zuges 3...d5 liegt schlicht im Entwicklungsfortschritt, den er mit sich bringt. Bis auf seltene Ausnahmen antwortet Weiß in der Praxis mit 4.♘d2, womit er den ♘e4 beseitigen und Schwarz zur Entscheidung drängen will, auf d2 oder auf g5 zu schlagen, sofern er nicht mit ♗c8–f5 seinen Springer stützen will.

Mit 4...♘xd2 wird Schwarz so manchen Gegner überraschen können, weil zumeist, wenn geschlagen wird, dies auf g5 geschieht. In der Praxis der jüngeren Vergangenheit hat 4...♘xd2 die für Schwarz beste Statistik erreicht und ist zudem insbesondere auch für den unerfahrenen Spieler recht einfach zu spielen.

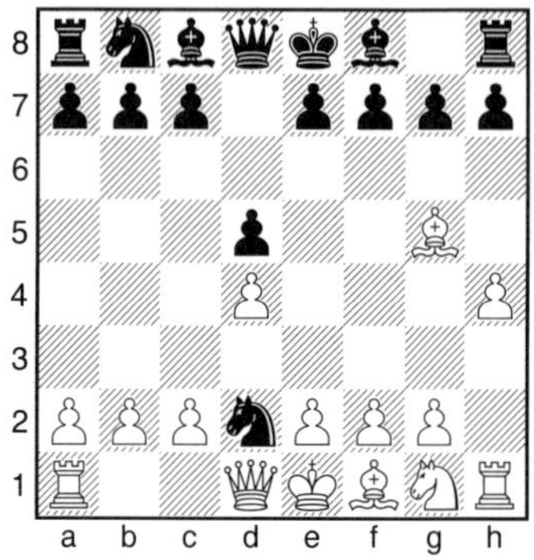

A) Nun liegt 5.♕xd2 in der Gunst der Spieler mit großem Abstand vorne, worauf 5...♗f5 eine rationale Antwort ist. Schwarz bringt seinen Läufer ins Spiel, so dass e7–e6 für ihn keine einschränkende Wirkung hat. Zugleich besetzt er die Diagonale b1–h7, die für seinen weißen Kollegen lukrativ ist.

(Eine Alternative ist 5...f6 6.♗f4 c5 7.e3 ♘c6 usw.)

Weiß bieten sich hier mehrere Alternativen an, die wir nicht alle darstellen können. Eine solide Fortsetzung ist 6.e3 mit der möglichen natürlichen Folge 6...h6 7.♗f4 e6 8.♗d3 ♗xd3 9.♕xd3. Mit dem forschen Vorstoß 9...c5= stellt Schwarz endgültig die Weichen auf Ausgleich. Weiß kann nun u.a. ♘g1–f3 gefolgt von 0-0 erwägen, während 10.dxc5 zu 10...♕a5+ 11.c3 ♕xc5= führen kann.

B) Nach 5.♗xd2 dürfte der einfachste Weg zum Ausgleich über 5...e6 führen, womit der ♗f8 freie Sicht bekommt und c7–c5 vorbereitet wird.

(5...♘d7 mit der Idee eines Transfers des Springers auf den Königsflügel vor einem Vorgehen mit e7–e6 und c7–c5 ist auch schon ausprobiert worden. Es kann dann eine Entwicklung etwa nach dem Muster 6.♘f3 ♘f6 7.e3 e6 8.♗d3 ♗d6 9.c3 c5= eintreten. Auch hier sind den Kontrahenten gleichwertige Perspektiven zu attestieren.)

Weitergehen kann es mit 6.♘f3 und dem beabsichtigten Vorstoß 6...c5 mit der Folge 7.e3 ♘c6. Weiß hat nun mehrere mögliche Fortsetzungen, über einen Gleichstand aber kommt er in keinem Fall hinaus. Auf beispielsweise 8.♗b5 folgt 8...♗d7= usw.

4.dxc5

Mit dieser radikalen Entscheidung verbindet Weiß die Hoffnung, dass sein Gegner viel Zeit für den Rückgewinn des Bauern einsetzen muss.

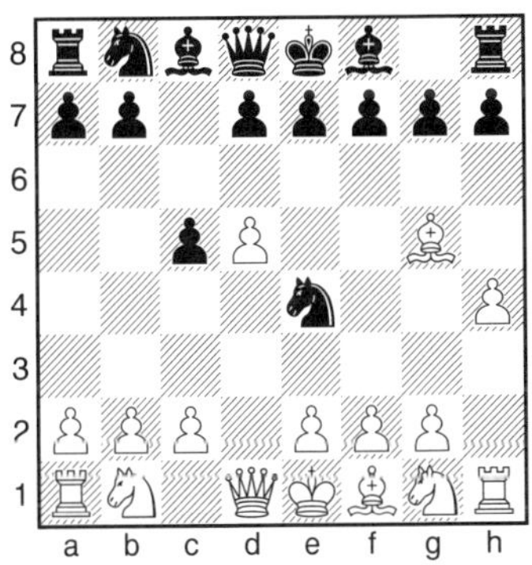

Viele Anhänger hat auch die Fortsetzung 4.d5, die eine Schließung der Stellung in der Mitte herbeiführt.

Zu den Fortsetzungen, die Schwarz als Erwiderung ins Auge fassen kann, gehören besonders 4...g6, 4...d6 und auch 4...♕b6. Wir wollen deshalb für diese drei Alternativen einen Blick auf die wesentlichen möglichen Entwicklungen werfen.

A) 4...g6

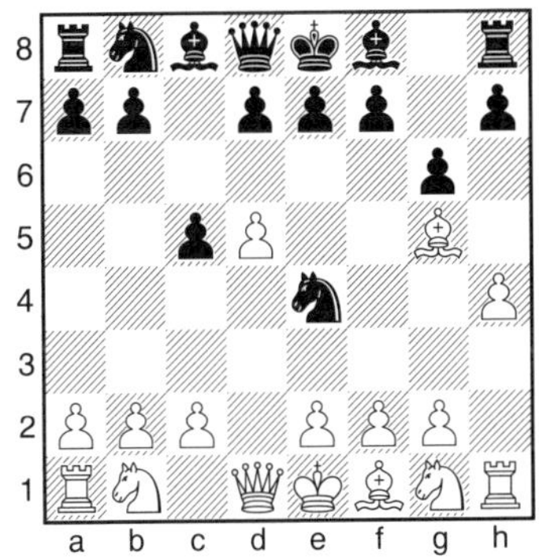

Schwarz legt sich auf eine frühe Entwicklung seines Läufers auf die Diagonale a1–h8 fest. Unter Entwicklung seines eigenen Springers mit 5.♘d2 zwingt Weiß den ♘e4 zur sofortigen Entscheidung. Nach 5...♘xg5 6.hxg5 ♗g7 7.c3 hat Weiß seine Lage am Damenflügel gesichert, allerdings bildet der ♙c3 nun das Motiv für die typische Reaktion mit 7...b5, wonach dieser Bauer sein weiteres Vorrücken androht.

(Schwarz kann die Umsetzung dieser Idee auch zurückstellen und zunächst sein Augenmerk auf die weitere Entwicklung richten. Ein spielbarer Plan führt entsprechend auch über 7...d6 8.e4 ♘d7 usw. Weiß kann seine Hoffnungen sodann auf die rechte, Schwarz hingegen auf die linke Seite konzentrieren.

Aus der Praxis ist nun ein Fortgang über 9.f4 a6 10.a4 b6 bekannt, in dem Weiß seine Chancen auf einen Eröffnungsvorteil mit einem forschen Vorgehen verfolgt, während Schwarz auf einen soliden Aufbau setzt, der jedoch einen späteren Konter erlaubt. Weiß bezahlt seine räumliche Dominanz mit einem unentwickelten Königsflügel und einer dauerhaft lockeren Königsstellung ohne einen massiven Bauernschutz.

Die Kontrahenten erwartet ein offener Kampf mit ungewissem Ausgang und nach beispielsweise 11.♘gf3 ♖b8 liegt b6–b5 in der Luft, womit Schwarz voll ins Spiel kommt.)

Mit 8.e4 bildet Weiß sein starkes Zentrum und greift zugleich mit dem Läufer den ♙b5 an. Schwarz deckt ihn nicht, sondern nutzt ihn ohne Verzögerung mittels 8...b4 zur Schwächung der gegnerischen Lage auf der Diagonale a1–h8, auf der dann der ♗g7 mehr Kraft entwickelt.

Nach 9.♖c1 bxc3 10.bxc3 hat Schwarz hat die Auswahl zwischen verschiedenen Fortsetzungen. Wir empfehlen 10...d6, worüber er zu einer soliden und kontinuierlichen Entwicklung kommen wird, und zwar relativ unabhängig von den gegnerischen Aufbauentscheidungen.

Diese Entscheidungsfreiheit gilt vergleichbar auch für Weiß. Ihm bietet sich, beginnend mit 11.♗d3 ein ebenso solider Aufbau an. Da der ♘g1 nach e2 geführt werden soll, wird der Läufer ins Feld gebracht, bevor er dem Springer den Weg verstellen kann. Der andere Springer soll auf f3 postiert werden, weshalb das Feld zunächst frei bleibt.

(Der passionierte Angriffsspieler kann auch 11.f4 erwägen, wobei ihm aber klar sein sollte, dass er damit auch etliche Brücken hinsichtlich der langfristigen Königssicherheit hinter sich abreißt. Fortsetzen kann er dann beispielsweise mit ♘g1–f3 usw., worauf Schwarz auch hier mit 11...♘d7 reagieren kann. Für die nahe Zukunft stehen ihm als Optionen ♖a8–b8, 0-0 (je nach Verlauf ggf. auch ♔e8–f8 zur Sicherung) und h7–h5/h7–h6 zur Verfügung.)

Nach 11...0-0 12.♘e2 kann Schwarz mit 12...e6 die Schwächung des weißen Zentrums und die Öffnung der e-Linie anstreben, die im Anschluss seinem Königsturm gute Einsatzchancen vermittelt.

13.♘f3 exd5 14.exd5 ♖e8

Schwarz hat sich den Stellungsausgleich gesichert und nach der möglichen Folge 15.♕d2 ♕a5 16.0-0 ♗a6= wird deutlich, wie er sein Gegenspiel effektiv gestalten kann.

B) Bei der Wahl von 4...d6 hält sich Schwarz ein späteres g7–g6 offen.

5.♘d2

B1) Nun vermittelt 5...♘xg5 6.hxg5 Schwarz die besten Aussichten.

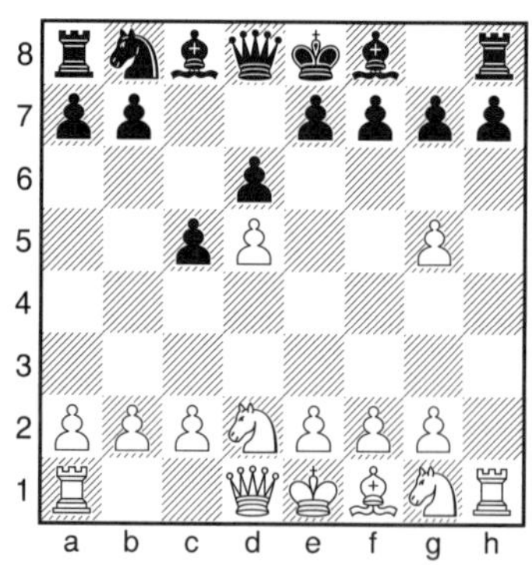

Die Fianchetto-Lösung 6...g6 wird häufig gewählt.

(In Frage kommt aber auch 6...e6 mit der möglichen Folge 7.dxe6 ♗xe6∞.)

Die natürliche Variante 7.e4 ♗g7 8.c3 ♘d7 veranschaulicht, welchen Weg die Partie beispielhaft nehmen kann. Die vorliegende Stellung ist in der Praxis mehrfach ausgespielt worden. Zumeist hat Weiß dabei der aggressiven Fortsetzung 9.f4 vertraut. In einer Stellung wie dieser muss Schwarz besonders auf das angemessene Verhältnis zwischen der Verteidigung gegen den aufziehenden weißen Angriff und den Bemühungen um ein eigenes Gegenspiel achten.

9...a6 mit der Absicht b7–b5 setzt Weiß mit 10.a4 erst einmal eine Schranke, worauf 10...b6 wiederum den Folgen von a4–a5 entgegenwirkt.

11.♘gf3 ♖b8

Der schwarze Leitgedanke bleibt b6–b5, dessen Umsetzung nun der Turm unterstützt. Mit 12.♘c4 verhindert Weiß das Voranschreiten des schwarzen b-Bauern auf eine etwas subtile Weise. Angebracht ist nun 12...h6!, um die Verteidigungslage am Königsflügel zu verbessern.

(Wenn Schwarz sich am Ziel wähnt, den Durchbruch zum Gegenspiel am Damenflügel spielen zu können, und mit 12...b5? fortsetzt, führt 13.axb5 axb5 14.♘a5± zum klaren Vorteil für Weiß.)

Folgen kann 13.♗e2 hxg5 14.♖xh8+ ♗xh8 15.♘xg5 ♗f6 mit dem Plan ♕d8–c7 und b6–b5 in einer komplizierten Stellung.

B2) Die Alternative 5...♘xd2 ist auch spielbar, verspricht Schwarz aber keinen einfacheren Erfolg. Nach 6.♕xd2 h6 7.♗f4 nimmt Schwarz mit 7...♕b6 den ♙b2 ins Visier und nun wird erkennbar, dass eine verzögerte Entwicklung des Läufers nach g7 den Druck gegen den weißen Damenflügel unterstützen kann.

(7...b5!? scheint ein frühes gutes Gegenspiel zu versprechen, sollte aber mit Vorsicht betrachtet werden. Mit 8.e4 legt Weiß zugleich den Angriff des Läufers gegen den ♙b5 frei, den die Dame mit 8...♕b6 abfangen kann, ohne den b-Bauern noch zu verstellen.

Weiß kann seinen Bauern aber mit 9.e5 weiterlaufen lassen und nach 9...dxe5 10.♗xe5 kann es beispielsweise mit 10...♘d7 11.♘f3± weitergehen. Weiß hat seine Kräfte besser zur Entfaltung gebracht, droht nun a2–a4 und hat den angestrebten Eröffnungsvorteil somit erreicht.)

Mit 8.0-0-0 sorgt Weiß für die Deckung seines Bauern unter Fortsetzung seiner Entwicklung. Weitergehen kann es beispielsweise mit 8...g6 9.♕c3 ♖g8 10.e4 ♗g7∞.

C) 4...♕b6 ist gut spielbar und passt zudem zum Motto „man kann es ja mal versuchen“.

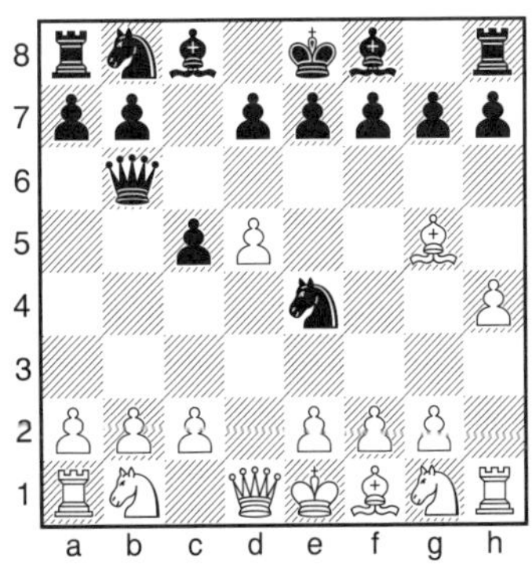

Angebracht ist auch hier die Antwort 5.♘d2

(– Wenn Weiß sich ins Bockshorn jagen lässt und zur Verteidigung seines ♙b2 mit 5.♕c1? seine Dame einsetzt, kommt er in Nöte, denn nach 5...c4 brennt es auf f2. Mit 6.e3 ist das Feuer zunächst gelöscht, doch Schwarz lässt mittels 6...♕a5+ nicht locker, und weil zugleich der ♙d5 angegriffen wird, hilft nur 7.♘d2. Es folgt 7...c3 8.bxc3 ♘xc3 9.♗c4 h6 10.♗f4 ♘xd5 und Schwarz behauptet ein materielles Plus.

– Auch zu passiv ist 5.♗c1, was Schwarz in der Variante 5...e6 6.e3 exd5 7.♕xd5 ♘f6 8.♕b3 d5 unter Beweis stellt. Er steht ausgezeichnet.)

Nach 5...♘xg5 6.hxg5 ♕xb2 hat Schwarz einen Bauern erobert, dafür aber seine Entwicklung etwas vernachlässigt. Zudem steht seine Dame angreifbar und wird noch den Einsatz von Zugrechten kosten, bis sie wieder besser platziert ist. Beide Seiten sollten jetzt auf Entwicklung spielen, wobei Weiß versuchen sollte, die Lage der gegnerischen Dame auszunutzen.

Mit 7.e4 wird der Weg für den Läufer nach c4 frei, von wo aus er den ♙a2 sichert und den ♖a1 entlastet.

(7.g6 mit der Folge 7...fxg6 8.e3 e6 ∞ ist eine interessante Idee, die sich in der Praxis auch als spielbar erwiesen hat: Allerdings dürfte sie für den unerfahrenen Spieler als Alternative weniger empfehlenswert sein.)

Nach 7...g6 8.♗c4 ♗g7 ist 9.♖b1 vorbereitet und nach 9...♕c3 kann der Turm die Dame weiterverfolgen und verdrängen. Mit 10.♖b3 verschafft er sich zudem die Option auf einen Schwenk zum Königsflügel.

10...♕a5 11.♕b1 ♕c7 12.♖bh3

Weiß wird das Materialverhältnis wieder ausgleichen können; z.B. 12...d6 13.♖xh7 ♖xh7 14.♖xh7 ♔f8 mit einem komplizierten Spiel und Chancen für beide Kontrahenten.

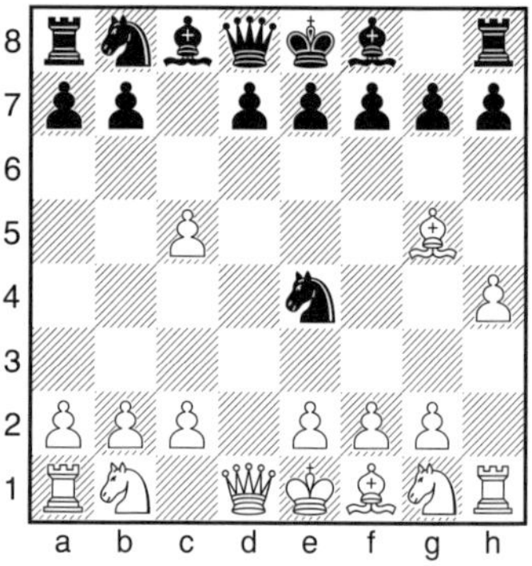

4...♘a6

Dies ist der einfachste Weg, den Bauern zurückzubekommen und gleichzeitig einen gesunden weiteren Aufbau einzuleiten. Er ist für den wenig erfahrenen Spieler am leichtesten zu spielen, weshalb wir uns auf ihn konzentrieren. Andere Pläne verbinden sich mit 4...♘c6 und 4...d5, die wir dem Leser nicht vorenthalten, aber auch nicht intensiv erörtern wollen.

I. 4...♘c6 5.♘d2

(Der Versuch, den Bauern mit 5.♕d5 zu verteidigen, bringt nichts wegen 5...♘xg5 6.hxg5 e6 7.♕d2 ♗xc5=.)

5...♘xc5 6.e4 d5 7.exd5 ♕xd5=

II. 4...d5 5.♘d2

(5.cxd6 wäre zu gefährlich für Weiß, denn Schwarz kann 5...♕b6 antworten und sowohl auf f2 ein Matt drohen als auch den ♙b2 attackieren. Folgen kann 6.e3 ♕xb2 7.dxe7 ♗xe7 8.♗xe7 ♔xe7 9.♘d2 ♘xd2 10.♔xd2 ♕b4+∓.)

5...♘xc5 6.e4 ∞

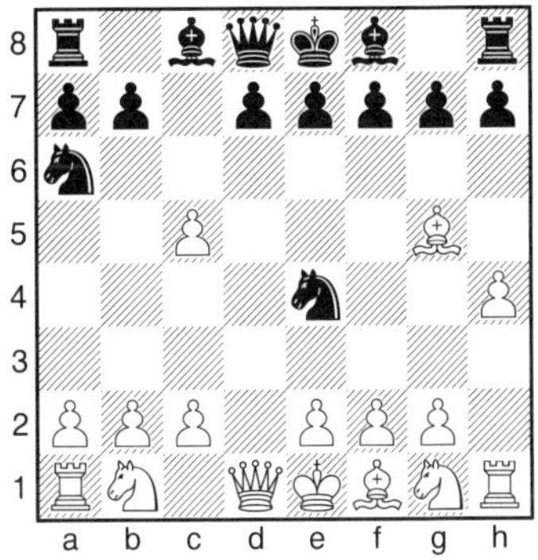

5.♘d2

Daneben muss Schwarz insbesondere mit den Versuchen 5.♕d4 und 5.♕d5 rechnen. Wie in der Hauptvariante holt er sich dann am besten zunächst seinen Bauern zurück. Im Einzelnen kann sich das Spiel jeweils wie folgt entwickeln:

I. Nach 5.♕d4 ♘axc5 ist 6.♘c3 die übliche Fortsetzung, ohne die Weiß auch kaum auskommt. Damit leitet er die plausible Entwicklung der Stellung mit 6...♘xc3 7.♕xc5 ♘e4 8.♕d5 ein. Schwarz kann sich nun zwischen 8...h6 und 8...♘xg5 entscheiden.

A) Mit 8...h6 will Schwarz den Läufer vertreiben, um im Anschluss mit ♘e4–f6 unter Angriff auf die Dame seine Stellung zu konsolidieren und sich wieder auf Fortschritte in seiner Entwicklung konzentrieren zu können.

9.♗f4

(Wenn Weiß die Läuferflucht verweigert und 9.♕xe4 zieht, geht natürlich nur 9...hxg5. Wegen seines ungedeckten ♖h1 ist daraufhin der ♙g5 für Weiß tabu. Ein plausibler Fortgang, in dem es beiden Seiten insbesondere auch darum geht, aus der Konstellation der Bauern auf h4 und g5 heraus nicht in Nachteil zu kommen, wäre nun 10.0-0-0 e6 11.♘f3 ♗e7 12.h5 ♕b6 ∞ usw.)

Nach 9...♘f6 10.♕b3 provoziert Weiß mit 10...♕a5+ den Rückzug des ♗f4 in eine weniger aktive Position, worauf er das dann nicht mehr von Weiß beherrschte Feld c7 für seine Dame nutzen kann.

(10...d6 zur Vorbereitung von e7–e5 mit Vertreibung des Läufers geht auch. Schwarz sollte sich aber bewusst sein, dass dieses Vorgehen Schwächen im eigenen Lager verursacht. Folgen kann 11.e4 e5 12.♗e3 ♗e7 ∞ mit nicht sicher abschätzbaren Konsequenzen.)

Nach 11.♗d2 ♕c7 12.0-0-0 besteht eine gute Möglichkeit in 12...d5 mit der Absicht ♗c8–d7 und 0-0-0, verbunden mit etwa gleichen Perspektiven.

B) 8...♘xg5 9.hxg5

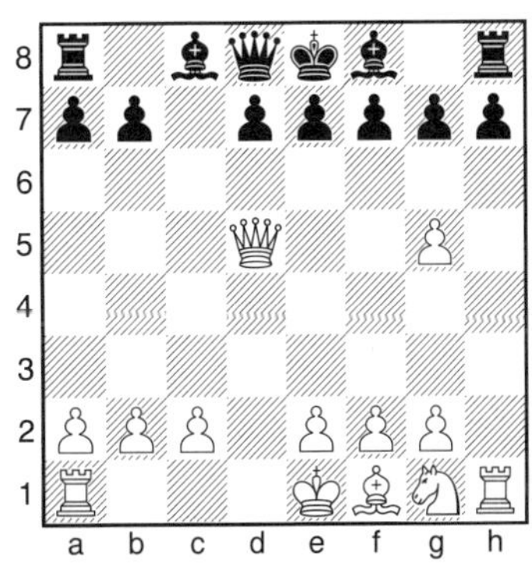

Nun erlaubt 9...♕b6 Schwarz einen Bauerngewinn, weil sein Gegner nicht beide angegriffenen Bauern auf b2 und f2 decken kann. Dieses Vorgehen ist aber mit dem Risiko verbunden, dass Weiß die Zeit, die Schwarz für das Einstreichen des Bauern und die Rückführung seiner Dame einsetzt, zum Ausbau seiner dynamischen Möglichkeiten nutzt.

Nach 10.0-0-0 ♕xf2 11.♖h3 steht der Turm für den Schwenk nach links und die Einbeziehung in den Angriff bereit. Der Verlockung, den nun ungedeckten ♘g1 zu schlagen, sollte Schwarz widerstehen und mit 11...e6 nicht nur die Dame vertreiben, sondern zugleich einen Schritt zugunsten seiner Entwicklung unternehmen und seiner Dame den Rückweg nach c5 ebnen.

(Nach 11...♕xg1? 12.♖c3! käme Weiß zu einem übermächtigen Angriff, denn es droht bereits ♖c3xc8 mit anschließendem Matt auf d7.)

Nach 12.♕d2 ♗e7 13.♘f3 ♕c5 mit der möglichen Folge 14.e4 e5 ∞ hat Schwarz den Mehrbauern behauptet, Weiß aber ist besser entwickelt und steht aktiver.

II. 5.♕d5

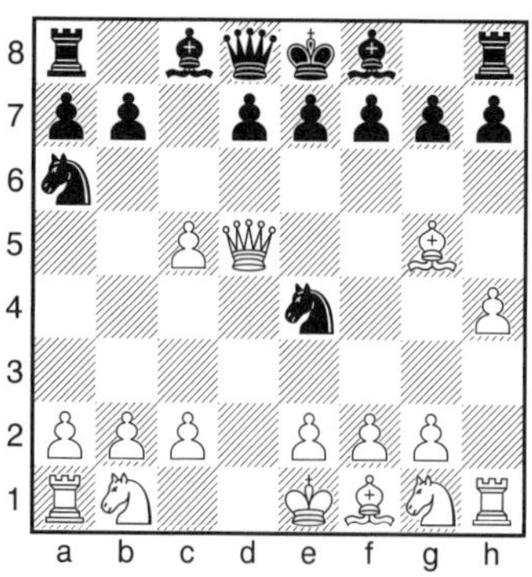

Wenn er nicht selbst den Anlass für eine Abweichung gibt, kann sich Schwarz auf das stützen, was er sich zum Umgang mit 5.♕d4 erarbeitet hat.

5...♘axc5

(5...♘xg5 wäre nun die vorgenannte Abweichung. Nach 6.hxg5 e6 7.♕d2 kann Schwarz den Bauern mit dem Springer vom Brett nehmen oder sich zu diesem Zweck auch für den Läufer entscheiden.

Nach 7...♗xc5 muss Weiß sich auf ♕d8–b6 vorbereiten. Der Entwicklungszug 8.e4 erlaubt zugleich der Dame, sich an der Deckung der Schwachstelle f2 zu beteiligen. So kann Weiß 8...♕b6 mit 9.b3 parieren. Schwarz kann nun mit 9...♘c7 die Stellung seines Springers verbessern und mit diesem seine Idee d7–d5 unterstützen.)

6.♘c3 ♘xc3 7.♕xc5 und weiter wie in der Variante nach 5.♕d4 (im Anschluss an 8.♕d5).

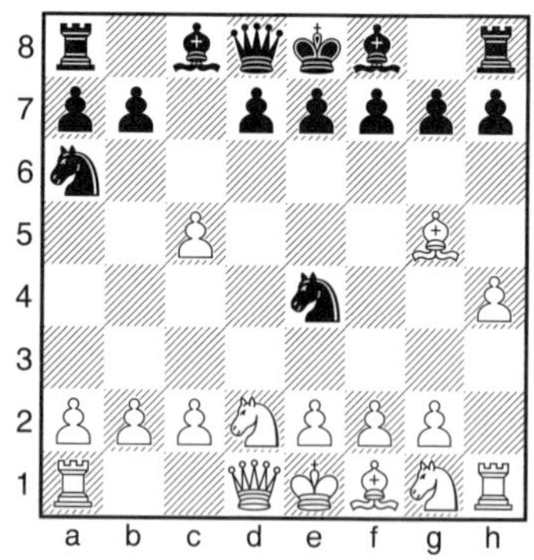

5...♘axc5

In der Praxis setzt Schwarz am häufigsten sein Vertrauen auf dieses konsequente Schlagen des Bauern.

Es geht grundsätzlich auch 5...♘xg5 6.hxg5 ♘xc5, womit sich Schwarz den Weg zum Ausgleich aber nicht leichter macht.

7.e3

(Auch auf 7.e4 geht 7...g6.)

Nach 7...g6 8.♘b3 ist der ♘c5 mittelbar gedeckt, so dass Schwarz seine Entwicklung wie geplant mit 8...♗g7 fortsetzen kann.

A) Nach 9.♘xc5 ♕a5+ 10.c3 ♕xc5 11.♘f3 d6= ist die weitere Entwicklung nicht vorgezeichnet. Eine von mehreren Möglichkeiten für Weiß liegt in einem Aufbau mit den Kernelementen ♕d2, ♗d3, ♔e2 und ♖h4. Schwarz kann nach Möglichkeit einen Aufbau mit ♗d7, b7–b5, a7–a5 usw. erwägen. So käme es zu weißem Angriffsspiel auf dem Königsflügel und einem schwarzen Konter auf der anderen Seite.

B) Ebenfalls logisch ist 9.c3, worauf ein guter Plan für Schwarz die Entwicklung seines Damenläufers auf die Diagonale a8–h1 umfasst, die er mit 9...b6 sofort einleiten kann. Weitergehen kann es dann beispielsweise mit 10.♘f3 ♗b7 11.♘fd2.

(11.♘xc5? bxc5 12.♕b3 würde mit 12...♖b8∓ widerlegt.)

11...♕c7

Der ♗b7 behindert Weiß in seinen Möglichkeiten. Anbieten kann sich ihm jetzt ein Plan mit einer langen Rochade. Vor diesem Hintergrund kann sich das Duell beispielsweise nach dem folgenden Muster entwickeln: 12.♕g4 h5 13.gxh6 ♖xh6 14.♖xh6 ♗xh6 15.0-0-0 ♗g7∞.

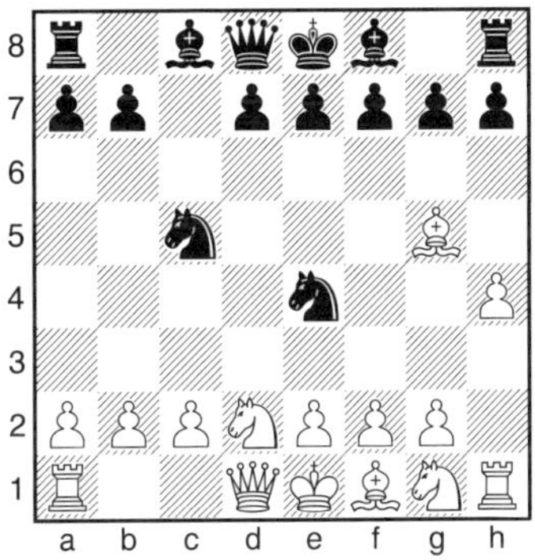

6.♘xe4

Zumindest dem unerfahrenen Spieler empfehlen wir diesen Abtausch auf e4, auch wenn Weiß natürlich nicht dazu gezwungen ist.

So kann er stattdessen auch weiter an der Mobilisierung seiner Kräfte arbeiten und 6.♘gf3 spielen, doch gibt dies eher Schwarz mehr Spielraum in seinen Entscheidungen.

A) Nach 6...♕b6 bleibt Weiß kaum etwas anderes übrig, als doch auf e4 zu nehmen. Bei der Suche nach der richtigen Antwort darf er nicht übersehen, dass Schwarz im Falle einer unvorsichtigen Reaktion mit dem Springer auf f2 einschlagen kann, weil die Konstellation ♘c5/♕b6 ein Abzugsschach ermöglicht.

Nach der als erzwungen anzusehenden Folge 7.♘xe4 ♘xe4 8.♕d4 wird ein weiterer und in sich gut nachvollziehbarer Verlauf des Kampfes mit 8...♕xd4 9.♘xd4 a6 10.g3 e5 11.♘b3 d5 12.♗g2 ♘xg5 13.hxg5 ♗e6 14.0-0-0 0-0-0 möglich. Die Situation ist kompliziert und entzieht sich einer konkreten Bewertung der beiderseitigen Perspektiven durch einen Vergleich. Zweifellos aber verspricht sie ein spannendes weiteres Ringen mit Chancen für beide Kontrahenten.

B) Daneben ist auch 6...d5 möglich, worauf insbesondere die Antworten 7.♗e3 und 7.♘xe4 in Betracht kommen. In beiden Fällen ist es Weiß, der größere Mühe hat, auf Augenhöhe zu bleiben.

B1) Nach 7.♗e3 f6 beabsichtigt Schwarz e7–e5. Mit einer Abwicklung in der Form 8.♘xe4 ♘xe4 9.♘d2 ♘xd2 10.♕xd2 kann Weiß sich aus seiner bedrängten Lage zu befreien versuchen.

Nach 10...e5 darf Weiß seinem Gegner das Feld d4 nicht überlassen, weshalb 11.c3 angebracht ist. Damit sind die wesentlichen Richtungsentscheidungen von beiden Seiten getroffen worden. Zum beiderseitigen Abschluss der Entwicklung kann es z.B. mit 11...♗e6 12.g3 ♕c7 13.♗g2 ♖d8 14.0-0 ♗c5 15.♖fd1 b6 ∞ usw. weitergehen.

B2) 7.♘xe4 ♘xe4

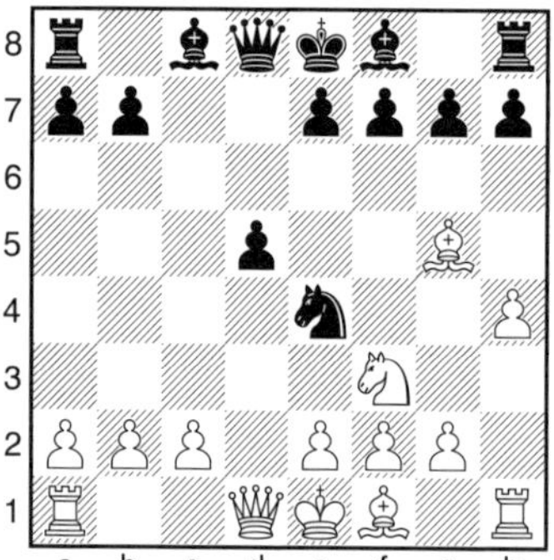

Nun ist 8.♗e3 zwar ästhetisch unbefriedigend, aber die beste Antwort, wenn der Läufer erhalten werden und nicht wieder auf die Grundreihe zurückgeführt werden soll.

(8.♗f4 f6!? Δe7–e5)

Ein solider Aufbauplan für Schwarz umfasst 8...e6 mit der Absicht, den Königsläufer in Richtung Mitte zu entwickeln, den anderen Läufer auf die lange Diagonale a8–h1 zu führen und dann kurz zu rochieren.

Da der ♗e3 die weißen Entwicklungsbemühungen stört, verspricht 9.g3 mit einem Fianchetto-Aufbau des Königsflügels einen Ausweg.

9...b6

(Einen interessanten Kampf verspricht auch 9...♕c7!? 10.♗g2 ♗d6 ∞ usw.)

Nach 10.♗g2 hat Schwarz verschiedene Möglichkeiten, um den Ausgleich zu halten. 10...♗c5 ist diejenige davon, die Weiß in seiner Wahl der Antworten am meisten beschränkt.

11.♕d3

(Auf 11.♗xc5 sind die Antworten 11...bxc5 und 11...♘xc5 gleichermaßen geeignet.)

Nach 11...0-0 12.0-0 ♗b7 ∞ sind die weiteren Aussichten unklar, allerdings ist die aktuelle Stellung für Schwarz keinesfalls nachteilig.

6...♘xe4

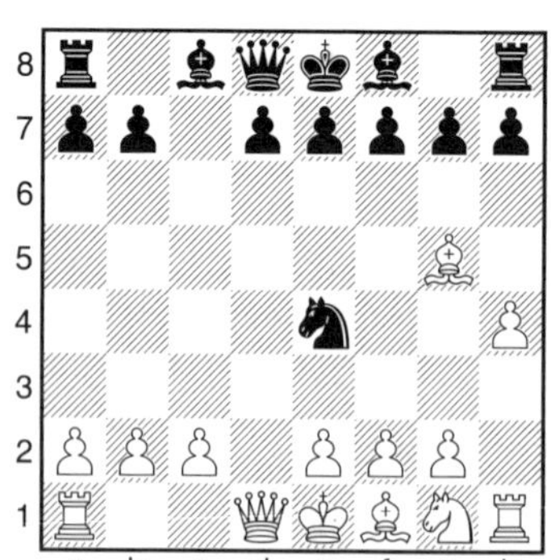

7.♕d5

Die Wahl einer der Alternativen 7.♕d4 und 7.♘f3 ist für Weiß mit keinen Vorteilen verbunden.

– 7.♕d4 macht das forcierte Vorgehen mit 7...♘xg5 8.hxg5 ♕a5+ 9.♕d2 ♕xd2+ 10.♔xd2 möglich. Die Würfel sind gefallen, die Spieler werden die Eröffnungsphase auf Augenhöhe beenden; z.B. nach 10...g6 11.g3 ♗g7 12.c3 h6= usw.

– 7.♘f3 kann Schwarz mit 7...♕b6 und Angriff gegen b2 und f2 beantworten. Mit 8.♕d4 kann Weiß die Drohungen parieren. Folgen kann 8...♘xg5 9.hxg5 ♕xd4 10.♘xd4= und auch hier hat Schwarz keine Probleme. Eine gute Möglichkeit zur Fortsetzung basiert auf g7–g6 und ♗f8–g7.

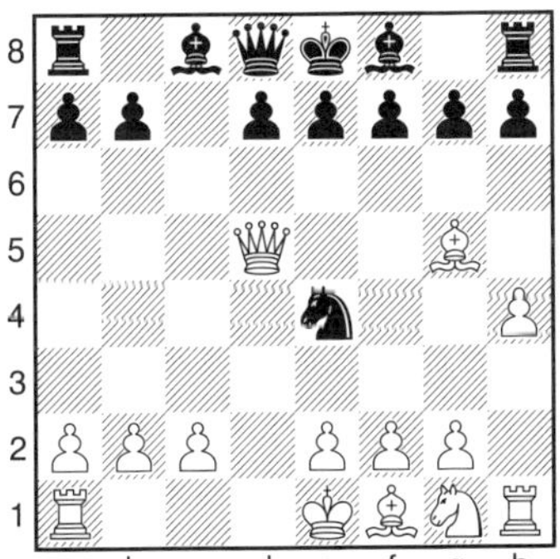

7...♘xg5

Mit diesem Vorgehen drückt Schwarz dem Spiel am deutlichsten seinen Stempel auf.

Es geht auch 7...h6, was wir aber nur kurz am Rande behandeln.

8.♕xe4

(8.♗f4 lässt Schwarz seinen Doppelbauern vermeiden und eröffnet ihm die Chance auf ein schnelles Gegenspiel unter Konsolidierung seiner Springerstellung mit 8...♘f6. Anschließen kann sich beispielsweise 9.♕b3 e6 10.0-0-0 a5 und die Idee für die Entwicklung des Gegenspiels wird deutlich.

11.f3 mit der Absicht, den ♘f6 fernzuhalten und e2–e4 vorzubereiten, kann Schwarz mit dem weiteren Vorrücken seines Bauern zwecks Destabilisierung der weißen Lage beantworten; z.B. 11...a4 12.♕d3 a3 13.b3 ♘d5 ⇄ usw.)

Nach 8...hxg5 werden beide Seiten auf Entwicklung spielen, so beispielsweise in der Zugfolge 9.0-0-0 e6 10.♘f3 ♗e7 11.h5 ♕b6 usw. Weiß muss sich nun entscheiden, ob er den ♙f2 verteidigen oder ihn in der Hoffnung hergeben will, durch dieses Opfer Entwicklungsvorteile zu erreichen.

Die solide Verteidigung ist ihm mit 12.♕d4 möglich (12.e3 d5!?) und nach 12...♕xd4 13.♘xd4 kann 13...b6 14.♘b5 ♔d8 15.e4 ♗b7 16.f3 ♖h6= usw. folgen.

8.hxg5

8.♕xg5 wäre schwächer, weil die Stellung der Dame einerseits von Schwarz für Entwicklungszüge ausgenutzt werden könnte und ihre Kraft andererseits aktuell in der Mitte benötigt wird. Eine Fortsetzung nach dem Muster der Hauptvariante mit 8...♕b6 9.0-0-0 ♕xf2 10.♘f3 f6∓ veranschaulicht eine mögliche Folge.

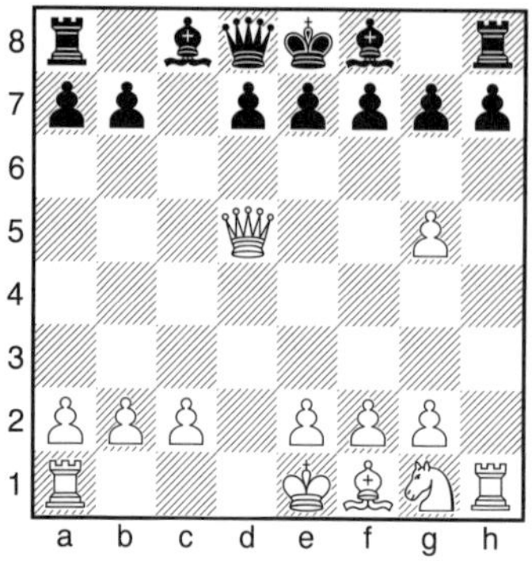

8...♕b6

Auf diesen aktiven Damenzug greift Schwarz oft zurück.

Es geht auch zunächst 8...e6 mit Vertreibung der weißen Dame, um erst auf 9.♕d2 mit 9...♕b6 fortzusetzen. Nach 10.0-0-0

(10.c3 d6 11.e4 ♗d7 12.0-0-0 0-0-0∞)

10...♕xf2 hat Weiß folgende Wahl:

A) Mit 11.♘f3 nutzt Weiß die exponierte Position der gegnerischen Dame, um schnelle Fortschritte in seiner Entwicklung zu erlangen. Nach 11...♕c5 kann die Partie über Entwicklungszüge nach dem Muster 12.e3 ♗e7 13.♔b1 d6 14.♗d3 ♗d7 usw. in ein dynamisches Gleichgewicht laufen.

B) Weniger ratsam ist der aus der Turnierpraxis bekannte Zug 11.♖h3, auch wenn er in den wenigen Einsatzfällen durchaus erfolgreich war. Allerdings spielt Schwarz nicht wie bisher 11...♗e7 mit Angriff gegen den ♙g5, sondern 11...d6!? mit der Option e6–e5.

(Nach 11...♕xg1?? 12.e3+– wäre die Dame aus dem Spiel.)

Nun fehlt Weiß eine befriedigende Fortsetzung, denn wenn der ♖h3 nach innen zieht, geht ♕f2xg1. Auf ♘g1–f3 folgt e6–e5 und der Turm müsste zurück. Zu versuchen wäre 12.♕b4, was Schwarz aber mit 12...♕b6 und einer klar besseren Stellung mit einem Mehrbauern kontern könnte.

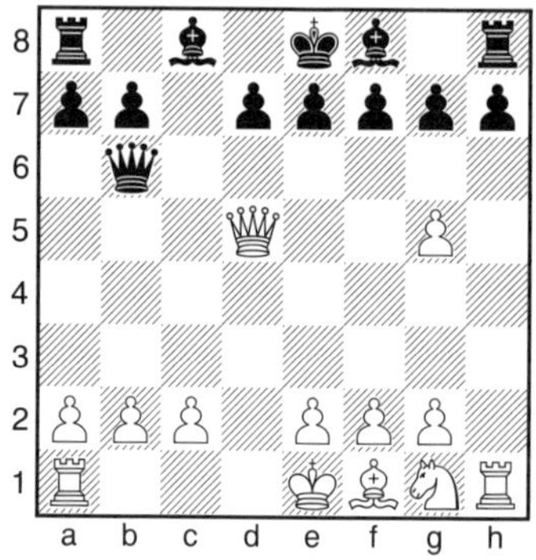

9.0-0-0

Wenn Weiß um die Initiative kämpfen will, muss er energisch spielen, auch wenn hierzu das Opfer eines Bauern erforderlich ist.

Keine Mühe zum Ausgleich hat Schwarz nach 9.b3 mit der möglichen Folge 9...e6 10.♕d2 d5 11.e3 g6.

Schwarz verschafft sich die Option auf ♗f8–g7, womit der Läufer eine starke Rolle auf der langen Diagonale a1–h8 übernehmen würde. Wenn Weiß dies verhindern will, kann er mit 12.♕d4 den Damentausch erzwingen, der aber den schwarzen Bemühungen um Ausgleich eher entgegenkommt.

(Im Falle von 12.0-0-0 mit der natürlichen Folge 12...♗g7 13.♔b1 ♗d7 14.♘f3 hat Schwarz die Wahl zwischen beiden Rochademöglichkeiten, jeweils verbunden mit guten Perspektiven.)

Nach 12...♕xd4 13.exd4 ♗b4+ 14.♔e2 ♗d7 stellt Schwarz mit Siebenmeilenstiefeln den Ausgleich sicher; z.B. 15.♔e3 ♖c8 16.♗d3 ♗c3 17.♖d1 e5 18.dxe5 ♗xe5 19.♘f3 ♗g7= usw.

9...♕xf2

Wenn Weiß einen Bauern opfert, dann sollte Schwarz das Angebot annehmen, sofern nichts Gravierendes dagegen spricht. Und dies ist hier der Fall, wie wir noch sehen werden.

9...e6 als Zwischenzug, um im Anschluss auf f2 zuschlagen, ist erwägenswert. Weiß sollte dann beispielsweise 10.♕d2 ziehen. Nicht ratsam zur Deckung des ♙f2 wäre 10.♕f3?!, womit Weiß seine Dame deplatzieren und sich die Entwicklung seines Königsflügels deutlich erschweren würde. Schon mit der einfachen Antwort 10...♗e7 könnte Schwarz seinem Gegner Probleme bereiten.

(Dass seine Absicht, einen Bauern zu retten, ins Leere geht, zeigt übrigens bereits die Erwiderung 10...♕a5 mit Angriff auf die zwei ungedeckten Bauern auf a2 und g5.)

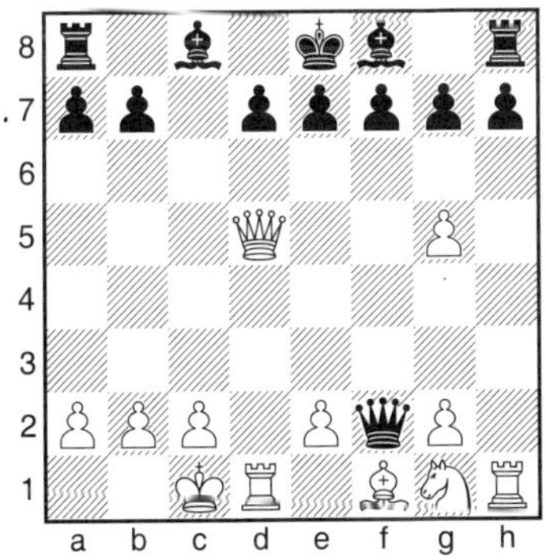

10.♘f3

Durch das Schlagen auf f2 ist die schwarze Dame etwas auf Abwege geraten. Weiß versucht durch ein Spielen auf Entwicklung daraus Kapital zu schlagen.

Schwarz muss auch mit überraschenden Aktionen wie 10.g6 rechnen. Das Hauptmotiv für dieses Kamikaze-Handeln des Bauern liegt in einer Demolierung der schwarzen Bauernstellung. Wegen der Fesselung des ♙h7 kann Schwarz natürlich nicht mit dem h-Bauern schlagen. Reagieren sollte er einfach mit einem Spiel auf Entwicklung, wozu sich insbesondere 10...e6 mit der möglichen Folge 11.♕d3 ♗c5 anbietet. Wenn Weiß dies so will, kann sich die Variante 12.♖xh7 ♕e3+ 13.♔b1 0-0 14.♘f3 ♕xd3 15.exd3 fxg6 anschließen, verbunden mit einem dynamischen Gleichgewicht. Schwarz verfügt über einen Mehrbauern, hat aber auch erhebliche Bauernschwächen.

10...♕e3+

Schwarz kontert mit einem Manöver, über das er die Stellung seiner Dame verbessert und seine eigene Entwicklung voranbringt.

11.♔b1 e6 12.♕c4

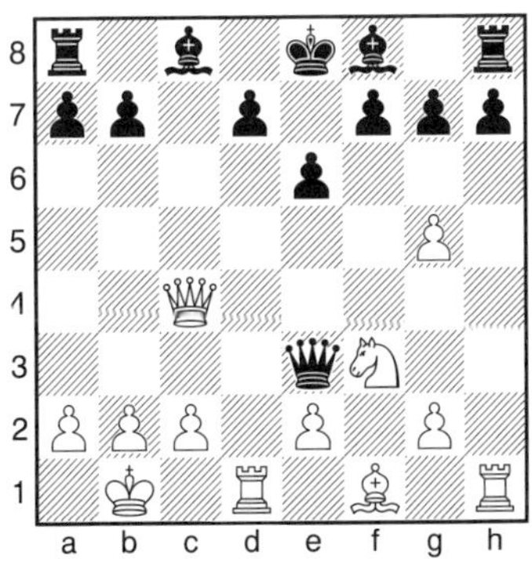

12...d5

Diese Attacke auf die weiße Dame führt zu einem Abtausch in den materiellen Gleichstand.

Wenn sich Schwarz damit nicht begnügen will, kommt für ihn auch 12...g6 in Betracht. Es kann sich dann die Variante 13.♖d3 ♕c5 14.♕f4 ♗g7 15.e4 b5 16.♗e2 a5 ergeben, wonach er im Anschluss nach dem Plan ♖a8–a7–c7 nebst ♗c8–b7 oder ♗c8–a6 mit zweischneidigem Spiel agieren kann. Das Problem von Schwarz besteht darin, dass der Turm zuvorderst den ♙h7 verteidigen muss. Wenn aber der weiße Turm die h-Linie verlässt, kann Schwarz nach h7–h6 (oder h7–h5) kurz rochieren.

13.♕b5+ ♗d7 14.♕xb7 ♖c8

Nach Wiederherstellung des materiellen Gleichstands werfen wir noch einen Blick auf eine mögliche Folge.

15.♘d4 ♗c5 16.♖h3 ♕e5

Als Antwort auf 16...♕xg5 wäre 17.e4! stark.

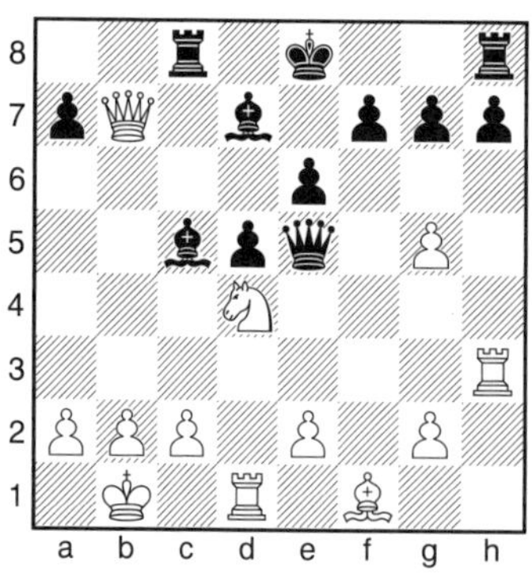

17.♖c3

Auf 17.e3 kann Schwarz mit 17...♕b8 reagieren.

17...♖b8

Jetzt läuft das Duell auf ein ausgeglichenes Endspiel hinaus.

Kompliziert würde es nach der bisher unerforschten Fortsetzung 17...♔e7!?.

18.♘c6 ♖xb7 19.♘xe5 ♗d6 20.♘xd7 ♔xd7

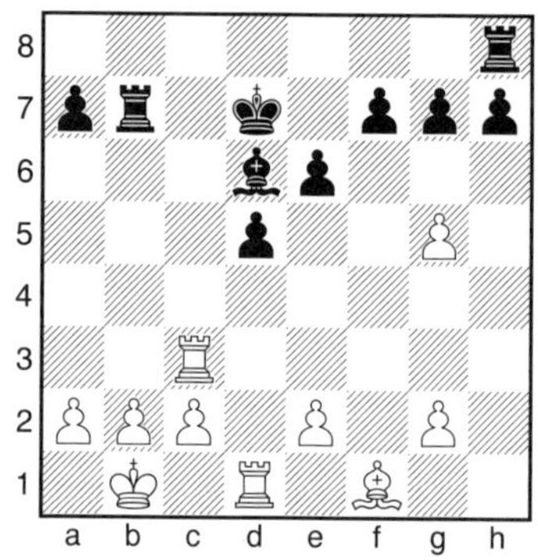

Aufgrund der ungleichfarbigen Läufer ist das Endspiel klar ausgeglichen.

Der Zug 3.h4!? begegnet Schwarz in der Turnierpraxis immer häufiger. Diese Idee kann wegen des Drucks auf der h-Linie für Schwarz gefährlich werden. Er verfügt jedoch über ausreichend Möglichkeiten, um ein ausgeglichenes Spiel zu bekommen.

Insgesamt lässt sich sagen, dass der Trompowsky-Angriff Schwarz viel Ärger bereiten kann, wenn er mit einigen Besonderheiten nicht hinreichend vertraut ist und sich von einem gut vorbereiteten Gegner überraschen lässt. Auf der Basis einer guten Vorbereitung aber sollte er keine Probleme haben, ein gutes Spiel zu erreichen.

Zusammenfassung: Der Zug 3.h4!? begegnet Schwarz in der Turnierpraxis immer häufiger. Diese Idee kann wegen des Drucks auf der h-Linie für Schwarz gefährlich werden. Er verfügt jedoch über ausreichend Möglichkeiten, um ein ausgeglichenes Spiel zu bekommen.

Insgesamt lässt sich sagen, dass der Trompowsky-Angriff Schwarz viel Ärger bereiten kann, wenn er mit einigen Besonderheiten nicht hinreichend vertraut ist und sich von einem gut vorbereiteten Gegner überraschen lässt. Auf der Basis einer guten Vorbereitung aber sollte er keine Probleme haben, ein gutes Spiel zu erreichen.

Kapitel 2

Barry-Angriff

1.d4 ♘f6 2.♘f3 g6 3.♘c3 d5 4.♗f4 ♗g7

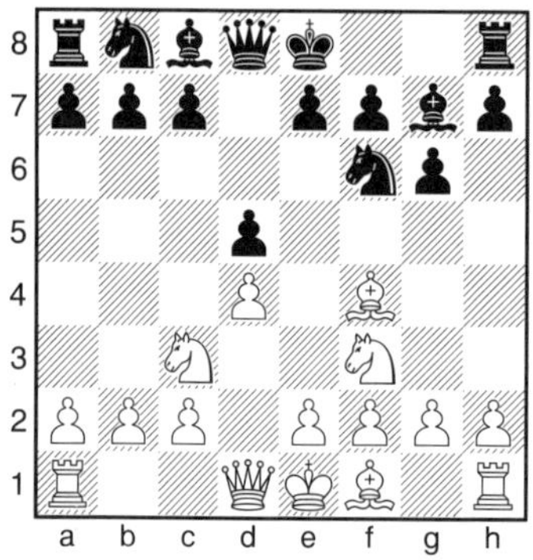

Damit ist eine Hauptstellung des Barry-Angriffs entstanden. Wir verwenden die im englischen Sprachraum umgangssprachlich gebräuchliche Bezeichnung, da eine allgemein anerkannte Namensgebung nicht existiert. Andernfalls müssten wir diesen Eröffnungsweg wohl als *unregelmäßig* bezeichnen.

Verschiedene Quellen geben als Ursprung des Namens an, dass „barry" ein umgangssprachlicher Begriff für „Müll" sein soll. Dies würde nicht gerade Vertrauen in diese Spielweise auslösen. Wir fanden diesen Namensursprung bei unseren Recherchen jedoch nicht bestätigt, so dass wir ihn nur unter Vorbehalt angeben. Auf jeden Fall ist diese Aufbauidee nicht so wertlos, wie eine eventuelle abqualifizierende Bezugnahme auf Müll anzudeuten vermag. Deshalb sollte sich Schwarz durchaus präparieren, um möglichst versiert antworten zu können.

Da Weiß auf c2–c4 verzichtet, kann er mit diesem Aufbau verschiedene etablierte Eröffnungen umgehen, so wie beispielsweise die Grünfeld-Verteidigung und die Königsindische Verteidigung. Weiß hat nun die Wahl zwischen zwei Hauptideen.

5.♕d2 **(Abspiel 1)**

5.e3 **(Abspiel 2)**

Es gibt mehrere Alternativen, die zwar seltener gespielt werden, die Schwarz aber dennoch kennen sollte. Wir gehen im Folgenden etwas genauer auf diese ein.

I. 5.h3

Damit verfolgt Weiß zwei Effekte: ♗c8–g4 verhindern und auf h2 ein Rückzugsfeld für den Läufer schaffen.

5...0-0 6.e3 c5

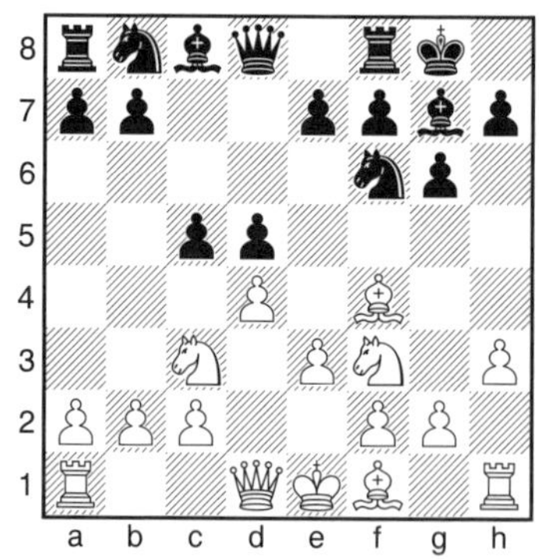

Mit diesem forschen Vorgehen verschafft sich Schwarz die beste Option auf ein schnelles Gegenspiel.

(Gemächlicher angehen lässt er es mit 6...c6. Da dieses Feld nun vom Bauern blockiert wird, muss Schwarz seinen ♘b8 auf einem anderen Weg ins Spiel bringen, und zwar über d7. Das beste Entwicklungsfeld für den weißen Königsläufer ist nun d3, zumal er sich nicht gegen ein Postieren des schwarzen Kontrahenten auf g4 wenden muss.

Nach den natürlichen Entwicklungszügen 7.♗d3 ♘bd7 8.0-0 ♖e8 wird das Gesicht des beiderseitigen Aufbaus bereits gut erkennbar. Mit 9.♗h2 kommt der Läufer ♘f6–h5 zuvor und begibt sich in sein Refugium auf h2.

Mit 9...b5 erreicht Schwarz nun mehrere Fortschritte. Er verschafft sich Raum für ein Gegenspiel am Damenflügel und bereitet ♗c8–b7 vor. Zugleich veranlasst er Weiß zur Verhinderung von b5–b4 zu 10.a3, worauf er mit 10...♗b7 unverzüglich seinen Läufer aktivieren kann.

Da Weiß über das Feld e4 dominiert, kann er jetzt seinen thematischen Befreiungszug 11.e4 ansetzen. Nach 11...dxe4 12.♘xe4 ♘xe4 13.♗xe4 kann endlich der Damenspringer mit 13...♘f6 weiter ins Feld geführt werden. Seinen Läufer sollte Weiß behalten, weshalb 14.♗d3 angebracht ist.

Nach 14...♕b6 ist die Stellung weitgehend ausgeglichen. Schwarz hat sich solide aufgestellt und kann bei Bedarf mit dem Hebel c6–c5 weiter aktiv werden.)

7.♗e2 wird zumeist gespielt.

(Es geht auch 7.♗d3, worauf Schwarz verschiedene Antworten zur Verfügung stehen. Neben 7...♘c6 und 7...♕b6 kommt auch 7...c4 in Betracht.)

Nach 7...♘c6 8.0-0 ♘e4 muss Weiß reagieren, wobei ein Abtausch auf e4 Schwarz begünstigen würde. Eine Maßnahme der Wahl ist 9.♘a4, worauf sich Schwarz entscheiden muss, ob er mit dem ♙c5 auf d4 schlagen oder ob er ihn decken will. Mit 9...cxd4 kann er unmittelbar seine Chancen auf ein Gegenspiel am Damenflügel verbessern. Nach 10.exd4 ♕a5 11.c3 ♗d7 steht er vor der Durchsetzung von b7–b5, womit er seine aktive Zielsetzung endgültig erreicht.

II. 5.♘b5

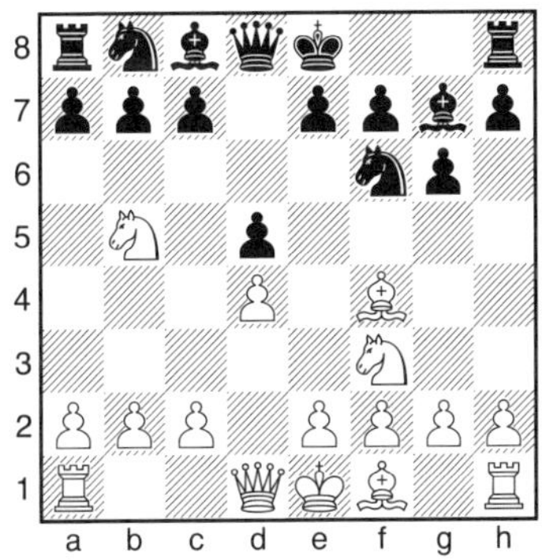

Läufer und Springer nehmen nun gemeinsam c7 aufs Korn, so dass Schwarz zur Verteidigung mit 5...♘a6 gezwungen ist. Weil der Springer dort passiv steht, wird er in der Folge umgesetzt werden müssen, was Zeit kosten wird. Da sich auch der ♘b5 auf eine Vertreibung einstellen muss, wird auch Weiß von einem Zeitverlust betroffen sein.

Nach den natürlichen Zügen 6.e3 0-0 sind vor allem 7.♗e2 und 7.h3 logische Fortsetzungen für Weiß. Es können sich daraus die folgenden wie auch weitere hybride Entwicklungen ergeben.

Wir geben dem Zug 7.h3 den Vorzug, weil er das Feld g4 für Schwarz sperrt, so dass sich der ♗f1 ohne Rücksichtnahme auf irgendwelche potenziellen Deckungspflichten nach d3 entwickeln kann.

(Nach 7.♗e2 c6 8.♘c3 ♘c7 9.h3 unterscheidet sich die Stellung von jener nach 7.h3 nur in der Position des weißen Königsläufers. Auf e2 ist seine Wirkung aktuell limitiert, so dass er ein Kandidat für eine Verbesserung seiner Aufstellung ist, insbesondere in Richtung d3. Nach 9...♘ce8 10.0-0 ♘d6 kann Weiß wie in der Variante nach 7.h3 usw. mit 11.a4 fortsetzen.

Mit der logischen Alternative 11.♘e5 kann er allerdings auch fast unbekanntes Terrain ansteuern, Schwarz aber nicht ernsthaft in Verlegenheit bringen. Die mögliche Fortsetzung 11...♘d7 12.♗d3 f6 13.♘xd7 ♕xd7 14.♗h2 e5 zeigt das Muster auf, nach dem Schwarz vorgehen kann. Hier hat er sich ein gutes Spiel mit gleichwertigen Chancen verschafft.)

Es kann nun sofort zum ohnehin absehbaren Intermezzo 7...c6 8.♘c3 ♘c7 9.♗d3 kommen, wonach der schwarze Damenspringer zwar besser, aber immer noch nicht vollauf befriedigend postiert ist. Um daran etwas zu ändern, wird Schwarz ihm weitere Male das Zugrecht geben müssen. Verlockend ist eine Aufstellung auf d6, von wo aus er insbesondere das Feld e4, aber auch c4 kontrollieren würde.

Anschließen kann sich deshalb 9...♘ce8 10.0-0 ♘d6=, wonach selbst das viermalige Ziehen seines Springers Schwarz nicht daran gehindert hat, ohne große Probleme auszugleichen.

Weitergehen kann es beispielsweise mit 11.a4 a5 12.♗h2 b6 13.♖e1 ♗b7 gefolgt von ♖a8–c8 und c6–c5 mit einem guten Spiel.

III. 5.g3

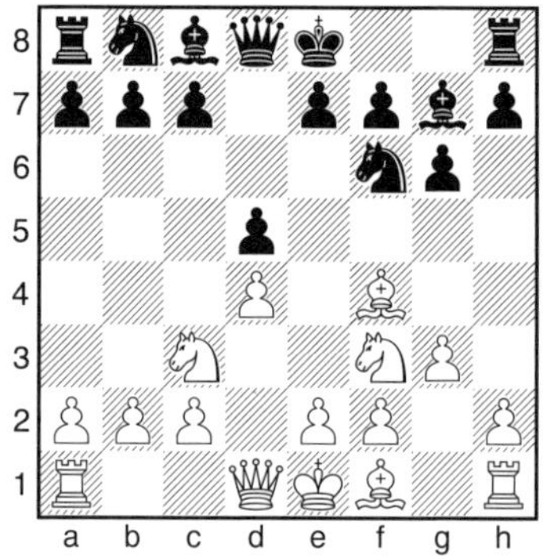

Indem Weiß eine Fianchetto-Lösung für seinen Königsflügel anstrebt, gibt er der Partie eine deutlich andere Richtung. Die Praxis bietet nicht viel Material zu dieser durchaus interessanten Lösung an, so dass sich hier noch viel Raum für die eigene Kreativität ergibt.

Nach 5...0-0 6.♗g2 setzt Schwarz den gegnerischen Aufbau mit 6...c5 so früh wie möglich unter Druck.

(Häufiger wurde bisher 6...c6 gespielt, womit Schwarz zu erkennen gibt, dass er zunächst eine ruhigere Entwicklung anstrebt. Auf einer niedrigen Datenbasis bestätigt ihm die Statistik, dass er damit einer aussichtsreichen Idee folgt.

Nach 7.0-0 gibt es hier nicht nur einen Weg für das weitere Vorgehen von Schwarz, den wir favorisieren könnten, sondern mehrere gute Möglichkeiten. So müssen wir uns auf eine plausible Variante beschränken. Zu dieser kann es auch unter Zugumstellungen kommen.

Wenn Weiß nach 7...♗f5 diesen gut positionierten Läufer nicht dulden will, kann er ihn mit 8.♘h4 vertreiben. Nach 8...♗e6 steht er zwar suboptimal, ist aber entwickelt und kann nach dieser Situation des „Zwischenparkens" wieder auf ein besseres Feld geführt werden. Zudem hat der Springer auf h4 ebenfalls keine dauerhafte Zukunft, so dass auch Weiß noch einmal das Zugrecht für ihn investieren müssen wird.

Nach der möglichen Folge 9.♕d2 ♘bd7 10.♘f3 kann Schwarz mit der Einleitung eines Gegenspiels auf dem Damenflügel beginnen; z.B. 10...a5 11.a4 ♕b6 12.♖ab1 ♖fd8 mit Vorbereitung von c6–c5 usw. mit vollem Ausgleich.)

7.0-0 cxd4

(Es ist besser, selbst im Zentrum zu schlagen, denn auf 7...♘c6 wäre 8.dxc5! stark.)

Nach 8.♘xd4 folgt der Aufbau mit 8...♘c6 der Idee, frühzeitig e7–e5 durchzusetzen. Die Folgen von beispielsweise ♘d4xc6 muss Schwarz nicht fürchten, Weiß aber muss sich mit den Folgen von ♘c6xd4 für den Fall auseinandersetzen, dass er die jüngste Entwicklung ignoriert. Eine Möglichkeit zur Reaktion liegt darin, den Springer mit 9.♘b3 ausweichen zu lassen.

(Wenn Weiß unbeeindruckt vom Angriff auf seinen Springer mit 9.e4 kontert, kann es zur Abtauschvariante 9...♘xd4 10.♕xd4 ♘xe4 11.♕xd5 ♘xc3 12.bxc3∓ kommen, wonach Weiß eine beschädigte Stellung verwalten müsste.)

Nun wird recht forciert das Manöver 9...e5 10.♗g5 d4 11.♘e4 ♗f5 möglich, gefolgt von 12.♗xf6 ♗xf6 13.c3 ♗g7 mit guten Perspektiven für Schwarz.

IV. 5.h4

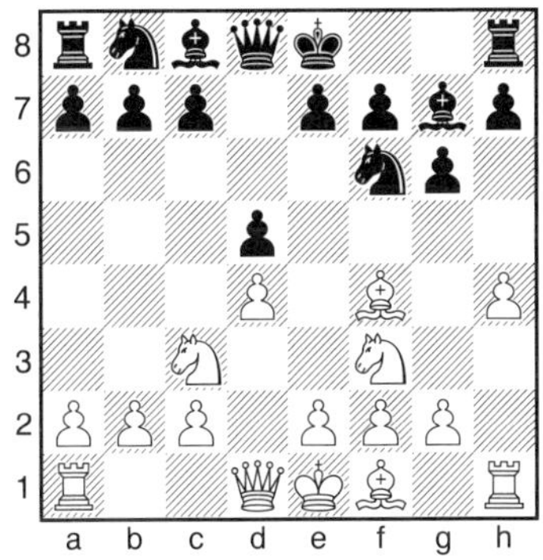

Weiß will h4–h5 folgen lassen und auf diese Weise einen Königsangriff vorbereiten.

A) Am einfachsten lässt sich dieser Bauer mit 5...h5 stoppen.

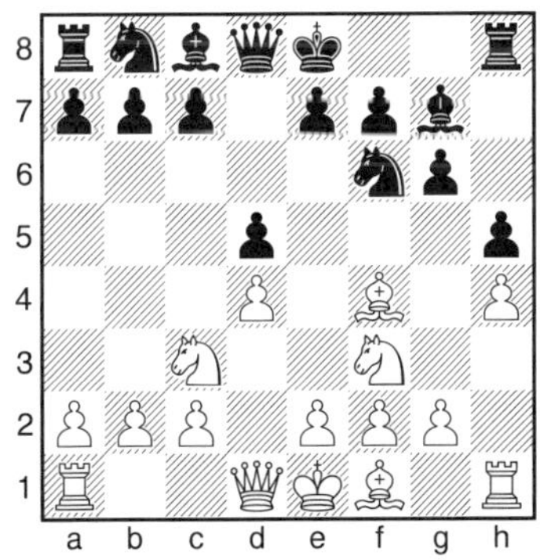

Dieser Zug ist deshalb auch unser Favorit für den noch wenig erfahrenen Spieler.

Nach 6.e3 0-0 kann die Partie verschiedene Richtungen nehmen, wobei in allen Fällen für beide Seiten grundsätzlich nicht mehr als Stellungsausgleich zu erreichen ist. Die folgende Variante hat entsprechend nur Beispielcharakter, wobei Zugumstellungen möglich sind.

7.♘e5 (7.♘b5 ♘a6=) 7...c5

Diese aktive Fortsetzung passt am besten zu unseren Empfehlungen im Buch allgemein.

8.♕d2 ♘c6 9.0-0-0 cxd4 10.exd4 ♗f5 11.f3 ♘b4 12.♘d3 ♘xd3+ 13.♗xd3 ♗xd3 14.♕xd3 ♕a5 ⇄ gefolgt von ♖f8–c8.

B) Zu den in der Praxis getesteten weiteren Möglichkeiten zählt beispielsweise 5...c5. Auch wenn wir dem Konzept unseres Buches entsprechend nicht vertieft darauf eingehen, wollen wir eine interessante Beispielvariante zeigen, die als Muster dienen kann.

Wenn Weiß nach 6.e3 0-0 7.♘e5 ♘c6 weiter auf Standardzüge zur weiteren Entwicklung setzt, hat Schwarz keinerlei Mühe, den Ausgleich zu halten. Wenn er aber der Grundidee dieser Variante folgt und 8.h5 spielt, sollte er bereit sein, nach 8...cxd4 9.exd4 ♘xh5 das Qualitätsopfer 10.♖xh5!? gxh5 zu spielen, um weiter auf Augenhöhe kämpfen zu können.

B1) Nach 11.♕xh5 ∞ ist keine sichere Einschätzung zu den beiderseitigen Perspektiven möglich.

B2) 11.♘xc6 würde allerdings Schwarz in die Hände spielen, denn nach 11...bxc6 12.♕xh5 kann er seine Position gut mit 12...♕e8 absichern.

(12...♗e6 folgt der Idee, diesen Läufer im Anschluss an f7–f5 auf f7 der weißen Dame entgegenzustellen. Weitergehen kann es beispielsweise mit 13.♗d3 f5 14.♘e2 ♕d7 15.0-0-0 ♗f7 16.♕h3 e6 ∞ usw.)

Nach 13.♗d3 sorgt 13...f5∓ durch Abschneidung des Läufers für eine weiterhin ausreichende Deckung des ♙h7 und zwingt die weiße Dame zu einer Reaktion.

Abspiel 1

1.d4 ♘f6 2.♘f3 g6 3.♘c3 d5 4.♗f4 ♗g7

Fortsetzung 5.♕d2

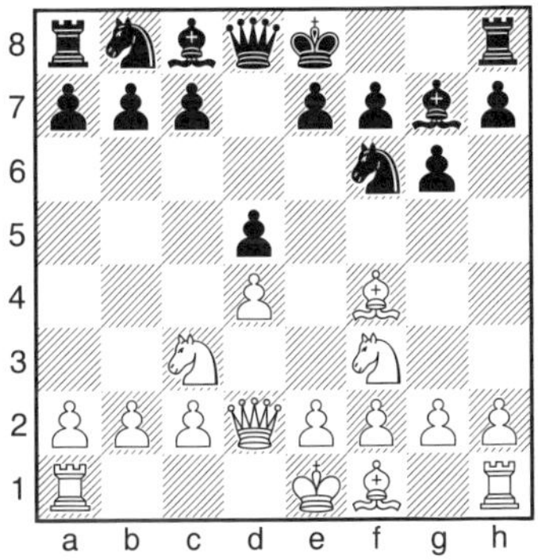

Da Weiß die lange Rochade beabsichtigt, begibt sich die Dame aus dem Weg und bereitet zugleich die Umsetzung der Idee ♗f4–h6 vor.

Von den Schwarz zur Verfügung stehenden Antworten bevorzugen wir die beiden Alternativen 5...♘e4 und 5...0-0, zwischen denen sich Schwarz auch nach seinem Naturell entscheiden kann.

5...♘e4

Mit diesem energischen Zug dirigiert Schwarz das Geschehen zunächst in die Mitte.

Nicht minder logisch ist die Entscheidung, zunächst mittels 5...0-0!? für eine verbesserte Königssicherheit zu sorgen, um erst im Anschluss den konkreten Verteidigungsplan zu offenbaren.

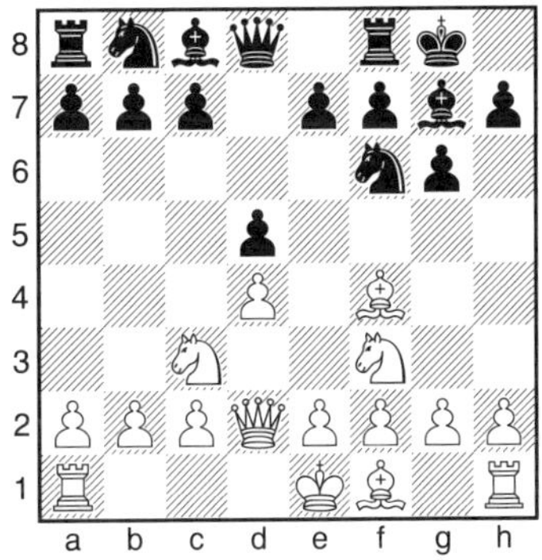

A) 6.♗h6

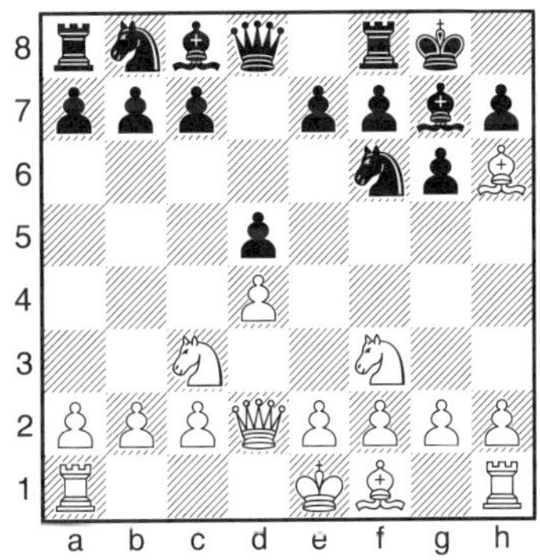

Bei dieser Wahl hält Weiß an seiner eingangs skizzierten theoretischen Grundidee fest, die gegnerische Verteidigungsstellung durch den Abtausch des ♗g7 zu schwächen.

6...♘e4

(Es geht auch 6...c6!? mit mehreren für Schwarz günstigen Konsequenzen. Der ♙d5 erhält Rückendeckung, Schwarz übernimmt die Kontrolle über das Feld b5 und die Dame erhält einen freien Weg auf den Damenflügel.

Die Reaktion 7.h4 muss er nicht fürchten, denn darauf ginge 7...♗xh6 8.♕xh6 ♕b6 und nun wäre 9.0-0-0??

wegen 9...♘g4 mit weißem Materialverlust ein schwerer Fehler.)

7.♘xe4 dxe4 8.♗xg7 ♔xg7 9.♘g5

(Auf 9.♘e5 empfiehlt sich 9...c5! mit guten Chancen. Auf die verlockende Antwort 10.0-0-0 kann Schwarz mit 10...f6 reagieren, um nach der zur Reduzierung des Materials führenden Episode 11.♘c4 cxd4 12.♕xd4 ♕xd4 13.♖xd4 mit 13...f5= mindestens den Ausgleich zu sichern.)

Die Deckung des ♙e4 mit 9...f5= ist ausreichend, um die Stellung in der Waage zu halten.

(Spielbar ist auch 9...e5!?, womit der e-Bauer aufgegeben wird, aber zum Preis des weißen d-Bauern. Plausibel folgen kann 10.0-0-0 ♕xd4 11.♕xd4 exd4 12.♘xe4 ♘c6=.)

Nach der möglichen Folge 10.h4 h6 11.♘h3 e5 löst Schwarz seinen Doppelbauern auf; z.B. 12.0-0-0

(12.dxe5 ♕xd2+ 13.♔xd2 ♘c6=)

12...♕xd4 13.♕xd4 exd4 14.♖xd4 ♘c6 usw.

B) Nach 6.0-0-0 erhält Schwarz eine gute Gelegenheit, um das Manöver 6...♘e4 nachzuholen. Wenn Weiß eine ähnliche Entwicklung wie nach 5...♘e4 vermeiden möchte, kann er 7.♕e3 versuchen, worauf Schwarz mit 7...c5 weiter Druck aufbauen kann. Nach 8.♘xe4 dxe4 9.♕xe4 ♘c6 muss Weiß aufpassen, dass er nicht auf die Verliererstraße gerät. Seine beste Möglichkeit liegt darin, mit 10.♗e5 in den Abtausch Läufer gegen Springer einzuwilligen.

(10.dxc5?? ♗xb2+ 11.♔xb2 ♕xd1–+)

Nach 10...♘xe5 11.dxe5 kommt Schwarz auf dem Weg 11...♕a5 12.a3 ♖b8 nebst b7–b5 zu einem aussichtsreichen Gegenspiel.

6.♘xe4

Auf 6.♕e3 ist 6...c5! stark.

6...dxe4 7.♘e5

7.♘g5 führt den Springer auf Abwege, denn nach 7...f5∓ muss Weiß mit h7–h6 rechnen.

7...♘d7

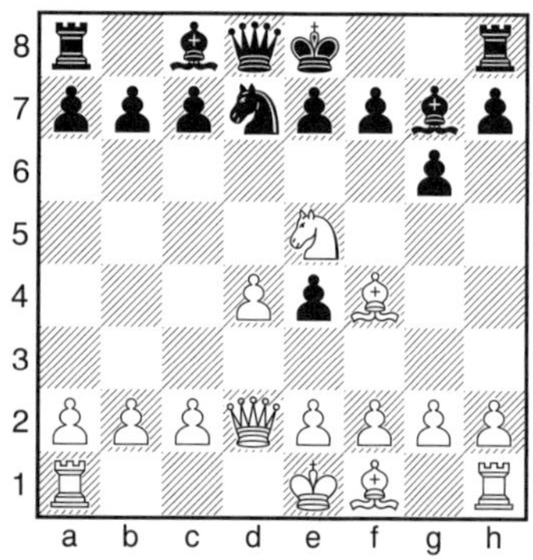

8.♘xd7

Nach 8.♗h6 kann Schwarz problemlos 8...0-0 folgen lassen.

A) 9.♗xg7 ♔xg7 10.♘xd7 (10.♕f4 ♘f6!) 10...♕xd7

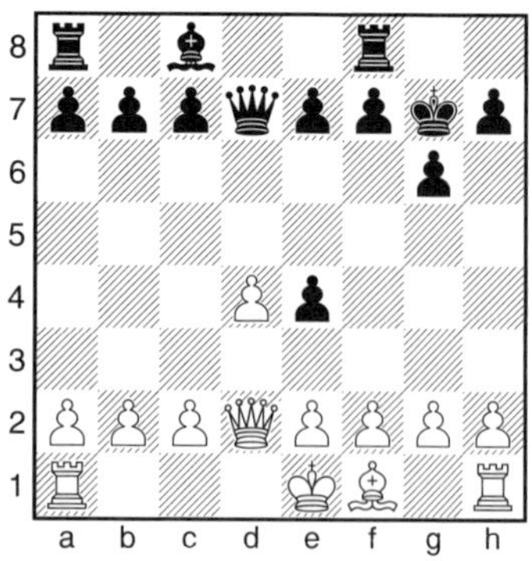

11.e3

(Die Folgen von 11.0-0-0 ♕d5 haben wir bereits behandelt – vgl. die Variante 9.♘xd7 ♕xd7 usw. nach 11...♔xg7, in der wir unter Zugumstellung dieselbe Stellung erreicht haben).

Ein geeigneter Mittelspielplan für Weiß einhaltet die lange Rochade und dann den Aufbau eines Angriffsspiels am Königsflügel. Schwarz hingegen hat sich zum Schutz seines Königs bereits für eine Seite entschieden und kann seine Chancen für ein Gegenspiel auf dem Damenflügel suchen.

Nach 11...b6 kann sich der Kampf entsprechend nach dem folgenden Muster entwickeln: 12.h4 h5.

Es ist richtig, den weißen Bauern nicht weiter vordringen zu lassen.

13.♗e2 a5 14.0-0-0 ♕e6 Die Dame zwingt Weiß zur Verteidigung des ♙a2, ohne dass sie den Angriff mit c2–c4 auf sich zulässt.

(Der Versuch, mit 14...♗a6 den Abtausch der Läufer zu provozieren, ist verdächtig. Nach 15.♗xa6 ♖xa6 und nun 16.d5 droht ♕d2–d4+, so dass sich Schwarz um einen Schutz für seinen ♙e4 kümmern muss. Die direkte Deckung mit 16...f5 ∞ ist effektiv und aktiv, verursacht zugleich aber auch weitere Schwächen im schwarzen Lager.)

Nach 15.♔b1 ♗b7 sind die Chancen verteilt. Weiß kann auf den Vorstoß g2–g4 setzen, um einen Angriff zu organisieren, Schwarz auf c7–c5. Beide Hebel bedürfen der Vorbereitung, die beispielsweise mit 16.f3 ♖ad8 eingeleitet werden könnte.

B) 9.♘xd7 bringt Weiß nichts ein, denn nach 9...♕xd7 hält Schwarz den Druck gegen den ♙d4 aufrecht. Zugleich bleibt die Dame auf dem Sprung zu einer noch aktiveren Rolle. Eine grundsätzlich plausible Möglichkeit ist nun 10.0-0-0, die aber keine echte Herausforderung für Schwarz bewirken kann.

(Mit 10.♗xg7 würde sich Weiß damit abfinden, nicht mehr als den Stellungsausgleich aus der Eröffnung herausgeholt zu haben.)

Mit 10...♕d5 bleibt er aktiv, indem er den ♙a2 attackiert.

(Es geht auch 10...♗xh6 11.♕xh6 und erst dann 11...♕d5.)

Nach 11.♗xg7 ♔xg7 12.♔b1 ist der Bauer gedeckt, doch mit 12...♗e6 erneuert Schwarz seine Drohung. Weiß ist gezwungen, seine Königsstellung mit 13.b3 zu lockern und mit 13...a5 ⇄ kann Schwarz diese Schwächung sofort aufs Korn nehmen.

(Wer Inspiration zur Möglichkeit 13...c5 sucht, kann die mit 9.0-0-0 eingeleitete Nebenvariante zum Hauptzug 9.c3 aufsuchen. Zu beachten ist dabei aber, dass sich dort die schwarzfeldrigen Läufer noch auf dem Brett befinden.)

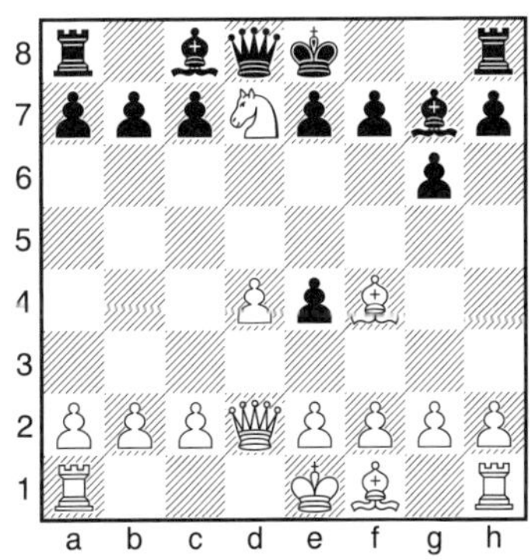

Eine ähnliche Situation hatten wir bereits im Verlauf der mit 8.♗h6 eingeleiteten Nebenvariante zum Hauptzug 8.♘xd7.

8...♕xd7

Auch hier steht die Absicht, die Dame schnell ins Spiel zu bringen, im Vordergrund.

Aber auch mit 8...♗xd7 bleibt Schwarz auf Kurs, wie die Variante 9.♗h6 0-0 10.h4 ♗xh6 11.♕xh6 e5 exemplarisch bestätigt. Der weiße Angriff mag bedrohlich aussehen, schlägt aber nicht durch. Auf den Versuch einer Verstärkung mit 12.h5 kann Schwarz mit 12...g5 reagieren, so dass die h-Linie geschlossen bleibt. In der Folge wird er den lästigen Druck wieder los; z.B. 13.dxe5 ♖e8 (mit der Doppeldrohung ♖e8–e6 und ♖e8xe5) 14.♕f6□ ♖e6 15.♕xd8+ ♖xd8=.

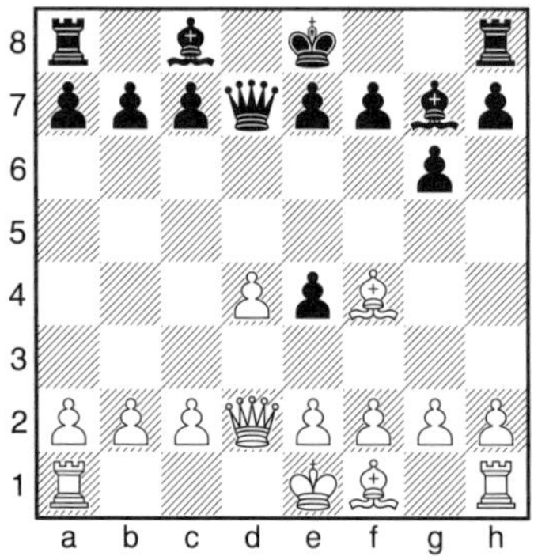

9.e3

Der e-Bauer stützt seinen Kollegen auf d4 und macht den Weg für den ♗f1 frei.

Als Reaktion auf 9.0-0-0 empfehlen wir 9...♕d5!, wonach wir erneut eine Situation auf dem Brett haben, die wir in ähnlicher Form oben bereits erörtert haben, dort aber nach einem vorherigen Abtausch der schwarzfeldrigen Läufer. Hier hängt der ♙c7 und er ist nur deshalb hinreichend verteidigt, weil sich Weiß um die Verteidigung des ♙a2 kümmern muss und deshalb nicht zum Schlagen kommt.

10.♔b1 ♗e6 11.b3 c5!?

Schwarz verschärft die Stellung und zwingt den Gegner zu einer Entscheidung von größerer Bedeutung. Weiß hat die Wahl, ob der Kampf eher ruhig-positionell oder noch weiter verschärft fortgesetzt werden soll. Zudem muss er sich vor einem Fehler hüten, der unter Turnierbedingungen schnell mal vorkommen kann. Mit der Wahl 12.e3 vermeidet er eine weitere Eskalation.

(– Die Variante 12.♗h6 ♗xh6 13.♕xh6 c4 würde zu einer hochinteressanten und zugleich zweischneidigen Stellung führen. Beide Seiten sind aktiv sehen sich jedoch zugleich zu Verteidigungsmaßnahmen gezwungen. Ein plausibler Fortgang wäre nun 14.e3 b5 15.♕g7 0-0-0 ∞ usw.

– Mit 12.dxc5? ♕xc5∓ würde sich Weiß erhebliche Probleme einhandeln.)

Nach 12...cxd4 kann Weiß seinen Läufer mit 13.♗c4 unter Tempogewinn aktivieren und dessen Abtausch erzwingen. Nach 13...♕c6 14.♗xe6 ♕xe6 15.exd4 steht fest, dass die Parteien mit gleichwertigen Chancen ins Mittelspiel gehen. Sie können ihre jeweilige Entwicklung etwa nach dem Muster 15...0-0 16.♖he1 ♖fd8 17.♕e2 f5= abschließen.

9...0-0

Da nichts Wichtigeres anliegt, ist dies genau der richtige Zeitpunkt für die Sicherung des Königs mit Vorbereitung des Turms auf eine Übernahme von Aufgaben in der Mitte.

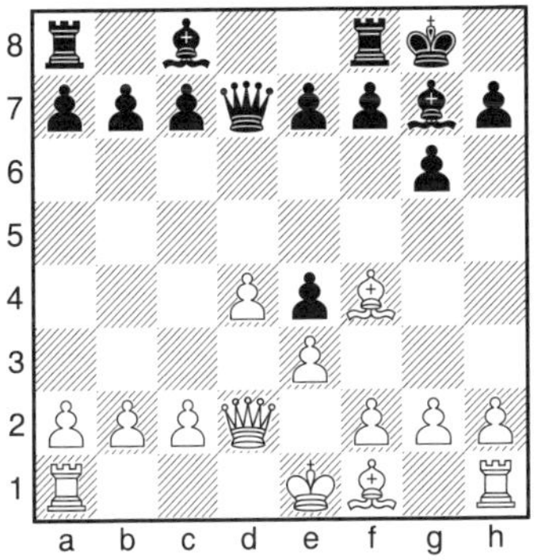

10.♕c3

Es ist für Weiß nicht so einfach, seiner Dame zu mehr Wirkung zu verhelfen. Mit dem Textzug macht er sich die gemeinsame Bedrohung von Dame und Läufer gegen den ♙c7 zunutze, so dass Schwarz unmittelbar reagieren muss. Weiß darf zudem nie die noch verdeckte Kraft des ♗g7 übersehen. Schwarz ist nun an c7–c5 gehindert.

Auf den Entwicklungszug 10.♗c4 kommt die forsche Antwort 10...b5! mit der möglichen Folge 11.♗e2 in Betracht.

(Wenn der Läufer mit 11.♗b3 in die andere Richtung flieht, kann Schwarz zum Bauernsturm auf dem Damenflügel blasen und hat nach 11...a5 12.c3 a4 13.♗c2 einen enormen Raumgewinn erreicht. In seinen weiteren Planungen kann er einen Angriff auf das Zentrum vorsehen, den er nach beispielsweise einer natürlichen weiteren Entwicklung über 13...♗b7 14.0-0 sowohl mit 14...c5 als auch mit 14...e5 einleiten kann. Im Ergebnis verschafft er sich auf diese Weise ein aktives Spiel.)

Nach 11...♗b7 kann Weiß das Spiel in unterschiedliche Richtungen lenken, die wir nicht allesamt darstellen können. Rechnen muss Schwarz u.a. mit Versuchen, die Position der Dame zu verbessern, und außerdem mit ♖a1–d1 oder 0-0. Auf der Basis der allgemeinen und der noch folgenden Informationen in diesem Kapitel sollte Schwarz aber in der Lage sein, auf alle Möglichkeiten sinnvoll zu reagieren.

Plausibel, aber unzureichend wäre eine Fortsetzung mit 12.0-0.

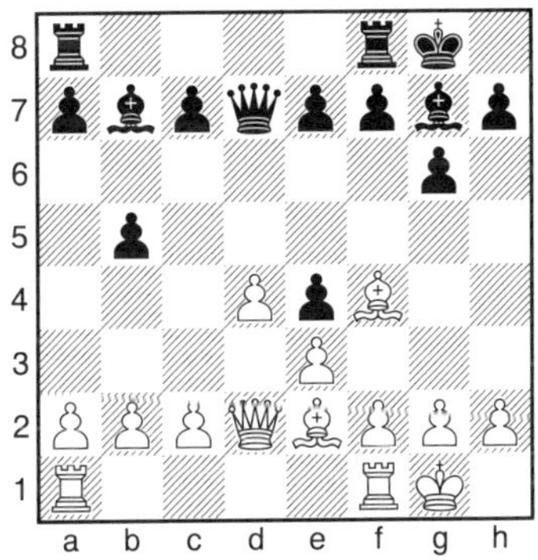

A) Schwarz sollte darauf mit 12...e5!? reagieren und damit (unseres Wissens) Neuland betreten. Nach 13.♗g3 exd4∓ steht er klar besser.

B) Der aus der Praxis bekannte Versuch 12...c5 ist zwar spielbar, nutzt die schwarzen Chancen aber nicht vollends. Für die Veranschaulichung eines möglichen Fortgangs nutzen wir die folgende Beispielvariante, die ohne eine umfassende Kommentierung gut nachvollziehbar ist: 13.♖fd1 ♖fd8

14.♕a5 cxd4 15.♕xb5 (15.exd4 a6=) 15...♕xb5 16.♗xb5 g5 17.♗g3 (17.♗xg5 ♖d5–+) 17...♖ac8∓.

10...c6 11.♗e2 b6

Damit erneuert Schwarz seine Möglichkeit zu c7–c5.

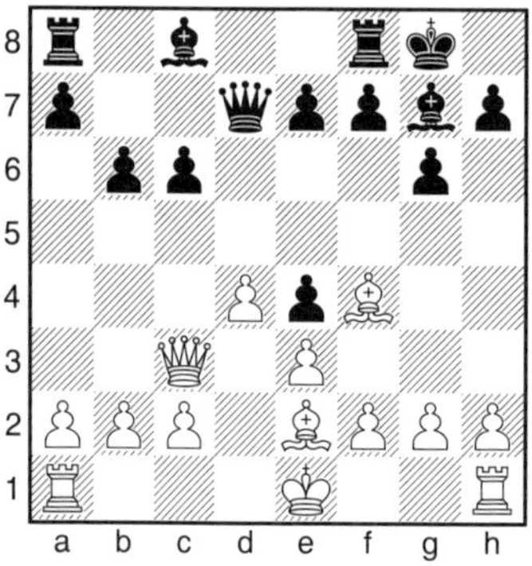

12.0-0-0

Mit 12.♕b3 kann Weiß kleine positionelle Verbesserungen erreichen. Die inzwischen unglückliche Postierung der Dame auf c3 wird zugunsten einer etwas aktiveren beendet, so dass der c-Bauer frei und die Fesselung des ♙d4 beendet wird. Die aus der Praxis stammende und aus natürlichen Zügen bestehende Variante 12...♕f5 13.c3 c5 14.♗g3 cxd4 15.cxd4 ♗a6! zeigt beispielhaft auf, wie es in der Partie weitergehen kann. Der ♗a6 ist mittelbar geschützt, weil Schwarz nach 16.♗xa6 mit 16...♕a5+ kontern und den Läufer zurückgewinnen könnte, verbunden mit einem guten Spiel.

12...c5

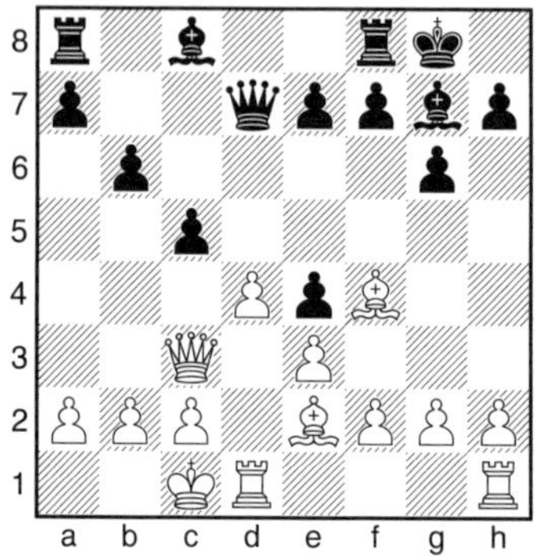

13.♔b1

Dieser präventive Zug im Anschluss an eine lange Rochade ist in der Turnierpraxis allgemein (also nicht allein auf den Barry-Angriff bezogen) sehr verbreitet. Es bieten sich Weiß allerdings durchaus Alternativen an, mit denen er dem Kampf hier jeweils ein anderes Gesicht geben kann. Als solche stellen wir 13.♗e5 und 13.h4 kurz vor.

I. Mit 13.♗e5 will Weiß den Druck auf die eigene Stellung verringern, indem er zum Abtausch des starken ♗g7 kommt. Nach 13...♗xe5 14.dxe5 ♕c6 hat Schwarz keinerlei Probleme, das Spiel unter Kontrolle zu halten und den Stellungsausgleich zu sichern. Seinen weiteren Aufbau kann er auf ♗c8–e6 nebst Postierung eines Turms auf d8 stützen.

II. Nach 13.h4 soll dieser Bauer eine Lockerung der schwarzen Königsstellung provozieren, aber nach dem Abtausch in der Mitte 13...cxd4 14.exd4 ist das weiße Zentrum geschwächt. Der doppelt angegriffene ♙d4 ist bis zu einer eventuellen Ablösung auf die

Deckung der beiden Schwerfiguren Dame und Turm angewiesen.

Schwarz muss sich nun entscheiden, ob er ein eventuelles h4–h5 zulassen oder vermeiden möchte, wozu er h7–h5 oder zunächst auch ♕d7–f5 spielen kann. Die Variante 14...♗b7 15.h5 ♖ac8 bestätigt, dass sich Schwarz auf ein weiteres Vorrücken des h-Bauern einlassen und dabei ein gutes Spiel erreichen kann. Mit nur zwei Zügen hat Schwarz die Initiative an sich gerissen und Weiß die Rolle des nur noch Reagierenden zugewiesen.

16.♕e3 (16.♕b3 ♗d5!) 16...♕a4

Das Matt auf c2 und den Verlust des a-Bauern kann Weiß parallel nur mit 17.♕b3 verhindern. Nach dem Damentausch über 17...♕xb3 18.axb3 und dann 18...♖fd8 ist die Stellung ausgeglichen.

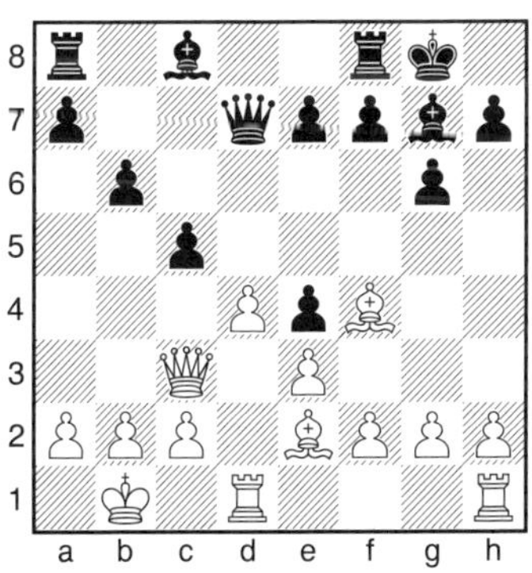

13...♗b7

Schwarz hat den Ausgleich in der Tasche und weitergehen kann es beispielsweise nach dem schon bekannten Muster.

14.h4 cxd4 15.exd4 ♖ac8

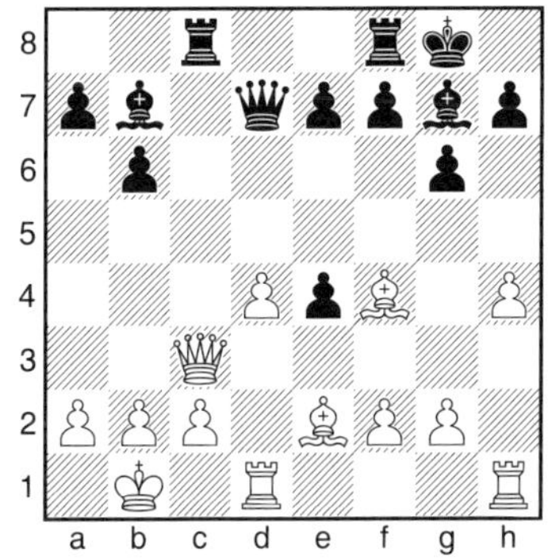

In der Folge wird Schwarz auch noch seinen zweiten Turm in die Mitte ziehen und kann dann am Damenflügel angreifen, beispielsweise über b6–b5 usw. Weiß wird seinen d-Bauern mit c2–c3 sichern können, um im Anschluss seinen Angriff auf dem Königsflügel mit h4–h5 usw. fortzusetzen.

Zusammenfassung: Der aggressive Plan mit einer langen Rochade im Anschluss an 5.♕d2 ist gut spielbar, aber nur dann wirklich gefährlich für Schwarz, wenn er seine Ressourcen unzureichend nutzt. Mit 5...♘e4 oder zunächst 5...0-0 stehen ihm zwei Alternativen zur Verfügung, um einen soliden Verteidigungsweg einzuschlagen. Es bieten sich ihm jeweils gute Chancen auf ein aussichtsreiches Gegenspiel.

Abspiel 2

1.d4 ♘f6 2.♘f3 g6 3.♘c3 d5 4.♗f4 ♗g7

Fortsetzung 5.e3

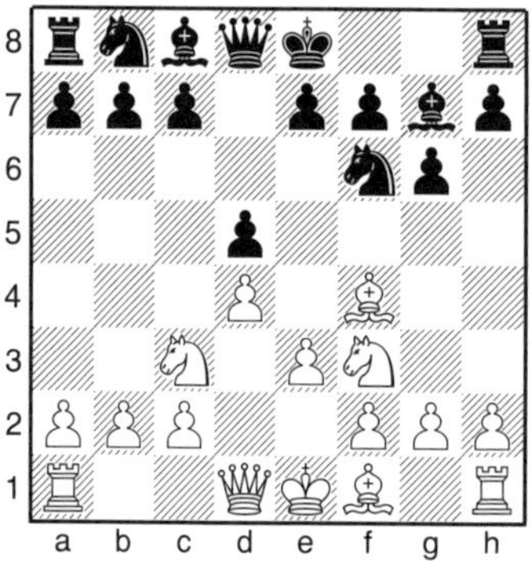

Weiß will zu einer schnellen Entwicklung seines Königsflügels kommen.

5...0-0

Schwarz sorgt frühzeitig für seine Königssicherheit und lässt noch offen, in welche Richtung er sich weiter aufzubauen gedenkt.

(Bei der ebenfalls guten Entscheidung zugunsten 5...c6 ist dies anders, denn diese Alternative macht nur Sinn, wenn der Bauer nicht alsbald nach c5 gebracht werden soll.)

Mit dem Textzug bewahrt sich Schwarz diese Option. Hier sind nun 6.♗e2 und 6.♗d3 die in erster Linie in Betracht kommenden Antworten, so dass wir uns diese etwas genauer anschauen wollen.

A) 6.♗e2

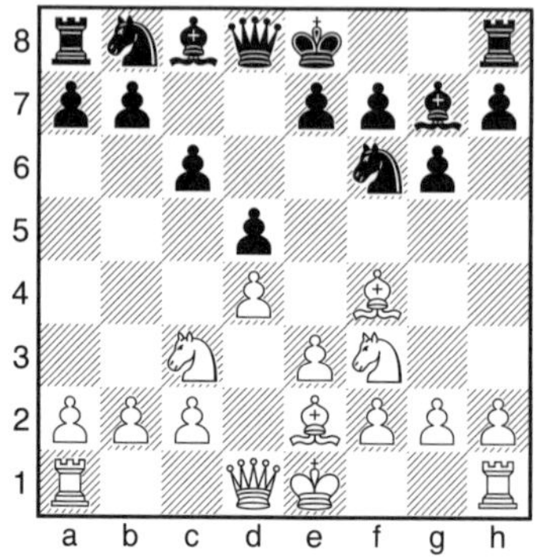

Diese Läuferentwicklung beugt einer Fesselung des ♘f3 für den Fall vor, dass Schwarz ♗c8–g4 spielt. Sie eröffnet Weiß die Option, auf einem schnellen Wege nicht kurz, sondern lang zu rochieren.

Die Aufgabe, seinen Läufer gut ins Spiel zu bringen, ist für Schwarz in dieser Variante nicht so ganz einfach. Die aktuell beste Wahl ist 6...♗g4, wobei er zu einem Abtausch auf f3 bereit ist. Auf f5 würde der Läufer weniger glücklich stehen, zumal er zu einem von Weiß zu bestimmenden Zeitpunkt mit ♘f3–h4 vertrieben werden könnte.

(Am häufigsten wird 6...0-0 gespielt, worauf Weiß mit 7.♘e5 antworten kann. Mit dem Entwicklungszug 7...♘bd7 leitet Schwarz die Eliminierung des stark postierten gegnerischen Springers ein. Am häufigsten nutzt Weiß nun die Gelegenheit zu 8.h4 zur Vorbereitung zukünftiger Aktionen gegen die schwarze Rochadestellung.

Nach 8...♘xe5 9.♗xe5 sollte Schwarz seinen Springer nach vorne und nicht nach d7 beordern, worüber er in eine passive Lage geraten würde. Nach einem plausiblen Fortgang mit 9...♘e4 10.♗xg7 ♘xc3 11.♕d3 ♔xg7 12.♕xc3 ♕d6 steht er solide und ohne besondere Schwächen. Im Falle von 13.0-0-0 kann er mit 13...a5 ein Gegenspiel am Damenflügel einleiten.)

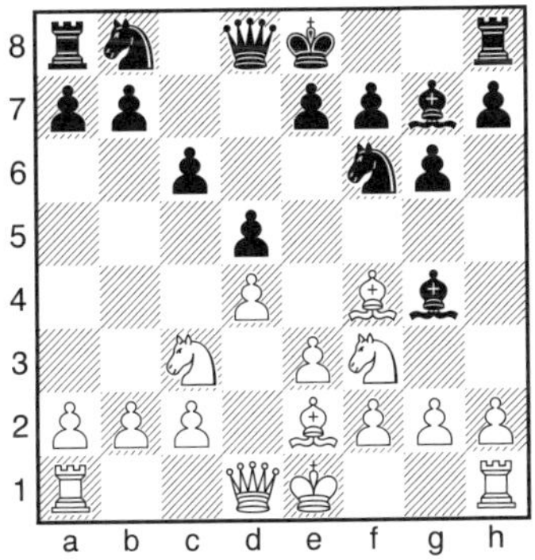

Das Manöver 7.♘e5 sorgt dafür, dass ein Abtausch nicht auf f3 erfolgt, worauf der weiße Königsläufer auf keinem für ihn guten Feld stehen würde, sondern auf e2.

7...♗xe2 8.♕xe2

Ursprünglich umfasste der weiße Plan die schnelle Entwicklung des Königsflügels inklusive der kurzen Rochade. Nun kann er sich ohne eine weitere Vorbereitung auch zur Rochade auf die andere Seite entschließen. Wenn er diese Option zieht, hat dies Einfluss auf den strategischen Kampf insgesamt, denn nach der langen Rochade kann er am Königsflügel angreifen, ohne auf einen dortigen eigenen Königsaufenthalt Rücksicht nehmen zu müssen.

8...♘bd7 9.0-0-0

(9.h4 ist ein Versuch aus der Praxis, über den Weiß seinen Läufer behalten will. Mit 9...♘h5 10.♗h2 ♘hf6 und auf 11.0-0-0 mit 11...h5 bleibt Schwarz voll im Spiel.)

Mit 9...♘h5 provoziert Schwarz den Abtausch, der nach 10.♘xd7 ♘xf4 11.exf4 ♕xd7 zu gleichwertigen Chancen führt. Folgen kann beispielsweise 12.h4 h5, worauf auch Schwarz die lange Rochade einplanen kann.

B) 6.♗d3 ist eine sinnvolle Alternative.

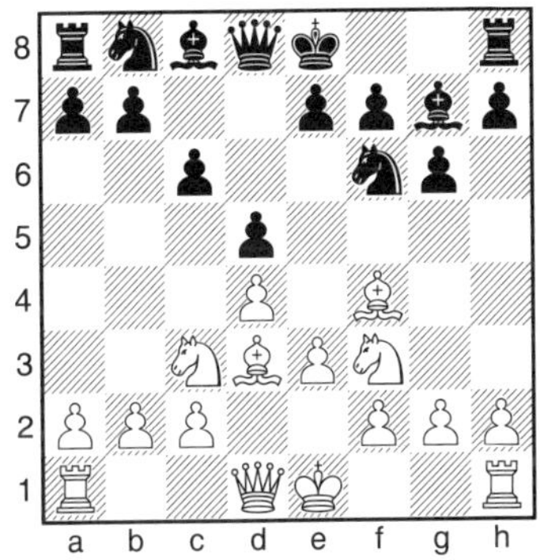

Dieser liegt – neben der Entwicklungsabsicht – die gesunde Überlegung zugrunde, den schwarzen Damenläufer im Anschluss an ♗f8–g4 nur gegen den Springer abtauschen zu lassen und im Zuge dieses Manövers zur Aktivierung der Dame auf den Königsflügel zu kommen.

6...0-0

(Schwarz kann auch zunächst 6...♘bd7!? spielen, seinen Läufer erst mal noch im Stall lassen und abwarten, wie Weiß darauf reagiert. Die Problematik, seinen Läufer aktiv zu bekommen, ist damit allerdings zunächst nur verschoben. Ein für beide Seiten plausibler Fortgang wäre nun 7.0-0 0-0 8.♖e1 ♘h5 9.♗g5 h6 10.♗h4 ♘df6 ∞ usw.)

7.0-0 ♗g4

Bei einer Wahl von 7...♘d7 würde die Partie unter Zugumstellung in die vorherige Variante nach 6...♘bd7 laufen. Eine Alternative, die Schwarz daneben ein besseres Vorankommen versprechen könnte, ist nicht ersichtlich.

8.h3 ♗xf3 9.♕xf3 ♘bd7=

Die Kontrahenten stehen unmittelbar vor dem Abschluss ihrer Entwicklung und sind relativ frei in ihrer Entscheidung, wie es weitergehen soll. Eine denkbare Entwicklung läuft über 10.♖ad1. Der Turm übernimmt frühzeitig die Absicherung des ♙d4 für den Fall, dass Weiß zum beabsichtigten e3–e4 kommt.

Für Schwarz ist demgegenüber e7–e5 ein geeigneter Ansatz zum Ausbau seiner Stellung. Ein Versuch, diesen Vorstoß zu erreichen, ist 10...♕b6, worauf sich Weiß um seinen ♙b2 kümmern muss. Zugleich wird Weiß am sofortigen Zug mit dem e-Bauern gehindert, weil sonst sein Bauer auf d4 fallen würde.

(10...♖e8 geht auch, erlaubt aber das sofortige 11.e4 mit der natürlichen Folge 11...dxe4 12.♘xe4 ♘xe4 13.♗xe4 ♘f6= usw.)

Nach 11.b3 kann Schwarz mit 11...♖fe8 den Vorstoß seines e-Bauern abschließend vorbereiten. Auf 12.♘e2, womit der d-Bauer gedeckt und ♕b6–a5 vorgebeugt wird, hält 12...e5 den Ausgleich fest.

6.♗e2 c5

Dieser kräftige Schlag gegen die weiße Mitte ist mit Abstand die Nummer 1 unter den Schwarz zur Verfügung stehenden Alternativen. Dies gilt für die Häufigkeit in der Anwendung, aber auch für die statistische Erfolgserwartung.

Schwarz kann sich auch zugunsten von 6...c6 entscheiden, worüber es praktisch unter Zugumstellung zu Stellungen kommt, die wir uns schon nach 5...c6 angeschaut haben.

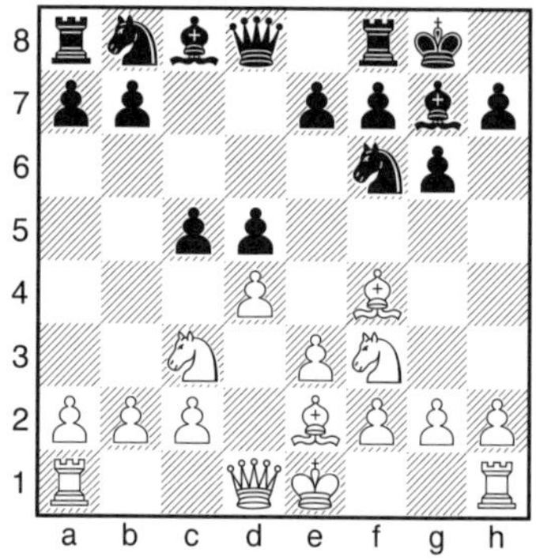

7.♘e5

Schwarz muss auch damit rechnen, dass sein Gegner mit 7.dxc5 schlägt.

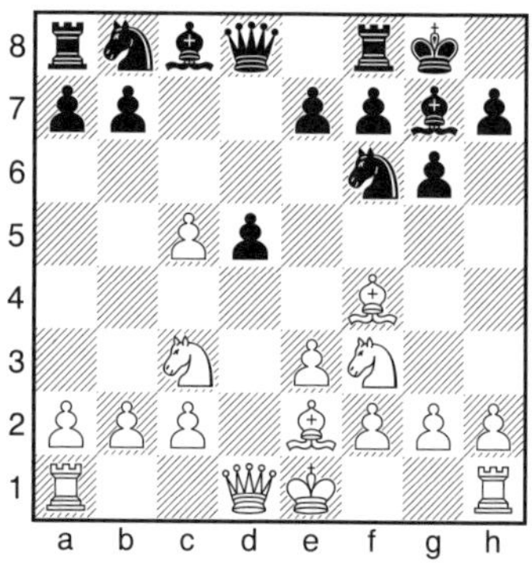

Als Reaktion darauf stehen ihm mit 7...♘bd7 und 7...♕a5 zwei gute Züge zur Verfügung, die wir uns deshalb beide etwas genauer anschauen.

A) 7...♘bd7

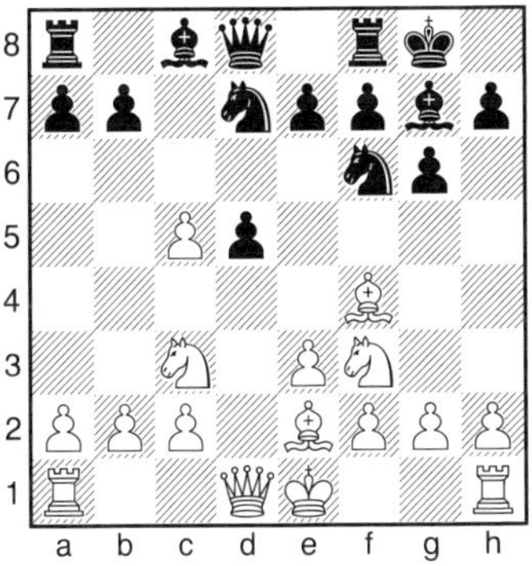

A1) 8.0-0

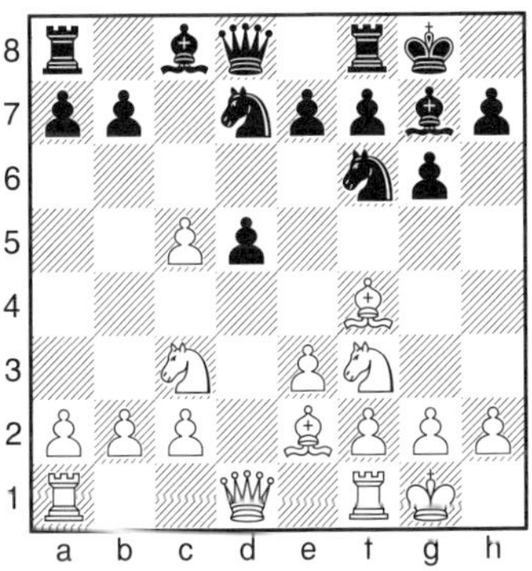

Nach 8...♘xc5 wird fast ausschließlich 9.♗e5 gespielt, womit Weiß das Potenzial des ♗g7 egalisiert. Nun ist 9...♗g4 die Methode, mit deren Wahl sich Schwarz auf Dauer der Probleme, seinem Läufer genügend Wirkung zu verschaffen, entledigen kann, indem er ihn schlicht abtauscht.

(Spielbar ist aber auch der Fianchetto-Plan mit 9...b6 und nach beispielsweise 10.a4 mit 10...♗b7 usw.)

Nach 10.h3 ♗xf3 11.♗xf3 e6 ist das Spiel weitgehend ausgeglichen, was auch ein plausibler Fortgang mit 12.♕e2 ♘fd7 13.♗xg7 ♔xg7 14.♖ad1 ♕f6= usw. bestätigt.

A2) In taktisch gesteigert anspruchsvolle Gewässer führt 8.♘xd5, weshalb wir dem unerfahrenen Spieler diese – grundsätzlich gut spielbare – Fortsetzung nicht empfehlen möchten. Nach 8...♘xd5 9.♕xd5 ♗xb2 ist es angebracht, angesichts der unzureichend geschützten Situation des Königs mit 10.0-0! für Abhilfe zu sorgen. Dabei gibt Weiß die Qualität her, was aber nicht auf Dauer sein muss.

(Die Alternative wäre 10.♖b1 mit der Folge 10...♕a5+ 11.♔f1 ♗g7, die zu günstigen Verhältnissen für Schwarz führt. Die weißen Bauern am Damenflügel sind schwach und der König ist unrochiert.)

Die Stellung nach 10...♗xa1 11.♖xa1 ist komplizierter, als sie auf einen ersten Blick aussehen mag. Die weißen Offensivressourcen sind so ausgeprägt, dass Schwarz aufpassen muss, nicht plötzlich gravierend in Nachteil zu geraten. Mit 11...♕a5 und Gewinn des ♙c5 bleibt er in der Spur.

12.♗h6

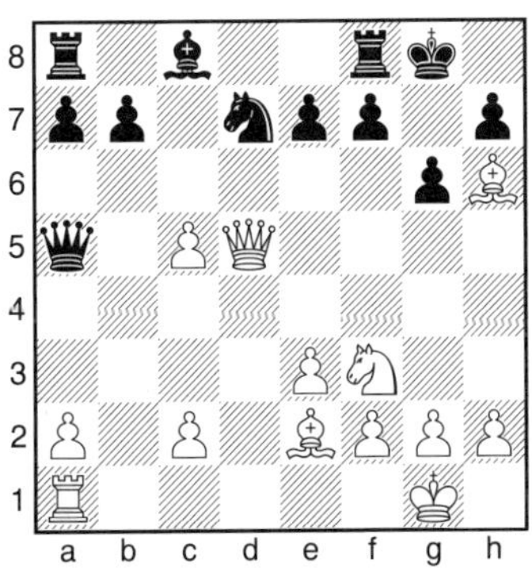

Damit holt sich Weiß die Qualität zurück, denn der ♖f8 darf nicht fliehen.

12...♕xc5

(12...♖e8? beantwortet Weiß mit 13.♘g5!, worauf Schwarz zur Abwendung des drohenden Matts nur 13...e6 bleibt. Nach 14.♕d4 muss Schwarz der Dame den Weg nach g7 abschneiden, wofür ihm faktisch nur 14...f6 zur Verfügung steht. Nach 15.♘e4 kann auch 15...♕d8 nur wieder das Gröbste abwenden. Mit 16.♗b5 kann Weiß seinen starken Angriff fortsetzen und steigern.)

Nach 13.♕b3 bleiben die aktiven weißen Aussichten intakt. Ein Abtausch auf c5 wäre angesichts der weißen Bauernschwächen nur günstig für Schwarz gewesen.

13...♘f6 14.♗xf8 ♔xf8=

B) Auch mit 7...♕a5 nimmt Schwarz den ♙c5 sofort aufs Korn. Bei dieser Wahl plant er, seinen Damenspringer nicht über d7, sondern nach c6 zu entwickeln. Gebräuchlich sind nun die Erwiderungen 8.♘d2 und 8.0-0 mit beispielsweise den folgenden Entwicklungen:

B1) 8.♘d2

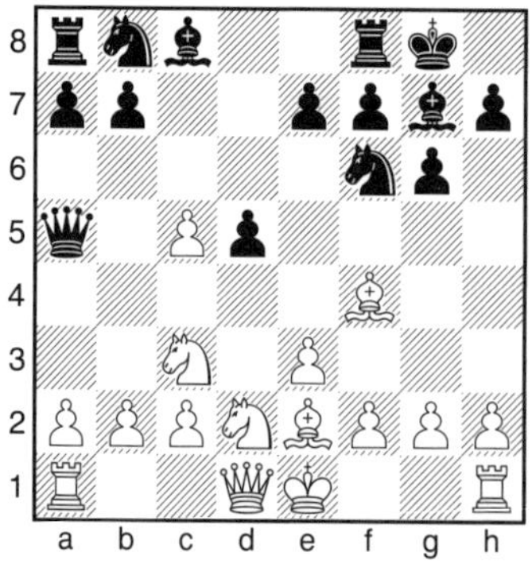

Weiß möchte Profit daraus ziehen, dass die schwarze Dame nach dem Schlagen auf c5 verletzlich steht. Dabei hofft er, seine Kräfte so aktivieren zu können, dass Schwarz zu Schutzhandlungen gezwungen ist, die ihn Zeit kosten.

Nach 8...♕xc5 9.♘b3 ♕b6 kann Weiß mit 10.a4 weiter nach seiner Grundidee vorgehen.

(Die Alternative 10.♘b5 mit Blick auf das momentan beherrschte Feld c7 reizt auch hier. Erneut kann Weiß dies nicht für seine Zwecke nutzen, wenn Schwarz mit 10...♘e8 reagiert und c7 vor einem gegnerischen Betreten sichert. Nach beispielsweise 11.c3 und nun 11...e5 12.♗g3 ♗e6∓ usw. hat Schwarz wirksam gekontert und sich sogar eine vorteilhafte Stellung mit viel Zentrumseinfluss verschafft.)

10...♘c6 11.a5

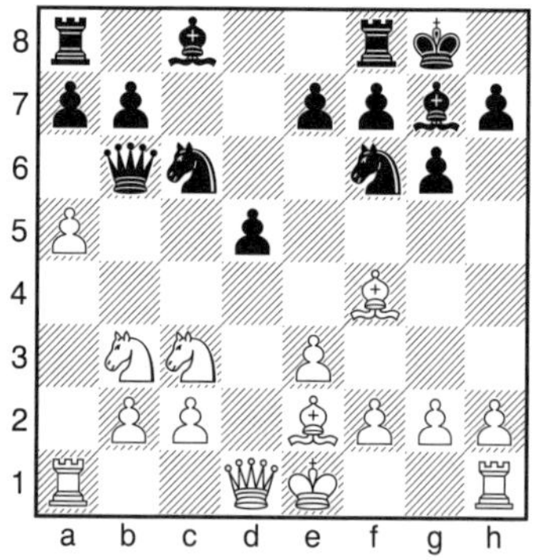

Nach 11...♕d8 ist die Idee von Weiß aufgegangen; er hat seine Entwicklung mit Angriffen auf die Dame vorangebracht, während Schwarz weniger Fortschritt erzielen konnte.

12.0-0 h6

Dieser Zug kann in vielen Varianten

nützlich sein, da er eine Fesselung mit ♗f4–g5 verhindert, die in manchmal störend wirkt.

Mit 13.h3 erhält der Läufer ein Versteck auf h2, in das er sich bei einem Springerangriff zurückziehen kann. Die aktivste Fortsetzung ist nun 13...e5.

(Ein guter Plan liegt auch darin, zunächst solide 13...e6 zu spielen, um im Anschluss den ♘f6 auf das Feld e8 zu führen, das deshalb eben nicht wie nach 13...e5 mit dem Turm besetzt werden darf. Hier soll e6–e5 später durchgedrückt werden.

Der Springer kann auf d6 neu aktiviert werden und der ♗g7 profitiert von dessen Wegzug. Aus der Warte des unerfahrenen Spielers könnte dieser Plan etwas schwerer ausführbar sein, weshalb wir ihn nur als durchaus gute Alternative anbieten.

Nach der möglichen Folge 14.♗b5 ♘e8 und dann 15.e4 d4 16.♘e2 e5 17.♗d2 ♘d6 entzieht sich der Läufer mit 18.♗d3 dem Angriff durch den Springer und gibt zugleich dem ♙e4 die erforderliche Deckung. Nach 18...f5= steht Schwarz auch hier aktiv und solide.)

Nach 14.♗h2 ♖e8= steht Schwarz in etwa gleichwertig aktiv und solide und kann entsprechend zufrieden sein.

B2) 8.0-0

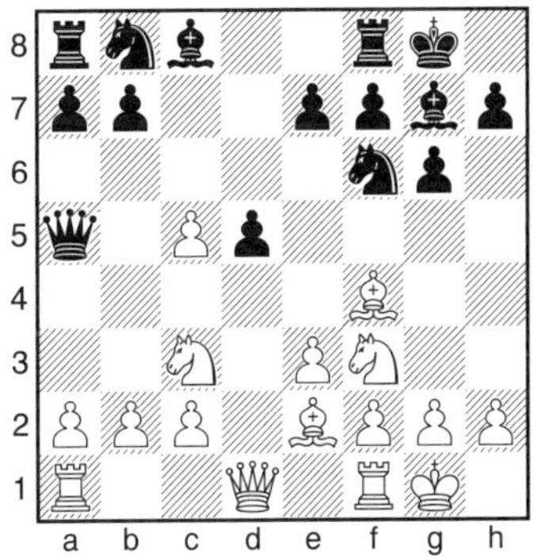

Nach 8...♕xc5 sieht 9.♘b5 verlockend aus, weil Springer und Läufer gemeinsam das Feld c7 beherrschen. Allerdings kann Schwarz einem Betreten einen Riegel vorschieben.

(Beachtenswert ist auch die Idee, Druck auf der d-Linie aufzubauen, wie es in der Variante 9.♕d2 ♘c6 10.♖ad1 geschieht. Schwarz sollte dann einfach auf den Abschluss seiner Entwicklung spielen. Möglichkeiten hierzu werden in der Beispielvariante 10...♗f5 11.h3 ♖ac8 12.g4 ♗e6 13.♘g5 ♖fd8 ∞ deutlich. Die Situation ist kompliziert und hinsichtlich der Chancenverteilung nicht sicher einschätzbar. Auf jeden Fall aber ist das Stellungsmuster für beide Seiten gut spielbar.)

Nach 9...♘e8 ist c7 für Weiß tabu und er darf nicht übersehen, dass jetzt sein ♙b2 akut gefährdet ist. Weitergehen kann es mit 10.♗e5 ♗xe5 11.♘xe5 ♘c6 12.♘xc6 bxc6 13.♘d4 ♘d6 und etwa gleichen Chancen.

7...♘c6

Schwarz will den starken gegnerischen ♘e5 verdrängen oder eliminieren und zugleich weiter Druck gegen das weiße Zentrum aufbauen. An den noch wenig erfahrenen Spieler richten wir den kurzen Hinweis, dass der im Falle von ♘e5xc6 auf der c-Linie entstehende Doppelbauer keine Überlegung wert ist, auch zumal er nur von kurzer Existenz wäre.

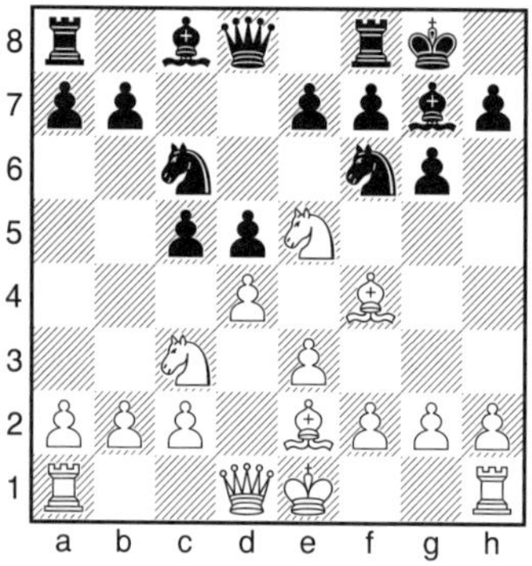

8.0-0

Ein Aufbauplan, der eine lange Rochade beinhaltet, hat ebenfalls Anhänger. Mit 8.♕d2 verschafft sich Weiß die entsprechende Option, ohne sich bereits darauf festzulegen. Folgen kann beispielsweise 8...cxd4 9.exd4 und dann 9...♕b6, worauf 10.0-0-0 auch zur Deckung des nun akut bedrohten ♙b2 führt.

Mit dem aktiven Zug 10...♘e4 kann Schwarz den Gegner zwingen, sich zwischen den beiden Reaktionsmöglichkeiten 11.♘xe4 und 11.♘xd5 zu entscheiden. Für Weiß geht es dabei auch um die Frage, ob er die Damen auf dem Brett halten möchte oder eben nicht.

A) Die bessere Wahl ist u.E. 11.♘xe4 dxe4. Mit 12.♘xc6 und der Folge 12...♕xc6 13.♗h6 ♗xh6 14.♕xh6 kann Weiß dafür sorgen, dass die Stellung viel an Spannung verliert und Schwarz die Entwicklung eines Gegenspiels erschwert wird. Auf dem Weg 14...♗e6 15.♔b1 und nun beispielsweise 15...♖ac8= gelingt ihm dies aber doch recht schnell. Er kann nun nach dem Muster ♖f8–d8 und b7–b5 weiter vorgehen, während Weiß konkret mit ♖d1–d2 und dann zur Deckung von f2 mit ♖h1–c1 arbeiten kann.

In dieser schon oft ausgespielten Stellung hat Schwarz nun die Möglichkeit, über einen Bauerntausch auf d4 das weiße Zentrum zu schwächen und den Gegner im Anschluss dazu zu verlassen, selbst die starke Aufstellung des ♘e5 aufzugeben.

B) Vor allem gegen einen noch unerfahrenen Gegner kann es eine Überlegung wert sein, 11.♘xd5 den Vorzug zu geben.

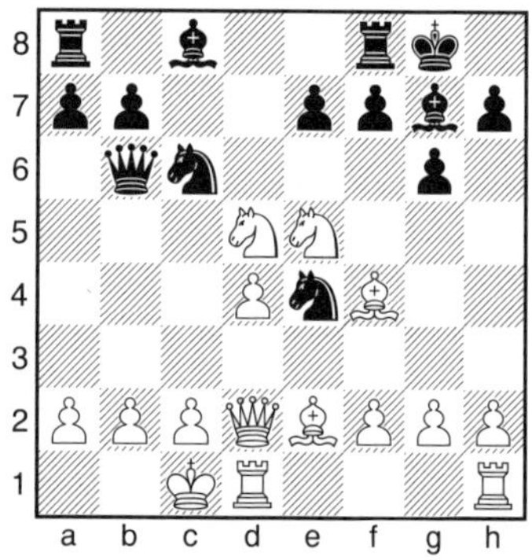

Dabei verschwinden die Damen vom Brett und Schwarz kann je nach Verlauf eine nicht ganz leicht zu behandelnde Bauernstellung bekommen. Nach 11...♘xd2 12.♘xb6 axb6 sind die Damen abgetauscht und es ist ein schwarzer isolierter Doppelbauer entstanden, der jedoch ggf. nicht lange Bestand hat.

Nach 13.♖xd2 ist 13...♖xa2 der Versuch, mehr als nur Gleichstand aus der Stellung herauszuholen.

(Nach 13...♘xe5 14.dxe5 ♖xa2= sind die Chancen trotz Doppelbauer gleich.)

14.♔b1 ♗e6 und nun bleibt Weiß nur mit 15.♘xc6 im Spiel.

(Die für Weiß gefährliche Lage wird am Beispiel 15.c3 deutlich. Nach 15...♗xe5 16.♗xe5 ♖fa8∓ steht Schwarz an der Schwelle zu einem entscheidenden Vorteil.)

15...bxc6 16.c3∓

8...cxd4 9.exd4 ♕b6

Nun hängen die beiden Bauern auf b2 und d4.

10.♘xc6

Ein Angreifer des ♙d4 wird eliminiert und dieser damit hinreichend verteidigt.

10...♕xc6

10...bxc6 11.♘a4!?

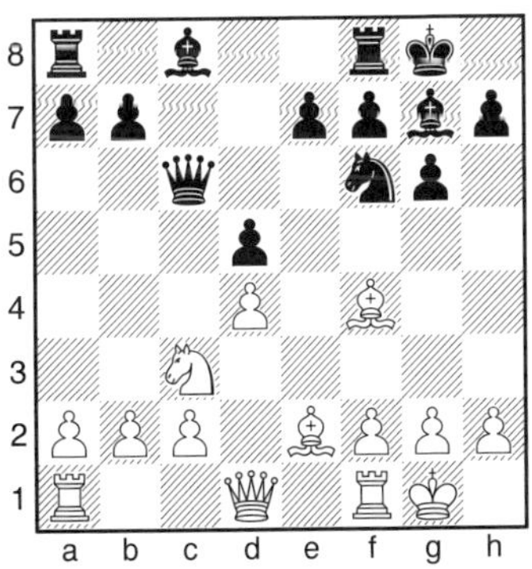

11.♗b5

Auf diese Weise kann Weiß den Kampf um die Vorherrschaft auf dem Damenflügel einleiten.

In der Praxis kommt auch 11.♖e1 häufiger vor, worauf Schwarz aber kaum Probleme hat, zu einem ausgeglichenen Spiel zu kommen. Die halboffene e-Linie kann Weiß bis auf weiteres kaum für seine Zwecke nutzen. Folgen kann beispielsweise 11...a6 zur Übernahme der Kontrolle über b5 und Vorbereitung des Vorstoßes b7–b5 sowie 12.a4 zu dessen Verhinderung. Mit beispielsweise 12...♗f5 stellt Schwarz den Ausgleich endgültig sicher. Sobald er auch noch seine Türme in die Mitte gebracht hat, hat er alle Figuren im Spiel.

11...♕b6 12.a4

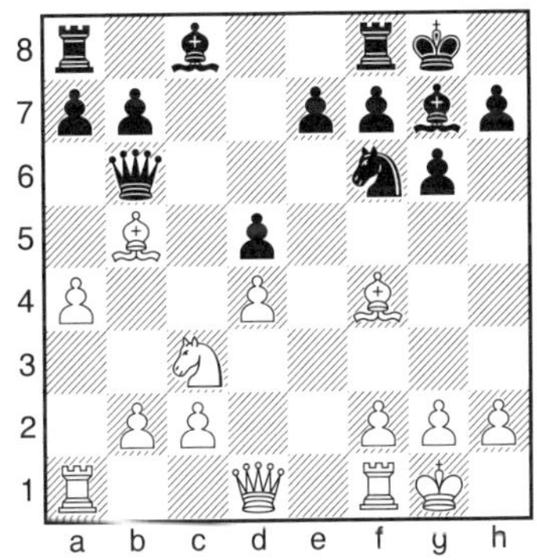

12...♕a5!?

Damit setzt Schwarz eine interessante Idee um: Die Dame stellt sich dem a-Bauern in den Weg, um ihn an einem weiteren Vormarsch zu hindern.

Auf 12...a6 kann 13.a5 mit Vertreibung der Dame folgen.

13...♕d8

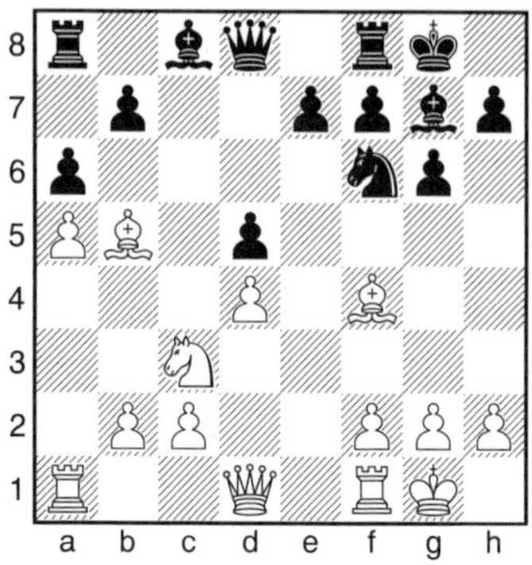

Weiß kann sich nun zwischen e2 und d3 als Zielfeld für die Flucht seines Läufers entscheiden. In beiden Fällen kann sich eine weitgehend konfliktfreie Phase anschließen, in der die Parteien Fortschritte in ihrer Entwicklung zu erzielen versuchen.

A) Nach 14.♗e2 ♗d7 bleibt der Läufer für einen Einsatz auf dem Damenflügel verfügbar, wo er einer Schwäche auf den weißen Feldern vorbeugt.

15.♕d2

(Anstelle des schlichten Entwicklungszuges mit der Dame kann Weiß auch 15.♗f3 spielen, um Schwarz zur Deckung seines ♙d5 zu zwingen und die Zeit dann für eine Besetzung der e-Linie mit dem Turm zu nutzen. Es kann entsprechend 15...♗c6 16.♖e1 folgen, aber ohne eine nennenswerte Auswirkung auf die dynamischen Kräfteverhältnisse. Die Kontrahenten agieren weiter auf Augenhöhe, was ein möglicher Fortgang mit 16...♖c8 17.♗e5 e6= bestätigt. In der Folge kann Schwarz den lästigen weißen Läufer mit ♘f6–e8 zum Abtausch zwingen oder vertreiben.)

Mit 15...♖c8 16.♖fe1 ♗c6= können beide Parteien ihre Entwicklung weitgehend abschließen.

B) Möglich ist auch 14.♗d3, worauf Schwarz seinen Läufer ebenfalls nach c6 dirigieren kann; z.B. 14...♗d7 15.♕d2 (15.♖e1 ♗c6!) 15...♗c6 16.♗e5 ♖e8 mit Ausgleich. In der Folge kann Schwarz auf die Durchsetzung von e7–e5 spielen.

13.♖e1 a6

Da der ♖f8 nach e8 gebracht werden soll, muss zunächst der Läufer vertrieben werden, womit zugleich ein Tempo eingestrichen wird.

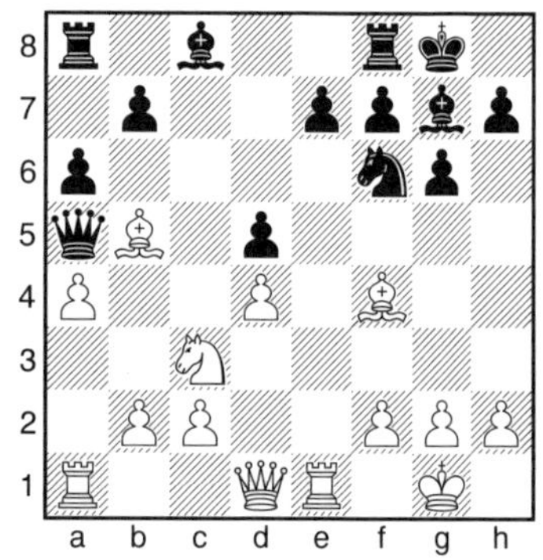

14.♗f1

Dieser Rückzug soll den Schutz des Königsflügels zu verstärken helfen. Der Läufer soll im Anschluss an g2–g3 auf g2 platziert werden und Druck auf den ♙d5 ausüben.

I. 14.♗e2 kann Schwarz gut mit 14...♘e4 beantworten, wonach sich die in sich gut nachvollziehbare Variante 15.♘xe4 dxe4 16.c3 e5 17.dxe5 ♗xe5 18.♗xe5 ♕xe5= anschließen kann.

II. Auf 14.♗d3 ist 14...♘h5 gut, worauf sich Weiß zunächst um seinen Läufer kümmern muss; z.B. 15.♗e3 (15.♗g5 e6∞) 15...♗d7 mit Gleichstand. Das eventuelle taktische Manöver 16.b4 ♕xb4 17.♘xd5 muss Schwarz nicht fürchten, denn über die Variante 17...♕d6 18.c4 e6 19.♘c3 ♗c6 bleibt er Herr der Lage.

14...♖e8 15.♗e5 ♗f5

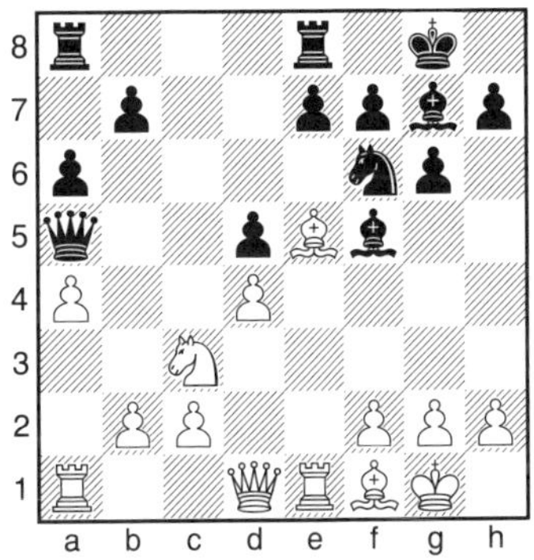

Wenn Schwarz jetzt noch ♖a8–c8 spielt, kommt er zum erfolgreichen Abschluss der Mobilisierung seiner Kräfte, verbunden mit guten Aussichten.

Zusammenfassung: Mit dem Zug 5.e3 gibt Weiß seine konkreten Pläne noch nicht preis. Er behält sich die Möglichkeit zur Rochade in beide Richtungen vor. Schwarz spielt normalerweise mit c7–c5 aktiv im Zentrum, kann aber auch die solide Option c7–c6 wählen. In der Hauptvariante empfehlen wir den Zug 12...♕a5!? mit einer Blockade des Bauern auf a4. Insgesamt stellt der Barry-Angriff keine größere Gefahr für Schwarz dar.

Kapitel 3

Weressow-Eröffnung

1.d4 ♘f6 2.♘c3 d5 3.♗g5

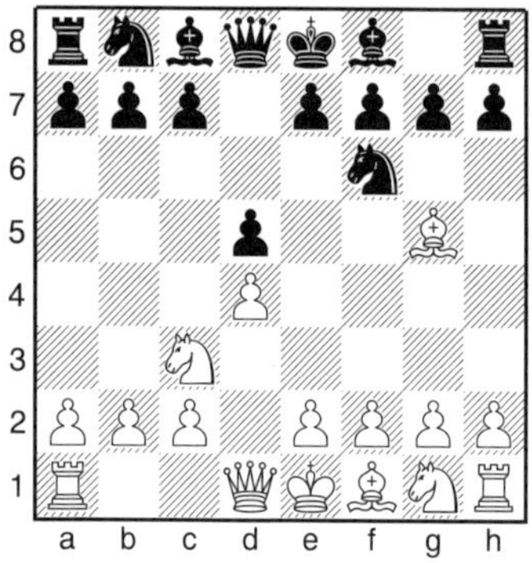

Der Läuferzug leitet die Weressow–Eröffnung ein, die nach dem sowjetischen Meister Gawril Weressow (1912–1979) benannt ist. Dieser setzte das System ab 1938 mehrfach in UdSSR-Meisterschaften ein. Manchmal (und besonders im deutschen Sprachraum) wird es auch als Richter-Weressow-System bezeichnet. Der deutsche Meister Kurt Richter (1900–1969) hat sich in Turnieren der 1920er und 1930er Jahre ebenfalls vielfach auf diese Spielweise gestützt.

Die Ausgangsstellung wird in der Praxis auch über die Zugfolge 1.d4 d5 2.♘c3 ♘f6 3.♗g5 angestrebt. Der Kern des weißen Plans liegt darin, über den Vorstoß e2–e4 gleich zwei Bauern im Zentrum zu platzieren und sich damit auch einen Raumvorteil zu sichern.

3...♘bd7

Zumeist pflegt sich Schwarz auf diese Weise zu verteidigen, womit er eine Schwächung seiner Bauernstruktur im Falle eines Abtausches auf f6 vermeidet. Mit den Fortsetzungen 3...♗f5, 3...c6 und 3...e6 stehen Schwarz Alternativen zur Verfügung, die ihm einen flexiblen Umgang mit der Stellung erlauben.

I. Nach 3...♗f5 ist Schwarz bereit, den Preis eines Doppelbauern auf der f-Linie zu akzeptieren, um seinen Läufer nicht zu verstellen und sofort ins Feld zu bringen. Auf der Diagonale b1–h7 kann er auf seinen weißen Kontrahenten warten, für den sich eine entsprechende Entwicklung ebenfalls anbietet.

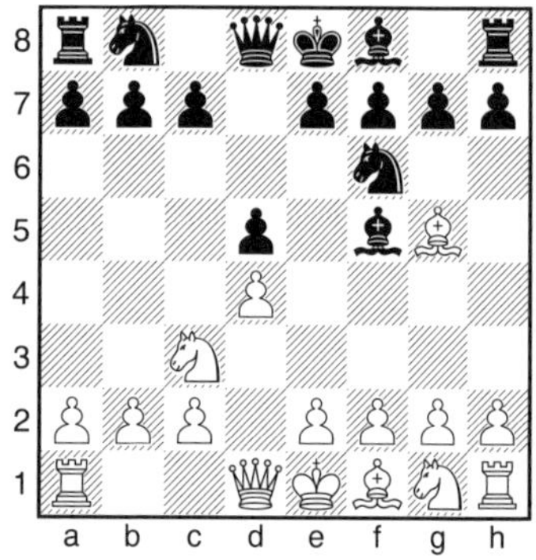

4.♗xf6

Nach 4.f3 Δ4...♘bd7 5.♘xd5 ♘xd5 6.e4 kann eine wilde Variante entstehen, in der Weiß sein Material zurückbekommt. Wer die Weressow-Eröffnung zu spielen oder sich mit Schwarz darauf einzulassen gedenkt, sollte sich diese Zugfolge einprägen.

Mit 6...h6 kontert Schwarz die weiße Bauerngabel mit einem Angriff auf den Läufer, so dass Weiß diesen wegziehen muss, um nicht mit einem Materialnachteil aus dem Scharmützel gehen zu müssen.

7.♗h4 ♘e3

Aufgrund der Springergabel kommt Schwarz auf jeden Fall zum Abtausch auf f1.

8.♕d3 ♘xf1 9.exf5

Nur so kann Weiß den Gleichstand der Figuren wieder herstellen.

9...♘xh2

Der Springer konnte sich nicht ungeschoren aus der Situation befreien. Also lässt er sich zumindest noch von einem gegnerischen Bauern vom Brett begleiten.

10.♖xh2 ♘b6

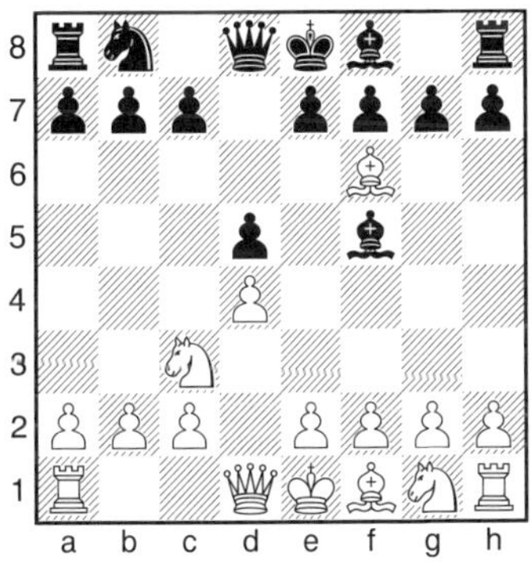

Schwarz kann grundsätzlich mit beiden Bauern zurückschlagen.

A) Wenn wir die Alternative 4...gxf6 bevorzugen, hat dies auch mit dem allgemeinen Lehrsatz zu tun, dass die Schlagrichtung zum Zentrum häufig von Vorteil ist. Daneben ist zu beachten, dass diese Entscheidung das Zentrum stärkt und die g-Linie eventuell zu einer Angriffslinie werden kann. Nach dem Schlagen mit dem e-Bauern hingegen würde der König nach einer kurzen Rochade wegen der intakten Bauernstellung am Königsflügel etwas sicherer stehen.

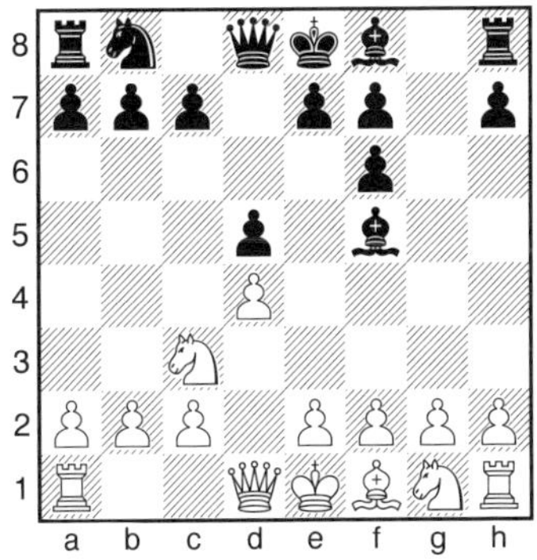

Mit 5.e3 schafft Weiß einen Durchlass für seinen Läufer nach d3, was dem Weißen (wie auch nach 4...exf6) zugleich einen Fortschritt in seiner Entwicklung und eine Beschränkung des gegnerischen Läufers in seiner Wirkung erlaubt.

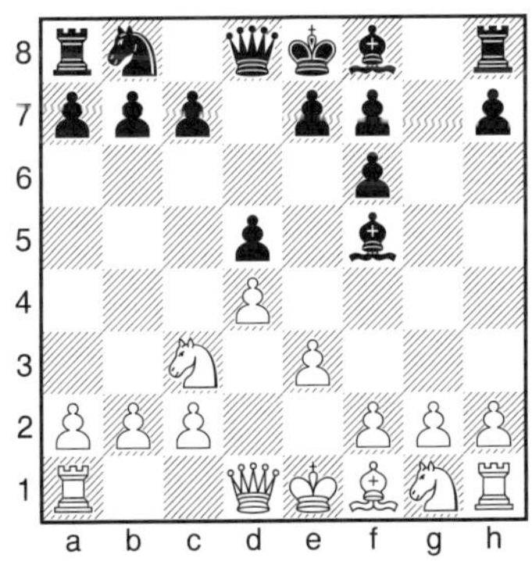

Da der Läufer vorbei ist, kann der Bauernzug 5...e6 jetzt dem ♗f8 den Weg nach draußen frei machen und ihm unmittelbar zu mehr Wirkungskraft verhelfen, insbesondere mit Blick auf die Felder c5 und b4.

6.♗d3

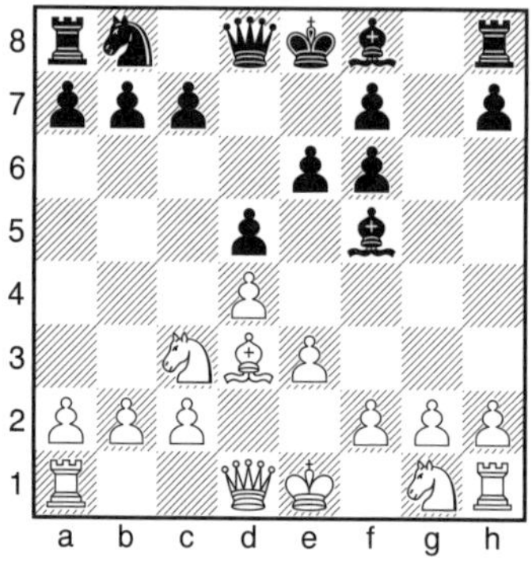

Schwarz muss nun reagieren, denn er darf sich natürlich nicht auf einen Tripelbauern nach ♗d3xf5 einlassen. Mit 6...♗g6 zieht er die Option, sich von seinem Gegner zeigen zu lassen, wie es weitergehen soll. Wenn dieser auf g6 schlagen sollte, kann Schwarz seinen Doppelbauern auflösen.

(Ebenso gut kann er aber auch mit 6...♗xd3 selbst den sofortigen Abtausch veranlassen, worauf er mit 7.cxd3 rechnen muss. Der entstehende zentrale Doppelbauer ist nicht etwa eine Schwächung, sondern nimmt einen großen Einfluss auf das Zentrum, wobei der ♙d3 den geplanten Schritt e3–e4 unterstützt.

Der beispielhafte Fortgang mit 7...c6 8.♘ge2 ♘d7 9.0-0 f5= zeigt auf, wie sich beide Seiten plausibel weiter aufbauen können. Mit seinem letzten Zug stärkt Schwarz seinen Einfluss auf das Feld e4 mit dem Hintergedanken, dort ggf. seinen Doppelbauern auflösen zu können, worauf eine Stellung mit einem isolierten weißen Damenbauern entstehen kann.)

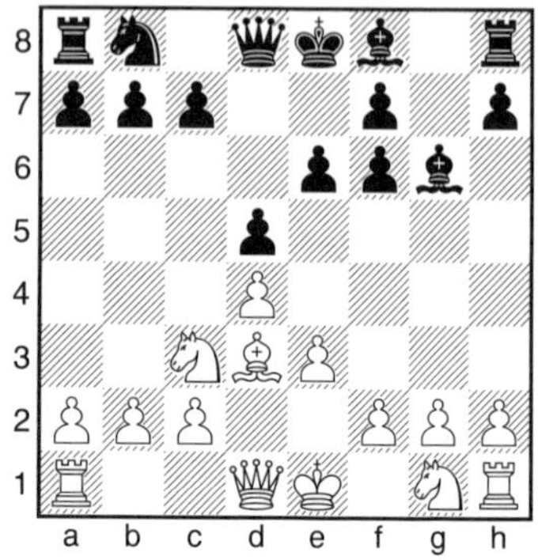

Mit 7.f4 erneuert Weiß zum Preis eines Loches auf e4 seine Drohung, einen schwarzen Tripelbauern entstehen zu lassen.

7...♗xd3

(7...f5? ist keine ratsame Alternative, weil der weißfeldrige Läufer zum Statisten gemacht würde und es zu einer schweren schwarzfeldrigen Schwächung käme.)

8.cxd3 c5

Mit diesem energischen Vorstoß soll die weiße Zentralstellung geschwächt und die Entwicklung des eigenen Läufers vorbereitet werden. Zugleich geht allerdings die Rechnung von Weiß auf, die er mit c2xd3 verbunden hat.

Nach 9.dxc5 ♗xc5 kommt Weiß kaum ohne 10.d4 aus. Dies führt zur Festigung des Zentrumseinflusses und zur allgemeinen Absicherung der Stellung – insbesondere des weißen Königsflügels. Nach der natürlichen Entwicklung mit 10...♗b4 11.♘f3 ♘c6 12.0-0 0-0 kann Schwarz mit ♔g8–h8 und ♖f8–g8 ein Gegenspiel auf der g-Linie einleiten.

B) 4...exf6

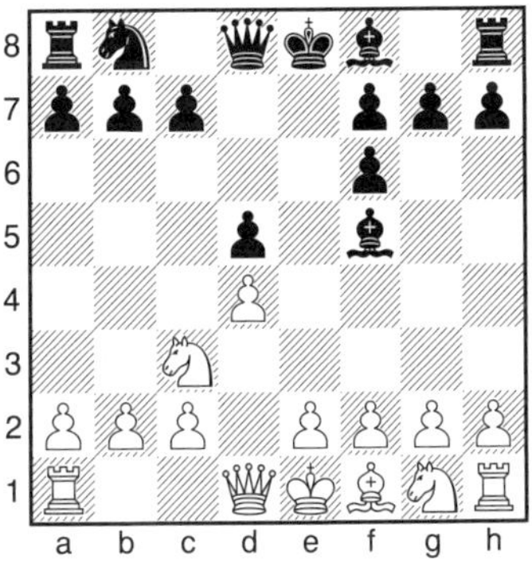

Die im Vergleich zur Situation nach 4...gxf6 hier wesentlich andere Bauernstruktur führt zu deutlich abweichenden Entwicklungen. Die Kontrahenten können ihre Kräfte beispielsweise entsprechend der folgenden Variante weiter mobilisieren.

Mit 5.e3 macht Weiß den Weg für seinen Läufer frei, der im Anschluss ins Feld geführt werden kann, ohne ggf. vom Königsspringer auf e2 blockiert zu werden. Für Schwarz bietet sich in Kürze ♗f8–b4 als Entwicklungszug an, worauf ♘g1–e2 besonders dann eine gute Reaktion wäre, wenn der Läufer bereits aktiv steht.

Mit dem Stützungszug 5...c6 kündigt Schwarz quasi zugleich an, dass er seinen Damenspringer über d7 ins Spiel bringen wird.

6.♗d3 ♗xd3 7.♕xd3

Damit ist die Rechnung von Schwarz aufgegangen, als er sich für 3...♗f5 entschied.

Nach 7...♗b4 8.♘ge2 und den weiteren Zügen 8...0-0 9.0-0 ♘d7 sind die Konturen des beiderseits angestrebten Aufbaus gut zu erkennen. Beide Spieler können mit dem bisher Erreichten zufrieden sein, die Chancen sind etwa ausgeglichen. Weiß kann sich nun an die Umsetzung seiner Leitidee, der Durchsetzung von e3–e4, machen, so dass ein Fortgang wie folgt möglich wird: 10.e4 dxe4 11.♘xe4 f5 12.♘4g3 g6= usw.

II. 3...c6

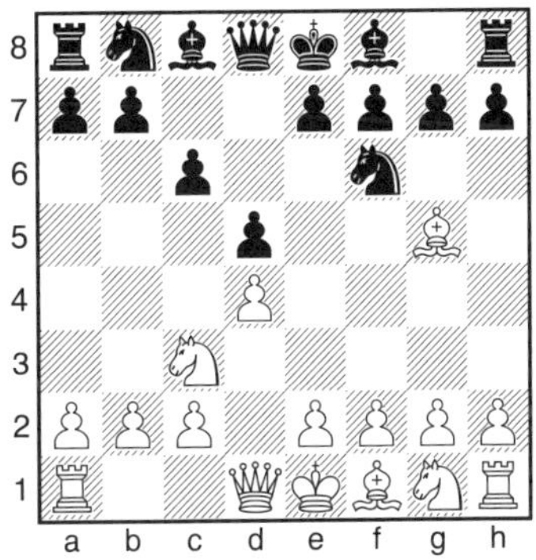

Diese Fortsetzung kann zu ähnlichen Strukturen führen, wie wir sie nach 3...♗f5 gefolgt von c7–c6 betrachtet haben, aber auch abweichende Entwicklungen auslösen. Auch hier liegt es in der Hand von Weiß, ob er auf f6 schlägt oder den Läufer eben doch nicht gegen den Springer hergibt.

4.♗xf6

(Auf 4.e3 kann Schwarz in bekannter Weise mit 4...♗f5 und auf 5.♗d3 mit 5...♗xd3 reagieren.

– Wir konzentrieren uns hier auf 6.♕xd3 als Antwort. Nach 6...♘bd7 ist ♗g5xf6 entschärft und Schwarz bekommt die Gelegenheit zu einer gesunden und soliden weiteren Entwicklung nach dem Muster 7.f4 e6 8.a3 ♗e7 9.♘f3 0-0 10.0-0 c5 und Schwarz hat seine Eröffnungsaufgaben ausgezeichnet gelöst.

– Wenn Weiß zu 6.cxd3 greift, so macht er dies mit ähnlichen Erwägungen, wie wir sie oben für vergleichbare Verhältnisse nach 3...♗f5 beschrieben haben. Bei Bedarf lohnt sich also ein Blick zurück.)

4...exf6

(Auch hier ist das Zurückschlagen mit 4...gxf6 eine Alternative der Wahl. Nach beispielsweise 5.e3 ♗f5 6.♗d3 ♗g6 usw. sind die Kontrahenten auf dem Weg zu einem Eröffnungsergebnis mit gleichwertigen Perspektiven.)

5.e3

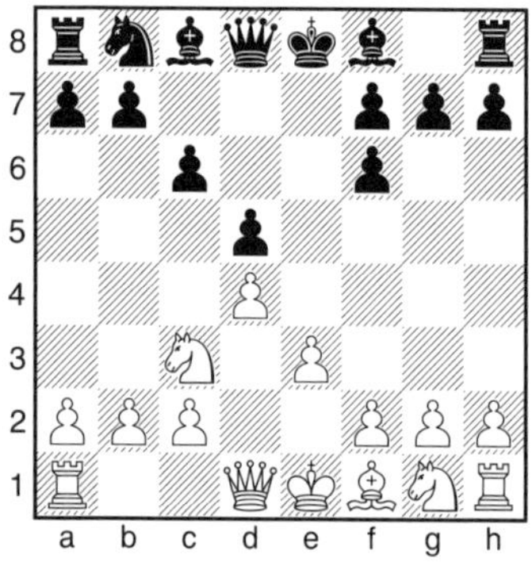

In der Praxis setzt Schwarz nun zumeist auf den Plan, möglichst schnell den Königsflügel zu entwickeln. Hierzu führt er zunächst seinen Läufer nach d6, um gleich darauf rochieren und seinen Turm auf e8 stellen zu können. Die Variante 5...♗d6 6.♗d3 0-0 7.♕f3 ♖e8 hat Mustercharakter.

Die Alternativen zu 7.♕f3 stehen zu Recht in keinem guten Ansehen. Mit diesem Damenzug macht Weiß den Übergang in ein spannendes und scharfes Spiel möglich, das auch vom Kampf bei entgegengesetzten Rochaden geprägt ist. Das entsprechende Ausgangsszenario ist nach 8.♘ge2 ♘d7 9.0-0-0 erreicht. Weiß wird seinen Angriff auf dem Königsflügel führen, Schwarz auf dem Damenflügel kontern.

Ein typischer Fortgang wäre nun beispielsweise 9...♘f8 10.♘f4 a5 11.g4 b5 12.h4 a4 13.g5 b4 ⇄ usw. Mit ihren vorpreschenden Bauern versuchen beide Seiten, Lücken in die gegnerische Verteidigung zu reißen, die von den Figuren ausgenutzt werden können.

III. 3...e6 4.e4 führt zur Französischen Verteidigung.

4.♘f3

Neben diesem natürlichen Entwicklungszug muss Schwarz auch mit 4.f3, 4.♕d2 oder 4.♕d3 rechnen. Diese drei Alternativen werden wir deshalb in der Folge etwas genauer betrachten.

I. Mit 4.f3 gibt Weiß zu erkennen, dass er ein Übergewicht im Zentrum erreichen will, indem er e2–e4 folgen lässt.

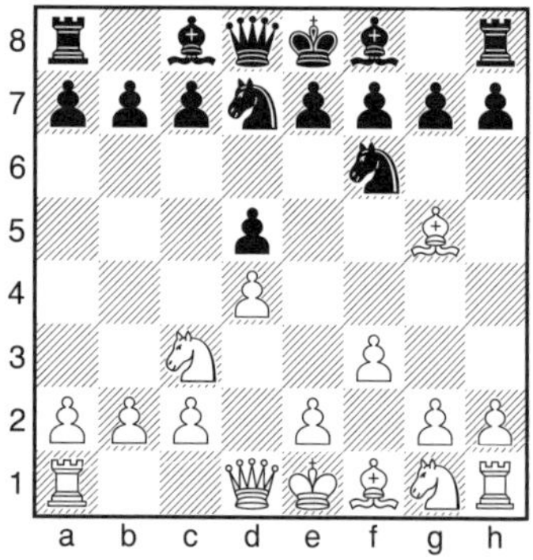

A) Mit dem kraftvollen Vorstoß 4...c5 nimmt Schwarz seinem Gegner die Zeit für ein ruhiges Fortsetzen seines eingeschlagenen Weges und durchkreuzt damit dessen Plan.

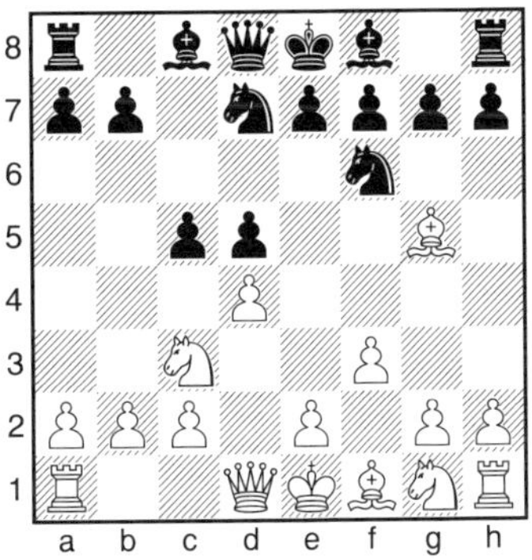

5.dxc5

(Wenn sich Weiß unbeeindruckt zeigt und wie geplant mit 5.e4 fortsetzt, kommt Schwarz weitgehend ungefährdet zu einem guten Spiel. Es folgt 5...cxd4 6.♕xd4 und nun 6...e5!, worauf die Dame weichen muss und Schwarz die Gelegenheit zu d5–d4 erhält. Nach beispielsweise 7.♕a4 d4 8.♘d5 ♗e7 9.♘xe7 ♕xe7 hat er keine Probleme mehr und den Stellungsausgleich in der Tasche. Er kann h7–h6 und 0-0 folgen lassen.)

Wenn Weiß nach 5...♕a5 den schnellen Rückgewinn des Bauern und den damit sicheren schwarzen Ausgleich nicht zulassen möchte, kann er mit 6.♗xf6 fortsetzen und damit den ♘d7 von c5 ablenken. Nach 6...♘xf6 7.♕d4 ist sein vorgerückter c-Bauer unantastbar und der schwarze ♙d5 bedroht.

Nun aber steht Schwarz mit 7...e5! ein starkes Bauernopfer zur Verfügung, über das er sich gute Gegenchancen verschafft. Nach 8.♕xe5+ ♗e6 wird Schwarz den ♙c5 gewinnen und materiell dann nur noch einen Bauern zurückliegen. Demgegenüber ist er bereits jetzt dynamisch viel besser als Weiß aufgestellt, denn dessen Königsflügel steckt noch komplett in den Startlöchern und kann auch nicht in wenigen Zügen aktiviert werden.

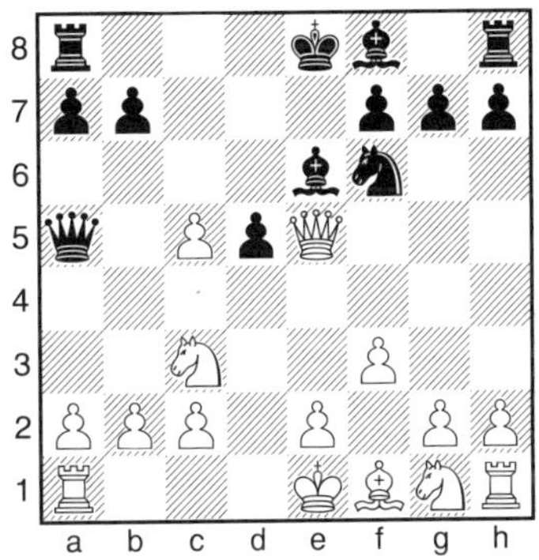

Um besser ins Spiel zu kommen, muss Weiß seinen e-Bauern nach vorne beordern. Seine Wahl zwischen e2–e3 und e2–e4 ist zwar grundsätzlich frei und gibt ihm die Möglichkeit, sich auch an seinem Naturell zu orientieren, doch sehen wir in der Entwicklung nach e3 die bessere Alternative.

A1) Nach 9.e3 ♗xc5 10.♗b5+ ♔f8 hat Schwarz genügend Kompensation für den Minusbauern. Diese Einschätzung bestätigt sich beispielsweise in einem Fortgang der Partie nach dem Muster 11.0-0-0 a6 12.♗a4 (12.♗d3 ♖e8!) 12...b5 13.♗b3 ♖e8 14.♕f4 ♕b6=.

A2) 9.e4 ist natürlich aggressiver. Als Unterschied zur Variante nach 9.e3 ist hier – neben der erzeugten Bauernspannung im Zentrum – zu beachten, dass dem schwarzen Läufer in der

Folge das Feld e3 zur Verfügung steht, nachdem er auf c5 geschlagen hat.

Nun ist 9...0-0-0!? unser Favorit, denn dieser Zug leistet u.E. am meisten zugunsten eines dynamischen Gegengewichts.

(Der alternative Weg 9...♗xc5 10.♗b5+ ♔f8 11.0-0-0 führt zur oben bereits angesprochenen Möglichkeit für Schwarz, mit 11...♗e3+ seinen Läufer auf die Diagonale c1–h6 zu führen, auf der er Schwarz beim Ausbau von Gegenchancen gute Dienste leisten kann. Nach 12.♔b1 dxe4 13.fxe4 kann er mit 13...♔g8 und dem Plan h7–h6 und ♔g8–h7 fortsetzen.)

Anschließen kann sich 10.exd5 ♖xd5 11.♕f4 ♗xc5∓ und der Minderbauer ist durch das ausgezeichnete schwarze Spiel mehr als kompensiert.

B) Eine ebenfalls gute Strategie basiert auf der Überlegung, das gegnerische Vorhaben zuzulassen bzw. Weiß sogar zu verlocken, es umzusetzen, um dann kräftig zu kontern. Im Anschluss an 4...c6, womit d5 gestützt und der Dame der Weg nach draußen auf den Damenflügel eröffnet wird, kann sich Weiß nach 5.e4 dxe4 6.fxe4 am Ziel seiner Wünsche wähnen: Er hat das Zentrum mit einem Bauernduo besetzt.

Mit 6...e5! kann Schwarz dieses jedoch sofort erschüttern. Er sollte sich davon auch nicht aufgrund der Überlegung abhalten lassen, dass der nach 7.dxe5 angegriffene ♘f6 gefesselt ist und nicht wegziehen kann, denn der ungedeckte ♗g5 schenkt ihm eine taktische Ressource.

(Wenn Weiß versucht, seine Stellung zunächst mit 7.♘f3 zu stärken, kann Schwarz seine Dame mit 7...♕b6 aus der Fesselung führen, damit seinem ♘f6 wieder zur Handlungsfreiheit verhelfen und zugleich eine Initiative zu entwickeln. Nun ist 8.♕d2 eine universelle Antwort, die sowohl zur prophylaktischen weiteren Deckung des ♘c3 führt als auch einen Beitrag zur Entwicklung leistet. Mit 8...exd4 kann Schwarz nun dem weiteren Kampf die Richtung vorgeben.

9.♘xd4 ♗b4∓

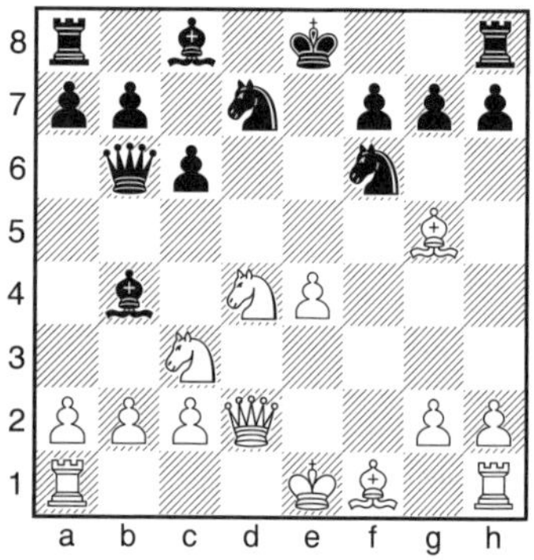

Schwarz steht initiativer und wird seine Entwicklung bald solide zum Abschluss bringen können. Für Weiß ist diese Aufgabe nicht ganz so einfach zu lösen, zumal er sich einen zur Schwäche neigenden isolierten Königsbauern eingefangen hat.

Nach der möglichen Folge 10.♘f5 kann es bereits mit 10...♘xe4! weitergehen. Mit 11.♕e2 kann Weiß den ♘e4 zwar fesseln und den Deckungszug 11...♘df6 mit 12.♗xf6 beantworten, damit aber nicht mehr als einen Pyrrhussieg erreichen.

Schwarz schlägt nämlich nicht auf f6 zurück, sondern spielt 12...♗xf5 und bringt damit die weiße Stellung endgültig in Schieflage. Inzwischen muss sich Weiß sogar ernste Sorgen um die Sicherheit seines Königs machen und nach den weiteren Zügen 13.0-0-0 ♗xc3 14.♗xc3 0-0 15.♕f3 ♗g6∓ steht Schwarz klar besser.)

Nach 7...♕a5 reicht der Röntgenblick der Dame bis zum ♗g5.

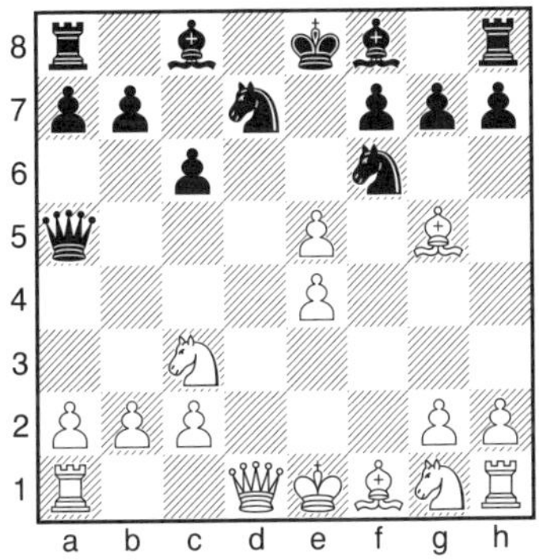

8.exf6

(Nach 8.♗d2 folgt 8...♘xe5! 9.♘f3 ♕c7 Δ♗f8–d6 nebst 0-0 mit guten Perspektiven für Schwarz.)

Nach 8...♕xg5 9.fxg7 ♗xg7 verfügt Weiß zwar über einen Mehrbauern, aber in einer hochgradig unterentwickelten Stellung. Und es ist nicht einfach für ihn, daran etwas zu ändern.

10.♕d2

(10.♘f3 hilft nicht, was die zwingende Variante 10...♗xc3+ 11.bxc3 ♕e3+ 12.♗e2 ♕xc3+∓ beweist.)

Nach 10...♕xd2+ 11.♔xd2 ♘c5 (mit der Drohung ♗g7xc3 nebst ♘c5xe4) 12.♗d3 ♗e6 mit der möglichen Folge 13.♘f3 0-0-0 14.♖ad1 ♖hg8∓ steht Schwarz ausgezeichnet.

II. Mit 4.♕d2 bereitet Weiß die lange Rochade vor. Daneben ist zu beachten, dass die Dame für die Deckung des ♗g5 sorgt.

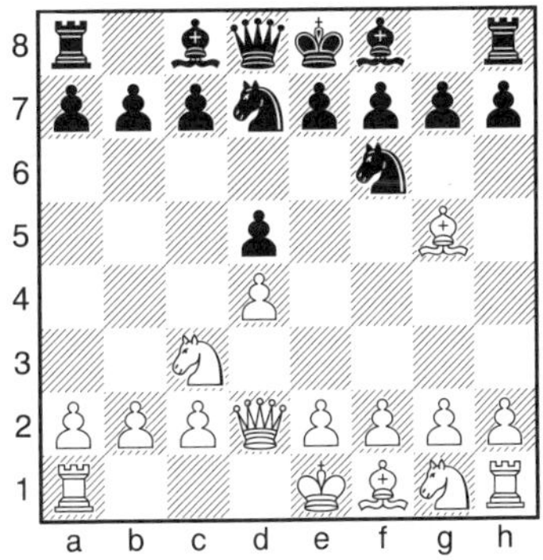

A) Nun weist 4...e6 die besten Werte in der Erfolgsstatistik aus der Turnierpraxis auf.

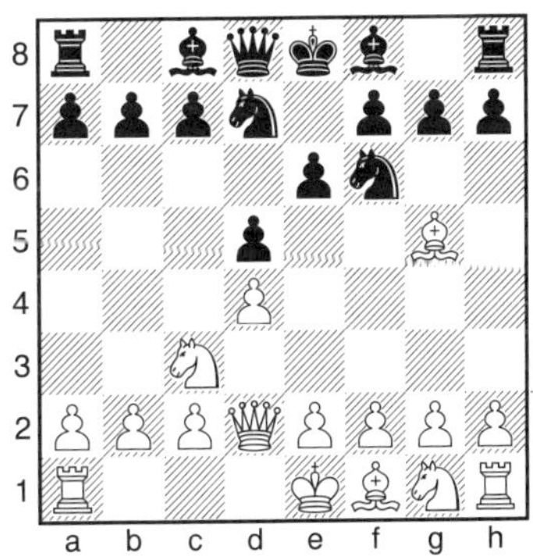

Diese Fortsetzung ist auch unsere Empfehlung. Den Weißen raten wir nun zu 5.e3, auch wenn in der Praxis bisher am häufigsten 5.f3 vertraut worden ist, worauf Schwarz allerdings mit 5...c5!? aktiv werden kann. Anhaltspunkte für eine aussichtsreiche Spielführung lassen sich unserer obenstehenden Besprechung der Variante 4.f3 c5 zum Hauptzug 4.♘f3 entnehmen.

(Für Angriffsspieler und Gambitfreunde kann 5.e4 interessant sein, worauf 5...dxe4 die Möglichkeit eröffnet, ein Bauernopfer zu spielen, das dem von uns im **Kapitel 9** besprochenen Blackmar-Diemer-Gambit ähnelt.

Nach 6.f3 exf3 7.♘xf3 hofft Weiß auf genügend Kompensation für den Minderbauern.

7...♗e7 8.0-0-0 0-0

Weiß wird seine Angriffsbemühungen auf den Königsflügel konzentrieren, Schwarz kann auf der anderen Seite kontern. Nach beispielsweise 9.♗d3 c5 ⇄ ist der Ausgang ungewiss, Schwarz aber voll im Spiel.)

Nach 5...♗e7 6.♘f3 kann Schwarz mit 6...c5 mehrere Hoffnungen verbinden, je nach gegnerischer Reaktion. So etwa kann die eigene Zentralstellung gestärkt bzw. Weiß veranlasst werden, die seine teilweise aufzugeben.

Es sind nun verschiedene Entwicklungen möglich, die wir nicht allesamt darstellen können. Ohnehin gibt es in diesem Eröffnungsbereich noch viel zu untersuchen. Wir konzentrieren uns auf eine Beispielvariante, die sich aus natürlichen Zügen auf beiden Seiten ergibt.

Nach 7.♘e5 und dem Abtausch dieses störenden Springers mit 7...♘xe5 8.dxe5 kommt Weiß zu einem Vorpostenbauern auf e5, den er nur gegen den schwarzen f-Bauern abgeben will. So wird die Entwicklung 8...♘d7 9.♗xe7 ♕xe7 10.f4 f6 11.exf6 ♘xf6 möglich.

Die Stellung hat einen deutlich offeneren Charakter angenommen. Beiden Seiten bietet sich nun die lange Rochade an, die Weiß mit 12.0-0-0 sofort umsetzen und Schwarz mit 12...♗d7 vorbereiten kann. Nach beispielsweise 13.♖g1 0-0-0 sind die Chancen der Kontrahenten etwa gleich gut. Schwarz hat ein Übergewicht in der Mitte, Weiß hingegen konkrete Aussichten auf dem Königsflügel, die er mit 14.g4= beginnend verfolgen kann.

B) Wer nicht gerne Stellungen spielt, in denen der Damenläufer zumindest vorübergehend eingesperrt wird, kann auf 4...c6 ausweichen. Üblicherweise antwortet Weiß mit 5.f3 in der Absicht, e2–e4 folgen zu lassen. Mit dieser Idee haben wir uns bereits oben befasst. Unsere dortigen Ausführungen sind grundsätzlich auch für diese Situation anwendbar.

Mit 5...♕a5 nutzt die Dame die gerade erlangte Freiheit aus, um frühzeitig, aber dennoch vor Angriffen durch Bauern oder Leichtfiguren sicher, aktiv zu werden.

(Zu einer interessanten Stellung kann es nach 5...h6 6.♗h4 und nun 6...e5 kommen. Nachdem Weiß sein Zentrum mit 7.e3 gestützt und damit zugleich einen Schritt zur Entwicklung seines Königsflügels gemacht und Schwarz mit 7...♗d6 die Sicherung seines Königs vorbereitet hat, können die Kontrahenten auf unterschiedliche Flügel rochieren.

Nach 8.0-0-0 0-0 ∞ ist nicht sicher abschätzbar, welche Partei nun die besseren Perspektiven hat. Sicher aber ist, dass sich ein scharfes und spannendes Duell ergeben kann. Aufgrund der entgegengesetzten Rochaden müssen beide Seiten, wenn sie die gegnerische Königsstellung mit Bauern attackieren wollen, weniger Rücksicht auf die Sicherheit des eigenen Königs nehmen, da damit keine Lockerungen der ihn schützenden Formation verbunden sind.)

6.e4 dxe4

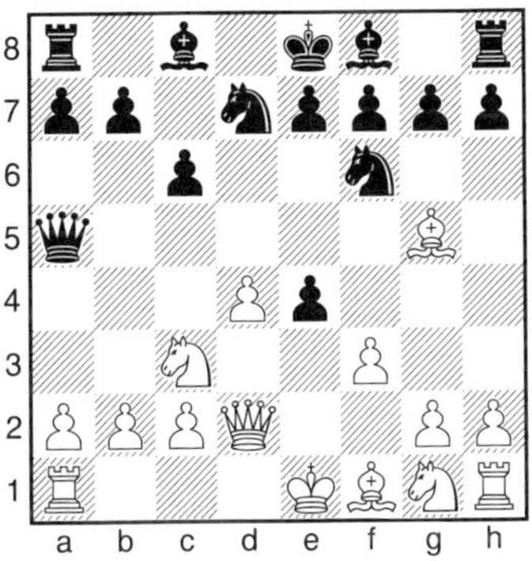

7.fxe4

(Mit 7.♘xe4 weicht Weiß von der konsequenten Linie seines Planes ab, der vorherige Aufzug f2–f3 verliert seinen ursprünglichen Sinn. Nach 7...♕xd2+ 8.♘xd2 e6 gefolgt von ♗f8–e7 und 0-0 hat Schwarz keinerlei Probleme im Kampf um Ausgleich. Eine konkrete Beispielvariante kann 9.♗d3 ♗e7 10.♘e2 0-0 11.0-0 c5= sein.)

7...e5

Weiß hat seine Absicht zur Besetzung des Zentrums gerade erst realisiert, schon wird das Bauernduo zerstört. Nun kann er es nicht verhindern, dass ihm allein ein isolierter e-Bauer verbleiben wird.

8.dxe5 ♘xe5

(8...♕xe5 9.♘f3 ♕a5 10.♗d3 würde Weiß zu einem Entwicklungsschub verhelfen.)

9.0-0-0

(9.♗xf6?! gxf6 würde zwar zu einer deutlichen Schwächung der schwarzen Bauernstruktur führen, wäre aber dennoch nachteilig für Weiß. Der mögliche Fortgang mit 10.0-0-0 ♗e6 11.♔b1 ♗b4∓ usw. unterstreicht diese Einschätzung deutlich.)

Nun kann 9...♗e6 den Auftakt zu einer Phase bilden, in der beide Seiten ihre Entwicklung abschließen und zugleich kleine Schwachstellen konsolidieren. Die aus natürlichen Zügen bestehende Variante 10.♘f3 ♘fd7 11.a3 h6 12.♗h4 ♗c5 veranschaulicht einen möglichen Verlauf. Schwarz wird im Anschluss kurz rochieren und kann dann mit b7–b5 ein Gegenspiel einleiten.

III. Auch die Entwicklung mit 4.♕d3 dient der Vorbereitung der langen Rochade.

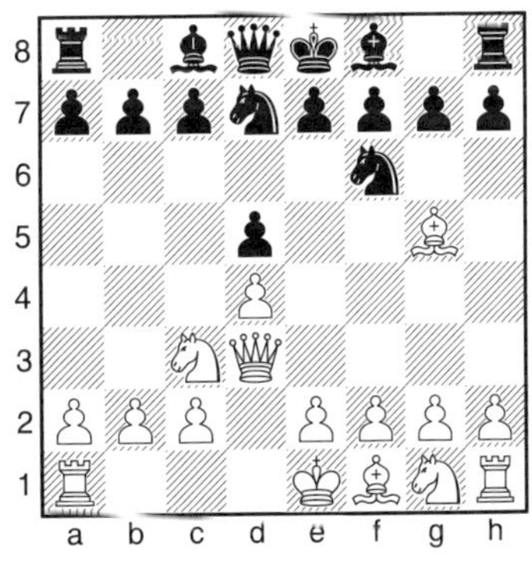

Mit 4...e6 und 4...c5 stehen Schwarz nun eine ruhige sowie eine forsche Möglichkeit als Erwiderung zur Verfügung.

A) 4...e6 5.e4

Der bisherige weiße Aufbau ist für die lange Rochade prädestiniert. Mit der Wahl dieser Fortsetzung stellt Weiß diese zunächst bis zur Klärung der Lage im Zentrum zurück.

(Im Anschluss an 5.0-0-0 ♗e7 und dann 6.e3 kommt Schwarz über 6...c5 ⇄ frühzeitig zu einem Gegenspiel.)

5...dxe4 6.♘xe4 ♗e7 7.♘xf6+ ♘xf6 8.0-0-0 0-0 9.♘f3

(Auf 9.h4 kann Schwarz auch sofort im Zentrum mit 9...c5 kontern.)

9...c5 10.dxc5 ♕a5=

(Akzeptabel für Schwarz ist auch die Variante nach 10...♕xd3 11.♗xd3 ♗xc5 12.♗xf6 gxf6 13.♖d2 ♖b8 mit der Absicht b7–b5 und gleichem Spiel.)

B) Nach 4...c5 muss Weiß sich entscheiden, ob er aus dem Zentrum hinaus schlägt oder ob er es zulässt, dass der Bauer eventuell weiter nach vorne marschiert.

B1) 5.dxc5 e6

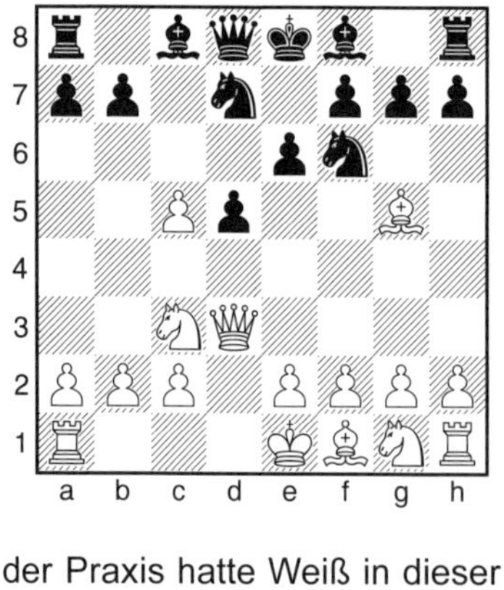

In der Praxis hatte Weiß in dieser Variante bisher einen schweren Stand, was auch aus der Ergebnisstatistik zu ersehen ist. Seine aktivste Fortsetzung ist nun 6.e4.

(Daneben wurde bisher auch 6.0-0-0 häufiger gespielt, worauf Schwarz ebenfalls mit 6...♘xc5 antworten und sein Spiel noch ungestörter entwickeln kann.)

6...♘xc5 7.♕d4 ♘cxe4 8.♘xe4 dxe4 9.♗b5+

So kann Schwarz seinen Läufer mit Tempo entwickeln und den Abtausch forcieren, der eher den eigenen als den gegnerischen Interessen entspricht.

(9.♕xd8+ bringt Weiß nichts ein. Nach 9...♔xd8 10.0-0-0+ ♔e8! hat Schwarz die besseren Karten. Die folgende Beispielvariante bestätigt diese Einschätzung: 11.♘e2 ♗d7 12.♘c3 ♗e7. Die Zeit, die Weiß für die Rückeroberung des Bauern braucht, nutzt Schwarz für die Entwicklung und den Ausbau seiner Stellung. 13.♗xf6 gxf6 14.♘xe4 ♗c6∓ usw.)

Nach 9...♗d7 10.♗xd7+ ♕xd7 mit der möglichen Folge 11.♗xf6 gxf6 12.♕xe4 f5∓ kann Schwarz mit dem Erreichten sehr zufrieden sein.

B2) Nach 5.0-0-0 ist Weiß auf der d-Linie stark aufgestellt. Mit 5...c4 sorgt Schwarz dafür, dass diese bis auf weiteres geschlossen bleibt und die Dame sich nach einer anderen Bleibe umsehen muss. Am sinnvollsten ist der Schwenk 6.♕g3, worauf sie die weitere Entwicklung nicht stört und recht gut vor Anrempelungen geschützt steht.

Mit 6...♕a5 bereitet Schwarz den beabsichtigten Vorstoß b7–b5 vor und nimmt zugleich den ♙a2 ins Visier, so dass Weiß sich bald darum kümmern muss.

7.e4 b5 8.♔b1

Der König übernimmt die Deckung seines a-Bauern, so dass dieser nicht ungeschützt wäre, wenn Schwarz den ♘c3 vertreiben sollte. Da der ♙c4 inzwischen vom b-Bauern gedeckt wird, ist 8...dxe4 für ihn keine Gefährdung mehr.

9.♗xf6 gxf6

(9...♘xf6 10.♕e5 führt zu einer diffusen Stellung aus gegenseitigen Drohungen. Schwarz kann den Angriff auf den gefesselten ♙b5 mit 10...♘g4 kontern. Weiß muss nun so reagieren, dass Schwarz nicht frei auf f2 schlagen kann.

Dies erreicht er mit 11.♕xe4 unter Angriff auf den ♖a8. Nach 11...♖b8 12.♕f4 ♖b6 13.♘h3 ∞ ist die Lage unübersichtlich und kompliziert. Der ♖b6 droht mit einem Schwenk in Richtung Königsflügel.)

10.♘xe4 ♗b7 ∞

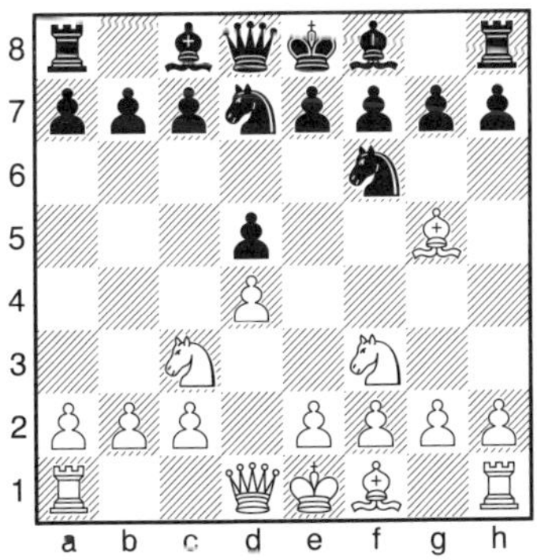

4...e6

Schwarz setzt die Entwicklung seines Königsflügels fort. Häufiger jedoch werden in der Praxis die folgenden Fortsetzungen angewandt:

I. 4...h6 (siehe **Abspiel 1)**

II. 4...g6 (siehe **Abspiel 2)**.

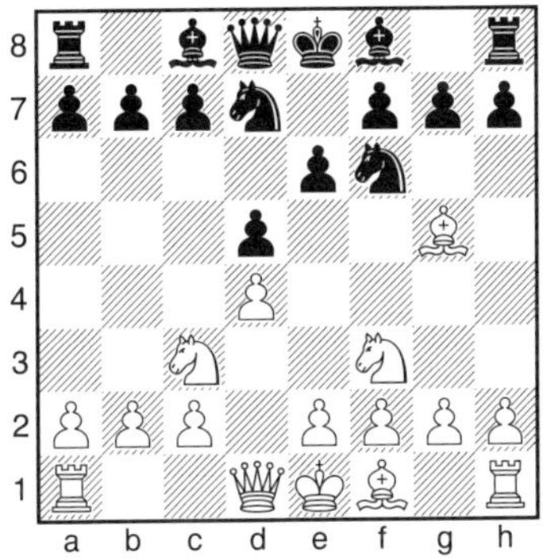

5.e4

Die ruhigere Alternative 5.e3 stellt Schwarz vor keine besonderen Herausforderungen. Je nach Vorliebe kann er sich für ein spontanes oder auch ein verzögertes Vorgehen gegen das weiße Zentrum entscheiden. Mittels 5...c5 kann er dieses sofort unter Druck zu setzen versuchen.

(Er kann auch zunächst die Entwicklung seines Königsflügels abschließen und dabei seinen König aus der Mitte bringen, bevor er sich anderen Zielen widmet. Ein natürlicher Verlauf in dieser Richtung wäre dann 5...♗e7 6.♗d3 0-0. Nach 7.0-0 könnte Schwarz 7...c5 anbringen bzw. 7...b6 spielen, womit der Vorstoß des c-Bauern vorbereitet und zugleich dem ♗c8 ein Weg ins Feld angeboten würde.)

In der Praxis kommt es nun zumeist zur Abfolge 6.♗e2 ♗e7 7.0-0 0-0, denn Weiß kann den ♙c5 zunächst ohne Nachteil ignorieren und für Schwarz ist weder c5xd4 noch c5–c4 lukrativ.

Zudem schwebt Weiß ein Fortgang vor, den er mit 8.♘e5 einleiten kann und der über 8...♘xe5 9.dxe5 zu einer Neuausrichtung nicht nur seiner Zentralstellung führt. Nach 9...♘d7 10.♗xe7 ♕xe7 11.f4= sind die Spielanteile verteilt. Die Parteien sind nun recht frei in ihren Überlegungen, wie sie fortsetzen sollen. Eine gute Möglichkeit für Schwarz liegt darin, den ♙e5 mit 11...f6 zu attackieren.

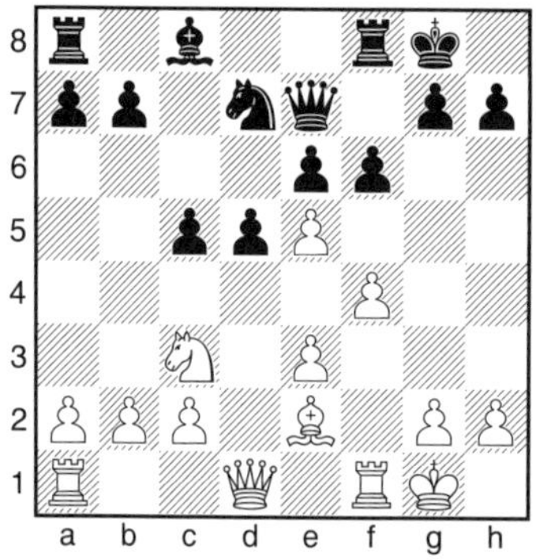

Nach Einschätzung der Praxis (gemessen an den insgesamt in spärlicher Anzahl vorliegenden Ergebnissen) führt nun an 12.exf6 kein Weg vorbei. Dies ist allerdings nicht der Fall, denn mit 12.e4 steht Weiß eine weitere spielbare Möglichkeit zur Verfügung. Werfen wir also einen kurzen Blick auf beide Alternativen.

A) Nach 12.exf6 ♘xf6 steht Schwarz gut. Nach beispielsweise 13.♗f3 ♗d7 14.♕e2 ♗c6 kann er auf e6–e5 spielen. Im Falle von 15.e4 kann er (wie in der Variante nach 12.e4) mit 15...d4 reagieren.

B) Mit 12.e4 initiiert Weiß Komplikationen, worauf insbesondere mit der schwarzen Reaktion 12...d4 zu rechnen ist.

(12...fxe5 13.exd5!?)

13.exf6= schafft dann die Voraussetzungen zur Fortsetzung des Spiels mit gleichen Chancen. Auf 13...♘xf6 spielt Weiß 14.e5, 13...gxf6 beantwortet er mit 14.♘b1, um den Springer bei Gelegenheit via d2 zu reaktivieren.

5...dxe4

Mit sehr guten statistischen Zahlen wartet auch 5...h6 auf. Ganz ohne besondere Probleme kann Schwarz sein Spiel weiter aufbauen, wenn Weiß nun mit seinem Läufer auf f6 schlägt und er mit seinem Springer zurücknimmt.

Im Falle von 6.♗h4 geht das Spiel in das Abspiel 1 über.

6.♘xe4 ♗e7 7.♘xf6+ ♗xf6 8.♗xf6

Die natürliche Variante 8.h4 h6 9.♗xf6 ♘xf6 10.♕d2 0-0 11.0-0-0 b6 12.♘e5 ♗b7= wurde bereits sehr oft gespielt. Die Stellung ist ausgeglichen, auch wenn Weiß in der bisherigen Praxis einen leichten Erfolgsüberhang erreichen konnte.

8...♘xf6 9.♗d3

Weiß will seine Dame auf e2 stellen und entwickelt deshalb zuvor seinen Läufer.

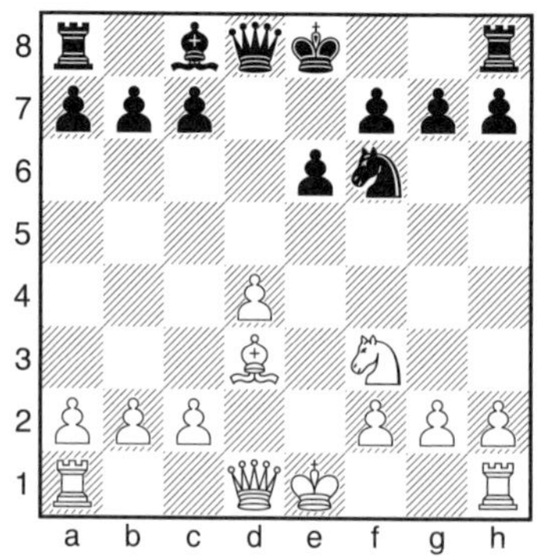

9...0-0

Der Zeitpunkt für die Rochade und damit die Sicherung des Königs ist gut, da keine wichtige alternative Erledigung anliegt.

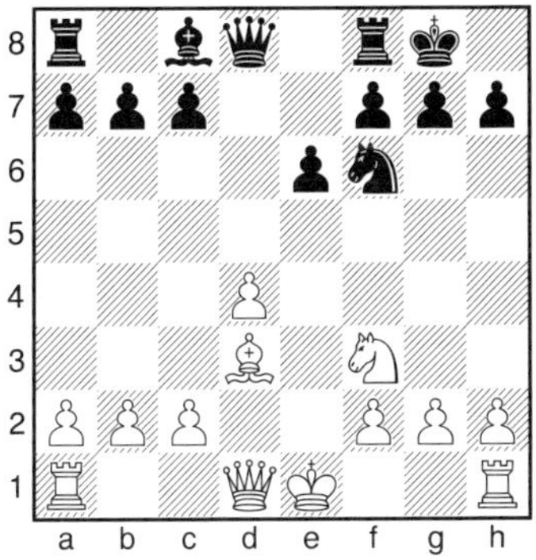

Wer aber etwas mehr Pfeffer in die Auseinandersetzung bringen möchte, kann auch sofort 9...c5 spielen und Weiß damit zu beschäftigen versuchen.

A) Die weiße Standardantwort ist daraufhin 10.dxc5 mit der möglichen Folge 10...♕a5+ 11.♕d2 ♕xc5. Nach beispielsweise 12.0-0-0 0-0 13.♖he1 ♗d7 nebst ♖f8–d8 verfügt Schwarz über ein ausreichendes Gegenspiel.

B) Wenn Weiß die zwischen den Bauern geschaffene Spannung ignoriert und mit 10.0-0 den eingeschlagenen Entwicklungsweg fortsetzt, kommt Schwarz problemlos zu ausgeglichenen Chancen.

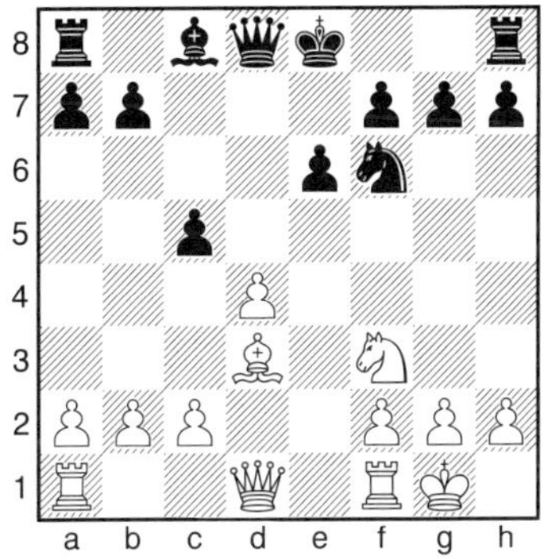

Er ist dabei nicht auf einen einzigen Weg festgelegt. Eine Möglichkeit liegt darin, zunächst mit 10...♕b6 Druck zugleich gegen den ♙b2 und den ♙d4 aufzubauen.

(Alternativ geht auch 10...cxd4 11.♘xd4 und nachfolgend 11...0-0. Die entstandene sehr offene Stellung ist ausgeglichen; von hier aus kann das Duell verschiedene Richtungen einschlagen. Die aus plausiblen Zügen bestehende Beispielvariante 12.♖e1 a6 13.a4 ♕c7 14.♕f3 ♗d7 15.c3 ♖ac8= usw. veranschaulicht die sich ergebenden beiderseitigen Entwicklungsmöglichkeiten.)

11.b3 0-0

(Die Idee, mit 11...cxd4 auf Gewinn eines Bauern zu spielen, würde sich nach 12.♘xd4 ♕xd4?? 13.♗b5+ +– als schwere Fehlkalkulation erweisen, denn Schwarz müsste nun die Dame hergeben.)

Nach der gegnerischen Rochade ist ein Läuferschach auf b5 nicht mehr möglich und der ♙d4 akut bedroht. Nach 12.dxc5 ♕xc5= kann Schwarz b7–b6 nebst ♗c8–b7 spielen, um dann seinen ♖a8 in die Mitte zu führen und seine Entwicklung erfolgreich abzuschließen.

10.♕e2

So bereitet Weiß die lange Rochade vor.

Genauso gut kann er sich auch weiter mit 10.0-0 aufbauen. Beide Seiten können ihr Spiel dann mit soliden Entwicklungszügen fortsetzen. Nach 10...b6 11.c3 stützt der Bauer seinen Kollegen auf d4 und entlastet auf diese Weise den ♘f3.

(Nach 11.♕e2 ♗b7 12.♖ad1 kann Schwarz mit 12...♕d6 das Feld d8 für seinen Turm frei machen und eine starke Präsenz auf der d-Linie vorbereiten. Folgen kann 13.♖fe1 ♖ad8 14.c3 c5= mit Gleichstand.)

Nach 11...♗b7 12.♖e1 ♕d6= sind die Chancen beider Parteien gleich. Schwarz kann seine Ziele mit c7–c5 und ♖a8–d8 weiter verfolgen.

10...b6 11.0-0-0

11.0-0 kann zu ähnlichen Folgen wie oben bereits besprochen führen.

11...♗b7 12.♘e5 ♕e7

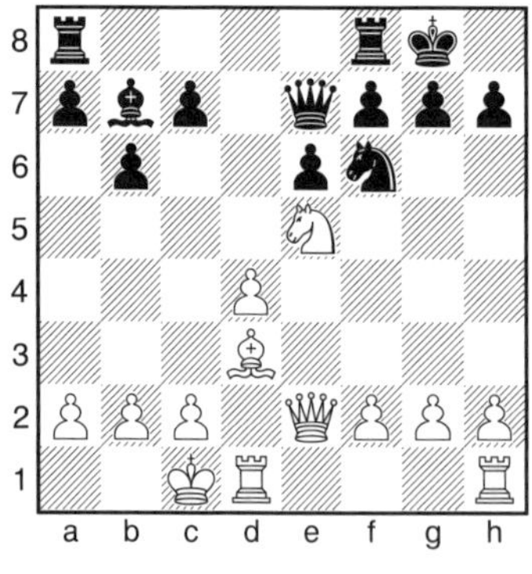

Hier im Bereich des Übergangs von der Eröffnung ins Mittelspiel ist ein ausgeglichenes Spiel erreicht. Mit beispielsweise ...

13.f4 c5 14.dxc5 ♕xc5 15.♖he1 ♖ad8=

... können beide Seiten ihre Entwicklung abschließen.

Zusammenfassung: Wir empfehlen die Fortsetzung 3...♘bd7 als Hauptvariante. Bei dieser Wahl stellt Schwarz sicher, dass seine Bauernstruktur bei einem eventuellen Abtausch auf f6 nicht beschädigt wird.

Neben den Zügen 4...h6 und 4...g6, die wir in den Abspielen 1 und 2 behandeln, ist die hier betrachtete Fortsetzung 4...e6 eine gute Option für Schwarz, um sich ein ausgeglichenes Spiel zu erkämpfen.

Abspiel 1

1.d4 ♘f6 2.♘c3 d5 3.♗g5 ♘bd7 4.♘f3

Fortsetzung 4...h6

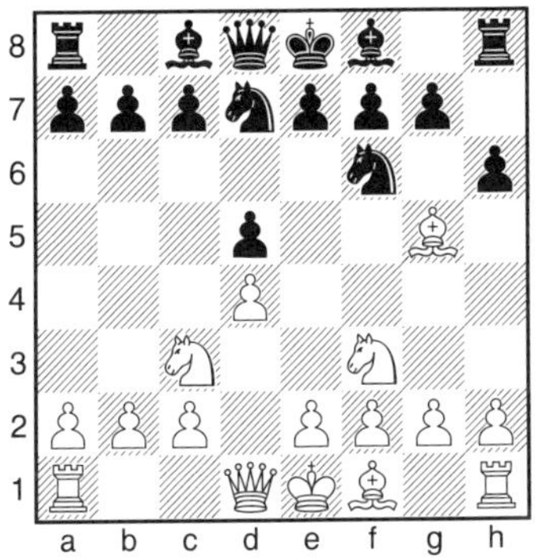

Dieser Bauernaufzug, mit dem Schwarz den gegnerischen Läufer zu einer sofortigen Entscheidung zwingt, kennzeichnet unser Abspiel 1.

5.♗h4

– 5.♗xf6 gibt das Läuferpaar auf, ohne dass dies mit einem konkreten Vorteil anderer Art für Weiß verbunden wäre. Deshalb wird auch nur selten so gespielt. Schwarz ist in seinem Streben um ein mindestens ausgeglichenes Spiel vor keine besonderen Herausforderungen gestellt. Wir beschränken uns deshalb auf die Aufnahme einer Beispielvariante, die sehr gut veranschaulicht, wie beide Seiten im Anschluss an 5...♘xf6 mit natürlichen Zügen weiter an ihrer Entwicklung arbeiten können. Nach 6.e3 e6 7.♗d3 a6 8.a4 c5 ist Schwarz hinreichend aktiv und kann nach b7–b6 seinen Läufer auf b7 postieren.

– Auch 5.♗f4 ist in der Praxis deutlich seltener als der Rückzug nach h4 anzutreffen, und dies ist zu Recht der Fall. Eine bekannte und zum Ausgleich führende Variante läuft nun über die Züge 5...a6 6.♕d3 e6 7.e4 dxe4 8.♘xe4 ♘xe4 9.♕xe4 ♘f6 10.♕d3 b5=.

Weiß kann jetzt beispielsweise seinen Königsläufer entwickeln und dann kurz rochieren. Schwarz setzt die beabsichtigte Entwicklung seines Damenläufers nach b7 in die Tat um und kann dann seinen anderen Läufer auf d6 stellen, wo er die Opposition gegen seinen weißen Widersacher eingeht. Zugleich ist damit der Weg für eine baldige kurze Rochade frei geworden.

5...e6

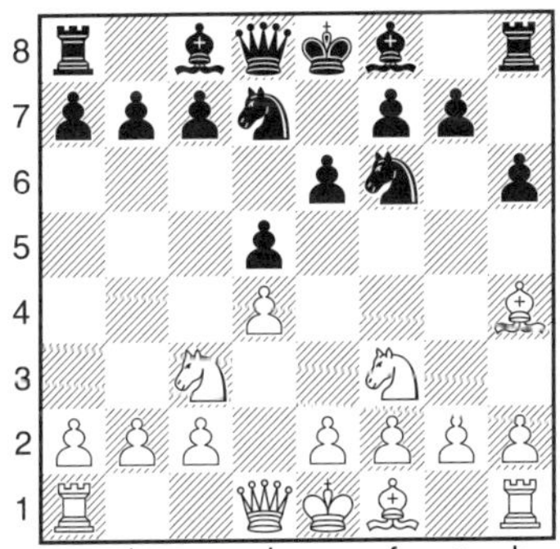

Wir haben eine für dieses Abspiel sehr wichtige Stellung erreicht, in der Weiß es nun in der Hand hat, den künftigen Charakter des Kampfes maßgeblich zu bestimmen. Mit 6.e4 kann er das Weressow-Gambit einleiten, mit 6.e3 aber auch ein ruhigeres Fahrwasser anstreben.

Gelegentlich wird auch 6.♕d3 gespielt, worauf wir aber nicht genauer eingehen, zumal Schwarz auf bekannten Wegen mit ♗f8–e7 und c7–c5 recht ungefährdet zu einem guten Spiel kommen kann.

6.e4

Mit diesem konsequenten Zug in die Mitte bietet Weiß das schon angekündigte Bauernopfer an.

Die ruhige Alternative 6.e3 gibt Schwarz mehr Freiraum, um sich nach Wunsch aufzubauen.

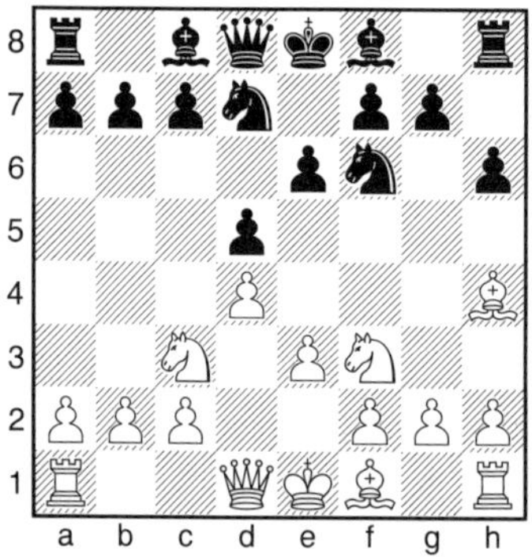

A) Mit 6...a6 schlagen wir Schwarz eine Reaktion vor, die viel seltener als die Hauptantwort 6...♗e7 gespielt wird, aber sehr gute Erfolgszahlen aufweist.

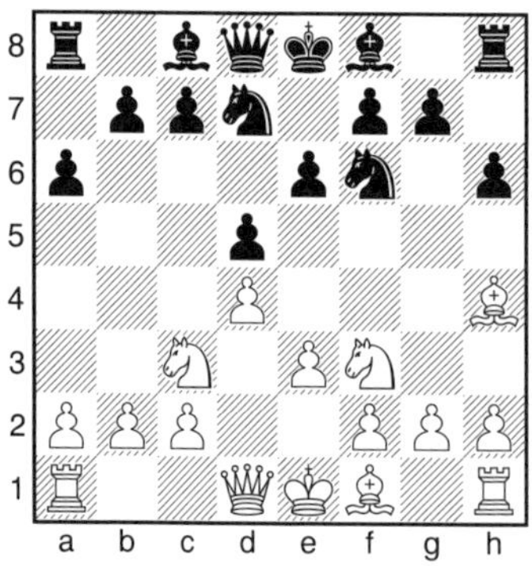

Schwarz möchte grundsätzlich c7–c5 spielen, ohne von Weiß über das Feld b5 gestört zu werden. Im Nebeneffekt kann er sich von seinem Gegenüber zunächst mal zeigen lassen, wie er sich weiter zu entwickeln gedenkt.

7.♗d3

(Möglich ist auch eine Variante mit 7.♗e2 ♗e7 8.0-0 0-0, in der sich also beide Seiten die Zeit für die naheliegenden Entwicklungszüge zugestehen. Ein zentraler Ansatz für ein schwarzes Gegenspiel bleibt c7–c5. Die Beispielvariante 9.a4 b6 10.♘e5 ♗b7 11.f4 c5 veranschaulicht, wie Schwarz seine entsprechenden Ansprüche durchzusetzen vermag, wie zugleich aber auch Weiß weiter aktiv werden kann.)

7...c5

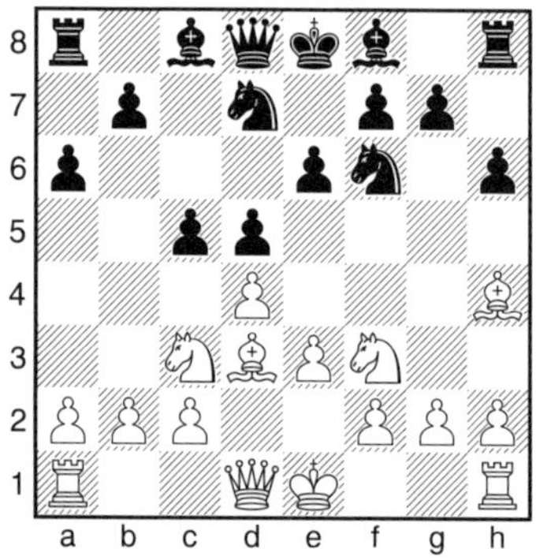

Mit 8.a4 will Weiß frühzeitig den Vorstoß b7–b5 unterbinden.

(Allerdings bekommt Schwarz auch ohne b7–b5 gute Aussichten auf ein gleichwertiges Spiel, was deutlich wird, wenn er auf beispielsweise 8.0-0 eben nicht sofort seinen b-Bauern nach vorne beordert.

So kann er auch dem Abschluss der Entwicklung seines Königsflügels den

Vorzug geben, etwa in der Zugfolge 8...♗e7 9.♖e1 0-0.

Die Option auf b7–b5 ist offen geblieben und kann beispielsweise wie in der Variante 10.♘e5 ♘xe5 11.dxe5 ♘d7 12.♗xe7 ♕xe7 13.f4 b5 mit guten Perspektiven gezogen werden.

Nach 14.a3, womit Weiß Einfluss auf das Feld b4 nimmt, kommt Schwarz zu 14...♗b7 und kann in der Folge mit f7–f6 das weiße Bauernzentrum angreifen.)

Nach 8...♕b6 soll die Dame auf c7 postiert werden. Indem sie zunächst einen Ausflug nach b6 unternimmt, provoziert sie 9.♖b1 zur Deckung des ♙b2. Damit verliert der ♙a4 die Unterstützung für das eventuell beabsichtigte weitere Vorrücken nach a5.

(Allerdings ist Schwarz nicht etwa auf die Verhinderung von a4–a5 angewiesen. Wenn Weiß mit 9.♖a2 reagiert, ist ebenfalls 9...♕c7 die passende Antwort, die über beispielsweise 10.0-0 ♗d6 11.a5 0-0 zu einer guten Stellung für Schwarz führt.)

Nach 9...♕c7 10.0-0 ♗d6 plant Schwarz 0-0, b7–b6, ♗c8–b7 mit guten Aussichten.

B) Es spricht aber natürlich auch nichts gegen 6...♗e7, um nach beispielsweise 7.♗d3 wie beabsichtigt 7...c5 zu spielen. Nach den auf der Hand liegenden Zügen 8.0-0 0-0 könnte sich das Spiel beispielsweise nach dem Muster 9.♘e5 ♘xe5 10.dxe5 ♘d7 11.♗xe7 ♕xe7 12.f4 entwickeln.

Nun wäre 12...a6 mit der Absicht b7–b5 möglich, und wenn Weiß diesen Vorstoß mit 13.a4 unterbindet, sichert sich Schwarz mit 13...b6 nebst ♗c8–b7 gleichwertige Chancen.

C) Ein dritter Weg wird mit 6...♗b4 eingeleitet. Bei dieser Wahl ist Schwarz grundsätzlich bereit, seinen Läufer auf c3 gegen den Springer abzutauschen und damit eine Beschädigung der weißen Bauernstellung zu verursachen.

7.♗d3

(7.a3 ♗xc3+ 8.bxc3 c5=)

Wenn Weiß nach 7...c5 dem Szenario ♗b4xc3, bxc3 und c5–c4 vorbeugen will, kann er selbst mit 8.dxc5 aktiv werden. Schwarz kann sich seinen Bauern mit gutem Spiel zurückholen, indem er seine Dame mit 8...♕a5 ins Spiel einbezieht. Nach 9.0-0 wird die Abwicklung 9...♗xc3 10.bxc3 ♕xc3 nebst 11...♕xc5 mit ausgeglichener Stellung möglich.

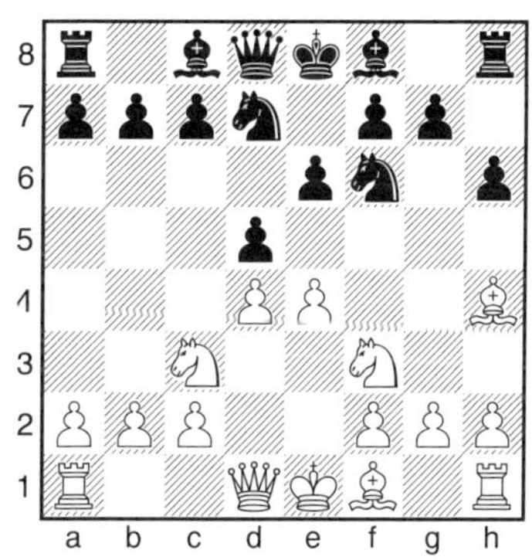

6...g5!

Mit dieser resoluten Fortsetzung spielt Schwarz auf mehr als nur Ausgleich. Die Fesselung des ♘f6 wird aufgehoben und in der Folge kann der Gambitbauer behauptet werden.

Es ist nicht schwer festzustellen, dass Weiß nach 6...dxe4 7.♘xe4 vom Fortbestand der Springerfesselung profitiert. Wir gehen auf diese Variante deshalb nur noch oberflächlich weiter ein, um die Unterschiede zum empfohlenen Weg zu verdeutlichen.

7...♗e7

(7...c5 8.♗xf6 ♘xf6 9.♘xc5 ♗xc5 10.dxc5 ♕a5+ 11.c3 ♕xc5 12.♕d4 ♕xd4 13.♘xd4 ♗d7 nebst ♔e8–e7 und ♖f8–d8 mit ausgeglichenem Spiel.)

8.♘xf6+ ♗xf6 9.♗xf6 ♕xf6 10.♕d2 0-0 11.0-0-0 e5 12.dxe5 ♘xe5 13.♘xe5 ♕xe5=

7.♗g3

Nun hat Schwarz ein Kräfteübergewicht auf e4 und kann dort entsprechend abwickeln.

7...♘xe4 8.♘xe4 dxe4

Der Mehrbauer ist unter Dach und Fach und kann in der Folge ohne große Probleme gesichert werden.

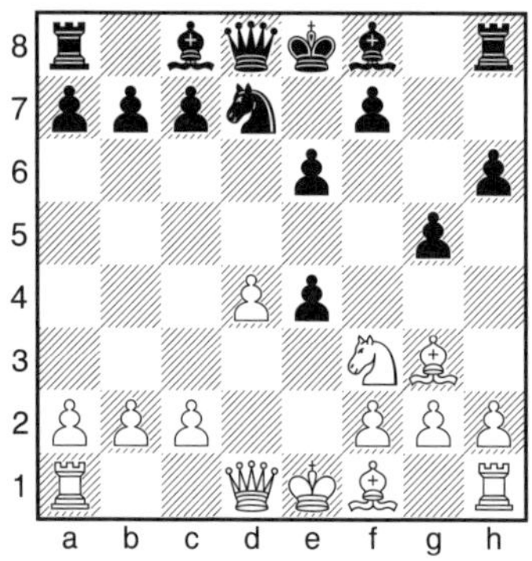

9.♘d2

Der Springer zieht sich unter Angriff auf den ♙e4 zurück.

Bei einer Flucht in die Mitte mit 9.♘e5 läuft Weiß Gefahr, dass Schwarz ihn nicht mehr zu Atem kommen lässt.

A) Nach 9...h5 ist Weiß gezwungen, zunächst mit 10.h4 seinen Läufer zu schützen.

(10.h3 führt gut berechenbar in eine für Weiß klar nachteilige Stellung. Es folgt 10...h4 11.♗h2 ♘xe5 12.♗xe5 f6 13.♗h2 ♗d6∓ und Weiß hat nichts, was sein materielles Defizit auch nur annähernd kompensieren könnte. Es ist im Gegenteil Schwarz, der die Stellung auch dynamisch dominiert.)

10...♘xe5 11.♗xe5

(11.dxe5 ♗d7∓ Δg5–g4)

Mit 11...f6 beschäftigt Schwarz seinen Gegner, so dass dieser gar nicht zur Entwicklung eigener Aktivitäten kommt.

Nach 12.♗g3 g4 13.♗c4 ♗d6∓ hat Schwarz einen Mehrbauern bei einer zudem insgesamt dominierenden Stellung. Weiß kann nun nach dem Muster ♕d1–d2, 0-0-0 und ♖h1–e1 verfahren, während Schwarz mehrere Optionen hat. Auf 14.♕d2 wären die Antworten 14...♕e7 und 14...f5 hervorzuheben.

B) 9...♗g7 gibt Weiß mehr Spielraum, den er mit 10.h4 energisch zu nutzen versuchen sollte. Aussicht auf ein ausgeglichenes Spiel erlangt er aber auch damit nicht. Schwarz kann mit 10...♘xe5 11.♗xe5 ♗xe5 12.dxe5 den Abtausch aller aktiven Figuren provozieren und damit seinen leichten Vorteil konservieren. Mit 12...♗d7 vermeidet er unter Fortsetzung seiner Entwicklung den Damentausch.

Weiß hat nichts in der Hand, was seinen Minderbauern kompensieren könnte. Er wird deshalb darauf spielen müssen, materiell auszugleichen oder zu dynamischen Vorteilen zu kommen. Wie die folgenden Ausführungen zeigen, reichen seine Möglichkeiten dafür aber nicht aus. Zudem kann Schwarz den gegnerischen Bemühungen wirksam entgegentreten.

13.♕g4

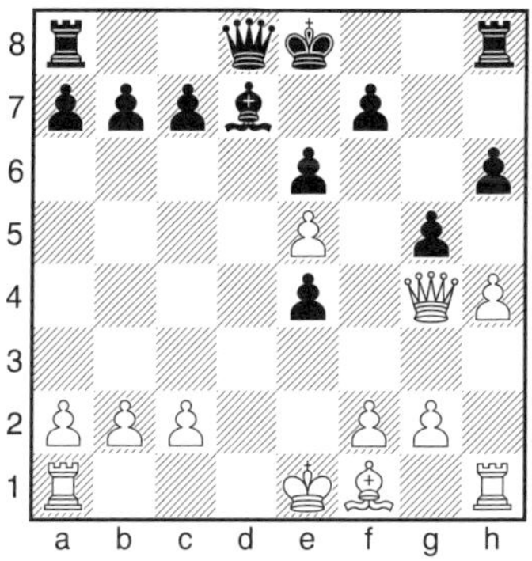

Mit 13...♕e7 erhält die Dame die Deckung des ♙g5 aufrecht und macht den Weg für die lange Rochade frei.

(Interessant ist auch die Idee, mittels 13...♗c6!? den Läufer zu aktivieren. Sie verknüpft sich mit der Möglichkeit, Weiß nach 14.hxg5 mit 14...♕d4 zu beschäftigen, um nach 15.c3 mit 15...♕xe5 den e-Bauern einzusacken.

Wenn Weiß dann mit 16.0-0-0 seinen König aus der Mitte bringt und zugleich eine schwarze lange Rochade unterbindet, ist dies kein echter Nachteil. Der König steht aktuell auch in der Mitte hinreichend sicher und kann mit 16...♔e7 eine Verbindung zwischen den Türmen herstellen, die im Anschluss aktiv werden können.)

Nach 14.0-0-0 0-0-0 15.♕xe4 hat Weiß das materielle Gleichgewicht wieder hergestellt, steht nun aber etwas merkwürdig. Dies unterstreicht die Variante 15...♗c6 16.♖xd8+ ♖xd8 17.♕e3 gxh4∓ usw., wonach 18.♕xa7 (ebenso wie 18.f4) für Weiß in eine Sackgasse führt.

(Auf 18.f4 geht 18...a6! Δ19.♕a7 ♕b4 −+.)

Nach 18...♕g5+ und der erzwungenen Antwort 19.♕e3 stellt 19...♖d4∓ den klaren Vorteil für Schwarz heraus.

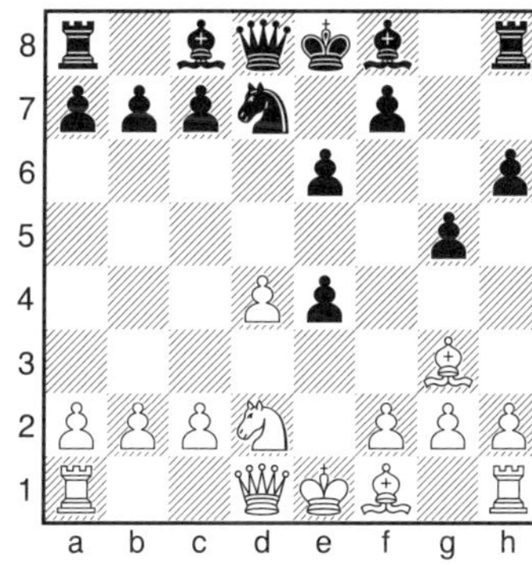

9...f5!

Einfach und logisch: Schwarz deckt seinen ♙e4 und droht f5–f4 zu spielen. Wir legen uns aus der Sicht von Schwarz auf diese Fortsetzung fest. Aus der resultierenden Stellung heraus ist die Partie auch von einem noch wenig erfahrenen Spieler gut und aussichtsreich führbar. Zudem kann er dabei die möglichen Folgen der ebenfalls häufig gewählten Alternative 9...♗g7 ausblenden.

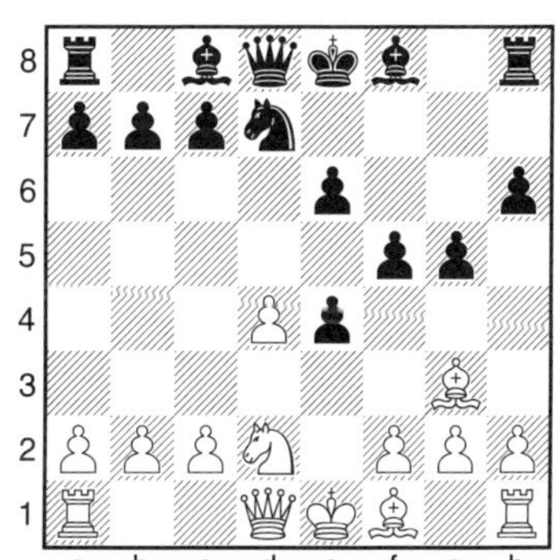

Wenn wir dennoch auch auf 9...♗g7 eingehen, dann ausschließlich aus der Perspektive von Weiß. Unsere nachstehenden Ausführungen sollen also den Anziehenden für den Fall wappnen, dass sein Gegner unserer Empfehlung 9...f5 nicht folgt und stattdessen eben dem Läuferzug sein Vertrauen schenkt.

Das aktive Vorgehen mit 10.h4 verspricht Weiß die größten Chancen.

(In der Praxis kommt auch 10.c3 häufiger auf das Brett, was aber schwächer als 10.h4 ist. Mit Verzögerung kann Schwarz doch noch f7–f5 spielen.)

10...♗xd4

Unabhängig davon, dass Schwarz den gerade erlangten zweiten Mehrbauern nicht dauerhaft sichern kann, muss Weiß diese Entwicklung nicht fürchten. Er lässt sich sogar Zeit mit dessen Rückgewinn und nutzt bis dahin die in der Stellung steckenden taktischen Möglichkeiten, um seine Aufstellung bedeutend zu verbessern.

11.c3

(Die Variante nach 11.♘xe4 ♗xb2 12.♖b1 ♘f6 wäre günstig für Schwarz.)

Mit 11...♗e5 stellt sich der Läufer der einzigen wirklich aktiven Figur des Gegners entgegen und schwächt dabei zugleich den ♙h4.

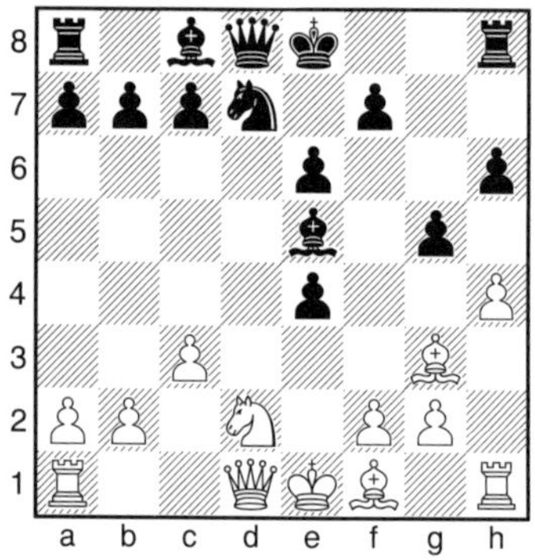

A) Mit 12.♗xe5 geht Weiß etwas bizarren Verhältnissen (wie sie nach 12.♘xe4 entstehen können) aus dem Weg. Dabei hält er seine Möglichkeit, den Fortgang des Kampfes in dieser Phase zu dirigieren, fest.

12...♘xe5 13.♕a4+ ♗d7

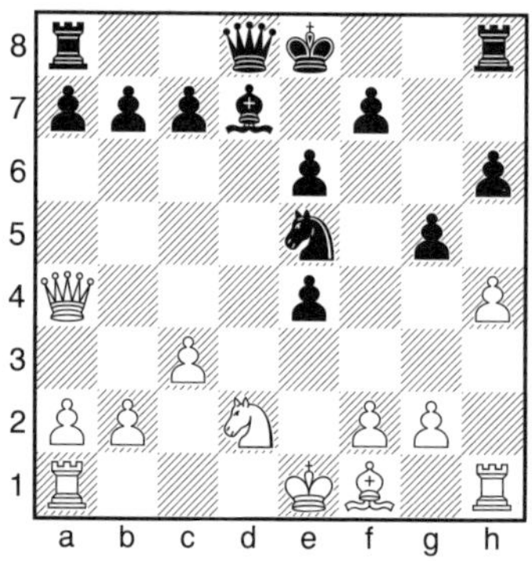

Nach 14.♕d4! kann der Springer nur nach g6 wegziehen, weil sonst der ♖h8 verloren ginge.

(14.♕xe4 ist schwächer, was wir anhand einer interessanten, teilweise überraschenden und auch ohne weitere Kommentierung gut nachvollziehbaren Variante belegen: 14...♘c6 15.♘f3 gxh4 16.♘e5 ♕g5 17.♘xd7

0-0-0 18.♗a6 ♖xd7 19.♕xc6 ♕d2+ 20.♔f1 ♕xb2∓.)

Nach 14...♘g6 15.h5 ist 15...e5 der Rettungsanker für Schwarz, der ihn vor einem schweren materiellen Nachteil bewahrt. Der Bauer verstellt die Angriffslinie der Dame auf den ♖h8 und zwingt sie zugleich zu einer Reaktion zum Selbstschutz, so dass der ♙h5 nicht die Zeit bekommt, um auf g6 zu schlagen.

Nach 16.♕d5!? kann Schwarz den Angriff auf seinen ♙b7 nicht mit 16...♗c6 parieren, weil er nach dem Damentausch seinen Springer verlieren würde. Indem Weiß c2–c3 provoziert, kann der schwarze Läufer erst mal nicht mehr nach c3 ziehen.

(Nach 16.♕xe4 ist dies anders; es folgt 16...♗c6 und Schwarz kommt beinahe automatisch in eine gute Position, beispielsweise über 17.♕e3 ♘f4 18.♕xe5+ ♕e7 19.♕xe7+ ♔xe7∓ usw.)

Nach 16...c6 17.♕xe4 ♘f4 ist 18.♕xe5+ am einfachsten.

(Es geht aber auch 18.g3, worauf sich die natürliche Zugfolge 18...♘d5 19.♕xe5+ ♕e7 20.♕xe7+ ♔xe7 21.♗c4 ♗e6= anschließen kann.)

Nur mit 18...♕e7 kann Schwarz das Schachgebot auflösen, da die so erreichte Fesselung der Dame Weiß daran hindert, auf h8 zu schlagen. 19.♘c4 ♕xe5+ 20.♘xe5 ♗e6= mit Ausgleich.

B) Die leicht zu berechnende Variante 12.♘xe4 ♗xg3 13.fxg3 f5 14.♕h5+ (14.♘f2 g4∓) lässt die angesprochenen bizarren Verhältnisse entstehen.

Nach 14...♔e7 15.hxg5 fxe4 16.0-0-0 hat Weiß für die geopferte Figur eine starke Initiative erlangt. Zudem steht der schwarze König unsicher. Dennoch stehen Schwarz ausreichende Verteidigungsressourcen zur Verfügung, um die aktuellen Gefahren zu überstehen. Sobald dies geschafft ist, entscheidet sein Materialplus das Spiel zu seinen Gunsten. Nach 16...♕e8 17.♕h4 ♕g6 usw. gehen Weiß bald die Ideen aus.

Resümierend bleibt festzustellen, dass 12.♘xe4 ggf. gegen einen unerfahrenen Gegner, der sich möglicherweise überrumpeln lässt oder der bei seiner Verteidigung Fehler macht, eine Fortsetzung der Wahl sein kann.

10.♗c4

Nach 10.♕h5+ ♔e7 ist nicht ersichtlich, wie Weiß seinen Angriff fortsetzen kann.

10...♘f6

Schwarz hat die wesentlichen Aufgaben, die ihm das Weressow-Gambit stellt, mit Bravour gemeistert. Er kann nun seine Entwicklung abschließen und mit besseren Aussichten ins Mittelspiel gehen. Die natürliche Beispielvariante...

11.♗e5 ♗d6 12.♕e2 ♗d7 13.0-0-0 ♕e7 14.f3 exf3 15.♘xf3 0-0-0∓

... veranschaulicht den Weg, den die Partie nehmen kann.

Zusammenfassung: Das mit 6.e4 eingeleitete Weressow-Gambit kann Schwarz kaum in Verlegenheit bringen. Wenn er den richtigen Weg für seine Verteidigung findet, kommt er relativ ungefährdet zu besseren Aussichten.

!

Abspiel 2

1.d4 ♘f6 2.♘c3 d5 3.♗g5 ♘bd7 4.♘f3

Fortsetzung 4...g6

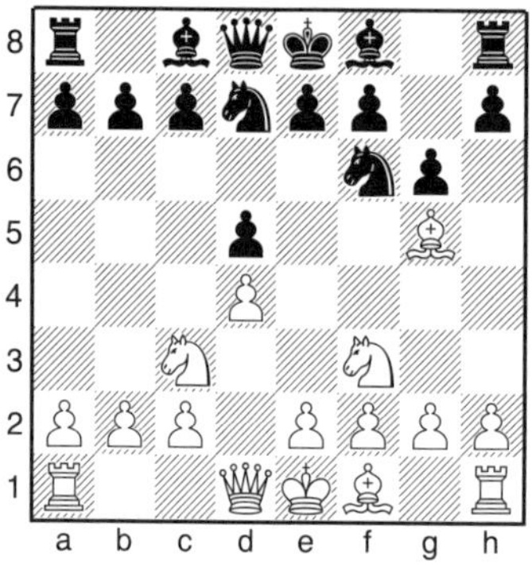

In der modernen Turnierpraxis ist das Fianchetto des Königsläufers sehr populär.

5.♕d3

Der Hauptzweck für diese Entwicklung der Dame liegt in der Vorbereitung der langen Rochade. Weiß darf nach dem bisherigen Verlauf annehmen, dass Schwarz kurz rochieren wird. Entgegengesetzte Rochaden können grundsätzlich ein Katalysator für das beiderseitige offensive Spiel sein, weil auf verschiedenen Flügeln angegriffen werden kann. So führt auf dem Flügel des eigenen Angriffs die Auflockerung der eigenen Bauernstellung nicht zur Schwächung des Königsschutzes. Alternativ kann sich Weiß vor allem auch zugunsten von 5.♕d2 oder 5.e3 entscheiden.

I. Auch die Fortsetzung 5.♕d2 zielt auf die lange Rochade ab. Darauf geschieht 5...h6, um den Läufer nicht nach h6 zu lassen.

(Auf 5...♗g7 könnte Weiß mit 6.♗h6! den Abtausch der Läufer erzwingen, was zu einer Schwächung der schwarzen Königsstellung führen würde.)

Nach 6.♗h4 ♗g7 7.0-0-0 zeichnet sich bereits in groben Zügen die Kontur der Auseinandersetzung ab. Weiß wird auf der rechten und Schwarz auf der linken Seite angreifen.

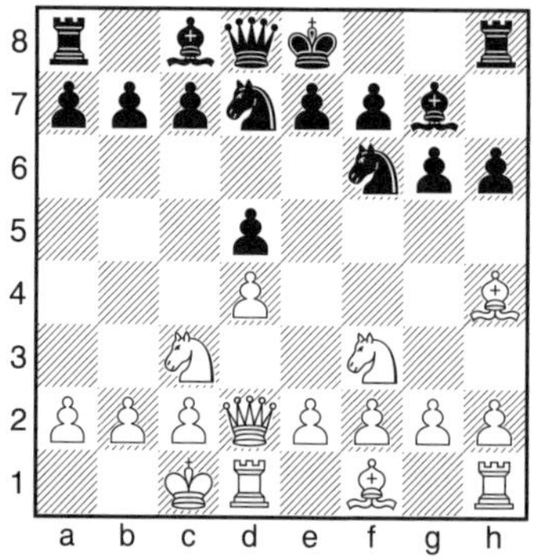

Der Bauernzug 7...c6 ist recht universell: Er stärkt den ♙d5, verwehrt weißen Figuren den Zutritt zu b5, bereitet b7–b5 vor und schafft einen Durchlass für die Dame auf den Flügel für den Fall, dass ein solcher gebraucht wird.

8.♔b1

In Stellungen dieser Art muss der König ohnehin regelmäßig nach b1 geführt werden. So kann man dies auch frühzeitig machen, wenn nichts Wichtigeres anliegt. Zudem darf Weiß nie die mögliche Gefahr auf der Diagonale c1–h6 aus den Augen verlieren, solange die ♕d2 und der ♔c1 auf dieser hintereinander stehen. Andernfalls kann der schwarze Läufer in einem gelegentlichen Moment der Unachtsamkeit die Dame meucheln.

Nach 8...a5 gefolgt von b7–b5 hat

Schwarz das angestrebte Gegenspiel erreicht.

II. Mit der Wahl 5.e3 strebt Weiß den baldigen Abschluss seiner Entwicklung des Königsflügels inklusive der kurzen Rochade an.

5...♗g7 6.♗d3

Von d3 aus kann der Läufer den angestrebten Schritt e3–e4 unterstützen.

6...0-0 7.0-0 c5

In derartigen Stellungen ist dieser Bauernvorstoß gewissermaßen ein Standardzug, mit dem das weiße Zentrum geschwächt werden kann. Die weitere Entwicklung in der Mitte hat auch Bedeutung für die Kraft des schwarzen Königsläufers, dessen Reichweite auf der Diagonale a1–h8 von der Situation in der Mitte abhängt.

8.♖e1

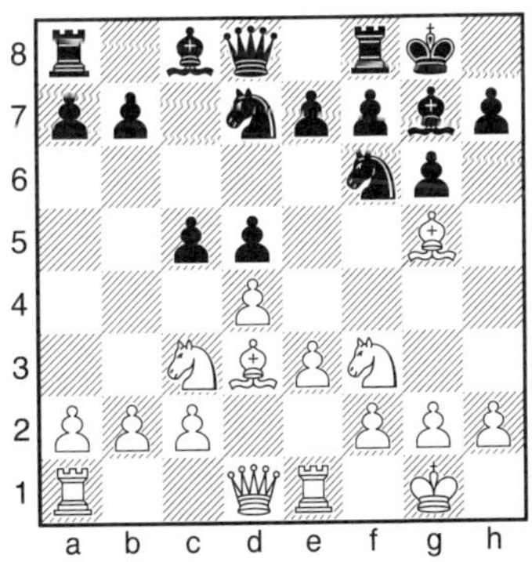

Weiß zielt weiter auf den Vorstoß e3–e4 ab. Mit 8...b6 bereitet sich Schwarz unter Fortsetzung seiner Entwicklung gezielt darauf vor.

(Grundsätzlich geht auch 8...a6, ist aber schwächer. Wenn es so wie in der Variante nach 8...b6 weitergeht, fehlt Schwarz im Anschluss an 9.e4 dxe4 10.♘xe4 cxd4 11.♘xd4 die schöne Möglichkeit zur Läuferentwicklung nach b7. Das Manöver 11...♘xe4 12.♗xe4 ♘c5 hält seine Hoffnung auf ein gutes Spiel aufrecht, der Ausgleich aber ist noch nicht geschafft.)

Nach 9.e4 führt die Abwicklung 9...dxe4 10.♘xe4 cxd4 11.♘xd4 nunmehr zur Leerung des Zentrums von den Bauern, was die Aussichten des ♗g7 begünstigt. Jetzt kann Schwarz die Früchte seiner vorausschauenden Entscheidung zu 8...b6 ernten, indem er 11...♗b7= spielt. Nach dem Stützungszug 12.c3 und dann 12...♘xe4 13.♗xe4 ♗xe4 14.♖xe4 ♘f6= ist auch die letzte unmittelbare Spannung aus der Stellung genommen. Sobald es beiden Parteien gelungen ist, die Stellung ihrer Damen zu verbessern und die Türme in die Mitte zu führen, können sie die erreichte recht offene Stellung mit gleichwertigen Chancen ausspielen.

5...♗g7

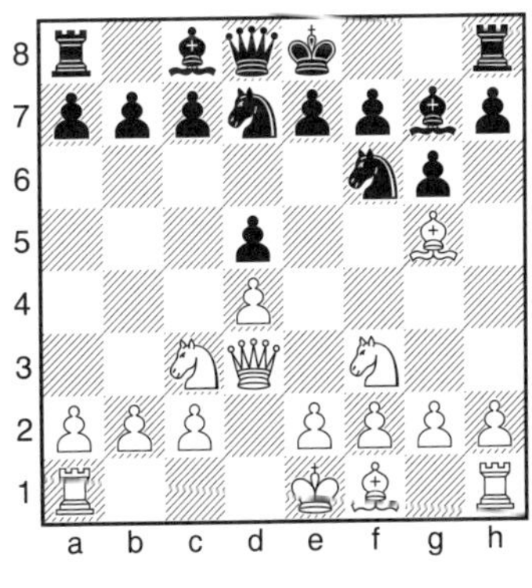

6.e4

– 6.0-0-0 0-0 7.e4 dxe4 8.♘xe4 ist nur eine Zugumstellung zur Hauptvariante.

– Wenn Weiß e3–e4 bis auf weiteres zurückstellt und ruhig mit 6.e3 fortsetzt, kann Schwarz in gleicher Weise an seiner Entwicklung arbeiten. Ein natürlicher Fortgang wäre nun beispielsweise 6...0-0 7.♗e2 b6 8.0-0 ♗b7 ∞ usw. Wenn wir Diese Stellung als *unklar* bewerten, so soll dies heißen, dass die Aussichten beider Seiten in Theorie und Praxis bisher nicht geklärt worden sind. Aktuell halten sich die Kräfte natürlich noch die Waage.

6...dxe4 7.♘xe4 0-0 8.0-0-0

Die lange Rochade führt zu einem scharfen Spiel.

Weiß kann auch mit der kurzen Rochade planen, ohne sich dabei allerdings einen Vorteil ausrechnen zu können. Nach der möglichen Folge 8.♘xf6+ ♘xf6 9.♗e2 c5 10.dxc5 ♕a5+ 11.c3 ♕xc5 12.0-0 hat Schwarz u.a. 12...b6 und 12...♗e6 als Fortsetzung ausprobiert, jeweils mit gutem Ergebnis. Unseres Wissens noch nicht versucht worden, aber eine Möglichkeit zum Tüfteln, ist daneben auch 12...♗f5.

Wir priorisieren 12...b6 und beschränken uns auch insoweit darauf, weil die danach entstehenden Stellungen u.E. von einem unerfahrenen Spieler leichter als jene nach den Alternativen zu spielen sind und weil dieser Zug auch systematisch besser in das Gefüge unseres Buches passt.

12...b6 13.♖fd1 ♗b7 14.♗e3 ♕c7=

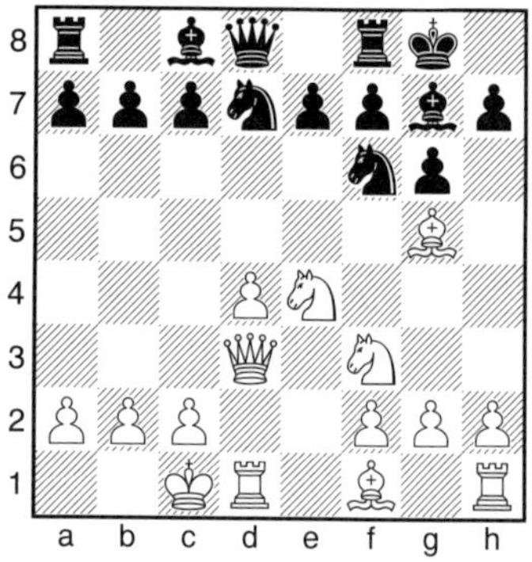

8...c5

Dies ist die mit Abstand aktivste Fortsetzung. Da allerdings auch die Möglichkeiten 8...c6 und 8...♘xe4 aussichtsreich sind, gehen wir nachstehend etwas genauer auf diese ein.

I. Die Logik hinter dem Zug 8...c6 ist mehrgestaltig. Der weiße d-Bauer kann nun nicht ungestört nach d5 vorrücken und der schwarzen Dame wird der Weg auf den Flügel geebnet. Ein Nebeneffekt liegt in der Sperrung des Feldes b5 für weiße Figuren, die aktuell allerdings noch keine besondere Rolle spielt.

A) Die natürlichste Reaktion ist nun 9.♔b1, womit der ♙a2 frühzeitig eine Deckung erhält und die Königssicherheit verbessert wird.

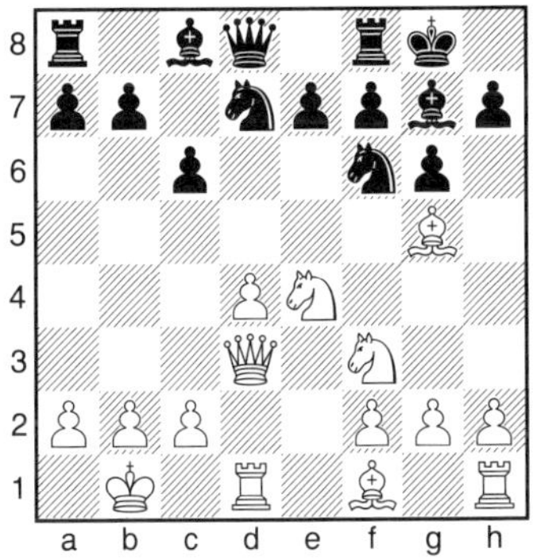

Nach 9...♕a5 ist 10.♗d2 mit Vertreibung der Dame eine solide Möglichkeit. Über die aus natürlichen Zügen bestehende Fortsetzung 10...♕c7 11.♘xf6+ ♘xf6= nimmt die Partie Kurs Richtung Mittelspiel. Der weitere Weg ist nicht vorgezeichnet. Um Anhaltspunkte zu geben, wie es weitergehen kann, werfen wir noch einen ergänzenden Blick auf Beispiele aus der Turnierpraxis.

12.♘e5 ♗e6

(12...♘g4 erzwingt wegen der Drohung ♘g4xf2 den Abtausch der Springer. Nach 13.♕g3 ♘xe5 ist Weiß der Rückgewinn der Figur wegen der Fesselung des ♘e5 sicher. Diese braucht er auch, um ohne materiellen Nachteil aus der Situation zu kommen. Mit 14.♗f4 verstärkt er seine Kraft auf e5 und kann im Anschluss dort schlagen, z.B. in der Zugfolge 14...♗e6 15.♗xe5 ♗xe5 16.♕xe5 ♕xe5 17.dxe5 ♖fd8=.)

13.h4 c5 mit Gegenspiel.

B) Die Idee, den in Schlagstellung stehenden Springer mit 9.♘g3 zu behalten, um ihn dann ggf. zur Unterstützung eines Angriffs auf dem Königsflügel einzusetzen, ist interessant, verspricht Weiß aber keinen Vorteil.

Nach 9...♕a5 10.♔b1 kann Schwarz mit 10...e5 einen entscheidenden Einfluss auf die weitere Entwicklung nehmen. Weiß kommt bis auf weiteres nicht dazu, seiner Idee entsprechend fortzusetzen, und sollte z.B. mit 11.♗d2 darauf spielen, den sich abzeichnenden schwarzen Stellungsvorteil zu begrenzen.

Der aus der Praxis bekannte Versuch 11.h4 ist kein profitabler Weg, wie die kurze Variante 11...exd4 12.♗d2 (12.♘xd4 ♘c5∓) 12...♕c7∓ zeigt.

II. Der Abtausch 8...♘xe4 9.♕xe4 setzt die Dame dem Angriff mit dem Springer über 9...♘f6 aus, so dass Schwarz zu einer schnellen Befreiung kommt. Da ein Abtausch Springer gegen Läufer auf f6 für Schwarz günstig wäre, muss die Dame nun das für sie beste Fluchtfeld finden. Die Felder h4 und e3 zählen zu den erstrangigen Kandidaten.

Mit 10.♕h4 bringt sich die Dame in die Angriffsbemühungen am Königsflügel ein und hemmt die schwarzen Möglichkeiten, indem sie zusammen mit dem Läufer eine Fernwirkung gegen den ♙e7 entfaltet.

(Nach 10.♕e3 kann Schwarz sein Gegenspiel nach dem Muster 10...♗e6 11.♔b1 c6 12.h3 ♕a5 13.a3 b5 ⇄ organisieren. Auch in dieser Variante ist c7–c6 in erster Linie ein Vorbereitungszug für die Aktivierung der Dame.)

Nach 10...♕d5 11.♔b1 leitet Schwarz mit dem elanvollen Zug 11...b5 sein Gegenspiel am Damenflügel ein, das nach beispielsweise 12.♗d3 ♗e6 13.b3 a5 klare Konturen annimmt.

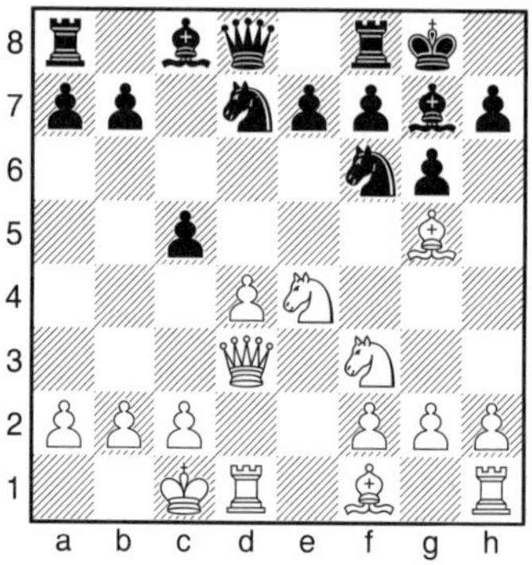

9.♘xf6+

Dies ist die in der Praxis am häufigsten gewählte Möglichkeit. Die ebenfalls logischen Alternativen 9.d5 und 9.h4 garantieren Weiß keine besseren Perspektiven als die Textvariante.

I. 9.d5 ♘xe4 10.♕xe4 ♘f6

(Schwarz kann auch vorher 10...♕b6 ziehen und Weiß zum Schutz des ♙b2 zwingen, um erst im Anschluss an 11.c3 mit 11...♘f6 fortzusetzen.)

11.♕e3 ♗f5 ∞

Der Computer, der eine Stellungseinschätzung *unklar* nicht kennt und sich mit seinem Rechenergebnis festlegen muss, sieht Schwarz leicht im Vorteil, was allerdings durch die menschliche „Positionsbrille“ schwer nachzuvollziehen ist.

II. 9.h4 beantwortet Schwarz am besten mit 9...cxd4 und nach 10.♘xd4 kann er sich immer noch rechtzeitig um die Situation am Königsflügel kümmern.

(10.h5 mit der Idee, Schwarz nach 10...♘xh5 mit 11.♕a3 zu 11...♘df6 zu veranlassen, um sich dann mit 12.♖xd4 einen Bauern mit gutem Spiel zurückzuholen, funktioniert nicht. Nach 12...♕b6∓ gerät Weiß unter Druck.)

10...h6 11.♗e3 ♘xe4 12.♕xe4 ♘f6 13.♕d3 a6 ∞

9...♘xf6 10.dxc5

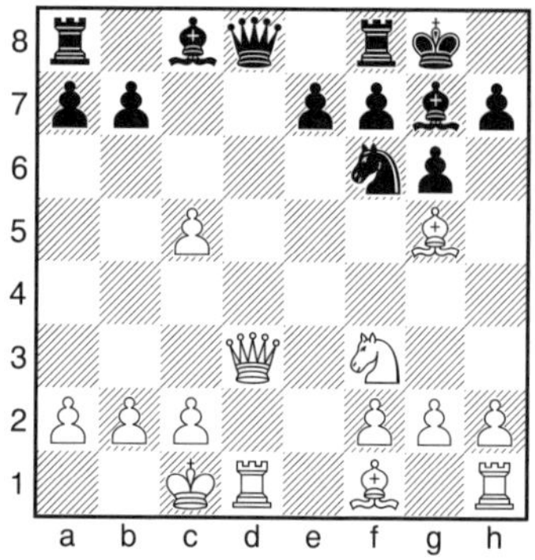

10...♕a5

Dies ist der Auftakt zu einer etwas wild anmutenden Variante. Einen Bauern wird sich Schwarz nun holen, entweder jenen auf a2 oder den auf c5.

11.♕b5

Auf diese Weise lässt Weiß das Schlagen auf a2 zu, um dann seinen Königsläufer mit Angriff auf die Dame zu entwickeln. Vor einem Schachgebot der Dame von a1 aus muss er keine Angst haben, denn diese müsste sich in der Folge nach a6 zurückziehen, woraufhin Schwarz in eine nachteilige Lage käme.

11.a3!? ist eine erwähnenswerte Alternative.

11...♕xa2 12.♗c4

Bei einem oberflächlichen Blick auf die Stellung sieht es brenzlig aus für

Schwarz, aber er hat eine gewichtige Ressource.

12...♗d7

Nun kommt es entweder zum Damentausch oder die schwarze Dame gelangt ins Freie.

13.♗xa2 ♗xb5 14.♖he1 e6

Die schwarzen Türme warten noch auf ihre Aktivierung. Wenn Weiß vielleicht doch noch einen Eröffnungsvorteil erreichen möchte, kann er dies versuchen, indem er seinem Gegner den Abschluss der Entwicklung erschwert und dabei seine eigene Position ausbaut.

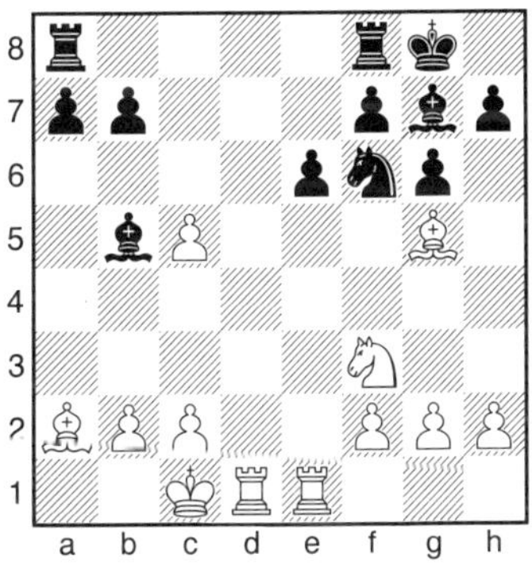

15.♘d4

Die Idee, den Läufer via f4 nach d6 umzusetzen, bringt Weiß letztlich nichts ein. Nach 15.♗f4 ♗c6 16.♗d6 ♖fe8 kommt Schwarz über ♖a8–d8 und ♘f6–e4 usw. aus der Bedrängnis.

15...♗d7

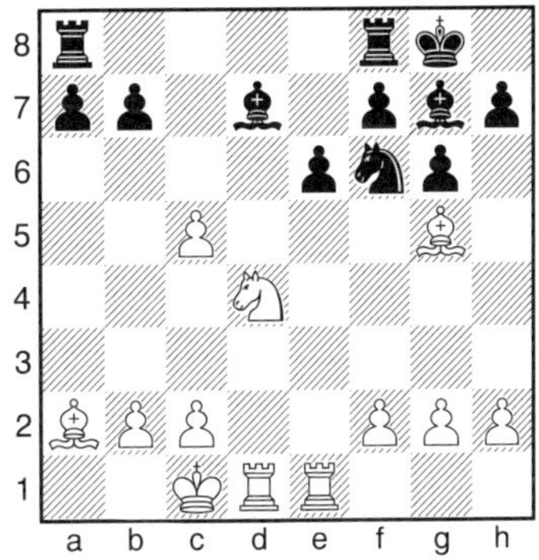

16.♘f5

Kein Fehler, sondern der Auftakt zu einem wohlberechneten Manöver! Wegen des gleichzeitigen Angriffs auf den ♗d7 mit dem Turm kommt Weiß unabhängig davon, wie Schwarz nach einem Schlagen des Springers weiter reagiert, zum Rückgewinn der Figur.

Aus der Praxis ist der Versuch bekannt, ohne ♘d4–f5 auszukommen oder diesen Zug unter besseren Bedingungen zu spielen. Die dabei gewählte Alternative 16.f3 ist durchaus rational, denn für sie sprechen eine prophylaktische Sicherung der eigenen Position auf der Diagonale a8–h1, die Einflussnahme auf e4 und insbesondere g4 sowie die Räumung des Feldes f2 für den Fall, dass es eventuell für den Läufer gebraucht wird. Dennoch war die Entscheidung, gemessen am Ergebnis der Aktion, von einem zweifelhaften Wert.

Mit 16...♖fc8 nutzt Schwarz den erlangten zeitlichen Spielraum aus, um Weiß sofort in die Defensive zu drängen, weil er sich nun um seinen ♙c5 kümmern muss.

Nach 17.♗e3 ist der bedrohte Bauer mittelbar geschützt, weil Weiß für den

Fall von ♖c8xc5 seinen Springer mit einem Angriff des ♗e3 auf den Turm ziehen könnte.

17...♗f8 18.♗g5 ♗e7

Weiß muss erkennen, dass er ohne 19.♘f5 nicht auskommt, aber aus der Abwicklung 19...gxf5 20.♗xf6 ♗xf6 21.♖xd7 ♖ab8∓ geht Schwarz mit Vorteil hervor.

16...gxf5 17.♗xf6 ♗c6

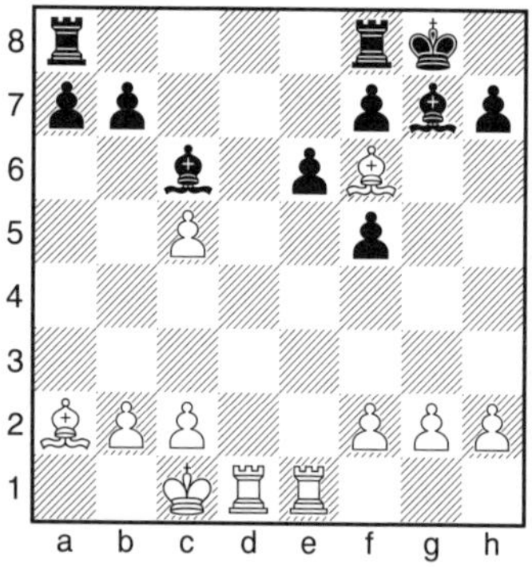

18.♗e7

Das vorangegangene taktische Intermezzo war davon geprägt, dass die Parteien eine Drohung des Gegners mit einer schwereren eigenen Drohung beantworteten.

18...♖fe8 19.♗d6 ♖ad8=

Die beiderseitigen Perspektiven sind identisch.

Zusammenfassung: Die zentrale strategische Idee dieser Eröffnung liegt für Weiß darin, den typischen Vorstoß e2–e4 durchzusetzen. Schwarz hat aber keine große Mühe, das Spiel ausgeglichen zu halten. Wenn Weiß sich bei genauer Verteidigung des Gegners nicht mit nur etwa gleichen Chancen zufrieden geben will und das Spiel überzieht, kann leicht sogar ein schwarzer Eröffnungsvorteil dabei herausspringen.

Kapitel 4

Londoner System ohne d7-d5

1.d4 ♘f6 2.♗f4

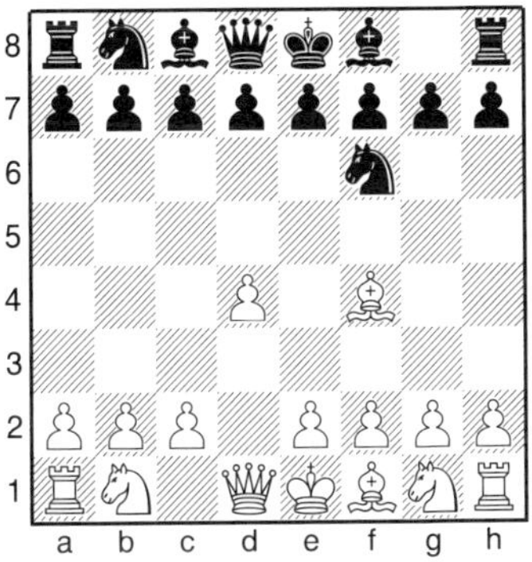

Diese frühe Entwicklung des Läufers nach f4 wird in verschiedenen Publikationen dem Londoner System zugeschrieben. Die klassische Form dieses Systems entsteht jedoch nach 1.d4 d5 2.♗f4 usw., worauf wir in Kapitel 6 eingehen. Um die Spielweise vollständig vorzustellen, besprechen wir hier die Folgen, wenn Weiß sich für den thematischen Läuferzug entscheidet, ohne dass Schwarz d7–d5 gezogen hat oder überhaupt zu ziehen beabsichtigt.

2...g6

Diese Antwort im Geiste des Königsfianchettos kündigt die Läuferentwicklung nach g7 und somit auf die lange Diagonale a1–h8 an. Alternativ kann sich Schwarz auch für Pläne entscheiden, bei deren Wahl noch offenbleibt, was er mit seinem Läufer vorhat. Der d-Bauer kann dabei nach d6 geführt werden oder auch bis auf weiteres auf d7 verbleiben.

I. 2...d6

Die so eingeleitete Variante wird in der Theorie als „Pseudo-Altindisch" bezeichnet. Die „wahre" Altindische Verteidigung beginnt indes mit den Zügen 1.d2–d4 ♘g8–f6 2.c2–c4 d7–d6.

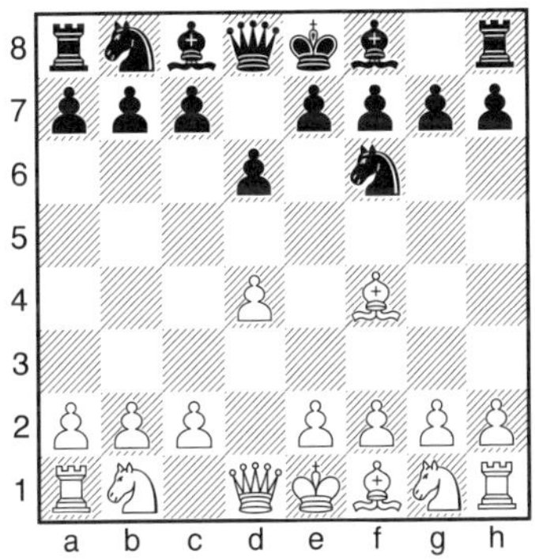

A) Mit dem einfachen Schritt 3.e3 hält Weiß am typischen Aufbau des Londoner Systems fest.

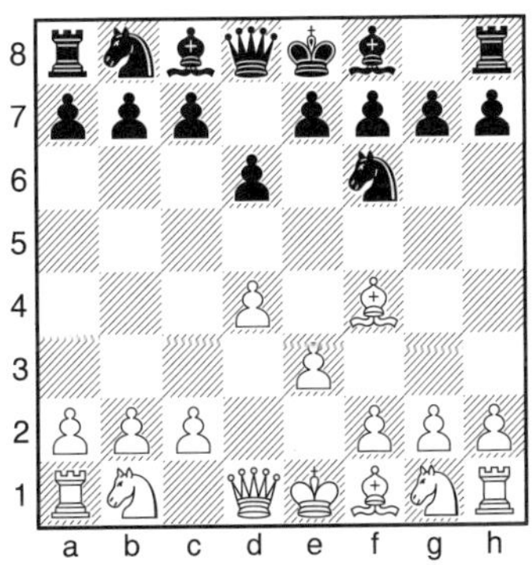

A1) 3...c6 4.c3

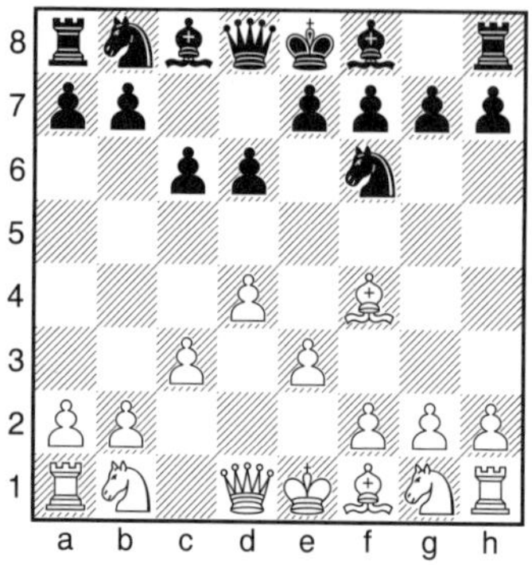

4...♘bd7

(Mit 4...g6 könnte Schwarz die Partie in die Königsindische Verteidigung dirigieren.)

5.♘f3

Als Möglichkeit am Horizont haben wir schon mehrfach die schwarze Option eines Abtausches seines Springers gegen den gegnerischen schwarzfeldrigen Läufer besprochen. Auch hier wieder taucht sie auf. Zumindest dem unerfahrenen Spieler raten wir dazu, diese Gelegenheit mit 5...♘h5 zu nutzen.

(In der Praxis am häufigsten wurde bisher 5...♕c7 versucht.

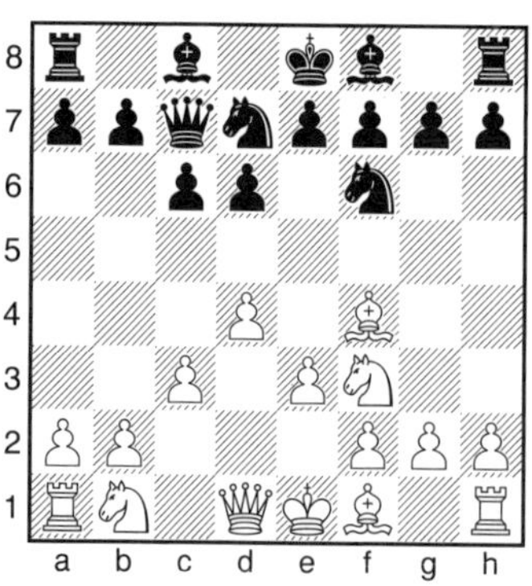

Ein Zug wie dieser, bei dem sich die Dame in eine Opposition mit einer weniger wertvollen Figur des Gegners begibt, sollte niemals ohne eine sorgfältige Prüfung erfolgen. Die damit verbundene Bindung des Bauern kann oft vom Gegner für eigene Manöver ausgenutzt werden. In diesem Fall aber ist alles in Ordnung, der Zug ist gut. Schwarz will e7–e5 durchsetzen, was mit Hilfe der Dame möglich wird.

Nach 6.h3 e5 kann es beispielsweise mit 7.♗h2 ♗e7 8.♗e2 0-0 9.0-0 ♖e8 weitergehen. Schwarz hat zwar eine beengte, doch feste Stellung. Er kann nach ♗e7–f8 und g7–g6 seinen Läufer auf g7 platzieren. Insgesamt aber gefällt uns die weiße Stellung wegen des freieren Spiels etwas besser.)

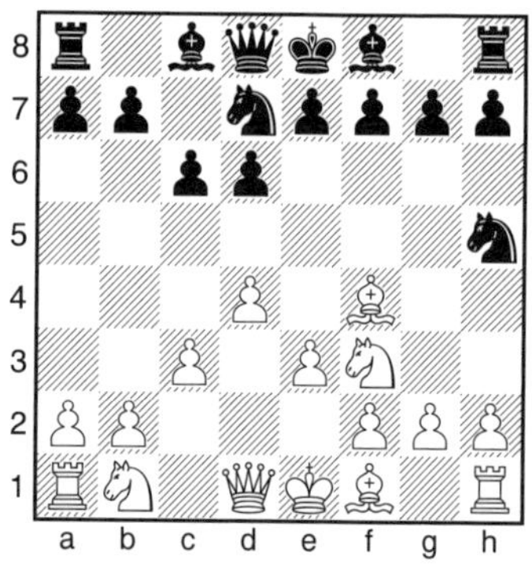

6.♗g5 h6 7.♗h4 g5 8.♘fd2 ♘df6 9.♗g3 ♘xg3 10.hxg3 Nach dem erfolgreichen Abschluss seines Manövers kann Schwarz nun mit 10...♗f5 nebst ♗f8–g7 und 0-0 fortsetzen, verbunden mit einem guten Spiel.

A2) Eine gute Alternative ist 3...♘bd7 mit der Idee eines sofortigen Vorstoßes mit dem Königsbauern. Das mit 4.h3 für den Läufer geschaffene Versteck auf h2 macht Schwarz auch hier einen Strich durch etwaige Abtauschgelüste.

(Anders wäre es nach 4.♘f3, denn nun läge es wie immer in diesen Stellungen mit einem Läufer auf f4 und einem Bauern auf e3 in der Hand von Schwarz, ob nach 4...♘h5 der Läufer im Tausch gegen den Springer vom Brett muss.)

Nach 4...e5 5.♗h2 kann Schwarz sich um die Vollendung seiner Entwicklung am Königsflügel kümmern.

5...♗e7 6.♘f3 exd4 7.exd4 0-0 8.♗d3

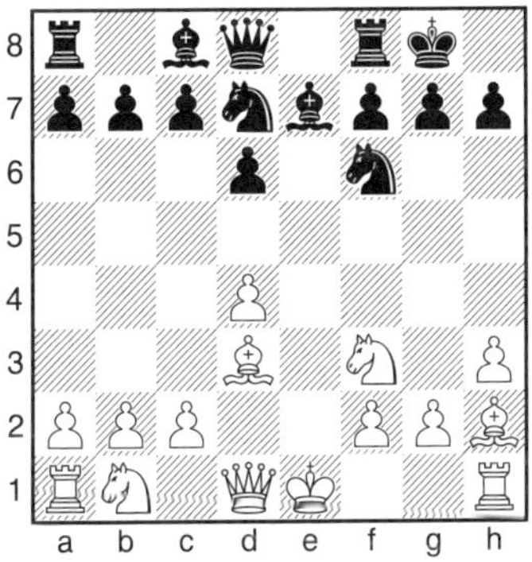

8...♖e8

(Es gibt Beispiele aus der Praxis, in denen Schwarz alternativ einem Plan mit der sofortigen Fianchettierung des Damenläufers gefolgt ist und dabei gute Erfahrungen gemacht hat. Nach 8...b6 9.0-0 ♗b7 10.♘bd2 kann es beispielsweise plausibel mit 10...♖e8 11.♖e1 ♘f8 12.c3 a6 weitergehen, woraufhin Schwarz mit c7–c5 weiter aktiv vorgehen kann.)

9.0-0

Nach der Umgruppierung der schwarzen Figuren sieht der ♗e7 wie der Verlierer aus. Er steht inaktiv, kann nicht so ganz einfach besser ins Spiel gebracht werden und stört Schwarz sogar in seiner Entwicklung. Abhilfe schaffen kann die Idee, den Läufer mit 9...♗f8 ins Fianchetto zu führen.

Die Springerentwicklung 10.♘bd2 ist mit zwei zusätzlichen positiven Konsequenzen verbunden. Weiß plant c2–c4 und verbaut sich diesen Vorstoß nicht, indem er seinen Springer nach c3 bringt. Seine Dame soll nach c2 ziehen, woraufhin sie gemeinsam mit dem Läufer gegen h7 drückt. Zudem erwartet er, dass Schwarz seinen Damenläufer nach b7 entwickelt; eine eventuelle Bedrohung seines ♘f3 fängt er frühzeitig ab.

Nach 10...b6 11.c4 ♗b7 12.♕c2 a5= und der möglichen Folge 13.♖fe1 ♖xe1+ 14.♖xe1 verfügt Weiß über etwas mehr Raum, aber mit 14...g6 kann Schwarz seine Entwicklungsidee wieder aufgreifen und sich im Anschluss mit ♗f8–g7, ♕d8–f8 und ♖a8–e8 ein gutes Spiel sichern.

B) Daneben ist auch 3.♘f3 sehr gebräuchlich, worauf 3...g6 das Spiel zurück in Richtung der Hauptvariante führt. Eine flexible Fortsetzung, die sowohl der Dame den Weg auf den Damenflügel eröffnet als auch die schwarze Zentralstellung stärkt, ist nun 3...c6.

(Die wichtigsten Alternativen sind 3...♘bd7 Δc7–c5 und 3...♗g4 nebst ♘b8–d7.)

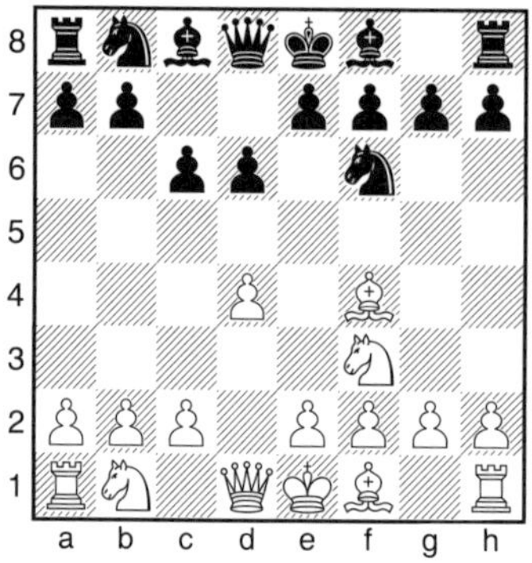

B1) 4.h3

Wenn Weiß einen Abtausch seines Läufers gegen den gegnerischen Springer nicht zulassen will, ist es wichtig, ihm durch den Aufzug des h-Bauern ein Versteck auf h2 zu schaffen. Da der Läufer grundsätzlich eine starke Rolle einnehmen kann, empfehlen wir diese Vorkehrung, auch wenn sie einmalig das Zugrecht kostet.

Mit 4...♕b6 nutzt die Dame den Weg ins Licht sofort aus und veranlasst Weiß wegen ihres Angriffs auf den ungedeckten ♙b2 zu einer sofortigen Schutzmaßnahme.

5.b3 c5

Mit zwei kräftigen Zügen gibt Schwarz der Partie die Richtung vor.

6.dxc5

(Im Falle von 6.d5 kann Schwarz im Anschluss an 6...g6 seinen Läufer auf g7 postieren.

Interessant ist auch 6...e5 mit der natürlichen Folge 7.dxe6 ♗xe6 8.e3 ♘c6. Die Perspektiven für Schwarz sind gut. Weiß muss nun permanent mit d6–d5 rechnen.)

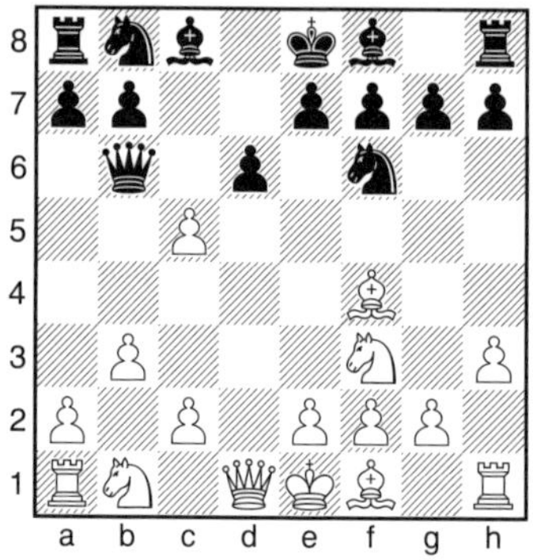

6...♕xc5

Schon im Rahmen der Einführung in die Prinzipien des Schachspiels erfährt der Spieler, dass die Dame grundsätzlich nicht allzu früh in der Eröffnung ins Spiel gebracht werden sollte, weil sie angegriffen werden kann und dann Zeit für ihren Schutz verbraucht wird. Hier aber ist dies anders. Die Dame kann nicht gut mit sinnvollen Zügen vertrieben werden. Somit kann sie bereits in dieser ersten Partiephase ihre Stärken einbringen.

Mit natürlichen Zügen können jetzt beide Seiten ihre Entwicklung vorantreiben.

7.c4 g6 8.♘c3 ♗g7 9.♖c1

Zu Recht begegnet Weiß sofort der Drohung, die Schwarz gerade erst mit seiner Läuferentwicklung auf die lange Diagonale aufgestellt hat, indem er seinen Turm unter gleichzeitiger Deckung des ♘c3 aus dem Röntgenblick des Fianchetto-Läufers führt.

Nach 9...♗f5 10.♗e3 muss die Dame doch aus einer Bedrohung durch den Läufer flüchten und dafür ein Tempo verbrauchen. Auf e3 wird der Läufer jedoch nicht dauerhaft stehen bleiben und für die Verbesserung seiner Situation erneut ziehen müssen, was die Tempobilanz dann wieder ausgleichen wird.

Nach 10...♕a5= kann Schwarz nach einem Plan mit 0-0 und ♘b8–c6 weiter vorgehen.

B2) Nach 4.e3 liegt es allein noch in der Hand von Schwarz, ob es zum Abtausch Springer gegen Läufer kommt. Mit 4...♘h5 greift er diese Chance beim Schopf.

5.♗g5 h6 6.♗h4 g5 7.♗g3

(Auch mit 7.♘fd2 ist der Abtausch nicht zu vermeiden. Schwarz zieht seinen bedrohten Springer mit 7...♘g7 zurück und beordert ihn nach 8.♗g3 mit 8...♘f5 wieder nach vorne.)

Nach der Zwischenepisode 7...♘xg3 8.hxg3 sollten beide Seiten mit Nachdruck an ihrer Entwicklung arbeiten.

8...♘d7 9.♗e2

(Nach 9.♘xg5?? gewinnt Weiß nicht etwa einen Bauern, weil der gefesselte ♙h6 nicht zurückschlagen kann, sondern verliert nach 9...♕a5+ den Springer.)

Nach 9...♗g7 10.c3 0-0 11.♘bd2 kann sich Schwarz mit 11...e5 und guten Chancen aus seiner gedrückten Lage befreien. Auf die weiße Reaktion 12.dxe5 ist 12...d5!? eine solide Antwort, mit der sich Schwarz Raum und Gegenspiel sichert. Seinen Mehrbauern kann Weiß ohnehin nicht halten.

(Die Alternative 12...♘xe5 13.♘xe5 dxe5 führt zu unklaren Verhältnissen. Weiß kann nun beispielsweise mit 14.♕c2 seiner Dame einen tiefen Blick ins feindliche Lager verschaffen und dabei die weißen Felder auf dem schwarzen Königsflügel als schwach markieren. Zugleich kann er nun seinen ♘d2 bewegen, ohne einen Damentausch befürchten zu müssen. Zudem wird das wichtige Feld e4 ein weiteres Mal überdeckt. Nach 14...♗e6 15.g4 manifestiert der g-Bauer die schwarzen Schwächen, während Schwarz mit 15...b5 ∞ eigene Ambitionen auf dem Damenflügel anmelden kann.)

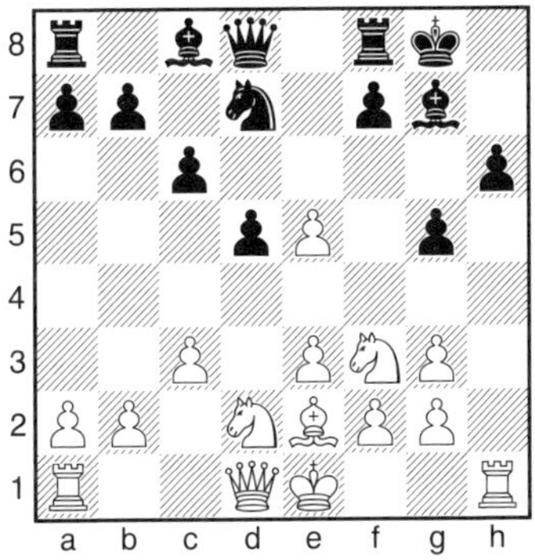

Mit 13.g4 nimmt der Bauer die Felder f5 und h5 unter Kontrolle und ist ggf. zum Abtausch bereit, womit der Doppelbauer auf der g-Linie aufgelöst würde. Gleichzeitig wird das Feld g3 für den auf d2 noch unter Wert aufgestellten Springer frei.

(13.c4 erweist sich nach 13...g4 14.♘h4 ♘xe5 15.cxd5 ♕xd5 als günstig für Schwarz.)

Die Stellung nach 13...♕e7 14.♘f1 ♘xe5 15.♘xe5 ♕xe5 16.♘g3 b5 ist zweischneidig, Schwarz verfügt aber über genügend Gegenspiel.

II. Mit dem aktiven Zug 2...c5 werden Strukturen erreicht, die auch über die Alt-Benoni-Verteidigung (1.d2–d4 c7–c5 2.d4–d5) entstehen können.

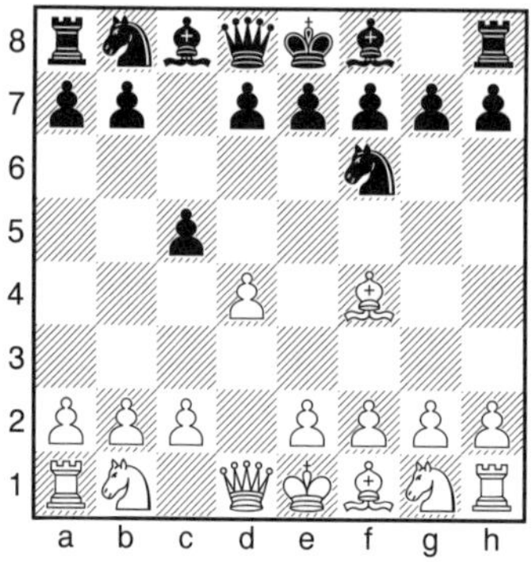

Nach 3.e3 will Weiß seinen Läufer ins Spiel bringen und die Entwicklung des Königsflügels schnell abschließen.

(– Wenn er stattdessen mit 3.c3 fortsetzt, kann Schwarz mit 3...cxd4 4.cxd4 d5 unter Zugumstellung in die Abtauschvariante der Slawischen Verteidigung überleiten. Diese Spielweise haben wir bereits in dem Buch „Eröffnungen Damengambit, lesen – verstehen – spielen", Joachim Beyer Verlag 2020, behandelt.

– Im Falle von 3.d5 kann Schwarz mit 3...b5!? antworten. Unabhängig davon, wie Weiß nun reagieren wird, hat der schwarze Plan viel aktives Potenzial. Beispielsweise kann sich das Spiel weiter mit 4.a4 b4 5.♘f3 d6 6.e3 g6 7.♗b5+ ♗d7 8.0-0 ♗g7= usw. entwickeln.)

A) 3...♕b6 wird (herkömmlich am Brett wie auch im Fernschach) mit Abstand am häufigsten gespielt. Unter Umständen führt diese Wahl in ein frühes Remis.

4.♘c3

(Auf 4.♘a3 kann Schwarz mittels 4...♕xb2 in die Variante nach 4.♘c3 ♕xb2 als Alternative zu 4...d6 überleiten. Nach 5.♘b5 ist das identische Stellungsbild erreicht.)

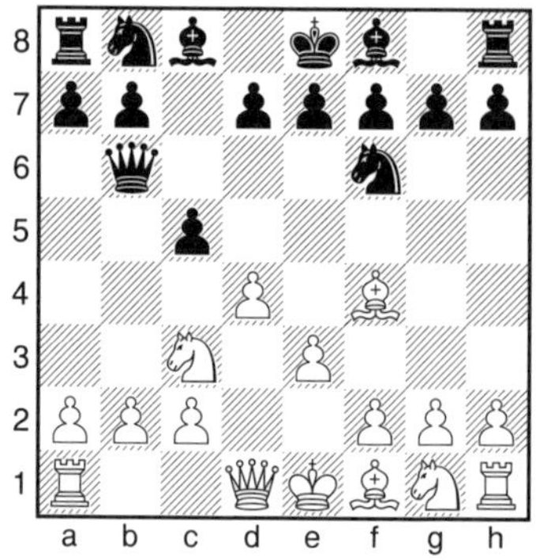

Zumeist entscheidet sich Schwarz nun zugunsten des Vorgehens mit 4...d6, was sowohl für das herkömmliche Turnier- als auch für das Fernschach gilt.

(– Wenn ihm ein Remis reicht, kann er mit 4...♕xb2 darauf spielen. Nach 5.♘b5 ♘d5 6.♖b1 ♕xa2 7.♖a1 ♕b2= ist die Partie bereits reif für eine Teilung des Punktes.

– Ehrgeiziger ist allerdings 4...cxd4!?. Nach 5.exd4 verwehrt er Weiß zunächst mit 5...a6 das Betreten des Feldes b5. Im Anschluss hat er dann recht freie Hand, um seine Kräfte mit Nachdruck weiter zu aktivieren. Nach beispielsweise 6.a3 d5 7.♘f3 ♗g4 8.♗e2 e6 9.0-0 ♘bd7= fehlen nur noch die Züge ♗f8–e7 und 0-0, um die Entwicklung weitgehend abzuschließen.)

5.♗b5+

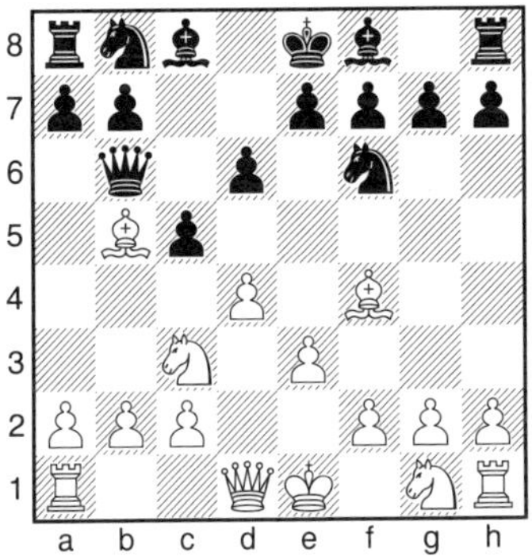

A1) Mit 5...♗d7 kontert Schwarz den Angriff mit einer postwendenden Bedrohung des Läufers, so dass Weiß zu einer sofortigen Reaktion gezwungen ist.

Nach 6.a4 sichert der Bauer den Läufer und hat bereits sein weiteres Vorrücken im Sinn, um die Dame zu vertreiben und Schwarz zugleich in seiner Freiheit bei der Entwicklung seiner Kräfte zu behindern.

6...a6 7.a5 ♕c7 8.♗xd7+ ♘bxd7 9.d5

Hier bieten sich Schwarz mehrere Optionen für sein weiteres Vorgehen. Wir favorisieren den Plan, eine Fianchetto-Stellung am Königsflügel aufzubauen und dann zu versuchen, auf dem Damenflügel ein aktives Spiel zu entwickeln. Ein entsprechender plausibler Fortgang wäre 9...g6 10.e4 ♗g7 11.♘f3 b5.

(Es geht auch sofort 11...0-0 mit der Absicht b7–b6 oder b7–b5 usw.)

12.axb6 ♘xb6 nebst 0-0 und ♖f8–b8.

A2) Nach 5...♘c6 ist dies nicht der Fall, denn Weiß erhält die Gelegenheit zu 6.d5, woraufhin Schwarz genau spielen muss, um kein Material einzubüßen.

(Nach 6.♘ge2 hat Schwarz keine Probleme auszugleichen. Gut ist beispielsweise zunächst 6...a6 und auf 7.♗a4 die Fortsetzung mit 7...e6, so dass Weiß die Kontrolle über d5 genommen und die Entwicklung des Königsläufers vorbereitet wird.

Ein möglicher Fortgang ist dann 8.♗g5 cxd4 9.♗xf6 gxf6 10.exd4, worauf Schwarz mit 10...d5 eine starke Präsenz im Zentrum untermauern kann. Ein geeigneter Plan für das weitere Vorgehen umfasst die Züge ♗f8–e7, 0-0, ♔g8–h8 und ♖f8–g8, womit Druck gegen die weiße Königsstellung aufgebaut werden kann.)

Wenn der Läufer nach 6...a6 auf der Diagonale a6–f1 bleibt, wird die Fesselung des ♘c6 aufgehoben, so dass er aus der Bedrohung des ♙d5 fliehen kann. Nach 7.♗a4 aber muss Schwarz sehen, dass er als Ersatz für seinen nicht mehr zu rettenden Springer den weißen Läufer bekommt. Hierzu muss die Dame mit 7...♕c7 den Weg für den b-Bauern frei machen.

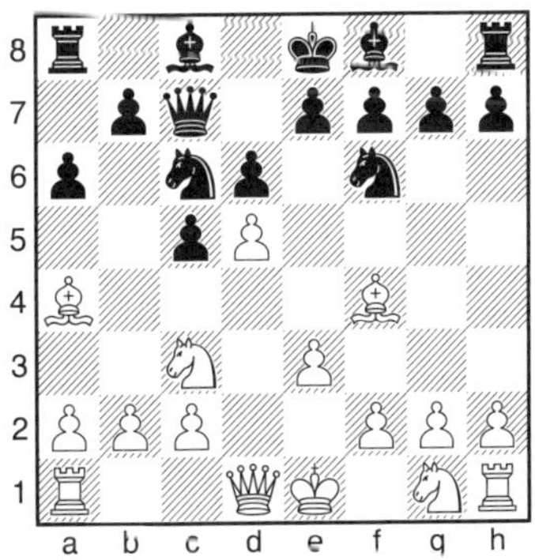

8.dxc6

(8.♘ge2 ♖b8 ist nur ein Intermezzo, nach dem es mit 9.dxc6 usw. weitergeht.)

8...b5 9.♗b3 c4=

B) 3...e6 ist eine solide Alternative, die einen intensiven und zähen Kampf in Aussicht stellt. Weiß kann nun mit dem für das Londoner System typischen Zug 4.c3 oder auch mit 4.♘f3 fortsetzen. In beiden Fällen legen die Parteien ihr Hauptaugenmerk auf Fortschritte in der Entwicklung ihrer Kräfte.

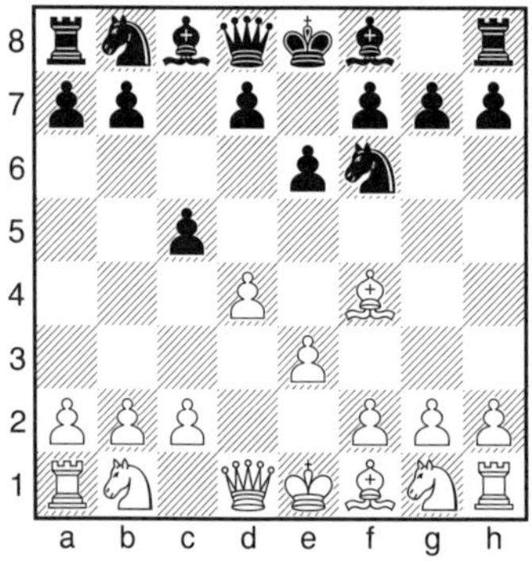

A2) 4.c3

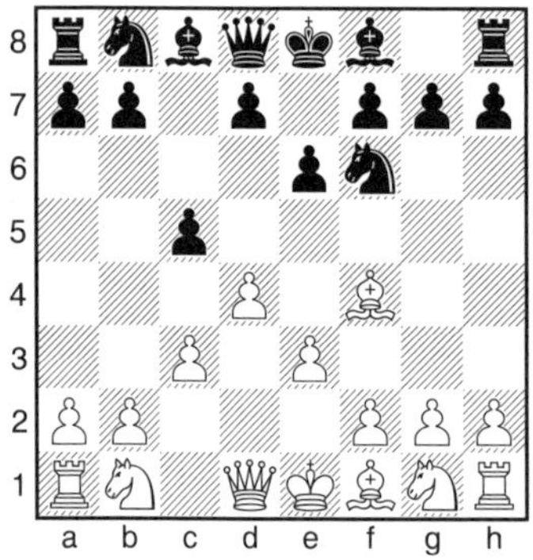

A2a) 4...♘c6 5.♘d2 d5

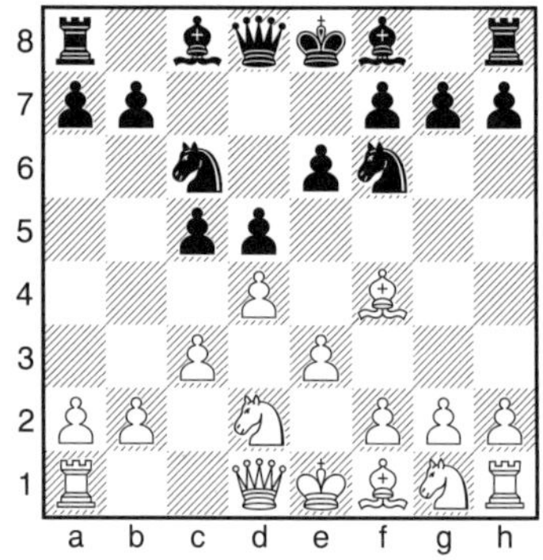

Es ist sinnvoll, sich von dieser Stellung ausgehend deutlich zu machen, nach welchen Plänen beide Seiten möglichst gut weiter vorgehen können. Weiß hat noch die Aufgabe, den Königsflügel zu entwickeln. Der ♘g1 gehört nach f3, von wo aus er das Feld e5 erreichen kann. Dem ♗f1 winkt die größte Wirksamkeit auf d3. In Abhängigkeit von den weiteren Geschehnissen folgen zu den passenden Zeitpunkten die 0-0, bei Bedarf und Möglichkeit ♘g3–e5 und der sowohl stützende als auch raumgreifende Schritt f2–f4.

Schwarz kann die im Londoner System als eine der Hauptideen zu bezeichnende Opponierung der Läufer auf d6 anstreben, um dann zu rochieren und sich an den Abschluss der Entwicklung seines Damenflügels zu machen. Der ♗c8 wird am besten nach b7 geführt, da ihm der Weg zur anderen Seite durch den ♙e6 versperrt wird. Konkret kann sich die Partie auf der Basis dieser Pläne mit 6.♘gf3 ♗d6 7.♗g3 0-0 8.♗d3 b6 9.♘e5 ♗b7 weiter entwickeln.

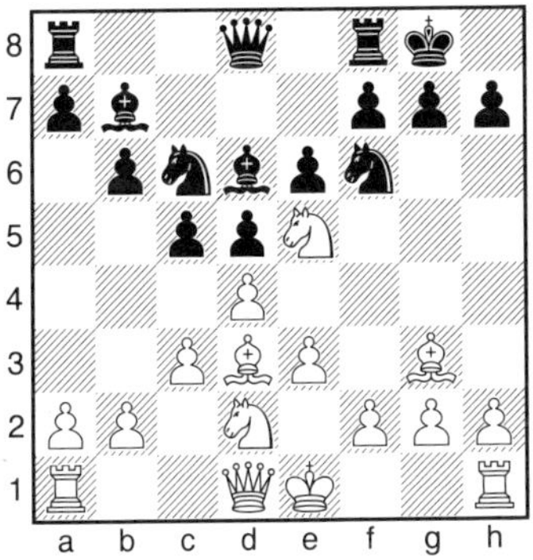

10.f4

Schwarz hat sich eine solide und kompakte Aufstellung gesichert. Seine Aussichten sind denen von Weiß mindestens ebenbürtig. Es gibt im Londoner System ein interessantes Manöver, mit dem Schwarz eine Aufstellung mit ♘e4 und ♘d6 zu erreichen versucht, welches er mit 10...♘e7 einleiten kann.

Weiß ist noch mit Entwicklungsaufgaben beschäftigt, sein König steht noch in der Mitte. Eine mögliche Fortsetzung der Variante läuft entsprechend über die Züge 11.♕f3 ♘f5 12.♗f2 ♗e7 13.0-0 ♘d6 14.♕h3 ♘fe4 und Schwarz steht gut. Es ist lohnenswert, sich das eben beschriebene und nunmehr umgesetzte Manöver als Möglichkeit zu merken.

A2b) Auf 4...♕b6 ist 5.♕b3 eine gute und auch zumeist gespielte Fortsetzung.

(Wer ein Experiment sucht, kann 5.♘a3 erwägen und seinen Gegner damit voraussichtlich überraschen. Nun würde 5...♕xb2 6.♘b5 ♘d5 eine sehr komplizierte Stellung entstehen lassen, die auf jeden Fall weitere Untersuchungen wert ist.)

Die Stelluing nach 5...♕xb3 6.axb3± wäre angesichts seiner besseren und raumgreifenden Entwicklung vorteilhaft für Weiß.

B2) Auf 4.♘f3 kann es beispielsweise mit 4...♘c6 5.♘bd2 ♗e7 6.h3 weitergehen. Mit dem Aufzug seines h-Bauern verschafft Weiß seinem Läufer ein Fluchtfeld auf h2.

(Im Falle von 6.c3 könnte Schwarz den starken weißen Läufer mit 6...♘h5 beseitigen.)

Nach den natürlichen weiteren Zügen 6...0-0 7.c3 cxd4 8.exd4 steht Schwarz ein Plan zur Verfügung, über den er mittels d7–d6 und e6–e5 sein Spiel befreien kann.

Weiß wird seinen weißfeldrigen Läufer aktivieren und sich damit zugleich dem Ziel einer vollständigen Entwicklung seines Königsflügels nähern. Dies wird in der konkreten Variante 8...d6 9.♗d3 e5 10.♗g3 exd4 veranschaulicht.

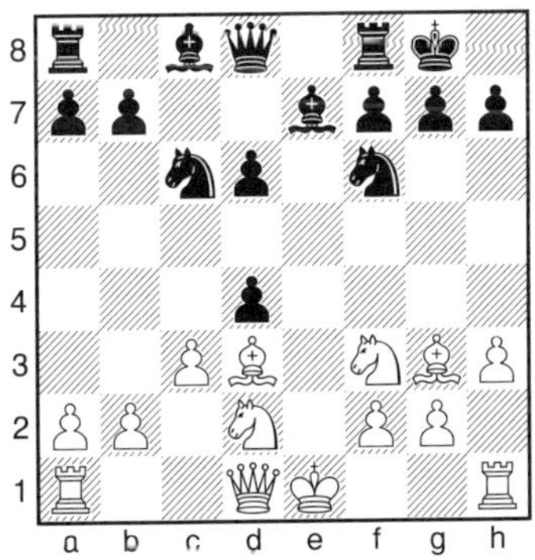

B2a) Nach 11.cxd4 h6 12.0-0 ♗e6= haben die Kontrahenten ihre Kräfte vergleichbar aktiv und elastisch aufgestellt.

B2b) 11.♘xd4 geht auch, kann aber zu weiterem Abtausch mit 11...♘xd4 12.cxd4 führen. Nach beispielsweise 12...♕b6 13.♘c4 ♕b4+ (13...♕xd4?? 14.♗xh7+ +–) 14.♕d2= ist auch das mögliche kurze Zwischengefecht vorüber und beide Seiten können das Duell auf Augenhöhe fortsetzen.

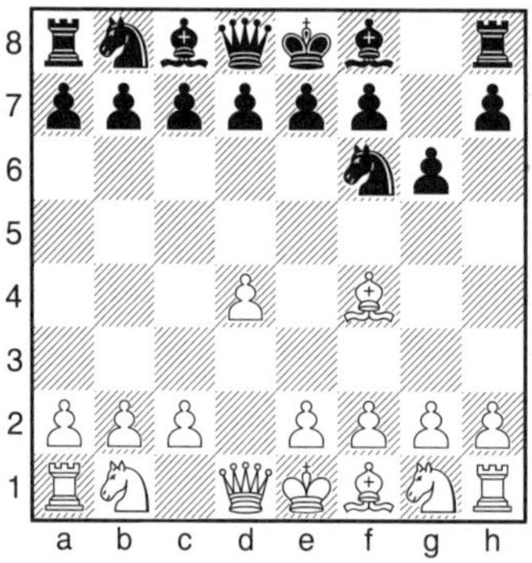

3.e3

Diese für das Londoner System typische Fortsetzung ist der Hauptzug.

Auf 3.♘f3 kann Schwarz wie beabsichtigt 3...♗g7 spielen, was auch unsere Empfehlung für den unerfahrenen Spieler ist.

Er kann aber auch mit 3...♘h5 zur Läuferjagd blasen, worauf die folgenden Entwicklungen eintreten könnten:

A) 4.♗e5 f6 hält die Schärfe im Spiel aufrecht.

5.♗g3

(5.g4 bringt nichts ein. Es folgt 5...fxe5 6.gxh5 e4 und Weiß kommt unter Druck. Nach beispielsweise 7.♘e5 d6 8.♘c4 d5 9.♘e5 ♘d7 verfügt Schwarz über ein gutes Spiel.)

5...♘xg3 6.hxg3 d5

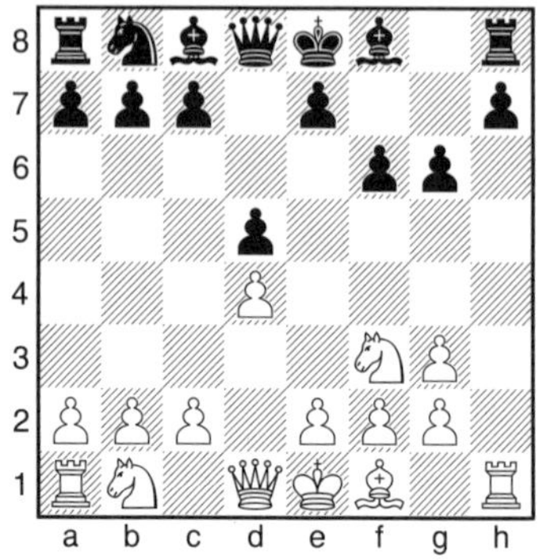

Es ist offen, welchen Weg Weiß nun einschlägt.

– Auf 7.e3 hat Schwarz Zeit für 7...♗g7.

– Auf 7.♘c3 ist 7...c6 eine gute Antwort.

– Interessant ist der energische Vorstoß 7.c4, auf den Schwarz ebenfalls mit 7...c6 angemessen reagieren kann. Normalerweise wird sich dann eine Phase anschließen, in der beide Parteien Fortschritte in ihrer Entwicklung verfolgen. Eine entsprechende natürliche Zugfolge ist 8.e3 ♗g7 9.♘c3 0-0 10.♗d3 ♗e6.

In vielen Stellungen ist die Postierung einer (Leicht-)Figur wie hier jene des Läufers unmittelbar vor einem noch unbewegten (Zentral-)Bauern ein eher suspektes Stellungsmerkmal, hier aber nicht. Der Läufer stört die weitere Entwicklung momentan nicht, verstärkt aber den Schutz des ♙d5 und erhöht gleichzeitig den Druck gegen c4. Weitergehen kann es beispielsweise mit 11.♕b3 ♕b6 12.c5 ♕xb3 13.axb3 ♘d7 und nun 14.b4 a6=.

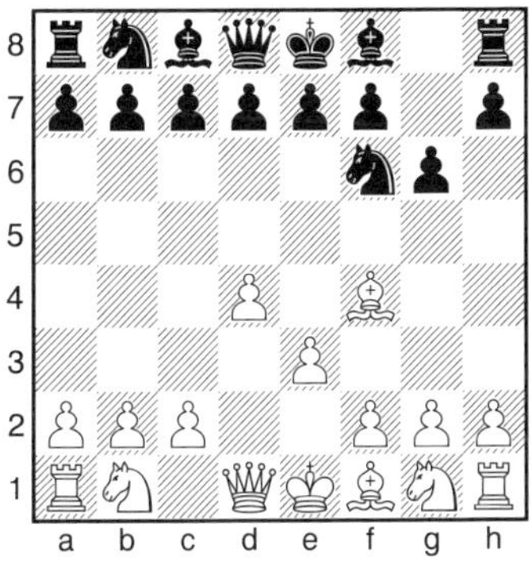

B) Wenn der Läufer mit 4.♗g5 ausweicht, lässt ihn Schwarz am besten mit 4...h6 nicht zur Ruhe kommen.

(4...f6 ist hier nicht ratsam, denn nach 5.♗h4 g5 6.♗g3 ♘xg3 7.hxg3 droht schon unangenehm ♕d1–d3. Die geschwächte schwarze Königsstellung kann Weiß Motive für Angriffsbemühungen liefern.)

Nach 5.♗h4 g5 6.♗g3 ♘xg3 7.hxg3 kann Schwarz den geplanten Aufbau mit 7...♗g7 fortsetzen. Weiß darf nicht übersehen, dass der Läufer eine Ferndrohung gegen den ♙b2 und auch den ♖a1 aufstellt.

Nach 8.c3 kann Schwarz seinen Anspruch auf Ausgleich besonders energisch mit 8...c5 geltend machen. Nach 9.dxc5 kann Schwarz sich mit 9...♘a6 den Bauern wiederholen und zugleich seinen Springer aktivieren; z.B. 10.♕c2 (10.b4? ♘xb4!) 10...e6 11.♘bd2 ♘xc5=.

3...♗g7

Dies ist der natürlichste Entwicklungszug.

– 3...d6 ist eine überlegenswerte Alternative.

– 3...♘h5 mit der Absicht, den Springer gegen den Läufer abzutauschen, funktioniert hier nicht, es sei denn, dass Weiß einwilligt.

4.♗g5

(Im Falle von 4.♗e5 käme Schwarz doch noch zum Erfolg, indem er mit 4...f6 dem Läufer weiter zu Leibe rückt. Nach 5.♗g3 ♘xg3 6.hxg3 ♗g7 ∞ wird es sich allerdings erst noch erweisen müssen, ob das schwarze Vorgehen ratsam war.)

Nach 4...h6 5.♗h4 wird der g-Bauer zur Deckung des ♘h5 gebraucht, so dass er am Vorgehen gehindert ist.

A) 4.h3

Weil der Läufer nicht mehr nach e5 ausweichen kann, benötigt er das Versteck auf h2, wenn er sicher auf dem Brett bleiben soll. Mit 4...♗g7 5.♘f3 0-0 6.♗e2 können nun beide Parteien deutliche Fortschritte in ihrer Entwicklung erzielen.

6...c5

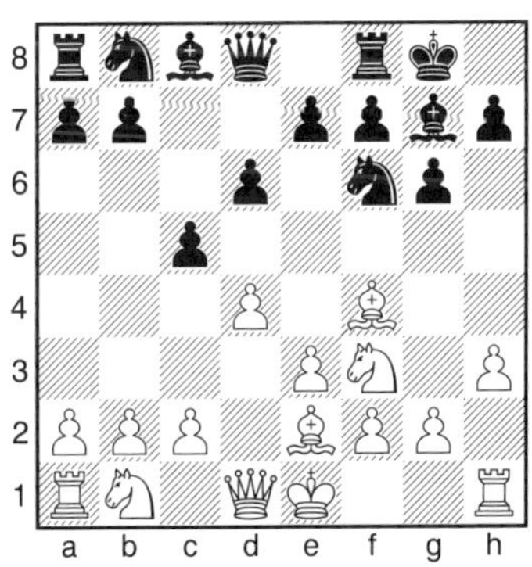

Dieser forsche Hebelzug verspricht Schwarz die besten Chancen.

(Wie oft auch in der Königsindischen Verteidigung, der wir uns in unserem Buch „Eröffnungen Königsindische

Verteidigung, lesen – verstehen – spielen", Joachim Beyer Verlag 2019, gewidmet haben, ist e7–e5 die wichtigste Alternative.

Dieses Vorgehen bedarf allerdings natürlich der Vorbereitung. Nach 6...♘bd7 7.0-0 ♕e8 hat Schwarz seinen Einfluss auf das Feld e5 so weit ausgebaut, dass der e-Bauer marschieren kann; z.B. 8.♗h2 e5 ∞ und das Zwischenziel ist erreicht.)

Nach den weiteren beiderseitigen Entwicklungszügen 7.c3 b6 8.0-0 ♗b7 9.♘bd2 ♘bd7= steht das Tor zum Mittelspiel auf. Wenn wir jetzt noch etwas tiefer in die Variante hineinschauen, geschieht dies aus dem Grund, dass wir eine von Schwarz oft angewendete Aufbauidee vorstellen möchten. Nach beispielsweise 10.a4 a6 11.♗h2 kommt diese mit 11...♖a7 auf das Brett. Dieser Zug ist der Auftakt zu einer Umgruppierung, an deren Ende der Turm auf c7 und die Dame auf a8 steht.

12.♕b3 ♕a8 13.♖fd1 ♘e4 14.♘xe4 ♗xe4 15.♘e1 cxd4 16.exd4 ♖c7

Das Chancenverhältnis hat sich nicht verschoben, die Kontrahenten agieren auf Augenhöhe.

B) Nach 4.♘f3 und der Folge 4...♘h5 5.♗g5 h6 6.♗h4 g5 gelingt Schwarz langfristig der Abtausch des gegnerischen Läufers.

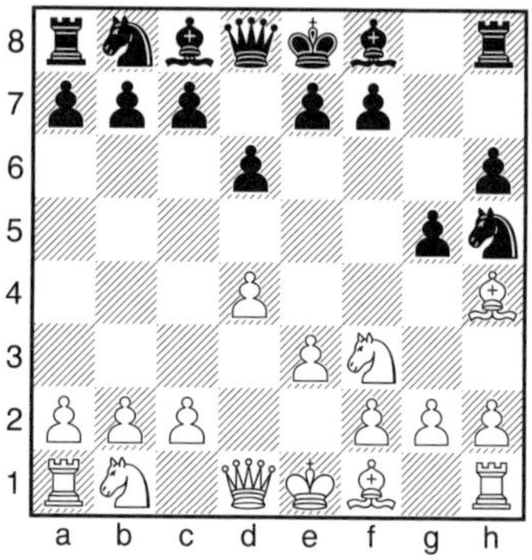

Das Manöver 7.♘fd2 ist schon bekannt: Der Springer flieht vor dem Angriff der Dame, um sogleich via f5 erneut das Feld g3 aufs Korn zu nehmen.

(7.♗g3 ♘xg3 8.hxg3 ♗g7∞)

Nach 7...♘g7 8.♗g3 ♘f5 liegt der Tausch Springer gegen Läufer allein in schwarzer Hand.

4.♘f3

Dies ist ein Standardzug des Systems. Wenn er an dieser Stelle unterbleibt, führt dies regelmäßig nur in eine Zugumstellung.

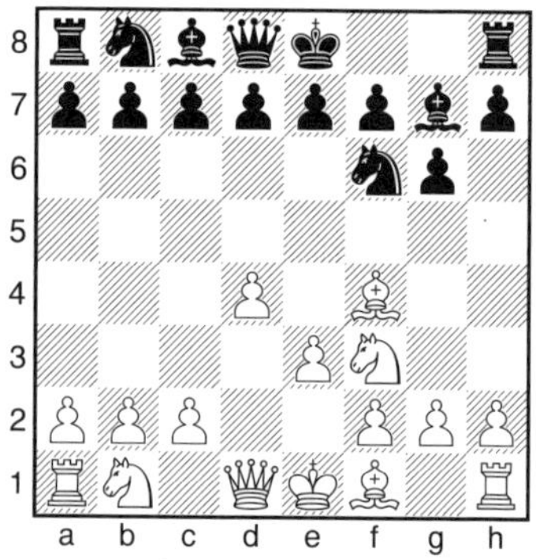

4...0-0

Es ist immer angebracht, rechtzeitig an die Königssicherheit zu denken. Es drängt sich aktuell keine Alternative auf, so dass die Rochade eine gute Entscheidung ist.

Gut spielbar ist auch 4...d6.

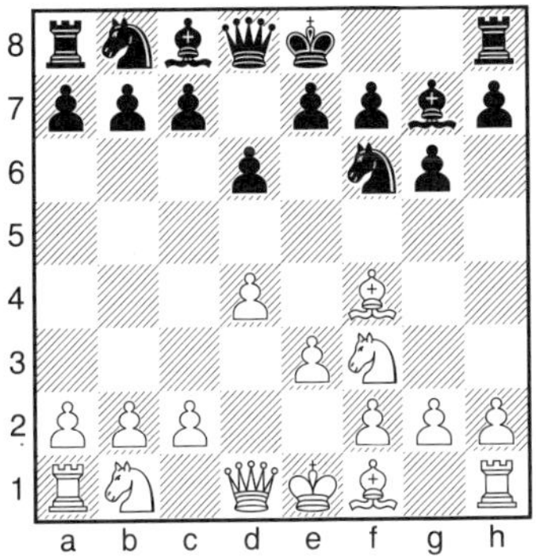

Weiß reagiert normalerweise mit 5.h3 oder 5.♗e2 darauf. Andere Fortsetzungen sind weniger attraktiv und weisen aus weißer Sicht schlechte Werte in der Erfolgsstatistik auf.

A) 5.h3 0-0 6.♗e2 c5

Dieses dynamische Vorgehen, zu dem es teilweise auch erst nach zunächst 6...♘b8–d7 kommt, verspricht Schwarz die besten Chancen auf ein aktives Spiel. 7.c3 ♕b6

(Auch hier ist 7...b6 mit der Absicht, den Läufer auf der langen Diagonale a8–h1 in Stellung zu bringen, eine gute und oft gewählte Alternative.)

Nun ist 8.♕b3 die aktivste Form einer Verteidigung des ♙b2. Weiß muss sich nicht sorgen, wenn es hierdurch möglicherweise zu einem Doppelbauern auf der b-Linie kommt, denn dieser wäre hier keine Schwächung.

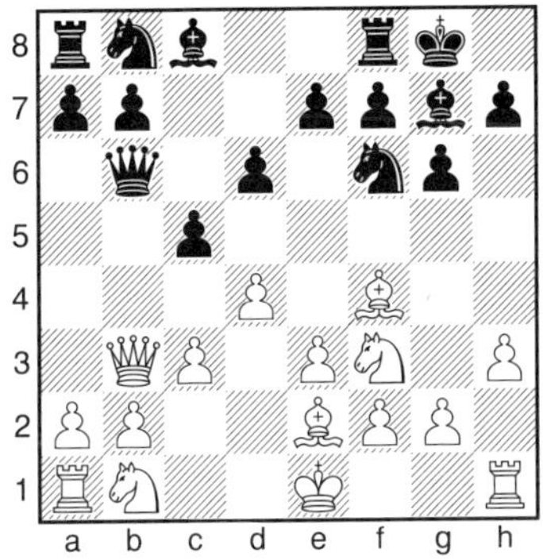

Mit 8...♗e6 nutzt der Läufer die Verletzlichkeit der gegnerischen Dame, um sich ins Spiel zu bringen. Ein echter Tempogewinn ist damit allerdings zumindest zurzeit nicht verbunden, weil der Läufer vor seinem ♙e7 nicht optimal aufgestellt ist und voraussichtlich in absehbarer Zeit erneut ziehen und damit das Zugrecht in Anspruch nehmen wird.

9.♕xb6

Der Zeit verbrauchende Wegzug der Dame nach c2 oder a3 wäre inkonsequent und schwächer. Im Fernschach kommt ein solcher zu Recht in keiner einzigen relevanten Partie vor.

9...axb6 10.a3

Nachdem Weiß seinen a-Bauern aus der Bedrohung geführt hat, können beide Seiten ihre Entwicklung abschließen. Nach beispielsweise 10...♘c6 11.♘bd2 ♘a5 12.0-0 ♖fc8= geht die Partie unter ausgeglichenen Chancen ins Mittelspiel über.

B) 5.♗e2 0-0

(Zu Komplikationen kommt es, wenn Schwarz mit 5...♘h5 auf einen Abtausch Springer gegen Läufer spielt. Nach 6.♗g5 h6 7.♗h4 g5 kontert Weiß die Bedrohung seines Läufers mit einer Gegendrohung gegen den ♘h5, indem er mit 8.♘fd2 den Blick für seinen Läufer frei gibt.

Nach 8...♘f4 9.exf4 gxh4 10.c3 und nun beispielsweise 10...♘d7 11.0-0 c5 ∞ ist eine eindeutige Stellungsbewertung kaum möglich. Einen echten Profit aus seiner Abweichung dürfte Schwarz aber kaum erreicht haben.)

6.h3 b6 7.0-0

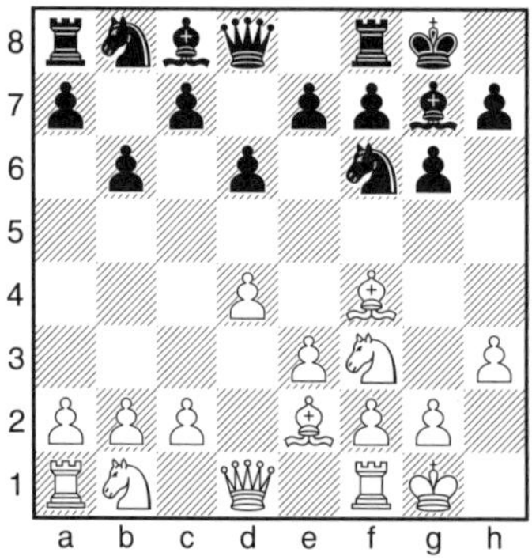

Nach 7...♗b7 und den für das Londoner System typischen weiteren Entwicklungszügen 8.♘bd2 ♘bd7 9.c3 c5 ist eine Stellung mit annähernd ausgeglichenen Chancen entstanden.

5.♗e2

Indem sich Weiß auf diese meistgespielte Fortsetzung festlegt, kann er viel Theorie aus dem Weg gehen. Die Reaktion 5...♘h5 muss er dabei nicht fürchten, denn die Entwicklung 6.♗g5 h6 7.♗h4± wäre gut für ihn.

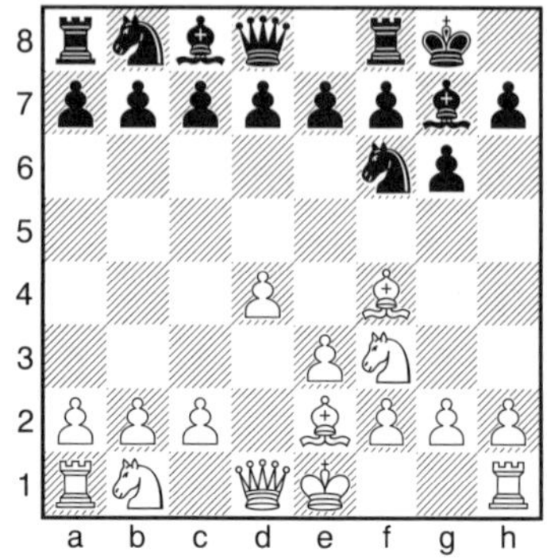

5...d6

Das Doppel-Fianchetto nach 5...b6 ist eine gut spielbare Alternative. Das Spiel kann dann mit 6.0-0 ♗b7 in bereits bekannten Bahnen weitergehen.

(6...♗a6 macht wenig Sinn, denn Weiß kann mit 7.c4! antworten.)

7.h3 d6

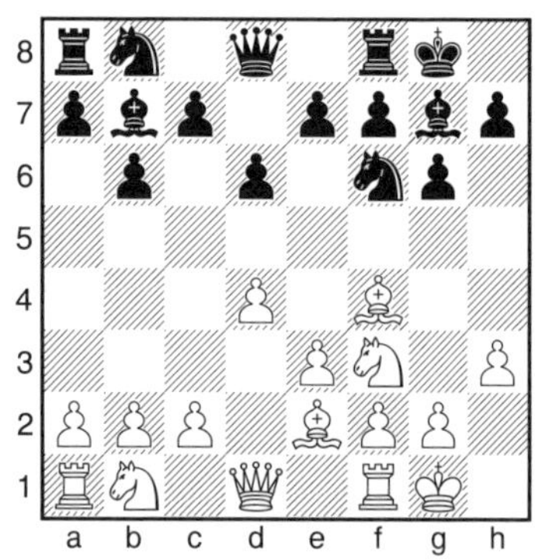

Der raumgreifende Schritt 8.a4 erfreut sich einer wachsenden Beliebtheit.

(– Mit 8.c4 kann Weiß in die Königsindische Verteidigung überleiten. Diese Möglichkeit wird oft genutzt.

– Die Fortsetzung 8.♘bd2 ♘bd7 9.c3 hält den beiderseitigen Aufbau in den schon betrachteten Strukturen.)

Nach 8...a6 könnte Schwarz a4–a5 mit b6–b5 beantworten, verbunden mit einem guten Spiel. Nun kann es beispielsweise mit 9.♗h2 ♘bd7 10.c3 ♘e4 weitergehen.

(Eine spielbare Idee ist auch 10...♕e8 nebst e7–e5!.)

11.♘bd2 ♘df6

(11...♘xd2 12.♘xd2 geht auch. Schwarz kann dann entweder mit c7–c5 oder mit e7–e5 fortsetzen.)

Nach 12.♕c2 ist uns das Motiv 12...♖a7 bereits bekannt. Der Turm macht Platz für die Dame, die dann auf der langen Diagonale a8–h1 Druck gegen die weiße Königsstellung ausüben kann.

Nach 13.♖fd1 ♕a8 und den möglichen weiteren Zügen 14.♗f1 h6 15.a5 b5 nimmt das schwarze Gegenspiel am Damenflügel Gestalt an.

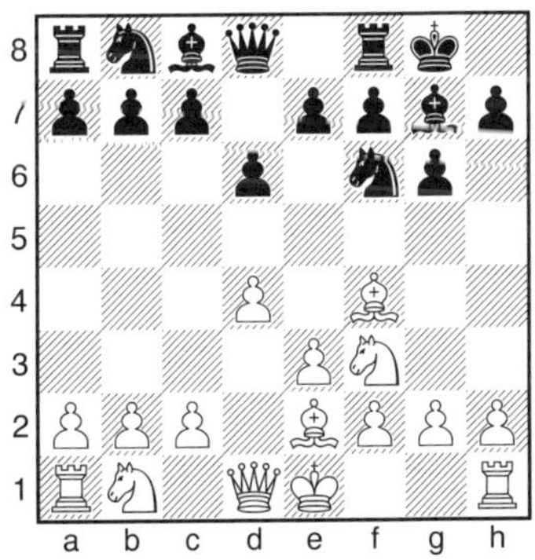

6.0-0

Schlicht auf Entwicklung gespielt.

Nicht weniger beliebt ist 6.h3, worauf Schwarz mit 6...c5 und 6...♘bd7 zwei wichtige Fortsetzungen zur Verfügung stehen.

A) Mit 6...c5 setzt Schwarz sofort seinen Hebel gegen den weißen Zentralbauern ein.

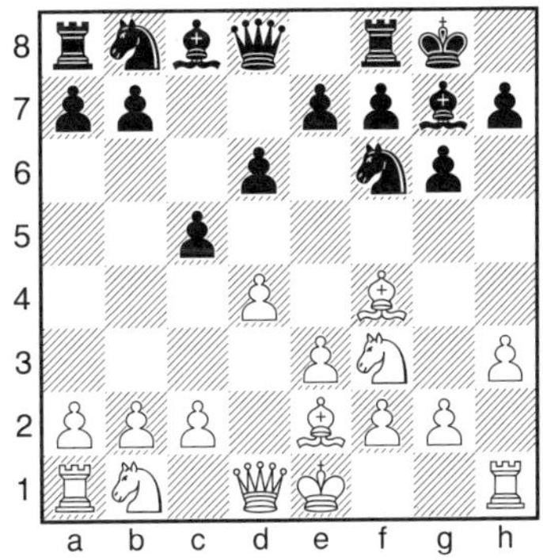

Nach 7.c3 kann Schwarz mit 7...cxd4 die Zügel in die Hand nehmen und der Partie nachhaltig eine Richtung geben.

(Zu gleichen Chancen führt eine natürliche Entwicklung über 7...b6 8.0-0 ♗b7 9.♘bd2 ♘bd7= usw.)

Nach 8.exd4 ♕b6 9.♕b3 ♕xb3 10.axb3 ist die Episode, während der Schwarz seinem Gegner relativ forciert das Handeln vorgegeben hat, vorüber. Wie auch sein Gegenüber muss er nun sehen, dass er zum Abschluss seiner Entwicklung kommt. Die folgende Variante dient der Veranschaulichung, wie es weitergehen kann.

10...♘c6 11.0-0 e5

Wie vergleichbar schon oben gesehen sind es auch hier die taktischen Verhältnisse, die den Vorstoß erlauben, obwohl Weiß unmittelbar einen größeren Einfluss auf das Feld e5 hat.

Nach 12.dxe5 ♘d5 hat auch der ♗g7 einen direkten Zugriff auf e5, während sich sein weißer Kollege dem Angriff durch den Springer entziehen muss.

13.♗h2 dxe5 14.♖d1 ♘b6 15.♘bd2 ♗e6 16.b4 f6

Schwarz hat eine feste Stellung und seine praktischen Chancen sollten jenen von Weiß in etwa entsprechen.

B) 6...♘bd7

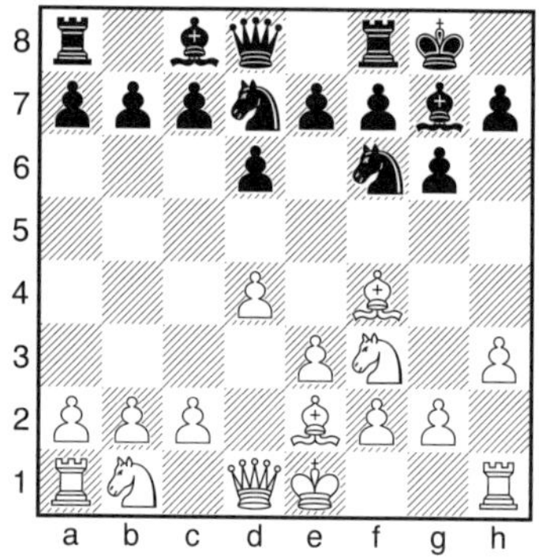

Damit lässt Schwarz offen, ob er die Befreiung seines Spiels über c7–c5 oder e7–e5 anstreben wird. Natürlich hängt sein weiteres Vorgehen in dieser Frage auch davon ab, was Weiß nun machen wird.

A1) 7.0-0 b6 8.c3

(Sehr zu beachten ist hier auch 8.a4!?. Wer sich mit dieser Idee weiter befassen möchte, kann sich die zuvor als Abweichung zu 5...d6 betrachtete Linie 5...b6 6.0-0 ♗b7 7.h3 d6 8.a4 näher anschauen.)

8...♗b7 9.♘bd2 c5=

A2) Die Fortsetzung 7.c4 ist im Fernschach völlig bedeutungslos. Im herkömmlichen Turnierschach auf Klub- und Open-Niveau aber genießt sie das Vertrauen der Spieler und nimmt die Nummer 2 auf der Beliebtheitsskala ein.

Nun ist der Vorstoß 7...e5 aufgrund der taktischen Verhältnisse möglich, auch wenn e5 einem Übergewicht der weißen Kräfte unterliegt.

A2a) Weiß sollte deshalb mit 8.♗h2 seinen Läufer in Sicherheit bringen.

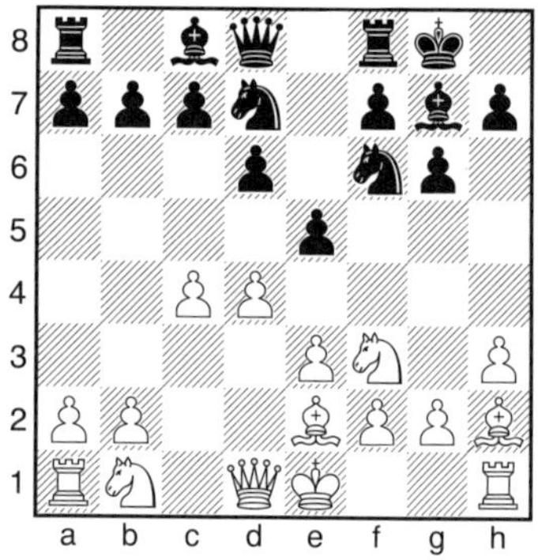

8...exd4 9.♘xd4 ♘e4

Dies ist der Auftakt zu einem Manöver, über das seinen zweiten Springer nach f6 entwickeln will, gefolgt von ♖f8–e8. Damit wird dann der Weg für ♗c8–e6 frei und über c7–c6 und d6–d5 kann Schwarz im Anschluss in der Mitte aktiv werden.

Weiß hingegen wird seinen Springer von b1 nach d2 führen und kurz rochieren. Seinen Turm kann er gut auf c1 postieren. Der Fortgang der Partie über das beschriebene Szenario führt zu ausgeglichenen Chancen.

A2b) Wenn Weiß auf seine Kontrolle über das Feld e5 vertraut und mit 8.dxe5 fortsetzt, sollte er spätestens nach 8...dxe5 doch noch mit seinem Läufer ausweichen.

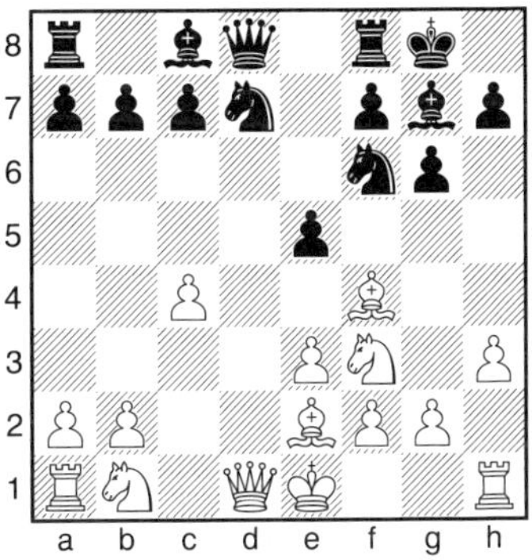

A2b1) 9.♗h2 ♘e4 (Δf7–f5) 10.♕c2 f5 11.♘bd2 ♘xd2 12.♘xd2 ♕e7=

A2b2) Mit 9.♘xe5 ignoriert Weiß die schwarzen Chancen, die nach 9...♘h5 deutlich zutage treten. Der mögliche weitere Verlauf ist ohne eine besondere Kommentierung gut nachvollziehbar.

10.♘xd7 ♘xf4 11.exf4

(11.♘xf8 ♘xg2+ 12.♔f1 ♕xd1+ 13.♗xd1 ♘xe3+ 14.fxe3 ♗xb2∓)

11...♗xd7∓

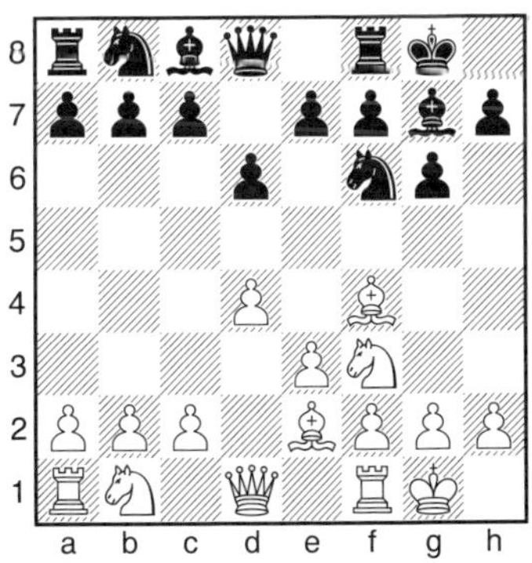

6...♘bd7

Diese Springerentwicklung ist universeller Natur. Zumeist dient sie der Vorbereitung von c7–c5, manchmal aber auch von e7–e5.

A) Nicht nur ausnahmsweise wird aber auch sofort 6...c5 gespielt, worauf Weiß am besten solide mit 7.c3 antwortet.

(Nach 7.dxc5 erinnert Schwarz seinen Gegner mit 7...♘e4 daran, dass sein ♗g7 empfindlich direkt auf b2 und dahinter auf den ♖a1 zielt. Nach 8.♘bd2 ♘xc5 und der möglichen Folge 9.c3 b6 10.♕c2 ♗b7 11.♖ad1 ♘bd7= hat er den Stellungsausgleich gesichert.)

Nun sind 7...♕b6 und 7...b6 etwa gleich gute Erwiderungen.

1) Nach 7...♕b6 ist Weiß nicht gezwungen, seine Dame zum Schutz des ♙b2 einzusetzen, sondern kann diesen indirekt mit 8.♘bd2 verteidigen.

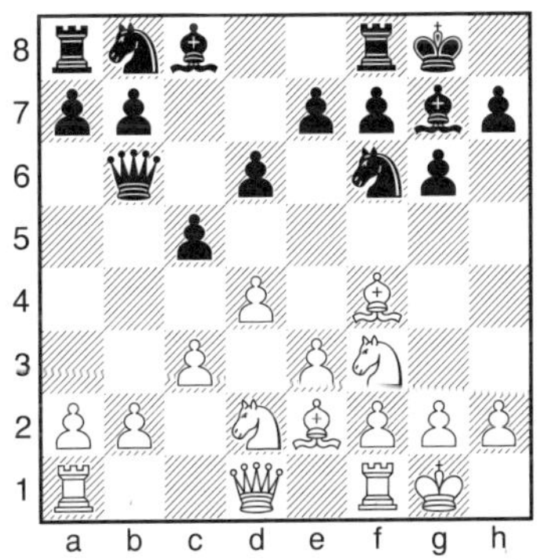

Zugleich stellt er damit eine Falle auf, in die ein unvorsichtiger Gegner tappen kann. Der sinnvolle Entwicklungszug 8...♗f5 hält Schwarz im Spiel.

(Dies wäre anders, wenn Schwarz mit 8...♕xb2?? auf Bauernraub ginge. Für diesen schweren Fehler hätte er einen hohen Preis zu zahlen, denn nach 9.♘c4 ♕xc3 10.♖c1 ♕b4 11.♖b1 ♕c3 12.♖b3+− wäre es um seine Dame geschehen.)

Mit 9.♘c4 kann Weiß die Wirkung seines Springers erhöhen und Schwarz zugleich zwingen, sein Zugrecht zum Schutz seiner Dame zu nutzen.

Nach 9...♕c6= stehen beide Seiten unmittelbar vor dem erfolgreichen Abschluss ihrer Eröffnungsaufgaben und haben eine harmonische Aufstellung ihrer Kräfte erreicht. Die Stellung verspricht einen interessanten und spannenden Kampf.

Wenn wir jetzt noch eine Beispielvariante anfügen, geschieht dies insbesondere zu dem Zweck, zumindest einen kleinen Einblick in die Fülle an aufkommenden Möglichkeiten zu geben.

10.♘fd2 ♘bd7 11.♗f3 d5 12.♘e5 ♘xe5 13.♗xe5 ♗d3 14.♗e2 ♗xe2 15.♕xe2 ♖ac8=

2) Nach 7...b6 können die Kontrahenten ihre Entwicklung in Bahnen fortsetzen, die wir unter ähnlichen Umständen bereits erörtert haben. Ein beispielhafter Verlauf wäre dann 8.a4 a6 9.h3 ♗b7 10.♘bd2 ♘bd7.

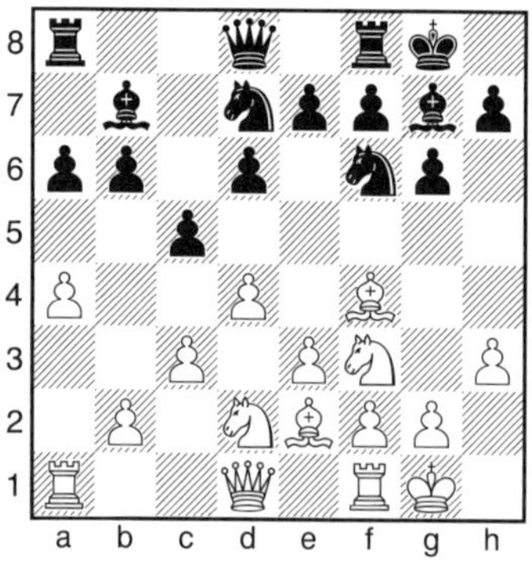

11.♗h2

Häufiger als auf den „alten Bekannten“ ♖a8–a7 Δ♕d8–a8 fällt die schwarze Wahl hier auf 11...♕c7. Mit der oft gewählten Antwort 12.♕b1 bringt die Dame ihre Kraft als flexibles Gegengewicht zu ihrer schwarzen Kollegin frühzeitig auf dem linken Flügel ein. Im Hinterkopf hat Weiß dabei die Idee ♕b1–a2.

12...cxd4 13.cxd4

(13.exd4 ♘d5 14.♖e1 ♖fe8 15.♕a2 ♗h6⇄)

Nach 13...♖ac8 14.♖c1 ♕b8 nebst ♕b8–a8 sind die dynamischen Chancen ausgeglichen.

B) Eine interessante Idee als Abweichung zu 6...♘bd7 in der Hauptvariante ist auch 6...♘fd7.

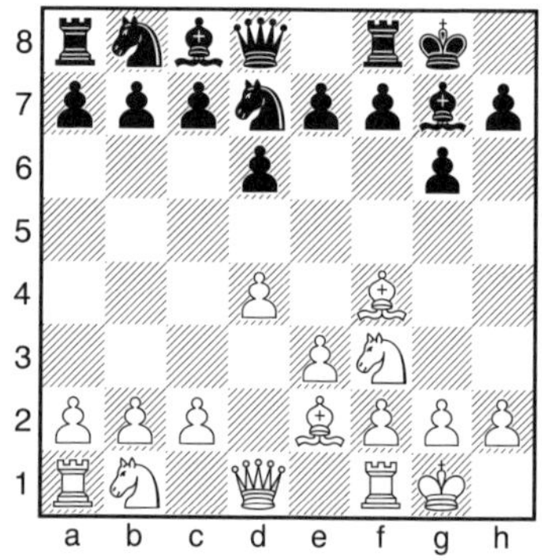

Dieser Zug ermöglicht ein schnelles e7–e5. Da der schon entwickelte Springer während der Eröffnung ohne zwingenden Grund ein weiteres Mal gezogen wird, entspricht dieses Vorgehen allerdings nicht voll den allgemeinen Eröffnungsprinzipien, die man schon in der Einführung ins Schachspiel erlernt. Deshalb stellen wir diese Idee zur Erweiterung des Horizontes vor, ohne aber ein Plädoyer zugunsten einer Anwendung seitens des unerfahrenen Spielers zu halten.

Mit 7.h3 baut Weiß das schon behandelte Versteck für seinen Läufer.

7...e5 8.♗h2 ♘c6

Während der Damenspringer sonst häufig über d7 ins Spiel gebracht wird, zieht er hier umständehalber via c6 in den Kampf.

9.c4 f5

Bereits in dieser frühen Phase entwickelt das Spiel einen scharfen Charakter. Nach 10.♘c3 e4 11.♘d2 ♘f6 kann Weiß seinen Angriff auf dem Damenflügel aufbauen, während Schwarz auf dem Königsflügel dagegenhält.

Mit 12.♖b1 plant Weiß b2–b4, was Schwarz mit 12...a5 zu erschweren versuchen kann. Nach der zusätzlichen Vorbereitung 13.a3 wird der Weg für den b-Bauern dann aber doch frei.

13...♘e7 14.b4 axb4 15.axb4 g5

Resultate aus der Praxis zu dieser Ausgangsstellung sind rar. Auf dieser niedrigen Datenbasis aber bestätigen sie Schwarz, dass er über praktische Chancen verfügt.

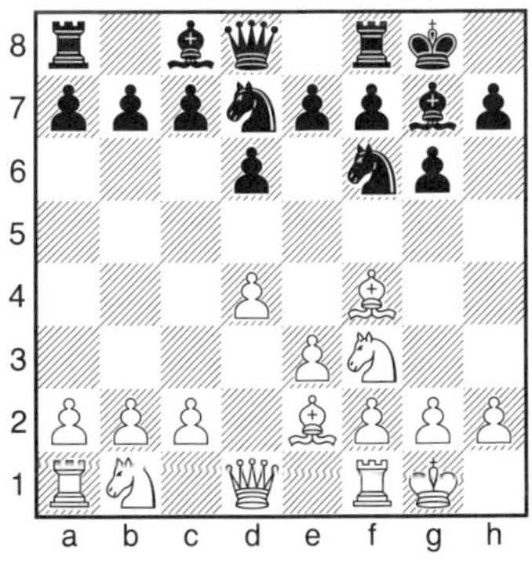

7.h3

Ein Rückzugsfeld für den Läufer wird so vorbereitet. Wenn Weiß mit seiner Wahl 7.c4 darauf verzichtet, ein solches für seinen Läufer zu schaffen, ist 7...e5! zu empfehlen. Schwarz muss dann mit den Alternativen 8.♗g3, 8.dxe5 und 8.♗g5 als Antwort seines Gegners rechnen.

A) 8.♗g3 exd4 9.exd4

(Auf 9.♘xd4 folgt 9...♘e4!.)

Nach 9...♘h5 kommt Schwarz entweder zum Abtausch Springer gegen Läufer oder zu einer wirkungsvolleren Aufstellung seiner Kräfte. Wenn Weiß seinen Läufer behalten will, kann es zur Entwicklung 10.♗h4 ♘df6 11.♖e1 ♘f4 12.♗f1 kommen. Nach den möglichen weiteren Zügen 12...h6 13.♘c3 g5 14.♗g3 ♘6h5 15.♕d2 ♗g4= ist der Ausgang des Duells völlig offen.

B) Auf 8.dxe5 kann Schwarz gut mit 8...♘e4 reagieren, ohne den Verlust eines Bauern befürchten zu müssen.

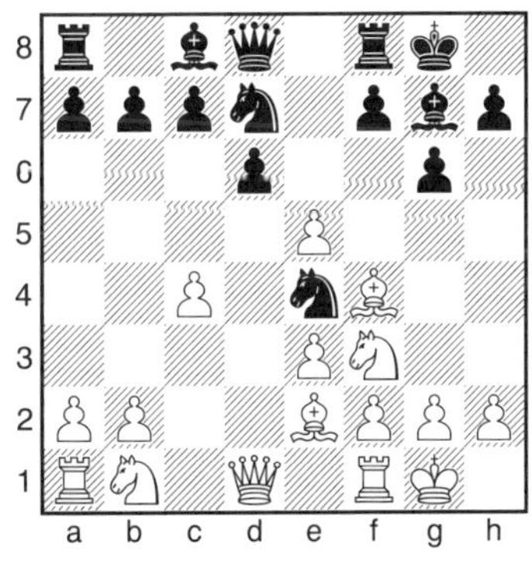

9.♘bd2 ist nun eine von mehreren plausiblen weißen Erwiderungen.

(Wenn Weiß aber dem Irrtum verfällt, mit 9.exd6 einen Bauern einheimsen zu können, gerät er in einen deutlichen Nachteil. Schwarz antwortet mit 9...♗xb2 und kontert 10.dxc7 mit

10...♕f6∓ aus, so dass es nun Weiß ist, der materiell schlechter steht.)

Nach 9...♘xd2 10.♕xd2 dxe5 11.♗g3 ♕e7 hat Schwarz seine Chancen behauptet und kann seine Kräfte nach dem Plan ♖f8–e8, ♘d7–f8, b7–b6, ♗c8–b7 usw. weiter entwickeln.

C) 8.♗g5 verbindet sich mit der Idee, den Läufer gegen den Springer abzutauschen, womit sich Weiß aller Sorgen um ihn entledigt. Nach 8...h6 9.♗xf6 ist dies passiert. Schwarz ist nun relativ frei in seiner Entscheidung, wie er auf f6 zurücknehmen möchte. 9...♘xf6 und 9...♕xf6 sind gleich gut. Für die beispielhafte weitere Behandlung konzentrieren wir uns auf die letztgenannte Möglichkeit.

9...♕xf6 10.♘c3

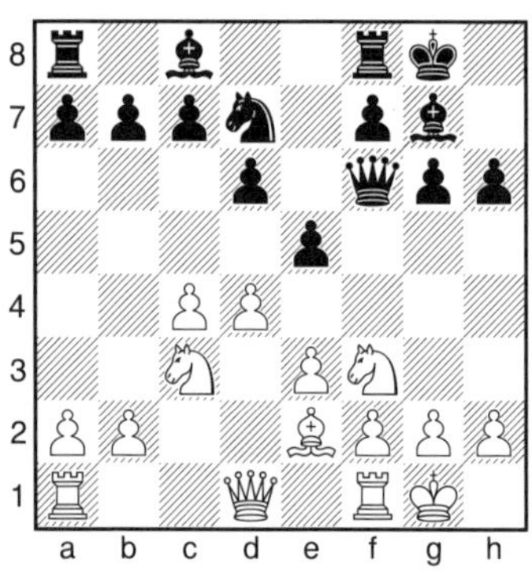

Der Bauernzug 10...c6 verhindert ♘c3–b5 und befestigt zugleich das Zentrum. Das Spiel kann nun verschiedene Richtungen nehmen, eine davon führt über 11.♕c2 ♕e7 12.♖ad1 f5. Nach 13.dxe5 ♘xe5 14.♘d4 g5 agieren die Kontrahenten weiterhin auf Augenhöhe. Zur Förderung seines aktiven Spiels am Königsflügel hat Schwarz den Pfeil f5–f4 im Köcher.

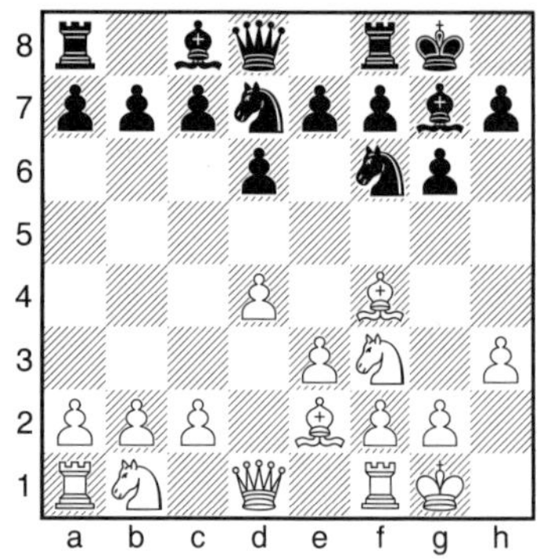

7...b6

Diese beliebte Fortsetzung wartet mit den besten Zahlen für Schwarz aus der Erfolgsstatistik auf. Auf der langen Diagonale a8–h1 verspricht der Läufer eine wirkungsvolle Rolle zu spielen. 7...♕e8 und 7...♘e4 zählen zu den wichtigsten Alternativen.

A) Außerhalb des Fernschachspiels kommt 7...♕e8 am häufigsten auf das Brett. Auf diese Weise will Schwarz den Vorstoß e7–e5 vorbereiten. Weiß antwortet nun am besten mit 8.c4. Dies kann auch verzögert und unter Zugumstellung geschehen, indem er ♗f4–h2 vorzieht und c2–c4 erst nach dem Vorstoß 8...e5 spielt.

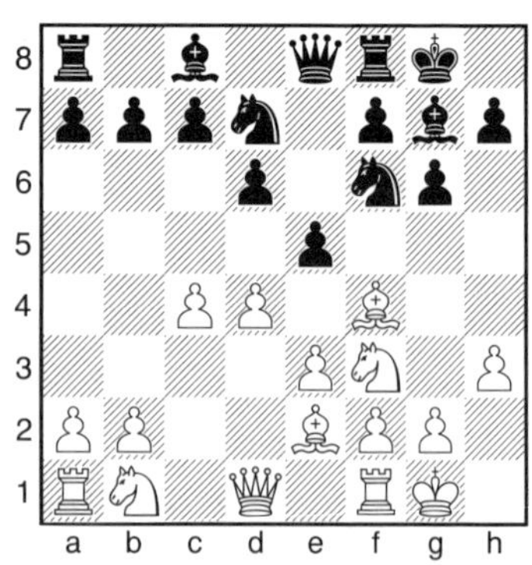

Nach 9.♗h2 macht die Struktur der Stellung f7–f5 zu einer wichtigen Möglichkeit für Schwarz, sich aktiv aufzustellen, und mit 9...♘e4 kann er den Weg für diesen Bauern sofort frei machen.

(Mit 9...♕e7 gibt es allerdings eine zweite interessante Idee. Wenn sich Schwarz für diese entscheidet, gibt er den Gedanken an f5–f4 nicht auf, sondern stellt ihn nur zurück. Er erhofft sich bessere Bedingungen für seine Umsetzung nach einer Stabilisierung des Zentrums.

10.♘c3 c6

Dies ist der Auftakt eines Manövers, an dem sich im Anschluss auch der d-Bauer beteiligen wird.

Mit 11.b4 konzentriert Weiß sich für seine aktiven Ambitionen auf den Damenflügel. Er beabsichtigt die Schließung des Zentrums als Reaktion auf d6–d5, womit die schwarze Dame zu einem Angriff gegen den ♙b4 kommt.

11...exd4 12.exd4 d5 13.c5

Jetzt kann der Plan mit f7–f5 wieder aufgegriffen werden.

Nach 13...♘e4 und jetzt beispielsweise 14.♖c1 sichert sich Schwarz mit 14...f5 gute Aussichten auf ein aktives Spiel.)

Mit 10.♘bd2 nutzt Weiß die ungedeckte Stellung des ♘e4, um seinen Springer zu entwickeln und den Gegner zu einer sofortigen Reaktion zu zwingen. Wenn Schwarz tauscht, sind auch die Tempi aus dem Spiel, die der Springer bisher für sich in Anspruch genommen hat.

10...♘xd2 11.♕xd2

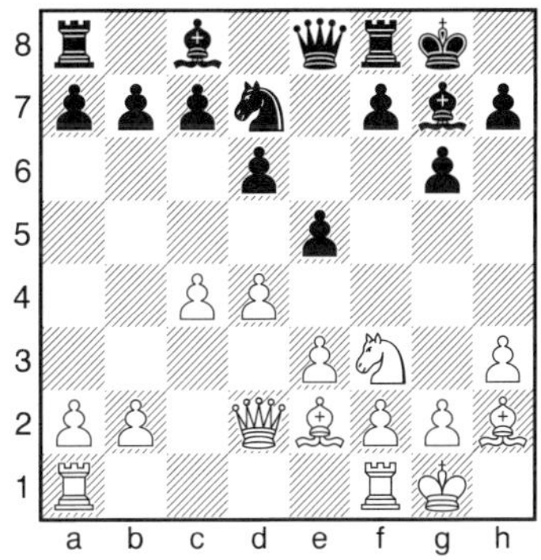

A1) 11...b6 ist eine gute Alternative, bei deren Wahl Schwarz seine Karten noch nicht vollständig auf den Tisch legt. Mit 12.b4 steht Weiß eine besonders energische Antwort zur Verfügung.

(Wenn er verhaltener mit 12.♖ac1 vorgeht, hat Schwarz die Möglichkeit zu 12...a5, womit b2–b4 unattraktiv wird. Die Zeit, die Weiß für die Vorbereitung eines alternativen Bauerneinsatzes am Damenflügel benötigt, kann Schwarz gut für sein Gegenspiel nutzen.

So kann sich die Partie beispielsweise wie folgt plausibel entwickeln: 13.b3 ♗b7 14.a3 e4 15.♘e1 ♕e7 16.♘c2 f5 17.b4 axb4 18.axb4 g5. Damit sind beste Voraussetzungen für einen interessanten und spannenden Kampf mit ungewissem Ausgang geschaffen.)

Nach 12...e4 13.♘e1 kann Schwarz mit 13...a5 die weiße Freiheit am Damenflügel begrenzen. Nach 14.♘c2 axb4 15.♘xb4 ♘f6 ist die Situation unübersichtlich, ohne dass sich für eine Seite ein Vorteil ohne Gegengewicht erkennen ließe.

A2) Schwarz kann jetzt sofort oder auch verzögert 11...e4 spielen.

12.♘e1

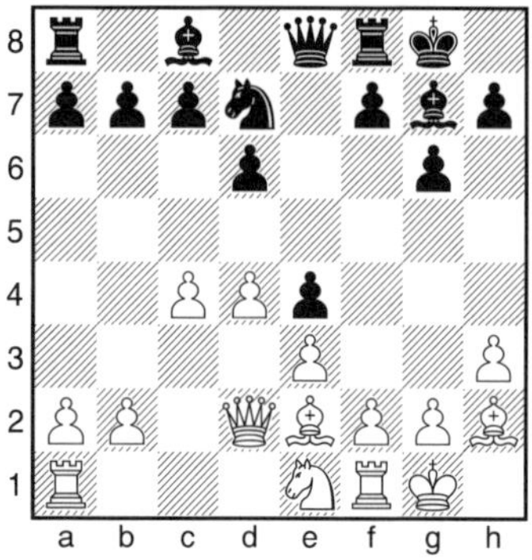

12...♕e7

(Mit 12...f5 kann Schwarz einen heftigen Angriff starten, der dann aber auch bedingungslos weitergeführt werden muss. Diese Option ist also in erster Linie etwas für „notorische“ Angriffsspieler. Es kann beispielsweise mit 13.♘c2 g5 14.b4 ♕g6 15.c5 h5 ∞ weitergehen.)

Nach 13.♘c2 f5 sind die Perspektiven weitgehend ausgeglichen. Für Weiß ergeben sich die besten Möglichkeiten auf dem Damenflügel, wobei er seine Bauern vorrücken lassen wird. Schwarz kann sein Gegenspiel auf der anderen Seite ausbauen, zum Beispiel mit ♘d7–f6 und, wenn der weiße c-Bauer vorgerückt ist, weiter mit ♘f6–d5 sowie f5–f4.

B) Als Antwort auf 7...♘e4 stellen wir 8.♕d3 und 8.♘bd2 vor.

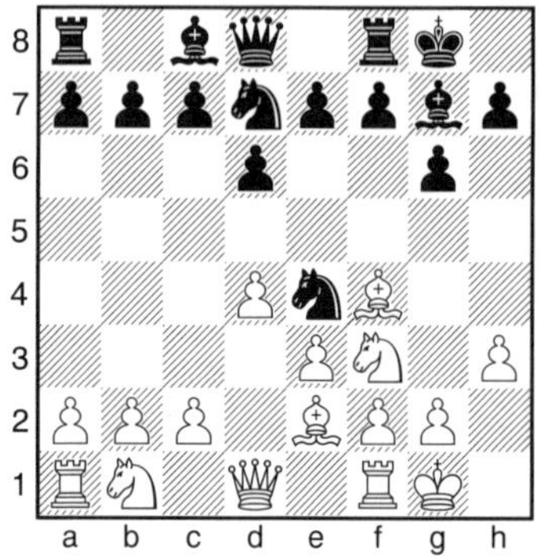

B1) 8.♕d3 ist eine Reaktion, die so manchen Gegner wird überraschen können. Nach 8...f5 9.♘c3 ♘xc3 10.♕xc3 muss Weiß aufpassen, dass er nicht in eine schwierige Situation kommt, weil seine Dame nur wegen des ♙d4 keiner direkten Bedrohung des ♗g7 unterliegt. Eine plausible Beispielvariante ist nun 10...c6 11.♖ad1 h6 12.♗h2 ♘f6 13.♕b3+ ♔h7∞.

B2) Völlig ausreichend ist auch 8.♘bd2, worauf es beispielsweise mit 8...♘xd2 9.♕xd2 e5 10.♗h2 weitergehen kann.

(Weniger klar einzuschätzen sind die Folgen von 10.dxe5 dxe5 11.♗g5 ♕e8 usw. Weiß darf jetzt nicht übersehen, dass nach e5–e4 sowohl der ♘f3 als auch der ♙b2 angegriffen werden. Mit 12.c3 hat er die Problematik abgefangen. Wenn nun die Züge 12...f6 13.♗h4 ♘b6 14.♖fd1 ♗e6 ∞ folgen, entsteht eine Situation mit unklaren Perspektiven.)

Die aus der Praxis bekannte Variante 10...♕e7 11.c4 ♖e8 12.♕a5 b6 13.♕a3 c5 lässt die Kontrahenten in einer zweischneidigen Stellung zurück.

8.a4

Wenn Schwarz dies zulässt, soll a4–a5 folgen.

Eine andere Möglichkeit ist 8.c4, womit Weiß unmittelbar in die Königsindische Verteidigung überleitet. Weitergehen kann es dann zum Beispiel mit 8...♗b7 9.♘c3 ♘e4 10.♘xe4 ♗xe4= usw.

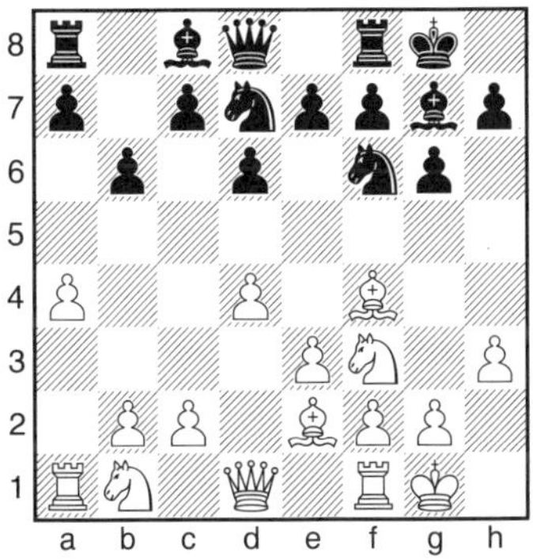

8...a5

Auf diese Weise wird der gegnerische Bauer wirksam gestoppt.

(Alternativ geht auch 8...a6!? Δ9.a5 b5. Die Partie kann sich dann beispielsweise in die folgende Richtung entwickeln: 9.♘bd2 ♗b7 10.c3 c5 11.♗h2 ♕c7 und die Kontrahenten treten auf Augenhöhe in die nächste Partiephase ein.

Weiß kann seine Dame nach b3 entwickeln und das frei gewordene Feld d1 mit ♖f1–d1 besetzen. Schwarz kann seinen weiteren Aufbau auf das schon bekannte Manöver ♖a8–c8 und ♕c7–b8–a8 stützen.)

Nach den weiteren schlichten Entwicklungszügen ...

9.♘bd2 ♗b7 10.c3 ♖e8

... können beide Seiten ihre Positionen nach den schon besprochenen Mustern weiter ausbauen. Hier noch ein Blick auf einen natürlichen Fortgang des Duells.

11.♗h2 e5 12.dxe5 dxe5 13.♘c4 ♘e4 14.♕c2 ♕e7

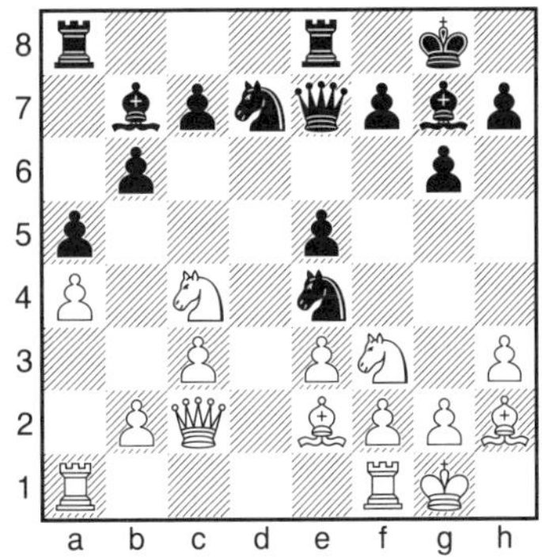

Wenn nun die noch nicht zur Entfaltung gekommenen Türme nach innen gelangt sind, steht aus dieser komplizierten Stellung heraus einem intensiven Kampf mit beiderseitigen Perspektiven nichts mehr im Wege.

Zusammenfassung: In dieser Variante ist der Entwicklungsplan nach der Königsindischen Verteidigung eine solide Lösung für Schwarz, die auch von einem noch wenig erfahrenen Spieler auf der Basis unserer Beschreibungen eingesetzt werden kann.

Kapitel 5

Torre–Angriff ohne d7–d5

1.d4 ♘f6 2.♘f3

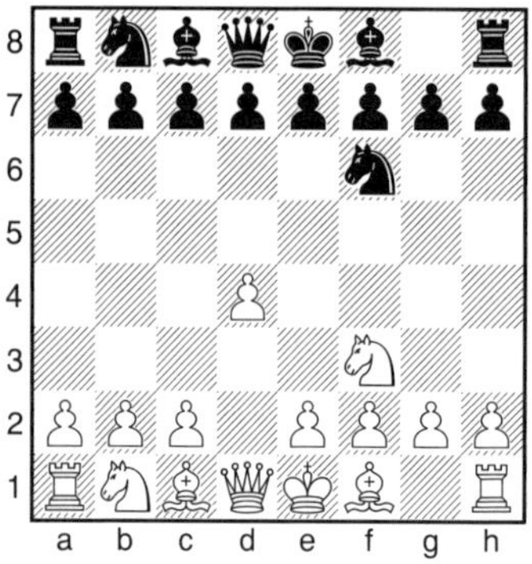

2...g6

Sowohl die Entwicklung des Königsläufers nach g7 als auch die Entwicklung des Damenläufers nach b7 oder sogar ein Doppel-Fianchetto sind starke Verteidigungsideen gegen den Torre-Angriff. Um sie geht es in diesem Kapitel.

Die Konsequenzen von 2...e6 3.♗g5 behandeln wir im **Abspiel 1** (siehe Seite 142). Anzutreffen ist daneben auch ein schnelles Fianchetto auf dem Damenflügel.

2...b6 3.♗g5

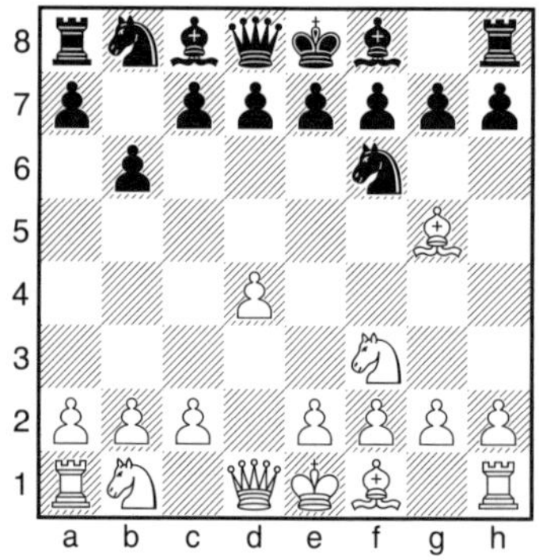

A) 3...♗b7

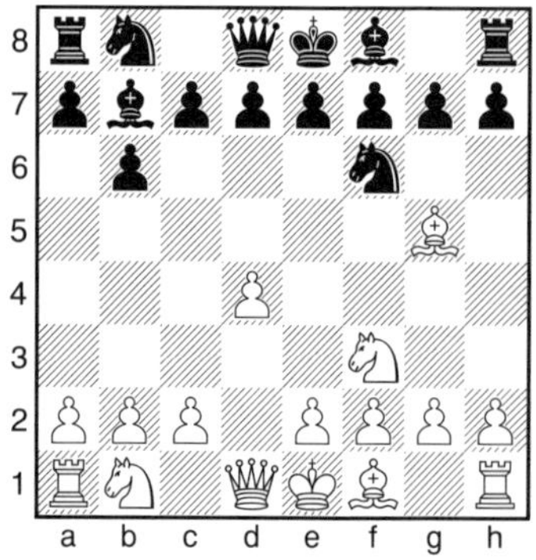

A1) Die Springerentwicklung 4.♘bd2 ist typisch. Von d2 aus kann der Schimmel flexibel nach Bedarf eingesetzt werden. In vielen Varianten ist der Stützungszug c2–c3 angebracht. So ist es richtig, wenn der Springer das Feld als für den Bauern reserviert behandelt.

4...g6

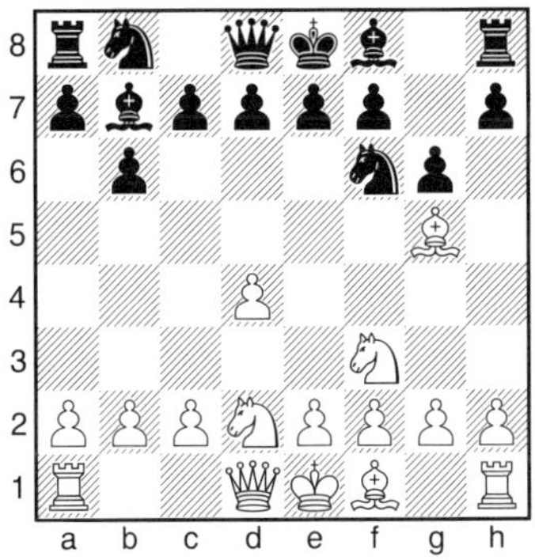

5.♗xf6

(Wenn Weiß seinen Läufer behalten will, kann er seine Absicht zu einem schnellen e2–e4 aufgeben und mit 5.e3 eine ruhige und typische Entwicklung einleiten. In diesem System gehört der schwarze Königsläufer nach g7, also kann er auch mit 5...♗g7 sofort dort postiert werden.

Mit 6.♗d3 kann Weiß seinen Weg der natürlichen Entwicklung fortsetzen. Hier empfehlen wir Schwarz 6...c5, um Weiß im Zentrum nicht ungestört agieren zu lassen.

Mit 7.c3 stützt Weiß den ♙d4 und verstärkt die Präsenz auf der Diagonale a1–h8, auf der dem ♗g7 früh Grenzen gesetzt werden. Nach 7...0-0 8.0-0 kann Schwarz auch hier mit 8...d6 die Fortsetzung ♘b8–d7 vorbereiten und den Stellungsausgleich sicherstellen.

Die mögliche Variante 9.♕e2 ♘bd7 10.e4 cxd4 11.cxd4 ♖c8= veranschaulicht einen von mehreren plausiblen Wegen, die das Duell im Anschluss nehmen kann.)

Nach 5...exf6 setzt Weiß mit 6.e4 auf ein starkes Bauernzentrum. Der e-Bauer lässt sich gut unterstützen und steuert dabei den roten Faden für eine sinnvolle weitere Entwicklung bei.

Die weiteren Züge 6...♗g7 7.♗d3 0-0 8.0-0 d6 9.♖e1 bedürfen keiner Kommentierung, denn Sinn und Zweck ihrer Wahl sind jeweils offensichtlich.

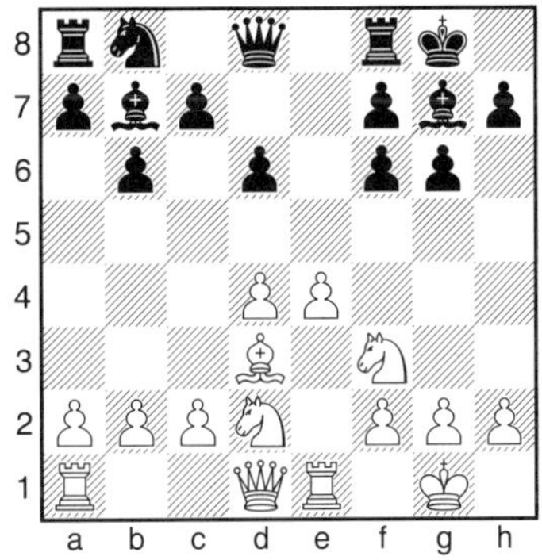

Nach 9...♘d7 ist die Stellung ausgeglichen. Weiß kann nun standardmäßig mit c2–c3 fortsetzen oder beispielsweise auch mit dem Vorstoß des a-Bauern. Schwarz kann je nachdem insbesondere c7–c5 oder d6–d5 in Erwägung ziehen.

In einem Buch wie diesem müssen wir uns auf eine plausible Beispielvariante beschränken, um einen Eindruck vom möglichen Fortgang zu vermitteln. Nach 10.a4 kann es mit 10...c5 11.dxc5 dxc5 12.♘c4 ♘e5 13.♘fxe5 fxe5 14.c3 ♕e7 15.♕e2 ♖ad8 usw. weitergehen.

A2) Schwarz muss auch damit rechnen, dass Weiß mit 4.♗xf6 seinen Läufer leicht unter Wert gegen den Springer hergibt, woraufhin ein Doppelbauer entsteht. Schwarz kann sich aussuchen, ob er lieber mit dem e-Bauern oder dem g-Bauern zurücknehmen soll. In beiden Fällen winken ihm gute Aussichten.

4...exf6

(Nach 4...gxf6 können beide Seiten ihre Entwicklung beispielsweise nach dem Muster 5.e3 e6 6.♗e2 ♗g7 7.0-0 d6 vorantreiben. Der d-Bauer räumt das Feld für seinen Springer. Der Doppelschritt bis d5 wäre unklug, weil er dort seinen eigenen Läufer behindern würde. Weitergehen kann es beispielsweise mit 8.c4 ♘d7 9.♘c3.

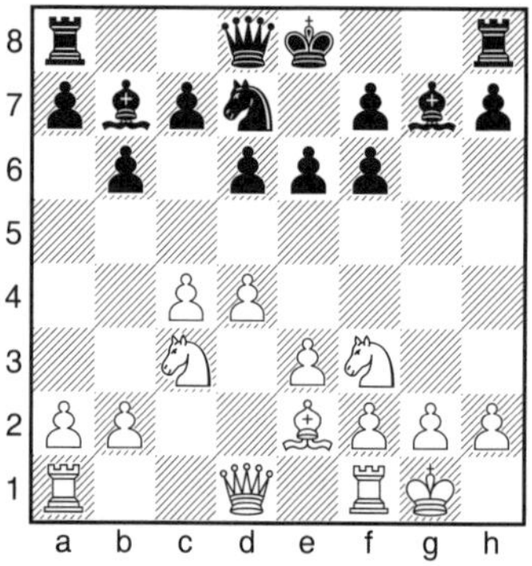

Schwarz kann sich nun mit 9...f5 nebst 0-0 sowie der Idee, mittels ♔g8–h8 und ♖f8–g8 Druck gegen die weiße Königsstellung zu entwickeln, aufbauen. Wie in der Variante nach 4...exf6 kann die dargestellte Reihenfolge der Züge in Teilen geändert werden.)

Beide Seiten haben nun einen Fächer an Möglichkeiten zur Aktivierung ihrer Kräfte. Wir konzentrieren uns auf ein Beispiel, das aus natürlichen Zügen besteht. Die Reihenfolge der Züge ist dabei in einem gewissen Maße veränderlich.

5.e3 g6 6.c4 ♗g7 7.♘c3 0-0 8.♗e2 f5 9.0-0 d6

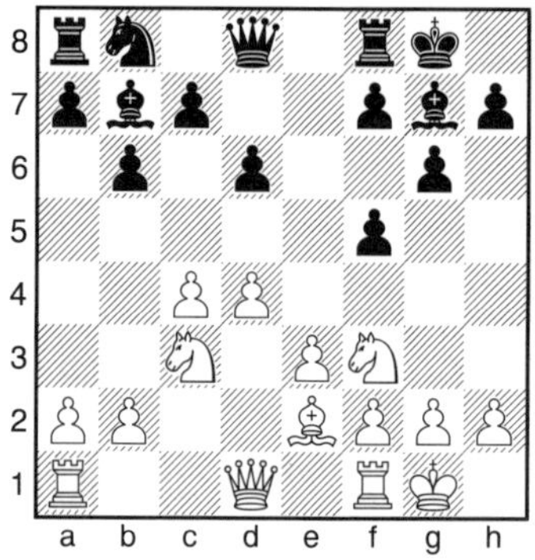

Für Weiß bieten sich nun verschiedene Fortsetzungen wie z.B. 10.♕c2, 10.♕d2 oder auch 10.♖c1 an. Schwarz hat die Springeraktivierung nach d7 bereits vorbereitet und sollte diese jetzt auch schnell folgen lassen. Mit dem anschließenden Vorstoß c7–c5 kann er auf eine dynamische Situation hinwirken. Die Chancen sind ausgeglichen.

B) Weiß kann die Läuferentwicklung auch zunächst zurückstellen und den gegnerischen ♗g5 mit 3...♘e4 zu einer Erklärung zwingen. Als Fluchtfelder kommen für diesen ernsthaft nur h4 und f4 in Betracht.

B1) 4.♗h4 ♗b7 5.♘bd2

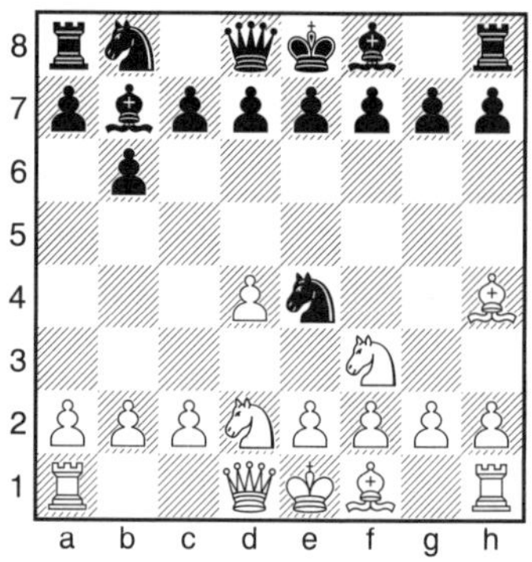

Mit 5...g6 lässt Schwarz das Entstehen eines weißen Bauernzentrums zu, das er dann aber nach Kräften zu attackieren beabsichtigt.

(Die Variante 5...♘xd2 6.♕xd2 g6 geht wohl auch, kann aber zu einer Verschärfung des Spiels führen. Dies ist der Fall, wenn Weiß mit 7.0-0-0 seinen König auf den Damenflügel bringt, während für Schwarz die kurze Rochade naheliegend ist. Nach der natürlichen Folge 7...♗g7 8.e4 0-0 ist die Stellung von entgegengesetzten Rochaden geprägt.

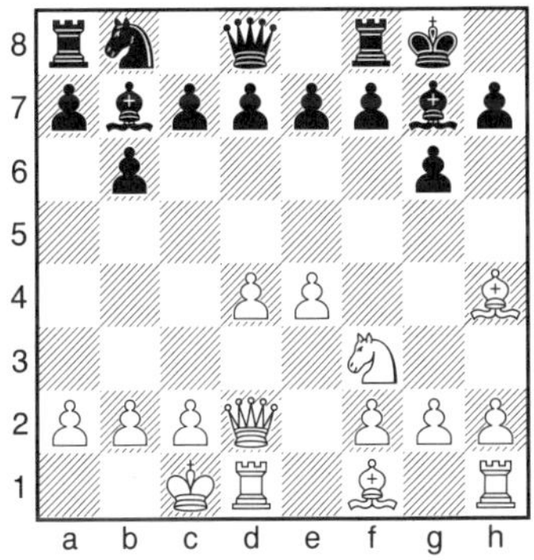

Beide Seiten können somit den gegnerischen König unter Beteiligung der Bauern angreifen, ohne dabei die Stellung des eigenen Königs zu lockern. Es kommt jetzt auch darauf an, keine Zeit zu verlieren, um mit den eigenen Angriffsbemühungen nicht zu spät zu kommen.)

Die Entwicklung 6.♘xe4 ♗xe4 7.♘d2 ♗b7 8.e4 haben wir bereits in ähnlicher Form gesehen. Die sich möglicherweise anschließende Zugfolge 8...♗g7 9.c3 0-0 10.♗d3 dürfte ohne weitere Erläuterungen nachvollziehbar sein und mündet in eine Stellung, in der Schwarz mit 10...d5 zum Gegenschlag ausholen kann. Die Stellung ist in etwa ausgeglichen.

(Der unerfahrene Spieler fürchtet häufig die Folgen von Zügen wie hier 11.e5. Dies ist unbegründet; mit 11...c5 könnte er sofort effektiv kontern.)

Stattdessen kann es beispielsweise mit 11.exd5 ♗xd5 weitergehen.

(Schwächer wäre 11...♕xd5 mit der Folge 12.♗e4 ♕e6 13.0-0 ♗xe4 14.♖e1± usw.)

Nun würde 12.0-0 ♘d7 13.♖e1 ♗f6= den Stellungsausgleich festhalten.

B2) 4.♗f4 ♗b7 5.♘bd2

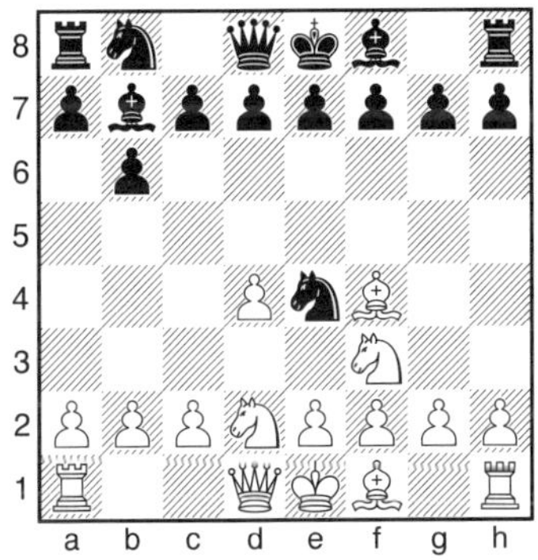

Mit 5...d6 bereitet Schwarz die Aktivierung des ♘b8 vor und übernimmt die Kontrolle über das Feld e5.

(Es geht auch 5...d5, was wir aber aus prinzipiellen Gründen nicht empfehlen, auch weil die Partie im Anschluss von einem lernenden Spieler schwieriger als nach dem einfachen Schritt mit dem d-Bauern zu führen ist. Der Bauer stellt sich seinem eigenen Läufer in den Weg, was weniger logisch aussieht.

Allerdings wird Weiß auf e4 tauschen, woraufhin der Bauer zurückschlagen und dem Läufer wieder etwas mehr Ausblick geben wird. In der Folge wird Schwarz beweisen müssen, dass er gut mit einem Doppelbauer zu spielen weiß. Die natürliche Entwicklung 6.e3 ♘d7 7.♘xe4 dxe4 8.♘e5 ♘xe5 9.♗xe5 f6 10.♗g3 ist ohne weitere Erläuterungen gut nachvollziehbar.

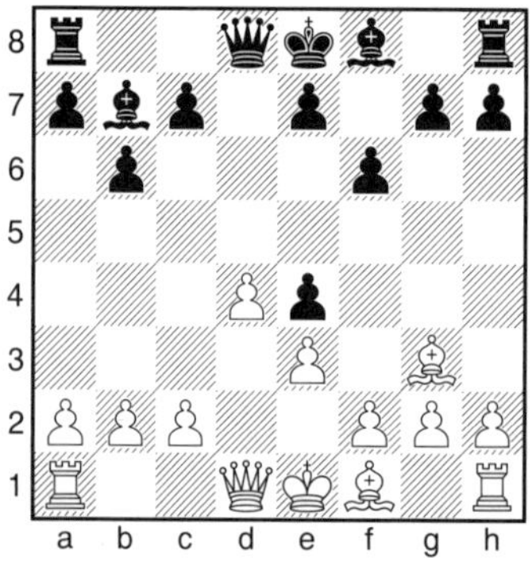

Schwarz kann nun mit 10...e6 seinen ♗f8 befreien und zugleich die Diagonale a2–g8 versperren, so dass er nach 11.♗b5+ mit 11...♔f7 ausweichen kann. Der Verlust des Rochaderechts ist in dieser Stellung nicht tragisch. Der König steht zunächst hinreichend sicher und bei Bedarf kann Schwarz die Rochade immer noch künstlich herbeiführen.

Nach 12.0-0 h5 droht der Bauer weiter vorzurücken. Schwarz erhält den Raumgewinn auf dem Königsflügel quasi zum Nulltarif, da Weiß sofort reagieren muss. Nach 13.h3 führt das Abtauschmanöver 13...♗d6 14.♗xd6 ♕xd6± zu einer Stellung, in der Weiß einen leichten Vorteil für sich reklamieren kann, Schwarz aber zu durchaus guten Gegenchancen kommen kann. Diese können sich beispielsweise mit der Absicht c7–c5 verbinden. Weiter in Betracht kommt eine Aktion am Königsflügel mit f6–f5–f4 usw.)

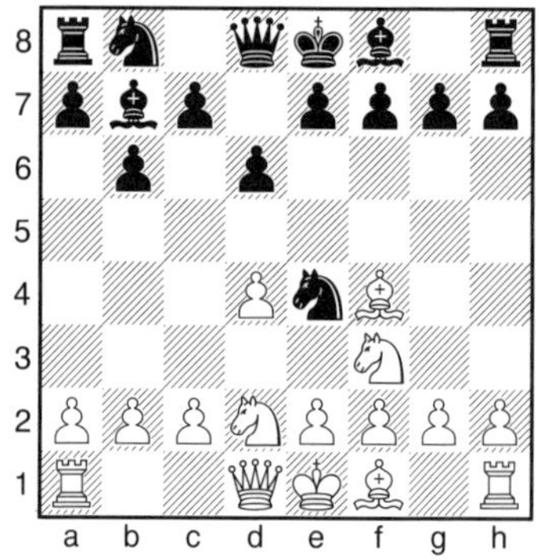

Die Entscheidung für 6.♘xe4 verbindet sich mit der Absicht, im Anschluss den e-Bauern ins Zentrum vorzustoßen.

(6.e3 würde nur einen Zeitverlust bedeuten, wenn Weiß das gleiche Manöver wie nach 6.♘xe4 vorhätte. So ist schon daraus zu erkennen, dass er einen abweichenden Plan verfolgt.

6...♘d7 7.♘xe4 ♗xe4 8.♗d3

Der Sinn des weißen Vorgehens lag darin, Schwarz den Läufertausch anzubieten und dabei den eigenen Läufer zu entwickeln. e3–e4 kann dann zu einem etwas späteren Zeitpunkt durchgeführt werden. Schwarz wird seinen Läufer, der auf der Diagonale a8–h1 einflussreich eingesetzt ist, nicht einfach hergeben. So kann sich mit 8...♗b7 9.♕e2 g6 10.0-0 ♗g7= eine ruhige Passage anschließen, in der beide Parteien Fortschritte in ihrer Entwicklung erzielen.)

Nach 6...♗xe4 7.♘d2 ♗b7 8.e4 hat Weiß seinen eben skizzierten Teilplan realisiert. Mit 8...♘d7 nutzt der Springer das ihm überlassene Feld d7, um von hier aus den Vorstoß e7–e5 zu unterstützen.

Nun ist der das Zentrum verstärkende Bauernzug 9.c3 typisch und in den von uns in diesem Buch vorgestellten Spielweisen entsprechend häufig anzutreffen. Mit dem Standardzug 9...e5 sichert sich Schwarz ein gleiches Spiel. Nach beispielsweise 10.♗e3 ♗e7= ist kurz vor dem Abschluss der Eröffnungsphase der Stellungsausgleich erreicht.

Der weitere Verlauf ist nicht vorgezeichnet. Wir stellen in der Folge eine Möglichkeit vor, mit der Weiß neben den offensichtlich in Betracht kommenden Zügen mit dem ♗f1 eine kreative Unruhe erzeugen kann. Daraus ergeben sich auch allgemeine Anhaltspunkte für eine natürliche weitere Spielführung.

Nach 11.a4 a6 12.♗c4 0-0 13.0-0 exd4 14.cxd4 kann Schwarz mit 14...d5 einen Bauern opfern, um ihn sich nach 15.exd5 mit 15...♘f6 sofort zurückzuholen, verbunden mit einem guten Spiel. Der weiße Isolani, vor dem sich eine schwarze Figur sehr wohlfühlen wird, bedarf einer zunächst einmal unbefristeten Unterstützung.

3.♗g5 ♗g7 4.♘bd2 0-0

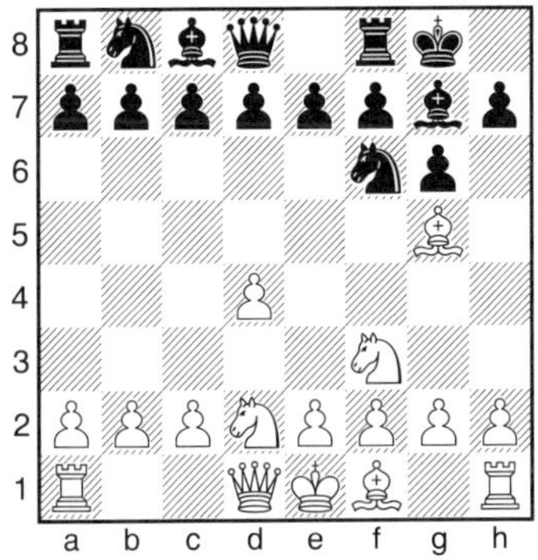

Damit ist die kritische Stellung dieser Variante erreicht. Die sich daraus hauptsächlich ergebenden Möglichkeiten behandeln wir in drei weiteren Abspielen.

5.c3 **(Abspiel 2)**

5.e3 **(Abspiel 3)**

5.e4 **(Abspiel 4)**

Abspiel 1

1.d4 ♘f6 2.♘f3

Fortsetzung 2...e6 3.♗g5

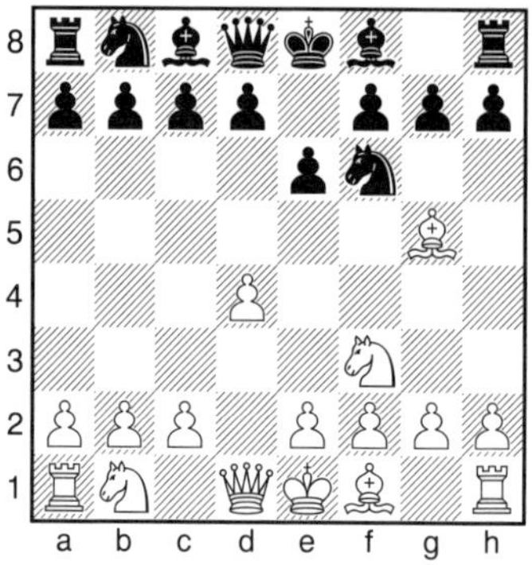

3...b6

Das Fianchetto des Damenläufers ist eine solide Verteidigungsidee. Mit 3...h6 und 3...c5 stehen Schwarz allerdings zwei wichtige Alternativen zur Verfügung.

I. Mit 3...h6 wird Weiß zu einer sofortigen Entscheidung gezwungen, wie es mit dem Läufer weitergehen soll. Seine wichtigsten Möglichkeiten sind nun 4.♗h4, 4.♗xf6 und 4.♗f4.

A) 4.♗h4

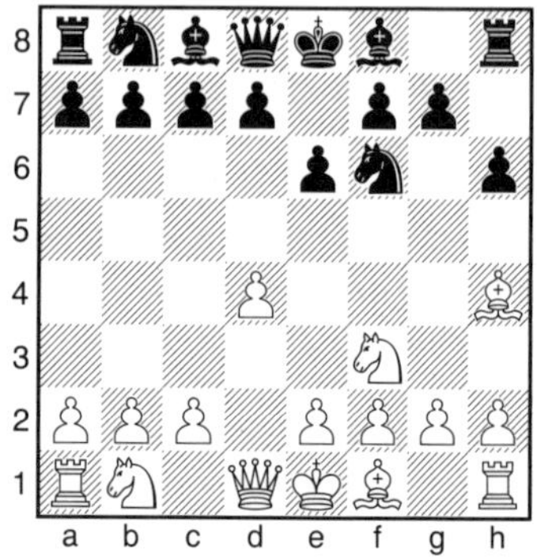

Mit der Aktivierung 4...♗e7 in die Mitte gibt Schwarz zu erkennen, dass er sich eher ruhig positionell entwickeln will.

(Wenn er stattdessen die Abtauschvariante spielen will, ist es logisch, dies sofort einzuleiten und den Königsläufer auf g7 zu stellen. Nach beispielsweise 4...g5 5.♗g3 ♘e4 6.♘bd2 ♘xg3 7.hxg3 ♗g7 ist dieser alternative Aufbau in seinen Grundzügen hergestellt. Im Anschluss ist die Folge 8.c3 d6 9.e4 ♘d7 10.♗d3 ♕e7 mit der Absicht ♘d7–f8, ♗c8–d7 und 0-0-0 möglich.)

Mit 5.e3 leitet Weiß die für ihn typische Entwicklung ein. Seine folgenden Züge können in ihrer Reihenfolge grundsätzlich variieren. Mit 5...b6 greift Schwarz die Idee „Fianchetto gegen den Torre-Angriff" auf und bereitet die entsprechende Entwicklung seines Damenläufers vor.

Nach 6.♗d3 ♗b7 7.♘bd2 0-0 8.0-0 steht Schwarz der folgende Standardplan zur Verfügung, um weitgehend seine Entwicklungsaufgaben zu einem erfolgreichen Abschluss zu bringen: Der Damenspringer wird nach d7 aktiviert, von wo aus er das Feld c5 erreicht. Im Anschluss erfolgt energisch c7–c5, so dass der Bauer mit hinreichender Figurenunterstützung das weiße Zentrum attackieren kann. Die Variante 8...d6 9.c3 ♘bd7 10.♖e1 c5= veranschaulicht einen natürlichen Ablauf.

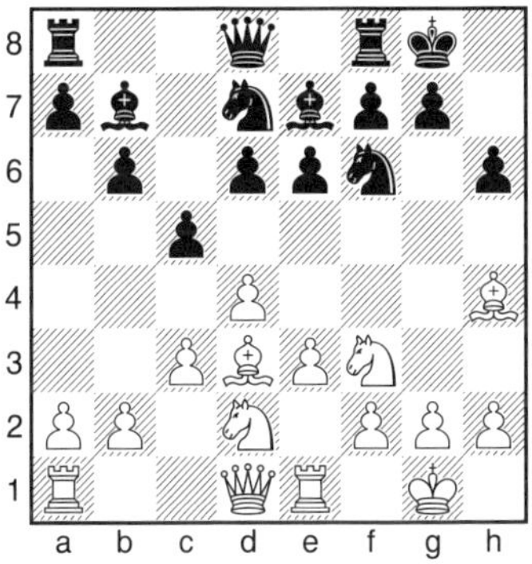

Damit hat Schwarz den Ausgleich erreicht. Weiß wird nun die Gelegenheit nutzen, um seinen typischen Zentralzug 11.e4 durchzusetzen, worauf 11...cxd4 neben anderen spielbaren Möglichkeiten eine gute Antwort ist. Wir favorisieren das Schlagen auf d4 besonders auch aus der Warte des noch wenig erfahrenen Spielers, weil es die Komplexität der Stellung begrenzt hält. Unabhängig davon, ob Weiß mit dem Bauern oder mit dem Springer auf d4 zurückschlägt, kann Schwarz im Anschluss mit ♖a8–c8 die c-Linie besetzen und seine gute Ausgangsposition festhalten.

B) 4.♗xf6 ♕xf6

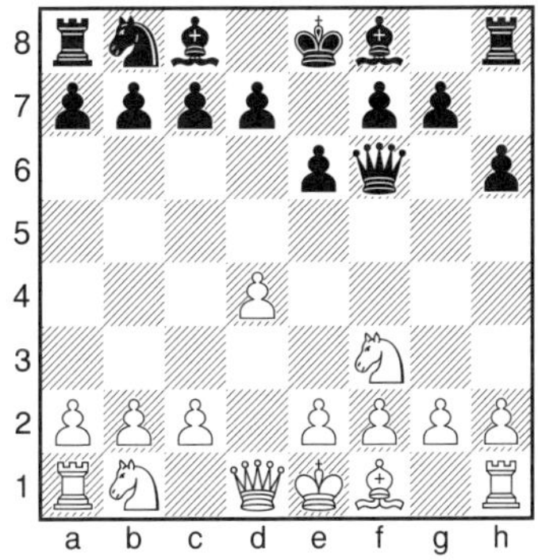

5.e4 bereitet Schwarz keine allzu große Mühe in seinem Kampf um gute Gegenchancen.

(Wenn Weiß etwas verhaltener mit 5.e3 auftritt, kann Schwarz sofort energisch mit 5...c5 kontern und die weiße Zentralstellung schwächen. Mit 6.♘bd2 kann Weiß daraufhin seinen Springer ins Spiel bringen, ohne seinen c-Bauern zu verstellen, der zur Unterstützung des Zentrums auf c3 gebraucht wird.

Nach 6...cxd4 7.exd4 ♘c6 8.c3 d5 sind für beide Seiten die wesentlichen Entwicklungshürden überwunden. Sie können sich jetzt auf die Restarbeiten zur Aktivierung ihrer Kräfte und zum Schutz ihres Königs konzentrieren, die beispielsweise über 9.♗d3 ♗d6 10.0-0 0-0 11.♖e1 ♗d7 ablaufen können.

12.♕e2

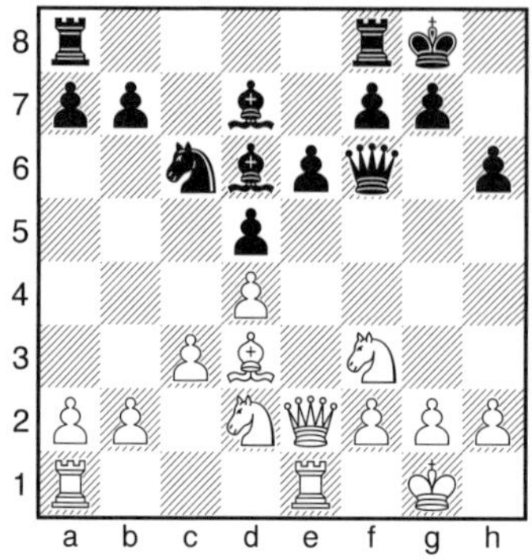

12...♖fc8

Zunächst haben beide Parteien ihre Läufer so entwickelt, dass sie möglichst effektiv aufgestellt und harmonisch eingebunden sind. Für den weißen Läufer bedeutet dies, dass er nach d3 geführt wurde, auch um das Feld e2 für die Dame frei zu lassen. Weiß will Druck in der Mitte auf der e-Linie aufbauen, Schwarz kann seine Chancen auf dem Damenflügel suchen. Deshalb bietet es sich für ihn an, auch den zweiten Turm dorthin zu führen.

Bei allen aktiven Absichten darf natürlich nie die Königssicherheit vergessen werden, weshalb die Kontrahenten rochiert haben, sobald es ihnen möglich war. Auf 13.♘e5 sollte Schwarz mit 13...♗e8 seinen Läufer schützen. Er kann jetzt nach dem Plan eines typischen Minoritätsangriffs am Damenflügel verfahren, den er mit b7–b5 und a7–a5 einleiten kann.)

5...d6 ist nicht nur die mit Abstand meistgespielte Fortsetzung, sondern auch jene mit den deutlich besten Werten in der Erfolgsstatistik. Schwarz baut sich solide mit der Absicht auf, den Damenspringer über d7 ins Spiel zu bringen, den Läufer nach b7 zu entwickeln und ein Gegenspiel auf dem Damenflügel zu aufzuziehen.

Mit 6.♘c3 verzichtet Weiß auf die Möglichkeit zu c2–c3, weil er die lange Rochade plant und diese Lockerung deshalb vermeiden will.

6...♘d7 7.♕d2

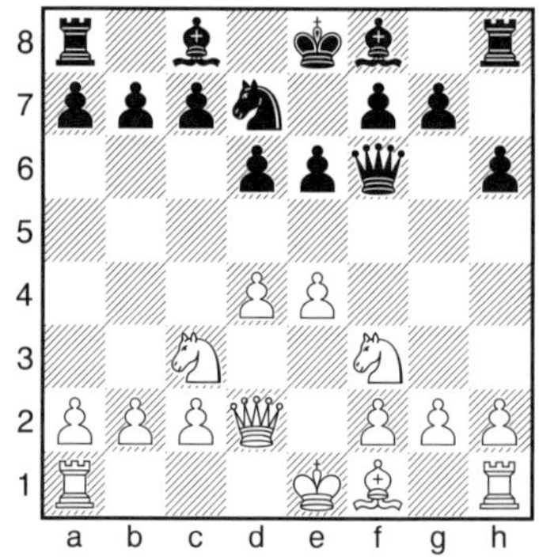

Mit 7...a6 bastelt Schwarz bereits an seiner Aktion auf der für ihn rechten Seite; b7–b5 soll folgen.

8.0-0-0 ♕d8

Auf f6 hatte die Dame ohnehin keine Zukunft. Die Rückkehr nach d8 sieht zwar wie ein Zeitverlust aus, von ihrem Ursprungsfeld aus kann die Dame aber in der Folge gut nach allen Richtungen eingesetzt werden, insbesondere auch zur Unterstützung der Aktivitäten am Damenflügel.

Mit 9.h4 leitet Weiß seine Angriffsbemühungen am Königsflügel ein und begrenzt gleichzeitig die schwarzen Möglichkeiten.

Nach 9...b5 10.g4 c5 werden die strategischen Pläne beider Seiten sehr schön deutlich. Weiß schaltet am Königsflügel, Schwarz am Damenflügel auf den Angriffsmodus um.

11.♗g2 ♗b7 12.d5 e5

Das Zentrum ist festgelegt, der Kampf wird bis auf weiteres auf den beiden Flügeln stattfinden.

13.g5 ♘b6=

Schwarz hat sein Gegenspiel am Damenflügel durchgesetzt. Während Weiß bereits rochiert hat, steht der schwarze König noch in der Mitte. Schwarz kann sich ebenfalls für die lange Rochade entscheiden und diese mit ♕d8–c7 vorbereiten. Aktuell aber ist er nicht zu einer Verbesserung seiner Königssicherheit gezwungen, weil die Bedrohungslage angesichts des geschlossenen Zentrums noch eingeschränkt ist. Grundsätzlich kann er auch kurz rochieren; nur muss er dabei im Auge behalten, dass er den König auf die Seite wechseln lässt, auf der Weiß angreift, und dass der Kampf wegen der entgegengesetzten Rochaden an Schärfe zunehmen kann.

C) 4.♗f4

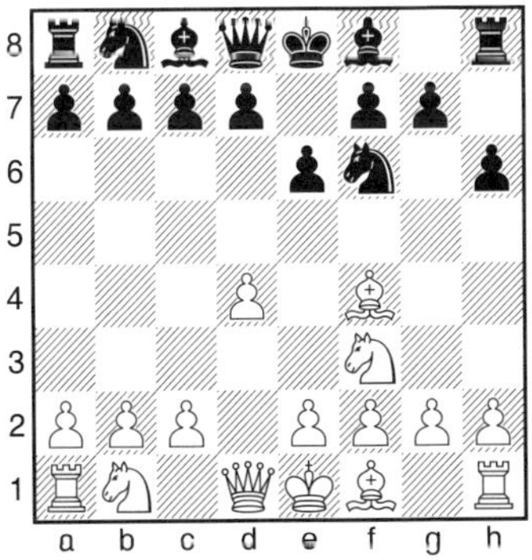

Als Antwort auf diese Läuferflucht empfehlen wir die energische Entgegnung 4...c5, mit der Schwarz von Beginn an viel Freiraum für sich reklamieren kann.

(Es geht auch eine andere Entwicklung mit dem Aufbau 4...d6 und nach beispielsweise 5.e3 mit 5...♘bd7, wie wir ihn schon unter anderen Verhältnissen kennengelernt haben. Weiß kann nun natürlich recht frei entscheiden, wie er fortsetzen möchte, denn es gibt mehrere etwa gleich gute Optionen für ihn.

– Nach 6.h3 wäre der schwarze Aufbau mit b7–b6, ♗c8–b7, ♗f8–e7 und 0-0 aussichtsreich.

– Die Alternativen 6.♗e2 und 6.♗d3 könnten mit 6...♘h5 beantwortet werden, beispielsweise mit einer natürlichen Entwicklung der Partie über die Züge 7.♗g3 ♘xg3 8.hxg3 ♘f6 9.♘c3 ♗e7= usw. Von hier aus kann das Duell unterschiedliche Richtungen einschlagen. Die mögliche Fortsetzung mit 10.♕d2 c6 11.0-0-0 b5 12.e4 b4 13.♘e2 a5 ⇄ hat deshalb nur Beispielcharakter.)

5.e3

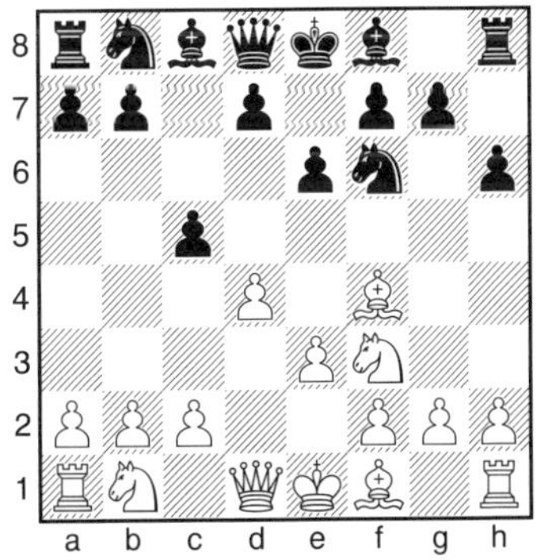

Da der c-Bauer vorbei ist, kann mit 5...♘c6 ohne Vorbehalte der Springer entwickelt werden und den Druck auf den ♙d4 erhöhen. Nach dem typischen Stützungszug 6.c3 garantiert die Besetzung des Zentrums mit 6...d5 Schwarz den vollen Ausgleich.

(Wer sich etwas davon verspricht, den gegnerischen schwarzfeldrigen Läufer gegen den Springer abzutauschen und Weiß dabei einen Doppelbauern beizubringen, kann auch erst 6...♘h5 spielen und nach 7.♗g3 ♘xg3 8.hxg3 die Zentrumsbesetzung mit 8...d5 nachholen. Nach beispielsweise 9.♘bd2 ♗d6 ∞ sind die Folgen dieses Vorgehens nicht ganz klar.)

Nach 7.♘bd2 entspricht der weiße Aufbau einer Grundstellung aus dem Londoner System (siehe hierzu das **Kapitel 6**). Von dort kennen wir auch das Manöver 7...♗d6 8.♗xd6 ♕xd6, das sich hier in gleicher Weise anbietet.

Nach beispielsweise 9.♗d3 0-0 10.0-0 e5= haben die Kontrahenten ihre wesentlichen Eröffnungsaufgaben gemeistert und treten mit gleichwertigen Chancen in die nächste Phase der Partie ein.

II. Der Zentrumshebel 3...c5 wird sehr oft und in vielen Varianten verwendet.

4.e3

(Wenn Weiß mit dem Stützungszug 4.c3 fortsetzt, ist der energische Vorstoß 4...d5 stark. Weitergehen kann es dann beispielsweise mit 5.♘bd2, womit Weiß sein Teilziel e2–e4 vorbereiten kann. Mit 5...♘c6 bringt Schwarz seinen Springer ins Spiel und erhöht den Druck auf den ♙d4. Die Fortsetzung 6.e4 dxe4 7.♘xe4 cxd4= führt zum Stellungsausgleich.)

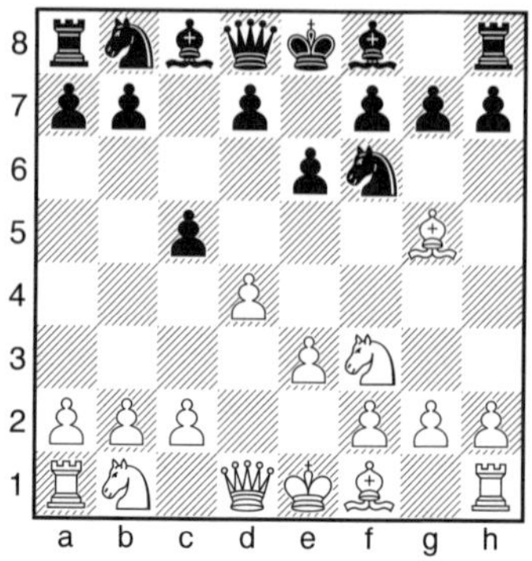

A) 4...♕b6

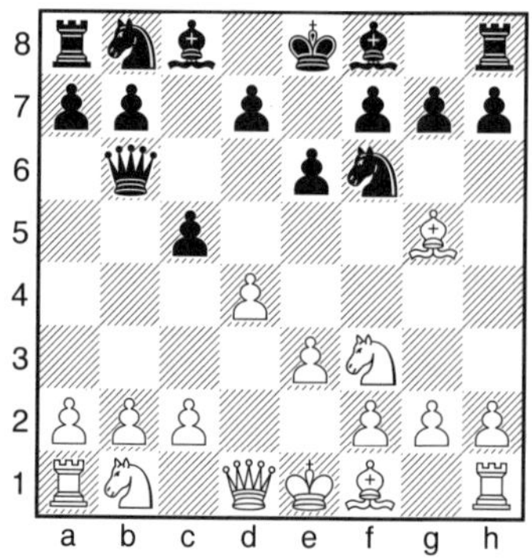

Damit ist ein Stellungsbild erreicht, wie es in ähnlicher Weise unter Zugumstellung über den Trompowsky-Angriff entstehen kann, den wir im **Kapitel 1** behandeln. Weiß muss sich nun entscheiden, wie er auf den Angriff auf seinen ♙b2 reagieren soll, ob er diesen also behalten will oder ob er bereit ist, ihn zugunsten einer schnellen Aktivierung seiner Kräfte zu opfern. Wenn er das materielle Gleichgewicht halten will, kann er den Bauern mit 5.♕c1 decken; mit 5.♘bd2 kann er ihn im Vertrauen auf ausreichende dynamische Gegenwerte hergeben.

A1) 5.♕c1

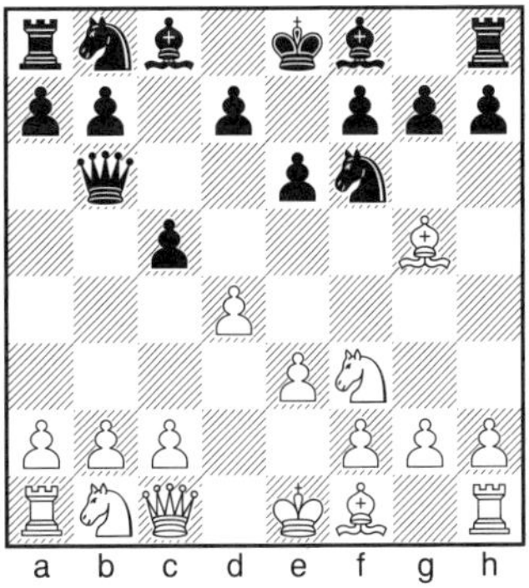

A1a) 5...♘e4

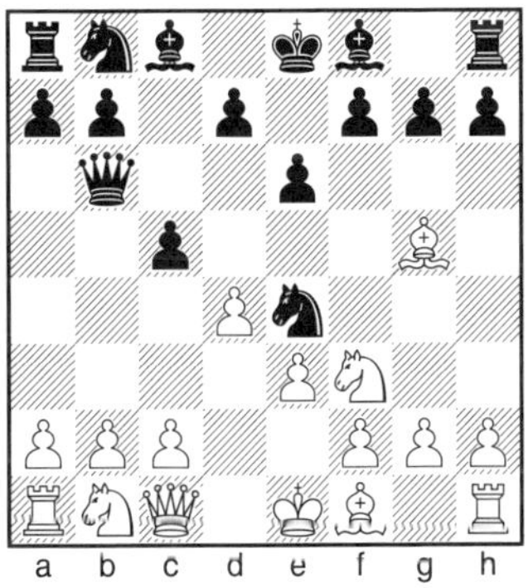

Wenn Weiß seinen Läufer behalten will, muss er sofort etwas zu dessen Rettung tun. Auch deshalb ist der Springerzug eine gute Lösung besonders für den Spieler, der grundsätzlich ungern mit einem Doppelbauern spielt oder in der vorliegenden Stellung dessen Entstehen vorbeugen will. Zumeist reagiert Weiß mit 6.♗f4, aber auch 6.♗h4 wird gespielt. Die Erfolgsstatistik spricht allerdings eindeutig für das Zurückweichen nach f4. Auf beide Möglichkeiten gehen wir nachfolgend kurz ein.

6.♗f4

(Auf 6.♗h4 kann Schwarz den typischen Aufbau mit dem Springer auf c6 und dem Vorstoß des d-Bauern anstreben. Eine interessante Idee im Anschluss an 6...♘c6 7.c3 d5 8.♘bd2 ist 8...f5, womit eine Art Stonewall-Struktur entsteht. Beide Parteien können nun zunächst ihre Entwicklung des Königsflügels vorantreiben, so etwa über die Züge 9.♗e2 ♗d6 10.0-0 0-0∞.

Es ist nicht absehbar, welche Seite sich größere Hoffnungen auf den Erfolg machen darf. Eine plausible Fortsetzung ist nun 11.dxc5 ♗xc5 12.♘b3 ♗d6, die zu keiner Änderung in der Gesamteinschätzung führt.)

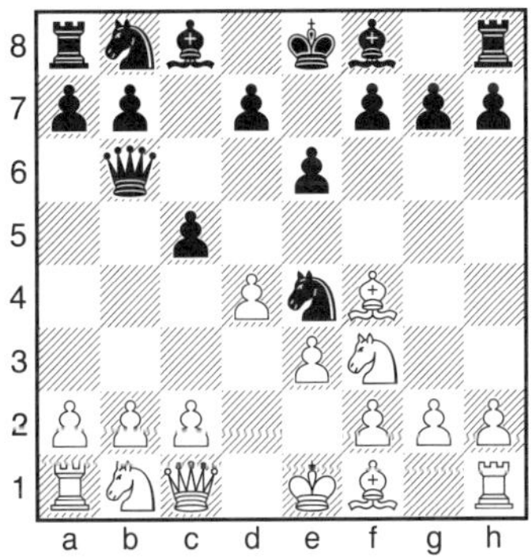

Indem Schwarz jetzt 6...d5 spielt, bewahrt er sich etwas mehr Flexibilität und lässt seinen Gegner zumindest kurzfristig im Unklaren über seine weitere Planung.

(Er kann den Vorstoß aber auch noch etwas zurückstellen und insbesondere 6...♘c6 vorziehen, um nach 7.c3 verzögert mit 7...d5 zu antworten. Wie in der Variante nach 6.♗h4 kann er seinen Aufbau dann auch hier am Stonewall orientieren. Ein typischer Verlauf wäre entsprechend 8.♗d3 ♗e7 9.♘bd2 f5 ∞ usw.)

7.c3 ♗d6

Wie aus dem Londoner System bekannt soll der gut postierte weiße Läufer schlicht eliminiert werden.

(7...♘c6 würde in die Variante 6.♗h4 ♘c6 usw. führen.)

Nach 8.♗xd6 ♕xd6 trägt die Partie bereits den Hauch des Ausgleichs in sich. Die folgende beispielhafte Zugfolge ähnelt bereits bekannten Varianten und veranschaulicht, wie es weitergehen kann: 9.♘bd2 ♘xd2 10.♕xd2 ♘c6 11.♗d3 0-0 12.0-0 e5=.

A1b) Allerdings ist auch 5...♘c6 eine gute Möglichkeit, denn Schwarz erhöht auf diese Weise unter der Entwicklung seines Springers den Druck gegen den ♙d4, so dass sich Weiß um ihn kümmern muss.

Nach 6.c3 verspricht der Standardzug 6...d5 Schwarz auch hier die besten Chancen.

7.♘bd2 cxd4

(7...♗e7 wird ebenfalls und auch mit Erfolg gespielt. Nicht selten wird die aktuelle Brettstellung über Zugumstellungen erreicht. Sie zeigt Merkmale auf, die für das Londoner System oder auch für den Torre-Angriff typisch sind. Deshalb lohnt es sich, in unsere Ausführungen im Buch zu diesen Eröffnungen zu schauen, um weitere Hinweise zur Spielführung zu erhalten. Eine beiderseitige natürliche Entwicklung wird beispielsweise über die Variante 8.♗d3 ♗d7 9.0-0 ♖c8 10.♕b1 h6 11.♗h4 0-0= erreicht.)

Nach 8.exd4 wird über 8...e5 9.dxe5 eine zugleich wilde und verwickelte Variante eingeleitet.

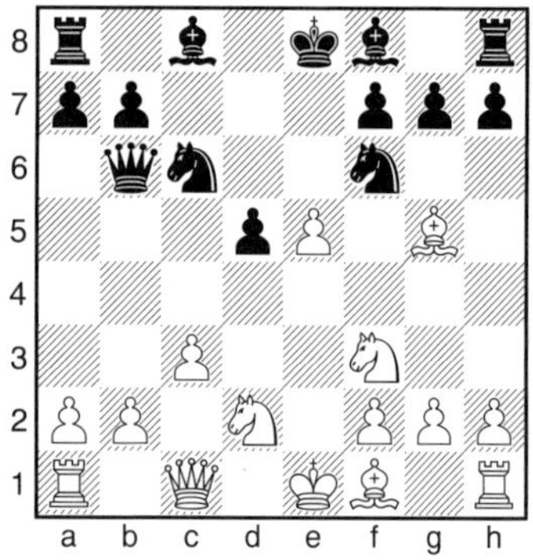

Nach 9...♘g4 muss Weiß einen Einschlag auf f2 parieren, was ihm mit 10.♘d4 und Verstopfung der Diagonale a7–g1 gelingt. Mit 10...♗c5 erneuert Schwarz seine Drohung und zwingt Weiß zu einer Vorkehrung zum Schutz seines ♘d4. Diese trifft er wirksam mit 11.♘2b3, worauf Schwarz am besten zu einer Kette aus Abtauschhandlungen einlädt.

11...♗xd4 12.cxd4 ♘xd4 13.♘xd4 ♕xd4

Erneut ist das Feld f2 bedroht. Weiß kann nun die ungeschützte Lage des gegnerischen Königs ausnutzen, um die kurze Rochade zu seinem Verteidigungszug zu machen. Nach 14.♗b5+ ♗d7 15.♗xd7+ ♔xd7 verteidigt er das Feld f2 mittels 16.0-0 und bringt damit zugleich seinen König in Sicherheit.

Eine natürliche Fortsetzung ist nun 16...♖ac8 17.♕d1 ♕xd1 18.♖fxd1 ♔e6 mit Ausgleich.

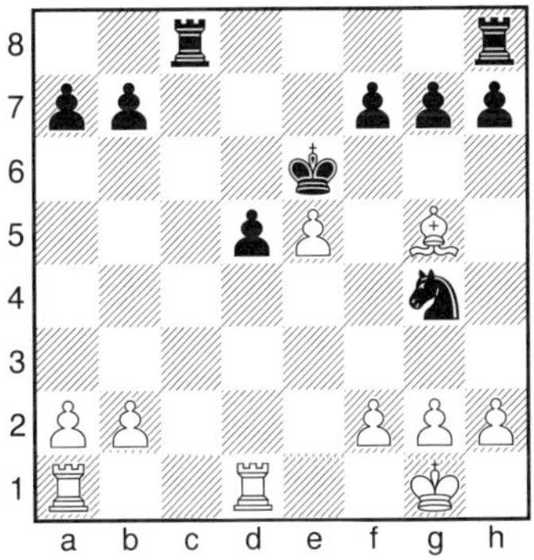

Wir sind bereits relativ weit in die Partie eingedrungen. Allerdings ließ sich nur dadurch klären, auf welche Perspektiven beide Kontrahenten in dieser Variante hoffen dürfen. Das Duell ist inzwischen nicht mehr weit vom Endspiel entfernt, in dem es sich für Schwarz als Vorteil erweisen kann, dass sein König in der Mitte verblieben ist. Mit der Reduzierung des Materials hat sich sein Schutzbedarf verringert. Bei Bedarf und Möglichkeit kann er schnell seine eigene Kraft einbringen, ohne erst vom Rand herangeführt werden zu müssen.

A2) Mit 5.♘bd2 zeigt Weiß die Bereitschaft, seinen b-Bauern herzugeben. Die nächste Entscheidung liegt auf der Seite von Schwarz, nämlich ob er das Opfer annehmen oder es ausschlagen will.

A2a) Nach 5...♕xb2 ist der Mehrbauer auf der hohen Kante, die Dame allerdings auf Abwegen. Weiß kann jetzt versuchen, Profit daraus zu schlagen, dass die Dame verwundbar steht und Schwarz Zeit investieren muss, um sie zu schützen und wieder gut zu postieren.

Zu diesem Zweck ist der natürliche Entwicklungszug 6.♗d3 in der Praxis die häufigste Wahl.

(Weiß kann auch direkter vorgehen und zunächst 6.♗xf6 spielen, um dann erst seinen Königsläufer zu entwickeln.)

Als Antwort geben wir nun dem zentrumsbildenden Vorstoß 6...d5 den Vorzug gegenüber der ebenfalls gut spielbaren Fortsetzung ♘b8–c6. Weitergehen kann es nun beispielsweise mit 7.♗xf6 gxf6 8.c4 cxd4.

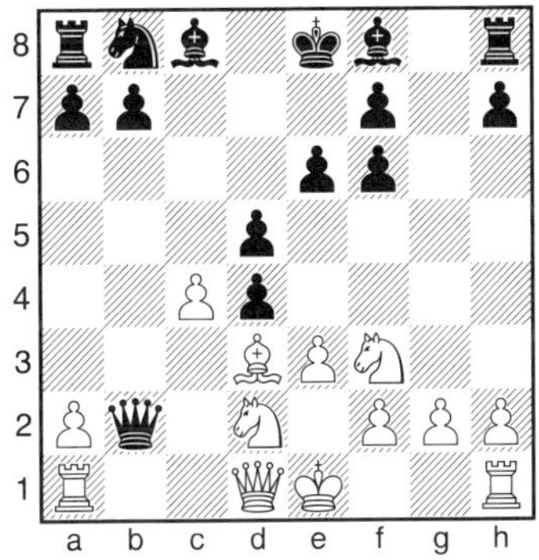

9.exd4

(Wenn Weiß mit 9.♘xd4 zurückschlägt, kann Schwarz einen Abtausch auf d2 forcieren. Damit kann er sich der Mühen entledigen, die ihm sonst bei der Sicherung und Rückführung seiner Dame entstehen.

Das entsprechende Manöver läuft nach dem Muster 9...♗b4 10.♖b1 ♗xd2+ 11.♕xd2 ♕xd2+ 12.♔xd2 ab. Die Stellung ist ausgeglichen, was auch die plausible Fortsetzung mit 12...dxc4 13.♖hc1 ♘d7 14.♗xc4 0-0= usw. bestätigt.)

Mit 9...♕c3 macht Schwarz es sich geschickt zunutze, dass der ♗d3 schutzlos steht, um bei der Vorbereitung seiner Dame für den Transfer via a5 zurück ins eigene Lager ein Tempo einzustreichen.

10.♗e2 ♕a5 11.0-0

Weiß schließt die Entwicklung seines Königsflügels ab. So bleibt Schwarz die Zeit, seinen Läufer zu aktivieren und den Weg für eine möglicherweise in Betracht kommende kurze Rochade frei zu machen, bevor er ein weiteres Tempo in seine Dame investiert.

Nach 11...♗e7 12.♘b3 ♕d8 ist die Dame endlich auf ihrem Ausgangsfeld zurück. Schwarz hat seinen Mehrbauern behauptet, hängt aber wie erwartet in der Entwicklung zurück. Weitergehen kann es beispielsweise mit 13.♖c1 dxc4 14.♗xc4 ♘d7 15.♘fd2 0-0∓ usw. Der schwarze König steht nun relativ gesichert und wegen des Mehrbauern sehen wir die etwas besseren Chancen auf der Seite von Schwarz.

A2b) 5...d5 mit Verzicht auf den Materialvorteil zugunsten der schnellen Entwicklung ist eine starke Alternative. Üblicherweise antwortet Weiß darauf mit 6.♗xf6, worauf Schwarz einen Doppelbauern auf der f-Linie bekommt, verbunden mit einer beschädigten Bauernstellung auf dem Königsflügel.

(Wenn Weiß stattdessen nun doch den b-Bauern verteidigen will und 6.♖b1 spielt, kann Schwarz mit 6...♘c6 antworten und den Druck auf den ♙d4 erhöhen. Nach 7.c3 ♗e7 8.♗d3 h6 9.♗h4 ♗d7 usw. kommt er relativ automatisch zu guten Aussichten.)

Nach 6...gxf6 setzt Weiß zumeist energisch mit 7.c4 fort, denn die Alternativen können ihm keine besseren Aussichten versprechen.

Auf 7...cxd4 kann beispielsweise 8.exd4 ♘c6 folgen.

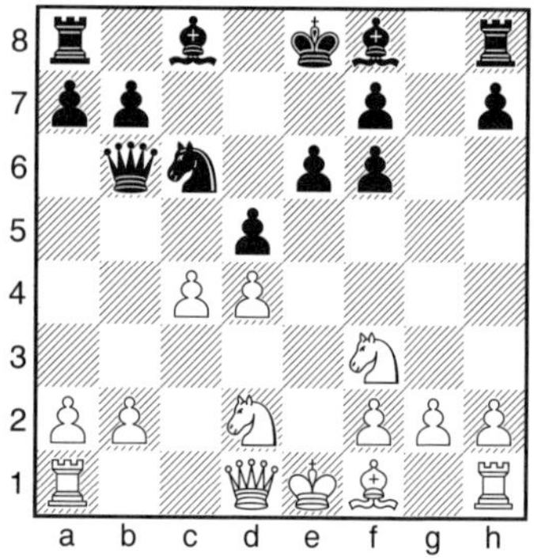

9.cxd5

(Nach 9.c5?! ♕xb2 steht Schwarz besser.)

Nach 9...exd5 wird bereits deutlich, dass Weiß kaum noch mit einem echten Eröffnungsvorteil rechnen kann. Er sollte sehen, dass er möglichst schnell zur kurzen Rochade kommt, da er dann weniger mit Problemen auf der Diagonale a5–e1 konfrontiert werden und schwarze Möglichkeiten auf der g-Linie antizipieren kann. 10.♗d3

(Auf 10.♕b3 ist 10...♗b4! stark.)

Nach 10...♘xd4 11.0-0 verhindert der geordnete Rückzug 11...♘c6, dass nach ♘f3xd4 die Dame auf das Feld d4 gelockt wird, wo sie mit ♘d2–f3 angegriffen werden kann.

(Die Alternative 11...♘e6!?, die zugleich dem weißen Turm eine Entwicklung nach e1 mit einem Schachgebot nimmt, ist prüfenswert. Nach etwa 12.♘b3 ♗d7 usw. ist die Stellung ausgeglichen, der schwarze Mehrbauer also kein Grund für die Einschätzung, dass Schwarz im Vorteil ist. Er muss auf seine Königssicherheit achtgeben, wobei ihm weder die kurze noch die lange Rochade den sonst gewöhnlichen Schutz versprechen kann. Es hängt also auch sehr vom weiteren Verlauf ab, ob und ggf. wohin er rochieren sollte, oder ob vielleicht sogar der Verzicht auf eine Rochade in Betracht kommt.

11...♘xf3+ 12.♕xf3 wäre günstig für Weiß.)

12.♘b3

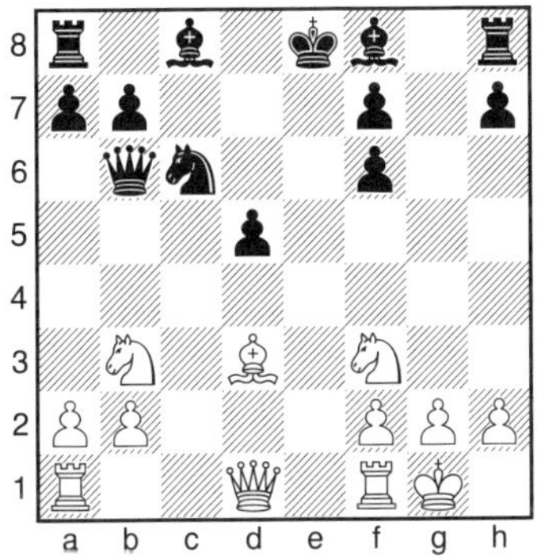

Der Springer nutzt den einzigen aktuell offenen Weg ins Feld und verstellt zugleich der gegnerischen Dame den Blick auf den ♙b2. Mit 12...♗d6 gibt der Läufer das Feld f8 frei, auf dem der König Schutz suchen kann.

(Mit der Alternative 12...♗e6 kann Schwarz die Idee zur langen Rochade verbinden. Zugleich verhindert er das Turmschach von e1 aus. Allerdings kann Weiß ihn in der Folge Probleme in komplizierteren Verhältnissen lösen lassen.

Wenn der schwarze König nach 13.♖c1 mit 13...0-0-0 auf dem Damenflügel Schutz suchen sollte, sieht er sich sogleich dem Angriff durch den ♖c1 auf der offenen c-Linie ausgesetzt, der dann mit 14.♘fd4 unterstützt wird. Nach 14...♔b8 15.♘xc6+ bxc6 ist die Stellung ausgeglichen.

Die Fernschach-Praxis bestätigt, dass Schwarz gleichwertige Chancen hat, allerdings ist die in vier Inseln zersplitterte schwarze Bauernstellung in einer herkömmlichen Turnierpartie insbesondere von einem wenig erfahrenen Spieler nicht leicht zu beherrschen.)

Nach 13.♖e1+ ♔f8 kann die Fesselung mit ♗c8–g4 durch den Ausfall 14.♘h4 verhindert werden, was Schwarz aber die Möglichkeit zu einer Verbesserung der Position seiner Dame unter Angriff auf den Springer gibt.

Nach 14...♕b4 15.g3 kann es beispielsweise mit 15...♗g4 16.f3 ♗e6 ∞ und unklaren Verhältnissen weitergehen. Die Stellung verspricht einen spannenden Kampf mit vielseitigen Entwicklungsmöglichkeiten.

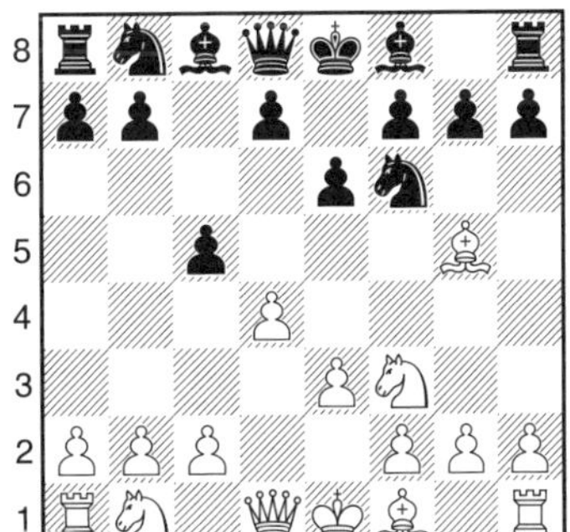

B) Weniger energisch, aber auch gut spielbar, ist 4...♗e7, worauf Weiß zumeist mit 5.c3 fortsetzt.

(Häufig wird auch 5.♘bd2 mit der Folge 5...b6 6.c3 ♗b7 gespielt, was aber nichts anderes als eine Zugumstellung ist. Manchmal greift Weiß auch zu 5.♗d3, was aber ebenfalls regelmäßig nur zu einer Zugumstellung führt.)

B1) Nun kann sich Schwarz an seine Fianchetto-Idee erinnern und sich mit 5...b6 sofort an deren Verwirklichung machen.

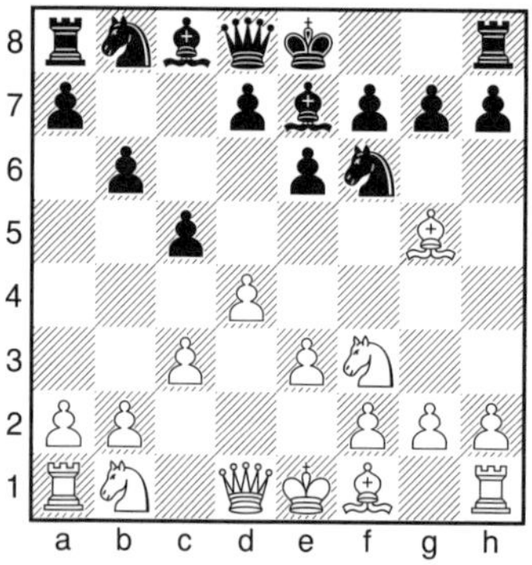

Es kann sich eine kurze Phase anschließen, in der beide Seiten etwa mit 6.♘bd2 ♗b7 7.♗d3 0-0 8.0-0 d6 9.♕e2 ♘bd7 schlicht auf Entwicklung spielen können.

B1a) Mit 10.e4 kann Weiß den Plan für seinen e-Bauern umsetzen.

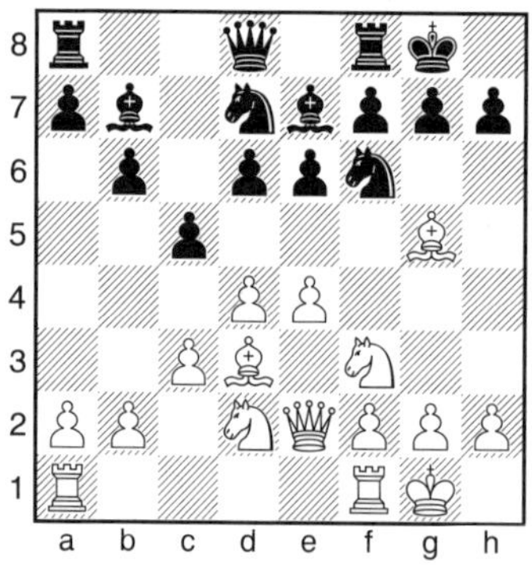

Schwarz kann mit 10...e5 kontern. Es kommt so zu einer Stellung, in der Weiß etwas freier und aktiver steht, Schwarz aber zu genügend Gegenchancen kommen kann. Seine Position ist hinreichend solide. Um Anhaltspunkte zu geben, wie das Spiel fortgesetzt werden kann, gehen wir ausnahmsweise noch etwas weiter in die Tiefe vor. Weiß muss nun aufpassen, dass er keinen Fehler macht. Mit 11.dxe5 trifft er eine korrekte Entscheidung.

(Anders verhält es sich mit 11.d5?, einem Zug, der besonders auch für den unerfahrenen Spieler als reizvoll erscheinen mag. Schwarz antwortet dann aber einfach mit 11...♘xd5 und freut sich über den Gewinn eines Bauern, denn wenn Weiß auf e7 nimmt, schlägt dort der Springer zurück und rettet sich somit aus dem Angriff des ♙e4.)

11...dxe5

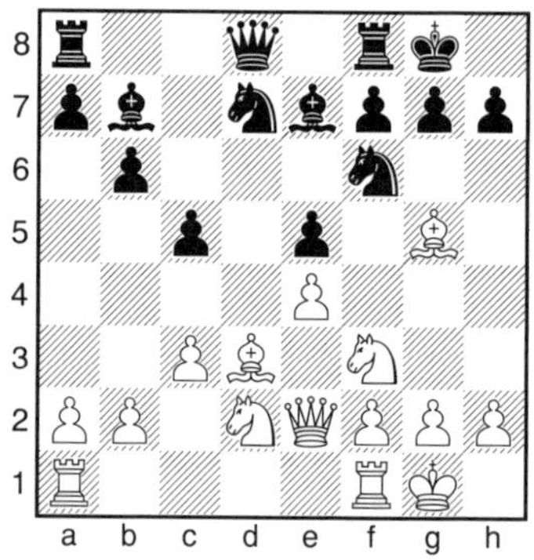

Mit 12.♘c4 wird die Position des Springers verbessert und Schwarz muss etwas zum Schutz seines ♙e5 unternehmen. Der Springerzug kann der Auftakt zu einem Manöver sein, das

den Schimmel bis auf den starken Vorposten f5 führt.

Nach 12...♕c7 schränkt Weiß mit dem raumgreifenden Schritt 13.a4 die gegnerischen Möglichkeiten am Damenflügel ein, worauf Schwarz mit 13...a6 den Konsequenzen eines weiteren Vormarsches des Bauern vorbeugt und sich die Möglichkeit zu b6–b5 in einem passenden Moment verschafft.

Nach 14.♘e3 ♖fe8 15.♘f5 ♗f8 hat Schwarz eine solide Position. Er kann nach ♔g8–h8, ♘f6–g8 die weißen Figuren mittels f7–f6 und g7–g6 usw. vertreiben.

B1b) Rechnen muss Schwarz auch mit 10.♖ad1.

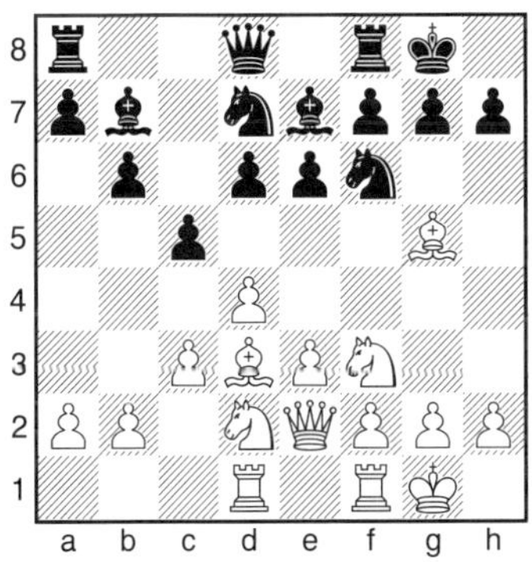

Als Antwort darauf schlagen wir ihm 10...♖e8 vor. Der Turm deckt den ♗e7, woraufhin die Dame durch Entwicklung aus dessen Deckung entlassen werden kann, ohne dass Weiß mit einem unzureichendem Schutz kalkulieren kann. Zudem bietet sich die e-Linie ohnehin für den Turm an.

Nach 11.♖fe1 sichert Schwarz sich mit 11...♖c8 den Ausgleich. Perspektivisch wird Weiß e3–e4 spielen; je kurzfristiger dies passiert, umso mehr spricht dies dafür, dass e6–e5 (noch) eine starke Antwort ist. Nach beispielsweise dem aus der Praxis bekannten Versuch 12.♗b1 und dann 12...♕c7 13.e4 e5 ist die beschriebene Entwicklung bereits eingetreten.

B1c) 10.a4

B1c1) Nun führt 10...cxd4 zur einfachsten Lösung für Schwarz.

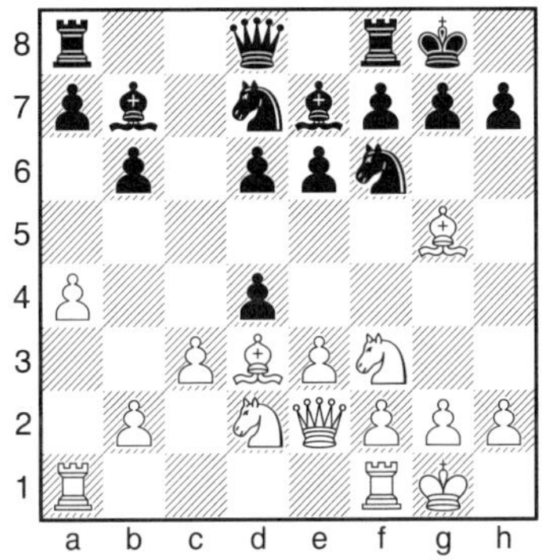

Weitergehen kann es beispielsweise mit 11.exd4 und nach dem Sicherungszug 11...a6 mit einer beiderseitigen Fortsetzung der Entwicklung, z.B. über die Variante 12.♖fe1 ♖e8 13.♘c4 ♕c7 14.h3 ♘f8 15.♖ac1 ♘d5= usw.

B1c2) Daneben kann Schwarz mit 10...e5 den geschlossenen Charakter der Stellung bewahren, aber zum Preis einer größeren Komplexität.

11.e4 ♖e8

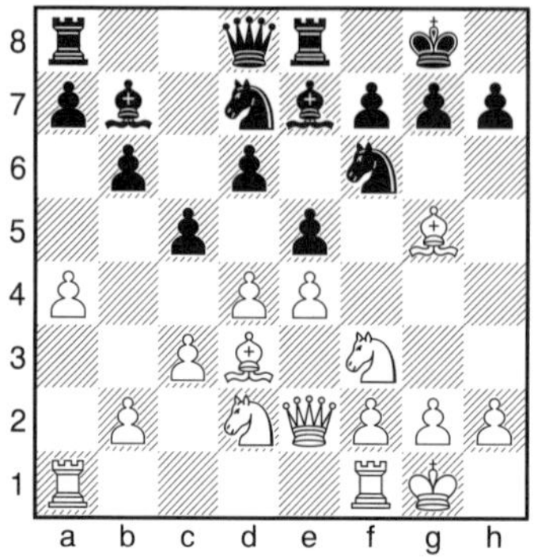

12.dxe5

(Auch hier geht 12.d5? wegen 12...♘xd5! nicht, wie wir in ähnlicher Stellung bereits gesehen haben.)

12...dxe5 13.♖fd1

Nachdem die d-Linie frei von Bauern geworden ist, wird sie für die Türme lukrativ.

Mit 13...♕c7 verlässt die Dame die d-Linie, auf der sie ohnehin keine Zukunft hatte, mit dem zurzeit einzig sinnvollen Ziel und macht damit dass Feld d8 für einen Turm frei.

Nach 14.♘f1 ist der Springer nur auf der Durchreise. Eine Möglichkeit zu seiner weiteren Entwicklung zeigen wir in den Anmerkungen zum 15. Zug von Schwarz auf.

Nach 14...h6 15.♗h4 ♖ad8 steht Weiß etwas aktiver, Schwarz aber auch sehr solide, so dass sich die Stellung nahe am Ausgleich befindet.

Weiß kann seine Aufstellung beispielsweise mittels einer Umgruppierung seiner Figuren verbessern, wobei er seinen ♘f3 via d2 und, nach einem Aufzug seines c-Bauern, b1 nach c3 führt sowie seinen ♘f1 via e3 nach d5.

Schwarz kann über g7–g6 und ♔g8–g7 vorgehen, um dann mit dem Manöver ♘d7–f8–e6 seinerseits seinen Springer stark zu postieren.

B2) 5...0-0 ist allerdings leichter zu spielen und deshalb insbesondere auch dem noch wenig erfahrenen Schachfreund zu empfehlen. Daraufhin kann Schwarz sich deutlicher an Grundelementen des Positionsspiels orientieren: Zentrum, Entwicklung, Figurenaktivität, solide Bauernstruktur. Es wird sich voraussichtlich eine Phase anschließen, in der Weiß mit natürlichen Entwicklungszügen fortsetzt.

6.♗d3 d5

Die Besetzung des Zentrums ist in Stellungsstrukturen wie dieser immer eine gewichtige Option.

7.0-0

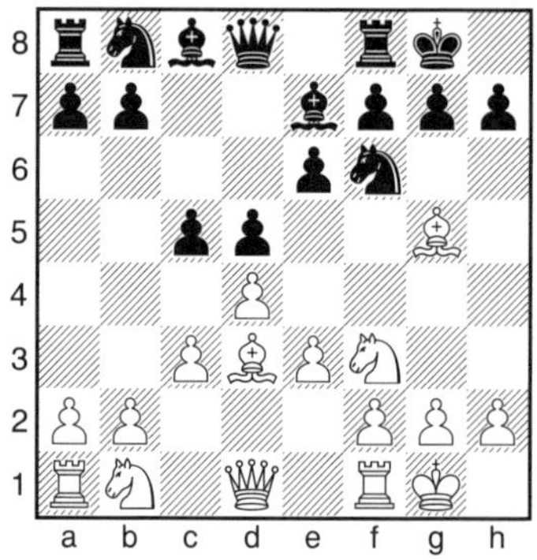

Mit 7...♘c6 wird der Springer aktiv und beansprucht die Kontrolle über das Feld e5, das als Vorpostenfeld für einen weißen Springer in Betracht kommt.

8.♘bd2 c4

Der Bauer plombiert die Stellung und in Verbindung mit dem nachfolgenden Vorstoß des b-Bauern entwickelt

Schwarz eine Initiative am Damenflügel.

Nach 9.♗c2 b5 10.a3 entsteht zwar ein Loch auf b3, aber b5–b4 wird verhindert.

(Mit dem Betreten des Vorpostenfeldes e5 mittels 10.♘e5 wird der Schlagabtausch 10...♘xe5 11.dxe5 ♘d7 12.♗xe7 ♕xe7 möglich.

Nach 13.f4 hat Schwarz genügend Zeit, um mit 13...b4 weiter an seinem Gegenspiel zu basteln, bevor er sich gegen die weißen Ambitionen am Königsflügel verteidigt. Nach der möglichen plausiblen Fortsetzung mit 14.♕h5 g6 15.♕h3 f5 16.exf6 ♘xf6 behält er alles unter Kontrolle. Die Situation am Königsflügel ist sicher und auf der anderen Seite führt Schwarz den Taktstock.)

Auch in dieser Variante ist nach 10...a5 die Entwicklung 11.♘e5 ♘xe5 12.dxe5 ♘d7 13.♗xe7 ♕xe7 14.f4 möglich.

Anders als im Spiel nach 10.♘e5 liegt hier b5–b4 nicht an, so dass Schwarz sofort 14...g6 folgen lassen kann. Damit wird der f-Bauer gestoppt und die Dame kann nicht nach h5.

Die Perspektiven sind ausgeglichen. Die Parteien greifen auf unterschiedlichen Flügeln an. Weitergehen kann es beispielsweise mit 15.♘f3 ♘c5 16.♘d4 ♗d7 17.g4 ♖fb8 mit der Absicht b5–b4 usw.

4.e3 ♗b7 5.♗d3

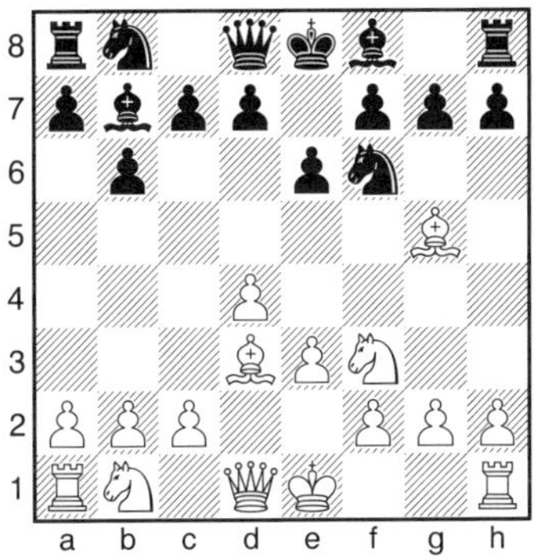

5...♗e7

Ein häufiges Motiv ist auch der Angriff gegen das Zentrum mit 5...c5, was Schwarz zum Anlass für eine Stützung des ♙d4 nehmen oder aktuell auch ignorieren kann.

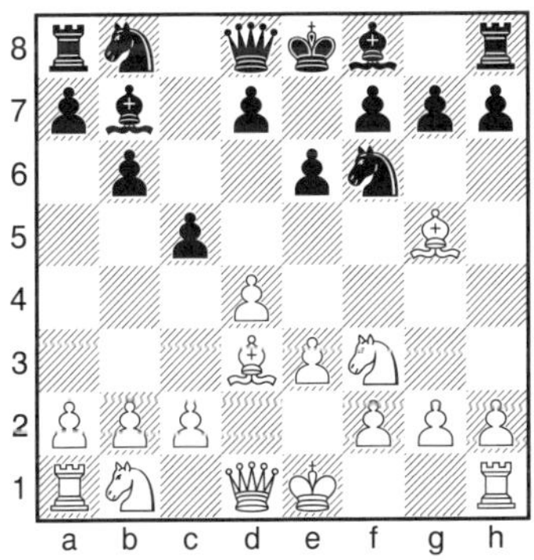

A) Mit der Wahl 6.0-0 lässt sich Weiß nicht von seinem Weg abbringen, zunächst die Entwicklung seines Königsflügels mit Sicherung seines Königs abzuschließen. Er wird mit dem e-Bauern zurückzuschlagen, wenn der schwarze c-Bauer auf d4 nehmen sollte.

6...d6

(Die Praxis zeigt, dass die häufig gespielte Variante 6...cxd4 7.exd4 ♗e7

8.♘bd2 0-0 9.♖e1 d6 10.c3 ♘bd7 11.♕e2 ♖e8 den Kontrahenten grundsätzlich vergleichbare Aussichten vermittelt. Nach dem Abtausch auf d4 sind alle Züge schlicht auf Entwicklung gespielt.)

7.c3 ♘bd7 8.♘bd2 ♗e7 9.♕e2 0-0 mit Übergang in die Schwester-Variante 6.c3 ♗e7 usw.

B) Der häufig in Stellungen der vorliegenden Natur empfehlenswerte Stützungszug 6.c3 ist auch hier eine gute Wahl. Anschließen kann sich eine Phase, in der beide Seiten ihre Entwicklung vorantreiben wollen. So kann es beispielsweise zur durchgängig aus natürlichen Zügen bestehenden Fortsetzung 6...♗e7 7.♘bd2 0-0 8.0-0 d6 9.♕e2 ♘bd7 kommen. Der mit jedem Zug verfolgte Zweck ist ohne eine besondere Kommentierung ersichtlich.

Weiß kann nun 10.e4 durchsetzen und damit eine zentrale Idee seines Systems verwirklichen. Schwarz kann mit 10...e5 im Zentrum kontern. Es ist nicht klar, wie sich die beiderseitigen Perspektiven nach 11.dxe5 dxe5 ∞ entwickeln werden. Aktuell sehen wir Weiß etwas aktiver und freier aufgestellt, was allerdings ein allenfalls fragiler Vorteil ist.

Um Anhaltspunkte für eine denkbare weitere Spielführung zu geben, schauen wir noch etwas weiter in die Partie hinein. Nach 12.♘c4 ♕c7 13.a4 ♖fe8 14.♖fe1 a6 15.♘e3 h6 16.♗h4 ♗f8 ∞ ist weiterhin kein klares Urteil zum Stand der Aussichten möglich.

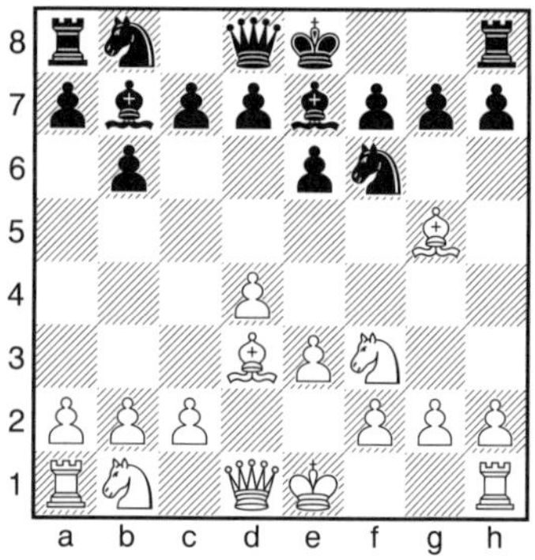

6.♘bd2

Da der Springer auf c3 den c-Bauern behindern würde, wird er nach d2 entwickelt, von wo aus er flexibel eingesetzt werden kann. So kann er beispielsweise auch als eine Art Backup für den ♘f3 fungieren, wenn sich dieser auf das für ihn interessante Vorpostenfeld e5 begeben sollte.

Die ebenfalls mögliche Variante 6.c3 d6 7.♘bd2 ♘bd7 8.0-0 0-0 zeigt, dass die unterschiedlichen Spielweisen dieses Systems auf immer wieder dieselben Ideen zurückgreifen, die teilweise nur in neuen Mixturen aufgehen. Es können aber Nuancen bzw. Kleinigkeiten sein, die zu abweichenden Konsequenzen führen.

In dieser Variante ist beispielsweise 9.♕c2 ein bisher noch nicht in Erscheinung getretener Zug, mit dem Weiß Druck gegen die schwarze Königsstellung aufzubauen beginnt. Eine gute Reaktion ist nun 9...h6, woraufhin sich der Läufer entweder zurückziehen oder sich gegen den ♘f6 abtauschen kann.

10.♗h4

(Die Konsequenzen von 10.♗xf6 ♗xf6 11.♘e4 ♗e7 g3 gefolgt von beispielsweise 12.♘g3 und dann 12...c5 ∞ sind nicht abschließend einschätzbar. Auf jeden Fall aber steht Schwarz sicher, verbunden mit genügend Potenzial für die Entwicklung eines eigenen aktiven Spiels.)

Mit 10...c5 und nachfolgend, z.B. im Anschluss an 11.♖ad1, mit 11...♖c8 legt Schwarz den Grundstein für sein Gegenspiel. Auf beispielsweise 12.♖fe1 kann er mit 12...♖c7 mit der Umsetzung einer interessanten Idee beginnen. Sie fasst den Damenschwenk ♕d8–a8 mit Verstärkung des Drucks auf der Diagonale a8–h1 ein.

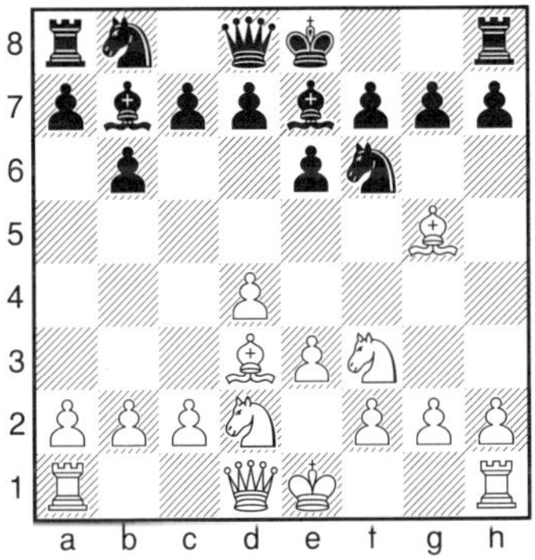

6...d5

Natürlich ist die Idee mit der Entwicklung des Springers von b8 auf d7 auch hier möglich: 6...d6 7.0-0 ♘bd7 8.c4 c5 9.♖c1 0-0 usw.

Wenn nichts Zwingendes oder zumindest Besseres auf der Hand liegt, ist es regelmäßig eine gute Idee, den König über die Rochade aus der Mitte und in Sicherheit zu bringen. In der Folge richten sich beide Kontrahenten nach diesem Rat.

7.0-0 0-0 8.♘e5

Der Springer nimmt seinen Vorposten ein und behindert Schwarz in seiner Entscheidungsfreiheit.

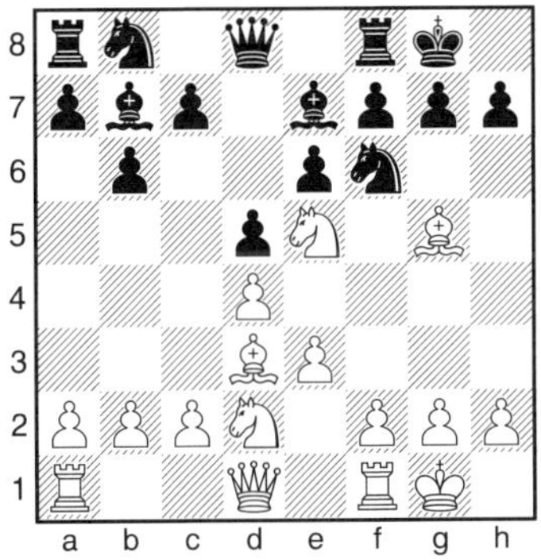

8...c5

Die typische Attacke gegen das weiße Zentrum.

9.c3

Der nicht minder typische Unterstützungszug.

9...♘bd7 10.f4

Der Bauer stärkt die weiße Präsenz in der Mitte.

10...♘e4 11.♗xe7 ♕xe7 12.♘xd7 ♕xd7 13.♘f3

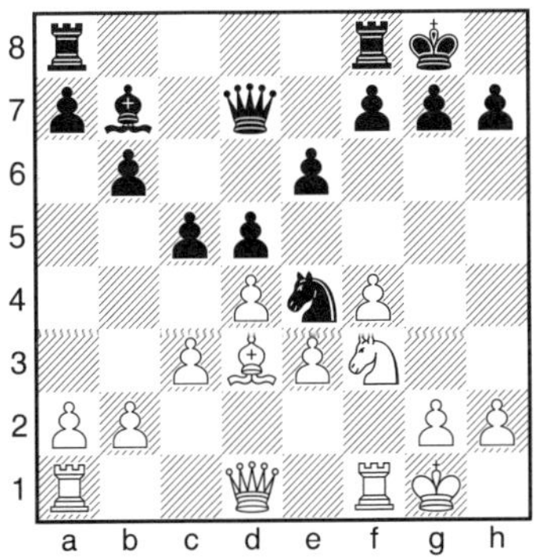

Weiß würde den Springer gerne fest auf e5 installieren.

13...f6

Mit diesem Zug zeigt Schwarz jedoch auf, dass er etwas dagegen hat. Die Perspektiven sind ausgeglichen. Aufgrund seiner stabilen Mitte kann Schwarz ein aktives Vorgehen am Damenflügel nach dem Muster c5–c4, b6–b5, a7–a5 usw. planen.

> **Zusammenfassung:** Die Entwicklung des Läufers nach b7 ist die Basis eines soliden Plans. Schwarz verschafft sich damit gute Chancen auf ein ausgeglichenes Spiel. Überwiegend bevorzugen wir den Aufbau mit der Springerentwicklung von b8 nach d7.

Abspiel 2

1.d4 ♘f6 2.♘f3 g6 3.♗g5 ♗g7 4.♘bd2 0-0

Fortsetzung 5.c3

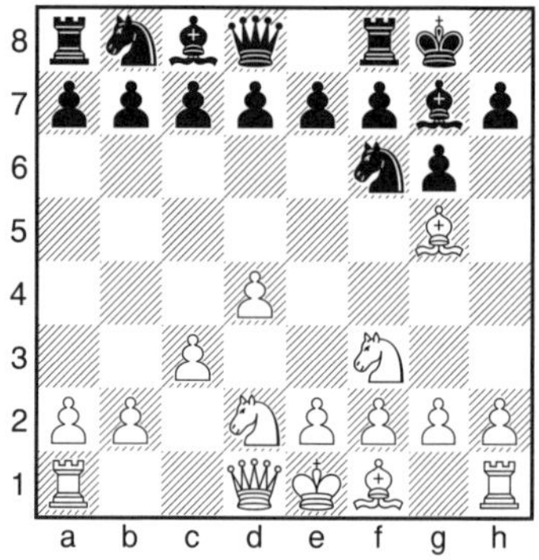

Mit diesem Standardzug verstärkt Weiß den ♙d4. Der Alternative 5.e3 widmen wir uns im Abspiel 3.

5...d6

Die Vorstöße 5...c5 und 5...d5 sind wichtige Alternativen.

I. Mit der Entscheidung zugunsten des Bauernvorstoßes 5...c5 lässt Schwarz im Kampf gegen das weiße Zentrum nichts anbrennen. Dem Thema dieses Kapitels entsprechend liebäugelt er dabei auch mit der Möglichkeit, seinen Damenläufer schnell fianchettieren zu können.

Die Antwort 6.e3 ist wohl die solideste Alternative für Weiß.

(Keinen Gefallen täte er sich mit 6.e4, denn über 6...cxd4 7.cxd4 d5 käme Schwarz problemlos zu einem guten

Spiel. Auf 8.e5 würde 8...♘e4 mit guten Aussichten folgen können.)

Während Schwarz nach dem Plan einer raschen Entwicklung seines Damenflügels verfahren kann, ist Weiß gut beraten, den gleichen Erfolg für seinen Königsflügel anzustreben. So wird die plausible Zugfolge 6...b6 7.♗d3 ♗b7 8.0-0 d6 möglich, bei der der d-Bauer das Feld d7 für den Damenspringer räumt.

Zumeist setzt Weiß nun mit dem recht universellen Zug 9.♕e2 fort. Die Dame unterstützt das angestrebte Vorrücken e3–e4 und von e2 aus kann sie später schnell dort eingesetzt werden, wo immer sie gebraucht wird. Infolge ihrer Entwicklung haben die Türme eine ungestörte Bewegungsfreiheit auf der Grundlinie eingeräumt bekommen.

9...♘bd7 10.e4

Auch in diesem Abspiel ist dieser Vorstoß ein strategischer Kerngedanke.

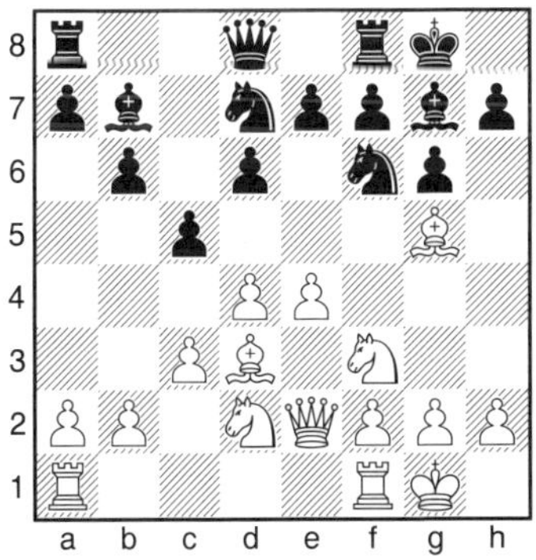

A) 10...cxd4

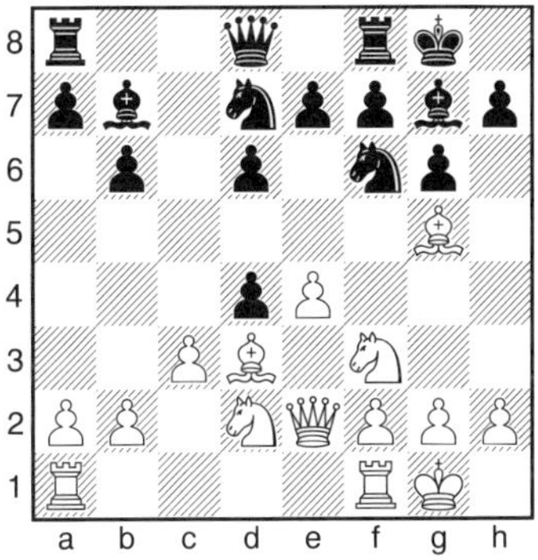

Damit leitet Schwarz den für ihn einfachsten Weg zum Ausgleich ein.

11.cxd4

(11.♘xd4?! würde 11...♘c5 erlauben.)

11...h6 12.♗h4

(12.♗f4 ♘h5 13.♗e3 e5 ∞ ist unseres Wissens erst ein einziges Mal im Turnierschach ausprobiert worden und verdient genauere Untersuchungen sowie einen praktischen Einsatz. In der bisher einzigen Referenzpartie konnte sich Schwarz durchsetzen.)

Mit 12...♘h5 droht Schwarz ♘h5–f4 mit einem Doppelangriff auf Dame und Läufer an.

13.♗c4 zur Entschärfung dieser Drohung ist eine – wenn auch nicht die einzige – gute Möglichkeit. Nach 13...♘df6 ist der weitere Verlauf nicht vorgezeichnet. In jedem Fall aber hat Schwarz den Fuß zum Ausgleich in der Tür. Beispielsweise kann sich ein weiterer Verlauf nach dem Muster 14.♖fe1 g5 15.♗g3 ♘xg3 16.hxg3 d5= ergeben.

B) Mit 10...e5 gibt Schwarz das Lenkrad in die Hände des Gegners. Dieser kann nun entscheiden, ob das Zentrum geschlossen werden oder aber eine offene Struktur angestrebt werden soll.

Die Schließung mit 11.d5 hat für Schwarz u.a. die Konsequenz, dass sein ♗b7 aktuell keine große Wirkung mehr entfaltet.

(Der Abtausch 11.dxe5 dxe5 und dann beispielsweise 12.♘c4 ♕c7 ∞ ist hinsichtlich der weiteren Aussichten nicht klar abschätzbar.)

In der Situation nach 11...h6 12.♗h4 kann Schwarz sein Gegenspiel über den Vorstoß f7–f5 planen und diesen mit 12...♕c7 und nach beispielsweise 13.a4 mit 13...♘h5 vorbereiten. So verschafft er sich aktive Möglichkeiten am Königsflügel.

II. Mit 5...d5 besetzt der d-Bauer selbst das Zentrum, kann dafür aber – anders als von d6 aus – die Vorstöße c7–c5 und e7–e5 nicht unterstützen.

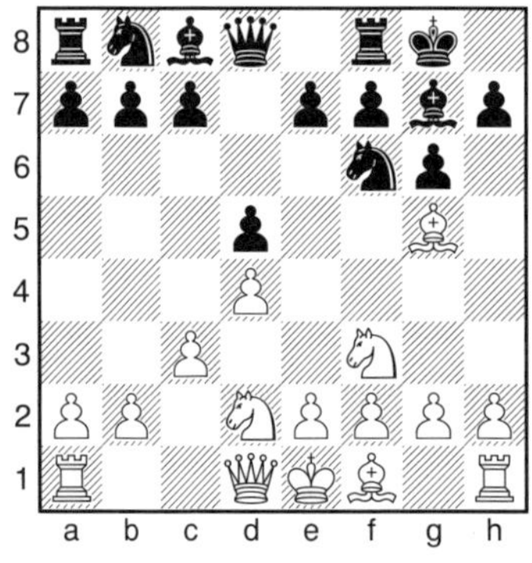

A) 6.e3 ist die mit sehr großem Abstand zu den Alternativen häufigste Fortsetzung. Sie führt zu Stellungen der Art, wie sie Gegenstand unserer Erörterungen im Abspiel 3 sind. Wenn Weiß sich für 8.♗xf6 oder 8.♘e5 entscheidet, geht es wie in diesem Abspiel weiter.

6.♗xf6

Weiß will ohne Umschweife e2–e4 durchsetzen und eliminiert zu diesem Zweck den gegnerischen Springer. Nach 6...♗xf6 7.e4 reagiert Schwarz am häufigsten mit 7...dxe4, was nicht zuletzt für den unerfahrenen Spieler auch unsere Empfehlung ist. Nach 8.♘xe4 ♗g7 kommt Schwarz auf einem wenig komplizierten Weg zu einem guten Spiel.

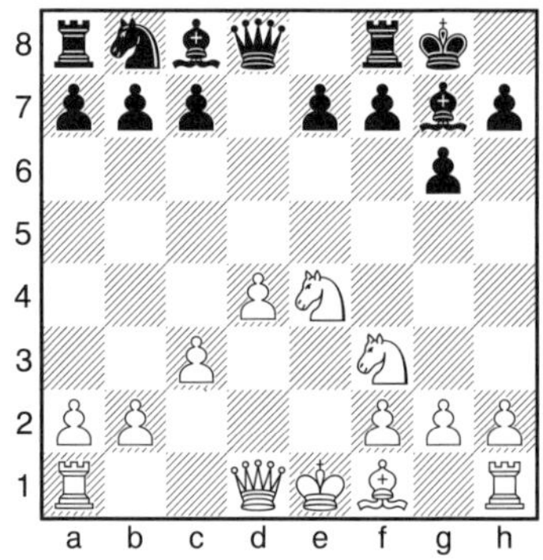

Weiß muss sich entscheiden, auf welches Feld er seinen Läufer spielen will, damit er bald rochieren und so die Entwicklung seines Königsflügels abschließen kann. Es bieten sich die Felder c4 und d3 an, die beide dem Läufer Aussicht auf eine aktive Rolle schenken.

9.♗c4 ist die Nummer 1 in der Spielergunst. Allerdings kann Weiß versuchen, die vorgerückte Position des Läufers für seine Zwecke auszunutzen, wie wir gleich sehen werden.

(Mit der Wahl von 9.♗d3 willigt Weiß darin ein, dass der Läufer etwas weniger aktives Potenzial erhält. Allerdings muss er hier erst mal nicht mit gegnerischen Anrempelungen rechnen. Zudem übernimmt er die Deckung des bisher ungeschützten ♙e4. Dies kann beispielsweise schon eine Rolle spielen, wenn Schwarz den ♗c8 fianchettiert. Eine natürliche Fortsetzung ist 9...♘d7 10.0-0 b6 11.♕c2 ♗b7∞.)

Nach 9...♘d7 10.0-0 kann Schwarz, wie schon kurz erwähnt, den ♗c4 zum Ziel eines Angriffs machen. Der Einsatz des Springers mit 10...♘b6 macht auch deshalb Sinn, weil er das Feld b6 als Sprungbrett für ein Weiterziehen nutzen kann, das gewonnene Tempo also nicht von einer flüchtigen Natur sein wird.

(10...♘f6 ist eine zweite Option, um den Springer zu verbessern und den Blick für Läufer und Dame frei zu bekommen. Es kann dann zur Variante 11.♘xf6+ ♗xf6 12.♕b3 c6 ∞ mit einer unklaren Stellung kommen.)

Nach 11.♗b3 kann Schwarz die Chance für den raumgreifenden Schritt 11...a5 nutzen, wonach der Bauer damit droht, weiter vorzurücken und den Läufer zu belästigen.

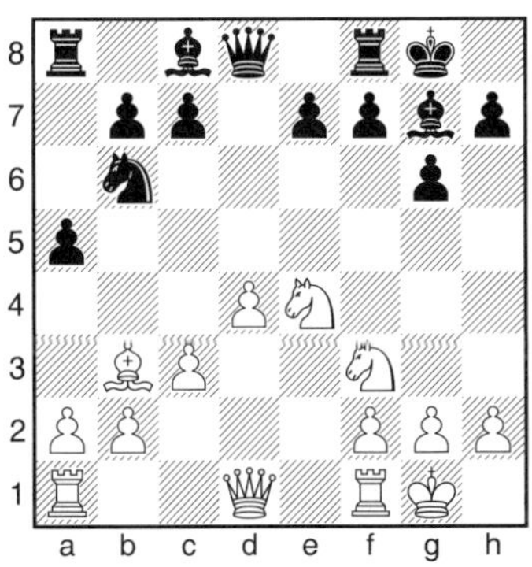

12.a4 stoppt den Bauern effektiv.

(Die Alternative 12.a3 leistet dies nicht, so dass der Bauer mit 12...a4 weitermarschieren kann. Es kann zu einem Fortgang nach dem Beispiel 13.♗a2 ♗d7 14.♕e2 ♖a5 ∞ mit unklaren Verhältnissen kommen, wonach der ♖a5 für einen horizontalen Schwenk bereit steht.)

Nach 12...♘d5= kann Schwarz mit dem Manöver c7–c6 und ♕d8–c7 seine gute Ausgangsstellung im Rahmen eines natürlichen Fortgangs der Partie absichern und ausbauen.

B) Mit 6.♘e5 verbindet Weiß die Idee eines Bauernvorstoßes f2–f4. Fürchten muss Schwarz dieses Vorgehen nicht, was auch die für ihn deutlich positive Erfolgsstatistik bestätigt. Er kann einfach mit seinem Universalzug 6...♘bd7 fortsetzen.

(Gegenspiel verspricht auch der Schlag gegen das Zentrum mit 6...c5. Nach beispielsweise 7.e3 ♘c6 8.f4 ♕b6 ⇄ bekommt es bereits ein Gesicht.)

Mit 7.f4 verliert das Feld e3 seinen einzigen Verteidiger. Mit 7...h6 wird der Läufer, unabhängig von seiner Reaktion, von der Diagonale c1–h6 vertrieben. Nach 8.♗h4 ♘xe5 9.fxe5 kann Schwarz mit 9...♘g4 das Feld e3 ins Visier nehmen, ohne dass Weiß adäquat etwas gegen das Weiterziehen des Springers dorthin unternehmen kann.

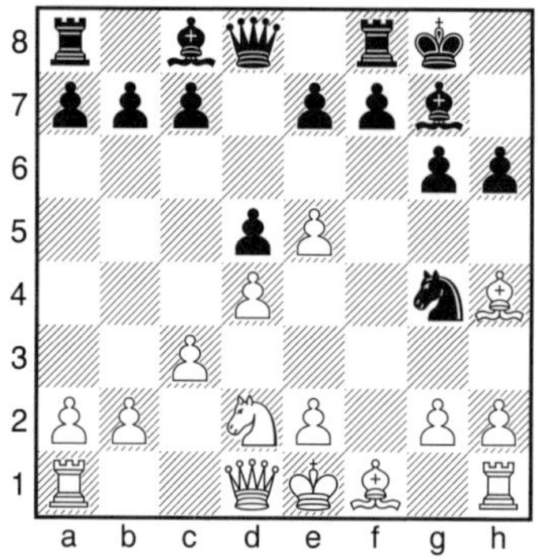

Nach 10.♘f3 ♘e3 11.♕d2 ♘xf1 12.♖xf1 muss Weiß erkennen, dass er sich zu viel von 7.f4 versprochen hat. Angesichts der weißen Schwächen ist das schwarze Spiel bereits vorzuziehen. Schwarz kann sich nun nach dem Plan ♗c8–f5, ♕d8–d7 nebst Zentralisierung der Türme (der ♖a8 findet in c8 sein geborenes Zielfeld) Δc7–c5 weiter aufbauen und sein Gegenspiel organisieren.

6.e4

Dies ist an dieser Stelle die aktivste Waffe im weißen Arsenal.

Unsere Ausführungen zur Fortsetzung 6.e3 finden Sie im **Abspiel 3.**

6...c5

Ein typischer Konter gegen das weiße Bauernzentrum.

(Die Erwiderung 6...♘bd7 will gut überlegt sein, bevor sie eingesetzt wird. Folgen könnte nämlich 7.e5 dxe5 8.dxe5 und nun könnte nach 8...♘g4 der Bauer aggressiv mit 9.e6! weiter nach vorne beordert werden. Für das Bauernopfer käme Weiß zu einer starken Initiative.)

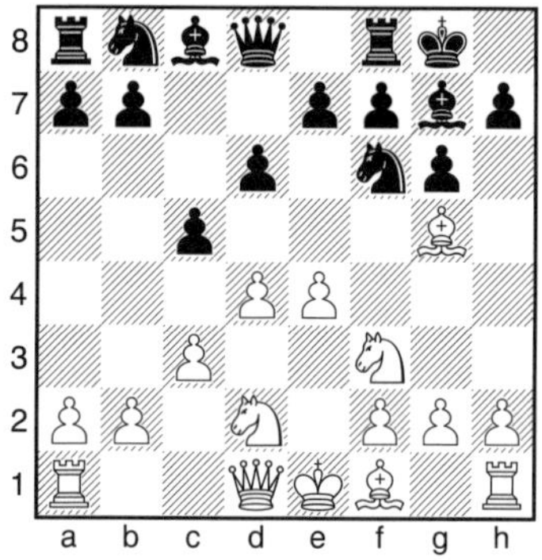

Schwarz kann nun insbesondere mit den Antworten 7.dxc5, 7.d5 und 7.♗d3 rechnen.

7.dxc5

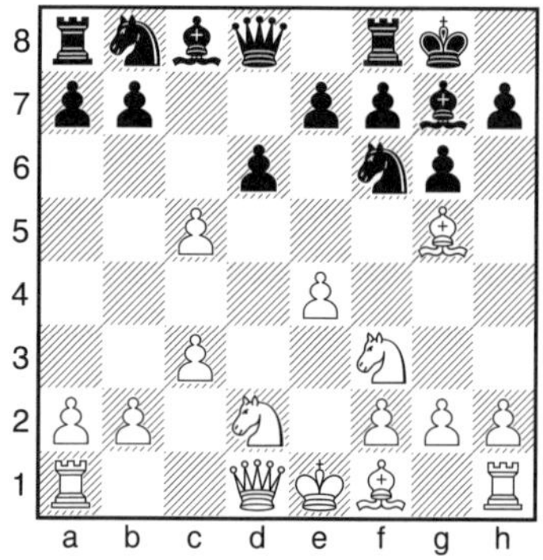

Dieser Fortsetzung schenkt Weiß in der Turnierpraxis am häufigsten sein Vertrauen.

I. 7.d5 bereitet Schwarz keine Probleme im Kampf um Ausgleich. Bevor er sich der Situation in der Mitte zuwendet, kann er zunächst mit 7...h6 dem Läufer auf den Leib rücken.

8.♗h4

(8.♗xf6 ist mehrfach im Fernschach ausprobiert worden, allerdings mit einem für Weiß sehr unbefriedigenden Ergebnis. Wir belassen es bei der Abbildung einer einfachen Beispielvariante, um einen möglichen Weg in den Ausgleich zu veranschaulichen.

8...♗xf6 9.♗e2 ♘d7 10.a4 ♗g7 11.0-0 ♘f6=

Diese Variante macht deutlich, dass natürliche und auch am Brett nicht schwer zu findende Züge einen Ausgleich möglich machen können.)

8...e6

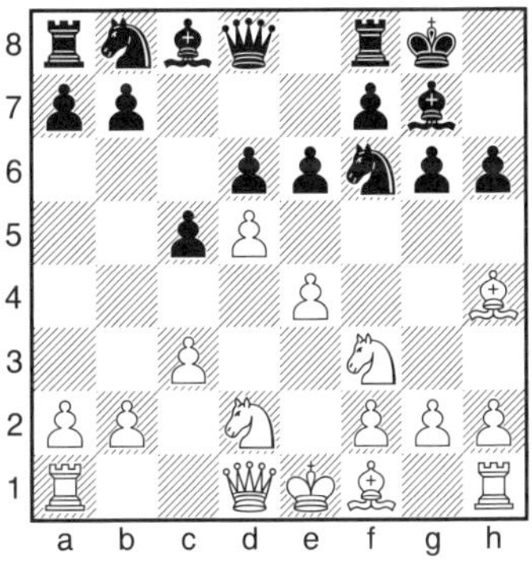

Schwarz greift die Mini-Bauernkette an ihrer Spitze an. Dies wird deren einengende Wirkung auflösen oder schmälern.

(Auch eine gute Alternative ist das Vorgehen mit 8...g5 9.♗g3 ♘h5 usw.)

Die beste Wahl für Weiß ist nun 9.dxe6, worauf es üblicherweise zu 9...♗xe6 10.♗c4 kommt. Die für Schwarz besten Ergebnisse verbinden sich mit der Antwort 10...d5 und der Folge 11.exd5 ♗xd5 12.0-0 ♘c6= usw.

II. Mit der Wahl von 7.♗d3 reagiert Weiß mit einer Fortsetzung seiner Entwicklung auf die gegnerische Attacke. Schon an dieser Stelle sollte er sich entschieden haben, wie er reagieren wird, wenn Schwarz erwartungsgemäß 7...cxd4 folgen lässt.

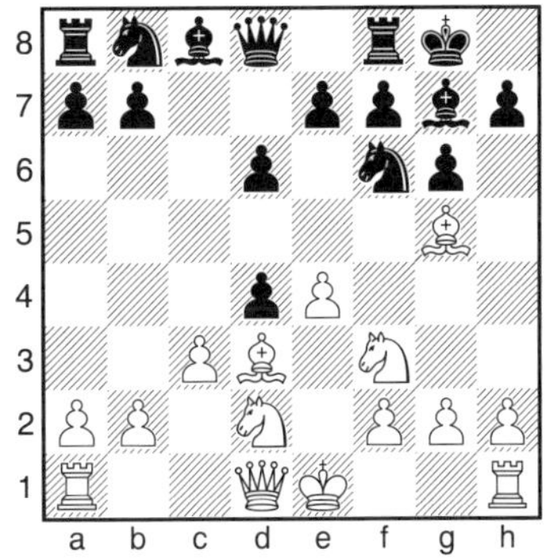

Mit 8.cxd4 kommt es zu einer Öffnung der c-Linie bei einem starken weißen Bauernzentrum.

(Im Falle von 8.♘xd4 bleibt die vollständige Öffnung der c-Linie aus. Stattdessen werden die c- und die d-Linie zur Hälfte geöffnet und bieten den Parteien unterschiedliche Möglichkeiten zur Nutzung. Während Schwarz bei seiner weiteren Entwicklung verstärkt auf die c-Linie setzen kann, hat Weiß auf der d-Linie den größeren Einfluss.

Nachdem Schwarz standardartig 8...♘bd7 ausgeführt und Weiß mit der offensichtlich hier zeitlich gut platzierten 9.0-0 geantwortet hat, müssen die Kontrahenten ihr weiteres Vorgehen planen. Schwarz kann sein Augenmerk auf den Königsflügel konzentrieren, Weiß sein Spiel in der Mitte stärken. Es kann sich dann beispielsweise der folgende weitere Verlauf ergeben.

Mit 9...a6 sperrt dieser Bauer die weißen Figuren vom Feld b5 aus und macht b7–b5 möglich, sofern Weiß nichts dagegen unternimmt. Mit 10.a4 aber verhindert Weiß den Vorstoß des b-Bauern.

Mit 10...b6 leitet Schwarz das Fianchetto mit einer anschließenden Verstärkung der Kräfte auf der c-Linie ein. Weiß kann mit 11.♕e2 die Stärke seiner Dame besser ausspielen, indem sie auf der e-Linie den Bauern von hinten stützt und zugleich gemeinsam mit dem Läufer gegen den schwarzen Damenflügel drückt. Vor allem aber macht sie das Feld d1 für den Turm frei.

Nach 11...♗b7 12.♖ad1 ♕c7 haben die Kontrahenten ihre Entwicklungsaufgaben weitgehend erfüllt. Mit nachfolgend ♘d7–c5 kann Schwarz seinen Springer aktiver einbinden.)

8...h6

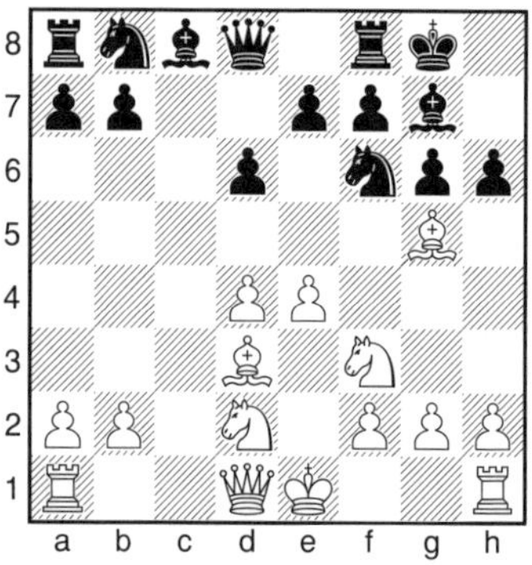

Schwarz zwingt den Läufer dazu, sich zu erklären, um in Abhängigkeit seiner Entscheidung unterschiedliche Pläne umzusetzen. Wenn der Läufer sich nicht leicht überwertig gegen den ♘f6 abtauschen will, bleibt ihm nur der Rückzug.

9.♗h4 gibt Schwarz die Möglichkeit, den Läufer nach g3 zurückzudrängen und anschließend abzutauschen.

(Die Alternative 9.♗f4 macht das aggressive Vorgehen mit 9...e5 möglich, worauf wegen des ungedeckten ♗d3 nur ein weiteres Zurückweichen möglich ist. Nach 10.♗e3 ♘c6 gibt 11.d5 Weiß die besten Möglichkeiten.

Mit 11...♘e7 nutzt Schwarz den Springerrückzug zugleich für eine Verstärkung seines Einflusses auf das Feld f5. Nach beispielsweise 12.h3 ist die Idee 12...♘h7 mit dem anschließenden Vorstoß f7–f5 ein guter Weg zur Erlangung eines Gegenspiels.)

Nach 9...g5 10.♗g3 ♘h5 kann Schwarz sich zunächst mal von seinem Gegner zeigen lassen, was er vorhat, um dann entsprechend zu reagieren. Mit dem beabsichtigten Schlagen auf g3 kann er sich entsprechend Zeit lassen. Auf beispielsweise 11.♘b3 kann er seinerseits mit Entwicklung reagieren, so etwa mit 11...♘c6.

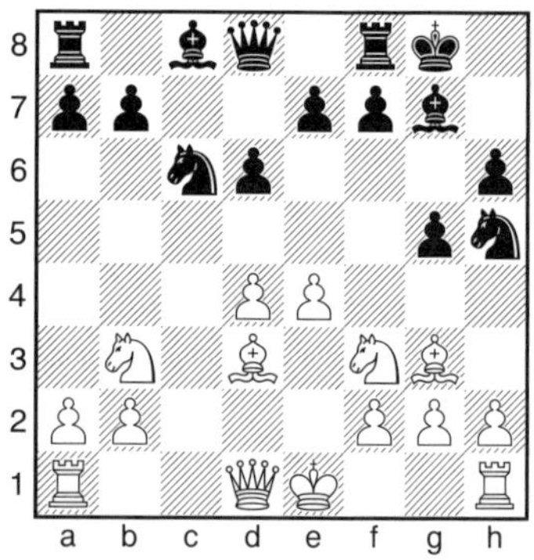

Hier nun muss Weiß aufpassen, dass er nicht sorglos agiert. Eine gute Entscheidung wäre 12.0-0, um den König in Sicherheit zu bringen.

(12.d5? wäre ein Fehler, der insbesondere dem unerfahrenen Spieler unterlaufen kann. Der Springer entzieht sich mit dem Satz nach vorne 12...♘b4∓ aus der Bedrohung und Schwarz ist klar im Vorteil. Zu beachten ist der freie Blick des ♗g7 bis b2.)

Mit 12...♘xg3 kann Schwarz auf sein ursprüngliches Vorhaben zurückkommen und nach 13.hxg3 mit 13...♗d7 fortsetzen. Mit dem bisher Erreichten kann er durchaus zufrieden sein. Wenn jetzt 14.d5 kommen sollte, ist auch hier 14...♘b4! eine starke Riposte.

7...dxc5

In dieser Variante wird also die d-Linie geöffnet, während die c-Linie geschlossen bleibt. Eine der strategischen Folgen liegt darin, dass damit die lange Rochade eher als bei einer offenen c-Linie eine Entscheidung der Wahl werden kann.

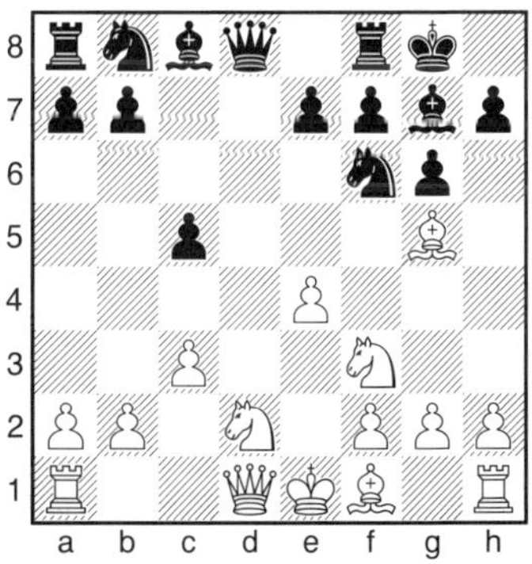

8.♗c4

Diese Läuferentwicklung ist aktiver als jene nach e2. In der Turnierpraxis wird sie deshalb am häufigsten gewählt. Der Läufer übt die Kontrolle über die Diagonale a2–g8 aus.

8.♗e2 ist aber auch gut spielbar. Schwarz kann sich nun überlegen, ob er mit dem Fianchetto oder anders reagieren soll. Mit 8...♘c6 kann er die Umsetzung eines Plans einleiten, der eine Verwendung des ♗c8 auf der Diagonale c8–h3 vorsieht.

(Eine typische Umsetzung des Fianchetto-Vorhabens kann beispielsweise über die Züge 8...b6 9.0-0 ♗b7 laufen. Eine natürliche Fortsetzung wäre nun 10.♕c2 ♕c7 11.♖fe1 ♘c6= usw.)

Mit ruhigen Entwicklungszügen wie 9.0-0 ♕c7 10.♕c2 ♖d8 können beide Seiten weiter an der Aktivierung ihrer Kräfte arbeiten. In dieser ausgeglichenen Stellung wollen wir aber noch zeigen, wie der ♗c8 auf seiner aktuellen Diagonale eingesetzt werden kann, und folgen deshalb noch etwas weiter einer Beispielvariante. 11.♖fe1 h6 12.♗h4 ♘h5 13.♘c4

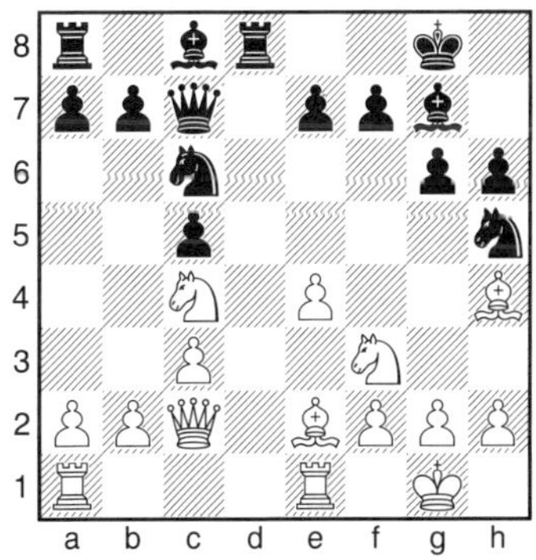

Nun kann sich der Läufer mit 13...♗e6 nützlich machen. Es ist aktuell nicht weiter tragisch, dass er sich damit dem ♙e7 vor die Nase stellt.

(Ein Überschwenken zur Fianchetto-Lösung bleibt aber weiter möglich. Ein typischer Verlauf wäre dann 13...g5

14.♗g3 ♘xg3 15.hxg3 b6, zu dem es allerdings seltener kommt.)

14.♘e3 ♘f4=

8...♘c6

In dieser Variante wird der Springer nach vorne entwickelt, denn jetzt würde 8...♘bd7 mit 9.e5 beantwortet werden können, verbunden mit einem klaren weißen Vorteil.

9.♕e2

Damit lässt Weiß noch offen, wie er zu den Fragen der Sicherung seines Königs und des Einsatzes der Türme verfahren wird. Zu beachten ist, dass die Dame dem ♙e4 die nötige Unterstützung leistet, wenn er weiter nach vorne drängen sollte.

Weiß kann auch mit 9.0-0 fortfahren, worauf sich das Duell beispielsweise mit 9...♕c7 10.♕e2 h6 11.♗h4 ♘h5 etc. weiter entwickeln kann. Die Spielführung kann dann an bereits besprochenen Beispielen orientiert werden.

9...♕c7

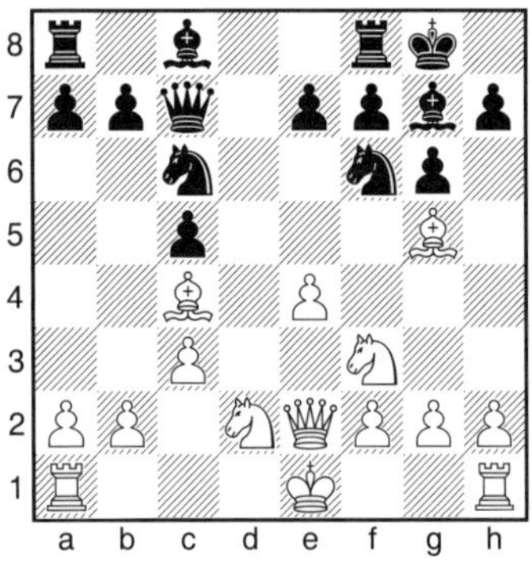

10.e5

10.0-0 bringt Weiß inzwischen maximal den Ausgleich. Schwarz kann sowohl mit 10...♘a5 usw. als auch mit 10...h6 usw. reagieren.

10...♘h5 11.0-0-0

Damit ist eine höchst interessante und komplizierte Stellung erreicht, die bisher nur selten ausgespielt worden ist. Die Statistik weist beiden Parteien gleiche Erfolgschancen zu. Indem wir noch ein paar weitere Züge in die mögliche Zukunft der Partie schauen, möchten wir Hinweise zur möglichen weiteren Spielführung geben.

11...h6 12.♗e3 ♘xe5 13.♘xe5 ♕xe5 14.g4

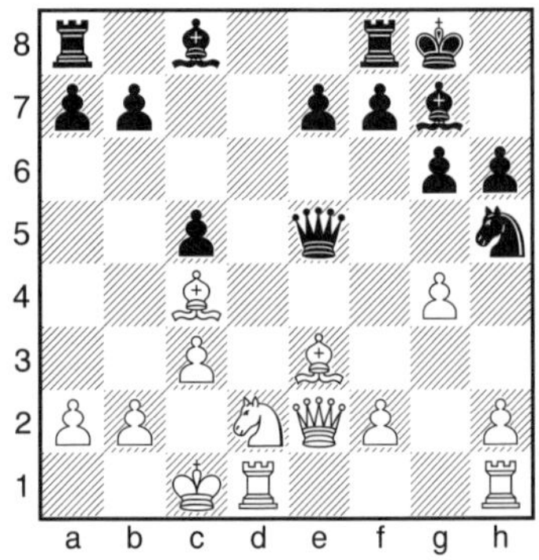

14...♘f6

14...♘f4!? 15.♕f3 ♘e6 usw.

15.f4 ♕c7

Aus dieser scharfen Stellung heraus hat Schwarz gute Konterchancen.

Zusammenfassung: In diesem Abspiel verzichtet Weiß auf die ruhigere Entwicklung mit 6.e3, die zum **Abspiel 3** führt. Stattdessen geht er energisch mit 6.e4 in der Mitte vor. Der Konter 6...c5 verspricht Schwarz ein gutes Gegenspiel.

Abspiel 3

1.d4 ♘f6 2.♘f3 g6 3.♗g5 ♗g7 4.♘bd2 0-0

Fortsetzung 5.e3

Diese Fortsetzung ist mit 5.c3 verbunden (siehe **Abspiel 2**).

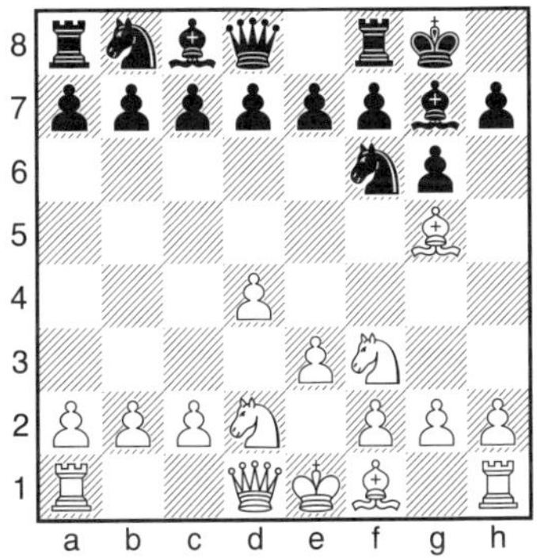

5...d6

Dies ist die Hauptfortsetzung. Auf sie wollen wir uns auch konzentrieren, zumal sie zu Lösungen führt, die wir in ähnlicher Form an anderen Stellen dieses Kapitels anbieten und die somit sehr gut ins Konzept passen. Da 5...d5 und 5...c5 spielbare Alternativen von einer zumindest gewissen Bedeutung sind, werden wir sie nachstehend besprechen, wenn auch teilweise in einem reduzierten Umfang.

I. 5...d5

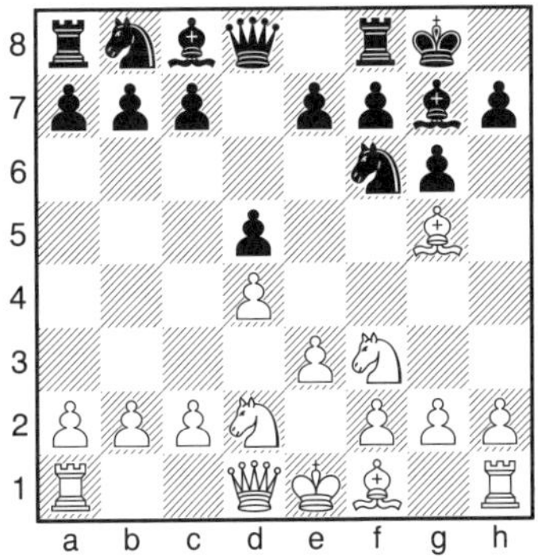

Indem der Bauer mit dem Doppelschritt entwickelt wird, verschafft er Schwarz unmittelbar Zentrumseinfluss. Anders als von d6 aus kann er allerdings nun keinen der beiden Vorstöße c7–c5 und e7–e5 unterstützen.

Die typische Stützung des Zentrums mit 6.c3, die zugleich der Dame einen Weg auf die linke Seite anbietet und der Begrenzung des Einflusses des ♗g7 dient, ist hier ein Vorgehen der Wahl und kann auch noch etwas hinausgezögert werden.

(Auf 6.♗d3 kann Schwarz energisch mit 6...c5 antworten. Einerseits wird damit das weiße Zentrum unter Druck gesetzt, andererseits kann nun die Dame nach b6 mit Angriff auf den ♙b2 gebracht werden.

7.c3 ♕b6 8.♕b3 c4

Damit zwingt Schwarz den Gegner zum Abtausch auf b6. Der wenig erfahrene Spieler, der vielleicht etwas dogmatisch jeden Doppelbauern zu vermeiden versucht, mag vor diesem Vorgehen zurückschrecken. Es kommt dadurch aber nicht zu einer echten Schwächung, zumal der Frontbauer marschieren kann. Zudem erlangt Schwarz die Gewalt über die im Anschluss halboffene a-Linie.

9.♕xb6 axb6 10.♗c2 b5 11.0-0 ♘c6=)

Nach 6...♘bd7 wird die Läuferentwicklung 7.♗e2 am häufigsten gespielt und weist die besten statistischen Werte auf.

(Auf 7.♗d3 kann Schwarz mit dem gleichen Aufbau antworten, dann sogar mit noch besseren Erfolgszahlen im Rücken.)

Nach 7...♖e8 wird der schwarze Plan deutlich erkennbar: Mit ♘b8–d7 gefolgt von dem Turmzug hat Schwarz den Vorstoß des e-Bauern vorbereitet.

8.0-0 e5 9.dxe5 ♘xe5 10.♘xe5 ♖xe5 11.♘f3 ♖e8

Die strategischen Kerngedanken sind verwirklicht und nach beispielsweise 12.♕b3 c6 13.♖ad1 ♕b6 ⇄ geht es für die Kontrahenten auf Augenhöhe ins Mittelspiel.

II. 5...c5

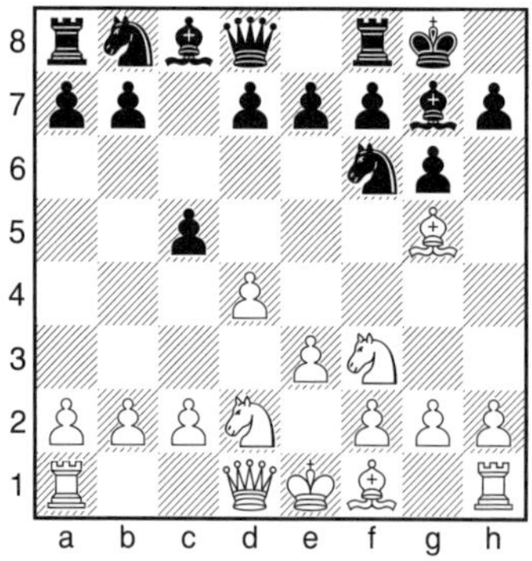

6.c3

(6.dxc5 wäre wenig ratsam und könnte vor allem mit 6...♕a5 beantwortet werden.)

6...b6 7.♗d3

(7.♗e2 ♗b7 8.0-0 d6 9.a4 ♘bd7 kann Weiß mit der Idee 10.a5 verbinden. Nach beispielsweise 10...♕c7 11.♕b3 e5 ist eine komplizierte Stellung entstanden.)

Nach 7...♗b7 8.0-0 d6 9.♕e2 ♘bd7 10.e4 führt der Abtausch 10...cxd4 11.cxd4 mit dem anschließenden Manöver 11...h6 12.♗h4 ♘h5= zu ausgeglichenen Verhältnissen.

6.c3

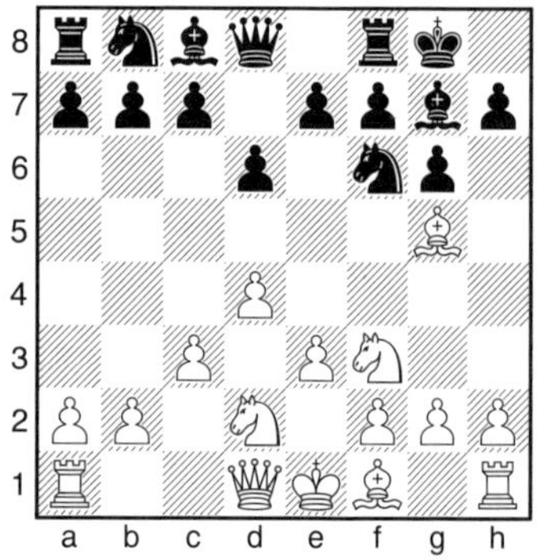

6...c5

Der ♙d6 stützt nicht nur den Vorstoß c7–c5, sondern auch e7–e5. Allerdings bedarf dieses Vorgehen einer weiteren Vorbereitung. Mit 6...♘bd7 bringt sich auch der Springer entsprechend ein.

Für Weiß ist es an der Zeit, seinen Läufer ins Freie zu führen. Dazu bieten sich e2, d3 und c4 als Entwicklungsfelder an.

A) Nach 7.♗e2 e5 kann Weiß den gegnerischen Schlag gegen das Zentrum ignorieren und zunächst den in dieser

Stelle natürlichsten Zug 8.0-0 ausführen.

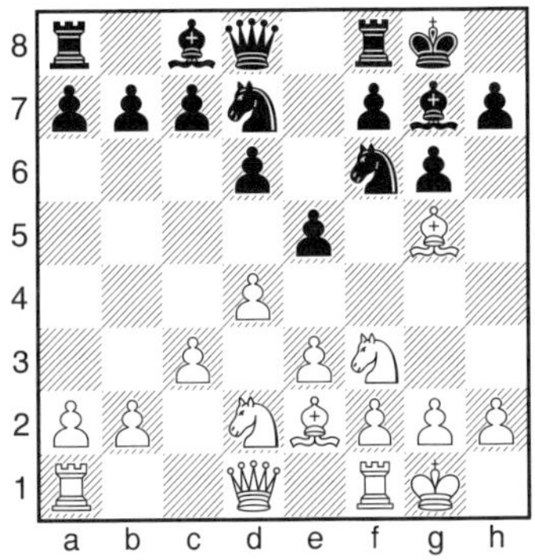

Mit 8...♕e8 löst die Dame die Fesselung des ♘f6 auf, so dass nun e5–e4 möglich wird. Mit 9.dxe5 und auf 9...dxe5 mit 10.e4 unterbindet Weiß ein solches Vorgehen.

Natürlich weitergehen kann es mit 10...h6 11.♗h4, worauf der ♘d7 besser in Stellung gebracht werden sollte. Mit 11...♘c5 und Angriff auf den ♙e4 ist die Aufgabe gelöst.

Nachdem Weiß den Bauern mit 12.♕c2 hinreichend geschützt hat, kann die Position des Springers mit 12...a5 ∞ gestärkt werden. Wir sehen das Chancenverhältnis als unklar an, während der Computer Schwarz leicht im Vorteil sieht.

B) Auch auf 7.♗d3 ist 7...e5 die aktivste und beste Antwort.

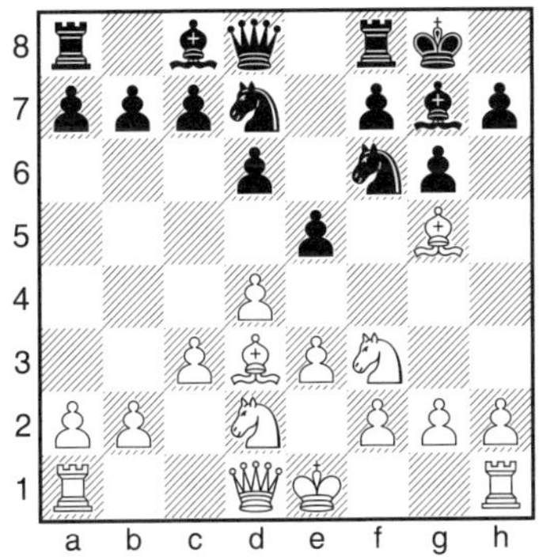

8.0-0

(Ein scharfes Spiel kann Weiß mit 8.♕c2 und einer darauffolgenden langen Rochade provozieren. Die Könige stehen dann auf verschiedenen Flügeln und können jeweils hemmungsloser attackiert werden. Nach 8...c6, worüber die schwarze Dame Zugang zum Damenflügel bekommt, und 9.0-0-0 ♕a5 ist das Feld für einen spannenden Kampf bereitet.)

Mit 8...c6 macht der Bauer den Weg für seine Dame frei. Die Kontrahenten müssen zwar noch etwas Eröffnungsarbeit leisten, der Stellungsausgleich ist aber bereits absehbar. Weiß ist natürlich nicht festgelegt, wie er weiter fortsetzen möchte. Zu den Kandidaten für den nächsten Zug gehören u.a. 9.h3, 9.♗h4, 9.♕c2 wie auch 9.dxe5

Unsere weitere und beispielhafte Betrachtung konzentrieren wir auf den Bauerntausch im Zentrum 9.dxe5. Die anderen Züge haben wir in teilweise ähnlichen Positionen an anderen Stellen behandelt. Mit der gebotenen Vorsicht können die dortigen Ausführungen als Hinweise zur Spielführung in dieser Variante genutzt werden.

Die Stellung nach 9...dxe5 ist in der Praxis bisher selten ausgespielt worden. Regelmäßig hat Weiß dabei mit 10.♘e4 fortgesetzt. Sehr erfolgreich war er damit nicht, so dass es sich lohnen kann, nach einer Alternative zu suchen.

Anbieten kann sich sofort prophylaktisch ♗d3–c2, wofür sich auch die Engines aussprechen. Direkt könnte damit die hemmende Wirkung der Drohung e5–e4 entschärft werden.

10...♕c7

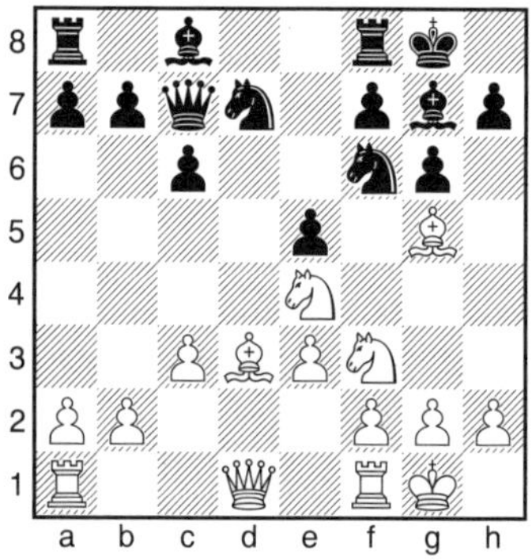

11.♗c2

(Auch nach 11.♕e2 kann Schwarz die Position des Springers für den Abtausch 11...♘xe4 nutzen, der für ihn günstig ist. Nach 12.♗xe4 ♘c5 13.♗c2 b6 steht er aktiv.)

Nun kann Schwarz mit 11...♘xe4 den Versuch starten, Profit aus der Position des weißen Springers zu ziehen. Nach 12.♗xe4 ♘c5 13.♗c2 a5 Δb7–b6, ♗c8–a6 usw. ist er manöverartig zu einer aktiveren Stellung gekommen.

C) Nach 7.♗c4 kann Schwarz wie nach 7.♗e2 und 7.♗d3 fortsetzen, also beispielsweise mit 7...e5 8.0-0 c6 oder 8...♕e8 usw.

7.♗d3

Im Falle von 7.♗e2 kann Schwarz auf die Umsetzung der bekannten Idee des Abtausches der weißfeldrigen Läufer spielen. Nach 7...b6 8.0-0 ♗a6 muss sich Weiß entscheiden.

Mit 9.♗xa6 nimmt er die Einladung zum Abtausch an. Damit ist eine Schwächung seines Einflusses auf den weißen Feldern verbunden, was aber gleichermaßen für Schwarz gilt. Es ist augenfällig, dass alle entwickelten Bauern beider Seiten auf schwarzen Feldern stehen.

(Die Folgen einer Verweigerung des Abtausches mit 9.c4 und 9...♘bd7 ∞ im Anschluss sind nicht klar.)

9...♘xa6 10.♕e2 ♘c7= usw.

7...♘c6

Dies ist die Hauptfortsetzung und auf sie legen wir uns fest. Seltener wird auch 7...♘d7 gespielt. Wer diese Fortsetzung bevorzugt, findet Anhaltspunkte zu einem geeigneten weiteren Vorgehen an den zahlreichen anderen Stellen dieses Kapitels, an denen wir uns ihr zugewendet haben.

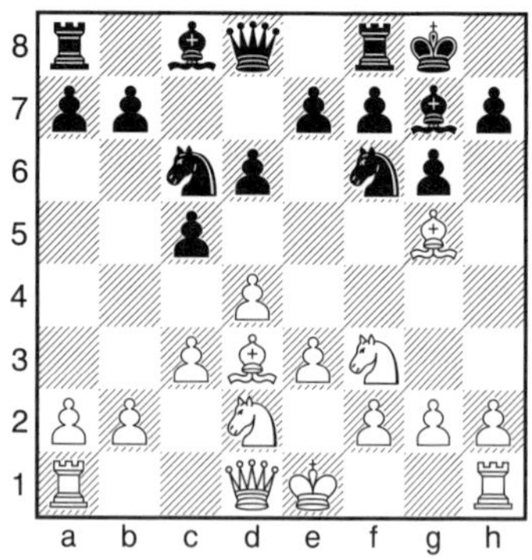

8.0-0

Natürlich kann Weiß auch über die lange Rochade nachdenken. Bessere Aussichten als in der Textvariante kann er sich damit aber nicht erstreiten, wenn Schwarz aufpasst.

8.♕c2 lässt noch offen, wohin die Reise für den König gehen soll. Mit 8...a6 zur Vorbereitung von b7–b5 kann sich Schwarz universell und somit unabhängig von einer eventuell langen gegnerischen Rochade gut disponieren.

Mit 9.h4 behält sich Weiß die lange Rochade weiterhin vor. Alternativ setzt er auf die Möglichkeit zu einem weiteren Vorgehen am Königsflügel, indem der h-Bauer weiter nach vorne schreitet und die schwarze Königsstellung in Unordnung bringt.

(Nach 9.0-0-0 b5 ⇄ käme Schwarz schneller als sein Gegner zu aktiven Möglichkeiten gegen den König.)

A) 9...b5

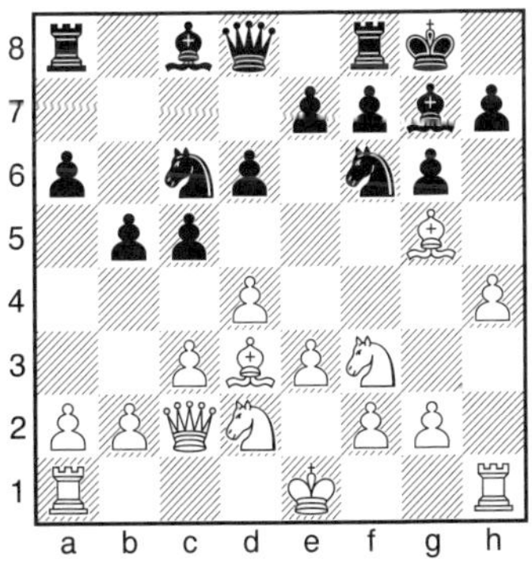

A1) 10.dxc5 dxc5 11.h5 c4!

Diese geradlinige Entscheidung ist richtig.

(Nach 11...♘xh5 könnte das Szenario einer plötzlichen Verschärfung mit einer Verlagerung der Chancen unvermittelt eintreten. Mit dem Qualitätsopfer 12.♖xh5! und dann 12...gxh5 13.♗xh7+ ♔h8 14.♗e4 ♕d6 15.0-0-0 hätte Weiß der Stellung ein ganz anderes Gesicht gegeben und könnte Schwarz Schwierigkeiten bereiten.)

12.♗e4 ♘xe4 13.♕xe4

Die schwarze Dame kann nun mit 13...♕d6 aktiviert werden und die Deckung des ♘c6 übernehmen. Nach 14.hxg6 ♕xg6= sind die Chancen als gleichwertig einzuschätzen.

A2) 10.h5 kann Schwarz gut mit 10...c4 kontern.

11.♗e2

A2a) Nach 11...♘xh5= steht Schwarz zunächst einmal hinreichend sicher. Vergleichen Sie diese Variante aber bitte mit jener nach 10.dxc5 (statt hier 10.h5) 10...dxc5 11.h5 ♘xh5!, denn indem hier der Läufer nach e2 abgedrängt ist, kann er das Feld h7 nicht erreichen.

A2b) Mehr Fantasie erlaubt aber 11...d5, womit Schwarz seinen Gegner weiter einengt. Nach 12.hxg6 fxg6 ist 13.0-0 richtig.

(13.0-0-0? wäre schwach wegen 13...♗f5! und Weiß stünde vor großen Problemen.)

13...♗f5 14.♕d1 ♕d7 mit der Absicht a6–a5, b5–b4 mit Gegenspiel am Damenflügel.

B) Alternativ lässt sich der weiße h-Bauer auch mit 9...h5 stoppen, um zu einem späteren Zeitpunkt b7–b5 nachzuholen. Ein möglicher Fortgang könnte dann über 10.♗xf6 laufen.

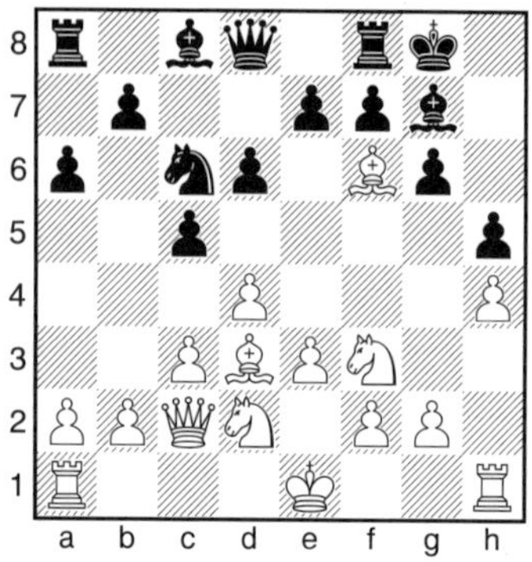

B1) Weitergehen kann es mit 10...exf6 11.dxc5 dxc5 12.♘e4 ♕e7. Die Dame und nicht der b-Bauer übernimmt die Deckung des ♙c5, weil b7–b5 folgen soll.

13.0-0-0 b5 ⇄

Auch hier kommt Schwarz etwas schneller zum Angriff, seinen Aussichten ist der Vorzug zu geben. Die ohnehin dynamische Stellung kann allerdings plötzlich an Schärfe gewinnen. Beide Parteien dürfen nicht zögerlich vorgehen. Auch die weißen Figuren stehen massiv zum Angriff bereit.

B2) Wer zur Vermeidung des Doppelbauern 10...♗xf6 in Erwägung zieht, wird nach 11.dxc5 dxc5 12.♘e4 erkennen müssen, dass er dessen Entstehen doch noch akzeptieren oder aber den ♙c5 hergeben muss. Interessant ist die Fortsetzung 12...♗g4 13.♘xc5 ♖c8, denn nun hat Weiß die Möglichkeit zu einer Weichenstellung. Mit 14.♗e2 kann er einen eher ruhigen positionellen Kampf etwa auf Augenhöhe anstreben.

(Möglich ist aber auch der Einstieg in eine wilde Variante mit 14.♗xg6, deren weiterer Verlauf mit 14...fxg6 15.♕xg6+ ♗g7 16.♘e6 ♗xe6 17.♕xe6+ ♔h8 vorgezeichnet ist. Nach 18.♖d1 ♕e8= sind die weiteren Aussichten der Kontrahenten zwar als gleichwertig einzuschätzen, die materielle Konstellation aber hat sich gravierend verschoben. Dies eröffnet beste Aussichten auf einen spannenden und ideenreichen Kampf.)

8...b6 9.♕e2 ♗b7 10.♖fd1

Auf 10.♖ad1 kann Schwarz wie in der Textvariante gut mit 10...♕c7 reagieren.

10...♕c7

Das Feld c7 ist aktuell der beste Platz für die Dame.

11.♖ac1 h6 12.♗h4 e5

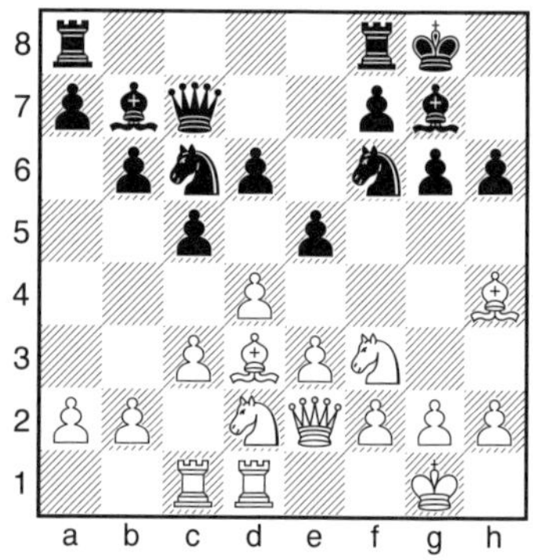

Die Chancen sind weitgehend ausgeglichen. Die beiden folgenden Varianten veranschaulichen, wie es weitergehen kann.

I. 13.dxc5 dxc5 (13...bxc5!?) 14.♗g3 ♖ad8 15.♘e4 ♘d5=

II.13.♘e4 ♘xe4 14.♗xe4 exd4 15.cxd4 ♖fe8=

Zusammenfassung: In dieser Variante empfehlen wir die solide Fortsetzung 5...d6. Die Alternativen 5...d5 und 5...c5 sind aber auch spielbar und räumen Schwarz für die eigene Praxis einen Spielraum ein. Generell festzuhalten bleibt, dass der Zug 3.e3 Schwarz kaum vor größere Probleme stellt.

Abspiel 4

1.d4 ♘f6 2.♘f3 g6 3.♗g5 ♗g7 4.♘bd2 0-0

Fortsetzung 5.e4

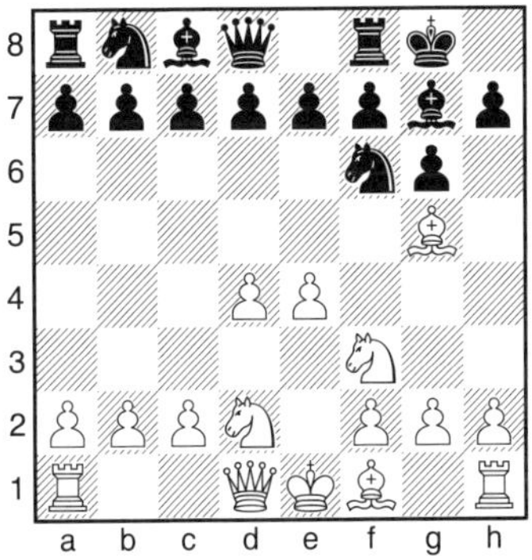

Mit diesem elanvollen Vorgehen verbindet Weiß grundsätzlich einen Aufbauplan mit ♗f1–c4, ♕d1–e2 und e4–e5.

5...d5!

Diese energische Fortsetzung führt zu einer unmittelbaren Konfrontation im Zentrum.

Nach 5...d6 6.c3 kommt es zum Spiel, das wir im **Abspiel 2** analysieren.

6.exd5

Dies ist die Hauptvariante. Zu beachten sind aber auch die Alternativen 6.e5, 6.♗d3 und 6.♗xf6, die wir uns deshalb etwas genauer ansehen werden.

I. Nach 6.e5 kommt es zu einer geschlossenen Stellungsstruktur in der Mitte. Von einem weniger erfahrenen Spieler wird die einengende Wirkung eines ♙e5 oft als unangenehm empfunden. Schwarz hat jedoch genügend

Möglichkeiten, um zu einem freien Spiel zu kommen.

6...♘e4

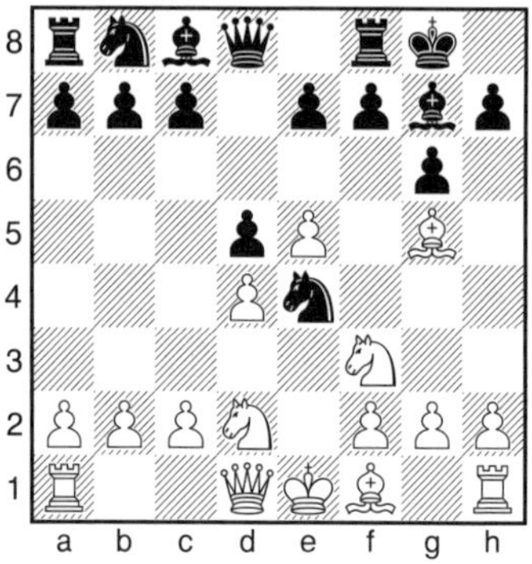

Der angegriffene Läufer kann sich nun zwischen e3 und h4 als Ziel für seine Flucht entscheiden.

A) Nach 7.♗e3 behält Schwarz mit dem kräftigen Schlag gegen das weiße Zentrum 7...c5 die Zügel in der Hand. Ein weiterer Vorteil dieses Vorgehens liegt in der Möglichkeit, dass im Anschluss der ♘b8 nach c6 entwickelt werden kann, ohne dass er seinem c-Bauern vor die Nase gerät.

8.c3

(Die alternative Variante 8.dxc5 ♘c6 9.c3 ♕c7= endet im Stellungsausgleich.)

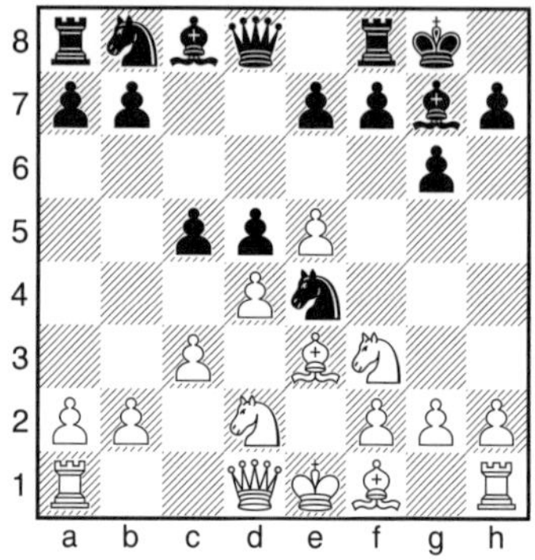

Es ist Geschmacksache, ob Schwarz die Bauernspannung aufrechterhält oder sie durch Abtausch auf d4 auflöst.

A1) Mit 8...♘c6 setzt Schwarz seine Entwicklung fort und Weiß hat nun die Gelegenheit, es ihm mit 9.♗e2 gleichzutun. Bei Bedarf kann er zukünftig seinen König schnell mittels Rochade in Sicherheit bringen.

Mit 9...♕b6 kann Schwarz seine Dame ins Spiel bringen und wegen deren Angriff auf den ♙b2 Weiß zu einer sofortigen Verteidigungsreaktion veranlassen. Eine konstruktive, weil zugleich die eigene aktive Lage verbessernde Verteidigung ist 10.♕b3. Nach 10...cxd4 11.cxd4 gibt es mehrere geeignete Wege für Schwarz, um seine Chancen zu bewahren.

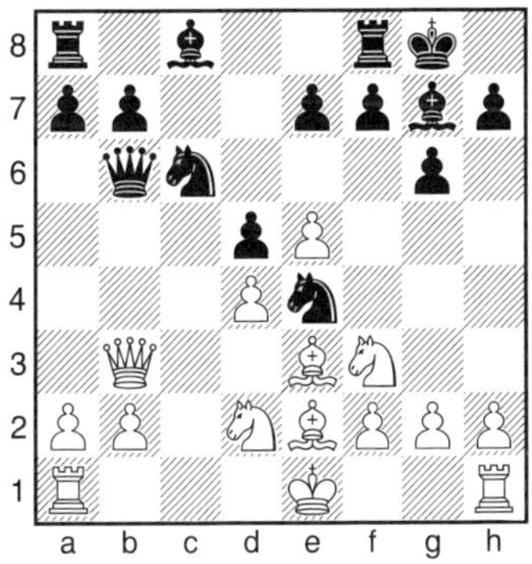

Der einfachste und von einem unerfahrenen Spieler am leichtesten zu spielende Weg wird mit 11...♕xb3 eingeleitet.

(Wer lieber Stellungen spielt, die möglichst komplex sind und beiden Seiten Probleme zur Lösung aufgeben, und wer auch den Umgang mit einem eigenen Doppelbauern nicht scheut, kann 11...♗f5 in Erwägung ziehen. Nach 12.♕xb6 axb6 ist sein Doppelbauer entstanden.

Nach 13.a3 zur Verhinderung von ♘c6–b4 und nun 13...f6 14.cxf6 ♗xf6= ist die Stellung ausgeglichen. Sie ist dabei so unsymmetrisch, dass sie hinsichtlich der weiteren Entwicklungen nicht konkret abschätzbar ist und noch viel Raum für einen spannenden und ideenreichen Kampf bietet.)

Nach 12.♘xb3 ♘b4 (mit der Drohung eines Doppelangriffs auf c2) und 13.♔d1 zu dessen Vereitelung kann es mit 13...♗d7 14.a3= usw. weitergehen.

A2) 8...cxd4 9.cxd4 ♘c6

(9...♕b6 10.♕b3 ♘c6=)

10.♗e2

(Nach 10.♗b5 ist 10...♕b6! stark.)

10...f6 11.exf6 exf6 12.0-0 f5 mit Konterspiel.

B) Auf 7.♗h4 ist die starke Antwort 7...c5 möglich. Der Bauer setzt das weiße Zentrum unter Druck und macht dem ♘b8 eine Entwicklung nach c6 möglich, ohne den c-Bauern zu verstellen.

8.c3 ♘c6

B1) 9.♗d3

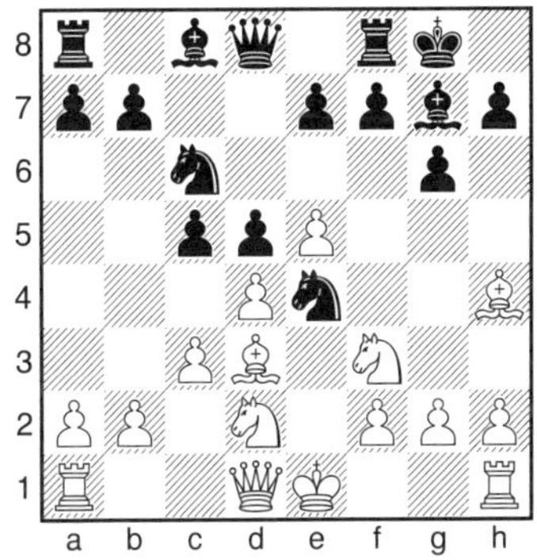

Es ist wichtig, dass sich der Läufer unter Angriff auf den ♘e4 entwickelt. Anders als nach 9.♗e2 macht hier nämlich 9...♕b6 keinen Sinn, weil Weiß nun einfach auf e4 schlagen könnte.

B1a) Indem Schwarz die Bauernspannung jetzt mit 9...cxd4 auflöst und die Stellung damit vereinfacht, wird die Partie für den unerfahrenen Spieler etwas leichter zu spielen. Er kann diesen Schritt aber auch zurückstellen.

10.cxd4

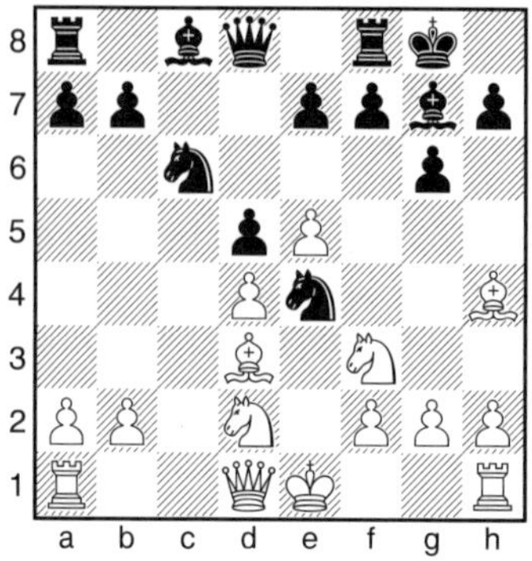

Nun kann Schwarz mit 10...♗f5 seinen Läufer aktivieren und Weiß zugleich darauf aufmerksam machen, dass sein ♗d3 ungedeckt ist. Wenn der ♘e4 zu einem vorteilhaften Abzug kommen sollte, könnte dies den Läufer das Leben kosten. Weiß muss sorgfältig reagieren. Mit 11.♘b3 entschärft er die Situation. Der ♗d3 erhält nicht nur Deckung durch die Dame, sondern der Springer verwehrt der schwarzen Dame den Zugang zum Feld a5, von wo aus sie die offene Flanke des weißen Königs ins Visier nehmen könnte.

(Die Bedeutung des Zuges 11.♘b3 wird auch deutlich, wenn man sich die Folgen von 11.♕e2 anschaut. Nach dieser zweifelhaften Entscheidung wäre 11...♕a5! möglich. Weiß befände sich urplötzlich in großen Schwierigkeiten.)

Der Bauernzug 11...a5 soll in erster Linie den Springer vertreiben, so dass die Drohung mit der Dame wieder akut würde. Im Kern begründet sich die schwierige Lage von Weiß damit, dass sein König noch in der Mitte steht. Die beste Möglichkeit zur Sanierung ist deshalb 12.0-0, worauf zwar 12...a4 und nach 13.♘c5 a3 mit schwarzem Vorteil möglich wird, die Situation aber weiter für Weiß beherrschbar bleibt.

B1b) 9...♗f5 ist eine wichtige Alternative. Damit wird der Läufer aktiviert, der ♘e4 gestärkt und das Feld c8 für den Turm frei gezogen. Weiß muss sich um seinen ungedeckten ♗d3 kümmern, der im Falle eines Abzugsmanövers des ♘e4 plötzlich verlorengehen könnte. Anzuraten ist Weiß die aktive Alternative 10.♗b5.

(Weniger gut wäre 10.♕e2 wegen 10...cxd4 11.cxd4 ♕a5∓ und Schwarz führt einen heftigen und erfolgversprechenden Angriff.)

Nach 10...♖c8 findet Weiß Gelegenheit zu 11.0-0 und damit zu einer Entlastung seiner Stellung.

11...cxd4 12.cxd4

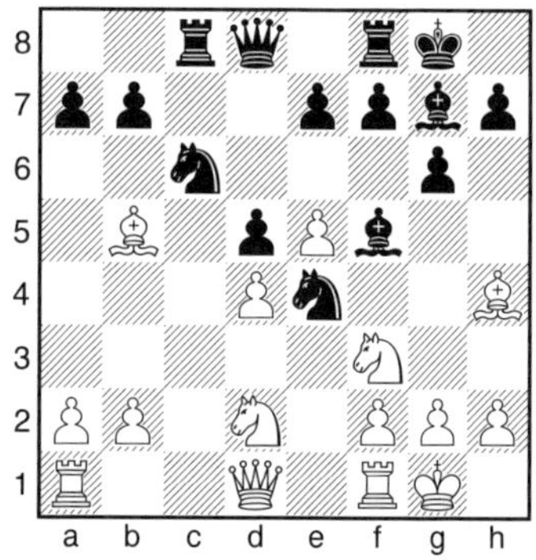

Nach dem Abtausch auf d4 bestätigt die Fortsetzung mit 12...a6 allerdings, dass Weiß weiter unter Druck steht. Er sollte nun eine weitere Entlastung durch den Abtausch 13.♗xc6 suchen.

(Auf den Rückzug 13.♗e2 kann Schwarz effektvoll mit 13...♗h6! eine weitere Figur in seinen Angriff einbeziehen und nach 14.♘b3 f6 steht er ausgezeichnet.)

Nach 13...♖xc6 und der weiteren Vereinfachung über 14.♖c1 ♖xc1 15.♕xc1 hat Weiß den vollständigen Kollaps zwar vermeiden können, steht aber weiterhin deutlich schlechter. Mit 15...♗h6 steigert Schwarz den Druck auf seinen Gegner wieder. Die Fesselung des ♘d2 wirkt unangenehm. Anschließen kann sich beispielsweise 16.h3 ♕d7∓ und Schwarz hat gute Aussichten auf den vollen Punkt.

Auch wenn wir schon weit in die Partie eingedrungen sind, möchten kurz noch auf eine Eventualität eingehen. Wenn Weiß 16.h3 mit der Absicht 17.g4? gespielt haben sollte, kann er sich unversehens einem starken Angriff ausgesetzt sehen. Schwarz antwortet nämlich, vielleicht etwas überraschend, mit 17...♗xg4!. Die von uns nicht weiter kommentierte Variante 18.hxg4 ♕xg4+ 19.♗g3 ♘xg3 20.fxg3 ♕xg3+ 21.♔h1 ♗f4 22.♕e1 ♕h3+ 23.♔g1 ♖c8 zeigt den schweren Beschuss, unter den die schwarze Stellung in der Folge gerät.

B2) Auf 9.♗e2 ist 9...♕b6! sehr stark. Auf die Verteidigung mit 10.♕b3 kann Schwarz mit 10...♘xd2 reagieren, wobei er wegen der Möglichkeit ♘d2xf3+ als Zwischenzug ♕b3xb6 nicht zulässt.

11.♔xd2

(Nach 11.♘xd2? cxd4 12.♕xb6 axb6 wäre die weiße Stellung beinahe schon zu einer Schießbude mutiert. Die Beispielvariante 13.f4 dxc3 14.bxc3 ♖a4 zeigt die weißen Schwachstellen schonungslos auf.)

11...cxd4 12.cxd4 ♘xd4–+

C) 7.♘xe4? wäre schwach, denn nach 7...dxe4 müsste der ♘f3 unvorteilhaft weichen, die schwarze Dame hätte einen freien Blick bis zum ♙d4. Die Entwicklung 8.♘d2 ♕xd4∓ zeigt die Folgen auf.

II. Bei der Wahl von 6.♗d3 will Weiß die Spannung im Zentrum halten, Schwarz aber muss diese Absicht natürlich nicht teilen. Ein einfacher Weg zum Ausgleich führt für ihn über die Züge 6...dxe4 7.♘xe4 ♘xe4 8.♗xe4 c5. Damit hat er den Fuß zu gleichwertigen Perspektiven bereits in der Tür. Den Kontrahenten steht natürlich noch etwas Entwicklungsarbeit bevor, so dass wir unsere Betrachtung hier noch nicht abschließen können.

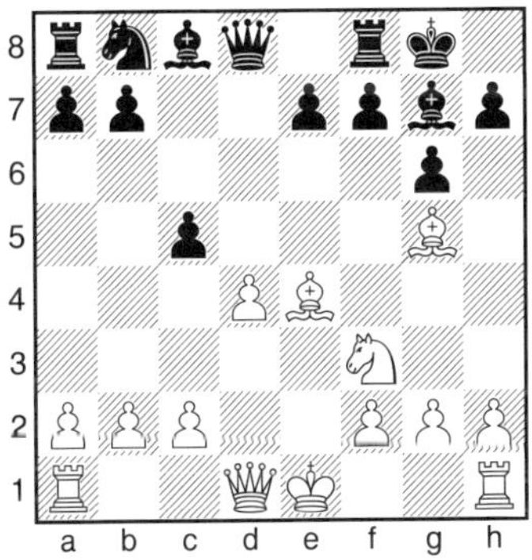

Weiß muss sich nun entscheiden, ob sein d-Bauer auf c5 schlagen oder ob er bewahrt werden soll.

A) Wir favorisieren den Stützungszug 9.c3. Er passt harmonisch zu unseren Empfehlungen in den weiteren Systemen dieses Buches und führt zu Stellungsbildern, die insbesondere von einem unerfahrenen Spieler leichter als jene nach 9.dxc5 zu spielen sind.

9...cxd4

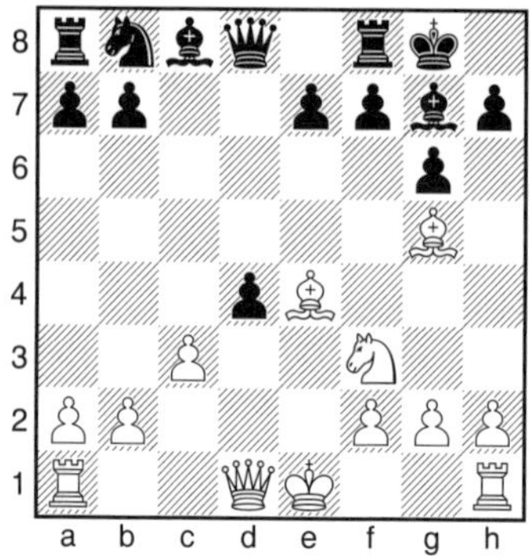

10.♘xd4

(10.cxd4 ist weniger empfehlenswert, denn mit 10...♘c6 kann Schwarz den Isolani sofort weiter unter Druck setzen und 11.♗xc6 provozieren.

Nach 11...bxc6 sollte der König schnell aus der Mitte geführt werden, wo er das Motiv für verschiedene Ideen von Schwarz ist. Je nachdem, wozu sich Weiß abweichend von einer kurzen Rochade entscheiden sollte, wäre sogar mit ♗c8–a6 zu rechnen, um den König in der Mitte zu halten.

12.0-0 ♗e6

Der Läufer strebt nach d5, also auf das Feld unmittelbar vor dem weißen Isolani, wo er ausgezeichnet stehen und nur schwer zu vertreiben sein wird.

13.♖e1 ♖e8 14.♖c1 ♗d5∓)

Die starke Aktivierung 10...♕a5 stellt dem Gegner sogar eine kleine Falle. Zunächst darf er nicht übersehen, dass der Läufer auf der anderen Brettseite angegriffen wird, was einem unerfahrenen Spieler bei einer so langen Distanz auf dem Brett allerdings leicht schon einmal passiert. Mit 11.♗e3 geht Weiß der Falle aus dem Weg.

(11.♗xe7?? ♖e8–+ würde hingegen eine Figur kosten.)

Bei der Vertreibung des Springers mit 11...e5 rechnet Schwarz mit 12.♘b3, worauf seine Dame weichen muss. Mit 12...♕c7 gelangt sie in eine gute Position.

13.0-0

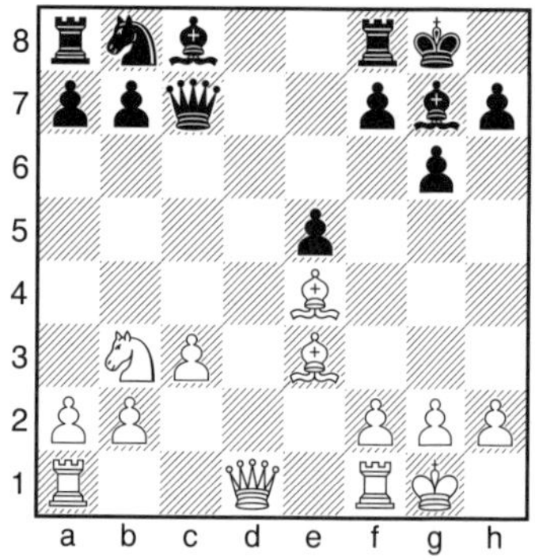

Im Anschluss an den natürlichen Zug 13...♘d7 kann Weiß die gegnerische Planung mit 14.♗f3 antizipieren, um nach 14...♘f6 Zeit für eine Reaktion auf dem Damenflügel zu haben.

(Alternativ kann sich Schwarz auch zugunsten eines Plans auf dem Damenflügel mit 14...a5!? und dann beispielsweise 15.a4 ♖a6 usw. entscheiden.)

Nach 15.♘c5 ♗f5= sind die Perspektiven der Kontrahenten ausgeglichen. Von 16.♗xb7 sollte Weiß allerdings die Finger lassen, denn die Riposte 16...♖ab8∓ würde Schwarz einen klaren Vorteil einbringen.

B) 9.dxc5 gibt Schwarz die Möglichkeit, mit 9...♗xb2 die weiße Bauernstellung zu zerhacken. Die beste Reaktion ist nun 10.♕xd8 und nach

10...♖xd8 11.♖b1 ♗c3+ 12.♔e2 ist die Lage ziemlich kompliziert.

Weiß hat seine Kräfte fast vollständig entwickelt, während sich der schwarze Damenflügel noch im Startzustand befindet. Schwarz verfügt dagegen über die bessere Bauernstellung. Mit 12...♘c6 macht er sich an die Behebung seines Mankos und deckt zugleich den angegriffenen ♙e7.

Weiß kann sich nun zwischen den beiden etwa gleich guten Turmzügen 13.♖b3 und 13.♖hd1 entscheiden.

13.♖b3

(Nach 13.♖hd1 ♖xd1 schlägt Weiß am besten mit 14.♔xd1 zurück. So muss Schwarz noch ein bisschen überlegen, wie er seine restlichen Entwicklungsaufgaben am Damenflügel organisieren kann.

Mit 14...♔f8= sorgt er für eine Deckung des gefährdeten ♙e7. Wenn Weiß nun auf die – allerdings sehr schlechte – Idee kommt, mit 13.♗xc6? den einzigen Verteidiger des ♙e7 zu beseitigen, um diesen dann nach 13...bxc6 mit 14.♗xe7 zu schlagen, gerät er unter die Räder. Nach 14...♗a6+ 15.♔e3 ♖e8–+ kann er aufgeben.)

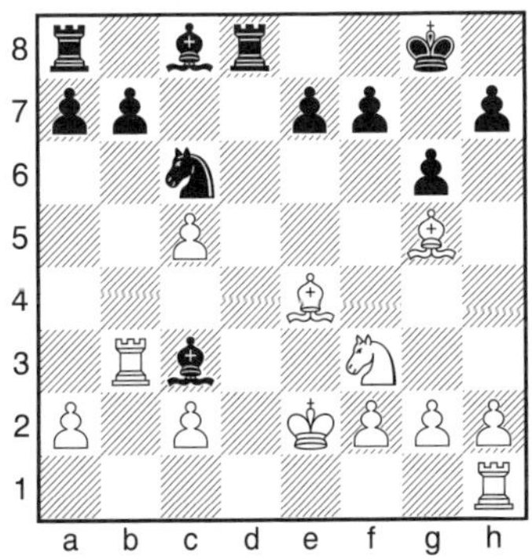

B1) Den Rückzug 13...♗f6 verbindet Schwarz mit der Absicht, den Druck des gegnerischen Läufers aufzulösen. Dafür ist er bereit, einen Doppelbauern auf der f-Linie in Kauf zu nehmen. Wenn es dazu kommen sollte, wird allerdings die e-Linie für seinen Turm frei, der diese gegen den in der Mitte stehenden weißen König nutzen kann.

Nach 14.♗xf6 exf6 15.♖d1 ♖e8 und dann beispielsweise 16.♖e3 ♗e6 steht Schwarz gut.

B2) Die ebenfalls spielbare Alternative 13...♗g7 kann beispielsweise zu der Variante 14.♖hb1 (14.♖d1!?) 14...f5 15.♗d3 ♗e6 führen. Damit wird Schwarz sein Entwicklungsproblem los, indem er quasi den Tausch der Bauern b7 und a2 anbietet. Nach 16.♖xb7 ♗xa2= kann der Freibauer auf der a-Linie Weiß noch einige Probleme bereiten.

III. 6.♗xf6 wartet mit für Weiß wenig ermutigenden statistischen Werten aus der Praxis auf, ist aber gut spielbar. Nach 6...♗xf6 kann er sich zwischen einem Schlagen auf d5, worauf er im Anschluss seinen Läufer unter Nötigung der gegnerischen Dame entwickeln kann, und dem Durchziehen des e-Bauern entscheiden.

B) 7.exd5 ♕xd5 8.♗c4

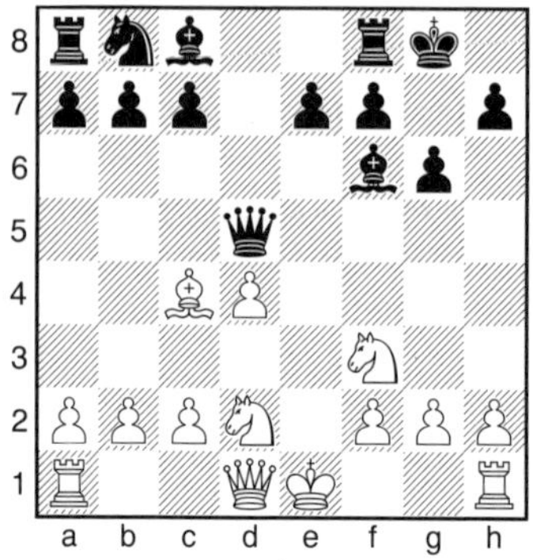

Wohin soll sich die Dame nun flüchten?

A1) Unser Favorit ist 8...♕a5.

(Schwarz kann sich aber auch zugunsten von 8...♕d8 oder 8...♕d6 entscheiden.)

Mit 9.c3 stützt der Bauer nicht nur den ♙d4, sondern kappt auch die störende Wirkung der schwarzen Dame.

9...♘d7

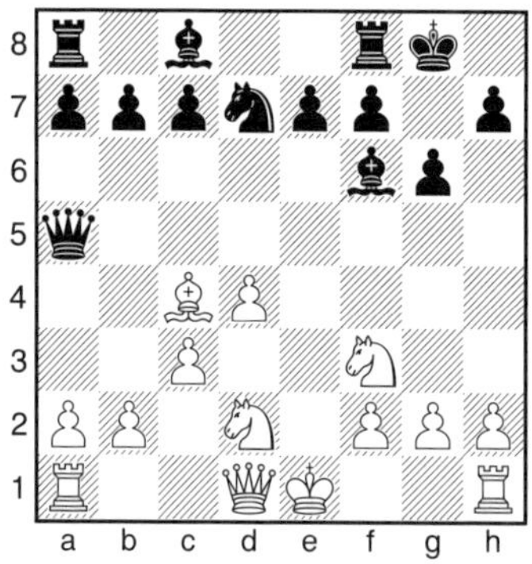

Nach 10.0-0 hat Schwarz genügend Einfluss auf das Feld e5 aufgebaut, um nun den typischen Gegenschlag 10...e5 durchzuführen. Möglich ist nun eine Kette aus natürlichen Zügen, die als Aktion und jeweilige Gegenreaktion ohne Erläuterungen nachvollzogen werden können.

Nach 11.♘e4 ♗g7 12.dxe5 ♘xe5 13.♘xe5 sollte Schwarz Vorsicht walten lassen und mit 13...♗xe5 antworten.

(13...♕xe5 würde 14.♖e1± möglich machen, worauf Schwarz wieder mehr auf die Sicherheit seiner Dame achten müsste.)

14.♖e1

(Mit 14.♕d5 erzwingt Weiß den Damentausch und provoziert zugleich eine den Ausgleich haltende Variante. Folgen kann 14...♕xd5 15.♗xd5 c6 16.♗b3 ♗f5= usw.)

Der Bauernzug 14...c6= bietet der Dame das Feld c7 an. Schwarz hat eine feste Position, das Spiel ist ausgeglichen.

A2) Der Totalrückzug 8...♕d8 erlaubt einen leichten Ausgleich, verschenkt aber auch etwas vom bereits erreichten Entwicklungserfolg. Nach dem möglichen typischen Fortgang 9.c3 ♘d7 10.0-0 ist der effektive Vorstoß 10...e5= hinreichend vorbereitet.

A3) Nach 8...♕d6 steht die Dame vor Anrempelungen recht sicher und genießt mehr freie Sicht als auf d8. Da sich nichts anderes zu erledigen aufdrängt, ist die Sicherung des Königs mit 9.0-0 eine gute Entscheidung.

9...♗f5

(Die Alternative 9...♗g4 kann die Variante 10.h3 ♗xf3 11.♘xf3 c5= auslösen.)

Nach 10.c3 ♘d7 11.♖e1 c5 kann Schwarz noch ♖a8–c8 folgen lassen und erfreut sich gleicher Chancen.

B) Nach 7.e5 ♗g7 und beispielweise 8.♗d3 kommt Schwarz nach altbekanntem Muster, das keiner weiteren Kommentierung bedarf, zu einem guten Spiel. Folgen kann 8...c5 9.c3 (9.dxc5?! ♘d7!) 9...♘c6 10.0-0 ♕b6 ⇄ usw.

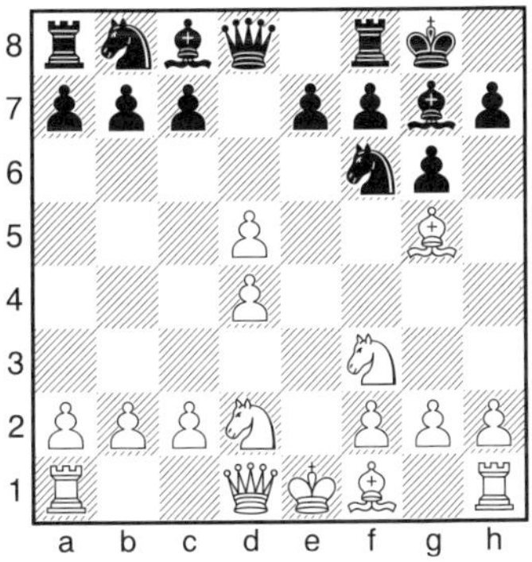

6...♘xd5

Aus der Warte des unerfahrenen Spielers ist dieser Zug unser Favorit, entspricht er doch dem Grundsatz, dass die Dame nicht früh ins Feld geführt worden sollte.

Die Turnierpraxis hat aber gezeigt, dass Schwarz auch mit 6...♕xd5!? zurückschlagen kann. Wir belassen es bei der Abbildung einer Beispielvariante. Diese bestätigt einerseits die Spielbarkeit des Zuges, andererseits macht sie auch den Grund für den oben genannten Ratschlag deutlich.

7.♗c4 ♕d6 8.0-0 ♘c6 9.c3 e5 10.dxe5 ♘xe5 11.♘xe5 ♕xe5 12.♘f3 ♕c5=

Die Dame musste im Verlauf drei weitere Male das Zugrecht in Anspruch nehmen, zwei davon zur eigenen Sicherheit.

7.c4 ♘b6 8.♘b3 a5

Dies ist der Auftakt zu einem typischen Konterspiel am Damenflügel, welches der Idee folgt, den Bauern weiter laufen zu lassen, ggf. bis a3.

9.♕d2 a4 10.♘c5

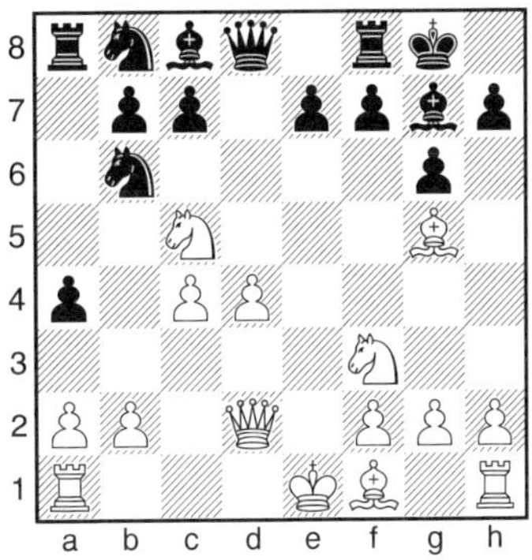

10...a3

Ein anderer Plan für Schwarz basiert auf dem Manöver 10...♘6d7!? 11.♘e4 c5 usw.

11.b3 ♘c6

Der Springer verstärkt den Druck auf den ♙d4.

12.♖d1

So stellt Weiß die ausreichende Verteidigung weiter sicher.

12...♗g4

Nun droht der d-Bauer zu fallen, indem der unverzichtbare Verteidiger ♘f3 eliminiert wird. Also marschiert er lieber voran.

13.d5 ♗xf3 14.gxf3 ♘d4=

!

Zusammenfassung: Nach dem energischen Vorstoß 5...d5 kann Schwarz problemlos um den Ausgleich kämpfen.

Insgesamt bleibt festzuhalten, dass Schwarz mit dem Fianchetto eines der beiden Läufer, ggf. sogar mit einem Doppel-Fianchetto, auf den Torre-Angriff reagieren kann und jeweils gute Chancen im Kampf um Ausgleich erlangt. Die Postierung des Läufers auf b7 kann er bereits mit seinem 2. Zug vorbereiten.

Kapitel 6

Londoner System

1.d4 d5 2.♗f4

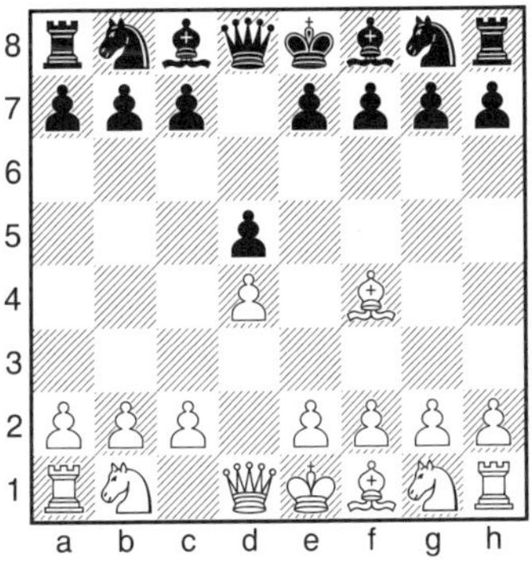

Diese Fortsetzung charakterisiert das Londoner System. Weiß entwickelt frühzeitig seinen Läufer und stellt danach seine Bauern grundsätzlich auf c3 und e3.

2...♘f6

So wird mit großem Abstand am häufigsten gespielt. Wichtige Alternativen sind vor allem 2...e6 und 2...c5 aber auch 2...♘c6, 2...♗f5 und 2...c6, die wir allerdings in etwas veränderter Reihenfolge behandeln werden.

I. 2...e6 (siehe **Abspiel 1** auf Seite 204)

II. 2...c5 (siehe **Abspiel 2** auf Seite 213).

Vorab gehen wir jedoch auf die drei übrigen Alternativen ein.

III. 2...♘c6 ist mit der Absicht verbunden, den Damenflügel schnell zu entwickeln und dann grundsätzlich e7–e5 durchzusetzen.

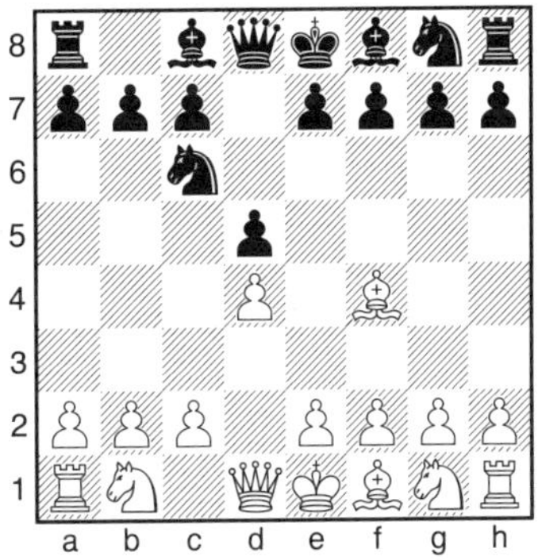

A) 3.♘f3

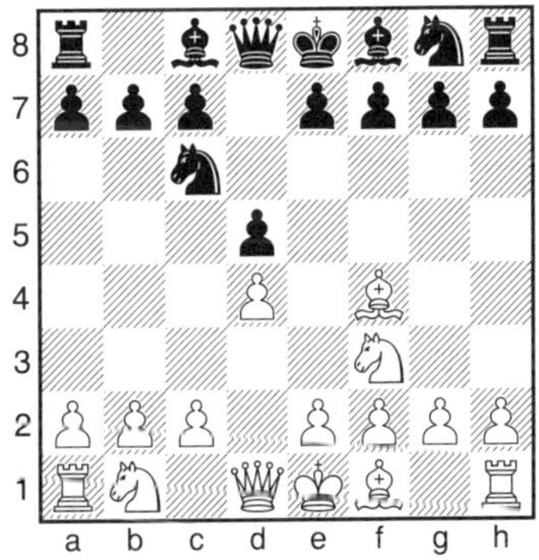

Nun ist 3...♗g4 mit Abstand die beliebteste Fortsetzung.

(3...♗f5 übt wenig Druck auf das weiße Zentrum aus, ist aber spielbar. Eine gut bekannte und ohne besondere Kommentierung leicht nachvollziehbare Variante läuft dann über die Züge 4.e3 e6 5.♗d3 ♗xd3 6.♕xd3 ♗d6 7.♗xd6.

Hier nun mag die Reaktion 7...cxd6 auf den ersten Blick etwas verwundern, weil Schwarz ungezwungen einen Doppelbauern akzeptiert, und doch ist sie stärker als 7...♕xd6. Der Doppelbauer ist weder schwach noch mit einer langen Lebenszeit gesegnet. Er wird durch Abtausch aufgelöst werden, verbunden mit einer starken schwarzen Zentralstellung.

Wenn beide Seiten nun mit den Zügen 8.0-0 ♘f6 9.♘bd2 0-0 ihre Entwicklung vorantreiben, ist die Stellung bereits reif für diese Verwandlung.

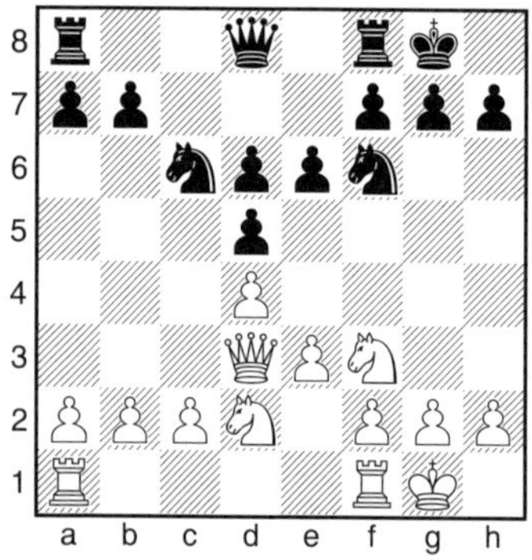

Mit dem kräftigen Vorstoß 10.c4 gibt Weiß selbst den Anstoß hierzu. Andernfalls müsste er mit e6–e5 rechnen. Nach 10...dxc4 11.♘xc4 ♖c8 und nun beispielsweise 12.♖ac1 ♕d7= treten die Kontrahenten auf Augenhöhe in die nächste Phase der Partie ein.)

Auch nach 4.e3 e6 5.c4 entspricht die Bauernstruktur jener aus dem Abgelehnten Damengambit.

(5.c3 ist weniger energisch und bereitet Schwarz keine besonderen Probleme im Kampf um den Stellungsausgleich, zumal er damit die Chance erhält, selbst energisch aufzutreten. Nach 5...♗d6 und nun beispielsweise 6.♗g3 ♘ge7 7.♘bd2 e5!= steht er solide und aktiv zugleich.)

5...♘f6 6.♘c3

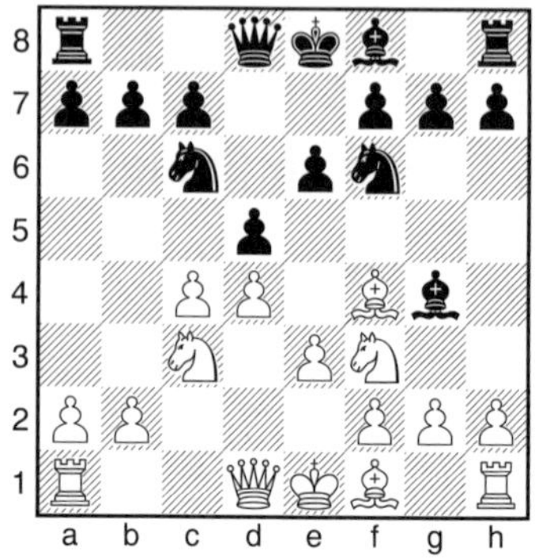

Nach diesen die beiderseitige Entwicklung fördernden Springerzügen hat Schwarz die Wahl zwischen zwei aussichtsreichen Wegen für den weiteren Ausbau seiner Stellung.

6...a6

(Nach 6...♗b4 und dann beispielsweise 7.♖c1 kommt Schwarz mit 7...0-0 zum schnellen erfolgreichen Abschluss seiner Eröffnungsaufgaben am Königsflügel.

8.h3 ♗xf3 9.♕xf3 und jetzt kann er den ♙c4 mit 9...♘a5 unter Druck setzen. Nach 10.cxd5 ist die Fesselung des ♘c3 der Türöffner für den starken Einsatz der Dame mit 10...♕xd5 und nach 11.♕xd5 ♘xd5 12.♗g3 c5= hat Schwarz sich den Stellungsausgleich erkämpft.)

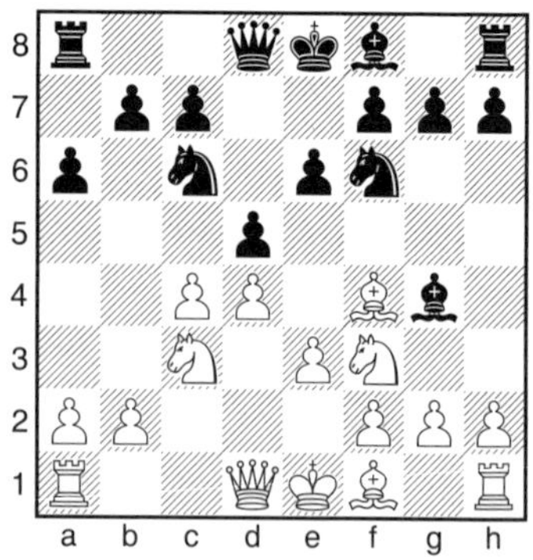

7.♗e2

(Gut ist auch die Befragung des Läufers mit 7.h3, wodurch zugleich auf h2 ein Versteck für den eigenen Läufer entsteht. Nach 7...♗h5 kann die Fesselung des ♘f3 ohne Nachteil verzögert mit 8.♗e2 aufgehoben werden, womit sich zugleich auch der Läufer verbessert und 0-0 vorbereitet wird.

Eine Möglichkeit zur Aktivierung des ♗f8 ist nun 8...♗b4, eine andere wäre 8...♗d6. Gut spielbar ist auch 8...dxc4, um erst im Anschluss den Läufer nach d6 zu bringen. Es ergeben sich dann normalerweise ähnliche oder auch gleiche Stellungsbilder.

Eine spürbare Beeinträchtigung bedeutet die Fesselung des ♘c3 für Weiß nicht. Er kann weiter an seiner Entwicklung arbeiten. Die natürliche Variante 9.0-0 dxc4 10.♗xc4 ♗d6 11.♗xd6 cxd6 führt zum Ausgleich.)

Schwarz kann nun die Bauernspannung im Zentrum abwickeln und dann seinen schwarzfeldrigen Läufer auf d6 opponieren lassen, um so sein Vorhaben e6–e5 vorzubereiten. Nach 7...dxc4 8.♗xc4 ♗d6 9.♗xd6 cxd6 und nun beispielsweise 10.0-0 0-0 11.♗e2 e5= hat er seine Absichten durchgesetzt.

B) Mit der Wahl von 3.e3 kann Weiß der Läuferentwicklung ♗c8–g4 entgegenwirken. Mit 3...♘f6 kommt der Springer nach den klassischen Eröffnungsprinzipien ins Spiel, der Läufer behält die Option in Richtung g4. Nun führt der Vorstoß 4.c4 zu einer Stellung, die gewissen Konstellationen im Damengambit ähnelt.

(Im Falle von 4.♗b5 sollte Schwarz einfach mit 4...♗d7 antworten. Im Anschluss wird er sich schlicht der Fortsetzung seiner Entwicklung widmen können. Die natürliche Variante 5.♘f3 e6 6.0-0 ♗e7 7.♘c3 0-0= zeigt, wie es beispielsweise weitergehen kann.)

4...♗f5

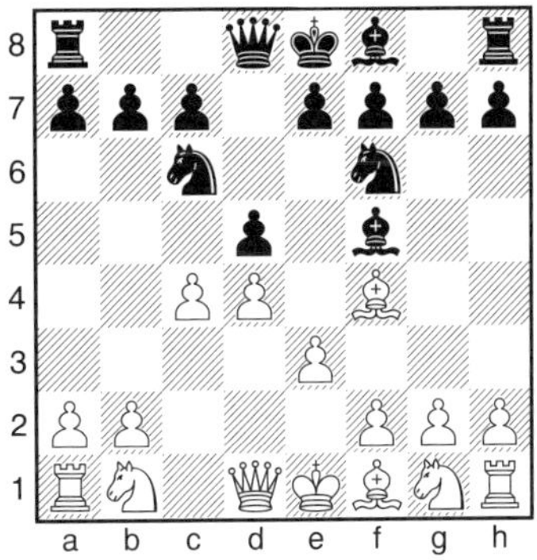

Der Läufer kommt ins Feld, bevor der e-Bauer nach e6 gelangt und ihm den Weg versperrt. Nach 5.♘c3 e6 ist die Struktur der Bauernstellung aus dem ‘Abgelehnten Damengambit’ bekannt.

6.♘f3

Weiß hat die Aktivierung seines Springers so lange hinausgezögert, bis es für Schwarz kaum noch Sinn macht, seinen Läufer nach g4 zu ziehen, weil eine solche Entscheidung zu einem Tempoverlust führen würde.

6...♗e7

(6...♗b4!? ist ebenfalls spielbar. Die damit verbundene Fesselung des ♘c3 empfindet ein unerfahrener Spieler nicht selten als unangenehm. Weiß stehen jetzt mehrere etwa gleichwertige Antworten zur Verfügung.

Neben 7.♖c1, woran wir den möglichen Fortgang der Partie veranschaulichen werden, sind dies zum Beispiel a2–a3 und ♗f1–d3. Das Spiel nimmt dann jeweils Formen an, die wir in ähnlichen Situationen genauer unter die Lupe nehmen.

Nach 7.♖c1 kann Schwarz die Gelegenheit zu 7...0-0 nutzen, um den König aus der Mitte zu bekommen.

8.a3 ♗xc3+ 9.♖xc3

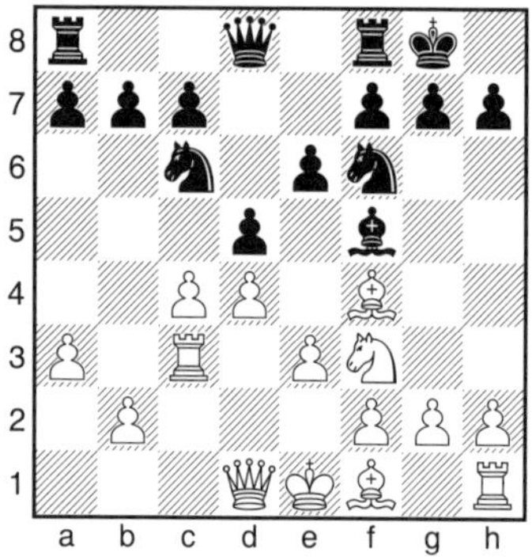

Nun ist die Figurenspannung am Damenflügel aufgelöst. Weiß hat sich noch seiner Aufgabe zu widmen, den Königsflügel zu entwickeln, Schwarz sollte sich um mehr Aktivität seiner Kräfte bemühen.

Mit 9...♘e7 wird c7–c6 vorbereitet und der Springer soll weiter nach g6 gebracht werden. Aus der Triangel-Formation seiner Bauern heraus strebt Schwarz dann den Befreiungszug e6–e5 an. Die folgende Variante soll als Beispiel veranschaulichen, wie beide Seiten ihre Absichten verfolgen können: 10.♘d2 c6 11.♗e2 ♘g6 12.♗g3 ♖e8 13.0-0 e5=.)

7.cxd5 exd5

(7...♘xd5 ist als Alternative eine Überlegung wert, auch wenn die wenigen Ergebnisse, die bisher aus der Praxis vorliegen, nicht unbedingt ermutigend sind. Stockfish, hier in einer für das Fernschachspiel optimierten Version, bestätigt den Zug als rechnerisch gut.

Nach 8.♗g3 0-0 ∞ halten wir die Stellung nach menschlichem Ermessen für ausgeglichen. Weil das Gesamtbild aber widersprüchliche Hinweise gibt und sich noch einiges an Forschungsbedarf zeigt, haben wir uns für die Bewertung der Variante als unklar entschieden.)

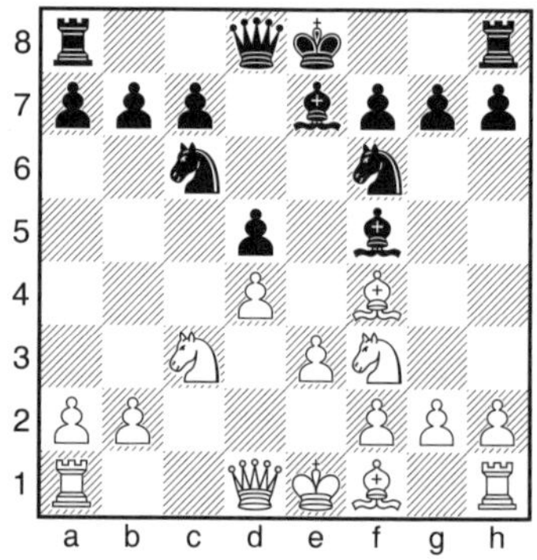

Es ist nicht erkennbar, wie Weiß zu einem Eröffnungsvorteil kommen kann, der diese Auszeichnung wirklich wert ist. Etwas Fantasie darauf mag aber 8.♗b5 eröffnen. Der Zug verbindet sich mit der Absicht, den Läufer auf c6 abzutauschen, um Schwarz den Aufbau eines Gegenspiels zu erschweren.

(8.♗d3 ♗xd3 9.♕xd3 0-0=)

8...0-0 9.♗xc6

(Nach 9.0-0 kann Schwarz 9...♘b8 spielen und in der Folge weiter nach einer Idee mit c7–c6 und ♘b8–d7 usw. verfahren.)

Nach 9...bxc6 10.0-0 kann auf 10...♗d6 der Konter 11.♘e5 mit Angriff auf den ♙c6 erfolgen. Dieser kann aber nicht verhindern, dass Schwarz nach 11...♕e8 nebst ♖a8–b8 zu Gegenchancen kommt.

IV. Die Spielweise 2...♗f5 ist unter dem Namen „Symmetrie-Variante" bekannt.

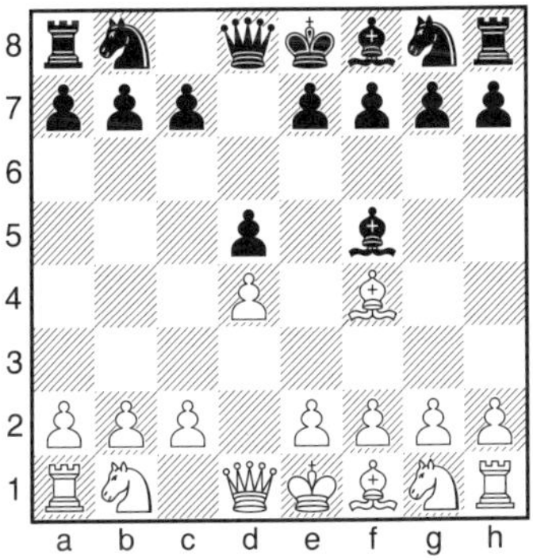

3.e3

(Wenn Weiß hier auf den für das Londoner System typischen Bauernzug 3.e3 verzichtet und stattdessen 3.♘f3 als Fortsetzung wählt, führt dies normalerweise unter Zugumstellung zur Hauptvariante, wobei e2–e3 nachgeholt wird. Ein Weg kann dabei 3...e6 4.e3 ♗d6 usw. sein.)

3...♘f6

(3...c6 führt in die Variante nach 2...c6.)

A) 4.♘f3

Mit den vorangegangenen Springerzügen haben beide Seiten an der Entwicklung ihres Königsflügels gearbeitet.

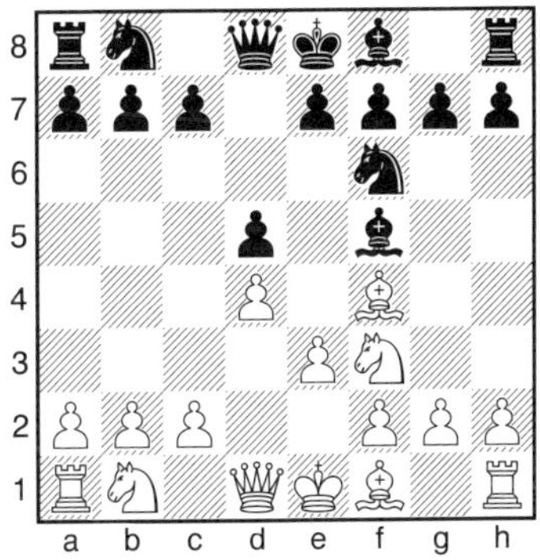

In der Diagrammstellung hat Schwarz mit 4...e6, 4...♘bd7 und 4...c6 mehrere gute Möglichkeiten zur Auswahl.

A1) 4...e6

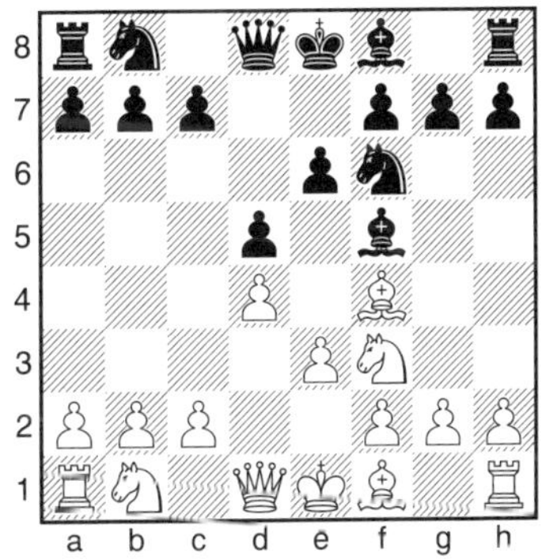

5.♘bd2

(Auf 5.♗d3 kann Schwarz zwar einfach mit ♗g6 antworten, doch empfehlen wir dem unerfahrenen Spieler stattdessen 5...♗xd3. Wir denken, dass diese Variante für ihn einfacher zu spielen ist. Nach 6.cxd3 ♗d6 7.♗g3 0-0 halten sich die beiderseitigen Chancen in etwa die Waage.)

Nach 5...♗d6 würde der Abtausch auf d6 zu bereits bekannten Mustern führen. Weiß verfügt jedoch über den starken Zug 6.♘e5, der diesen vermeidet und den Springer in eine wirkungsvolle Position führt. Bevor Schwarz andere Tauben auf dem Dach verfolgt, sollte er mit 6...0-0 seine Entwicklung fördern und dem König Sicherheit vermitteln, bevor sich diesem ernste Gefahren stellen.

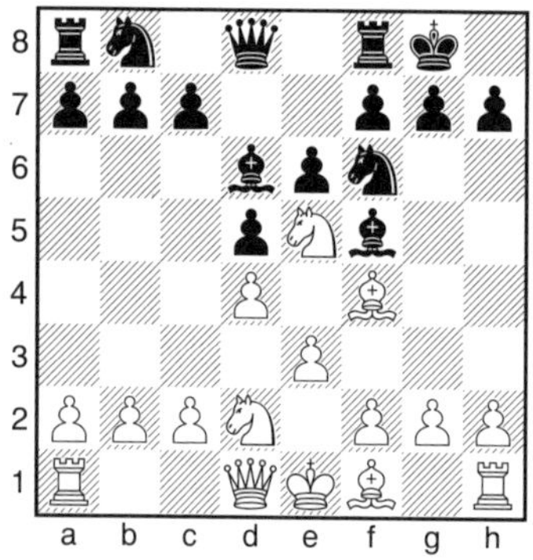

Wenn Weiß jetzt energisch mit 7.c4 fortsetzen würde, könnte Schwarz nicht minder energisch mit 7...c5! antworten.

Nach 7.♗e2 steht der Läufer nicht ideal und für den Fall von c2–c4 wird er voraussichtlich ein weiteres Mal ziehen müssen, was dann ein Tempo kosten wird. Aber mit einem Läufer auf f1 käme Weiß in seiner Entwicklung nicht voran.

7...♘bd7 8.c4 dxc4

(Jetzt wäre 8...c5 schwach wegen 9.g4! usw.)

Nach 9.♗xc4 ♘b6 10.♗b3 ist 10...c5 möglich, verbunden mit einem aktiven Schlag gegen das weiße Zentrum.

(Mit 10...♘fd5 bietet sich Schwarz hier allerdings eine zweite und ebenfalls aktive Möglichkeit an, die in der Praxis bereits erfolgreich angewendet worden ist. Der Springer drängt den ♗f4 zurück und macht zugleich das Feld f6 frei. Wenn der ♙f7 seine neu gewonnene Freiheit nutzt, muss auch der ♘e5 von seiner Vorpostenstellung weichen.

Es kann wie folgt weitergehen: 11.♗g3 f6 12.♘ec4 ♘xc4 13.♘xc4 ♗b4+ und Schwarz hat sein Spiel befreit. Nach 14.♘d2 ist 14...♗d3 eine für Weiß unangenehme Antwort, weil der Läufer die schnelle kurze Rochade unterbindet. Nach 15.a3 ♗a5 sind die dynamischen Potenziale weitgehend ausgeglichen.)

Nach 11.dxc5 ♗xc5 und nun beispielsweise 12.0-0 ♕e7 hat sich Schwarz eine aktive Stellung verschafft, die er mit ♖a8–c8 und ♖f8–d8 weiter ausbauen kann.

A2) 4...♘bd7 ist die flexibelste unter den Alternativen. Mit ihrer Wahl lässt Schwarz den Gegner hinsichtlich seiner Pläne weitgehend im Unklaren.

5.c4 e6 6.♘c3 c6

Die Triangel aus den schwarzen Bauern auf c6, d5 und e6, die sich früh in der Partie gegen die weiße Formation der Bauern auf c4 und d4 stellt, erinnert sehr an Stellungen aus der Halbslawischen Verteidigung, auch als Semislawische Verteidigung bezeichnet. Diese ist für ihre Zähigkeit und das ambitionierte Streben von Schwarz nach Gegenspiel bekannt. Es kann sich lohnen, sich „halbslawische Anleihen“ für das Spiel gegen das Londoner System zu Nutze zu machen.

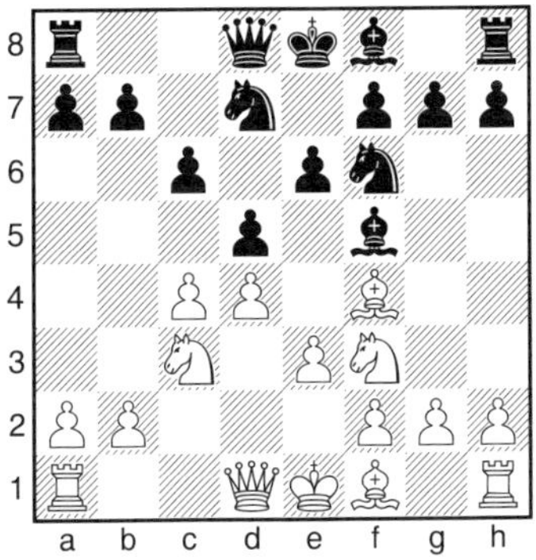

7.♕b3 beantwortet Schwarz zumeist mit 7...♕b6 oder 7...♕c8, womit der ♙b7 jeweils gedeckt wird. Die Erfolgsstatistik spricht dann allerdings deutlich für Weiß.

Ein Zug mit sowohl viel Überraschungspotenzial als auch Perspektive ist 7...♘h5. Mit seiner Wahl erinnert Schwarz seinen Gegner daran, dass sein Läufer jederzeit abgetauscht werden kann und er die dafür geltenden Bedingungen und das bestgeeignete Feld nicht aus den Augen verlieren sollte. Die Dame kann auch später noch eingreifen.

8.♗e5

(Der Bauernraub mit 8.♕xb7 ist sehr gefährlich. Nach 8...♘xf4 9.exf4 ♖b8 bekommt die Dame Probleme. Nach 10.♕xc6 ♗b4 11.cxd5 ♖b6 verfügt Schwarz in einer unübersichtlichen Situation über sehr gute dynamische Gegenchancen.)

8...f6 9.♗g3 ♕b6=

A3) 4...c6

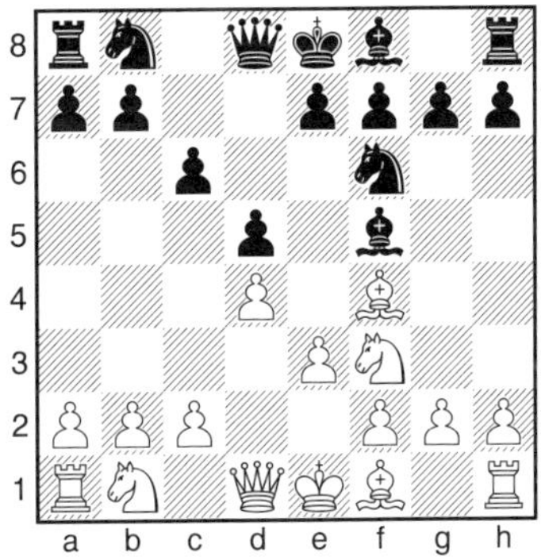

5.c4

(Die Fortsetzung mit 5.c3 führt auf dem natürlichen Weg 5...e6 6.♗d3 ♗xd3 7.♕xd3 ♗d6 8.♗xd6 ♕xd6 zu einer vollständig symmetrischen Stellung in der vorangeschrittenen Partie, in der sich Weiß keine Hoffnungen auf einen Stellungsvorteil machen kann.

Die typische weitere Entwicklung mit 9.♘bd2 ♘bd7 10.0-0 0-0 erhält die gespiegelten Stellungen aufrecht, bevor Weiß mit 11.e4 zu seinem angestrebten Hebel im Zentrum kommt. Nach 11...dxe4 12.♘xe4 ♘xe4 13.♕xe4 ♕d5= steht endgültig fest, dass sich keine der beiden Parteien einen Eröffnungsvorteil erspielen konnte.)

Auch nach 5...e6 ist die Nähe zur Halbslawischen Verteidigung unverkennbar.

6.♘c3

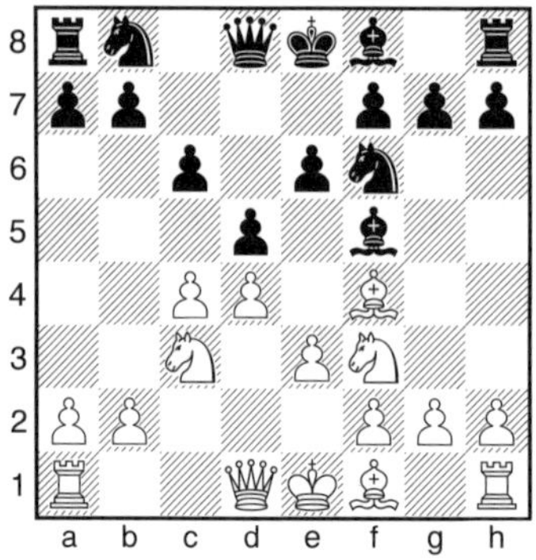

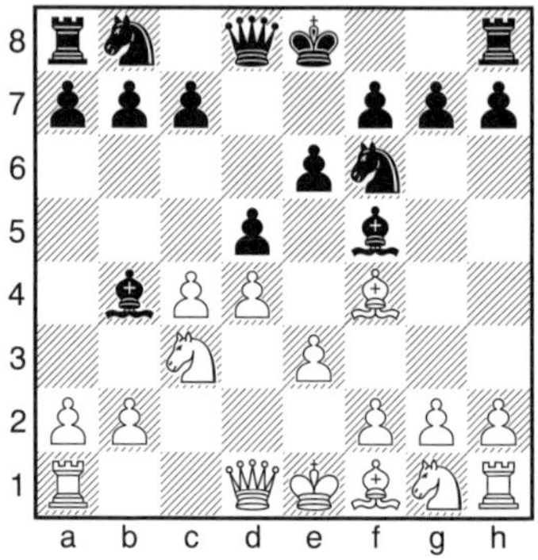

A2a) Die Variante 6...♗d6 führt relativ automatisch und ungefährdet zu einem ausgeglichenen Spiel. Nach 7.♗xd6 ♕xd6 8.♗d3 ♗xd3 9.♕xd3 ♘bd7 stehen beide Parteien unmittelbar vor dem Abschluss ihrer Entwicklung. Weiß ist auf dem Sprung zum angestrebten e3–e4.)

Nach 10.0-0 0-0 11.e4 dxe4 12.♘xe4 ♘xe4 13.♕xe4 ♘f6= kann Schwarz seinen soliden Aufbau abrunden, wenn er seinen ♖a8 nach d8 und seinen ♖f8 nach e8 führt.

A2b) 6...♕b6 ist eine ebenfalls aktive Alternative, die Schwarz gute praktische Chancen verspricht.

7.♕b3 dxc4 8.♗xc4

(8.♕xb6?! axb6 9.♗xc4 b5 wäre eine Schwarz begünstigende Entwicklung.)

8...♘bd7 9.h3 ♗e7 10.0-0 0-0=

A2c) 6...♘bd7 führt in die Variante nach 4...♘bd7 usw.

B) Eine logische weiße Fortsetzung ist aber auch der Vorstoß 4.c4. Schwarz kann dann mit 4...e6 die oben bereits angesprochene Bauernstellung, die für das 'Abgelehnte Damengambit' typisch ist, herbeiführen und auf 5.♘c3 mit 5...♗b4! reagieren.

Weiß antwortet dann üblicherweise mit 6.♕b3 und nimmt dabei den ungedeckten ♙b7 ins Visier, was den ♗b4 an seinen Platz bindet. Zu decken ist er mit dem Entwicklungszug 6...♘c6, nach 7.a3 aber muss er sich erklären.

Nach 7...♗xc3+ 8.bxc3 (8.♕xc3 ♘e4!?) 8...♘a5 9.♕a4+ c6 ist deutlich geworden, dass Schwarz die Lage unter Kontrolle gehalten hat und sich prächtig entwickeln konnte. Weitergehen kann es beispielsweise mit 10.c5 0-0 11.♘f3 ♘e4 12.♖c1 b6 und Schwarz steht ausgezeichnet.

V. 2...c6 ist die letzte schwarze Antwortmöglichkeit von Relevanz im zweiten Zug, so dass sich eine Beschäftigung mit ihr lohnt. Die Partie kann leicht in andere Varianten, in denen c7–c6 etwas später vorkommt, übergehen, aber auch eigenständig verlaufen.

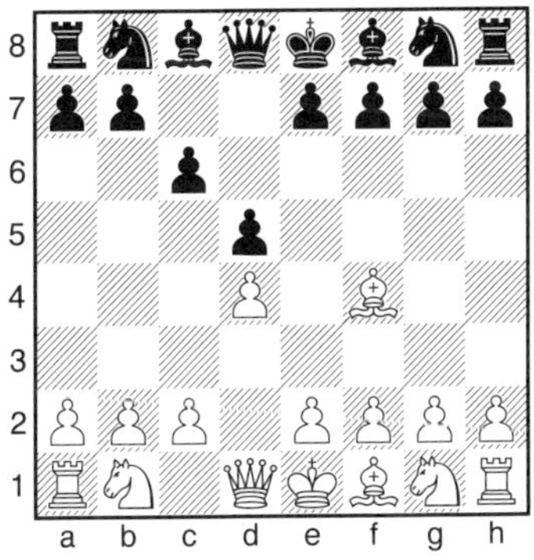

A) 3.e3 ♗f5

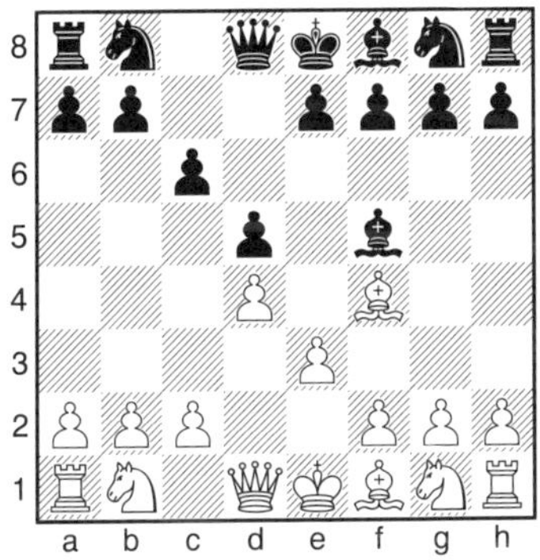

4.c4

(Zum einfachen Stellungsausgleich führt 4.♗d3 ♗xd3 5.♕xd3 e6 6.♘f3 ♗d6= usw.)

Mit 4...♗xb1 5.♖xb1 ♕a5+ kann Schwarz dem Duell nun einen eigenen Stempel aufdrücken. Nach 6.b4 sollte er allerdings aufpassen und den Fehler 6...♕xa2? vermeiden. Weiß würde sonst mit 7.♕c1 antworten können, so dass die schwarze Dame Probleme bekommt. Mit 6...♕a3 behält er die Lage im Griff.

Es können sich beispielsweise die Züge 7.♕b3 ♕xb3 8.axb3 e6 9.b5 ♗b4+ 10.♔d1 ♘f6 und bald auch die kurze Rochade anschließen, verbunden mit einem guten schwarzen Spiel. Am Damenflügel liegt das Vorgehen mit a7–a5 in seiner Hand.

B) 3.♘f3 erlaubt die Aktivierung des Läufers mit 3...♗g4. Allerdings muss er nach 4.♘e5 seinen gerade erst gefundenen Standplatz wieder räumen.

(Zu gleichem Spiel führt 4.e3 e6 5.♗e2. Die folgenden beispielhaften Entwicklungen haben wir bereits in ähnlichen Situationen behandelt, so dass wir hier auf eine erneute ausführliche Kommentierung verzichten. 5...♗d6 6.♘e5 ♗xe2 7.♕xe2 ♘f6 8.0-0 0-0 9.♘d2 ♕c7 10.c4 ♘bd7=)

4...♗f5 5.e3 ♘d7 6.♗d3 ♗xd3 7.♕xd3 Schwarz ist in Sachen Aktivierung der Kräfte etwas ins Hintertreffen geraten. Er sollte nun schnell seinen Königsflügel entwickeln, was beispielsweise auf dem Weg 7...♘gf6 8.♘d2 e6 9.0-0 ♗e7 10.c4 0-0= geschehen kann.

3.e3

3.♘f3 führt nach der einfachen Antwort 3...e6 zum Übergang in die Hauptvariante.

3...e6

(Fortsetzung der Hauptvariante auf Seite 197)

A) Mit stattdessen 3...c6 kann Schwarz das Duell auch in die Richtung der Slawischen Verteidigung dirigieren.

(Eine weitere Möglichkeit besteht darin, mit 3...c5 das Zentrum zu attackieren. Diese Idee ist mit dem Abspiel 2 verwandt. Wir werden sie dort näher besprechen.)

Es kommt dann grundsätzlich zu Stellungsbildern, die wir bereits im Anschluss an 2...c6 betrachtet haben.

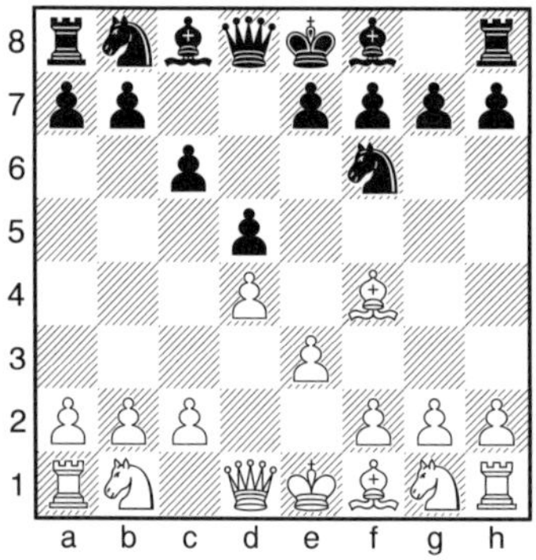

1) 4.♘f3

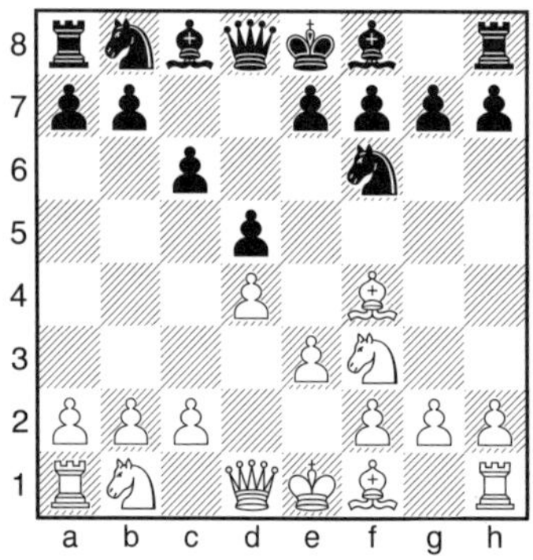

4...♗g4

(Der typische Damenzug 4...♕b6 mit Angriff auf den ♙b2 ist auch hier wieder eine gute Alternative. Im Anschluss an den Deckungszug 5.♕c1 kann es beispielsweise zu dem Fortgang 5...♗f5 6.♗e2 e6 7.0-0 ♗e7 kommen.

Beide Seiten haben mit den letzten Zügen die Entwicklung ihrer Kräfte deutlich vorangebracht. Schwarz hat seinen e-Bauern erst voranschreiten lassen, als der Läufer hierdurch nicht mehr eingesperrt wurde. Nachdem nun auch der schwarzfeldrige Kollege das frei gewordene Feld besetzen konnte, ist der Weg für die kurze Rochade frei.

Nach dem aktiven Zug 8.c4 kann Weiß seinen Springer nach c3 führen, ohne dass dem c-Bauern der Weg verstellt wird.

8...♘bd7 9.♘c3 0-0

An der Schwelle zum Mittelspiel sind die beiderseitigen Perspektiven etwa ausgeglichen.)

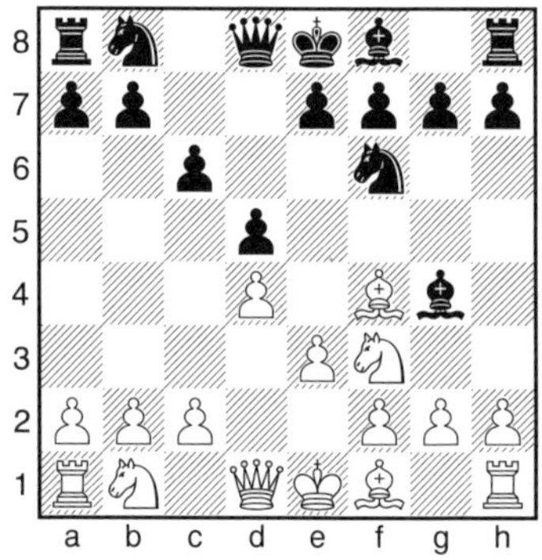

5.♘bd2

(Auch hier kann Weiß 5.c4 den Vorzug geben, um den Springer im Anschluss nach c3 zu entwickeln.

5...♘bd7 6.♘c3 e6

Bis hier haben sich beide Seiten nach Mustern aufgebaut, die wir bereits behandelt haben. Weiß steht nun die Idee zur Verfügung, am Damenflügel aktiv zu werden. Schwarz hat sich die Flexibilität bewahrt, auf unterschiedliche weiße Entscheidungen zum Stellungsbild angemessen reagieren zu können. Diese umfasst auch die Möglichkeit, bei Bedarf mit dem Fianchetto auf dem Königsflügel zu antworten.

Ein solcher Fall kann beispielsweise über die Variante nach 7.♕b3 eintreten. Bevor sich Schwarz um seinen ♙b7 kümmert, kann er die weiße Stellung auf der anderen Seite mit dem kurzen Zwischenmanöver 7...♗xf3 8.gxf3 schwächen.

Nach 8...♕b6 9.c5 ist der Fall eingetreten, dass der ♗f8 auf der Diagonale a3–f8 nicht gut aktiviert werden kann, so dass der Fianchetto-Plan am Horizont erscheint.

Nach 9...♕xb3 10.axb3 und 10...a6 zur Sicherung der Mobilität des ♖a8 kann Schwarz sein weiteres Vorgehen mit ♘f6–h5, g7–g6, ♗f8–g7 und e6–e5 konkret planen. Auf dieser Grundlage verfügt er nach beispielsweise 11.b4 ♖c8= über gute Perspektiven.)

5...e6 6.h3

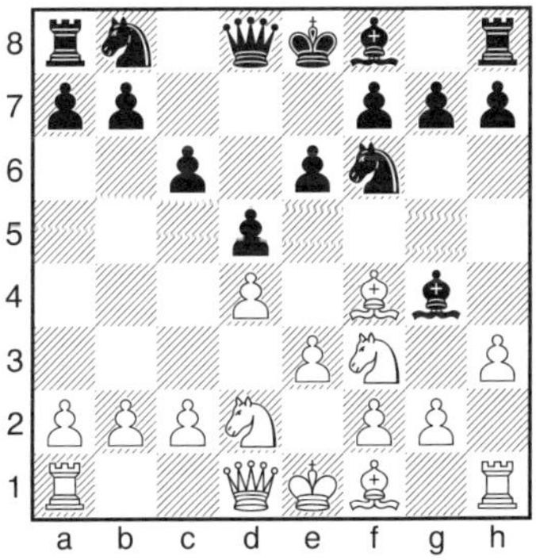

6...♗xf3

(Schwarz kann dem Abtausch nicht gut aus dem Weg gehen, denn auf 6...♗h5 folgt 7.g4! ♗g6 8.♘e5 mit weißem Vorteil.)

7.♘xf3 ♗d6 8.♘e5 ♕c7

Weiß kann darauf hoffen, dass sein weißfeldriger Läufer in Zukunft eine starke Rolle einnehmen kann, da es keinen schwarzen Opponenten mehr gibt. Hierzu muss es ihm gelingen, den Läufer möglichst aktiv und damit wirkungsvoll aufzustellen. Mit dem Entwicklungszug 9.♗d3 macht er den Anfang dazu.

9...♘bd7 10.♘xd7 ♘xd7 11.♗xd6 ♕xd6

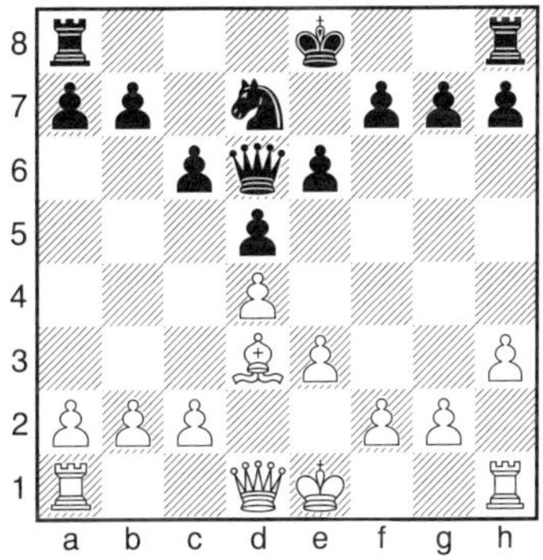

Das Kräfteverhältnis ist dadurch gekennzeichnet, dass Weiß ohne Springer und Schwarz ohne Läufer weiterspielen muss. Tendenziell wird Weiß deshalb Stellungen anstreben, die offen sind und seinem langschrittigen Läufer die größte Entfaltungsfreiheit versprechen. Schwarz hingegen wird eher geschlossene Strukturen anstreben, in denen sein Springer aufgrund seiner geringeren Reichweite weniger benachteiligt ist, dafür aber Profit daraus ziehen kann, dass ihm das Überspringen von Hindernissen möglich ist.

Nach 12.0-0 0-0 kann Weiß seinen Hebel 13.e4 ansetzen, worauf es zum Abtausch 13...dxe4 14.♗xe4 und dann 14...♘f6 15.♗f3= kommen kann. Mit 15...♖ad8 kann Schwarz sein erfolgreiches Bemühen um den Stellungsausgleich abschließen. Für sein weiteres Vorgehen kann er sowohl e6–e5 als auch b7–b6 nebst c6–c5 ins Auge fassen.

2) Wenn Weiß die gegnerische Aufgabe, ein sinnvolles Entwicklungsfeld für den ♗c8 zu finden, nicht erleichtern möchte, kann er 4.♗d3 versuchen. Eine aktive Entgegnung, mit der Weiß gezwungen wird, sich um den Schutz seines ♙b2 zu kümmern, ist daraufhin 4...♕b6. Mit 5.b3 kann sich der Bauer selbst helfen, wobei er allerdings Schwächen auf dem Damenflügel auslöst. Unmittelbar ausnutzen kann Schwarz diese aber nicht.

(5.♕c1 hält die Bauernformation intakt, bringt die Dame aber in eine passive Verteidigungsposition. Mit 5...c5 kann Schwarz energisch an seinem Gegenspiel arbeiten, Druck gegen den ♙d4 aufbauen und diesen nach 6.c3 mit 6...♘c6 verstärken. Nach 7.♘f3 kommt er doch noch zu 7...♗g4. Weitergehen kann es beispielsweise mit 8.♘bd2 e6 9.0-0 ♗e7 10.♘e5 ♗h5= und Schwarz kann vollauf zufrieden sein.)

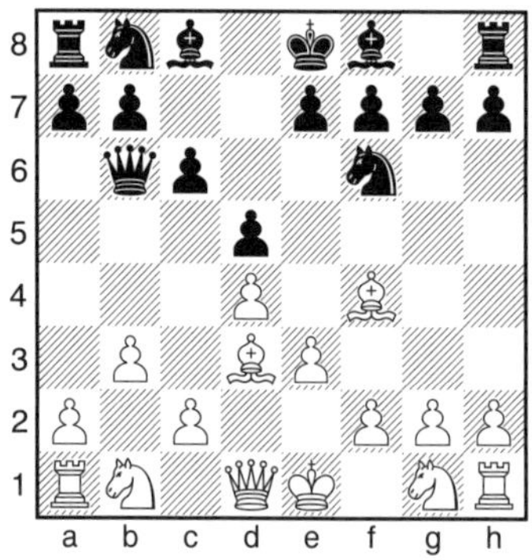

5...c5

(5...♗g4 ist eine brauchbare Alternative, spielt Weiß allerdings etwas in die Karten. Er kommt nach 6.f3 ♗h5 und nun beispielsweise 7.♘e2 e6 8.0-0 zu schnellen Fortschritten in seiner Entwicklung. An dieser hat auch Schwarz noch zu arbeiten. Nun liegt 8...♘bd7 auf der Hand. In einem passenden Moment kann er mit ♗h5–g6 usw. vorgehen.)

Das Duell befindet sich inzwischen tief im Niemandsland der Theorie. Eine zwingende Richtung für den weiteren Verlauf ist nicht erkennbar. So ergibt sich hier noch viel Raum für eigene Ideen. Als Beispiel für eine plausible weitere Entwicklung kann die aus dem Fernschachspiel stammende Variante 6.♘c3 ♗d7 7.♘ge2 cxd4 8.exd4 e6 9.♕d2 ♗d6 10.0-0 0-0= dienen.

B) Wer lieber mit einer Fianchetto-Stellung am Königsflügel spielt und sich die Freiheit, seinen Läufer auf der Diagonale c8–h3 zu aktivieren, uneingeschränkt erhalten möchte, kann bedenkenlos auch zu 3...g6 greifen.

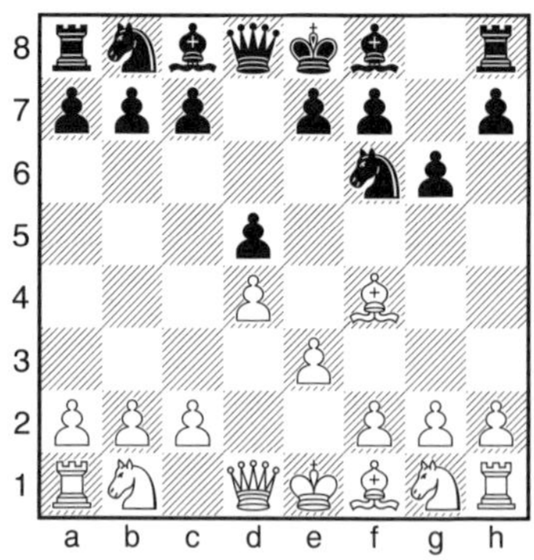

Nach der natürlichen Fortsetzung 4.♘f3 ♗g7 hat Weiß eine große Auswahl für seine Fortsetzung. Sowohl mit guten Erfolgsdaten ausgestattet als auch häufig gespielt ist 5.♗e2.

In etwa gleichwertige Alternativen sind vor allem 5.♗d3, 5.c4 und 5.c3, wonach es zu Stellungen kommt, die nach dem an anderen Stellen bereits beschriebenem Muster gespielt werden können. Häufig wird 5.h3 vorgelagert, um dann nach 5...0-0 mit einer der schon genannten Alternativen fortzusetzen.

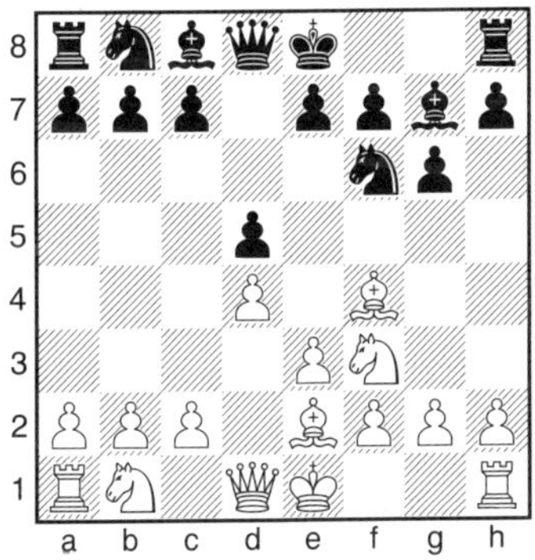

Es ist ein guter Zeitpunkt für die Rochade gekommen (Variante A), da sich eine Alternative zeitlich nicht aufdrängt. Gleichwohl gibt es andere Möglichkeiten unter Zurückstellung der Rochade wie insbesondere auch das mit 5...c6 eingeleitete Schlechter-System (Variante B).

1) 5...0-0

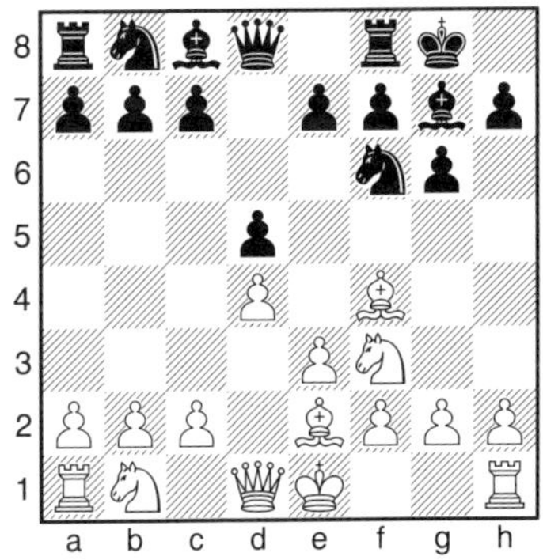

Auch für Weiß ist nun 6.0-0 der naheliegende nächste Schritt für die Fortsetzung der Entwicklung. Besonders energisch und unseres Erachtens auch zu empfehlen ist hierauf der Angriff auf das weiße Zentrum mit 6...c5.

(Auf der Turnierbühne ist auch 6...♗g4 anzutreffen, wobei Schwarz grundsätzlich bereit ist, seinen Läufer gegen den ♘f3 abzutauschen. Weiß sollte den Läufer dann am besten sofort mit 7.h3 angreifen und den Abtausch forcieren.

7...♗xf3 8.♗xf3 c6

– Nach beispielsweise 9.c4 dxc4 10.♕c2 ♘d5 sind die Konsequenzen auf längere Sicht zwar nicht absehbar, aktuell aber gefällt uns die weiße Position besser. Weiß ist im Besitz des Läuferpaares und seine Kräfte sind aktiver aufgestellt.

– Anzutreffen sind auch die Züge 9.c3 und 9.♘d2 mit jeweils guten Resultaten.)

Der das Zentrum stützende Zug 7.c3 schränkt zugleich die Aussichten des ♗g7 auf der langen Diagonale a1–h8 ein.

(Stattdessen wäre 7.dxc5 keine gute Entscheidung, was Weiß schon nach 7...♘bd7 erkennen müsste.)

7...♘c6

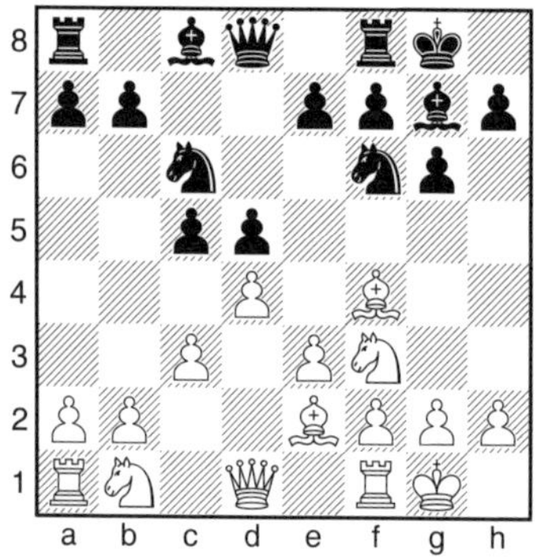

8.♘bd2

(Auf 8.dxc5 ist 8...♘e4! stark. Dieser Satz des Springers ins Zentrum ist auch nach 8.♘e5 ♕b6 9.♕b3 zu empfehlen. Nach 9...♘e4! erfreut sich Schwarz guter Aussichten.)

Mit 8...♘h5 will Schwarz den Abtausch Springer gegen Läufer bewirken, und nach 9.♗g5 h6 10.♗h4 g5 11.♗g3 hat er den Läufer dort, wo er ihn hindrängen wollte.

(Wenn Weiß sich dem gegnerischen Streben widersetzt und 11.♘e1 spielt, um mit einem Gegenangriff auf den ♘h5 zu antworten, kann er den Abtausch vermeiden.

Nach 11...♘f6 12.♗g3 kommt der Läufer endlich etwas zur Ruhe. Weitergehen kann es beispielsweise mit 12...♘d7 13.♘d3 c4 14.♘e1 e5 und einer im Ergebnis komplizierten Lage.)

Die Stellung nach 11...♘xg3 12.hxg3 ♕d6 ist ausgeglichen. Die Restaufgaben, die sich beiden Seiten zum Abschluss ihrer Entwicklung stellen, liegen auf der Hand. Weiß sollte die Lage seiner Dame verbessern und seine Türme ins Spiel bringen. Schwarz sollte sich ebenfalls um seine Türme kümmern, zudem ist der ♗c8 noch nicht im Feld.

Die folgende Beispielvariante zeigt, wie sich das Duell über die nächsten Züge entwickeln kann: 13.dxc5 ♕xc5 14.♘b3 ♕d6 15.♕c2 ♖d8 16.♖ad1 ♕c7 17.♖d2 b6 18.♖fd1 ♗b7=.

2) Nach 5...c6 6.0-0 0-0 ist 7.c4 besonders energisch, woraufhin die beiderseitigen c- und d-Bauern eine Formation einnehmen, die für die Slawische Verteidigung typisch ist.

(Wenn sich Weiß enger am Standardaufbau des Londoner Systems mit Bauern auf c3 und h3 orientieren will, führt dies tendenziell zu Stellungen, die komplexer und komplizierter sind. Die Beispielvariante 7.h3 ♘bd7 8.c3 ♘e4 9.♘bd2 f5 ∞ gibt einen guten Einblick in die zu erwartenden Strukturen)

7...dxc4 ist nun die aktivste Antwort. Nach 8.♗xc4 steht der Läufer angreifbar, was Schwarz bei der weiteren Aktivierung seiner Kräfte eventuell ausnutzen kann. Mit ♘bd7 strebt der Springer nach b6, um von dort aus und unter Vertreibung des Läufers Kontrolle über das Feld d5 zu bekommen.

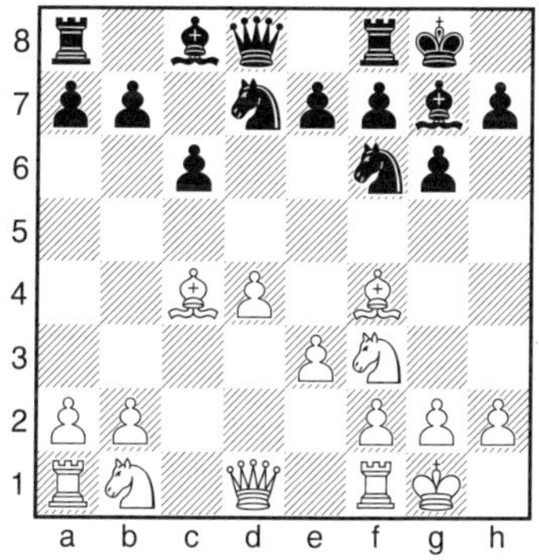

Nach 9.♘c3 ist eine Stellung aus der Grünfeld-Indischen Verteidigung entstanden, die typischerweise über Zugfolgen etwa wie 1. d4 ♘f6 2. c4 g6 3. ♘c3 d5 4. ♗f4 ♗g7 5. ♘f3 c6 6. e3 0-0 mit einem nachfolgenden Abtausch auf c4 usw. entsteht.

Nach 9...♘b6 10.♗b3 sehen wir 10...♗g4 als die empfehlenswerte Fortsetzung an.

(– 10...♘g6 wird am häufigsten gespielt, allerdings mit nicht gerade ermutigenden Resultaten für Schwarz.

– Und nach 10...♗f5 11.♕e2 muss Schwarz mit e3–e4 rechnen.)

Folgen kann beispielsweise 11.h3 ♗xf3 12.♕xf3 ♘bd5 13.♘xd5 ♘xd5, woraufhin Weiß das Läuferpaar und das etwas freiere Spiel hat. Die Stellung ist aber durchaus akzeptabel für Schwarz. Zu seinen nächsten Aufgaben gehört es, seine Schwerfiguren in sein Spiel einzubinden.

(Fortsetzung der Hauptvariante von Seite 191)

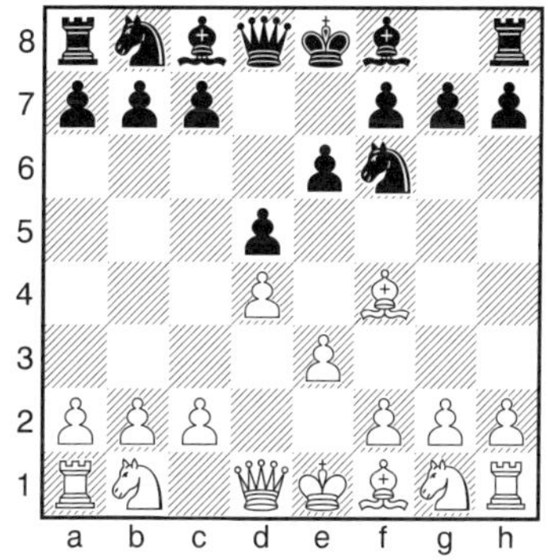

Schwarz beabsichtigt die Läuferentwicklung auf der Diagonale a3–f8 und macht den Weg zur Umsetzung hiermit frei. Diese Entscheidung ist mit einer Einsperrung des ♗c8 verbunden, der deshalb voraussichtlich fianchettiert werden wird.

4.♘f3

Gebräuchlich ist auch 4.c3, ohne dass sich aus dieser Abweichung wesentliche neue Wege ergeben. Häufig kehrt die Partie unter Zugumstellung zur Hauptvariante zurück oder geht in später behandelte Nebenvarianten über.

Auf 4.♘d2 hat Schwarz mit 4...c5 und 4...♗d6 zwei zugleich solide und aktive Antworten zur Verfügung.

A) 4...c5

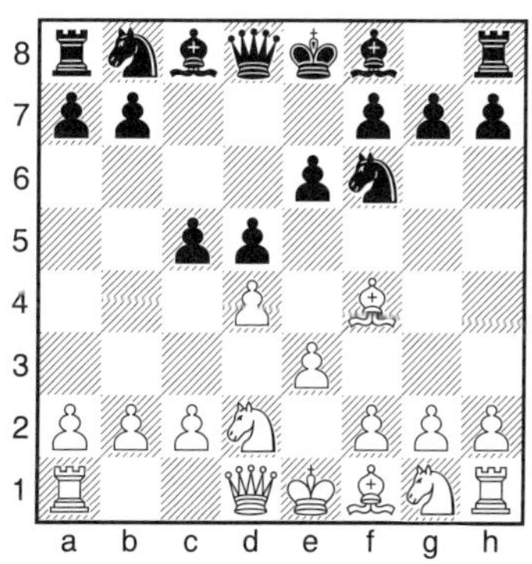

Nach 5.c3 kann sich der Königsläufer seinem weißen Widersacher mit 5...♗d6 einen Zug später entgegenstellen.

(Natürlich geht auch 5...♘c6 mit Übergang in an anderen Stellen erörterte Varianten.)

6.♗g3 ist die übliche Reaktion, damit im Falle des von Schwarz herbeigeführten Abtausches der Läufer mit dem h-Bauern zurückgeschlagen werden kann. Mit 6...0-0 ist die Entwicklung des Königsflügels abgeschlossen. Um auch auf der anderen Seite den erforderlichen Fortschritt zu erzielen, bietet sich ein Aufbau mit b7–b6 und einer Aktivierung des Läufers auf der Diagonalen a6–c8 an, zumal der ♙e6 zurzeit ein Ziehen in die andere Richtung verhindert.

7.♘gf3 b6 8.♗d3

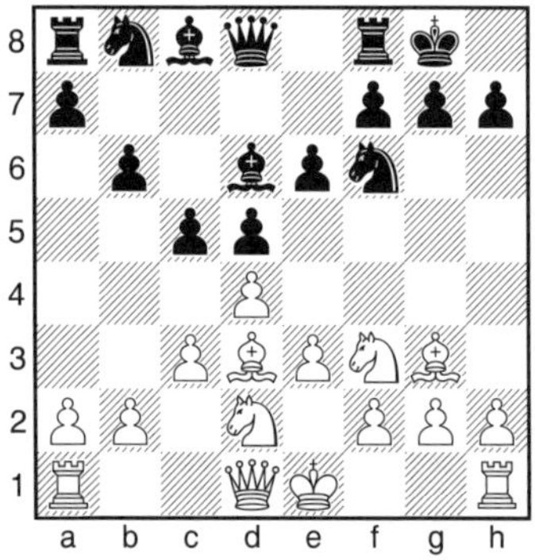

8...♗b7

(In Mode gekommen ist auch 8...♗a6!? mit der Folge 9.♗xa6 ♘xa6 10.♕e2.

Das schwarze Manöver mutet etwas grotesk an, weil der Springer nun nicht gut gedeckt werden kann und sich durch Flucht dem Angriff entziehen muss. Damit er im Anschluss nach c6 gebracht werden kann, wo er gut stehen wird, reagiert er am besten mit 10...♘b8.

Weiß kommt nun zu seinem systematisch wichtigen Zug 11.e4 und nachdem mit 11...♗e7 der Bauerngabel auf e5 vorgebeugt ist, kann Schwarz auf die natürliche weiße Antwort 12.0-0 mit 12...♘c6= den Ausgleich sicherstellen.)

Nach 9.♘e5 ♕c7 haben beide Seiten noch Restaufgaben zur Entwicklung zu erledigen. Das Spiel kann nun verschiedene Richtungen nehmen. Dabei kann es auch zu Verwicklungen kommen, die für das Mittelspiel typisch sind. Die folgende beispielhafte, allerdings aus der Praxis stammende Variante kann Anhaltspunkte dafür liefern, wie die Parteien weiter vorgehen können.

10.f4 ♘e4 11.♘xe4 dxe4 12.♗e2 ♘c6 13.0-0 ♘e7

Schwarz hat sich eine aktive Aufstellung erarbeitet. Der Springer kann eine Position auf f5 einnehmen.

B) 4...♗d6 5.♗xd6

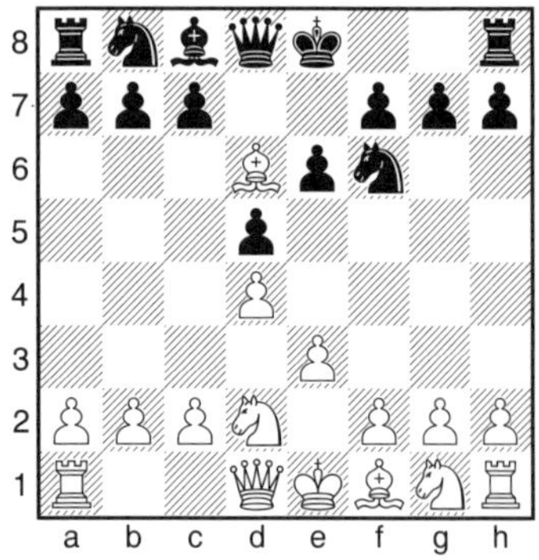

5...♕xd6

(Möglich ist auch 5...cxd6!?, was wir dem lernenden Spieler allerdings aus prinzipiellen Gründen nicht empfehlen möchten. Der auf der d-Linie entstehende Doppelbauer stellt zwar kein echtes Problem dar, auch weil er kaum lange Bestand haben wird, doch führt dieses Vorgehen zu keinem Vorteil gegenüber dem Schlagen mit der Dame, der sich von einem wenig erfahrenen Spieler ausnutzen ließe.

Allerdings ist die Abweichung wichtig genug, um sie zumindest mit der folgenden, nicht weiter kommentierten Variante kurz darzustellen: 6.♘gf3 0-0 7.c4 dxc4 8.♗xc4 a6 9.0-0 b5 10.♗d3 ♗b7 nebst ♘b8–d7, ♖a8–c8 usw.)

Neben dem natürlichen Entwicklungszug 6.♘gf3, der zu von uns bereits behandelten Stellungsmustern führt, greift Weiß zumeist zu 6.f4, womit er sich zum Preis einer Schwächung seiner weißen Felder auf dem Königsflügel die Dominanz über das Feld e5 sichert. Schwarz sollte dann aggressiv mit 6...c5 Druck gegen den ♙d4 aufbauen, den Weiß mit 7.c3 stützen kann.

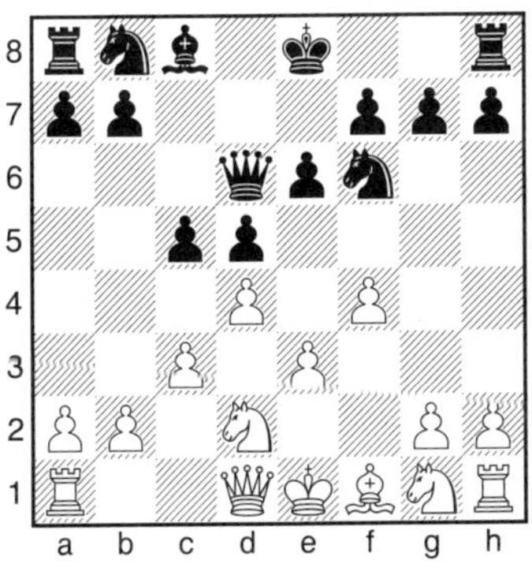

Eine kurze Zwischenbilanz macht deutlich, wo beide Parteien auf Fortschritte in ihrer Entwicklung hinarbeiten müssen. Alle weißen Figuren des Königsflügels befinden sich noch in ihrer Ausgangsstellung. Ein aussichtsreicher Aufbauplan basiert auf den Schlüsselzügen ♗f1–d3, ♘g1–f3 und 0-0.

Schwarz wird sich um seinen Damenflügel kümmern müssen. Hier bietet sich ein Vorgehen mit b7–b6, ♗c8–b7 und ♘b8–c6 bzw. ♘b8–d7 an. Weitergehen kann es entsprechend beispielsweise mit 7...0-0 8.♗d3.

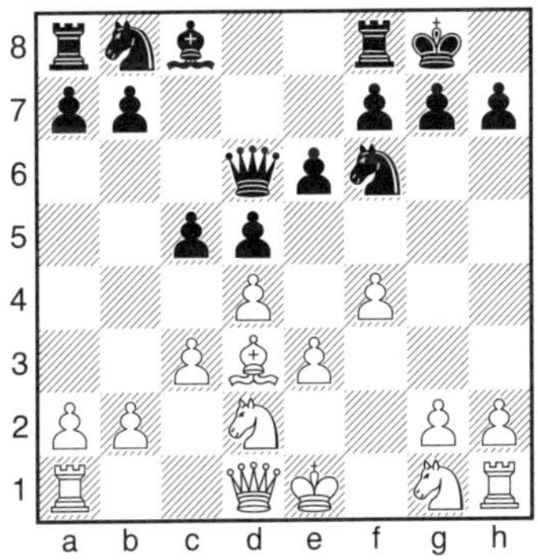

8...cxd4

(Schwarz kann auch sofort 8...b6 versuchen, worauf 9.♕e2 den Zug ♗c8–a6 verhindert. Nach den weiteren Zügen 9...♗b7 10.♘gf3 ♘bd7 11.♘e5 ♘e4 ∞ ist eine komplizierte Stellung entstanden, die hinsichtlich der Chancenverteilung in der Praxis nur als unklar bezeichnet werden kann. *Stockfish* kennt diese Alternative für ein Stellungsurteil nicht und errechnet einen kleinen weißen Stellungsvorteil.)

9.cxd4 b6 10.♕e2

Mit dieser Entscheidung sichert sich Weiß auch hier die Figurenkontrolle über das Feld a6.

10...♗b7 11.♘gf3 ♘c6 12.a3

Der Bauer hindert Schwarz am Betreten von b4.

12...♖ac8 13.0-0 ♘e7=

Im Bereich des Übergangs von der Eröffnung zum Mittelspiel sind die Chancen verteilt.

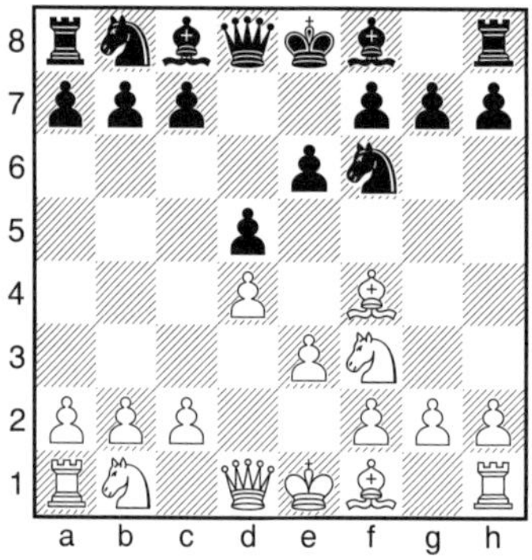

4...♗d6

Dies ist ohne Zweifel die beste Lösung im Kampf um den Ausgleich. So will Schwarz die Wirkung des gegnerischen Läufers auf der Diagonale b8–h2 entschärfen. Mit dieser Idee werden wir uns auch im Abspiel 2 beschäftigen, aber mit anderen Figurenaufstellungen.

– Zu passiv wäre hingegen 4...♗e7.

– Um zu sehen, welche Folgen sich mit 4...c5 verbinden, schauen Sie bitte ins Abspiel 2.

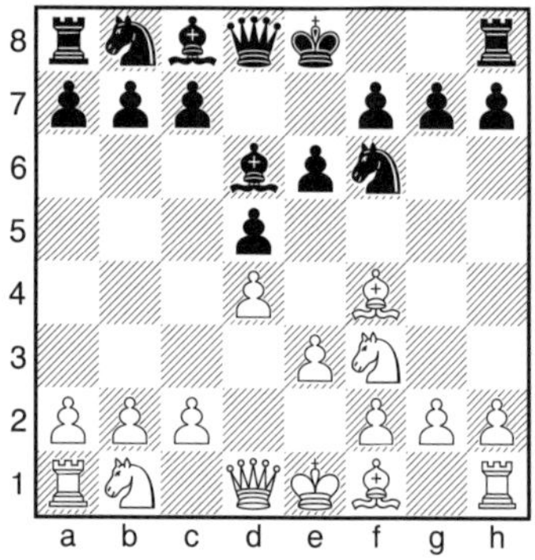

5.♗g3

Mit dieser Wahl verfolgt Weiß den Zweck, die dynamischen Verhältnisse zu erhalten und für den Fall, dass Schwarz den Läuferabtausch will, mit hxg3 reagieren zu können. Wichtige Alternativen sind 5.♗xd6 und 5.♘e5.

I. Nach 5.♗xd6 ♕xd6 ist 6.c3 die typische Vorkehrung, um d4 zu stärken.

(Schwarz muss jedoch damit rechnen, dass sein Gegner zu der interessanten und ambitionierten Alternative 6.c4!? greift, worauf er am einfachsten den Ausgleich halten kann, wenn er mit 6...dxc4 die Einladung zum Abtausch annimmt.

Weitergehen kann es dann beispielsweise mit 7.♘bd2 0-0 8.♗xc4 ♘c6 9.0-0 e5 usw. Über natürliche Züge, die auch der unerfahrene Spieler problemlos am Brett finden kann, hat Schwarz gute Fortschritte in seiner Entwicklung erzielt und mit der Durchsetzung von e7–e5 seinen Anteil am aktiven Spiel reklamiert.)

Die nächsten für Weiß anstehenden Entwicklungsschritte sind leicht erkennbar. Der ♗f1 und der ♘b1 müssen aktiviert werden, im passenden Moment ist die Rochade fällig.

Für Schwarz stellt sich die Frage, wie er seinen ♗c8 am besten ins Spiel bringen soll. Eine gute Option ist die Idee, e6–e5 durchzusetzen, um in der Folge den frei gewordenen Weg auf der Diagonale c8–h3 für eine entsprechende Entwicklung des Läufers zu nutzen. Vor diesem Hintergrund kann es zum folgenden Szenario kommen: 6...0-0 7.♗d3 ♘bd7 8.♘bd2 e5 9.dxe5 ♘xe5 10.♘xe5.

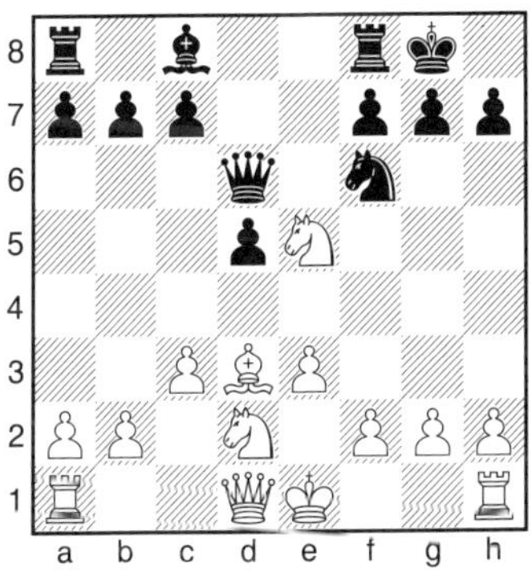

Nach 10...♕xe5 ist die erste Etappe der Umsetzung vorüber. Weiß kann nun a tempo seinen Springer ins Feld führen und damit den Übergang zur zweiten Etappe einleiten. Nach 11.♘f3 ♕e7 12.0-0 ♗g4 ist Schwarz weitgehend ungefährdet zum Stellungsausgleich gekommen.

Weitergehen kann es zum Beispiel mit 13.h3 ♗h5 14.♗e2 c6=, und wenn die Kontrahenten bald auch ihren Türmen zu mehr Wirkung verholfen haben, steht einem umkämpften Duell nichts mehr im Wege.

II. 5.♘e5 ist eine typische Reaktion von Weiß in Varianten mit ♗f8–d6 und auch hier eine gute Wahl. Das Spiel wird sich dann in Mustern entwickeln, die wir bereits erörtert haben. Ein beispielhafter Verlauf kann über 5...0-0 6.♗d3 (6.♘d2 c5!) 6...c5 7.c3 ♘c6 8.♘d2 ♕c7 9.♘df3= führen.

(Wenn Weiß mit 9.♘xc6 fortsetzt, kommt Schwarz zu einem bequemen Spiel. Er schlägt nicht sofort auf c6 zurück, sondern schaltet 9...♗xf4 dazwischen und nimmt den Springer erst nach 10.exf4 vom Brett. Nach 10...bxc6 11.g3 ♕b6= kann er vollauf zufrieden sein.)

Anschließen kann sich die beispielhafte und aus der Praxis stammende Zugfolge 9...♘e7 10.0-0 b6 und Schwarz hat eine solide Stellung. Er kann seinen ♗c8 nach b7 entwickeln und seinen Springer auf dem Vorpostenfeld e4 platzieren.

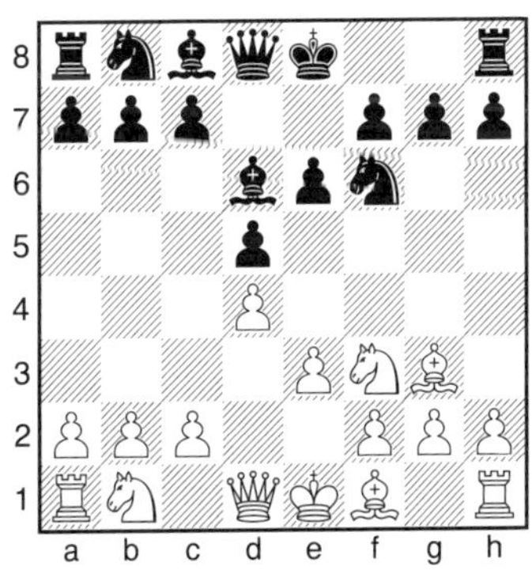

5...0-0

Mit 5...♗xg3 6.hxg3 kann Schwarz einen weißen Doppelbauern provozieren, was aber nicht zwangsläufig vorteilhaft für ihn ist. So ist diese Entscheidung auch in Abhängigkeit von den individuellen Vorlieben und Fertigkeiten zu treffen. Im Wesentlichen können sich beide Seiten in den Bahnen aufbauen, die wir uns bis hier bereits in Nebenvarianten angeschaut haben.

6.♘bd2

Weiß beabsichtigt den typischen und das Zentrum stützenden Zug c2–c3. Deshalb entwickelt er seinen Springer so, dass er dieses Vorhaben nicht stört.

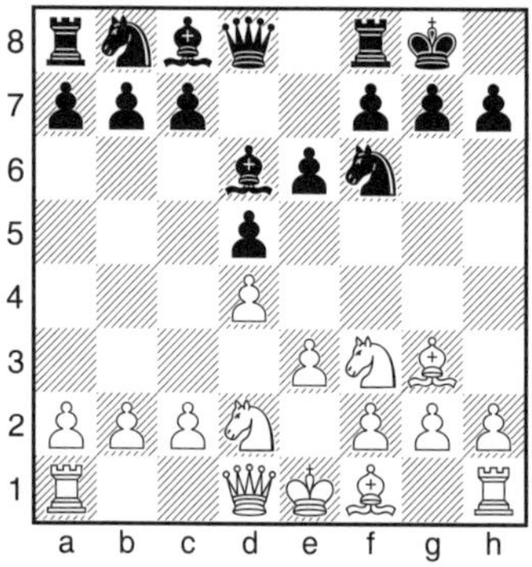

6...b6

Schwarz plant die Fianchettierung des ♗c8 und den Vorstoß c7–c5. Der Aufzug des b-Bauern ermöglicht bzw. unterstützt beide beabsichtigten Schritte.

7.c3 c5 8.♗d3

Auf d3 erlangt der Läufer seine größte Wirkung. Auf der Diagonale b1–h7 übt er eine Kontrolle auch über das Feld e4 aus, so dass er einen Vorstoß e3–e4 unterstützen kann.

8...♗b7

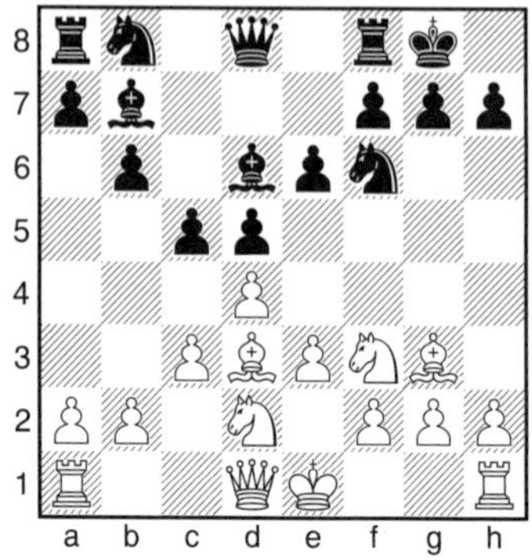

9.♘e5

Weiß folgt einem typischen Plan im System: Der Springer nimmt eine starke Position auf e5 ein. Dieser Schritt leitet die weiteren Vorbereitungen einer Aktion auf dem Königsflügel ein. Schwarz hat aber genügend gute Verteidigungsmöglichkeiten.

Ein anderer interessanter Plan für Weiß fußt auf der Idee, mit 9.♕e2 schnell zu e3–e4 zu kommen. Nach 9...♘c6 und dann 10.e4 dxe4 11.♘xe4 ♘xe4 12.♗xe4 cxd4 wird deutlich, dass Schwarz damit aber nicht in Verlegenheit zu bringen ist. Er kommt zu einem vollen Spiel.

9...♘c6

Der Springer soll nicht lange auf c6 geparkt werden, sondern sich in Erwartung des weißen Angriffs weiter in die Richtung des Königsflügels bewegen.

10.f4

Dieser Bauernvorstoß hat universelle Folgen. Einerseits nimmt der f-Bauer frühzeitig am Angriff teil und stützt den wichtigen Punkt e5, andererseits kann die Dame ohne eine Blockade des Bauern nach f3 geführt werden. Zudem erhält der Läufer ein Fluchtfeld für den Fall, dass sich auf f5 ein schwarzer Springer einnistet.

10...♘e7 11.♕f3 ♘f5 12.♗f2

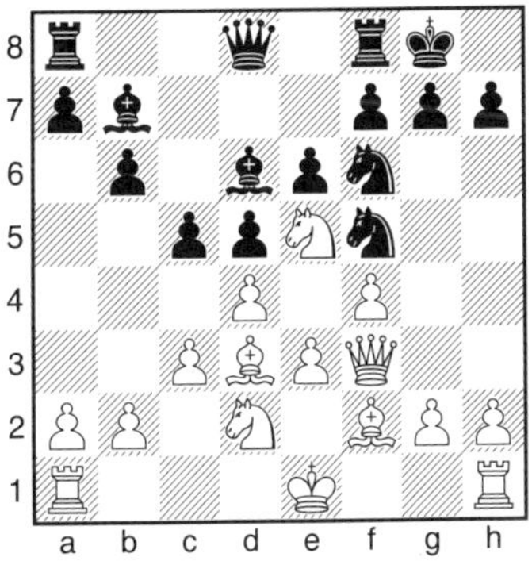

12...♗e7

Mit diesem Läuferzug kann Schwarz sowohl Vorsorge gegen ein Vorpreschen des gegnerischen g-Bauern treffen, indem er seinem ♘f5 ein Ausweichen nach d6 ermöglicht, als auch seinen Kampf um das wichtige Feld e4 verstärken, welches der Springer von d6 aus bestreicht.

13.g4 ♘d6 14.g5 ♘fe4

Schwarz hat weiterhin alles unter Kontrolle. Bei einer passenden Gelegenheit kann er den ♘e5 mit f7–f6 aus seiner starken Stellung vertreiben.

Zusammenfassung: Wir haben diese Einführung dazu genutzt, Muster für die Spielführung beider Seiten im Londoner System darzustellen sowie konkrete Varianten an die Hand zu geben. Die strategischen Pläne sowie die Strukturen taktischer Abläufe sollten dabei deutlich werden. Hauptsächlich kämpft Schwarz über c7–c5 um den Ausgleich. Ein wichtiges Element in verschiedenen seiner Pläne ist der Abtausch der Läufer im Anschluss an ♗f8–d6, wodurch die Verteidigung erleichtert wird.

Wir vertiefen und spezialisieren die Erörterung des Londoner Systems in den beiden Abspielen 1 und 2.

Abspiel 1

1.d4 d5 2.♗f4

Fortsetzung 2...e6

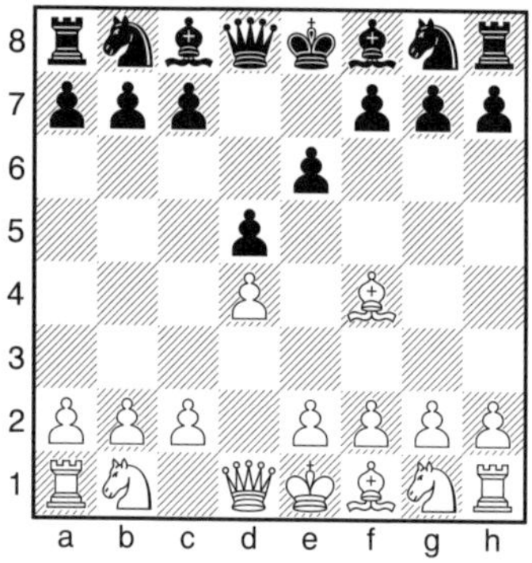

Die Hauptidee dieser Variante liegt darin, den schwarzfeldrigen Läufer seinem weißen Kontrahenten auf d6 entgegenzustellen und ihn bald abzutauschen.

3.e3

Auch auf 3.♘f3 folgt konsequent 3...♗d6. Schwarz muss nun insbesondere mit den Fortsetzungen 4.e3, 4.♗g3 und 4.♗xd6 rechnen.

A) Mit 4.e3!? nimmt Weiß die Schwächung seiner Bauernstruktur in Kauf, erlangt dafür aber die vollständige Kontrolle über das wichtige Feld e5.

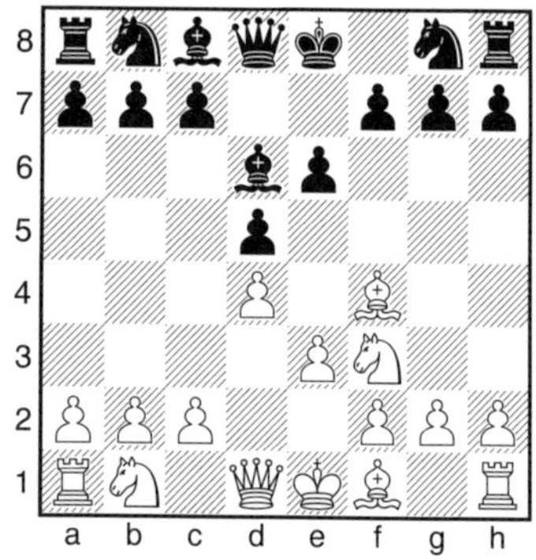

Mit 4...♗xf4 folgt Schwarz konsequent der Leitidee dieses Abspiels und nutzt die erste Gelegenheit zum Läuferabtausch. Entsprechend konzentrieren wir uns in der weiteren Betrachtung auf diese Entwicklung.

(Wer Gefallen am oben behandelten Stonewall-Aufbau gefunden hat, kann dessen Einsatz allerdings auch hier erwägen. Wir wollen das mögliche Vorgehen nachfolgend anhand einer kurzen Beispielvariante veranschaulichen. Die obigen Ausführungen nach 3.♘f3 ♗d6 4.♗g3 f5 können ergänzend beigezogen werden.

Mit 4...♘e7 bringt sich der Springer in Position, um mit seinem nächsten Zug den ♗f4 attackieren zu können. Zum Stonewall-Aufbau gehört der Vorstoß f7–f5. Dieser soll erst im Anschluss erfolgen.

Nach 5.♗d3 ♘g6 6.♗g3 f5 kann die Partie beispielsweise den weiteren Verlauf 7.♘bd2 0-0 8.c4 c6 usw. nehmen.)

5.exf4

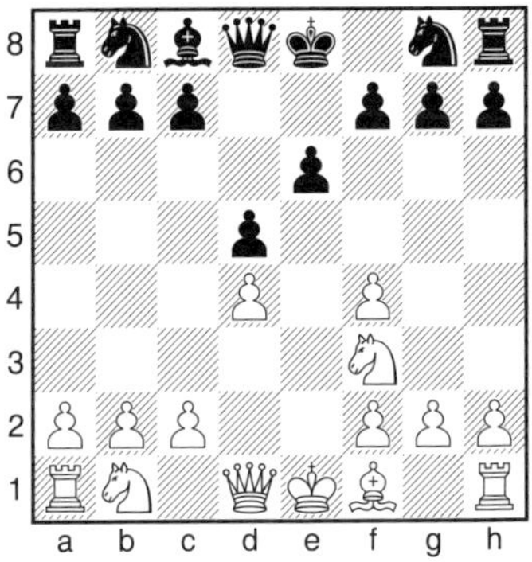

5...♕d6 nimmt die Dame neben dem ♗f4 auch das Feld b4 ins Visier.

6.♕d2 ♘f6 7.♘c3 a6

Der Bauer nimmt das Feld b5 unter Kontrolle, so dass es von den weißen Figuren nicht mehr betreten werden kann.

8.♗d3 b6

In erster Linie soll der Bauer den Vorstoß c7–c5 unterstützen.

Nach 9.0-0 0-0 10.♖fe1 c5 ist die Stellung kompliziert, aber in etwa ausgeglichen. Weiß hält das Feld e5 fest in den Händen, Schwarz kann ein Gegenspiel am Damenflügel mittels c5–c4, b6–b5–b4 usw. organisieren.

B) 4.♗g3

B1) Der Stonewall-Aufbau mit 4...f5 ist eine energische Methode, um den Ausgleich zu sichern.

5.e3

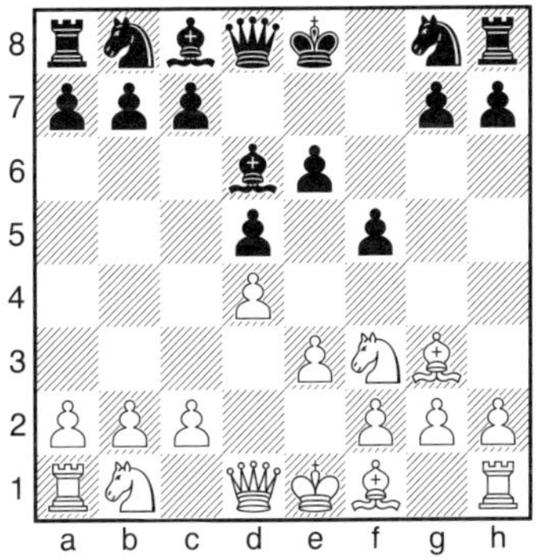

In dieser Variante wird der Springer besser mit 5...♘f6 statt über e7 ins Spiel gebracht, da er von hier aus in einem passenden Moment nach e4 geführt werden kann.

6.♘bd2 0-0 7.♘e5 ♘bd7 8.f4

Die Kräfte neutralisieren sich. Es sind aktuell kaum Ansatzpunkte zu erkennen, die das Aufbrechen der gegnerischen Stellung möglich machen könnten.

Nach 8...c5 9.c3 ♘e4 10.♘df3 ♘df6= steht den Kontrahenten ein zähes positionelles Ringen bevor.

B2) Wem die mit dem Stonewall-Aufbau verbundene Schwächung der schwarzen Felder im bisherigen Einflussbereich des f-Bauern nicht behagt, der kann auch auf die ruhigere Alternative 4...♘e7 setzen. Dabei ist e7 nur ein Transitfeld, weil der Springer entweder gleich im Anschluss oder bei einer späteren passenden Gelegenheit in eine wirkungsvollere Position geführt wird.

5.e3 ♘f5 6.♗d3

Dies ist aktuell das beste Entwicklungsfeld für den Läufer. Von hier aus nimmt er Einfluss auf die beiden wichtigen Felder e4 und c4.

(6.♗xd6 ♘xd6!)

Mit 6...♘xg3 verschafft Schwarz sich die „kleine Qualität“ und hofft darauf, dass sich sein Läuferpaar wie zumeist als kleiner Vorteil erweisen wird.

7.hxg3

Der Abtausch auf g3 hat dazu geführt, dass die h-Linie nun zur Hälfte geöffnet ist und der ♙h7 von Turm und Läufer angegriffen wird.

Nach 7...h6 8.♘bd2 beabsichtigt Weiß e3–e4 und will auf d5xe4 mit dem Springer zurücknehmen können, so dass dieser den ♗d6 ins Visier nimmt.

8...♘d7 9.e4

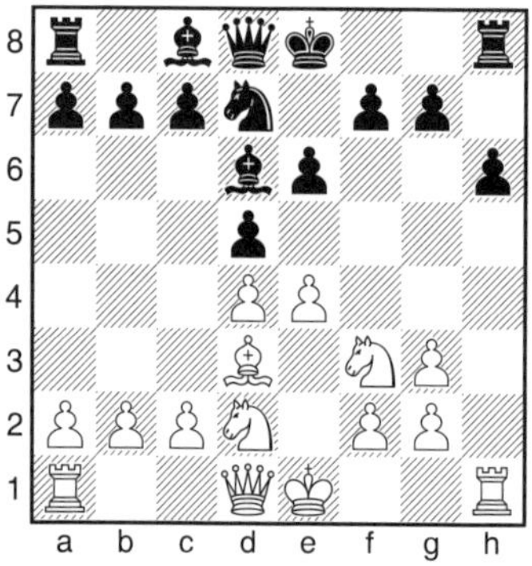

B2a) Das forsche Auftreten mit 9...c5! verspricht Schwarz die Aktivität, die er zum Ausgleich braucht.

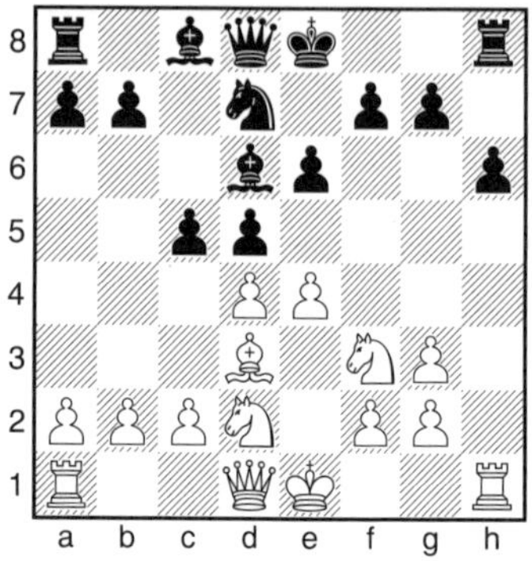

10.c3 ♕b6 11.exd5 exd5 12.0-0 0-0 13.c4 ♘f6 14.cxd5 ♘xd5 15.♘c4 ♕d8 16.♘xd6=

B2b) Wenn Schwarz stattdessen mit 9...dxe4?! die Bauernspannung im Zentrum auflöst, um vielleicht die Komplexität der Stellung zu verringern, bekommt Weiß die Chance, eine Initiative zu entwickeln, ohne dass Schwarz Mittel zu einem schnellen Gegenspiel findet.

Nach 10.♘xe4 und dann beispielsweise 10...♗e7 11.♕e2 ist das Gros der weißen Figuren bereits wirksam im Feld, während Schwarz dazu noch einige Anstrengungen leisten muss.

Jetzt ausgeführt erzielt 11...c5 bereits nicht mehr den gleichen Effekt, wie er zuvor möglich gewesen wäre, wenn Weiß optimal reagiert. Nach 12.c3± ist sein Eröffnungsvorteil klar erkennbar.

– Schwarz kann mit 12...♕c7 antworten und sich zeigen lassen, wie Weiß weiter vorgehen wird. Je nach Lage der Dinge kann er mit c5xd4, a7–a6, 0-0 und ♘f6 weiter operieren.

– Keine gute Idee wäre 12...b6?!, etwa um den Läufer im Anschluss nach b7 zu entwickeln.

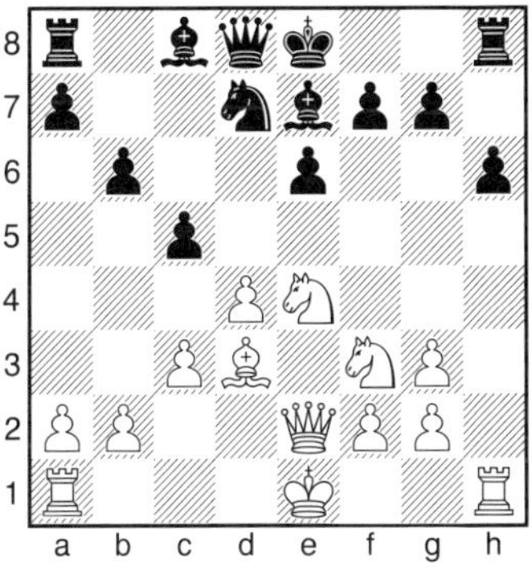

Weiß könnte sonst mit 13.0-0-0 die Abläufe forcieren und Vorteil aus seiner besseren Entwicklung ziehen.

(13.0-0?! würde die Chance zu einem aussichtsreichen Angriffsspiel ungenutzt lassen. Nach beispielsweise 13...0-0 14.♖ad1 ♕c7 15.♖fe1 ♗b7 hätte Schwarz nachgezogen und seine Kräfte elastisch entwickelt.)

Zwar kommt der König über 13...0-0 aus der Mitte, angesichts der angriffsbereiten weißen Figuren aber nicht zu nachhaltig mehr Sicherheit.

An dieser Stelle wird der Kampf sehr taktisch geprägt. Um die beiderseitigen Möglichkeiten bis ins Mittelspiel hinein exemplarisch zu veranschaulichen, führen wir unsere Beispielvarianten ausnahmsweise bis tief in die Partie hinein fort.

(13...a6 14.dxc5 bxc5 15.g4 ♕c7 16.g5 ♗b7 17.♘ed2 ♕f4 18.g6 0-0 19.♗c4 ♗xf3 20.gxf7+ ♖xf7 21.♕xf3 ♕xf3 22.♘xf3 ♘f8 23.♖he1 h5 24.♖e2 ♖f4 25.♘d2 a5 26.g3 ♖f6 27.♖h1 g6 28.f4 ♔g7+–)

14.♘e5! f5

(– Nach 14...♗b7 15.f4 f5 16.♗b5 ♘xe5 17.dxe5 ♕b8 gewinnt Weiß in allen Varianten, z.B. mit 18.♕h5 oder 18.♖d7 beginnend.

– 14...♘xe5 15.dxe5 ♗b7 16.♕g4 ♗g5+ 17.♘xg5 ♕xg5+ 18.♕xg5 hxg5 19.♗h7+ ♔h8 20.♗e4+ +–)

15.♘g6 ♕e8 (15...fxe4 16.♕xe4+–) 16.♘xf8 ♘xf8 17.♗b5 ♕f7 18.♘d2 cxd4 19.♗c6 ♖b8 20.cxd4+–

C) Mit der Wahl der Fortsetzung 4.♗xd6 willigt Weiß quasi grundsätzlich ein, dass die Eröffnungsphase mit einer ausgeglichenen Stellung enden wird. Sie ist reizvoll für einen Spieler, dem Bauernschwächen im eigenen Lager nicht behagen und der den Kampf um Ungleichgewichte zeitlich gerne etwas weiter nach hinten verlagert.

4...♕xd6

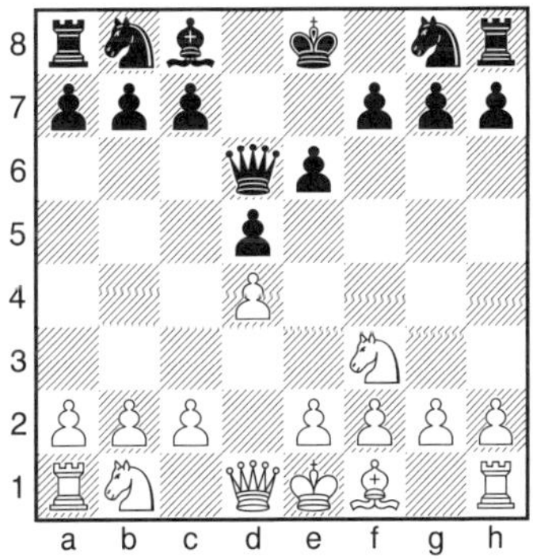

Der für das System ohnehin typische Zug 5.c3 hat in dieser Variante zusätzlich die Bedeutung, der Dame den Zutritt zu b4 zu verweigern.

(Wenn Weiß nun doch noch von seiner risikoarmen Linie abweicht und 5.e3 spielt, dann sollte Schwarz die Gelegenheit zu 5...♕b4+ nutzen. Es lockt ein materieller Vorteil, ohne dass

Weiß erkennbar zu hinreichenden dynamischen Gegenwerten kommen wird.

Nach 6.♘bd2 ♕xb2 7.♗d3 ♘f6 muss Weiß erst noch beweisen, dass er richtig investiert hat.)

Nach den schlichten Entwicklungszügen 5...♘f6 6.e3 0-0 7.♗d3 kann Schwarz mit 7...♘bd7 den befreienden Zug e6–e5 vorbereiten. Damit wird dann auch eine Entwicklung des ♗c8 auf der Diagonale c8–h3 möglich. Weitergehen kann es beispielsweise mit 8.♘bd2 e5 9.dxe5 ♘xe5 10.♘xe5 ♕xe5.

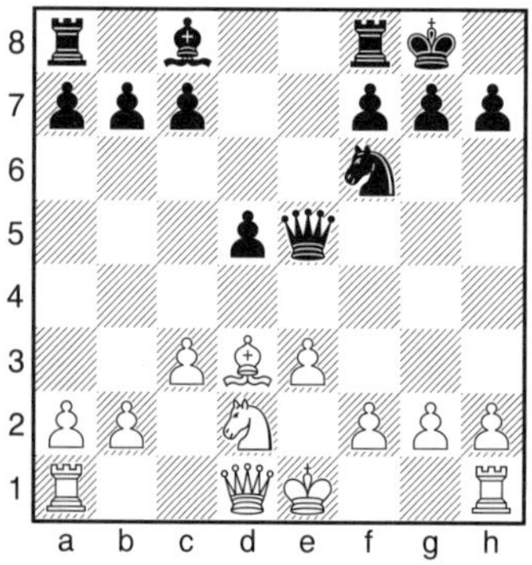

Nach 11.0-0 kann der Läufer mit 11...♗g4 seine frisch gewonnene Freiheit nutzen. Mit beispielsweise 12.♕c2 ♖fe8 13.♖fe1 c5= können beide Seiten ihre Entwicklung weitgehend abschließen und den Kampf auf Augenhöhe fortsetzen.

3...♗d6

Wir haben uns mit der Idee, die schwarzfeldrigen Läufer möglichst früh abzutauschen, bereits im einführenden Hauptteil dieses Kapitels beschäftigt, dort jedoch mit dem schwarzen Springer auf f6 und dem weißen auf f3. Hier aber entwickelt Schwarz seinen Springer häufiger auf e7.

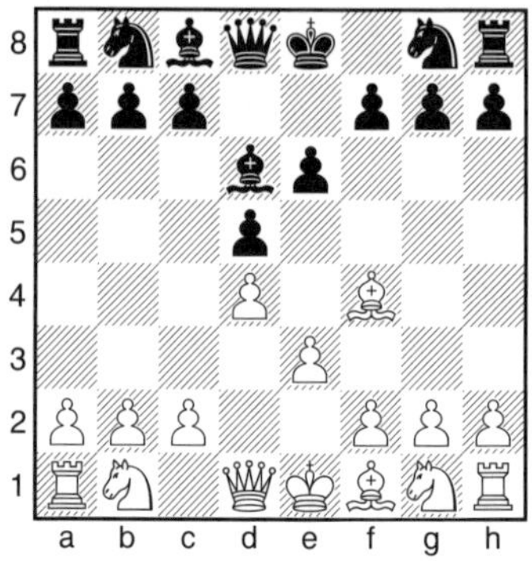

4.♗xd6

Nach 4.♗g3 läuft die Möglichkeit zum Abtausch der Läufer nicht weg, wenn Schwarz auf eine günstige Gelegenheit wartet und sich zunächst darauf konzentriert, Fortschritte in seiner Entwicklung zu erzielen. Dabei kann der Läufer bis auf weiteres ggf. sogar noch mitwirken.

Mit 4...♘e7 macht der Springer den Weg für die Rochade frei und droht ein Weiterziehen nach f5 an.

5.♗d3 0-0 6.♘d2 c5 7.c3 ♘bc6

Über eine Abfolge natürlicher Züge hat Schwarz die Aktivierung seiner Kräfte vorangebracht und seinen König aus der Mitte geführt. Den beabsichtigten Abtausch der Läufer hat er dabei nicht aus dem Blick verloren.

Nach beispielsweise 8.♘gf3 kann er diesen mit 8...b6 vorbereiten und nach 9.0-0 verwirklichen. Nach 9...♗xg3 10.hxg3 kann er 10...♕c7 Δe6–e5 folgen lassen und den Ausgleich festhalten.

4...♕xd6

Dies ist die übliche und – wie in ähnlicher Situation bereits in der Einführung

– dem wenig erfahrenen Spieler von uns empfohlene Reaktion.

Es wird auch 4...cxd6!? gespielt.

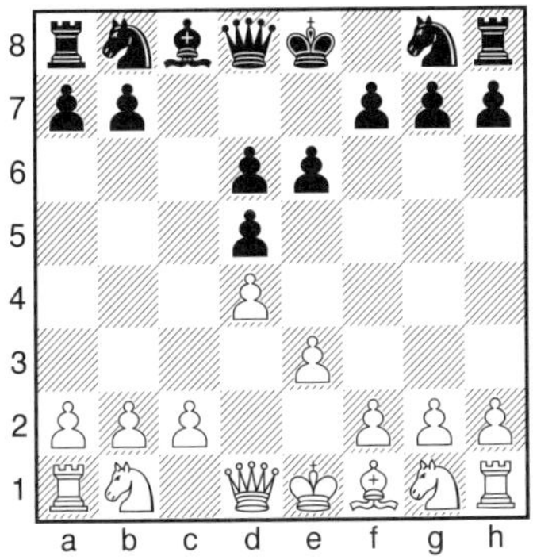

A) Nun ist wie in der Hauptvariante 5.♕g4 mit Angriff auf den ♙g7 reizvoll.

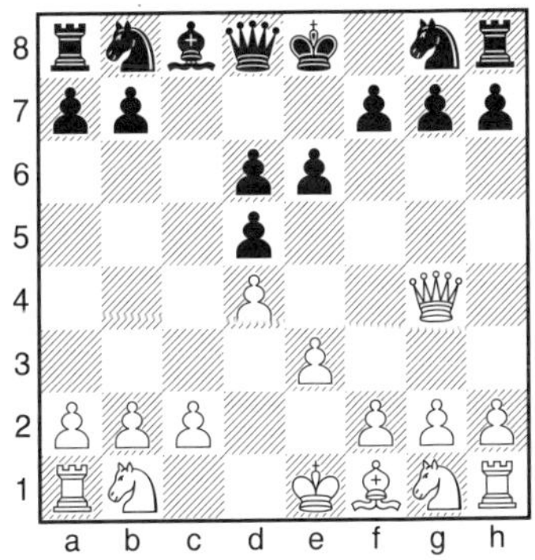

Danach ist es nicht so ganz einfach, die beste Fortsetzung aus der Warte des unerfahrenen Spielers zu bestimmen. Wir geben 5...♔f8!? den Vorzug vor 5...g6, auch wenn dabei das Rochaderecht verloren geht und diese Konsequenz als unangenehm empfunden werden kann. Die Stellungsverhältnisse bieten aber genügend Ressourcen für eine harmonische weitere Entwicklung des Königsflügels trotz des Rochadeverlustes.

(5...g6 6.♕f4 ♘c6 7.♘c3 e5 8.♕g3 ♘f6 9.dxe5 dxe5 10.0-0-0 0-0∞)

Mit 6.♕g3 entzieht sich die Dame dem drohenden Angriff durch den ♗c8 nach e6–e5 und versucht dabei, möglichst viel von ihrer bereits erlangten Wirksamkeit zu konservieren. Es kann sich nun eine Phase anschließend, während der beide Seiten schlicht auf die weitere Entwicklung hinarbeiten. Dies kann beispielsweise über die Zugfolge 6...♘c6 7.♘f3 ♘f6 8.♘c3 ♕e7 geschehen.

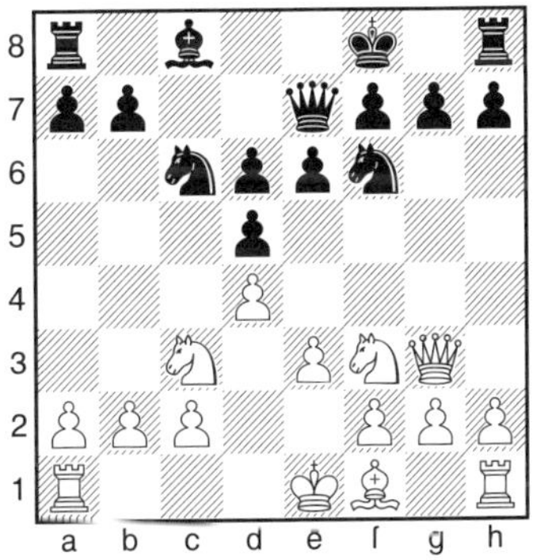

Nach 9.♗e2 ist für Schwarz ein guter Zeitpunkt gekommen, um über die künstliche Rochade nachzudenken. Diese kann er mit 9...g6 einleiten und nach beispielsweise 10.0-0 ♗d7 mit nachfolgend ♔f8–g7 beenden. Er hat sich gleiche Aussichten gesichert und keinen Nachteil dadurch erlitten, dass er mit 5...♔f8 sein Rochaderecht aufgegeben hat.

B) Weiß kann genauso gut auf den Ausflug mit der Dame verzichten und ruhig auf eine harmonische Entwicklung seiner Kräfte spielen. Es kann dann beispielhaft mit 5.♘f3 ♘c6 6.c4 ♘f6 7.♘c3 weitergehen.

Bislang war der Doppelbauer auf der d-Linie keine Schwächung und nur von einer vorübergehenden Natur. Jetzt aber muss Schwarz angesichts des Kräfteverhältnisses auf d5 etwas tun, damit es nicht zu einem Doppelbauern auf Dauer kommt. Am einfachsten ist 7...dxc4.

(Es geht aber auch 7...♘e7!?, um den ♙d5 zu decken.)

Da nach 8.♗xc4 in beiden Lagern nichts Dringenderes zur Erledigung ansteht, ist die Fortsetzung der Entwicklung mit 8...0-0 9.0-0 ein natürliches Vorgehen.

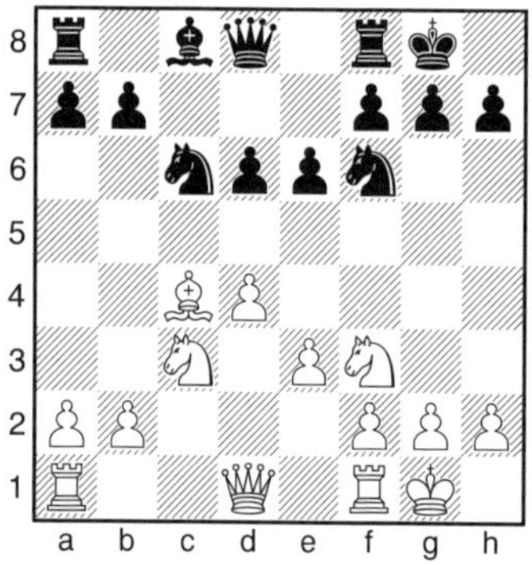

Diese Stellung ist in der Praxis noch nicht oft ausgespielt worden. Gute Alternativen für Schwarz sind nun 9...♕b6 und 9...d5. Dabei ist 9...♕b6 unseres Erachtens besonders interessant, zumal wir für diese Fortsetzung kein relevantes Praxismaterial gefunden haben.

(Nach 9...d5 10.♗d3 hält die Fortsetzung 10...♗d7 11.♖c1 ♖c8 das Kräfteverhältnis weitgehend in der Balance. Der Weg, den das Duell dann nehmen kann, ist nicht vorgezeichnet. Um den erfolgreichen Eröffnungsabschluss für sich reklamieren zu können, sollten beide Seiten ihre Damen noch ins Spiel einbinden.)

Wegen des angegriffenen ♙b2 muss Weiß sofort reagieren, was er mit 10.♕e2 hinreichend macht. Schwarz hat den Grundstein für den Stellungsausgleich zum Abschluss der Eröffnungsphase längst gelegt. Diesen kann er nun auf verschiedenen Wegen sicherstellen, beispielsweise über einen Aufbau mit dem Läufer auf d7 und der Aktivierung des ♖a8 nach c8. Eine entsprechende plausible Zugfolge wäre nun 10...♘e7 11.a4 a6 12.♖ac1 ♗d7 nebst ♖a8–c8.

5.♕g4

Dies ist die auf der Turnierbühne am häufigsten gewählte Möglichkeit. Ein Teil ihrer Attraktivität ergibt sich daraus, dass Schwarz auf die Bedrohung des ♙g7 reagieren muss und sich deshalb keinen anderen Eröffnungsaufgaben zuwenden kann.

5...g6

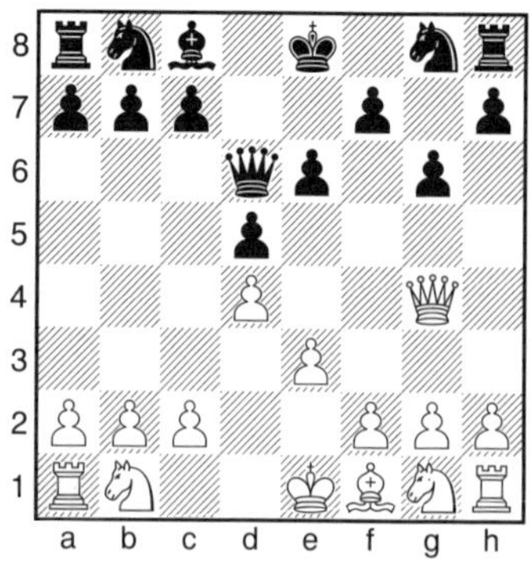

6.♘d2

Anders als in einer ähnlichen Situation in der zuvor betrachteten Nebenvariante 4...cxd6 5.♕g4 ist der ♗c8 hier nicht gedeckt, so dass sich die Dame nicht gegen e6–e5 vorbereiten muss. Mit dem Textzug nutzt Weiß diese Freiheit für einen Entwicklungszug aus, der zugleich den König gegen ein Schachgebot auf der Diagonale a5–e1 schützt.

Nicht zu empfehlen und eher ein Fehler als ein Bauernopfer ist 6.♘f3?, worauf 6...♕b4+ möglich wird. Nach 7.♘bd2 ♕xb2∓ hat Weiß kaum Kompensation für den materiellen Nachteil.

6...♘c6

Der Springer entwickelt sich nach c6, von wo aus er e6–e5 unterstützen kann, ohne dass er wie im Falle von ♘b8–d7 den Läufer blockiert. Nun ist e6–e5 mit einem zu beachtenden Läuferangriff auf die Dame verbunden, weil der Läufer jetzt vom ♖a8 gedeckt wird.

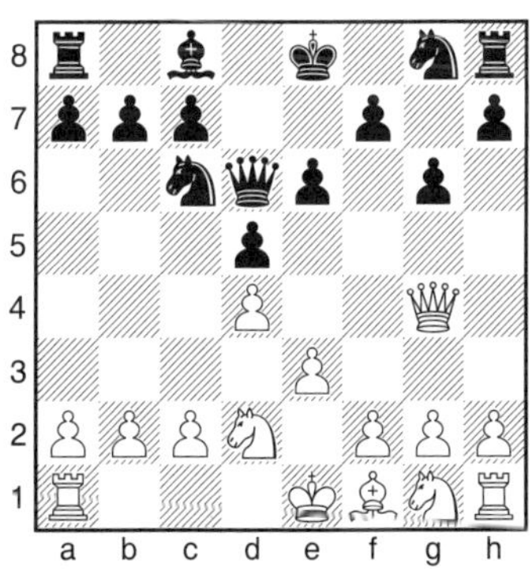

7.c3

Im Falle von 7.♕g3 kann Schwarz aktiv mit 7...♘b4 reagieren. Mit 8.♗d3 verhindert Weiß die Springergabel auf c2, setzt den Läufer aber der Möglichkeit eines Abtausches aus. Weitergehen kann es beispielsweise mit 8...♗d7 9.♘gf3 ♘xd3+ 10.cxd3 ♗b5 11.♔e2 f6 mit etwa gleichen Chancen.

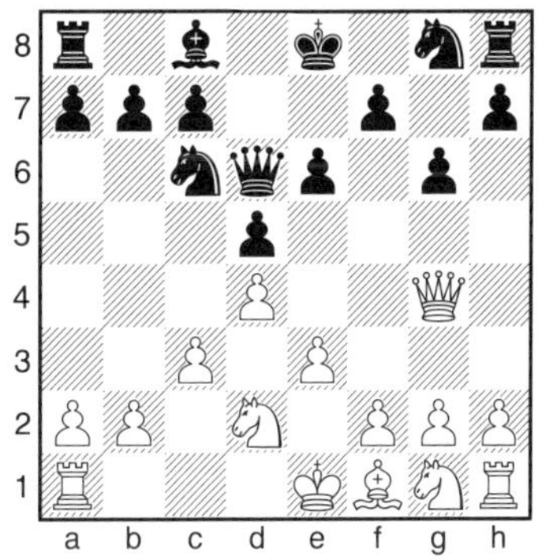

Die Stellung trägt den Keim ausgeglichener Chancen als Ergebnis der Eröffnung bereits in sich. So ist Schwarz nicht auf eine bestimmte Fortsetzung festgelegt. Gute Chancen vermitteln ihm die beiden Alternativen 7...e5 und 7...♘f6, wobei die Wahl auch eine Frage des persönlichen Geschmacks ist.

7...e5

Schwarz drückt seine Absicht durch, mit seinem e-Bauern die weiße Zentrumsstellung anzugreifen, wobei sein ♗f8 frei kommt und die Dame bedroht.

7...♘f6 führt ebenfalls zur Vertreibung der Dame. Nach 8.♕g3 kann Schwarz mit 8...♕xg3 9.hxg3 die Abtauschoption nutzen. Eine interessante Idee ist nun 9...♗d7.

Sie verbindet sich mit der Überlegung, dass der König nach dem Abgang der Damen zu seiner Sicherheit nicht mehr unbedingt ins Rochadeasyl geführt werden muss. Wenn er mit einem kalkulierbaren Risiko in der Mitte postiert bleibt, kann er hier seine Kraft als vollwertige Figur einbringen.

(9...h5 mit Festlegung des ♗g3 ist ebenfalls spielbar.)

Nach 10.♘gf3 ♔e7= ist auch die Verbindung zwischen den beiden Türmen frei, so dass sie flexibel nach Bedarf eingesetzt werden können.

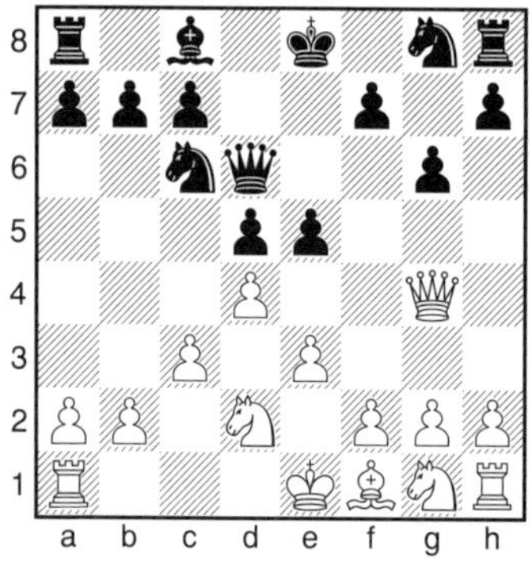

8.♕g3

Schwarz hat alle Aussichten, mit mindestens gleichwertigen Chancen ins Mittelspiel zu gehen. Die Partie kann nun verschiedene Richtungen nehmen. Es gibt mehrere spielbare Wege, die Entscheidungen der beiden Kontrahenten sind entsprechend in weitem Rahmen frei. Unsere weiteren Ausführungen orientieren sich an den Möglichkeiten für einen natürlichen Verlauf und tragen einen exemplarischen Charakter.

8...♘ge7

Diese Entwicklung erlaubt ein späteres ♘e7–f5. Unter Umständen wird f7–f5 möglich, vom Springer unterstützt.

9.dxe5

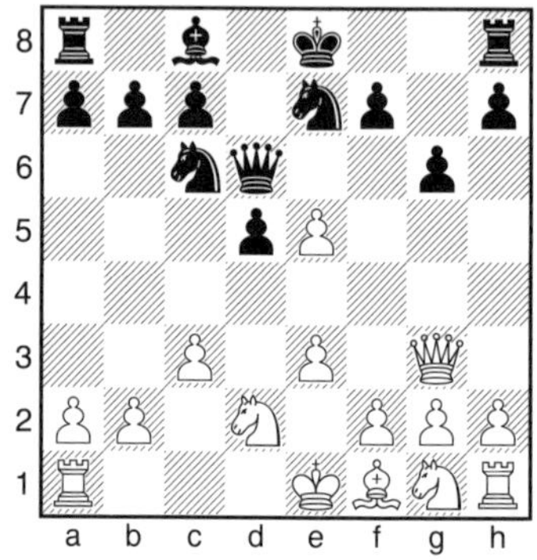

9...♕xe5

9...♘xe5 geht auch. Indem die Damen zumindest zunächst weiter auf dem Brett bleiben, sind die dynamischen Möglichkeiten des Kampfes tendenziell größer. Die Beispielvariante 10.0-0-0 ♘f5 11.♕f4 ♘d7 12.♘e2 ♘c5 veranschaulicht, wie die Schärfe des Spiels über wenige Schritte hinweg zunehmen kann. In dem Fall, dass es zu entgegengesetzten Rochaden kommt, bahnt sich ein Duell mit Angriffsbemühungen auf unterschiedlichen Flügeln an – Weiß auf dem Königs- und Schwarz auf dem Damenflügel.

10.♘gf3 ♕xg3 11.hxg3 0-0=

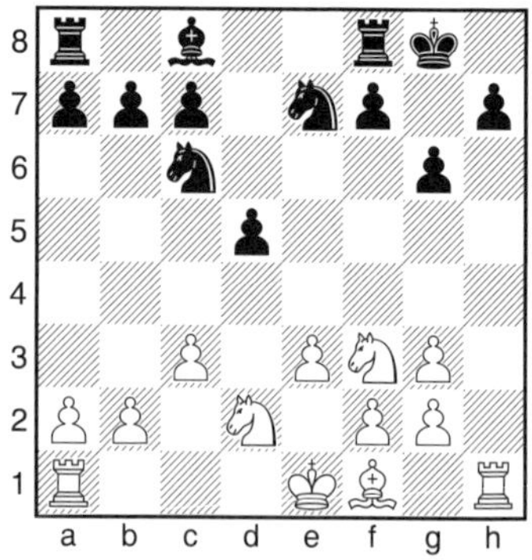

Zusammenfassung: Der Zug 3...♗f8–d6 verfolgt die Absicht, die Wirkung des gegnerischen Läufers zu schwächen und ihn möglicherweise durch Abtausch zu beseitigen. Insgesamt hat Schwarz keine große Mühe, um ein ausgeglichenes Spiel zu erreichen.

Abspiel 2

1.d4 d5 2.♗f4 c5

Fortsetzung 2...c5

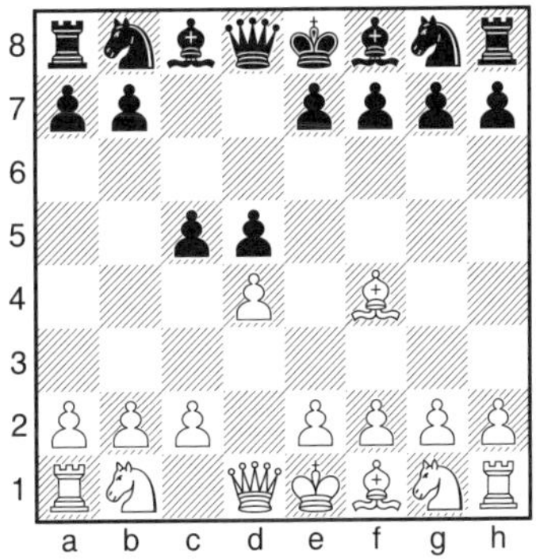

Mit diesem energischen Vorgehen verfolgt Schwarz mehrere Zwecke. So geht es ihm um den Einfluss im Zentrum, um die Initiative im Spiel und auch um frühe Ungleichgewichte in der Stellung, die zu Komplikationen führen.

3.e3

Diese für das Londoner System typische Antwort ist solide und hält die Schärfe des Duells in Grenzen.

Mit 3.e4!? hingegen gießt Weiß Öl ins Feuer. Schwarz sollte dann einen Weg wählen, der die Verwicklungen nicht noch weiter steigert. Angeraten ist deshalb 3...dxe4, worauf Weiß in der Praxis zu Recht fast ausschließlich mit 4.d5 antwortet. Mit 4...♘f6 bleibt Schwarz am Drücker. Weiß kann seinen Bauern nun mit 5.♘c3 verteidigen.

A) 5...a6

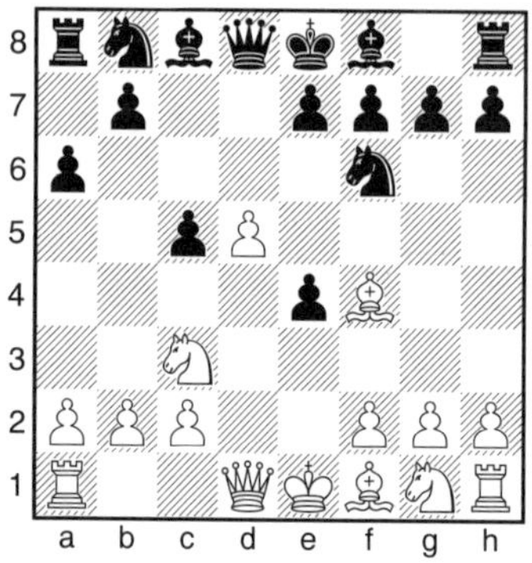

Damit beugt Schwarz ♘c3–b5 vor, woraufhin er etwas gegen die Springergabel auf c7 tun müsste. Auch verschafft er sich grundsätzlich die Option auf b7–b5, wenn sein Gegner dies zulässt. Zwingend notwendig ist die prophylaktische Sperre des Feldes b5 nicht. So könnte Schwarz aktuell auf ♘c3–b5 mit ♘b8–a6 reagieren und die Lage unter Kontrolle behalten.

A1) 6.a4

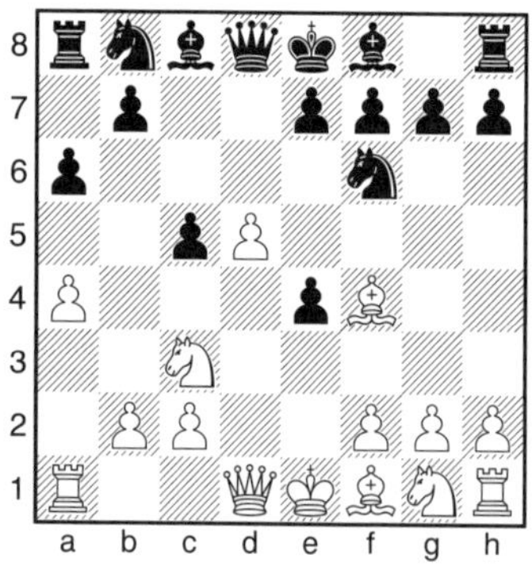

Schwarz soll b7–b5 nicht ohne weitere Anstrengungen durchsetzen können. Die Lage auf dem Brett erlaubt beiden Parteien die Konzentration auf die Fortsetzung der Entwicklung. Weiß hat keine Eile, um das materielle Gleichgewicht wiederherzustellen.

Eine natürliche Zugfolge, die ohne eine besondere Kommentierung gut nachvollziehbar ist, wäre nun 6...g6 7.♗c4 ♗g7 8.♘ge2 0-0 9.0-0 ♘bd7 10.♘g3 ♘b6 11.♗a2 c4 mit einer unübersichtlichen und hinsichtlich der Verteilung der Chancen unklaren Stellung.

A2) 6.♕e2 mit der Idee, lang zu rochieren, kann Schwarz sehr gut mit 6...e6 beantworten.

7.0-0-0

(7.dxe6?! wäre kontraproduktiv. Nach 7...♗xe6∓ ist die Rochade zunächst einmal nicht mehr möglich und Weiß hat Schwierigkeiten, zu einer schnellen und guten weiteren Entwicklung zu kommen.)

Mit 7...♕a5 löst die Dame die Fernbedrohung durch den ♖d1 auf und verbindet dies mit der eigenen Aktivierung. Nun wäre 8.d6?! eine interessant aussehende und im Fernschach erprobte, im Ergebnis aber doch eher zweifelhafte Idee.

(Stattdessen ist die Alternative 8.a3 eine solide Wahl. Nach beispielsweise 8...exd5 9.♘xd5 ♘xd5 10.♖xd5 könnte Weiß nicht gleichartig unter Druck geraten. Schwarz hätte jetzt die Auswahl zwischen mehreren natürlichen Möglichkeiten, z.B. 10...♗e7, 10...♗e6 und 10...♘c6. In allen drei Fällen hätte er eine gute Aussicht auf den vollen Stellungsausgleich.)

Nach dem Textzug würde über 8...♘c6 eine Variante möglich, mit der Schwarz den Hut auf hat und seine Stellung kontinuierlich ausbaut.

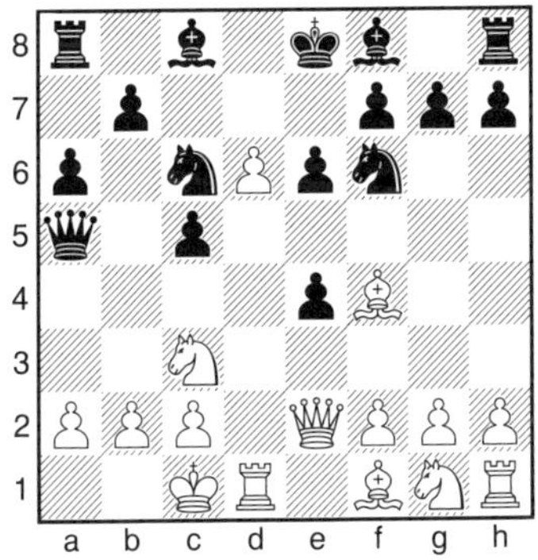

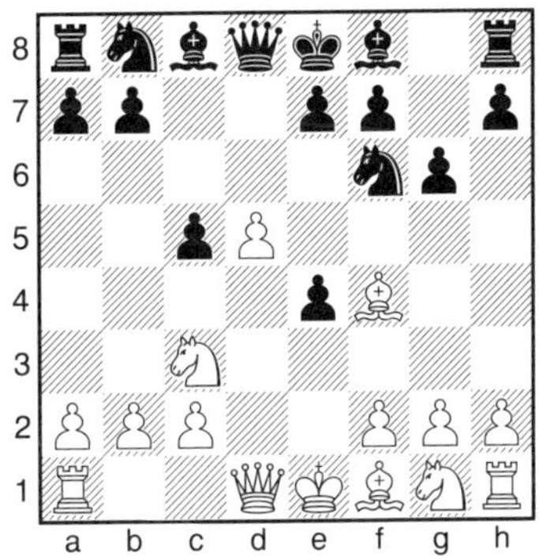

Der für Stellungen mit der langen Rochade typische Zug 9.♔b1 entlastet zugleich den ♘c3 von der Deckung des ♙a2, so dass grundsätzlich ♘c3xe4 möglich wird. Mit 9...e5 kommt Schwarz solchen Überlegungen seines Gegners allerdings zuvor.

10.♗d2

Bevor Schwarz auf die Ferndrohung des Läufers gegen die Dame reagiert, bleibt er mit 10...♘d4 am Drücker. Weitergehen kann es mit 11.♕e1 ♕b6 12.♗g5 ♗e6 13.♗xf6 gxf6 14.♘xe4 0-0-0 und ausgezeichnetem Spiel für Schwarz.

B) Eine zentrale Idee für den schwarzen Aufbau in diesem System ist das Fianchetto am Königsflügel. Dieses kann Schwarz mit 5...g6 auch sofort angehen, weil er, wie wir bereits feststellen konnten, ♘c3–b5 nicht fürchten muss.

Weiß ist in seiner Wahl darauf relativ frei. Gute Antworten sind insbesondere 6.♕d2 und 6.♗c4, während 6.♘b5 wie bekannt eher harmlos ist.

Die Entwicklung mit 6.♕d2 ist universell. In erster Linie macht die Dame den Weg für die lange Rochade frei. Wenn diese folgen sollte, wird das Duell an Schärfe gewinnen. Schwarz wird kurz rochieren, so dass die Könige auf unterschiedlichen Flügeln stehen werden.

Beide Seiten können dann ihre Angriffsbemühungen gegen den gegnerischen König intensivieren, ohne dass sie auf dadurch eintretende Lockerungen in der Sicherung des eigenen Oberhauptes achten müssen. Von d2 aus behält die Dame zudem den Kontakt zum ♙d5 aufrecht. Mit dem Läufer auf f4 bildet sie eine starke Kraft auf der Diagonale c1–h6 und nach 0-0-0 auch mit dem Turm auf der d-Linie.

(Nach 6.♗c4 kann sich Schwarz zunächst auf die Umsetzung seines Fianchetto-Plans konzentrieren. Nach beispielsweise 6...♗g7 7.♘ge2 0-0 8.a4 kann er mit dem Standardzug 8...♘bd7 fortsetzen, gefolgt von b7–b6 und ♗c8–b7 mit Druck gegen den ♙d5.)

6...♗g7 7.0-0-0 0-0

Dieses Szenario hatte sich als logisch angekündigt. Weiß sollte nun Augenmerk auf die weitere Entwicklung seines Königsflügels richten, wobei der ♙e4 durchaus etwas stört. Zur Wiederherstellung des materiellen Gleichgewichts wird er diesen dann bei passender Gelegenheit erobern. Schwarz sollte nicht zögerlich handeln und seine Aussichten am Damenflügel mit energischen Schritten verfolgen. Hierzu bietet es sich an, zunächst seine Bauern in Marsch zu setzen.

8.♘ge2 a6 9.♘g3 b5

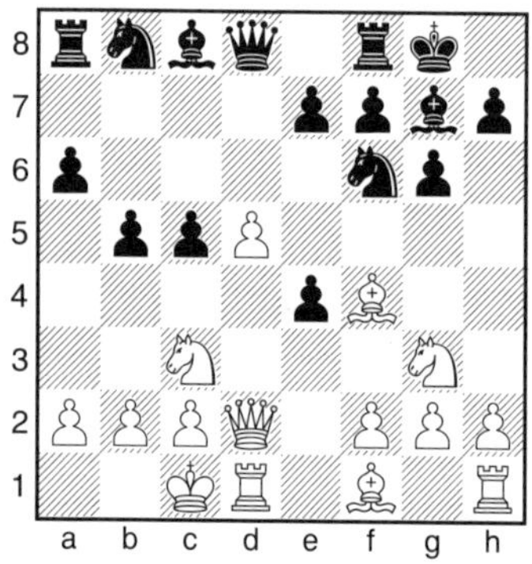

Nach 10.h4 muss Schwarz fortan mit h4–h5 rechnen, was zu einer Beeinträchtigung seiner festen Königsstellung führen kann. Mit 10...♕a5 bringt Schwarz seine Dame a tempo ins Spiel, so dass er sogleich im Anschluss seinen Turm kraftvoll in die Mitte führen kann. Zu seiner Entlastung beabsichtigt er den Damentausch, während Weiß auf den Rückgewinn des Bauern spielt.

11.♔b1 ♖d8 12.♘cxe4 ♕xd2 13.♘xf6+ ♗xf6 14.♖xd2

Die erste heiße Phase der Auseinandersetzung ist vorüber. Mit 14...♗b7 kann Schwarz die Erledigung seiner Restaufgaben in Sachen Entwicklung einleiten. Nach 15.c4 bxc4 16.♗xc4= ist der Ausgang des Duells völlig offen.

Weiß wird seine Chancen auf Aktivität und Angriff auf dem Königsflügel suchen, Schwarz auf dem Damenflügel. Eine Idee zum weiteren Ausbau seiner Stellung basiert auf ♘b8–d7–e5 und bei einer passenden Gelegenheit e7–e6.

3...♘c6

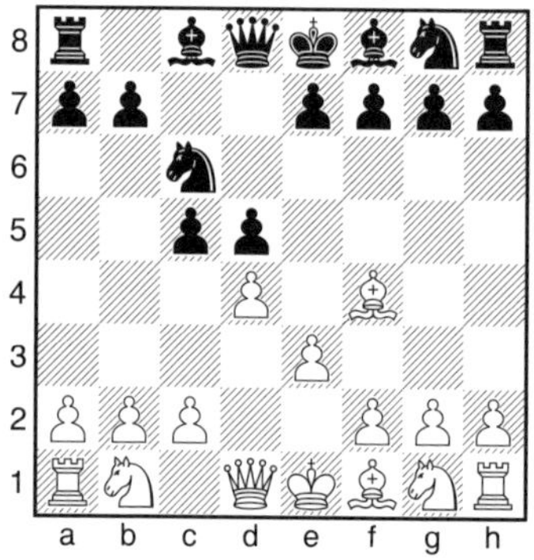

So wird mit Abstand am häufigsten gespielt. Gute Ergebnisse erzielt Schwarz auch mit 3...♘f6 und 3...cxd4.

I. 3...♘f6

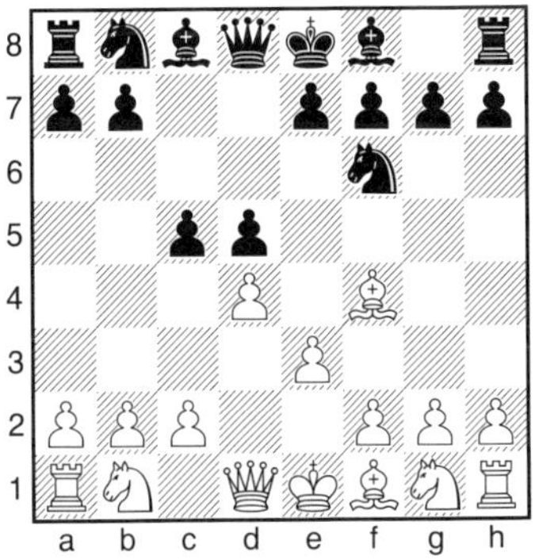

Neben dem Hauptzug 4.c3 kann Weiß sein Vertrauen insbesondere auch in 4.♘f3 und 4.♘d2 setzen.

A) 4.c3

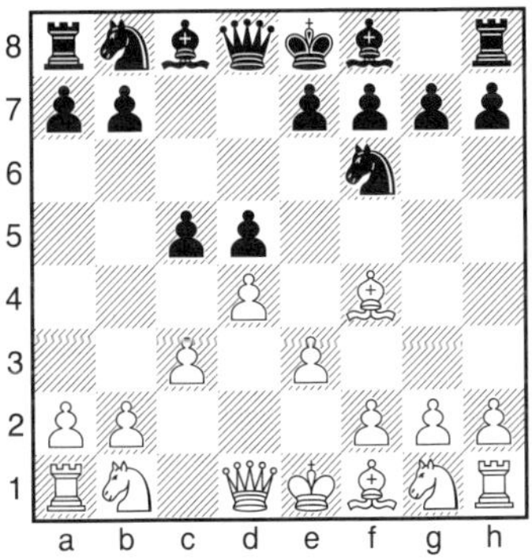

A1) 4...♕b6

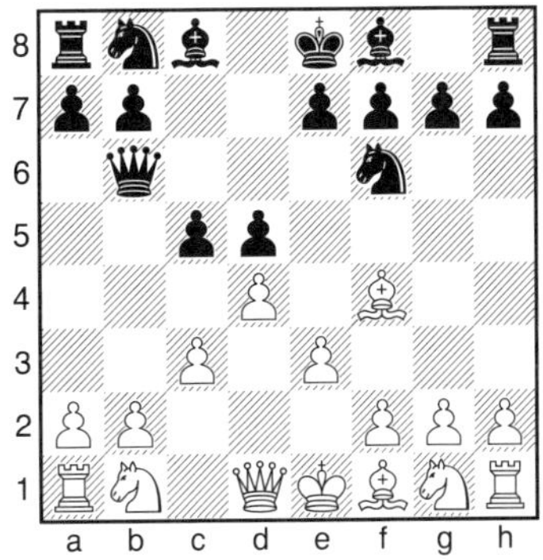

Eine intensive Befassung mit dem System macht deutlich, dass immer wieder bekannte Motive in verschiedenen Konstellationen auftreten und Nuancen nicht selten nur auf abweichenden Zugreihenfolgen basieren.

So ist es auch hier bei dem Zug mit der Dame. Er ist in dieser Stellung hilfreich, weil er die Entwicklung voranbringt und dabei Weiß in einem gewissen Maße dirigiert.

5.♕b3 c4

Wenn Weiß sich nicht von seiner Absicht, einen Eröffnungsvorteil zu erreichen, frühzeitig verabschieden will, muss seine Dame mit 6.♕c2 zurückweichen.

(Im Falle von 6.♕xb6 axb6 7.♘d2 b5 hat Schwarz keine Probleme.)

Meistgespielt und mit den besten Aussichten verbunden ist nun 6...g6. Damit wendet sich Schwarz von der Idee, mit ♗f8–d6 den Abtausch der schwarzfeldrigen Läufer anzustreben, zugunsten der Fianchetto-Lösung ab. Der besondere Grund für diese Entscheidung liegt natürlich auf der Hand. Der

Bauer g6 ermöglicht dem ♗c8 die Entwicklung nach f5, von wo aus er die weiße Dame weiter in die Defensive drängen kann.

7.♘d2 ♗f5 8.♕c1

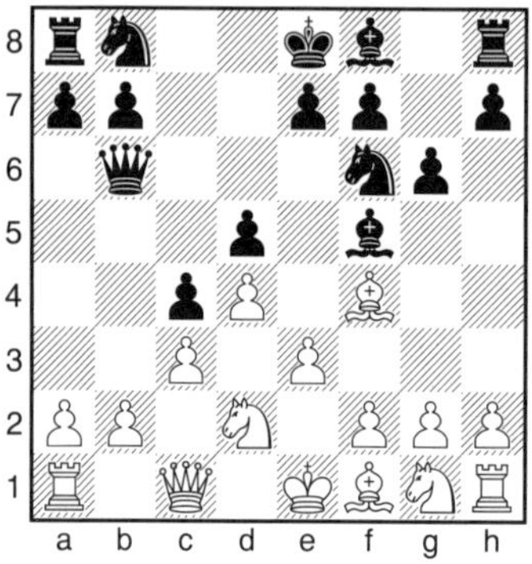

Nun hat die Dame dreimal das Zugrecht verbraucht, um gerade mal von d1 nach c1 zu gelangen, wo sie – von der Deckung des ♙b2 abgesehen – sogar eher schlechter als auf ihrem Ausgangsfeld steht.

8...♘c6

(Nach der ebenfalls guten Entwicklung des Springers mit 8...♘bd7 kann es beispielsweise mit 9.h3 weitergehen, wodurch der ♗f4 auf h2 ein Fluchtfeld bekommt – und dann mit 9...♗g7 10.♘gf3 0-0 11.♗e2 ♖fc8 Δ♕b6–c6, b7–b5–b4 usw.)

9.♘gf3 ♗g7 10.♗e2 0-0 11.0-0 ♘h5

Weiß kann den Abtausch Springer gegen Läufer nicht mehr verhindern. Nach 12.♗g3 soll dieser jedoch auf g3 stattfinden, weil er auf f4 die Bauernstellung mehr schwächen würde. Und nach 12...♘xg3 13.hxg3 ♕c7 kann Schwarz mit dem typischen Zug b7–b5 sein Gegenspiel am Damenflügel aufbauen.

A2) Es geht auch 4...♘c6 mit der natürlichen Folge 5.♘d2 ♗f5.

(Es ist eine Geschmacksache, nach welchem Plan Schwarz vorgeht. Es geht auch 5...e6 mit Übergang in die oben behandelte Variante nach 4.♘d2 e6 5.c3 ♘c6 6.♘gf3.)

Nun ist auch die Variante 6.♘gf3 e6 7.♕b3 ♕c8 8.♗e2 ♗e7 9.0-0 0-0 ∞ unter dem Aspekt unserer Anmerkungen zu 4...♕b6 kaum mehr als neuer Wein in alten Schläuchen.

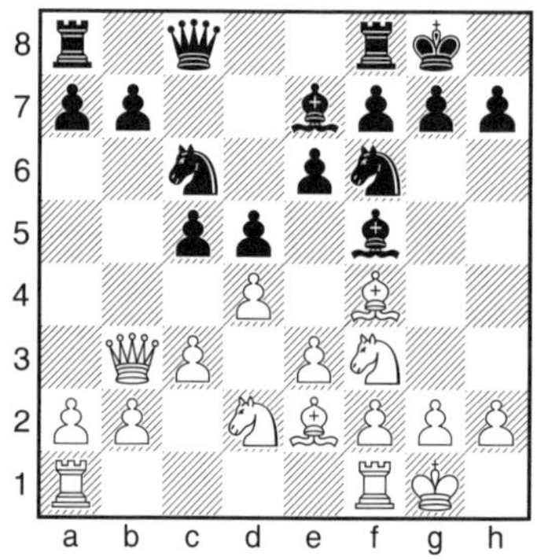

Uns liegt zu dieser Ausgangsstellung nur eine einzige relevante Partie aus der Turnierpraxis vor, die im Jahr 1994 gespielt worden ist. In dieser gelang es Schwarz, sich einen kontinuierlich wachsenden Stellungsvorteil zu erarbeiten, bevor er in einer klar gewonnenen Stellung wegen eines furchtbaren Fehlers doch noch verlor.

B) Mit 4.♘f3 entwickelt sich der Springer auf natürliche Weise, gibt dem ♙d4 eine zusätzliche Deckung und verschafft sich Zugang zu e5, wo er häufig im Londoner System einen guten Standplatz findet.

B1) 4...♕b6

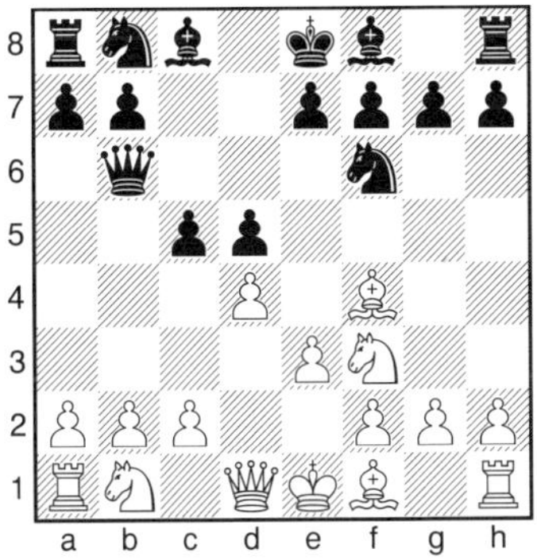

Auf diese Aktivierung der schwarzen Dame reagiert Weiß in einigen Varianten gerne mit der Opposition seiner eigenen Dame auf b3, was hier aber daran scheitert, dass sich der c-Bauer noch nicht bewegt hat.

Die Entscheidung, den ♙b2 mit 5.♕c1 zu decken, ermöglicht es Weiß, immer noch in einen Aufbau mit c2–c3 und ♘b1–d2 einzuschwenken.

(Diese Möglichkeit ginge nach 5.♘c3 verloren. Natürlich würde Schwarz nicht 5...♕xb2 spielen, denn der Bauer ist vergiftet. Nach 6.♘b5 stünde er sonst bereits mit dem Rücken an der Wand.

Er könnte aber gut mit 5...a6, 5...♗d7 oder auch mit 5...c4 antworten und Weiß jede Illusion auf einen auch nur geringen Eröffnungsvorteil nehmen.)

5...♘c6

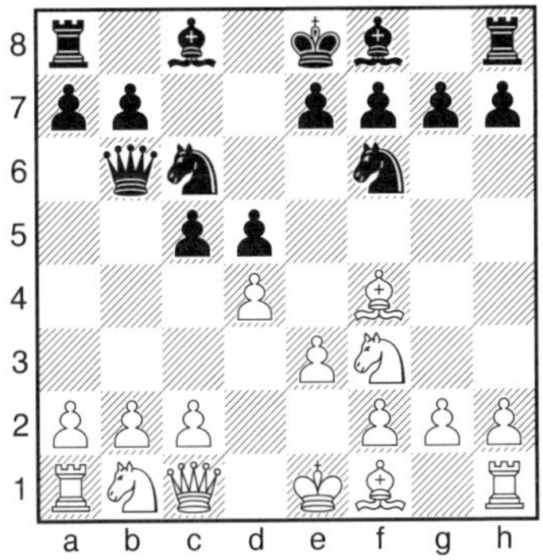

6.c3

(6.dxc5 ♕xc5 ist tendenziell günstig für Schwarz, der mehr Einfluss auf die Mitte erlangen kann. Ein Blick in die Ergebnisstatistik bestätigt diese Einschätzung.)

6...♗f5

Weitgehend ungehindert hat Schwarz gute Fortschritte in seiner Entwicklung erzielt. Nachdem sich nun auch der weißfeldrige Läufer im Feld befindet, kann der e-Bauer nach e6 gelangen, ohne dass er zur Blockade des Läufers wird. Zum weiteren Plan gehören die Entwicklung des ♗f8 sowie die Rochade.

Da auch Weiß noch einige Entwicklungsarbeit vor sich hat, kann sich hier die natürliche Zugfolge 7.♗e2 e6 8.0-0 ♗e7 9.♘bd2 0-0 ergeben. Nach beispielsweise 10.♘e5 ♘xe5 11.♗xe5 ♖fc8 sind beide Seiten dem Erreichen ihrer Eröffnungsziele nahe.

Für Schwarz ergeben sich die besten Aussichten nun auf dem Damenflügel, Weiß kann auf dem Königsflügel aktiv werden. Seinen Konter könnte er zum Beispiel mit f2–f3 und g2–g4 einleiten.

B2) Nach 4...♘c6 5.c3 ♕b6 ist 6.♕b3 möglich, worauf Schwarz beinahe ausschließlich mit 6...c4 reagiert. Nun muss sich Weiß entscheiden, ob er zurückweicht oder aber die Damen tauscht. Es wird beides in etwa gleich oft gespielt, der Rückzug hat allerdings die besseren statistischen Werte auf seiner Seite. Diese aber sind natürlich nicht mehr als ein Indiz, entscheidend bleiben die Analyseergebnisse.

7.♕c2

(Nach 7.♕xb6 axb6 hat das Duell bereits zu einem frühen Zeitpunkt viel von seinem dynamischen Potenzial eingebüßt. Die Aussichten für beide Seiten, die Eröffnungsphase mit einem zumindest kleinen Vorteil abzuschließen, sind bei einem genauen Spiel gleich null. Sie können sich nun auf die weitere Entwicklung ihrer Kräfte konzentrieren.

Dies kann beispielsweise nach dem Muster 8.♘bd2 b5 9.♗e2 ♗f5 10.0-0 e6 geschehen. Mit 11.a3= macht Weiß seinen ♖a1 mobil und verhindert b5–b4. Schwarz lässt nun noch ♗f8–e7 und 0-0 folgen. Ohne große Probleme konnte er den Stellungsausgleich sicherstellen.)

7...♗f5!

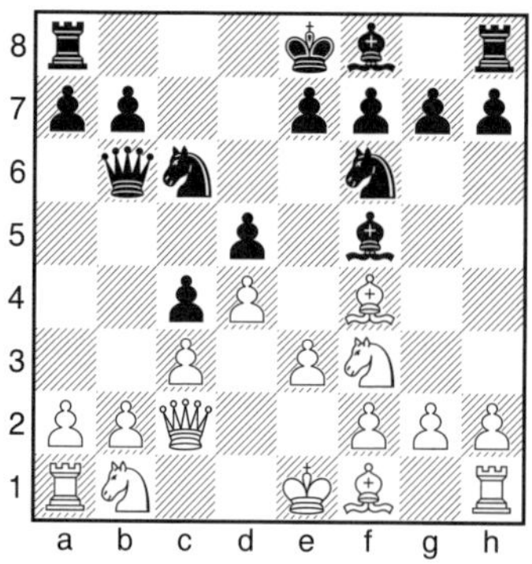

Der Läufer macht sich das Dilemma der Dame zunutze, dass sie die Deckung des ♙b2 nicht aufgeben darf.

8.♕c1

(Nach 8.♕xf5?? ♕xb2–+ belassen wir es an dieser Stelle bei diesem kurzen Hinweis zum Fehler und dessen Ausnutzung. Eine ähnliche Konstellation erwartet uns in den Anmerkungen zu 6...e5 in der Hauptvariante. Weitere Hinweise zum Spielgeschehen können den dortigen Ausführungen entnommen werden.)

Nach 8...e6 nimmt die Entwicklung von Schwarz Fahrt auf. Zuerst sollte der Läufer über das Feld e6 hinweg ins Spiel gebracht werden, bevor es vom Bauern eingenommen wird. Durch seinen Schritt nach vorne ist ein Nadelöhr im schwarzen Aufbauplan überwunden.

9.♘bd2

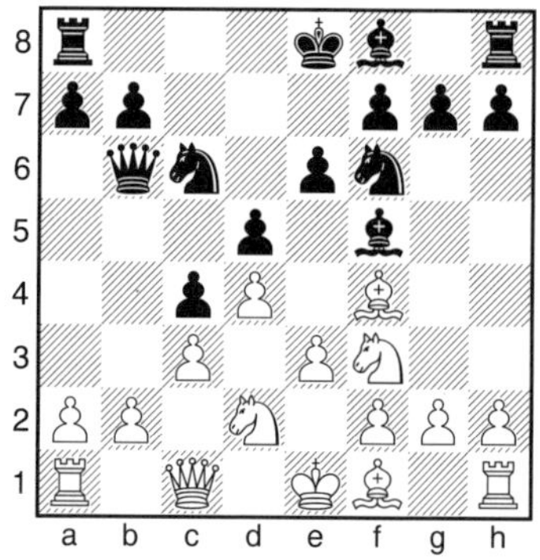

9...♗e7

(Es geht auch 9...♕d8, um b7–b5 folgen zu lassen, z.B. mit der natürlichen und ohne eine besondere Kommentierung gut nachvollziehbaren Folge 10.b3 b5 11.a4 a6 12.♗e2 ♗e7 13.0-0 0-0=.)

Nach 10.♗e2 0-0 11.0-0 liegt ein sinnvoller Plan für Schwarz darin, ein Gegenspiel am Damenflügel aufzuziehen. Dessen Umsetzung wird wie folgt möglich: Zunächst wird der zweite Turm mit 11...♖fc8 auf die andere Seite geführt. Sobald er das Feld d8 passiert hat, macht die Dame das Feld b6 frei, z.B. nach 12.♖e1 mit 12...♕d8. Jetzt fehlt nur noch b7–b5 zur vollständigen Umsetzung des Plans.

C) 4.♘d2

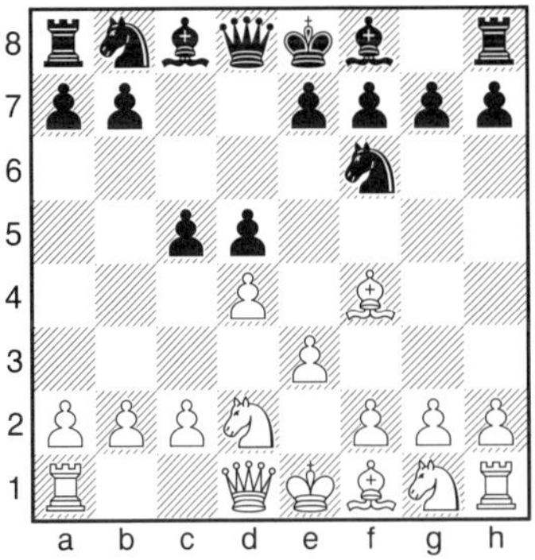

C1) 4...e6

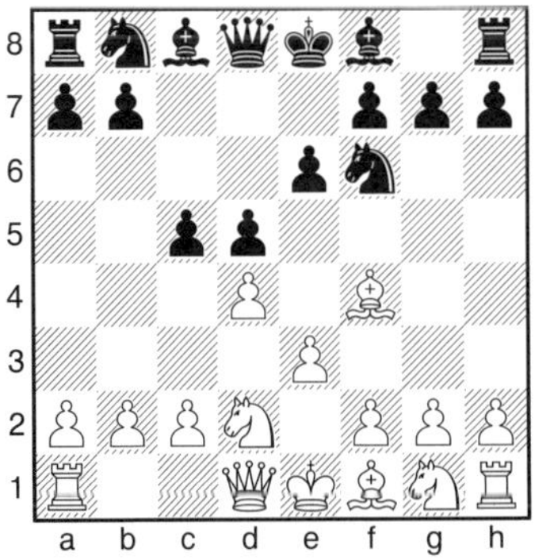

Mit dieser Entscheidung ist die grundsätzliche Absicht verbunden, den ♗c8 auf die Seite zu entwickeln.

5.c3

(Andere Züge sind unbedeutend. In den seltenen Fällen von 5.♘gf3 führt dies regelmäßig nur zu einer Zugumstellung.)

5...♘c6

C1a) 6.♘gf3 ♗d6

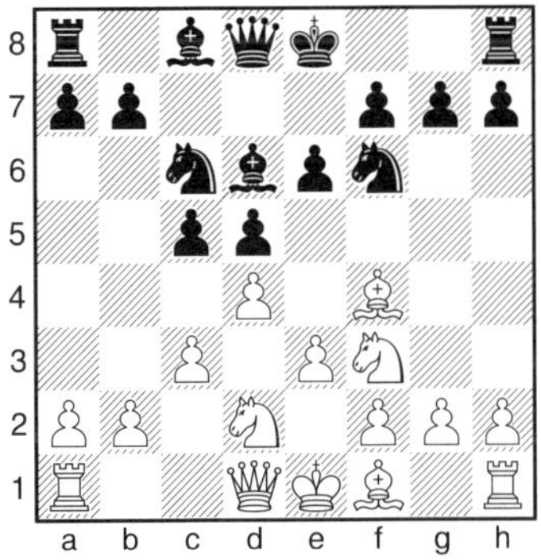

7.♗g3

(7.♘e5 sollte Schwarz mit 7...♕c7! und Druck gegen e5 beantworten. Für den Fall, dass Weiß diesen Zug mit der Fesselung 8.♗b5 und der Absicht, auf c6 zu tauschen, beantwortet, kommt er auf recht einfache Weise über 8...0-0 9.♗xc6 bxc6 10.0-0 ♗a6 11.♖e1 cxd4 12.cxd4 c5 zu einem guten Spiel. Nach beispielsweise 13.♖c1 ♖fc8 14.b3 ♕a5 sind seine Kräfte wirksam und harmonisch aufgestellt.)

Die weitere Entwicklung mit 7...0-0 8.♗d3 b6 9.♘e5 ♗b7 10.f4 ♘e7 11.♕f3 ♘f5 12.♗f2 ist typisch.

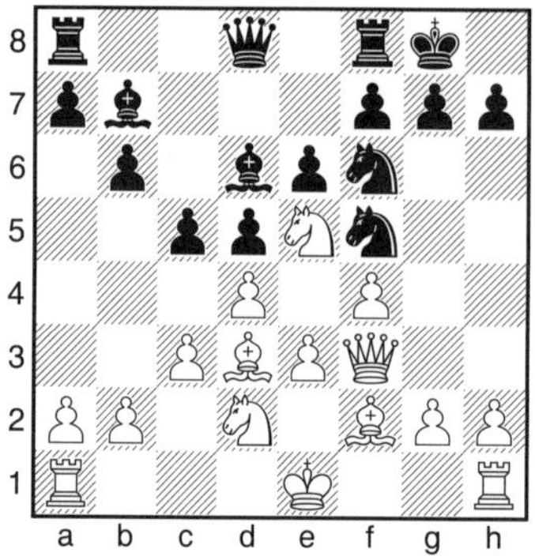

Sie kommt entsprechend in ähnlicher Weise und in ähnlichen Konstellationen häufiger vor. Weiß hat seinen Vorpostenspringer auf e5 etabliert und seine Dame hinter den vorgerückten f-Bauern in eine aktive Position gebracht.

Schwarz musste sich bei der Entwicklung seines weißfeldrigen Läufers auf den Damenflügel konzentrieren, weil er in der anderen Richtung den ♙e6 vor der Nase hat. Das Manöver ♘c6–e7–f5 hat seinen Springer aus einer wenig aussichtsreichen Position mitten ins Feld getragen, so dass er auch den Läufer von g3 nach f2 vertreiben konnte. Wenn möglich, setzt der Springer seine Reise via d6 bis e5 fort.

Gelegentlich tauscht Weiß in der Folge seinen Läufer gegen den Springer ab, was Schwarz dann die „kleine Qualität“ gegen einen Doppelbauern auf der f-Linie einbringt.

Die Stellung ist ausgeglichen, was auch die plausible Fortsetzung mit 12...cxd4 13.exd4 ♗e7 14.0-0 ♘d6 15.♕h3 ♘fe4= bestätigt. Schwarz hat alles unter Kontrolle.

C1b) Auf 6.♗d3 sollte sich Schwarz an eine Grundidee des schwarzen Aufbaus im Londoner System erinnern, nämlich an den aus seiner Sicht oft hilfreichen Abtausch der schwarzfeldrigen Läufer. Die empfohlene Erwiderung ist deshalb 6...♗d6!, woraufhin Weiß die Einladung zu 7.♗xd6 zumeist annimmt.

(Wenn es ausnahmsweise anders kommt und Weiß insbesondere mit 7.♗g3 die eigene Initiative zum Abtausch verweigert, kann Schwarz schlicht auf Entwicklung spielen. Über beispielsweise 7...0-0 8.♘gf3 b6 mit nachfolgend ♗c8–b7 und ggf. ♘c6–e7–f5 sichert er sich ausgeglichene Chancen.)

7...♕xd6

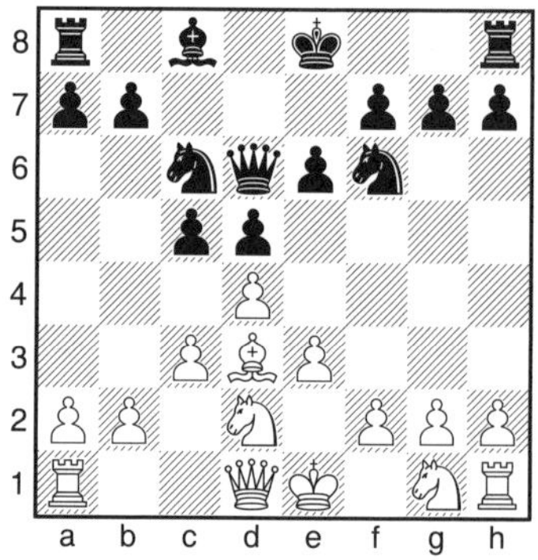

Nun ist 8.f4 die aussichtsreichste Fortsetzung. Der Bauer greift in den Kampf um das Feld e5 ein und ermöglicht dem ♘g1 dessen nachfolgende Aktivierung, ohne dass er auf den Bewegungsdrang des f-Bauern Rücksicht nehmen muss.

Schwarz macht das Feld b4 für seinen Springer verfügbar, der nach 8...cxd4 9.cxd4 ♘b4 den weißen Läufer in eine schlechtere Position drängt. Dieser weicht am besten mit 10.♗b1 aus, auch wenn er dabei seinen ♖a1 einsperrt. Nach 10...♗d7 11.a3 ♘c6 12.♘gf3 ♖c8 13.♘e5 0-0= dürften die Perspektiven der Kontrahenten als annähernd gleichwertig einzuschätzen sein.

C2) Wem die Einsperrung des Läufers nicht behagt, dem steht mit 4...♘c6 eine gute Alternative zur Verfügung.

C2a) 5.c3 ist die prinzipiellste Fortsetzung. Sie stützt den ♙d4 und eröffnet der Dame auf der Diagonale a4–d1 den Weg nach draußen. Zudem verwehrt sie dem ♘c6 das Betreten des Feldes b4, was sich eventuell auszahlen kann, wenn der schwarze Läufer Position auf f5 nehmen sollte.

5...♗f5

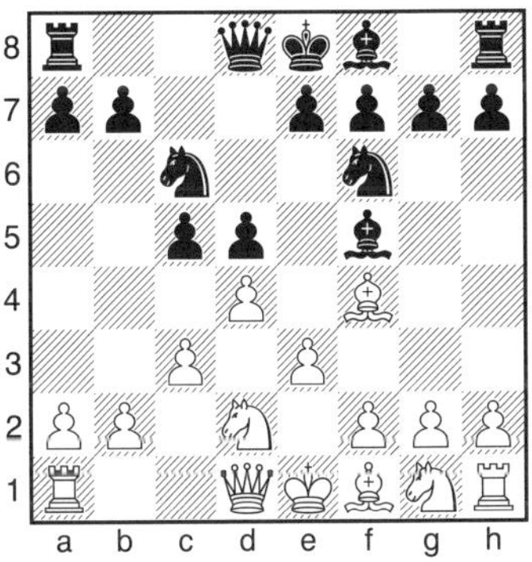

6.♕b3 (6.♘gf3 ♕b6!?) 6...♕d7

Schwarz verbindet das Notwendige mit dem Nützlichen: Die Dame übernimmt die Deckung des ♙b7 und verbindet dies mit einer eigenen besseren Aufstellung.

(Die ebenfalls häufiger gespielte Alternative 6...♕c8!? führt regelmäßig nicht zu wesentlich abweichenden Entwicklungen. Im Unterschied zu 6...♕d7 lässt die Dame ihrem Läufer d7 als Fluchtfeld im Falle von ♘g1–f3–h4. Auch wird die Dame im Falle von ♘f3–e5 nicht angegriffen. Auf der anderen Seite ist sie auf c8 weniger harmonisch eingebunden.)

Eine natürliche Fortsetzung ist nun 7.♘gf3 c4 8.♕d1 und die beiden Stellungen unterscheiden sich nur durch die Position der schwarzen Dame. Schwarz kann nun grundsätzlich mit den Zügen fortfahren, die ihm auch nach 6...♕d7 zur Verfügung stehen. Wir stellen hier in der Folge die beispielhaften Konsequenzen von b7–b5 dar. Anhaltspunkte zu den Folgen von e7–e6 gibt die Variante nach 6...♕d7.

8...b5 9.♗e2 e6

Nun kann der ♗f5 auch hier nicht mehr nach d7 ausweichen.

10.♘h4 ♗e4 11.f3 ♗g6

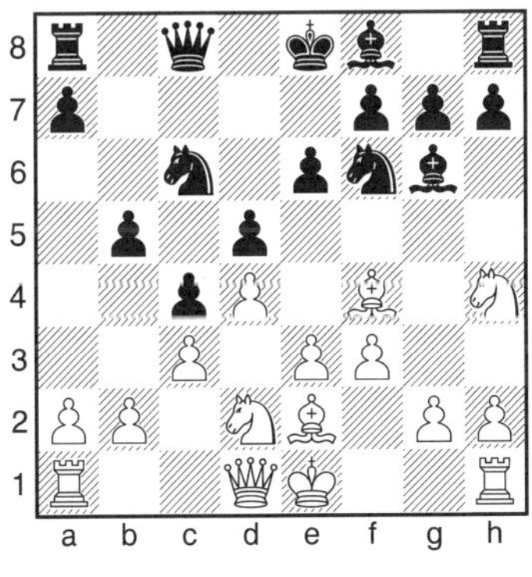

Mit 12.g4 der g-Bauer stellt sicher, dass Schwarz nicht mit ♘f6–h5 auf den Abtausch Springer gegen Läufer spielen kann, und positioniert sich zugleich für eine weitere Teilnahme am Angriff.

Nach 12...♗e7 13.♗g3= kann Weiß die Gelegenheit zum Abtausch auf g6 nutzen. Die schwarze Dame sollte in eine lukrativere Position gebracht werden, z.B. auf d8, von wo aus sie mit dem Läufer auf der Diagonale d8–h4 zusammenwirken kann.

7.♘gf3 c4 8.♕d1 e6

(Es geht auch sofort 8...b5, vgl. die Variante nach 6...♕c8.)

Die Beispielvariante 9.♗e2 b5 10.0-0 ♗e7 11.♘h4 0-0= veranschaulicht, wie beide Seiten ihre Entwicklung fortsetzen können. Weitergehen kann es mit 12.♘xf5 exf5 und nach etwa 13.b3 ♗d6 14.♗xd6 ♕xd6 steht den Kontrahenten ein positioneller Kampf auf Augenhöhe bevor.

C2b) In jüngerer Zeit wurde im Fernschach häufiger 5.♘gf3 der Vorzug gegeben, nicht zuletzt auch von Spitzenspielern. Den Versuchen war allerdings kein bemerkenswerter Erfolg in den Resultaten beschieden.

Mit 5...♕b6 kann Schwarz aktiv kontern, muss sich aber nach 6.dxc5 entscheiden, ob er auf c5 oder auf b2 schlägt.

6...♕xb2 sorgt für eine nachhaltige Schwächung der weißen Bauernstruktur, gibt Weiß aber die Möglichkeit zu einer forcierten weiteren Entwicklung.

(6...♕xc5 kann gut mit 7.a3, 7.♘b3 oder auch mit 7.c4 beantwortet werden.)

7.♖b1

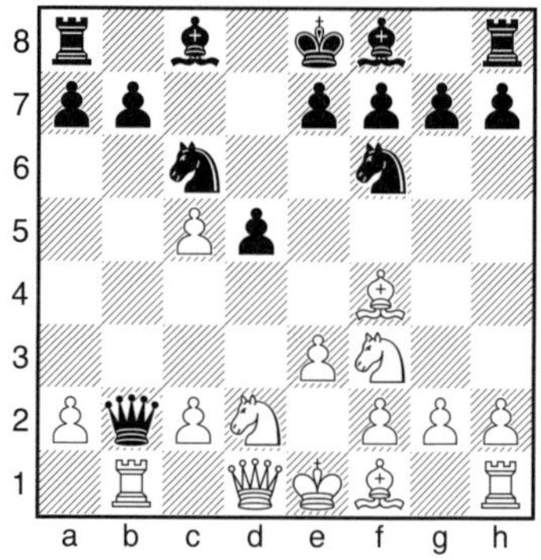

7...♕c3

(7...♕a3 hat keine Vorteile gegenüber dem Textzug, geht aber auch.)

8.♗b5 e6 9.0-0 ♗e7

(9...♗xc5 wurde bisher kaum in der Praxis versucht. Nach 10.♗e5± ist der weiße Vorteil jedoch offensichtlich. Die wenigen Fälle, in denen diese Stellung im Turnierschach ausgespielt worden ist, behielt Weiß unseres Wissens zu 100% die Oberhand.)

10.♘e5 ♗d7

Schwarz hält seine Kräfte geschlossen und nach beispielsweise 11.♘xd7 ♘xd7= fehlen nur noch die Rochade und eine bessere Aufstellung der Türme am vollständigen Bewältigen der Eröffnungsaufgaben.

II. Nach dem Einleiten des Abtausches der Bauern mit 3...cxd4 zeigt das Spiel eine Tendenz zum Verflachen.

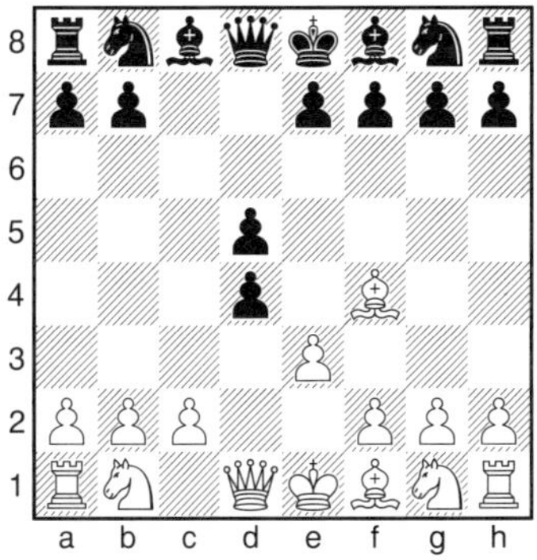

Nach 4.exd4 müssen beide Seiten erst wieder Schwung holen.

(Nur sehr selten schlägt Weiß mit 4.♕xd4 zurück, weil Schwarz die Möglichkeit hat, die früh ins Zentrum gelangte Dame anzugreifen und hierdurch Zeit für seine Entwicklung zu gewinnen. Zwar kann die direkte Anrempelung 4...♘c6 noch mit 5.♗b5 abgefangen werden, so dass die Drohung durch die Fesselung des ♘c6 zunächst einmal aufgelöst ist, doch kann Schwarz mit 5...f6 die Vorbereitung für einen nicht mehr ohne Zeitverlust parierbaren Schlag treffen.

Nach beispielsweise 6.♘c3 a6 7.♗xc6+ bxc6 droht e7–e5, so dass Weiß sein Zugrecht in die Rettung seiner beiden Figuren im Zentrum investieren muss.)

4...♘f6 5.c3 ♘c6 6.♗d3

(Zum Gleichstand führt ein Fortgang über die aus schlichten Entwicklungszügen zusammengesetzte Variante 6.♘f3 ♗g4 7.♘bd2 a6 8.♗d3 e6 9.0-0 ♗d6= usw.)

Auf den Angriff mit 6...♗g4 sollte Weiß aktiv reagieren und die Dame mit 7.♕b3 ihrerseits attackieren lassen.

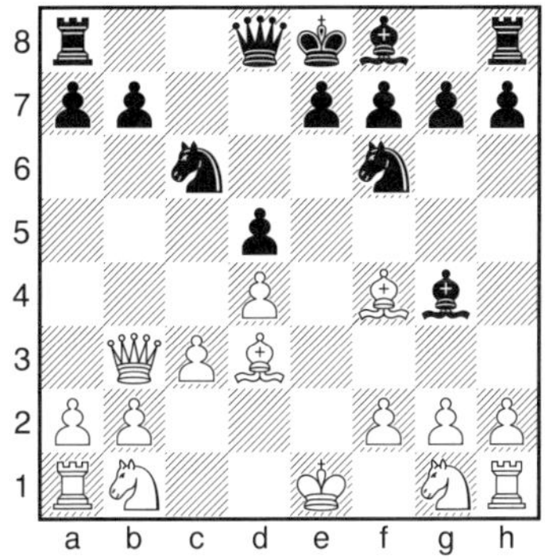

A) 7...♕c8 haben wir in ähnlichen Stellungen bereits genauer betrachtet. Hier kann es beispielsweise zu der folgenden plausiblen Entwicklung kommen: 8.♘d2 e6 9.♘gf3 ♗e7 10.0-0.

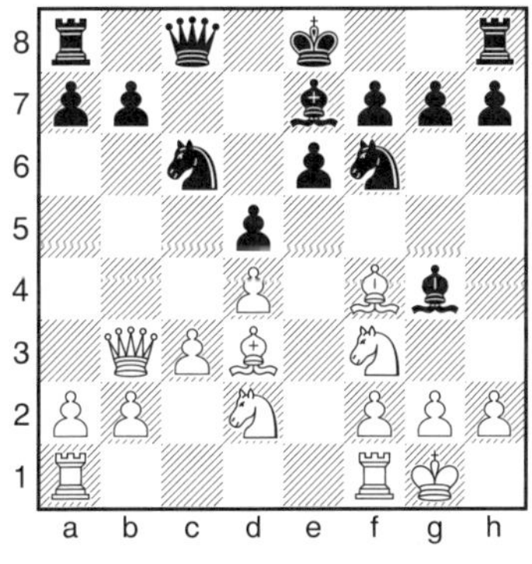

Mit 10...0-0 bringt Schwarz seinen König in die sichere Rochadestellung, bevor er sich der Idee widmet, die Wirkung des gegnerischen Läufers auf der Diagonale b1–h7 zu schwächen.

(Es ist aber ohne Nachteil genauso gut möglich, die Rochade zugunsten des Manövers mit dem Läufer zunächst zurückzustellen und 10...♗h5 zu spielen. Es kann sich dann die Variante 11.♖ae1 ♗g6 12.♕c2 0-0 13.♗xg6 hxg6 usw. ergeben.)

11.♖fe1 ♗h5 12.♘e5 ♘xe5 13.♗xe5 ♗g6=.

B) Die um Längen weniger forsche Alternative 7...♕d7 ist ebenfalls gut spielbar und dürfte attraktiv für den Spieler sein, der eine ruhige Entwicklung der Kräfte vorzieht, um nach deren Abschluss seinen Erfolg in positionell geprägten Stellungen zu suchen.

Nach beispielsweise 8.♘d2 e6 9.♘gf3 ist einmal mehr der Versuch, mit 9...♗d6 zum Abtausch der schwarzfeldrigen Läufer zu kommen, eine gute Entscheidung.

B1) Nach 10.♗xd6 ♕xd6 11.0-0 0-0 kann weiter folgen 12.♖fe1 ♘e7 13.♘e5 ♗f5= mit einer schönen Ausgangsstellung für eine interessante Partie.

B2) 10.♘e5 ♕c7 11.0-0 0-0= führt zum Gleichstand. Weiß steht es offen, mit 12.♘xg4 auf Abtausch zu spielen. Einen relevanten Vorteil kann er sich davon nicht versprechen.

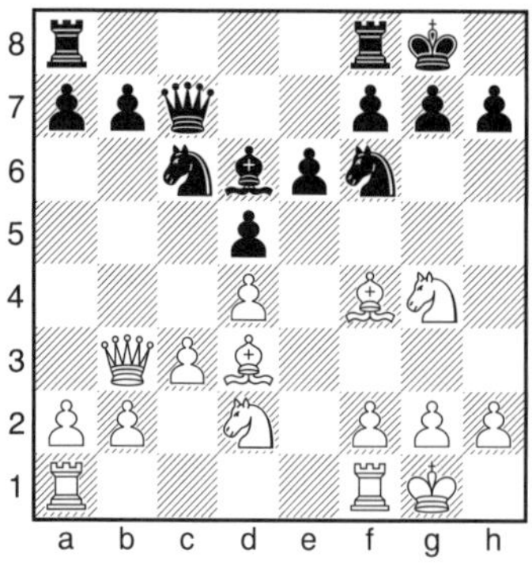

12...♗xf4

(Wenn Schwarz einen Doppelbauern vermeiden möchte, kann er mit 12...♘xg4 13.♗xd6 ♕xd6 14.♘f3= abweichen. Dies ist zwar etwas schwächer als der Textzug, aber durchaus spielbar.)

13.♘xf6+ gxf6 14.♕d1 ♔h8 15.g3 ♖g8 16.♔h1 ♗d6

Der Doppelbauer auf der f-Linie ist keine echte Schwächung. Ggf. kann er im Kampf um das Feld e5 sogar eine Unterstützung leisten.

C) 7...♘a5 hält die Dame in Bewegung. Allerdings wird das Feld a5 kein dauerhaft nützlicher Platz für den Springer sein, so dass er später für eine Verbesserung seiner Lage noch einmal das Zugrecht wird in Anspruch nehmen müssen.

Nach 8.♕a4+ ♗d7 ist auch der Läufer tief im schwarzen Lager zurück, womit das für 6...♗g4 eingesetzte Tempo nur noch indirekt in der Stellung der weißen Dame nachwirkt, ansonsten aber verloren ist.

9.♕c2 ♕b6 10.♘f3 e6

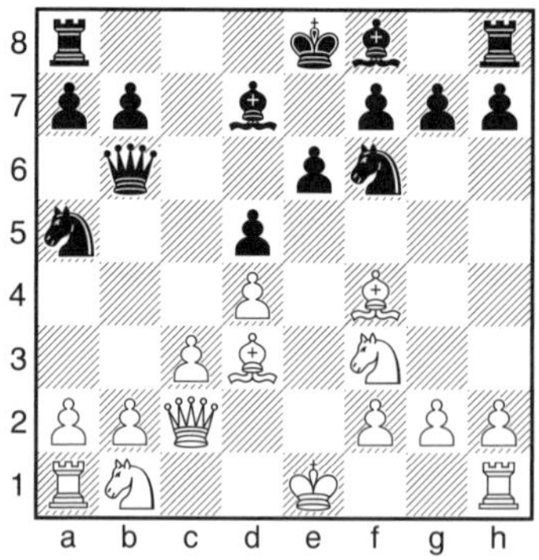

11.♘bd2

In der Nähe des Übergangs von der

Eröffnung zum Mittelspiel können beide Seiten mit dem Erreichten zufrieden sein, auch wenn es für keinen für einen Vorteil gereicht hat. Allerdings hat Schwarz aktuell das Problem seines „schlechten Läufers“ auf d7, während sein weißer Gegenspieler viel Einfluss genießt.

Im Ergebnis ist also der Abtausch ein probates Mittel, das Schwarz mit 11...♗b5 und von Weiß nicht zur vollen Zufriedenheit zu parieren einsetzen kann. Anschließen kann sich zum Beispiel 12.♘e5 ♗e7 13.0-0 ♗xd3 14.♘xd3 0-0 15.♖fe1 ♖ac8=, womit die Entscheidung, ob eine Partei die Oberhand gewinnen kann, in die nächsten Partiephasen verlegt wird.

4.c3

Die auf diese Weise erreichte Befestigung des Bauernzentrums ist die Empfehlung der Theorie. Unsere Hauptvariante ist quasi die „Erste unter Gleichen“. Wir kennen die weitere Entwicklung bereits aus bis hier behandelten Nebenvarianten.

4...♕b6 5.♕b3 c4

Die Alternative 5...♕xb3!? 6.axb3 f6 ist in der Praxis bisher nur selten ausgeführt worden und bringt deshalb ein Quantum Überraschungspotenzial mit sich. Letztlich ist sie jedoch mit vergleichbaren Ausgleichschancen verbunden.

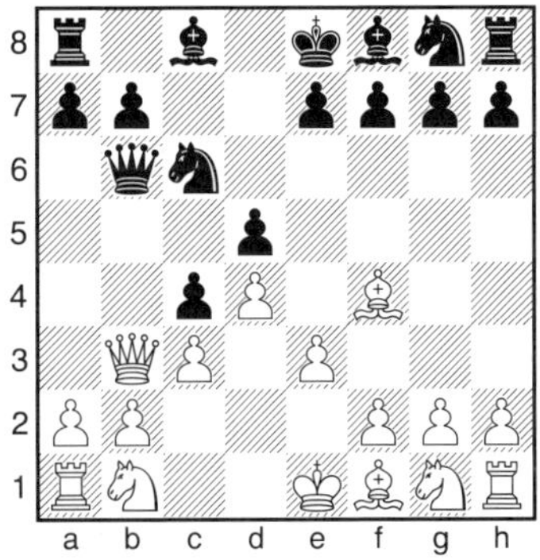

6.♕c2

Mit 6.♕xb6 axb6 kann Weiß seinen Gegner nicht vor ernsthafte Probleme stellen. Dies lässt sich auch aus der Statistik zu den Turnierergebnissen ablesen, die nicht allzu ermutigend für Weiß aussieht.

Am häufigsten gespielt wurde hier bisher 7.e4 e6 8.♘d2 b5, teilweise unter Zugumstellung, verbunden mit einer sehr schlechten Punkteausbeute für Weiß. Wir empfehlen deshalb, wenn Weiß schon diese Linie ansteuern möchte, die Fortsetzung mit 8.g3 und der anschließenden Entwicklung des Läufers nach g2.

8...b5 9.♘d2

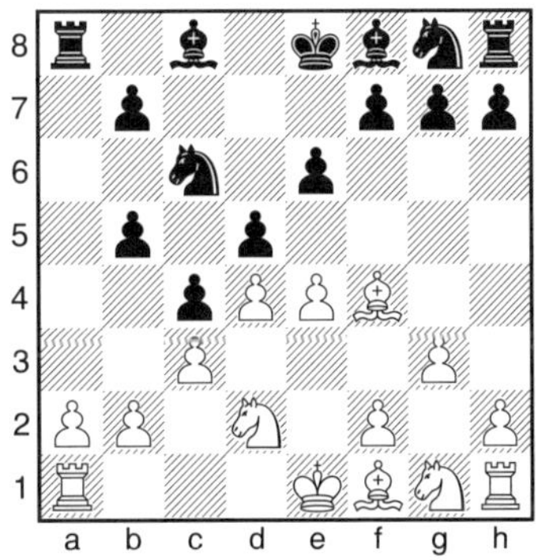

Es wird nun ein Ablauf etwa nach dem Muster 9...b4!? (9...♘f6 10.♗g2 b4!=) 10.♗g2 möglich. Die Variante 10...♘ge7 11.♗d6 bxc3 12.bxc3 ♔d7 wurde in der Praxis erprobt, im Beispielfall mit einem Erfolg für Schwarz.

In der aktuellen Stellung ist für keine der beiden Seiten ein nennenswerter Vorteil erkennbar. Bemerkenswert ist die Entscheidung von Schwarz, seinen König in der Mitte zu lassen. Angesichts des weitgehend geschlossenen Zentrums und der bereits vom Brett genommenen Damen ist sie mit einem begrenzten Risiko verbunden. Im Endspiel kann es von Vorteil sein, wenn der König nicht erst aus der Rochadestellung heraus aktiver eingebracht werden muss.

Weiß hat mit gleicher Berechtigung die Möglichkeit, über den Verzicht auf die kurze Rochade nachzudenken. In der von uns genutzten Beispielpartie rochierte er jedoch bald. Er verlor, wobei die schnellere Aktivierung des schwarzen Königs tatsächlich dazu beitrug.

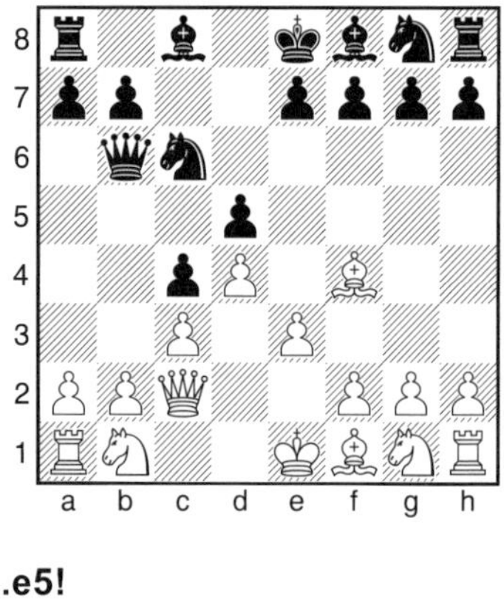

6...e5!

Mit diesem kraftvollen Vorstoß verbinden wir sehr gute praktische Chancen für Schwarz. Er ist bereit, einen Bauern zu investieren, um als Ausgleich dynamische Gegenwerte zu erhalten. Zudem wird Weiß mit Problemen konfrontiert, die nicht leicht zu überschauen sind.

Sofort 6...♗f5? ist nicht gut.

(In den Anmerkungen zu 3...♘f6 der Hauptvariante haben wir diese Konstellation bereits in ähnlicher Weise vorgefunden. Nur waren dort im Unterschied bereits die Königsspringer nach f3 bzw. f6 entwickelt.)

Es folgt 7.♕xf5! und Schwarz wird erkennen müssen, dass er auf Sand gebaut hat.

7...♕xb2 8.♕xd5 ♕xa1

(Keinen Ausweg aus dem Dilemma bringt der Versuch, zunächst einmal den König unter Druck zu setzen und erst dann auf Materialausgleich zu spielen. Nach 8...♕c1+ 9.♔e2 ♕b2+ 10.♔f3 ist der König aus der Schusslinie und nach den weiteren Zügen 10...♕xa1 11.♗xc4 e6 12.♕b5 sitzt die schwarze Dame fest. 12...0-0-0 13.♘e2 ♘f6 14.♖c1+–)

9.♕b5

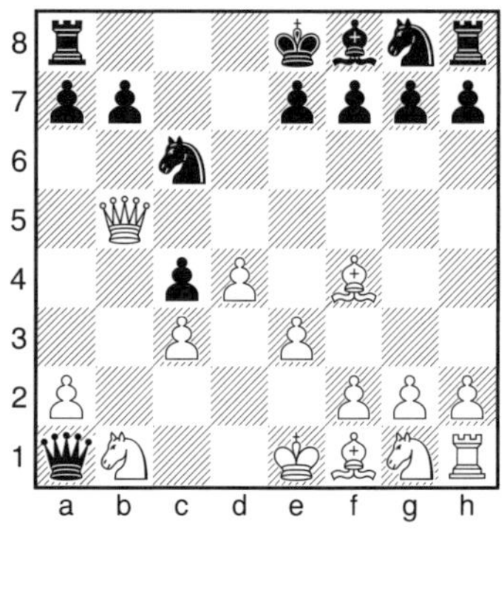

Auch hier kann Schwarz praktisch nur zusehen, wie seine Dame endgültig eingesperrt wird.

A) 9...0-0-0

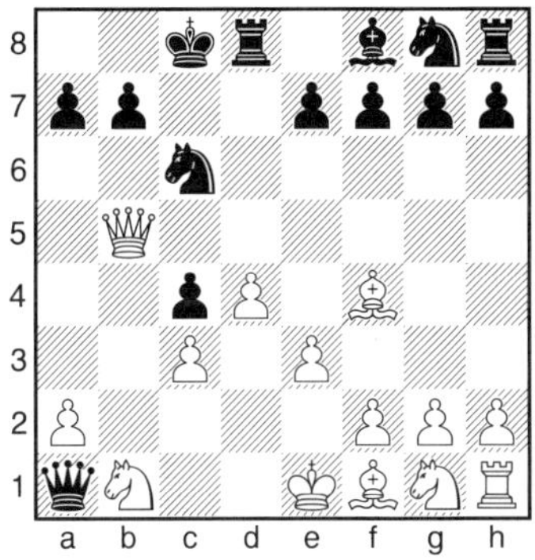

Der verheerende Einschlag auf b7 ist verhindert, doch fehlt Schwarz jetzt die Zeit, um die Stellung seiner Dame schnell noch zu verbessern.

10.♗xc4 e5

Ab jetzt spielt Weiß auf Damenfang und nach 11.♘e2 exf4 12.0-0 fxe3 13.fxe3 ♗d6 14.♘d2 ist es um die Dame geschehen. Sie ist angegriffen und kann nicht mehr ausweichen. Die beste Möglichkeit liegt noch in 14...♕xf1+ mit der Folge 15.♘xf1 f6 16.♗e6+ ♔b8 17.c4 ♘ge7 18.♘c3+–, doch retten kann Schwarz die Partie damit nicht mehr.

B) 9...a6 mit der Überlegung, dass nach 10.♕xb7 ♘d8 die Dame nicht auf a8 schlagen kann, weil sie den ♘b1 decken muss, bringt nichts ein.

11.♕e4 ♕b2

Die Dame ist endlich wieder an der frischen Luft, aber nach 12.♗xc4 ♘f6 kann die weiße Dame den ♖a8 schlagen.

(12...♖c8?! kann Weiß mit 13.♗b3 ♕c1+ 14.♔e2 ♘f6 15.♗a4+ +– usw. widerlegen.)

13.♕xa8

(Es geht aber auch 13.♕d3!? ♕c1+ 14.♔e2 ♘e6 15.♗g3 mit dem einfachen Plan ♗c4–b3 und ♕d3–c2 und Materialvorteil.)

13...♕xb1+ 14.♔e2+–

7.dxe5

Auch nach 7.♗xe5 ♘xe5 8.dxe5 folgt wie in der Hauptvariante 8...♗f5!.

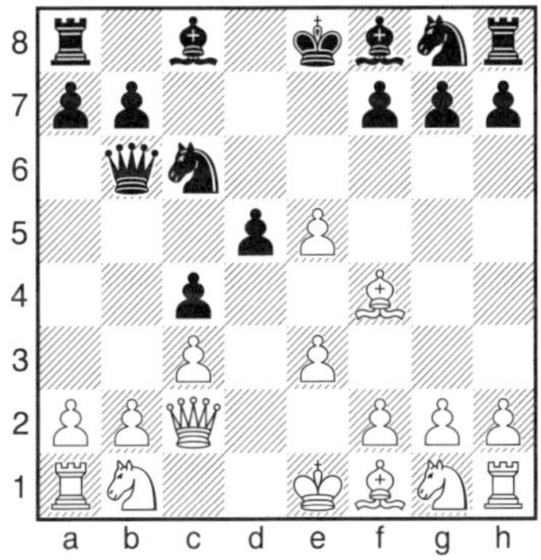

7...♗f5!

Hier greift dieses Motiv des Angriffs mit dem Läufer gegen die Dame, die deshalb weiter zurückweichen muss.

8.♕c1

– Erneut führt 8.♕xf5? in die Niederlage. Da wir uns mit dieser Konstellation bereits weiter oben intensiv befasst haben, belassen wir es hier bei der Abbildung einer unsere Aussage bestätigenden Variante.

8...♕xb2 9.e6 fxe6 10.♕xe6+ ♘ge7 11.♘f3 ♕xa1 12.♘fd2 ♘d8 13.♕e5 ♘f7 14.♕e6

(Auch auf 14.♕d4 folgt 14...♕b2!.)

14...♕b2 15.♗e2 ♕b6–+

– Auch 8.♕d2? ist nicht gut wegen 8...0-0-0! 9.♘f3 f6 10.exf6 ♘xf6 mit vollem Ersatz für den Bauern. Weiß steht mit seinem unrochierten König sehr schlecht.

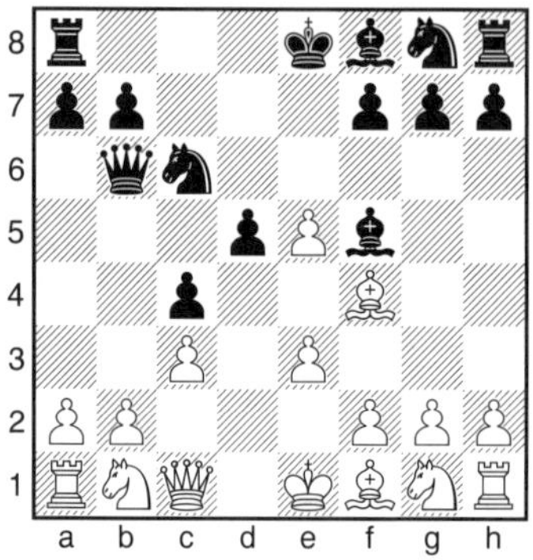

8...g5!

Diese energische Fortsetzung wurde mehrfach und mit Erfolg in der Turnierpraxis angewendet. Sie gilt als die beste Möglichkeit. Schwarz will auf schnellem Weg seinen ♗f8 in den Kampf bringen.

Vergleichsweise wenig Erfahrung liegt für die mit 8...♘ge7!? eingeleitete Variante vor. Anders als in der Hauptvariante soll der Läufer hier nicht auf den Flügel entwickelt werden. Der Kern der Idee wird über die Züge 9.♘f3 ♘g6 10.♗g3 ♗c5 erkennbar. Allerdings beißt der Läufer von hier aus bis auf Weiteres auf Granit in der Form des ♙e3.

Natürlicherweise arbeiten beide Seiten zunächst weiter an der Aktivierung ihrer Kräfte, was über die beispielhafte Zugfolge 11.♗e2 0-0 12.0-0 ♖fe8 13.♖d1 passieren kann.

(Es ist verlockend, dem Läufer mit 13.b4 auf den Zahn zu fühlen. Aber mehr als Ausgleich ist damit nicht zu erreichen, so etwa über die Zugfolge 13...cxb3 14.axb3 ♘gxe5= usw.)

Mit 13...♘cxe5 kann Schwarz das materielle Gleichgewicht zwischenzeitlich wieder herstellen, bevor sich Weiß mit 14.♖xd5 erneut den Vorteil eines Mehrbauern verschafft. Die mögliche Variante 14...♘d3 15.♗xd3 ♗xd3 sorgt aber für hinreichend Kompensation. Schwarz steht aktiver, verfügt über mehr Raum, ist besser entwickelt und steht initiativ.

Nun ist 16.b4 der kraftvollste Versuch, sich aus der etwas defensiven Rolle zu befreien. Nach 16...cxb3 17.axb3 befindet sich das Duell in einem dynamischen Gleichgewicht. (17.♖xd3?? b2–+)

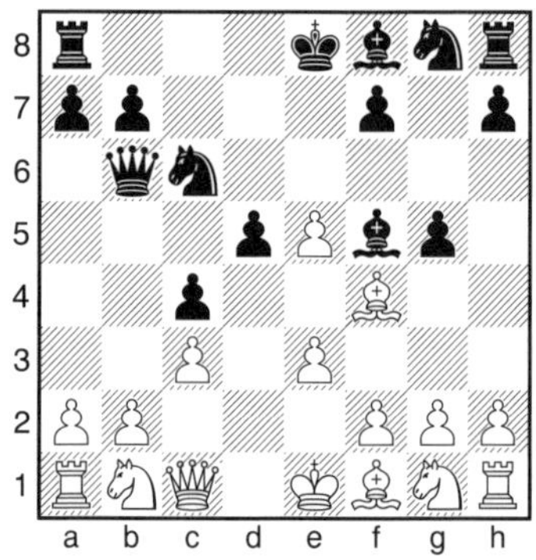

In der Hauptvariante steht Weiß nun am Scheideweg. Soll er den suizidalen ♙g5 schlagen, womit er Schwarz aber möglicherweise neue dynamische Möglichkeiten eröffnet, oder den Läufer einfach wegziehen? Wir favorisieren die zweitgenannte Alternative.

9.♗g3

Nach 9.♗xg5 ♘xe5 ist der Weg für f7–f6 frei.

10.♘d2 f6 11.♗f4

(Wenn der Läufer mit 11.♗h4 auf den Flügel ausweicht, bekommt Schwarz die Gelegenheit zu einem Manöver, mit dem er das weitere Geschehen in die gewünschte Richtung dirigieren kann.

Die Zugfolge 11...♘e7 12.♘df3 ♘7g6 13.♘xe5 fxe5 veranschaulicht dabei, wie der schwarze Königsspringer schnell und massiv einzugreifen in der Lage ist. Nach 14.♗g3 d4! hat Schwarz seine dynamische Zielsetzung erreicht und ein volles Spiel für den Minderbauern.)

Nach 11...♘e7 wäre nun 12.♗xe5 fxe5 13.♘gf3 ♗g7 14.♗e2 0-0 15.0-0 ♔h8 eine plausible Entwicklung. Schwarz verfügt über hinreichend Kompensation für den kleinen materiellen Nachteil. Er hat einen Raumvorteil und freie Bahn für ein aktives Vorgehen am Königsflügel.

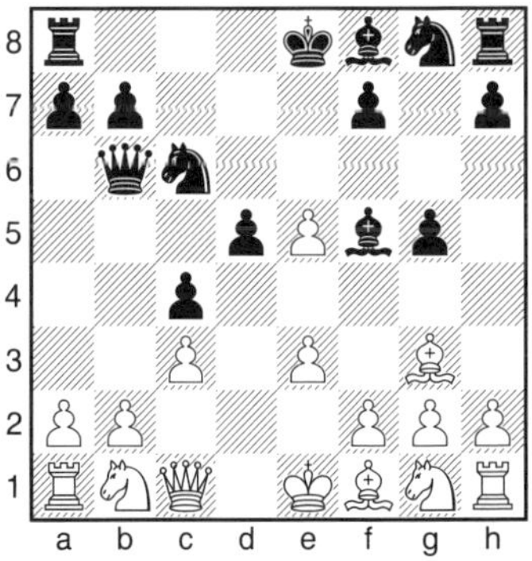

9...♗g7

Den Läufer sehnte es nach Licht, die ersten Strahlen erreichen ihn nun.

In der Praxis wurde mit Erfolg getestet, ob der Läufer noch einen Augenblick länger warten kann, um zuvor mit der Idee 9...h5!? aufwarten zu können. Damit wird Weiß gezwungen, sich sofort um seinen bedrohten Läufer zu kümmern. Die beiden folgenden lehrreichen Beispiele vermitteln einen guten Eindruck, welche Verläufe das Duell daraufhin einschlagen kann.

A) 10.h3 ♗g7 11.♘f3 g4 12.hxg4 hxg4 13.♖xh8 ♗xh8 14.♘d4

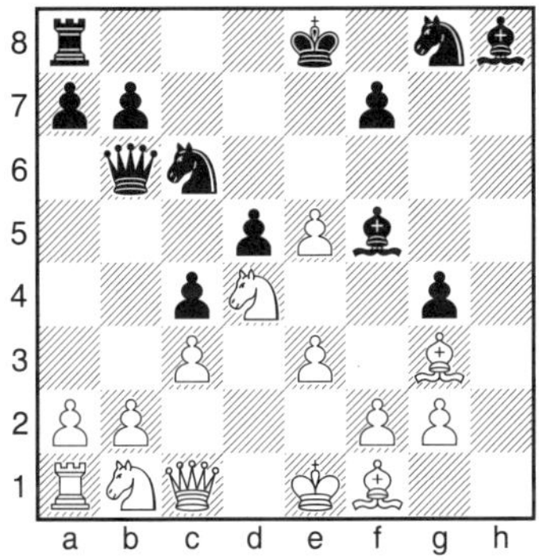

14...♘ge7

Nach der bis hier in sich gut nachvollziehbaren Zugfolge liegen die beiderseitigen nächsten Aufgabenstellungen auf der Hand. Weiß muss schon, wie er seine Entwicklungsprobleme in den Griff bekommt. Schwarz muss dafür sorgen, dass er mit möglichst guten anschließenden Bedingungen das materielle Gleichgewicht wieder herstellt.

Die beispielhafte Zugfolge 15.♘a3 ♗xe5 16.♗xe5 ♘xe5 17.♘xf5 ♘xf5 18.♕c2 ♘e7= veranschaulicht, wie die Kontrahenten ihre Ziele verwirklichen können. Für beide Seiten ist nun die baldige lange Rochade angebracht. Es gibt mehrere Richtungen, die das Duell dann nehmen kann, von denen keine eindeutig zu priorisieren ist.

B) 10.h4 führt zu einer Einengung, wenn Schwarz daraufhin seinen g-Bauern laufen lässt.

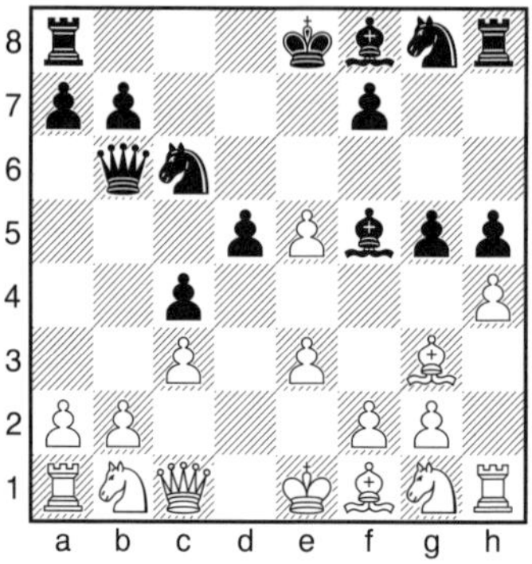

Nach 10...g4 ist Weiß die Entwicklung seines Königsflügels erschwert.

11.♘e2 ♗g7 12.♘d4 ♘ge7 13.b3 ♗xe5 14.♗xe5 ♘xe5

Schwarz hat seine Situation gegenüber der Ausgangslage verbessert, während Weiß noch immer die Lösung für seinen Königsflügel sucht.

15.♘d2

(Nicht ratsam ist 15.bxc4 dxc4 16.♘d2 wegen 16...♘d3+ 17.♗xd3 ♗xd3 usw. Schwarz lässt 0-0-0 folgen und verfügt über ausgezeichnete Chancen.)

15...♗d3∓

10.♘f3 ♘ge7 11.♘bd2 h5

11...g4 mit der Idee, h7–h5 folgen zu lassen, ist eine erwägenswerte Alternative.

12.♘xg5 h4 13.♗f4 ♘xe5 14.♗xe5 ♗xe5 15.♘gf3 ♗f6 16.♘d4 ♗d7

16...♗xd4 reicht zum Ausgleich aus.

17.♘2f3

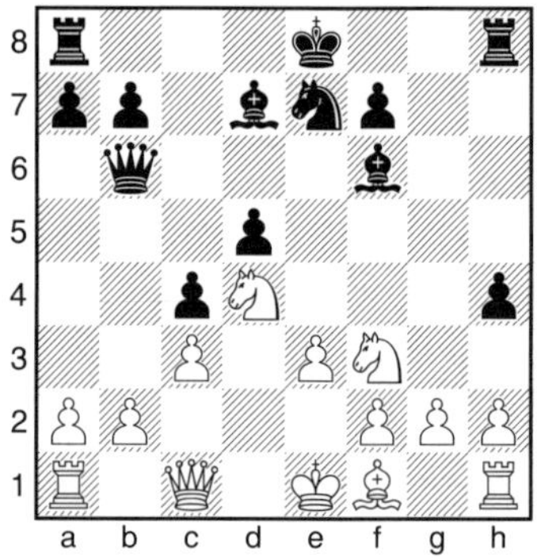

17...0-0-0=

Die Turnierpraxis bestätigt, dass Schwarz in dieser Situation über gute Gegenchancen verfügt, trotz eines Bauern weniger.

Zusammenfassung: Der Zug 2...c5 führt zu einem verwickelten Kampf mit großen Komplikationen. Die Variante ist hervorragend für Taktiker geeignet, die ein Gespür dafür haben, sich unter einer Erhöhung des Risikos und ggf. einer Verschärfung des Spiels dynamische Vorteile zu verschaffen. Wer dieses Szenario vermeiden will, kann mit 2...e6 eine ruhigere Fortsetzung wählen (siehe Abspiel 1).

Kapitel 7

Colle-System

1.d4 d5 2.♘f3 ♘f6 3.e3 e6 4.♗d3 c5

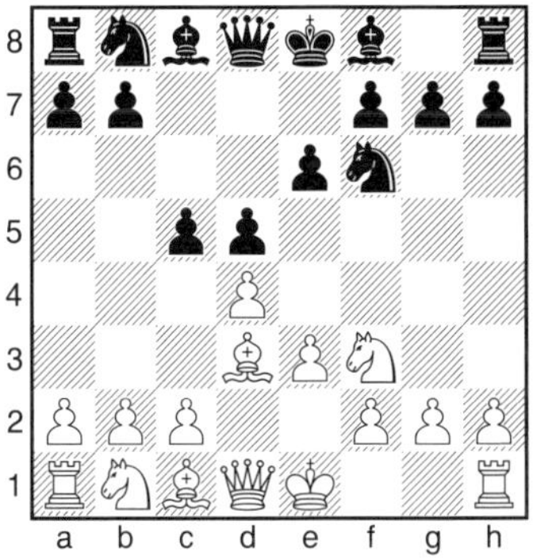

5.c3

Diese Fortsetzung charakterisiert das Colle-System, benannt nach dem belgischen Meister Edgar Colle (1897–1932). Er war zwar nicht dessen Erfinder, hat aber sehr zu seiner Popularisierung beigetragen, indem er es regelmäßig gespielt und viele interessante strategische und taktische Spielpläne entwickelt hat.

Bereits Ende des 19. Jahrhunderts griffen mehrere Meister darauf zurück. Nach Colles Tod übernahm George Koltanowski (1903–2000) das System in sein Eröffnungsrepertoire. Auch er trug mit vielen Neuerungen zur Entwicklung der Eröffnung bei. Deshalb wird sie in einigen Eröffnungsbüchern unter dem Namen Colle-Koltanowski-System geführt. Wir bleiben jedoch bei dem historischen Namen Colle-System.

Koltanowski stammte ebenfalls aus Belgien, emigrierte aber in die USA. Bekannt ist er u.a. für seinen Weltrekord im Blind-Simultan-Schach, den er 1937 in Edinburgh durch 34 gleichzeitig und ohne Ansicht der Bretter gespielte Partien aufstellte. Das Colle-System ist heute insbesondere unter den Klubspielern populär. Dies dürfte auch darauf zurückgehen, dass es solide spielbar ist und mit seiner Wahl viel Eröffnungstheorie aus dem Weg gegangen werden kann.

Mit dem Zug 5.c3 stärkt Weiß seinen Bauern d4, er plant einen späteren Vorstoß mit e3–e4.

(Nach stattdessen 5.b3 entstehen Stellungen, die zum Zukertort-System gehören. Diese Idee analysieren wir im **Kapitel 8.**)

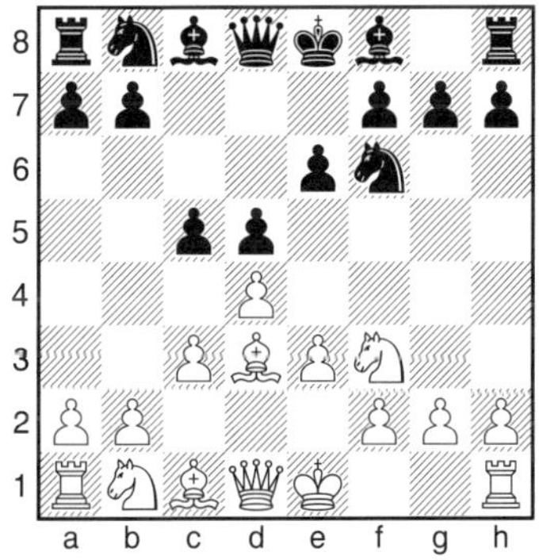

Die nun entstandene Bauernstellung ist identisch mit jener in der Halbslawischen Verteidigung, allerdings mit vertauschten Farben.

Hier stehen Schwarz verschiedene Züge als Antwort zur Verfügung. Von diesen sind zwei als Hauptalternativen hervorzuheben und werden von uns deshalb jeweils in einem eigenen Abspiel behandelt – und zwar:

5...♘c6 **(Abspiel 1)**

5...♘bd7 **(Abspiel 2)**.

Nachstehend schauen wir uns jedoch etwas genauer die mit den Nebenvarianten 5...c4, 5...♗e7 und 5...b6 verbundenen Konsequenzen an.

I. Der Zug 5...c4 übt einen besonderen Reiz auf noch weniger erfahrene Spieler aus, weil sie einen Vorteil für sich darin erkennen, dass sie den Läufer zurückdrängen und sich einen Raumvorteil verschaffen können. Strategisch basiert dieser Ansatz auf dem Plan, mittels b7–b5–b4 ein Gegenspiel am Damenflügel zu organisieren.

Nun ist 6.♗c2 die einzige sinnvolle Reaktion.

A) Mit 6...b5 führt Schwarz ohne Umschweife seinen Masterplan aus. Er kann dies allerdings auch verzögert machen, was wir uns in der folgenden Variante B anschauen.

Auch hier arbeitet Weiß mit 7.♘bd2 konsequent auf die Umsetzung seines Vorhabens e3–e4 hin.

(7.b3 Δ♗b7 8.a4 gibt Schwarz die Gelegenheit zu 8...b4 ⇄ und ist deshalb nicht ratsam.)

Mit 7...♗b7 entwickelt sich der Läufer angesichts des ihn auf e6 blockierenden Bauern auf den Damenflügel und erschwert Weiß damit die Umsetzung von e3–e4.

Nach 8.♕e2 hat der e-Bauer genügend Unterstützung für sein Vorrücken.

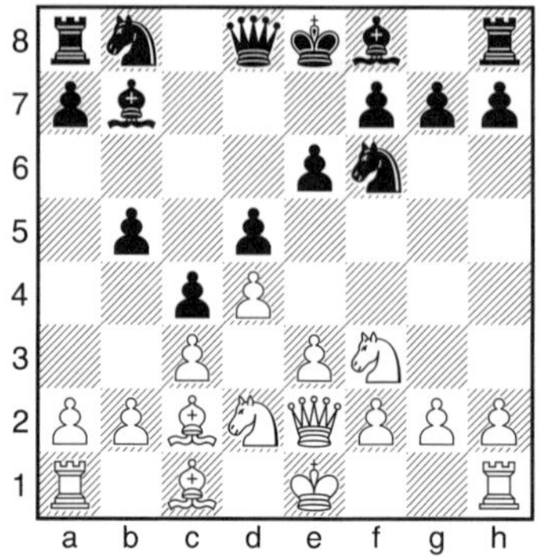

A1) Nach 8...♗e7 9.e4 hat Weiß hat e3–e4 durchgedrückt und damit sein zentrales Zwischenziel erreicht. Die natürliche Fortsetzung ist nun 9...dxe4, woraufhin es zur Abwicklung mit 10.♘xe4 und der schwarzen Reaktion 10...♕d5= kommen kann.

A2) Weniger ratsam ist hier 8...♗d6. Bei einem zunächst vergleichbaren Ablauf (wie nach 8...♗e7) mit 9.e4 dxe4 10.♘xe4 wirkt der Läufer auf d6 eher etwas verloren als harmonisch eingebunden. Vor allem aber steht er seiner Dame im Weg, die nun nicht nach d5 geführt werden kann.

Nach 10...♘xe4 11.♗xe4 zeigt es sich, dass sich das optische weiße Übergewicht in einen greifbaren Vorteil entwickeln lässt. Die folgende natürliche Variante veranschaulicht einen möglichen Weg.

11...♕c7 12.a4!

(12.♗xb7 nutzt die weißen Potenziale weniger gut. Nach beispielsweise 12...♕xb7 13.0-0 0-0 14.♘e5 ♗xe5 15.♕xe5 ♘d7 16.♕g3 ♔h8 ist die Stellung weitgehend ausgeglichen.

Schwarz kann nach der Idee ♘d7–b6–d5 fortzusetzen versuchen. Weiß kann seine Hoffnung auf f2–f4–f5 setzen, um am Königsflügel aktiv zu werden.)

12...b4

Die Alternativen zu dieser Antwort sind allesamt schwächer.

13.♗xb7 ♕xb7 14.♕xc4±

B) Wenn Schwarz seinen Masterplan erst verzögert umsetzen möchte, kann er beispielsweise 6...♗d6 voranstellen.

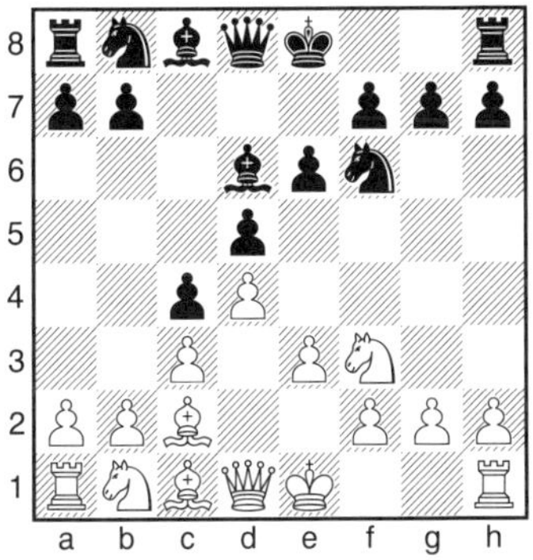

Die Entwicklung mit 7.♘bd2 ist nicht etwa eine Notlösung, weil dem Springer das Feld c3 versperrt ist, sondern Teil der Vorbereitungen zu e3–e4.

B1) Nach 7...b5 8.e4 ist die strategische Leitidee durchgesetzt und Schwarz muss auf die Drohung e4–e5 reagieren.

Logisch ist 8...dxe4 9.♘xe4, worauf sich das Spiel mit 9...♗b7 10.♗g5 ♗e7 11.♘xf6+ weiter entwickeln kann.

(Nach 11.♗xf6 ♗xf6 12.0-0 0-0 gefolgt von a7–a5, ♘b8–d7 entwickelt Schwarz sein Gegenspiel auf dem linken Flügel.)

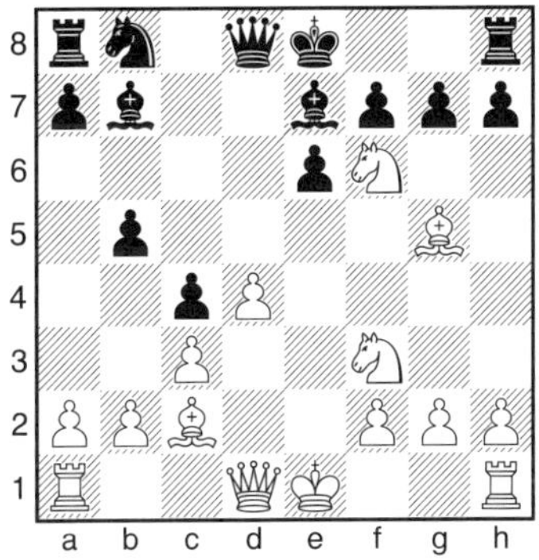

B1a) 11...♗xf6 12.h4

(Nach 12.♗f4 kann Schwarz je nach Vorlieben, Erfahrung und Spielercharakter des Gegners sowie eigenem Temperament weiter an seiner Entwicklung arbeiten. Beispielsweise kann er mit 12...♘d7 oder auch 12...g5 ebenfalls ein erhebliches Wagnis eingehen, das aber mit praktischen Chancen verbunden ist.

Nach z.B. 12...g5 13.♗c1 h5 14.0-0 h4 ist die weiße Stellung objektiv deutlich vorzuziehen, angesichts des scharfen schwarzen Vorgehens aber aus weißer Perspektive nicht jedermanns Sache.)

Nach 12...♘d7 13.♖h3 liegt eine Aufbauidee für Weiß darin, unter Verzicht auf die kurze Rochade ein aktives Spiel auf der rechten Bretthälfte aufzuziehen. Der Zug mit dem Turm ist mit mehreren positiven Effekten verbunden. Er leitet – die Möglichkeit zur kurzen Rochade unabänderlich aufgebend – die Umsetzung der Idee ein, verlässt dabei den Röntgenblick des ♗b7, gibt dem ♘f3 eine zusätzliche Deckung und kann flexibel nach g3 geführt werden.

13...0-0

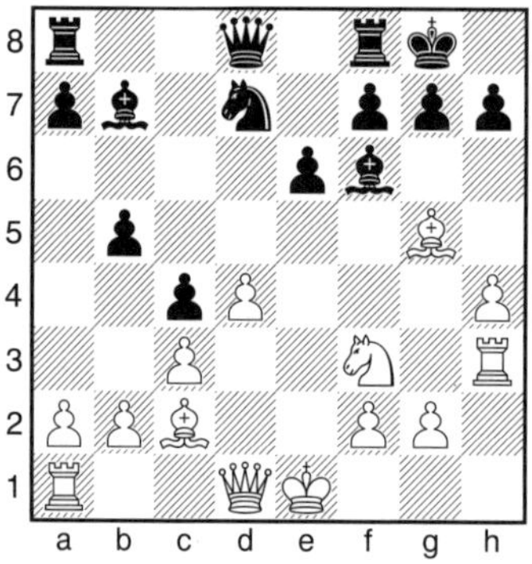

Mit 14.♕e2 verschafft sich die Dame mehr Wirkungskraft und macht den Weg für die lange Rochade frei. Weitergehen kann es beispielsweise mit 14...g6 15.♗h6 ♖e8 16.0-0-0±.

B1b) Nach 11...gxf6 12.♗f4= befindet sich die Stellung im Gleichgewicht, auch wenn Weiß über die etwas bessere Bauernstellung verfügt. Für den noch wenig erfahrenen Spieler dürfte die schwarze Stellung etwas schwerer zu spielen sein.

B2) Schwarz ist natürlich nicht zum Vorstoß seines b-Bauern gezwungen. So muss Weiß auch damit rechnen, dass sein Gegner ganz darauf verzichtet. Sorgen muss ihm dies aber nicht bereiten.

Auf beispielsweise 7...0-0 kann er die Gelegenheit zu 8.0-0 nutzen und dabei weiter das Vorrücken seines e-Bauern im Blick behalten.

8...♘c6 9.e4 dxe4 10.♘xe4 ♘xe4 11.♗xe4

Der typische Abtausch auf e4 hat die halboffenen d- und e-Linien entstehen lassen und nach 11...♕c7 gilt die Stellung als unklar. Wir denken aber, dass sich Weiß als leicht im Vorteil sehen kann. Er ist etwas freier in der weiteren Entwicklung seiner Kräfte und kann dies insbesondere am Damenflügel ausspielen.

Ruhig und gut ist nun 12.♖e1, worauf es beispielsweise mit 12...♘e7 weitergehen kann.

(Nach 12...f5 13.♗xc6 ♕xc6 14.♘e5± sichert Weiß sich e5 als starken Standplatz für seine Figuren.)

13.♕e2 ♖b8

Der Turm verlässt die lange Diagonale a8–h1 und macht damit den ♙b7 beweglich. Sobald dieser gezogen hat, kann der Läufer nach b7 geführt werden, um seinem weißen Widerpart entgegen zu treten.

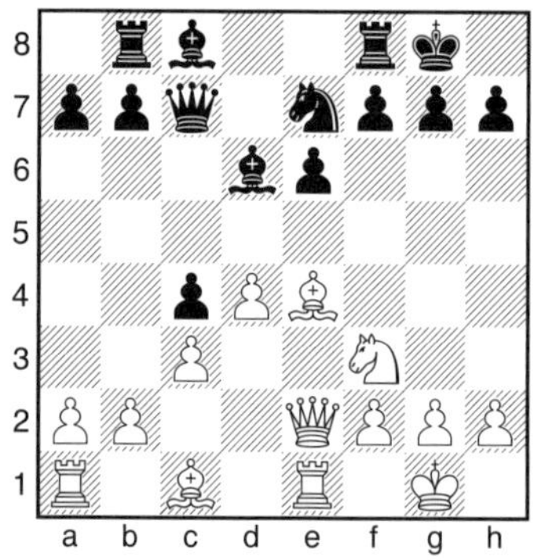

14.a4

Schwarz soll nicht zu b7–b5 kommen, womit der ♙c4 eine Stütze erhalten würde. Der Aufzug des a-Bauern schwächt das Feld b3, was hier jedoch keine große Bedeutung hat. Die Schwäche kann bei Bedarf und Gelegenheit ohne große Probleme aufgelöst werden.

14...b6 15.h4

Weiß will seinen Gegner zur Lockerung der Bauernstellung am Königsflügel veranlassen.

15...h6 16.♘e5

Wegen des doppelt angegriffenen ♙c5 muss Schwarz etwas unternehmen.

16...♗xe5

(16...♗a6 würde ebenfalls zur notwendigen Deckung des Bauern führen, aber zum Preis einer unvorteilhaften Aufstellung des Läufers.)

17.dxe5 ♗b7=.

II. Mit der Wahl 5...♗e7 zeigt Schwarz an, dass er zunächst einfach auf Entwicklung spielen und seinen König aus der Mitte bringen will.

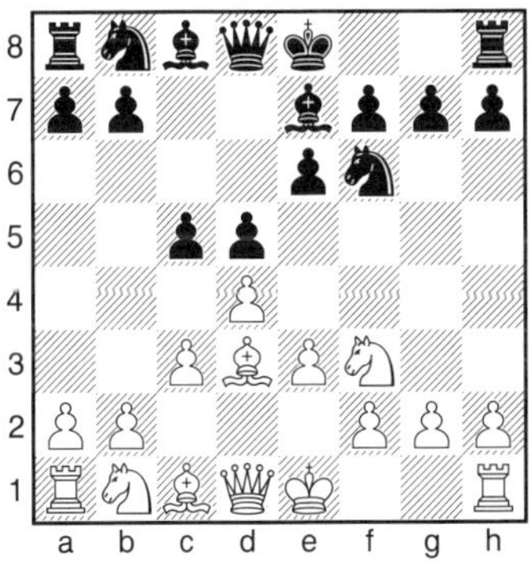

A) 6.♘e5

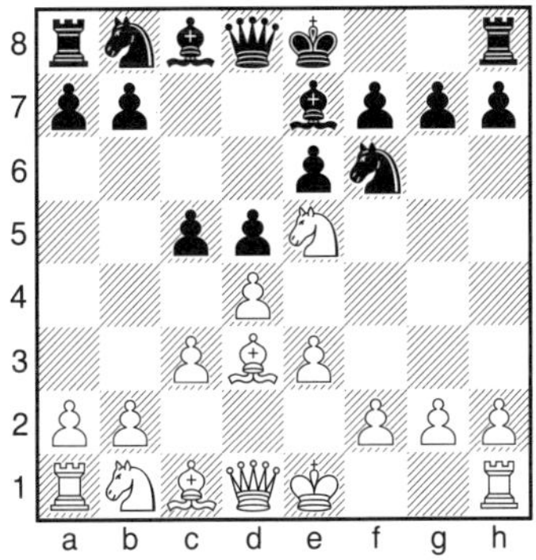

Weiß plant f2–f4 in der Hoffnung, auf dem Königsflügel eine Initiative entwickeln zu können. Es sollte sich nun eine Phase anschließend, in der beide Seiten an der Entwicklung ihrer Kräfte arbeiten, bevor sie eine unmittelbare Konfrontation mit dem Gegner suchen.

Dies kann über die Zugfolge 6...0-0 7.0-0 b6 8.♕e2 ♗b7 9.♘d2 ♘bd7 geschehen. Nun ist 10.f4 eine gute Entscheidung, die den ♘e5 stützt und für den Fall, dass Schwarz auf e5 schlagen sollte, nach f4xe5 zur Öffnung der f-Linie für einen denkbaren Königsangriff führt.

10...♘e4

(Wenn Schwarz die Öffnung der f-Linie mit 10...♘xe5 11.fxe5 erlaubt, muss er sich zunächst um die Zukunft seines ♘f6 kümmern. Nach 11...♘e4 zeigt die beispielhafte Variante 12.♕g4 ♘xd2 13.♗xd2 ♖c8 14.♖f3 g6 15.♖af1, dass sich Weiß tatsächlich Hoffnung auf einen Königsangriff machen könnte, wenn er Schwarz zur Öffnung der f-Linie würde animieren können. Er kann jetzt beispielsweise weiter nach dem Plan ♖f3–h3 und ♗d2–e1–h4 verfahren.)

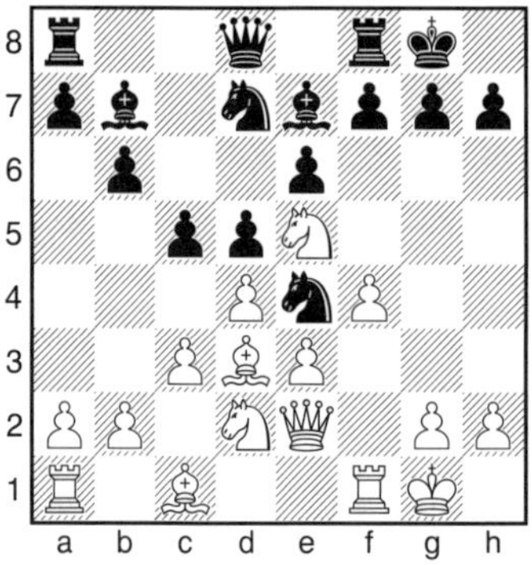

Nun steht Weiß vor der Entscheidung, ob er den ♘e4 dulden oder beseitigen soll. Nach 11.♘xe4 kommt Schwarz zu einem Bauern auf e4, der wie ein Stachel im weißen Fleisch wirkt.

(Die Alternative 11.♖f3, mit der Weiß seinen Turm vor seinen Bauern in eine Angriffsposition bringen will, führt zu einer festen schwarzen Stellung. Nach 11...f5 12.♖h3 ♘df6 13.♘df3 ♘g4 hat Schwarz gegenüber den weißen Angriffsbemühungen Beton angerührt und sich insgesamt ein Übergewicht erarbeitet.)

Nach 11...dxe4 steckt der Stachel und ist nicht ohne weiteres zu beseitigen. Weiß muss eine gute neue Position für seinen angegriffenen Läufer suchen. In der Zwischenzeit erhält Schwarz die Gelegenheit, seine Stellung weiter auszubauen.

Eine natürliche Variante führt über die Züge 12.♗b5 ♘f6 13.♗d2 a6 14.♗a4 b5 15.♗c2 und nun steht Schwarz die gute Idee zur Verfügung, mit 15...♘e8 das Manöver f7–f6 und ♘e8–d6 vorzubereiten.

B) Wenn Weiß zunächst mit 6.0-0 und auf 6...0-0 mit 7.♘bd2 auf Königssicherung und natürliche Fortsetzung der Entwicklung spielt, wird er akzeptieren müssen, dass auch Schwarz Fortschritte erreicht hat und sich auf dem Sprung zu einem aktiven Gegenspiel befindet.

7...b6 8.♘e5

(Nach 8.e4 ♗a6 9.♗xa6 ♘xa6 10.e5 ♘d7 befindet sich die Stellung im Gleichgewicht. Die Beispielvariante 11.♕e2 ♘ab8 12.♖e1 ♘c6 13.♘f1 a6 14.♘g3 b5 veranschaulicht, wie Schwarz am Damenflügel aussichtsreich aktiv werden kann.)

Nach 8...♗b7 9.f4 ist die weiße Idee umgesetzt, doch mit 9...♘e4 steht Schwarz eine starke Reaktion in der Mitte zur Verfügung, gestützt auf den inzwischen nach b7 in Stellung gebrachten Läufer.

Wenn Weiß mit 10.♕f3 an seinem Vorhaben, eine Initiative am Königsflügel zu entwickeln, festhält, kommt Schwarz relativ einfach zu einem guten Spiel, indem er die angreifbare Lage des weißen Springers ausnutzt.

(Das forsche Vorrücken mit 10.f5 spielt nur Schwarz in die Karten. Nach 10...exf5 11.♖xf5 und nun 11...g6 12.♖f1 f6 13.♘g4 ♘d7 hat er seine Stellung deutlich verbessert.)

Nach 10...f6 11.♘g4 f5 12.♘e5 ♘d7 kann Schwarz seinen Plan mit ♘d7xe5 und ♕d8–e8 vollenden.

III. 5...b6

Der ♙e6 versperrt dem ♗c8 den Weg ins Feld. Also wird er auf der Diagonale a6–c8 entwickelt. Normalerweise wird er auf b7 postiert, in einigen Fällen aber auch auf a6.

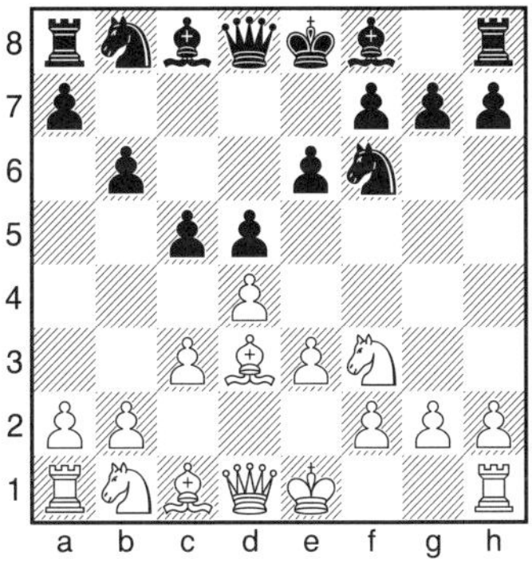

Hier wurden bereits einige weiße Möglichkeiten getestet, ohne dass aber ein Königsweg gefunden wurde. Die besten Aussichten vermitteln die Alternativen 6.0-0 und 6.♘bd2, allerdings in einem durchaus schwierigen Umfeld.

A) 6.0-0 ist eine natürliche Entscheidung nach der Devise, dass es nicht schlecht sein kann, wenn der König in die sichere Rochadestellung geführt wird, solange sich kein anderes Vorgehen aufdrängt.

6...♗b7

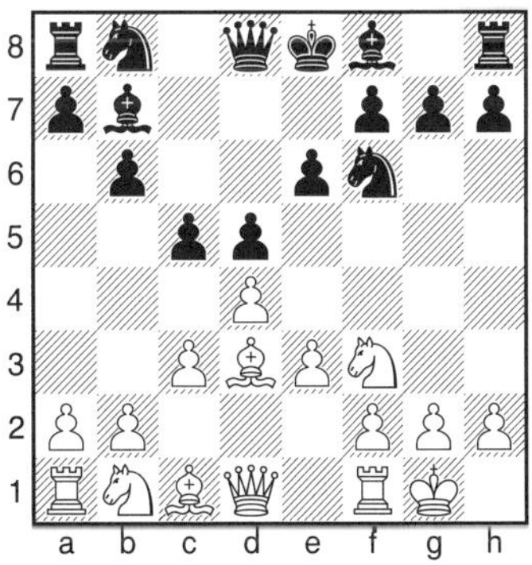

7.♘e5

Das Feld e5 ist ein starkes Vorpostenfeld.

7...♗e7

(Die Variante 7...♗d6 8.f4 ♕c7 führt zu einem komplizierten Spiel. In der Stellung vorgezeichnet ist ein weißer Angriff auf dem Königsflügel. Schwarz wartet mit seiner Rochade, um nicht möglicherweise in diesen hinein zu rochieren.

Nach 9.♗d2 hat er beispielsweise mit 9...♘c6 die Möglichkeit dazu. Wenn Weiß das Vorgehen aber nicht forciert, wird er sich irgendwann doch entscheiden müssen, ohne eine breitere Grundlage zum geplanten weißen Vorgehen zu haben.)

Die beiderseitige Entwicklung kann nun nach dem bereits bekannten Muster 8.♘d2 ♕c7 9.f4 ♘bd7 voranschreiten.

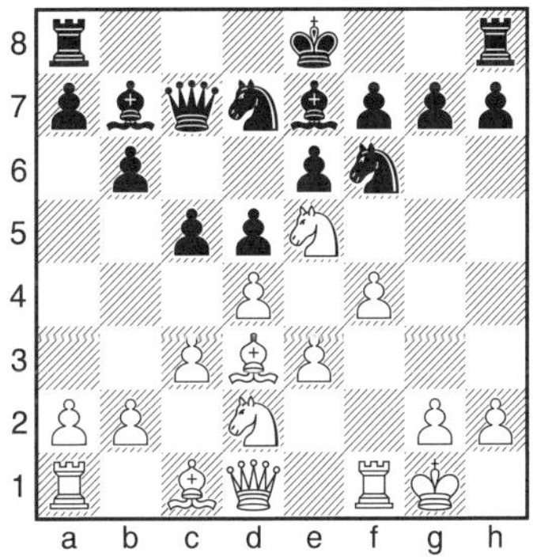

Nach 10.♕f3 kann Schwarz mit 10...g6 auch hier den Zweck verfolgen, seine Rochade zurückzustellen und erst mal abzuwarten, was Weiß macht.

(10...0-0 kann Weiß als zusätzliche Einladung verstehen, eine Aktion am Königsflügel zu starten. Mit 11.g4 und im Anschluss h2–h4 baut er eine gefährliche Angriffsstellung auf. Weitergehen kann es beispielsweise mit 11...g6 12.h4 h5 13.gxh5 ♘xh5 14.♖f2 usw.)

Nach 11.g4 verzichtet Schwarz mit 11...♖f8 auf sein Recht zur kurzen Rochade und deckt seinen ♙f7, weil er seinen König auf dem anderen Flügel in Sicherheit bringen will und sein Bauer im Falle einer sofortigen Umsetzung seines Vorhabens schutzlos würde.

Die Stellung nach 12.♕g2 0-0-0 ist zweischneidig. Sie verspricht einen interessanten und spannenden Verlauf des Duells mit einem ungewissen Ausgang.

B) Ebenfalls plausibel ist die Springerentwicklung 6.♘bd2, worauf beide Seiten ihre Kräfte nach dem Muster 6...♗b7 7.♘e5 ♘bd7 8.f4 ♗e7 9.0-0 0-0 aktivieren können.

Weiß kann nun beispielsweise nach dem Plan verfahren, seine Dame in eine Angriffsstellung auf den Königsflügel zu bringen und dann mit Bauernunterstützung dem schwarzen König zu Leibe zu rücken.

Schwarz kann das schon bekannte Manöver versuchen, seinen f-Bauern mittels ♘f6–e8 frei zu bekommen, ihn laufen zu lassen und seinen Springer dann weiter nach e6 zu führen.

Die Partie kann dann den folgenden Fortgang nehmen: 10.♕f3 ♘e8 11.♕h3 f5 12.g4 ♘d6 13.♘df3 ♘xe5 (13...♘e4!?) 14.♘xe5 g6 mit zweischneidiger Stellung. Um dem weißen Springer seine starke Position auf e5 streitig zu machen, kann Schwarz mittels ♘d6–f7 auf dessen Abtausch spielen.

Zusammenfassung: Auch mit den besprochenen Alternativen zu den nun folgenden Hauptzügen 5...♘c6 und 5...♘bd7 kann Schwarz ein gutes Spiel erreichen. Mit ihrer Wahl kann er auch eine gewisse Hoffnung verbinden, seinen Gegner aus der Basis seiner Vorbereitung zu locken.

Abspiel 1

1.d4 d5 2.♘f3 ♘f6 3.e3 e6 4.♗d3 c5 5.c3

Fortsetzung 5...♘c6

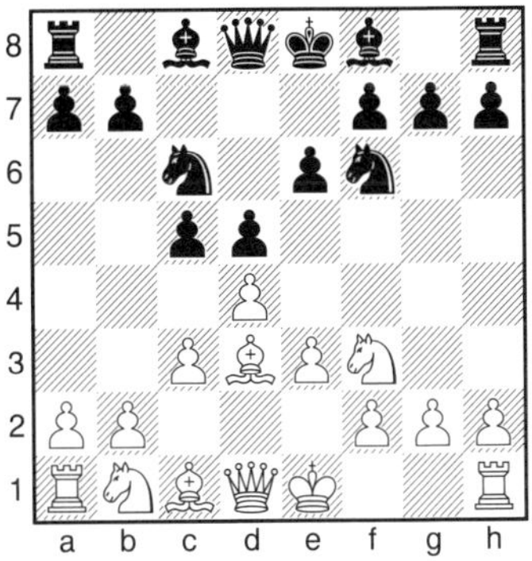

Dies ist die klassische Fortsetzung, die über die Jahrzehnte hinweg am häufigsten ausgespielt worden ist. Schwarz bringt seinen Springer ins Spiel, übt Druck auf d4 aus und erschwert Weiß den beabsichtigten Vorstoß e3–e4.

6.♘bd2

Der Springer wird entwickelt und verhindert damit das gegnerische Manöver ♘f6–e4 nebst f7–f5.

Nach 6.0-0 könnte Schwarz 6...♘e4 und etwa nach 7.♘bd2 dann ergänzend 7...f5 in die Tat umsetzen.

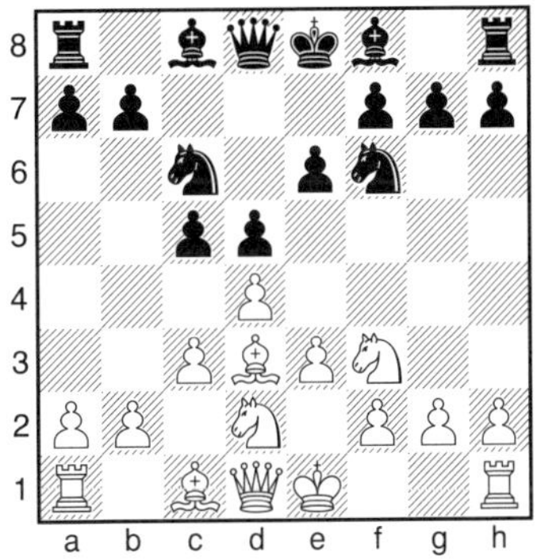

6...♗d6

Indem Schwarz seinen Läufer nach d6 aktiviert, verhindert er ♘f3–e5 und sorgt frühzeitig für eine Unterstützung von e6–e5, womit er bei Gelegenheit sein Spiel befreien will. In der Praxis ist dies deshalb die meistgewählte Fortsetzung.

Durchaus gebräuchlich ist auch 6...♗e7, um eine eventuelle Fesselung mit ♗c1–g5 zu verhindern.

7.0-0

A) Hier schlagen wir Schwarz 7...b6 vor, um außer ♗c8–b7 eventuell auch ♗c8–a6 vorzubereiten.

(Am häufigsten trifft Weiß allerdings auf die Erwiderung 7...0-0, mit weitem Abstand gefolgt von 7...♕d7. Weiß kann dann gut auf c5 nehmen und kommt im Anschluss zu e3–e4, so er diese Gelegenheit denn so früh nutzen möchte. Ohne d4xc5 kann 7...b6 ggf. auch nur zu einer Zugumstellung führen.)

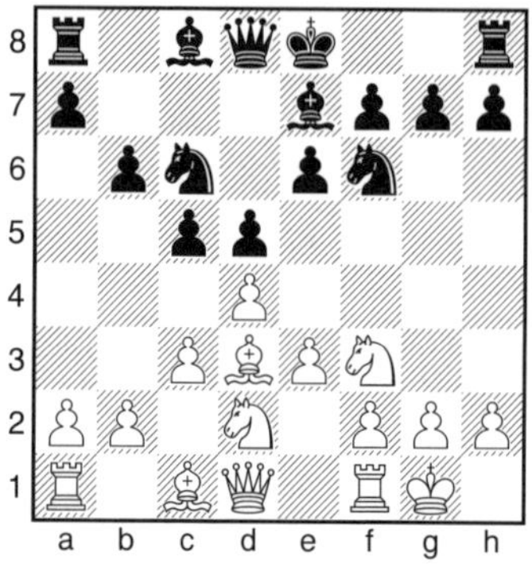

Nun kann Weiß insbesondere mit 8.♕e2, 8.e4 und 8.♘e5 fortsetzen.

A1) Mit 8.♕e2 stellt Weiß den Vorstoß e3–e4 zurück, kann seinem Gegner damit aber kaum Probleme bereiten, denn der kann den eingeschlagenen Weg ruhig mit 8...♗b7 weitergehen. Dabei lässt er sich von Weiß dessen Plan zeigen.

9.♘e5 leitet die Klärung mit 9...♘xe5 10.dxe5 ♘d7 11.f4 ein. Nach beispielsweise 11...♕c7 12.e4 c4 13.♗c2 0-0 steht Schwarz gut.

A2) Die Variante 8.e4 dxe4 9.♘xe4 cxd4 10.♘xf6+ führt zur Vereinfachung.

(Wenn Weiß alternativ mit 10.cxd4 fortsetzt, steht Schwarz nach 10...♗b7 11.♗e3 0-0∓ kurz vor dem Abschluss seiner Entwicklung kompakt und ohne Schwächen.)

Nach 10...♗xf6 hat Schwarz keine Probleme zu befürchten, was die beispielhafte, aber natürliche Fortsetzung 11.♗e4 ♗b7 12.♘xd4 ♗xd4 13.cxd4 0-0 14.♗e3 ♖c8 veranschaulicht.

A3) Aber was ist, wenn Weiß sofort 8.♘e5 spielt und damit Schwarz wegen seines ungedeckten Springers zu einer sofortigen Reaktion zwingt? Schwarz kann das Intermezzo 8...♘xe5 9.dxe5 ♘d7 10.f4 c4 auslösen und steht gut.

Nach der möglichen Folge 11.♗c2 0-0 12.♘f3 ♘c5 13.b4 ♘e4 14.♗xe4 dxe4 15.♘d4 ♕c7 sind die weiteren Aussichten weitgehend ausgeglichen. Schwarz kann auf f7–f6 setzen, um die Stellung für seine Läufer zu öffnen.

B) Und nach 7...0-0 kann das Duell beispielsweise die folgende Richtung einschlagen: 8.dxc5 ♗xc5 9.e4 (9.b4!?) 9...♕c7 10.♕e2 h6 11.e5 ♘g4 12.♘b3 ♗b6 13.♘bd4 ♘gxe5 14.♘xe5 ♘xe5 15.♗f4 f6. Diese Variante ist in der Praxis mehrfach ausgespielt worden. Sie bietet den Kontrahenten etwa gleiche Chancen.

7.0-0

Mit dem Vorstoß 7.e4 sollte Weiß noch warten, um eine Vereinfachung mit 7...cxd4 8.cxd4 dxe4 9.♘xe4 ♘xe4 10.♗xe4 0-0= zu vermeiden.

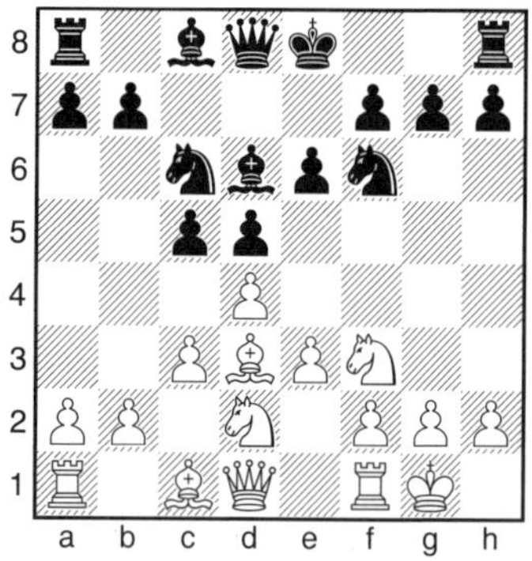

7...0-0

Es ist immer richtig, rechtzeitig an die Königssicherheit zu denken. Eine Zugalternative drängt sich augenblicklich nicht auf, so dass die Rochade wohl die beste Wahl ist.

Das energische zentrale Vorgehen 7...e5 führt zu interessanten Verwicklungen und verdient auf jeden Fall ebenfalls Beachtung. Von den weißen Antwortalternativen sind 8.e4 und 8.dxe5 hervorzuheben. Am häufigsten nimmt Weiß in der Praxis den weißen e-Bauern, etwas bessere statistische Werte weist aber der Schritt mit dem eigenen e-Bauern auf. Auf ihn konzentrieren wir uns als unseren Hauptweg.

A) Mit 8.e4 treibt Weiß die Zentrumsspannung auf den Höhepunkt.

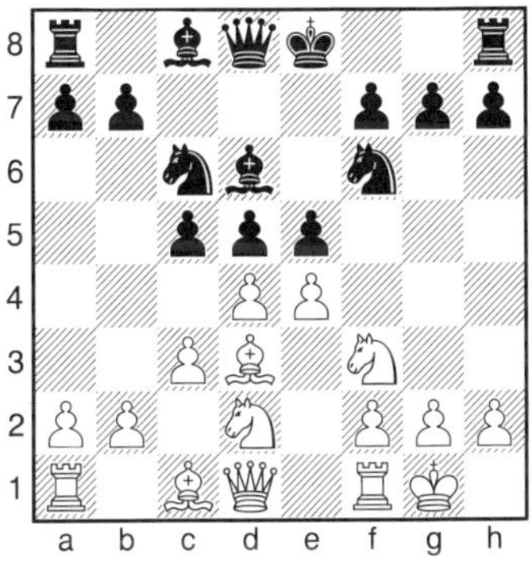

Die besten Chancen verspricht Schwarz nun 8...cxd4 9.exd5.

(9.cxd4 0-0 10.exd5 führt zu keinem Vorteil für Weiß. Nach 10...♘xd4 11.♘xd4 exd4 12.♘f3 ♗g4= hat sich Schwarz ein gutes Spiel gesichert.)

9...♘xd5 10.cxd4 exd4

Nach der Auflösung der Spannung im Zentrum kann Weiß die freie e-Linie nutzen, um seinen Turm mit 11.♖e1+ unter Tempogewinn in den Kampf zu führen. Gefährlich ist die Situation für Schwarz jedoch nicht. Er kann mit 11...♗e7 den Angriff abfangen und nach beispielsweise 12.♘b3 immer noch rechtzeitig seinen König in Sicherheit bringen.

Nach 12...0-0= ist Schwarz auf dem Weg, für sein Eröffnungsspiel mit dem Stellungsausgleich belohnt zu werden. Beide Seiten sollten sich jetzt zunächst um den Abschluss ihrer Entwicklung bemühen.

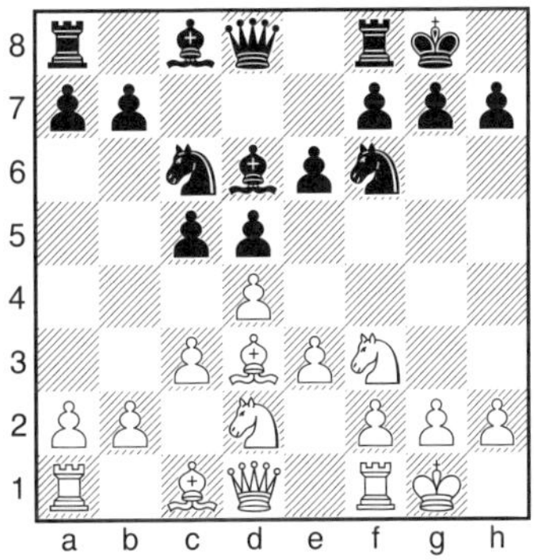

B) Nach dem kleinen Abtausch-Intermezzo 8.dxe5 ♘xe5 9.♘xe5 ♗xe5 setzt Weiß seinen strategisch wichtigen Vorstoß 10.e4 durch. Schwarz kann dies gelassen hinnehmen und seine Entwicklung mittels 10...0-0 fortsetzen.

(Er kann auch seine Rochade zurückstellen und ebenfalls der Entwicklung dienend 10...♕c7 spielen, verbunden mit der Bedrohung des weißen Bauern auf h2. Nach 11.h3 kann er die Situation im Zentrum mit 11...dxe4 klären, um im Anschluss an 12.♘xe4 ♘xe4 13.♗xe4 mit 13...0-0 den König in die Rochadestellung zu befördern.

Die Stellung ist komplett ausgeglichen. Weiß hat nun die gleiche Idee, die Schwarz zu 10...♕c7 bewegt hat, zur Verfügung. Nach 14.♕c2 h6 15.♗e3

♗e6 ist die Stellung bis auf eine Nuance synchron.

Mit 16.f4 kann Weiß Profit daraus ziehen, dass er in dieser Situation am Zug ist, um den ♗e5 zu vertreiben. Nach 16...♗f6 und nun beispielsweise 17.♕f2 ♖ac8= wird jedoch schnell deutlich, dass dieses Manöver nicht zu einer spürbaren Beeinträchtigung des Gleichgewichts geführt hat.)

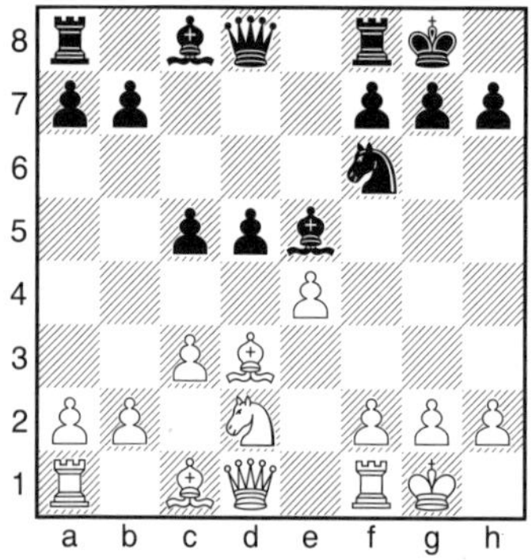

Nun sieht es bei einer oberflächlichen Betrachtung so aus, als könnte Weiß mit dem initiativen Vorgehen 11.f4 und nach 11...♗c7 mit 12.e5 die weißen Kräfte schwächen und sich damit eine leichte Dominanz verschaffen.

Schwarz kann jedoch den Beweis antreten, dass der weißen Aktion nur der Erfolg eines Strohfeuers beschieden ist. Mit 12...♘g4 zwingt er seinen Gegner zur Vorsorge gegen ♘g4–e3, zum Beispiel mit der natürlichen Antwort 13.♘f3.

Nun kann er sich mit 13...f6 an die Auflösung der zentralen weißen Bauernformation machen und wird auf diesem Weg zu einem ausgeglichenen Spiel kommen, beispielsweise über die Variante 14.♕c2 fxe5 15.♗xh7+ ♔h8 16.fxe5 ♘xe5= usw.

8.dxc5

Weiß will e3–e4 durchdrücken, aber nicht zum Preis eines isolierten d-Bauern, auch „Isolani" genannt. Das Schlagen des ♙c5 ist somit vor allem ein Vorbereitungszug.

A) Das sofortige Vorgehen mit 8.e4 cxd4 9.cxd4 dxe4 lässt den Isolani entstehen. Nach 10.♘xe4 ist 10...♗e7 eine gute Wahl, womit Schwarz seinen Läufer aus der Bedrohung des ♘e4 zieht. Wenn Weiß nun seinen ♙d4 durch 11.♗e3 schützt, kann Schwarz mit 11...♘d5 den Isolani blockieren, verbunden mit guten Aussichten.

B) Eine beliebte Alternative ist auch 8.♕e2, womit Weiß seine Dame rechtzeitig vor e3–e4 in eine aktive Position bringen will. Mit 8...♘d7 steht Schwarz eine gut spielbare Antwort zur Verfügung, die bisher nur selten auf das Turnierbrett gekommen ist. Ihr Einsatz kann deshalb eine größere Erfahrung auf der Seite nivellieren. Nach 9.e4 droht auf e5 keine Bauerngabel mehr, so dass Schwarz die Möglichkeit zu 9...cxd4 hat.

10.cxd4 ♘b4

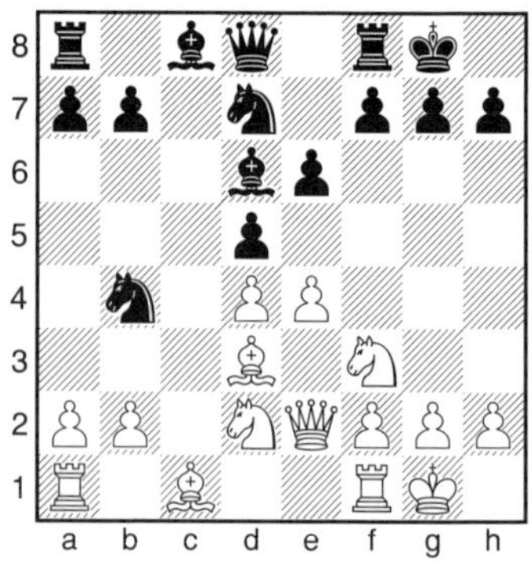

B1) 11.e5 ♘xd3 12.♕xd3 ♗e7 Für Weiß verknüpfen sich die anstehenden Entwicklungsprobleme besonders mit dem ♘d2, für Schwarz mit dem ♗c8. Weiß kann seinen Springer via e1 auf dem Königsflügel zu mehr Wirksamkeit verhelfen, Schwarz seinem Läufer auf der Diagonale a6–f1. Die beiderseitigen Manöver in der Zugfolge 13.♖e1 b6 14.♘f1 a5 15.♘g3 ♗a6 16.♕e3 ♖c8 veranschaulichen die einzelnen Schritte ihrer Pläne gut. Die erreichte Stellung ist als weitgehend ausgeglichen einzuschätzen.

B2) Wenn Weiß seinen Läufer mittels 11.♗b1 vor dem Abtausch bewahren will, muss er nach 11...b6 die Drohung ♗c8–a6 entschärfen, um nicht die Qualität zu verlieren. Nach 12.♖e1 ♗a6 13.♕e3 kann Schwarz überlegen, wie viel Risiko er eingehen will. Mit 13...♖c8 zeigt er sich bereit, einen Bauern für dynamische Gegenwerte zu investieren.

(Die Alternative 13...dxe4!? hält das Materialverhältnis ausgeglichen. Folgen kann 14.♘xe4 ♘d5 15.♕b3 ♗e7 ∞ usw.)

14.a3

(Wenn Weiß der Verlockung unterliegt, zunächst mit 14.e5 den Läufer zurückzudrängen und Raum zu gewinnen, um erst im Anschluss a2–a3 usw. zu spielen, funktioniert sein Manöver nicht mehr. Nach 14...♗e7 15.a3 ♘c2 16.♗xc2 ♖xc2 17.♕b3 fehlt ihm der Doppelangriff auf den ♖c2 und einen ungedeckten ♙d5, so dass Schwarz stark zu 17...♕c7∓ kommt.)

14...♘c2 15.♗xc2 ♖xc2 16.exd5 exd5

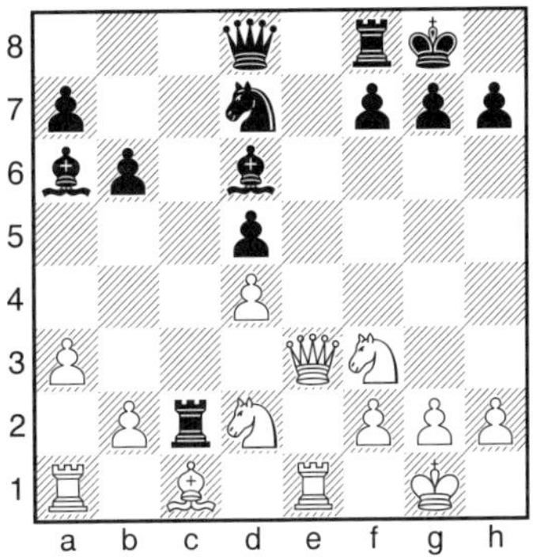

17.♕b3 Damit verschafft sich Weiß einen Mehrbauern, denn Schwarz kann nicht zugleich den ♖c2 und den ♙d5 schützen. Schwarz hat aber ein gewichtiges Motiv für sein Handeln, denn über 17...♕c7 18.♕xd5 ♘f6 19.♕f5 ♖c8≅ verschafft er sich die Kontrolle über die c-Linie und ein aktives Spiel. Die von uns verwendete Analyse stammt von Valeri Bronznik.

C) Auch nach 9...♘b4!? entsteht der Isolani.

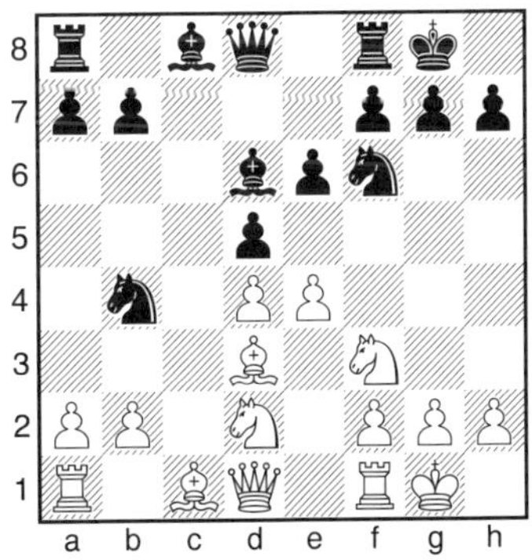

Auch diese Alternative verspricht Schwarz gute praktische Chancen. Wenn Weiß seinen Läufer in Sicherheit gebracht hat, wofür sich vor allem 10.♗b1 anbietet, folgt 10...dxe4 und der d-Bauer hat beide Nebenleute verloren.

Nach 11.♘xe4 kann Schwarz den Abtausch von Material begrenzen, indem er seinen Läufer mit 11...♗e7 zurückzieht.

(11...♘xe4 12.♗xe4 ♘d5=)

Es liegt dann in der Hand von Weiß, die Richtung der Partie als Auswahl aus mehreren Möglichkeiten vorzugeben. Ein plausibler und in der Praxis auch schon erprobter Weg führt über 12.a3. Der Springer muss nun weichen und kann dieser Pflicht mit 12...♘bd5 sofort nachkommen.

(Schwarz kann jedoch auch zunächst 12...♘xe4 spielen und den Springer nach 13.♗xe4 auf die schon gezeigte Weise mit 13...♘d5 aus der angegriffenen Position holen. Nach 14.♘e5 ist 14...♘f6= eine unkomplizierte Möglichkeit, den Stellungsausgleich zu halten.)

Mit 13.♘e5 nutzt der Springer die Gelegenheit, um das ihm Stärke verleihende Vorpostenfeld e5 aufzusuchen.

13...♗d7

(13...♘xe4 führt nach 14.♗xe4 ♘f6= unter Zugumstellung zur gleichen Stellung wie 12...♘xe4 usw.)

14.♖e1 ♖c8= usw.

8...♗xc5

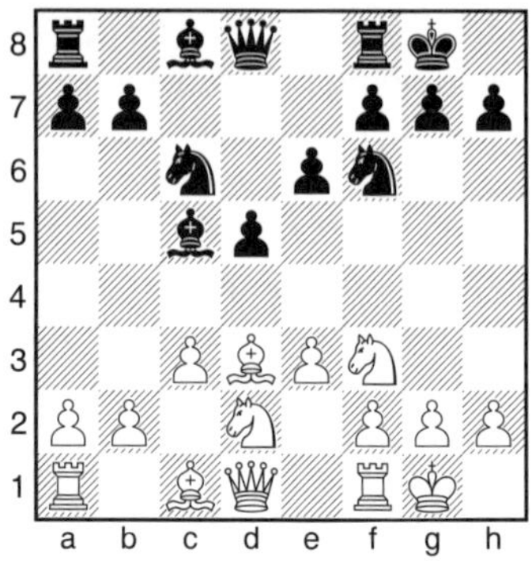

9.e4

Dieser Durchbruch im Zentrum ist für Weiß das thematische Leitmotiv im Colle-System. Er muss ihn jedoch nicht sofort einleiten, sondern kann ihn auch zunächst erst noch weiter vorbereiten.

9.♕e2 ♕c7 10.e4 führt zurück in die Hauptvariante nach 10.♕e2.

9...♕c7

Die Dame beteiligt sich an der Kontrolle über das Feld e5, womit Schwarz den Vorstoß e4–e5 verhindert.

Allerdings kann er dieses Feld auch selbst besetzen und es auf diese Weise für Weiß unzugänglich machen. 9...e5! ist deshalb eine wichtige Alternative. Schwarz entschärft nicht nur die Drohung e4–e5, sondern gewinnt auch Raum im Zentrum und öffnet die Diagonale c8–h3 für seinen Läufer.

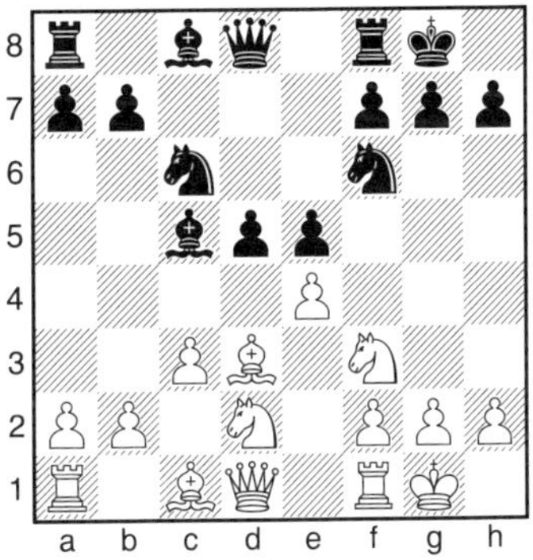

A) 10.exd5

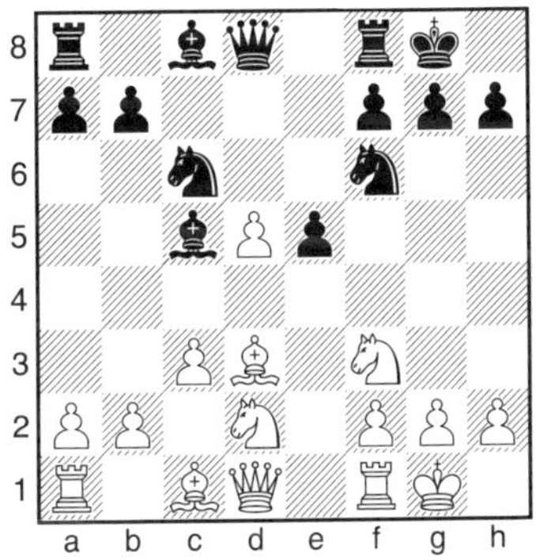

A1) Nach 10...♘xd5 11.♘e4 ♗e7 ist 12.♘g3 eine interessante Möglichkeit.

(Zumeist greift Weiß allerdings zu 12.♗c4, wonach eine sich anschließende Zugfolge mit 12...♘b6 13.♗b3 ♗g4= kaum Zweifel am Stellungsausgleich zulässt.)

Die Reaktion 12...f5 ist energisch, erlaubt aber 13.♗c4, womit Schwarz aufgrund der Fesselung des ♘d5 zu 13...♗e6 veranlasst wird. Nach 14.♖e1 e4 15.♘g5 ♗xg5 16.♗xg5 ♕xg5 17.♗xd5 ♕g6 18.♗xe6+ ♕xe6 ist das beiderseitige Material stark ausgedünnt, die Perspektiven beider Seiten sind annähernd gleich.

A2) Nach 10...♕xd5 wird zwar zumeist 11.♕e2 gespielt, wir verbinden aber mindestens gleichwertige Chancen unter einer Zugabe von Überraschungspotenzial mit der Alternative 11.♕c2. Schwarz ist hinsichtlich seiner Antwort nicht allzu festgelegt. Besonders in Betracht kommen die Möglichkeiten 11...♗e7, 11...♗g4 und 11...h6.

A2a) 11...♗e7

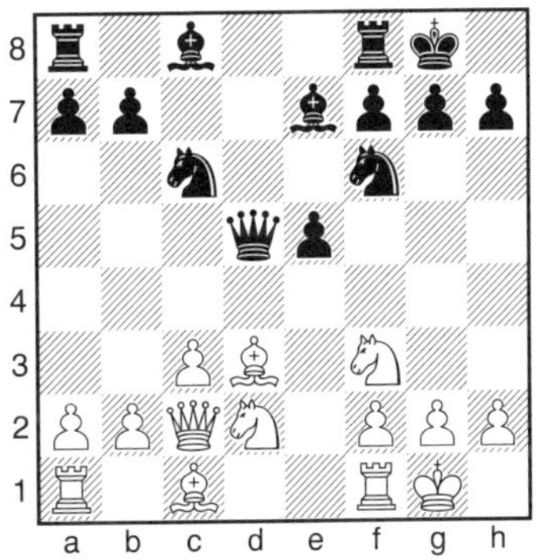

In Erwartung des auf e4 erscheinenden weißen Springers holt Schwarz seinen Läufer prophylaktisch vom Feld c5 unter gleichzeitiger Deckung des ♘f6.

12.♘e4 h6

Nach dem Springertausch auf f6 wäre der Bauer auf h7 nur noch unzureichend geschützt, weshalb er sich der Bedrohung entzieht und auch hier wieder das Feld g5 für Weiß sperrt.

Nach 13.♖d1 darf Schwarz die Bedrohung, die vom ♖d1 aufgestellt wird, nicht übersehen. Andernfalls droht ♘e4xf6 und anschließend ♖d3–h7+, worauf die Dame geschlagen würde.

(Weiß kann auch versuchen, dem Gegner mit dem sofortigen 13.♘xf6+

Eröffnungsprobleme zu bereiten. Nach 13...♗xf6 14.♖d1 könnte Schwarz zwar seine Dame mit 14...♕e6 und anschließend zum Beispiel nach 15.♗e3 mit 15...♕e7 in einer aktiven Position halten, in der sie andere Figuren nicht behindert, aber zum Preis eines Zeitverlustes. Weitergehen kann es beispielsweise mit 16.♗e4.

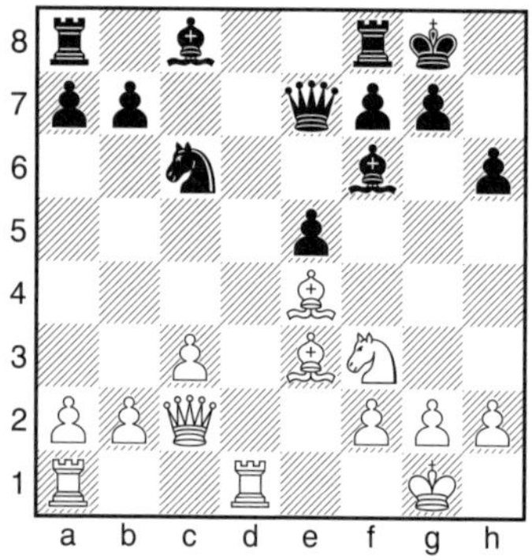

Nach 16...♗e6= wird allerdings deutlich, dass die Stellung weiterhin im Bereich des Ausgleichs zu verorten ist.)

Nach 13...♕a5 14.b4 ♕c7= kann die Auseinandersetzung verschiedene Richtungen nehmen. Ein Motiv für Weiß kann es sein, Schwarz mit einem Vorrücken seiner Bauern am Damenflügel in eine leicht passive Lage zu zwingen und selbst dabei zu Raumgewinn zu kommen. In seiner Gegenwehr kann Schwarz seinen ♗c8 gut nach e6 entwickeln, um dann nach Bedarf seine Türme in die Mitte zu führen.

Die folgende Beispielvariante dient der Veranschaulichung des skizzierten möglichen Ablaufs.

15.♕e2 ♘d5 16.b5 ♘a5 17.c4 ♘b4 18.♗b1 ♗e6 19.c5 ♖fd8 20.♗d2 ♘d5 ∞

Schwarz steht etwas passiv, aber fest. Die Stellung entzieht sich einer sicheren Einschätzung zum Chancenverhältnis.

A2b) Nach 11...♗g4 lässt Weiß mit 12.♘e4 einen Doppelbauern auf der f-Linie zu, kommt dann aber dennoch zu einem Vorteil.

12...♗xf3 13.gxf3 ♔h8

(13...♘xe4 beantwortet Weiß mit 14.♗xe4 und setzt dann mit ♗e4xh7+ fort, verbunden mit einem klaren Vorteil.)

Nun stellt 14.c4 mit der Absicht ♘e4xc5 den erhofften Vorteil für Weiß sicher.

A2c) Mit 11...h6 befördert Schwarz seinen Bauern aus der Gefahrenzone auf h7 und nimmt zugleich das Feld g5 unter Kontrolle. Es kann dann beispielsweise mit 12.♘e4 ♘xe4 13.♗xe4± weitergehen. Im Anschluss kann Weiß mit b2–b4 weiter aktiv bleiben und seinen Turm von f1 in die Mitte beordern.

B) Im Falle von 10.♕e2 hat Schwarz die Auswahl vor allem zwischen 10...♗e6 und 10...d4, die beide einen geeigneten Weg einleiten.

B1) 10...♗e6

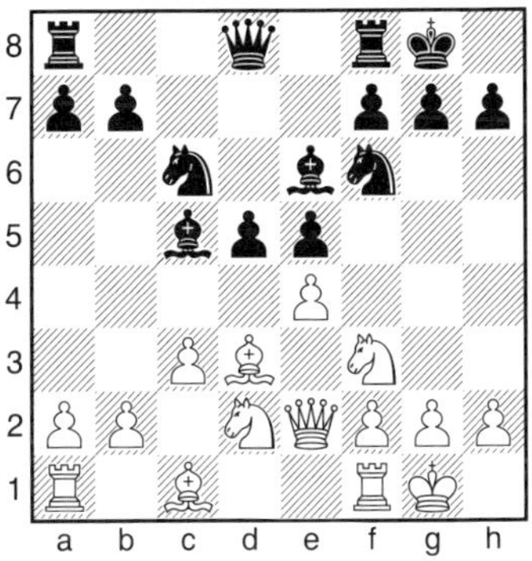

B1a) Nach 11.exd5 ♗xd5 kann Weiß mit 12.♘e4 eine deutliche Reduzierung des Materials auslösen, die allerdings für beide Seiten gleichermaßen für Fortschritte in der Entwicklung ihrer Stellungen sorgt.

(Ein schwerer Fehler wäre natürlich 12.♘xe5?? wegen 12...♖e8–+ und der ♘e5 wäre unrettbar verloren.)

12...♘xe4 13.♗xe4 ♗xe4 14.♕xe4 ♕d6=

B1b) Zu überlegen ist 11.b4, womit Weiß die angreifbare Stellung des schwarzen Läufers nutzt, um zu einem Raumvorteil auf dem Damenflügel zu kommen. Mehr als Ausgleich ist damit nach 11...♗b6 12.a4 a6 usw. allerdings nicht zu erreichen.

(12...a5 würde die interessante Variante 13.b5 ♘e7 14.♘xe5 möglich werden lassen. Weiß hat einen rückständigen Bauern auf c3, Schwarz einen isolierten Bauern auf d5. Beide sind aber keine echten Schwächen, weil sie aufgelöst bzw. gut verteidigt werden können. Die Stellung ist ausgeglichen. Weitergehen kann es beispielsweise mit 14...♕c7 15.exd5 ♘exd5 16.♘dc4 ♘xc3 17.♕c2 ♘cd5= usw.)

B2) 10...d4 kann Weiß zunächst nutzen, um mit 11.♘b3 die Lage seines Springers zu verbessern, um nach 11...♗b6 mit 12.cxd4 zu tauschen, woraufhin Schwarz über 12...exd4 einen isolierten Bauern auf d4 bekommt.

(12...♘xd4 13.♘bxd4 ♗xd4 14.♘xd4 ♕xd4 würde den Isolani auf d5 zwar vermeiden, Schwarz aber nach 15.♗e3± usw. die schlechtere Stellung einbringen.)

Nach 13.e5 (13.h3 ♖e8=) lässt die Variante 13...♖e8 14.♗g5 ♕d5 eine recht komplizierte und zweischneidige Stellung entstehen, die voller Dynamik steckt. In Sichtweite des Mittelspiels ist das Spiel ausgeglichen.

Weiß kann jetzt einen seiner Türme nach e1 führen und dann auf f6 tauschen bzw. sich für das sofortige ♗xf6 entschließen. Schwarz muss sehen, dass er seinen ♗c8 ins Spiel bringt, wofür sich vor allem das Feld g4 eignet. Er kann abwarten, was Weiß sich einfallen lässt, um sich erst dann auf eine Reaktion festzulegen.

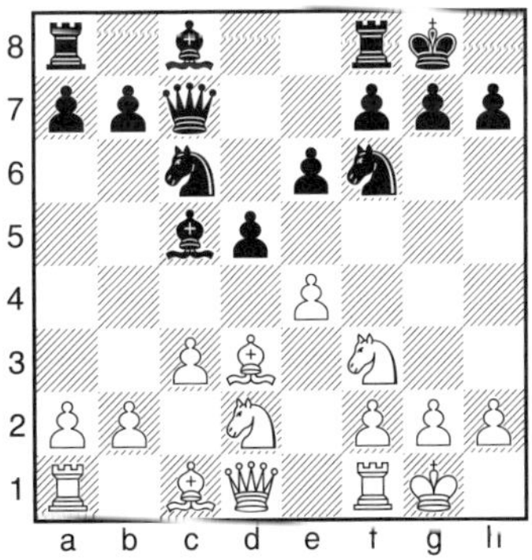

10.♕e2

Weiß erneuert konsequent seine Drohung e4–e5.

Das Schlagen mit 10.exd5 rechtfertigt grundsätzlich keine Ambitionen auf einen Vorteil. Wer sich allerdings etwas davon verspricht, gegen einen schwarzen Isolani spielen zu können, kann diesen Weg in der Hoffnung einschlagen, dass Schwarz einwilligt.

A) Zum isolierten d-Bauern kommt es nach 10...exd5!?. Weiß kann dann die Gelegenheit nutzen, um über 11.♘b3 Fortschritte in seiner Entwicklung zu erzielen.

11...♗b6

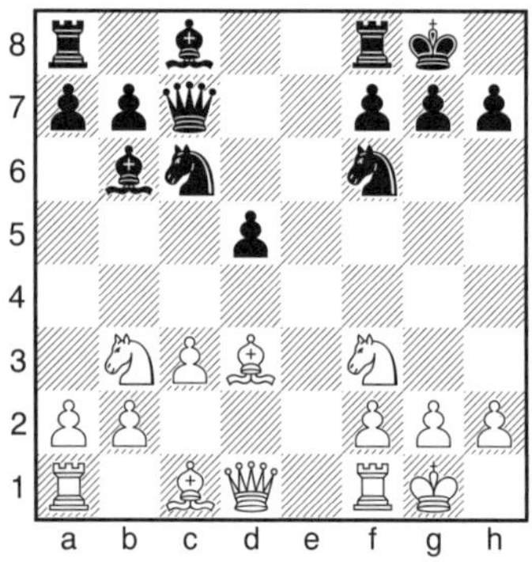

12.♕c2

(Das Feld d4 ist grundsätzlich ein sehr guter Standplatz für einen Springer, weil es unmittelbar vor dem Isolani liegt und er dort nicht von einem Nachbarbauern vertrieben werden kann.

Ein sofortiges Betreten mit 12.♘bd4 ist aber kaum geeignet, um einen Vorteil zu erreichen. Mit 12...♗g4 steht Schwarz eine starke und seinerseits die Entwicklung fördernde Möglichkeit zur Verfügung.

Weitergehen kann es beispielsweise mit 13.♗e2 ♘xd4 14.♘xd4 ♗xe2 15.♕xe2 ♗xd4 16.cxd4 und nun steht auf beiden Seiten ein Isolani im Feld. Mit 16...♕c4 und nach zum Beispiel 17.♕d1 kann Schwarz mit 17...♖ac8= den Ausgleich fixieren.)

Die in der Praxis mehrfach getestete Variante 12...♖e8 13.♗g5 ♘e4 14.♖ae1 ♗f5= beschert den Parteien ein ausgeglichenes Spiel.

B) 10...♘xd5

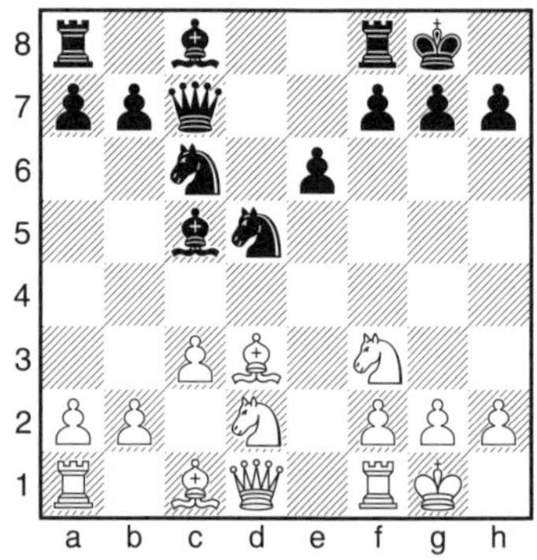

Dies ist nur die Nummer 2 in der Spielergunst, hat aber in der Erfolgsstatistik die Nase leicht vorne. 11.♘e4 kann Schwarz gut mit 11...♗e7 beantworten. Weiß hat etwas Mühe beim Aktivieren seines ♗c1.

Auf 12.♗g5 ist 12...f6 möglich, worauf der Läufer sogleich wieder ziehen muss. Nach 13.♗h4 ♖d8 hat Schwarz keine Probleme. 14.♗g3 kann er mit 14...e5= kontern.

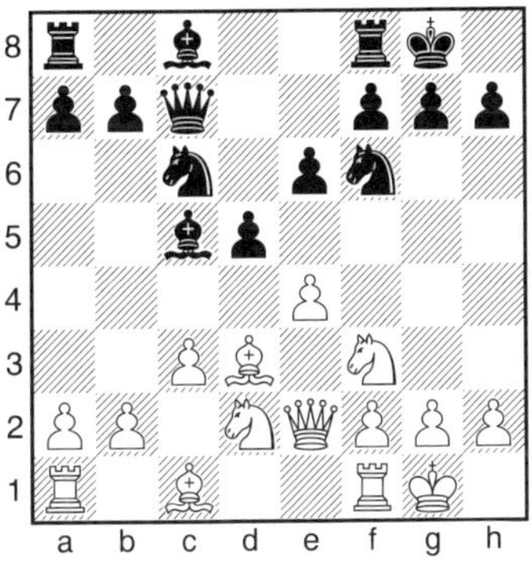

10...b6

Schwarz will seinen Läufer nach b7 entwickeln und macht sich sofort an die Umsetzung seines Plans. Dabei ignoriert er die Drohung e4–e5 im Vertrauen darauf, dass Weiß aus seinem Vorposten nicht viel Nutzen wird ziehen können und er keine besonderen Einengungen durch eine Beschränkung seiner aktiven Möglichkeiten befürchten muss.

Wer den Vorstoß des e-Bauern verhindern will, erreicht dieses Ziel mit 10...♗d6. Anschließen kann sich 11.♖e1, wenn Weiß an seinem Vorhaben festhalten sollte, mit der Folge 11...♘g4 12.h3.

(12.♘f1 dxe4 beseitigt die Möglichkeit e4–e5 ein für allemal. Schwarz kommt daraufhin problemlos zu einem guten Spiel. Weitergehen kann es beispielsweise mit 13.♗xe4 f5 14.♗c2 ♗d7 15.♗d2 ♖ae8=.)

Nun kann sich der Springer mit 12...♘ge5 direkt vor den Bauern stellen und sich als mechanische Sperre betätigen.

Nach 13.♘xe5 ♘xe5 ist es in das Belieben von Weiß gestellt, ob sein Gegner die Partie mit einem isolierten d-Bauern fortsetzen muss. Nach 14.exd5 exd5 ist dies der Fall. Allerdings ist dieser nicht zwingend eine Schwächung, was auch die plausible Variante 15.♘f3 ♘xd3 16.♕xd3 ♕c4 belegt. Diese Stellung hat Schwarz in der Praxis bereits häufig gehalten. Zumeist ging es mit 17.♖d1 weiter.

(Im Falle von 17.♕xc4 dxc4 wäre der Isolani ohnehin sofort wieder als Stellungsmerkmal verschwunden.)

17...♕xd3 18.♖xd3 ♖d8 19.♗e3 ♗e6=

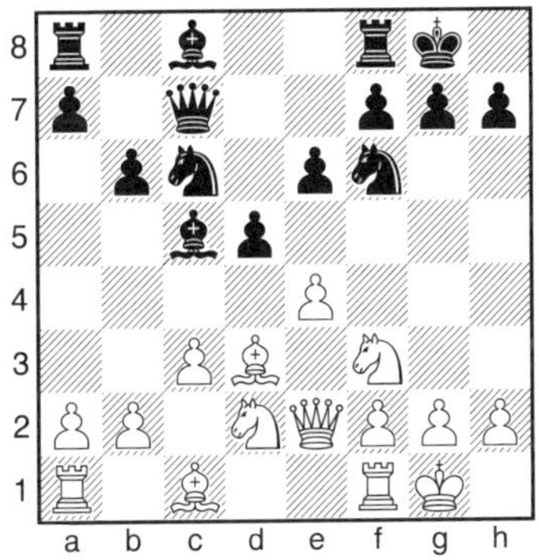

11.a4

Wenn Weiß tatsächlich mit 11.e5 vorstößt, kann Schwarz den Bauern sofort mit 11...♘g4 ein drittes Mal angreifen. Der Springer ist zwar ungedeckt und wird über ein mit 12.♗xh7+ eingeleitetes Manöver fallen, aber nicht ohne hinreichend Gegenwert für Schwarz.

(Auf 12.♘g5 würde die Riposte 12...f5! möglich.)

12...♔xh7 13.♘g5+ ♔g8 14.♕xg4

Das Springerschach hat die Drohung der Dame gegen den ♘g4 aufgedeckt, was diesen den Kopf gekostet hat, doch nun führt 14...♕xe5 zur Entfernung auch des Bauern. Damit ist der materielle Gleichstand wieder hergestellt. Schwarz muss aufpassen, dass der weiße Angriff nicht übermächtig wird.

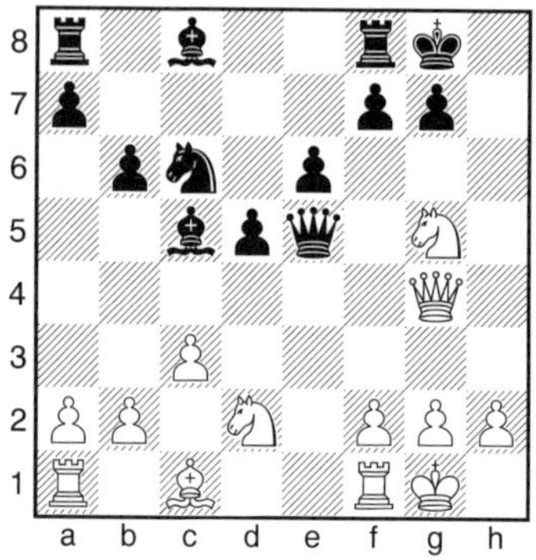

A) Das nach 15.♕h5 drohende Matt auf h7 kann nur mit 15...♕f5 abgewehrt werden, wenn Schwarz im Spiel bleiben will. Nach 16.♘df3 ist 16...♗a6 17.♖d1 die aktivste Lösung, die auch die besten Chancen bietet.

(17.♖e1 f6 18.b4

Alle anderen Möglichkeiten sind unzureichend.

18...♗xf2+ 19.♔xf2 fxg5 20.♕xg5 e5∓ und Schwarz hat sich auf taktischem Wege einen klaren Vorteil erarbeitet.)

Mit 17...♗e2 stellt Schwarz den Abtausch auf f3 sicher, der zu seiner weiteren Entlastung führt.

Nach 18.♖e1 ♗xf3 19.♕xf3 ♕xf3 20.♘xf3 ♖fe8∓ hat sich der weiße Angriff in Luft aufgelöst. Schwarz verfügt über mehr Raum und ist aktiver aufgestellt.

B) Nach 15.♘df3 muss rechtzeitig mit 15...♕f6 die Dame in Position gebracht werden, damit sie eine zu erwartende Mattdrohung auf h7 entschärfen kann.

16.♕h4

(Nach 16.♕h5 empfiehlt sich 16...♕h6! z.B. mit der Folge 17.♕xh6 gxh6 18.♘h3 ♔h7 19.♘f4 ♗a6 20.♖e1 ♖ac8= und Schwarz hat seine Stellung verteidigt.)

Nach 16...♕g6 ist der weiße Angriff mit einer im Ergebnis besseren Stellung für Schwarz abgewehrt.

11...a5

Schwarz soll am weiteren Vorrücken seines Bauern mit ggf. anschließend b2–b4 gehindert werden.

12.exd5 exd5 13.♘b3

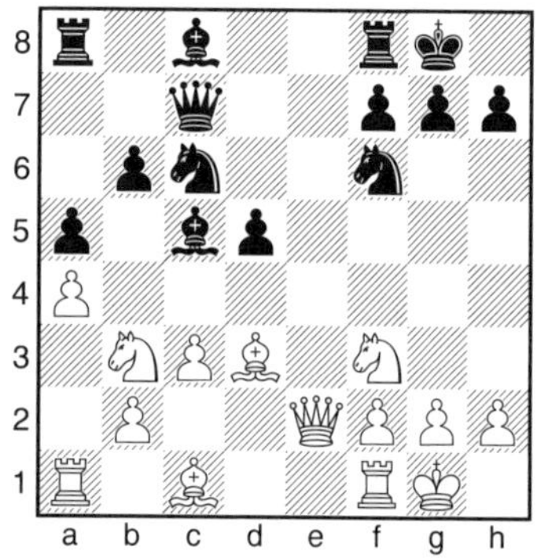

13...♗g4

Die Entwicklung des Läufers unter einer gleichzeitigen Fesselung des Springers ist logisch.

Dies gilt allerdings auch für die Turmentwicklung 13...♖e8 mit gleichzeitigem Angriff auf die Dame, für die es nun kein ideales Fluchtfeld, so dass sie mit 14.♕d1 zurück auf ihr Ausgangsfeld geführt wird.

14...h6 verwehrt Weiß das Betreten von g5, mit 15.h3 revanchiert der sich hinsichtlich des Feldes g4. Weitergehen kann es beispielsweise mit

15...♗d7 16.♗c2 ♕d6 17.♘xc5 bxc5 18.♗e3 ♘e4 19.♖e1 ♖ab8 und Schwarz hat ausreichend Gegenspiel.

Die sich in der Hauptvariante anschließende und ohne eine weitere Kommentierung gut nachvollziehbare natürliche Zugfolge führt in ein positionell geprägtes und ergebnisoffenes Mittelspiel.

14.♘xc5 bxc5 15.h3 ♖fe8 16.♕d1 ♗h5 17.♗b5 ♖e6=

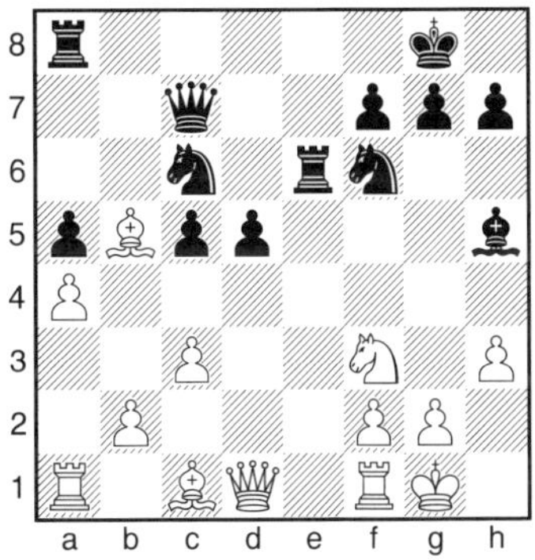

Zusammenfassung: Mit dem Zug 6...♗d6, der das Feld e5 unter Kontrolle bringt, kann Schwarz erfolgreich um den Ausgleich kämpfen. Weiß muss permanent mit e6–e5 rechnen. Andererseits kann sich Weiß nach ♗c1–g5 mit Fesselung des ♘f6 die Initiative verschaffen. Deshalb weicht mancher Spieler lieber auf 6...♗e7 aus, womit der Ausfall ♗c1–g5 verhindert wird. Aber auch dieser Zug ist nicht ohne Nachteil; Schwarz verliert das Feld e5 aus den Augen.

Abspiel 2

1.d4 d5 2.♘f3 ♘f6 3.e3 e6 4.♗d3 c5 5.c3

Fortsetzung 5...♘bd7

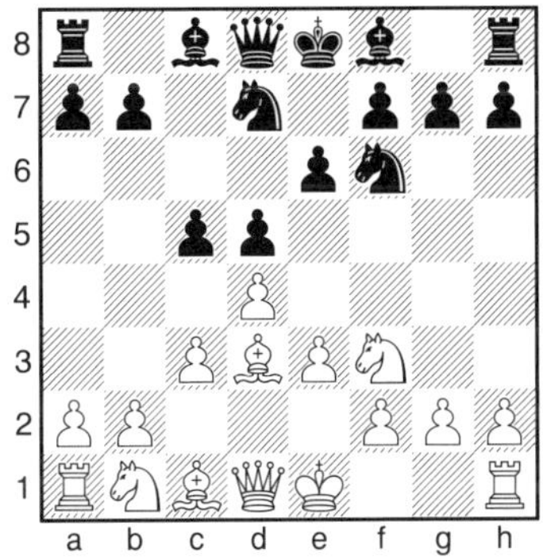

Im Unterschied zu 5...♘c6 übt diese Fortsetzung keinerlei Druck auf das wichtige Feld d4 aus. Andererseits kann der Springer im Falle von d4xc5 auf c5 zurücknehmen mit Angriff auf den ♗d3.

6.♘bd2

Mit dieser Standardentwicklung antwortet Weiß zumeist.

Wer seinen Gegner überraschen will, kann zu der selten gewählten Alternative 6.♘e5 greifen.

A) Wenn Schwarz darauf mit 6...♘xe5 antwortet, ist eine weiße Hoffnung auf einen Eröffnungsvorteil allerdings schnell dahin.

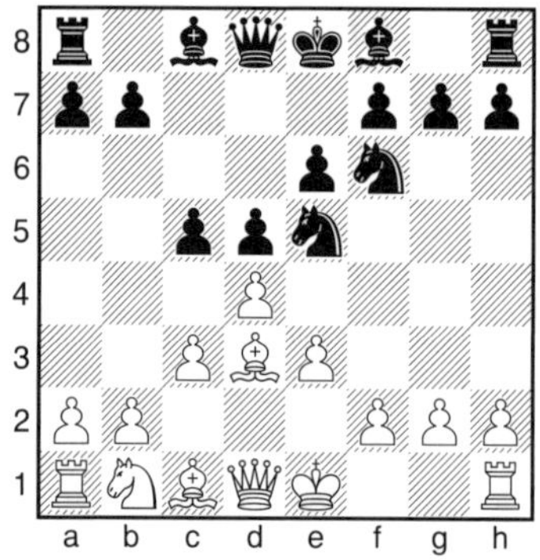

Nach 7.dxe5 ♘d7 ist zum Schutz des ♙e5 8.f4 notwendig, woraufhin 8...c4= die Weichen Richtung Stellungsausgleich stellt. Es ist natürlich noch zu früh für ein abschließendes Urteil, aber die Tendenz stimmt aus der schwarzen Perspektive.

Nach 9.♗c2 ist das Manöver 9...♕h4+ 10.g3 ♕h3 unangenehm für Weiß. Um sich aus der störenden Wirkung der gegnerischen Dame zu befreien, kann er diese nach der Einleitung mit 11.♕e2 nach f1 führen. Mit 11...♘c5= kann Schwarz inzwischen weiter an der Aktivierung seiner Kräfte arbeiten.

B) Eine daneben in Betracht kommende und mit praktischen Chancen unter den Bedingungen des Turnierspiels verbundene Alternative ist 6...cxd4. Über den damit eingeleiteten Abtausch von Kräften im Zentrum behauptet Schwarz zumindest zunächst eine hinreichende Kontrolle über die nächste Entwicklung der Partie. Er muss aber aufpassen, dass er nach einer ersten Phase im Anschluss nicht in eine zu passive Situation gerät.

Nach 7.exd4 ♘xe5 8.dxe5 zwingt Schwarz seinen Gegner mit 8...♘d7 dazu, sich um seinen bedrohten ♙e5 zu kümmern.

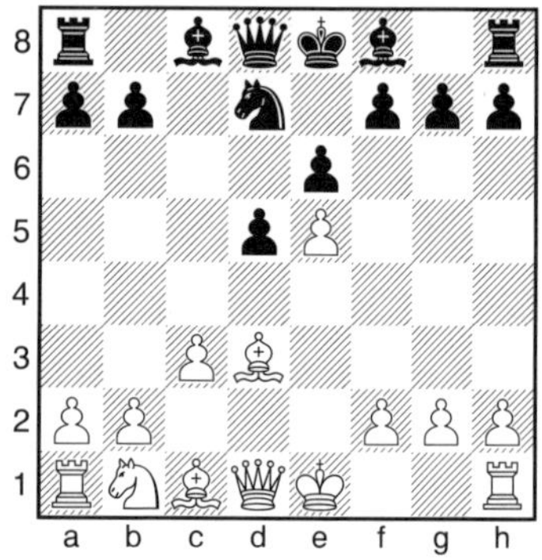

Dieser kann dabei mit 9.♕e2 und mit 9.f4 reagieren. In beiden Fällen ergibt sich für Schwarz die Möglichkeit, weiter aktiv zu handeln.

B1) 9.♕e2

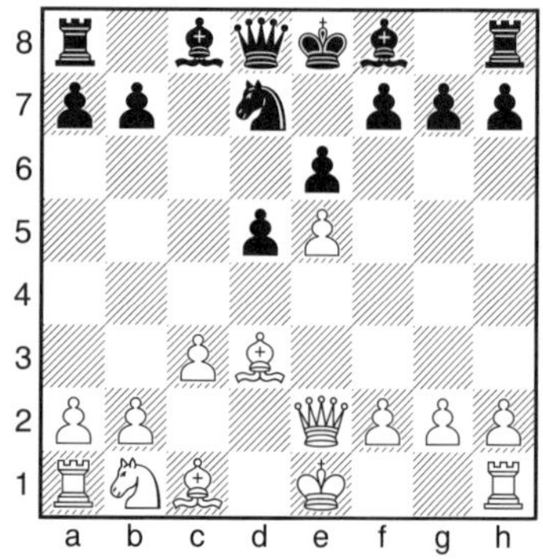

Mit 9...♕c7 erneuert Schwarz seine Drohung gegen den weißen Bauern und bringt zugleich seine Dame ins Spiel.

10.♗f4

(10.f4 ermöglicht 10...♘c5 mit Angriff auf den ♗d3, den Weiß nicht hergeben sollte. Nach den Entwicklungszügen 11.♗c2 ♗d7 12.♘d2 ist nun 12...g6 der Auftakt zur Durchführung eines soliden Manövers, um dem weißen Angriff mit dem kurz rochierten König unter Fianchettierung des Läufers zu begegnen.

Anschließen kann sich 13.♘f3 ♗g7 14.0-0 0-0 mit dem Plan ♖a8–e8 und f7–f6, über den Schwarz ein etwa gleiches Spiel erreichen kann.)

Auch hier ist es nach 10...♘c5 ratsam für Weiß, seinen Läufer zu behalten.

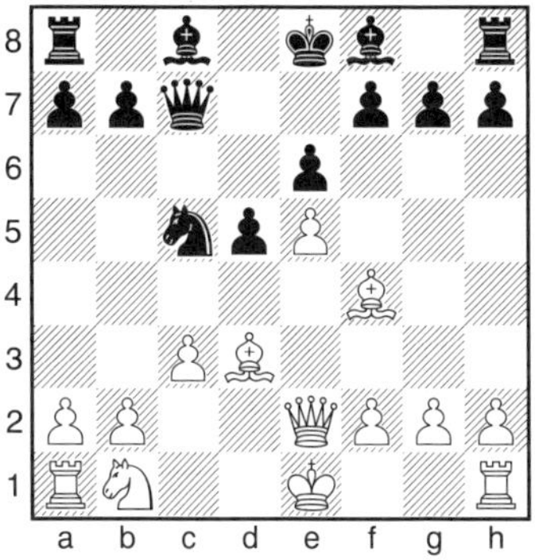

B1a) 11.♗c2 b6 12.♘a3

Schwarz will seinen Läufer nach a6 führen. Der Springer bringt sich in Position, um die damit verbundene Drohung mit ♘a3–b5 parieren zu können.

Nach 12...♗a6 13.♘b5 würde ein Wegziehen der Dame nun vorteilhaft mit a2–a4 beantwortet. Entsprechend geht an 13...♗xb5 kein Weg vorbei, aber nach 14.♕xb5+ ♘d7± hat Schwarz seine akuten Probleme gelöst und eine feste Stellung. Er steht allerdings etwas passiv und es ist nicht so ganz einfach, hieran kurzfristig etwas zu ändern. Der Ausgleich liegt zwar im Bereich des Möglichen, ist aber noch nicht erreicht.

B1b) Die alternative Variante 11.0-0 ♘xd3 12.♕xd3 f5 veranschaulicht, wie schnell Schwarz aktiv werden kann, wenn er zum Abtausch Springer gegen Läufer kommt. Sein weißfeldriger Läufer sollte angesichts des Sperrsteines ♙e6 auf dem Damenflügel entwickelt werden.

(12...♗d7 ist weniger elanvoll und auch langsamer, dürfte aber dennoch spielbar sein; z.B. 13.♘d2 ♖c8∞.)

Die sich nach 13.♘d2 anschließende Zugfolge 13...b6 14.♘f3 a5 15.♖fe1 ♗a6 16.♕d2 ♗c5 zeigt, wie sich Schwarz am Damenflügel weiter aufbauen kann. Es ist eine zweischneidige Stellung entstanden. Sobald sich die Gelegenheit ergibt, sollte Schwarz die kurze Rochade folgen lassen.

B2) Die Alternative 9.f4 eröffnet beiden Kontrahenten ein breites Feld zum Experimentieren. Schwarz kann seinen Läufer gut mit 9...♗c5 entwickeln und eine schnelle weiße Rochade unterbinden.

Nach 10.♕f3 will Weiß seinen Läufer dem ♗c5 in den Weg stellen. Die Dame nimmt das Feld e3 in Besitz, so dass es vom Läufer betreten werden kann.

(Mit 10.♘d2 mit der Idee einer Überführung nach f3 erreicht Weiß auch nicht mehr als den Stellungsausgleich. Eine natürliche und als Beispiel dienende Variante führt über die Züge 10...a6 11.♘f3 g6 12.♕e2 ♗a7 13.♗e3 ♗xe3 14.♕xe3 ♕b6=.)

10...a6

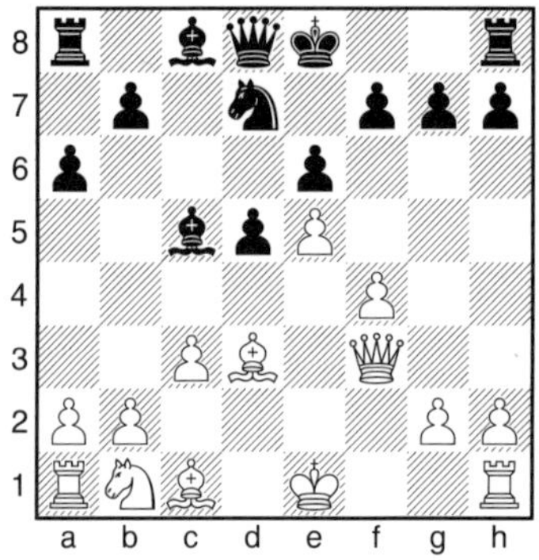

Dies ist nur eine von mehreren sinnvollen Möglichkeiten für einen weiteren Spielaufbau. Gut denkbare Alternativen sind 10...0-0, 10...b6 und 10...♕b6, wobei diese teilweise unter Zugumstellung in identische Varianten führen können.

Unsere Wahl ist auf 10...a6 gefallen, weil der Zug aus systematischen Gründen zu unseren anderen Empfehlungen passt und flexible Reaktionen auf weiße Entscheidungen erlaubt. So sperrt er Weiß vom Feld b5 aus, kann bedarfsweise b7–b5 vorbereiten und räumt dem Läufer ein Rückzugsfeld auf a7 ein.

Auch ein erfahrener Spieler mit Weiß ist hier auf sich allein gestellt, denn die Theorie hat sich dieses Sektors noch nicht angenommen.

11.♗e3 geschieht ganz nach dem beschriebenen Plan.

11...♕b6 12.♗xc5 ♘xc5

(Schwarz darf sich nicht von der Verletzlichkeit des weißen Damenflügels blenden lassen und über 12...♕xb2?? auf einen Materialgewinn spielen. In der Fortsetzung 13.♗d6 ♕xa1 14.♕g3+– kommt Weiß zu einem starken Angriff, der den schwarzen König den Kopf kosten wird.)

Nach 13.b3 ♗d7 hat Schwarz seine Eröffnungsaufgaben so gut wie gelöst, und weitergehen kann es beispielsweise mit 14.♘d2 ♘xd3+ 15.♕xd3 ♖c8∓.

6...♗d6

Mit diesem aktiven Entwicklungszug strebt Schwarz die Kontrolle über das Feld e5 an. In einem günstigen Moment will er e6–e5 durchdrücken.

Er kann sich allerdings auch bescheidener geben und 6...♗e7 spielen.

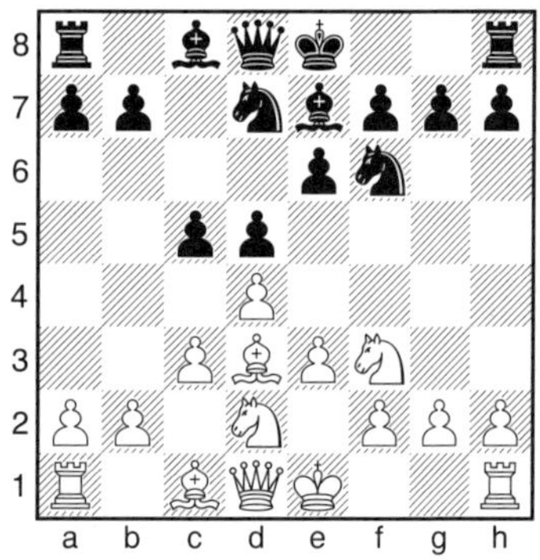

Er muss dann insbesondere mit 7.0-0 und 7.♕e2 als Antworten rechnen.

A) 7.0-0 0-0

Wenn nichts Wichtigeres anliegt, ist die Rochade immer eine gute Entscheidung.

8.♘e5

(Auch hier kann sich Weiß an seine Idee e3–e4 erinnern und deren Umsetzung mit 8.♕e2 vorbereiten; z.B. 8...b6 9.e4 mit Übergang in die Variante nach 7.♕e2.)

8...♘xe5 9.dxe5 ♘d7 10.f4 g6

So stoppt Schwarz den weiteren Marsch des ♙f4. Im Anschluss kann er sich dem Aufbau seines Gegenspiels am Damenflügel widmen. Nach beispielsweise 11.♘f3 ist das Manöver 11...c4 12.♗c2 b5 13.♘d4 ♕b6 14.♗d2 a5= typisch.

Schwarz hat nun genügend aktives Potenzial auf dem Damenflügel. Auf d4 steht der weiße Springer zwar sehr zentral und deshalb gut, Schwarz aber hat als Gegengewicht das Feld c5 für seine Leichtfiguren.

B) Im Falle von 7.♕e2 muss Schwarz mit dem baldigen Vorstoß e3–e4 rechnen. Er sollte sich darauf einstellen und jetzt am besten 7...0-0 spielen, denn der Schritt mit dem e-Bauern läuft nicht weg. Im Zuge der Vorbereitung sollte Weiß mit 8.0-0 seinen König aus der Mitte bringen, worauf Schwarz die Gelegenheit für den Entwicklungszug 8...b6 erhält.

Nun sind beide Seiten gut für den „Showdown“ im Zentrum gerüstet.

9.e4 cxd4

(9...dxe4 geht auch. Nach 10.♘xe4 können beide Seiten an ihrer Entwicklung arbeiten, z.B. in der Zugfolge 10...♗b7 11.♖d1 ♕c7 12.♗g5 ♖fe8=.)

10.♘xd4

(10.cxd4 dxe4 11.♘xe4 ♗b7= macht Schwarz den Ausgleich leichter.)

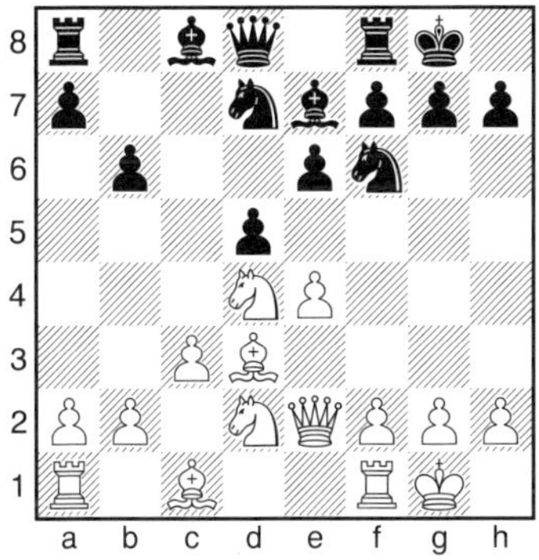

Nach 10...♘c5 muss Weiß aufpassen, dass ihm nicht vom Gegner die Zügel aus der Hand genommen werden. Mit 11.♘c6 kontert er aktiv, wobei er die Idee des Abtausches auf e7 verfolgt.

(Der Läufer muss auf d3 bleiben, denn nach 11.♗c2 ♗a6 würde Weiß in Schwierigkeiten geraten.)

Auf 11...♕c7 ist die Fortsetzung über die natürliche und ohne zusätzliche Erläuterungen gut nachvollziehbare Zugfolge 12.♘xe7+ ♕xe7 13.e5 ♘xd3 14.♕xd3 ♘d7 15.♖e1 zu erwarten. Mit 15...a5 und nun beispielsweise 16.♕g3 ♗a6= kommt Schwarz zu seinem erhofften Eröffnungsergebnis.

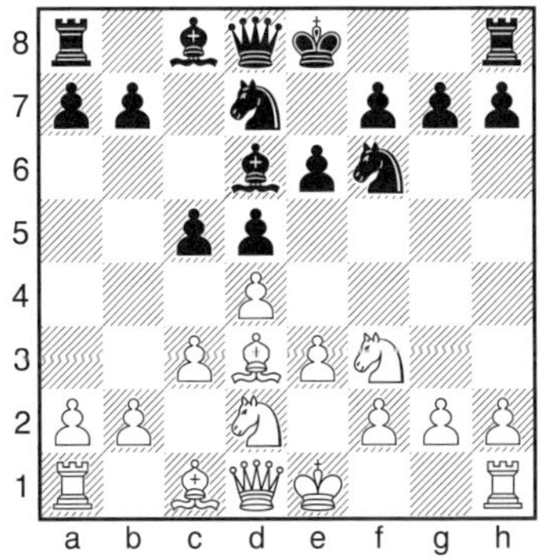

7.0-0

Die Fortsetzung mit 7.e4 wäre jetzt noch verfrüht und ungefährlich für Schwarz. Vielmehr könnte Weiß Probleme bekommen.

(7.♕e2 0-0 8.0-0 verspricht Weiß keinen Vorteil. Schwarz nimmt über 8...e5 die Zügel in die Hand. Die Abtauschfolge 9.dxe5 ♘xe5 10.♘xe5 ♗xe5= endet im Gleichstand.)

7...cxd4 8.♘xd4

(8.cxd4 ist schwächer. Die resultierende Konstellation kann Schwarz mittels 8...dxe4 und dann 9.♘xe4 ♘xe4 10.♗xe4 ♘f6 11.♗c2 ♗b4+ 12.♗d2 ♗xd2+ 13.♕xd2 0-0∓ zu seinen Gunsten nutzen. Weiter verfahren kann er dann nach dem Plan b7–b6, ♗c8–b7 und ♖a8–c8. Weiß muss fortan darauf achten, dass sein Isolani auf d4 keine Probleme bekommt.)

Nach 8...♘c5∓ hat Schwarz bereits mehr vom Spiel. Es liegt nun in weißer Hand, welche Richtung das Duell einschlägt. Interessant und gut veranschaulichend zugleich ist die Beispielvariante 9.♗b5+ ♗d7 10.exd5 ♗xb5 11.♘xb5, wonach 11...♘d3+ dem weißen König Beine macht. Im Falle von 12.♔e2 kann 12...♘xc1+ 13.♖xc1 folgen.

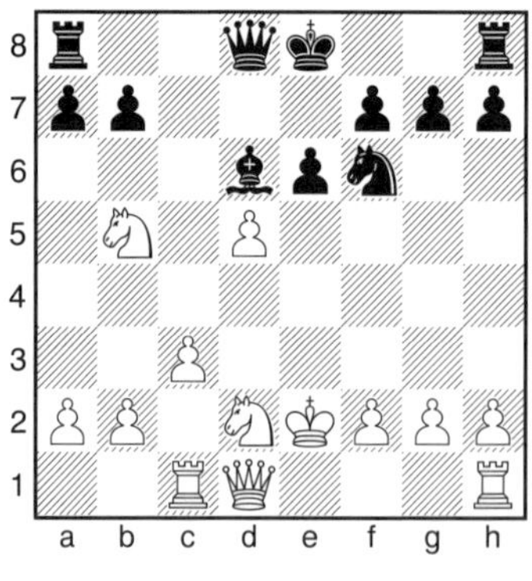

Nun sollte mit 13...0-0!? der König in Sicherheit gebracht werden.

(13...♘xd5 ist optisch besser als tatsächlich, reicht aber zum Gleichstand aus. Nach 14.♘xd6+ ♕xd6 15.♕a4+ ♔e7= hat die Stellung viel von ihrer Spannung verloren. Beide Seiten sollten nun daran denken, ihre Kräfte weiter zu aktivieren, was besonders für die beiden Königstürme gilt.)

Nach 14.dxe6 ♗f4∓ sollte sich Weiß nicht von seinem materiellen Übergewicht blenden lassen. Es ist Schwarz, der besser steht. Der weiße König steht verletzlich und kann nicht schnell und einfach in Sicherheit gebracht werden.

Keine Angst muss Schwarz vor 15.exf7+ mit der möglichen Folge 15...♖xf7 16.♘d4 haben.

(Auch die Alternativen helfen nicht und sind eher sogar noch schlechter.)

Und nun bringt er sich über das Manöver 16...♕e8+ 17.♔f1 ♗xd2 18.♕xd2 ♘e4–+ entscheidend in Vorteil.

7...0-0 8.♖e1

Bevor Weiß e3–e4 zieht, will er seine Reserven in den Kampf einbringen.

Nach dem sofortigen 8.e4 kann Schwarz das Spiel in die Variante 8...cxd4 9.cxd4 dxe4 10.♘xe4 ♘xe4 11.♗xe4 ♘f6 dirigieren, die ihm gute Aussichten vermittelt. Auf 12.♗c2 folgt 12...b6 nebst ♗c8–b7.

8...♕c7

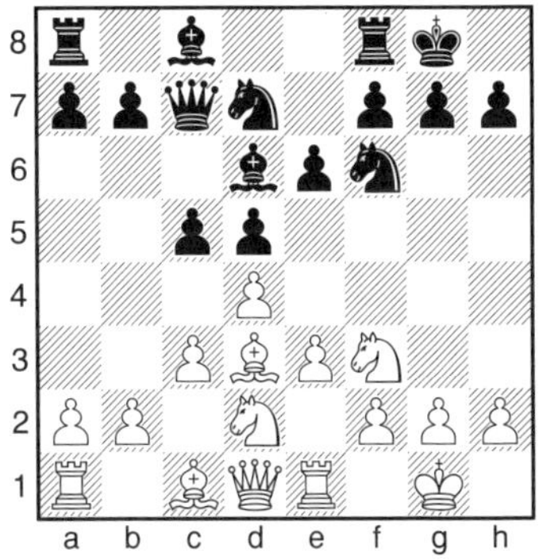

Dies ist die mit Abstand am häufigsten gewählte Fortsetzung. Schwarz entwickelt die nächste Figur und plant, sofern der Gegner dies zulässt, den Vorstoß e6–e5 sofort folgen zu lassen.

9.e4

Dies ist der richtige Zeitpunkt für den thematischen Vorstoß des e-Bauern.

9.♕e2 ist schwächer, denn nun kann Schwarz mit 9...e5! kontern. Er bekommt auf jeden Fall ein gutes Spiel, beispielsweise über die Variante 10.dxe5 ♘xe5 11.♘xe5 ♗xe5 usw.

9...cxd4

Von 9...dxe4 raten wir zumindest dem unerfahrenen Spieler grundsätzlich ab, auch wenn Schwarz über 10.♘xe4 ♘xe4 ein akzeptables Spiel erreichen kann. Der Weg dorthin ist allerdings schwieriger und kann mit Zugeständnissen verbunden sein, die mit größerer Spielstärke besser gehandhabt werden können. Unabhängig von dieser Überlegung stellen wir die Spielweise als alternativen Weg vor.

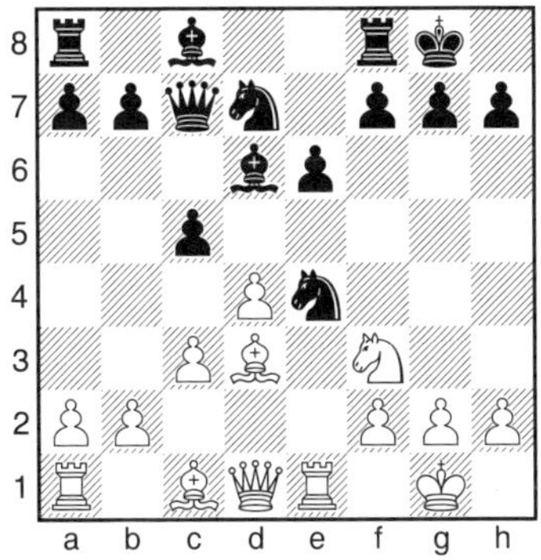

Weiß muss sich nun zwischen 11.♖xe4 und 11.♗xe4 entscheiden.

A) 11.♖xe4

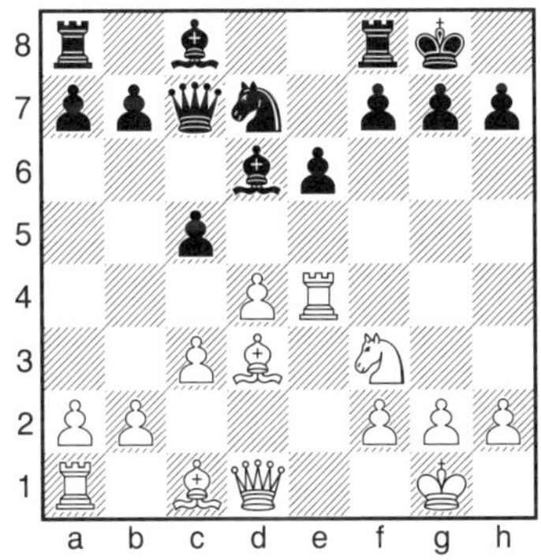

Dies ist die populärste Antwort, die Weiß statistisch auch die besten praktischen Chancen einräumt. Mit e4 nimmt der Turm eine Position ein, die ihm einen universellen Nutzen einbringt. So könnte er nach 11...cxd4 mit 12.♖xd4± zurücknehmen, zugleich kann er auf den Königsflügel wechseln.

11...b6

Grundsätzlich soll der Bauer seinen Platz für den ♗c8 räumen. Es ist aber nicht sicher, dass dieser schon bald diese Möglichkeit nutzen kann. Je nach weiterem Verlauf kann Weiß die

Öffnung der Diagonale a8–h1 bis zum Turm für sich nutzbar machen. Ggf. sollte Schwarz beim Beschreiten dieses Weges bereit sein, ein Qualitätsopfer zu spielen.

Nach 12.♖h4 darf Schwarz nicht übersehen, dass der ♙h7 durch den Abzug des Turmes auch vom ♗d3 und damit doppelt angegriffen ist.

(Keine Gefahr für Schwarz ist die Variante nach 12.♕e2 ♗b7 13.♖h4 g6 14.♗d2 ♖ac8 15.♘g5 ♘f6= usw.)

12...f5 13.♘g5 ♘f6

Der Springer übernimmt die Deckung des ♙h7 und macht den Weg für den ♗c8 zur Deckung des ♙e6 frei.

Nach 14.♗c4 ♕e7 15.♕f3 gibt es keine brauchbare Alternative zu 15...b5! 16.♕xa8

(16.dxc5 Δ♗xc5 17.♗b3 bringt Weiß keinen Vorteil. Nach 17...♘e4= halten sich die beiderseitigen Chancen die Waage.)

16...bxc4 und Schwarz hat ausreichend Ersatz für die Qualität.

B) Nach 11.♗xe4 kann Schwarz effektiver dem Duell eine gewünschte Richtung geben.

11...cxd4 12.♕xd4

(Mit 12.cxd4 würde sich Weiß freiwillig einen Isolani einfangen. Mit 12...♘f6 und nach beispielsweise 13.♗d3 mit 13...♗d7 kann Schwarz Fortschritte in seiner Entwicklung erzielen. Die Stellung ist etwa ausgeglichen.

Mit 14.♘e5 kann Weiß seinen Springer in eine gute Position führen, worauf Schwarz der Konter 14...♗c6 mit der Idee eines Weiterzuges nach d5 zur Verfügung steht. Vor dem Isolani wird er dann beinahe perfekt stehen.

Nach beispielsweise 15.♗f4 ♗d5 16.♖c1 ♕e7 hat Schwarz eine feste Stellung.)

Mit 12...e5 beginnend kann Schwarz seinen Gegner in Abhängigkeit von dessen Reaktionen kontinuierlich zu beschäftigen versuchen und dabei seine Stellung nach und nach verbessern.

Weitergehen kann es mit der natürlichen Variante 13.♕d3 ♘f6 14.♗g5 ♘xe4 15.♕xe4 f6 16.♗e3 ♖e8 mit dem Plan ♗c8–e6 nebst ♖a8–d8 und gutem Spiel für Schwarz.

Wenn Weiß abweichen möchte, bietet sich die Suche nach einer Alternative zu 14.♗g5 an. Uns allerdings konnte keiner der Kandidaten vollauf überzeugen.

10.cxd4 dxe4 11.♘xe4

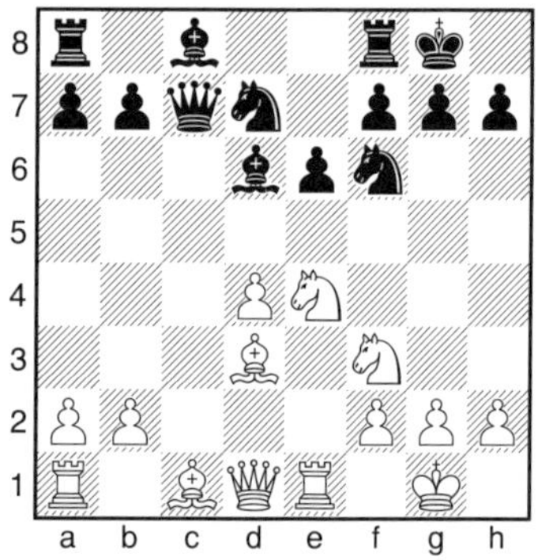

11...♘d5!

Diese Entscheidung ist aus zweifacher Sicht logisch und stark. Der Springer blockiert den isolierten d-Bauern, wobei er sich selbst in eine sehr wirksame Position bringt. Zugleich nimmt er Weiß die Chance zu ♗c1–g5.

– Im Falle von 11...♗e7 könnte Weiß

seinem Gegner mittels 12.♗g5 die Lösung seiner Eröffnungsprobleme erschweren.

– Auch nach 11...b6 ist der Ausflug des Läufers mit 12.♗g5! stark.

(Schwarz kann nicht wirklich auf 12.♘xd6 hoffen, denn es ist leicht zu sehen, dass die Stellung nach 12...♕xd6 13.♘e5 ♗b7 komplett ausgeglichen ist.)

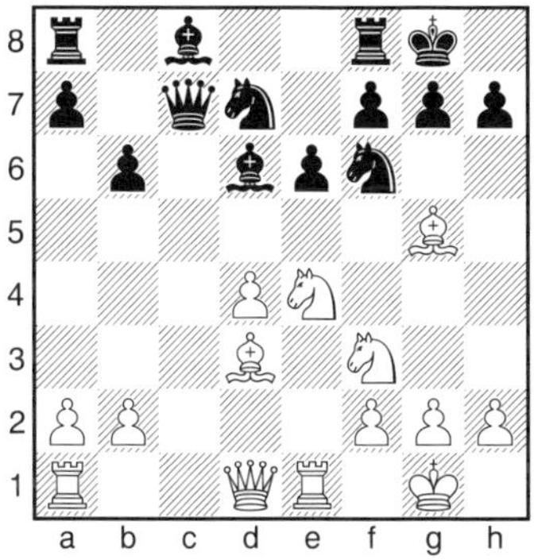

A) Nur mit 12...♗e7! hält sich Schwarz auf Kurs Richtung Ausgleich.

13.♘e5 ♘xe5 14.dxe5 ♘xe4 15.♗xe4 ♗b7=

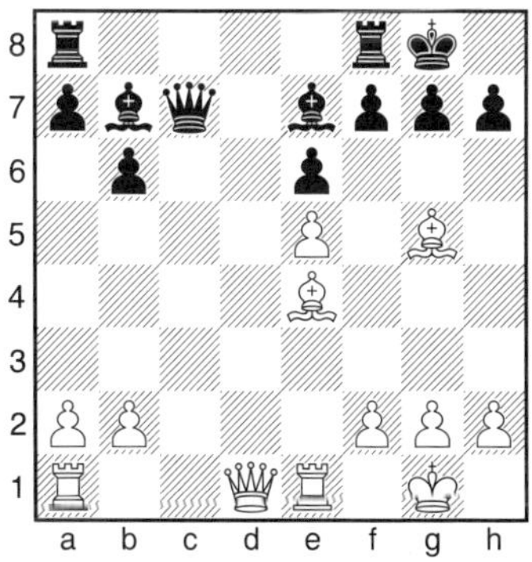

Grundsätzlich könnten wir die Betrachtung hier beenden, denn die Eröffnungsphase ist so gut wie beendet und das Ergebnis der beiderseitigen Anstrengungen liegt vor. Es ist aber noch interessant zu verfolgen, wie Schwarz den Erfolg absichern kann, wenn er mit der logischen Fortsetzung 16.♖c1 konfrontiert wird. In der Tat muss er aufpassen, dass er hier das Errungene nicht leichtfertig aus der Hand gibt.

Allein richtig ist nun 16...♕d8! mit der möglichen Folge 17.♕xd8, worauf Schwarz nicht übersehen darf, dass er zu 17...♗xd8= gezwungen ist, weil er sonst seinen Läufer verliert.

Die Partie klopft bereits an der Pforte zum Endspiel an. Nach beispielsweise 18.♗xb7 ♗xg5 19.♗xa8 (19.♖c2 ♖ad8=) 19...♗xc1 20.♖xc1 ♖xa8= können die Kontrahenten im Turmendspiel ausfechten, wer von beiden besser ist.

B) 12...♘xe4 könnte Weiß mit 13.♖xe4! beantworten, um den Turm im Anschluss in Stellung gegen den feindlichen König zu bringen.

(13.♗xe4 bringt Weiß nichts ein. 13...♗b7 14.♖c1 ♕b8=)

Nach 13...♗b7 14.♖h4 verhindert 14...f5 den Einschlag auf h7, aber nach 15.♖c1 ♕b8 16.♗c4 hat Weiß die Initiative erlangt.

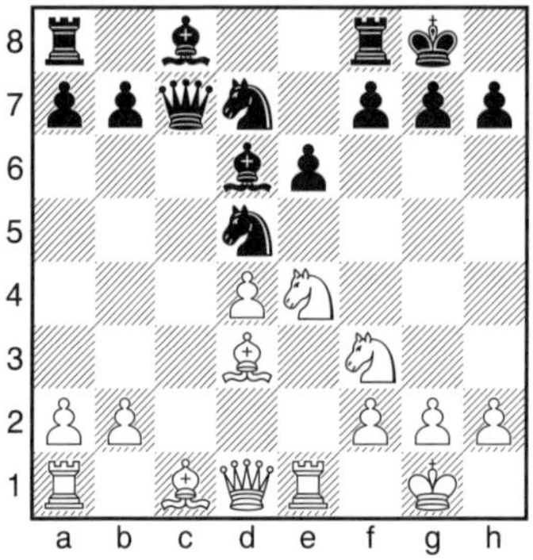

12.♗d2

Weiß verbindet die Aktivierung seines Läufers mit der Idee ♖a1–c1.

Nach dem Abtausch 12.♘xd6 ♕xd6 und dann als Antwort auf 13.♘e5 kann Schwarz insbesondere 13...b6 oder 13...♘7f6 als Antwort andenken.

A) Es empfiehlt sich 13...b6, um im Anschluss den Läufer auf die lange Diagonale zu führen. Sie verspricht Schwarz Aktivität, zudem wird die Kontrolle über das Feld d5 gestärkt. Die c-Linie kann er dann nach Lage der Dinge mit einem der beiden Türme besetzen sowie seinen ♘d7 nach f6 bringen.

Es liegen aber noch einige Anstrengungen vor ihm, bis er die Chance auf einen vollen Ausgleich erhält. Die Beispielvariante 14.a3 ♗b7 15.♕f3 ♖ac8 16.♕h3 ♘7f6 17.♗g5 ♖fd8 zeigt, wie er seine Stellung zusammenhalten kann.

B) In der Praxis wurde auch mehrfach 13...♘7f6 getestet, was wir als Alternative zeigen, nicht aber zu unserer Empfehlung machen. Eine mögliche Variante kann dann über die Züge 14.♗g5 ♗d7 15.♕f3 ♕b6 usw. führen. Während Weiß eine verheißungsvolle Angriffsformation am Königsflügel aufgebaut hat, stecken die schwarzen Bemühungen noch in den Kinderschuhen.

Eine gute Fortsetzung ist nun 16.♖ad1 mit der möglichen Folge 16...h6.

(– Nach 16...♕xb2? 17.♕h3 bekommt Schwarz existentielle Probleme.

– 16...♕xd4?? 17.♗xh7+ +–)

17.♗c1 und steht Weiß klar besser.

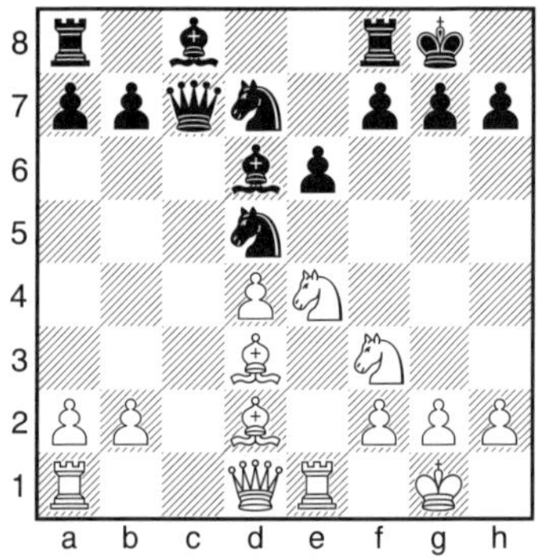

12...♗e7

Grundsätzlich hat Schwarz auch die Möglichkeit, seinen Läufer mittels 12...♗f4 vor einem Abtausch gegen den Springer zu bewahren. Die Intention dieses Zuges liegt darin, den Läufer nur gemeinsam mit seinem gegnerischen Kollegen vom Brett zu lassen. Diese Alternative sollte aber mit Vorsicht betrachtet werden, denn sie eröffnet Weiß ein Chancenplus. Weitergehen kann es beispielsweise mit 13.♖c1, worauf wir von den drei in Betracht kommenden Ausweichmöglichkeiten 13...♕d8 bevorzugen. Von d8 aus kann die Dame am universellsten in alle Richtungen eingesetzt werden. Zudem funkt sie dem ♖a8 nicht dazwischen, soweit er in die Mitte strebt. 14.♗xf4

(Oder 14.g3 ♗xd2 15.♕xd2 b6 16.♘e5 ♘7f6 nebst ♗c8–b7 usw.)

14...♘xf4

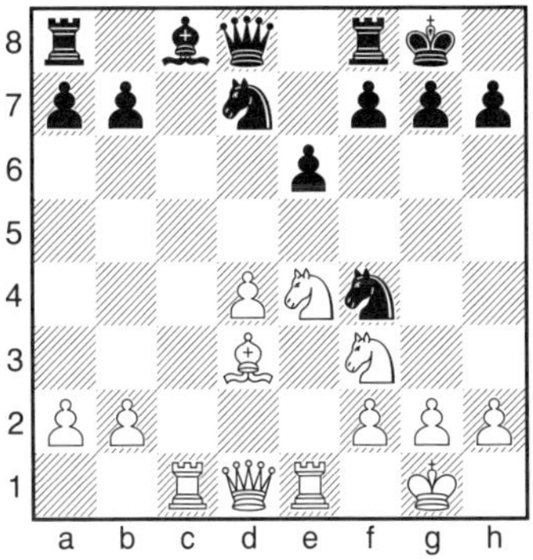

15.♗b1 Schwarz hat einen schweren Stand. Ihm stehen nun mehrere Fortsetzungen zur Verfügung, die aber allesamt nicht vollends zufriedenstellen können. Wir konzentrieren uns in der Folge auf die schnelle Fortsetzung der Entwicklung über die Aktivierung des Läufers.

(Ein sinnvoller Aufbau wäre aber beispielsweise auch über 15...♘d5 und nach 16.♘e5 mit 16...♕e7 mit einem anschließenden ♘d7–f6 oder auch sofort 16...♘df6 zu erreichen.)

15...b6 Mit 16.♘fg5 kann Weiß unseres Erachtens am besten die vom Gegner angestrebten Abläufe antizipieren. Dahinter steckt die Idee, die Dame im Anschluss mit Wucht auf den Königsflügel zu beordern.

(16.♕c2 ist ebenfalls gut, reicht aber an den Textzug nicht heran. Nach 16...♘g6 kommt Weiß über 17.♕c6 oder auch 17.h4 zu einem dynamischen Spiel. Schwarz steht in beiden Fällen, besonders nach 17.♕c6, etwas unter Druck, hat aber noch flexible Möglichkeiten, um sich wirksam zu verteidigen.)

16...♗b7 17.♕g4 Damit hat Weiß den schwarzen Aufbau ausgekontert. Nach 17...♘d5 kann er zur Ernte schreiten. In der Variante 18.♘d6 ♘7f6 19.♘xb7 ♘xg4 20.♗xh7+ ♔h8 21.♘xd8 ♖axd8 22.♗b1± versilbert er seinen gelungenen Plan.

13.♖c1

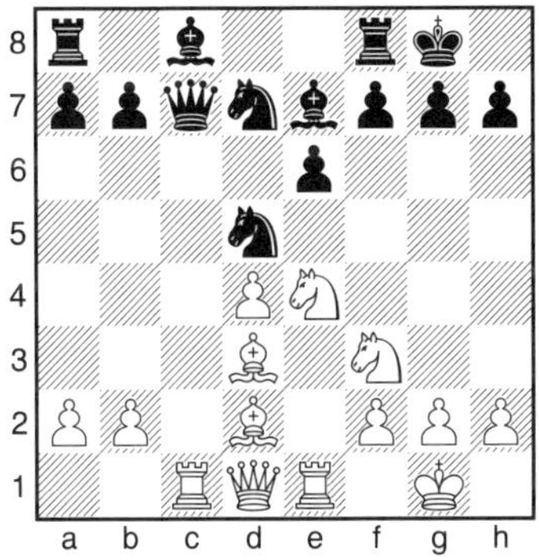

13...♕d8

Auch wenn die Rückkehr der Dame in ihre Ausgangsposition wegen des Zeitverlustes kontraproduktiv erscheinen mag, hat sie ihre Berechtigung. Von hier aus kann sie schnell an andere Orte gespielt werden.

Wem 13...♕b6 eher behagt, kann die Stellung auch damit verteidigungsfähig halten. Allerdings steht die Dame auf b6 einer elastischen Entwicklung des Damenflügels im Wege. Auf 14.a4 empfiehlt sich 14...a5.

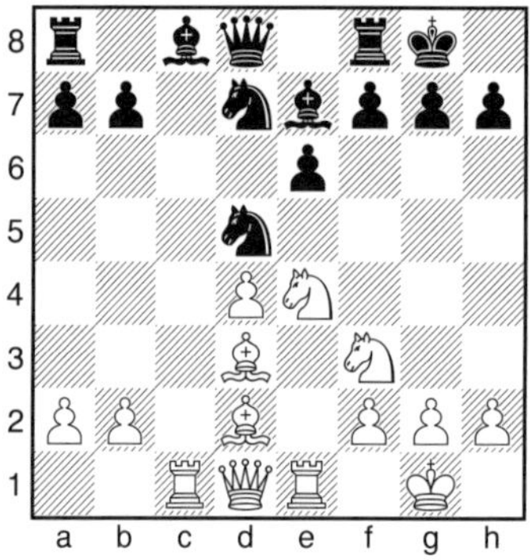

14.♘e5

Der Springer befördert sich zum Aktivposten im Zentrum.

Auf 14.♕e2 kann Schwarz mit 14...b6 antworten, um den ♗c8 ins Spiel zu bringen. Ein weiterer Vorteil des Bauernzuges liegt darin, dass er die Kontrolle über das Feld c5 stärkt. Eine interessante Idee ist nun 15.♘eg5, zumal Schwarz unverhofft in eine verlorene Stellung geraten kann, wenn er nicht aufpasst. (15.♗a6 ist eher anspruchslos und gibt Schwarz die Möglichkeit, die gegnerischen Figuren zurückzuwerfen, wenn sie nicht abgetauscht werden sollen. 15...♗xa6 16.♕xa6 ♘7f6 17.♘c3 ♕c8 18.♕d3 ♕b7 Verglichen mit der Situation nach 14...b6 hat sich die Lage von Schwarz deutlich verbessert. Er steht nunmehr aktiver, während Weiß in dieser Beziehung einiges eingebüßt hat. Nach beispielsweise 19.♘e5 ♖ac8= verfügt er über mindestens ebenbürtige Chancen.) 15...♘7f6 (Mit dem sorglosen Vertreibungsversuch 15...h6 würde Schwarz den bereits angedeuteten Schiffbruch erleiden. Nach 16.♘xe6+– könnte er grundsätzlich bereits aufgeben.) 16.♘e5 Nun geht 16...h6, aber Weiß kann sich mit dem Wegziehen seines Springers Zeit lassen. Die Alternative 16...♗d6!? würde den gleich folgenden Ablauf mit Abtausch Springer gegen Läufer verhindern. Ob dies tatsächlich ein lukrativer Weg sein kann, sollte vorab weiter geprüft werden. 17.♘c6 ♕e8 18.♘xe7+ ♕xe7 19.♘e4 ♗b7=.

14...f5

Wahrscheinlich der beste Zug: So klärt Schwarz die Situation in der Mitte.

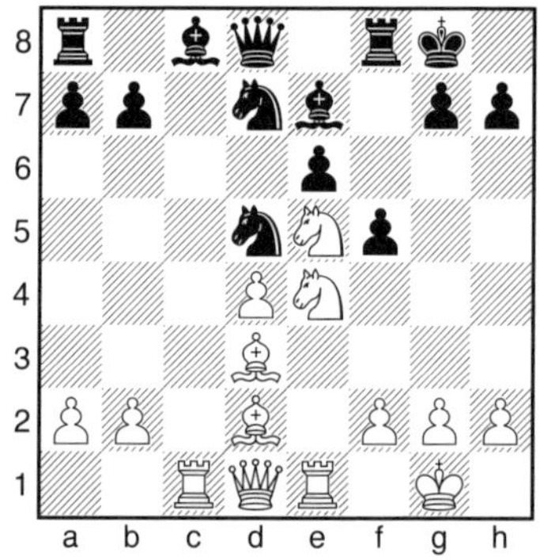

15.♘c3

Das Manöver 15.♘xd7 ♗xd7 16.♘c5 bringt Weiß das Läuferpaar ein, weil Schwarz nicht zugleich die Bauern b6 und e6 schützen und den ♗d7 bewegen kann. 16...♗xc5 17.dxc5!? (Nach 17.♖xc5 nimmt das Duell Kurs auf eine zweischneidige Stellung. 17...b6 18.♖c1 ♖c8 Der ♘d5 beherrscht diesen wichtigen zentralen Punkt; Weiß muss sich mit seinem Isolani auf d4 arrangieren. Die angekündigte zweischneidige, aber wohl weitgehend ausgeglichene Stellung ist erreicht.) Der weitere Verlauf ist nun nicht zwingend vorgezeichnet. Ein natürlicher Fortgang könnte nun wie folgt aussehen: 17...a5

(Um b2–b4 nicht so einfach zuzulassen.)

18.♗c4 ♖e8

(18...♕c7 wäre genauer zu untersuchen, verspricht allerdings auch keinen Ausgleich.)

19.♗g5!? ♕c8 (19...♕xg5 20.♗xd5±) 20.♕d4 mit einem stabilen weißen Vorteil. Mit beispielsweise ♗g4–f5–e4 kann Weiß seine Dominanz zementieren.

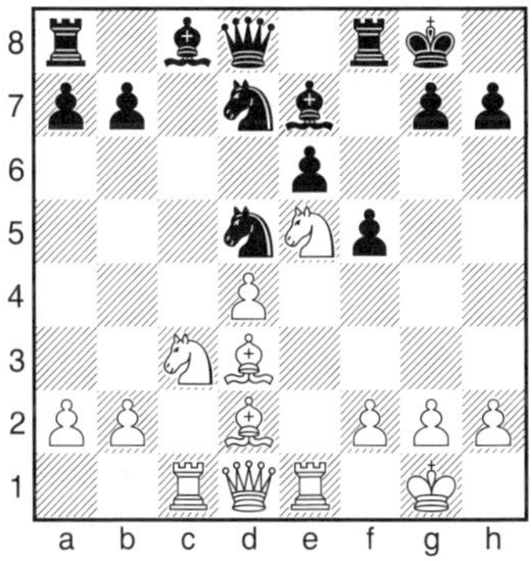

15...♘xe5

Damit verhilft Schwarz seinem Opponenten zwar zur Auflösung des isolierten d-Bauern, aber mit guten Gegenwerten. Der einflussreiche weiße Vorpostenspringer wird eliminiert und das eigene Spiel wird ein Stück weit befreit und kann in der Folge leichter entwickelt werden.

16.dxe5

Die Alternative 16.♖xe5 verspricht Weiß auch nicht mehr als Ausgleich. Schwarz kann wie in der Hauptvariante aktiv mit 16...♘b4 reagieren. Nach dem beispielhaften weiteren Verlauf 17.♗c4

(Mit einer Wahl von 17.♗b1 würde Weiß ohne einen wichtigen Grund und zum Vorteil seines Gegners auf den Druck gegen den ♙e6 verzichten.)

17...♕xd4 18.♕e2 ♘c6 19.♖e3 ♗f6 befindet sich die Stellung in einem dynamischen Gleichgewicht.

16...♘b4 17.♗b1

17.♗c4 ♘d3 18.♗xd3 führt zu einer identischen Stellung.

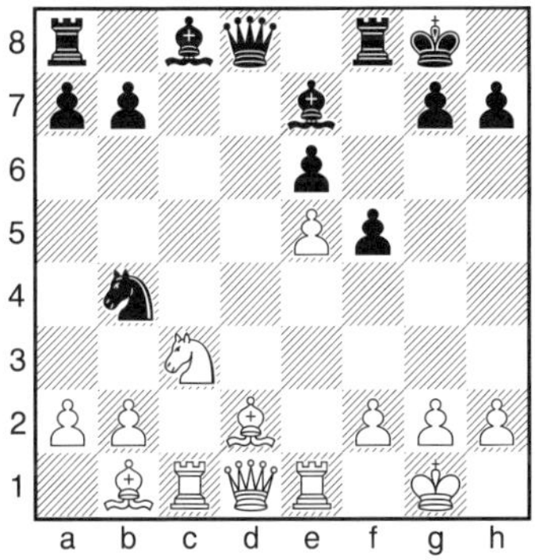

17...♘d3

Schwarz erzwingt den Abtausch mit ...

18.♗xd3 ♕xd3 ... und kann schon jetzt zufrieden sein. Weiter folgen kann ...

19.♗e3 ♕xd1 20.♖exd1 f4=.

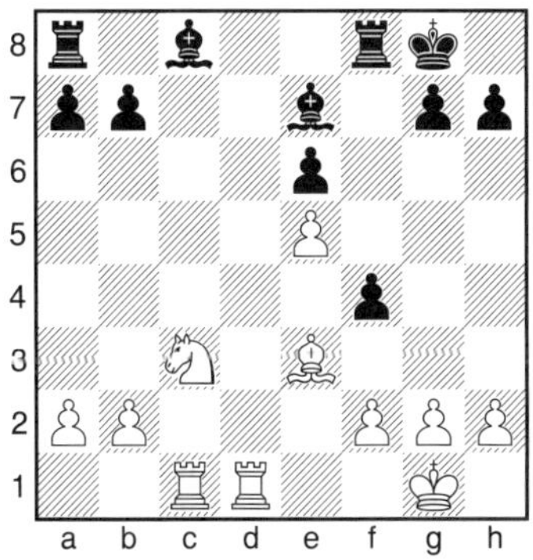

Schwarz hat genügend Spiel, um mit gleichwertigen Aussichten in die nächste Partiephase eintreten zu können. Wir schließen die Betrachtung unserer Hauptvariante an dieser Stelle ab. Um dennoch einen Eindruck zu vermitteln, wie es im Duell weitergehen kann, bilden wir die mögliche weitere Entwicklung beispielhaft in einer nur noch knapp kommentierten Weise ab.

21.♗d2 ♖f5 22.f3

(22.♘e2 ♖xe5 23.♘xf4 ♖f5 24.♗e3 ♖f7 25.♘d3 ♗f6 lässt Schwarz das ausgeglichene Spiel halten. Der ♗c8 kann über d7 aktiviert werden.)

22...b6 (22...♖xe5 23.♗xf4 ♖f5) 23.♘e4 ♖xe5 24.♗xf4 ♖d5=.

!

Zusammenfassung: Der Vorteil des Zuges 5...♘bd7 gegenüber 5...♘c6 liegt darin, dass Schwarz im Falle von d4xc5 mit dem Springer zurückschlagen kann. In der Folge ist es eine Sache des persönlichen Geschmacks, ob der ♗f8 nach e7 oder d6 entwickelt wird.

Allgemein bleibt festzuhalten, dass sich Schwarz gegen das „Colle-System“ gut behaupten kann.

Kapitel 8

Zukertort-System

1.d4 d5 2.♘f3 ♘f6 3.e3 e6 4.♗d3 c5

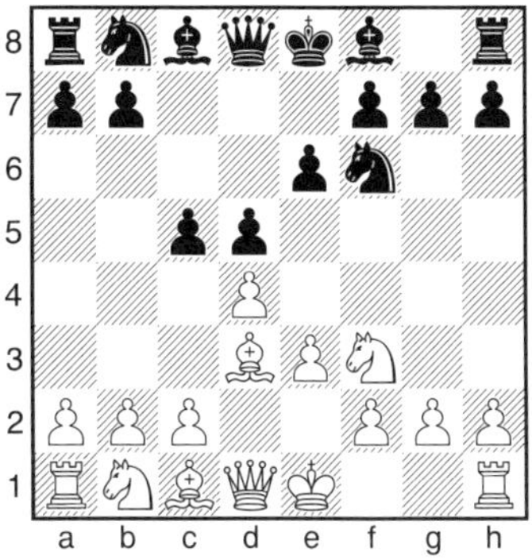

5.b3

Mit diesem Zug kann Weiß die Partie ins Zukertort-System lenken.

(5.c3 führt zum Colle-System, das wir im **Kapitel 7** besprochen haben.)

Diese Spielweise ist nach dem polnisch-deutschen Schachspieler Johannes Hermann Zukertort (1842–1888) benannt, der 1886 sogar mit Wilhelm Steinitz um die Schachweltmeisterschaft gespielt hat, allerdings unterlegen war.

Die Hauptidee des Systems liegt in der Entwicklung des schwarzfeldrigen Läufers auf die lange Diagonale a1–h8. Auf dieser steht er in vielen Varianten sehr aktiv. Sie ermöglicht ihm oft die Teilnahme am Angriff auf den gegnerischen König.

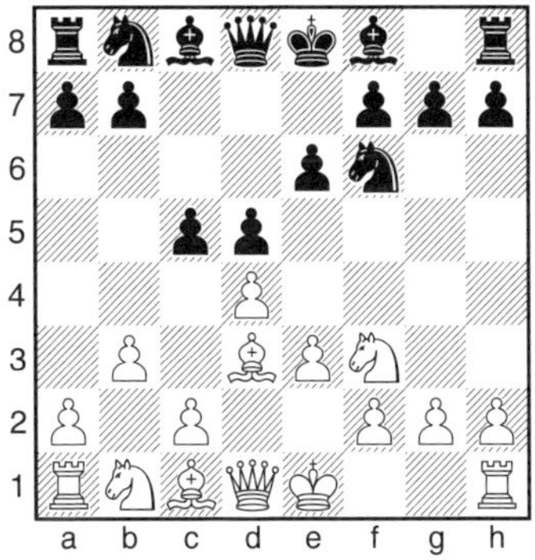

5...♘c6

Mit diesem Entwicklungszug, der als stärkste Möglichkeit angesehen wird und deshalb in der Turnierpraxis auch am häufigsten anzutreffen ist, erhöht Schwarz den Druck auf den ♙d4.

Es wird auch 5...♘bd7 gespielt, womit Schwarz – oft auch längerfristig – offen lässt, wie er seinen Springer weiter verwenden will. Zum weißen Aufbau gehören dann der Läufer auf b2, die Springerentwicklung von b1 nach d2 sowie die kurze Rochade. Zum Fortgang nach dem folgenden Muster kann es auch unter Zugumstellungen kommen.

6.♗b2

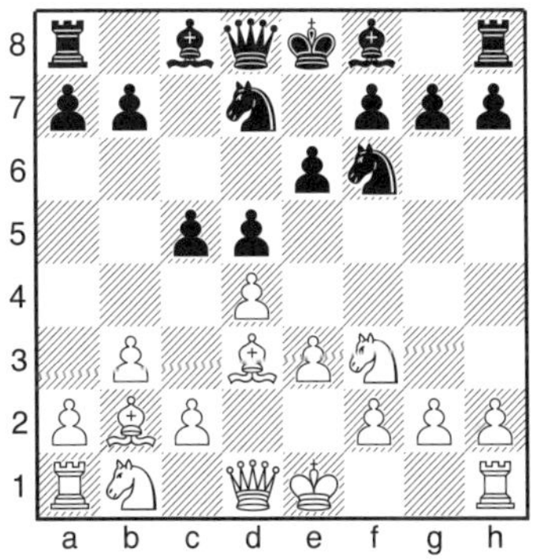

A) Mit 6...♗d6 reagiert Schwarz mit einem „normalen“ Entwicklungszug zur Vorbereitung der kurzen Rochade.

7.♘bd2

(Schwarz muss auch damit rechnen, dass sein Gegner forscher vorzugehen versucht und ihm 7.♘e5 präsentiert, bevor dessen Aufbauplan kontinuierlich abgearbeitet ist. Er muss sich davon aber nicht beeindrucken lassen und kann schlicht an seinem eigenen Plan festhalten.

♘f3–e5 zählt ohnehin zum weißen Standardvorgehen, so dass eine Zugumstellung in der Luft liegt. Dazu kommt es beispielsweise über 7...0-0 8.♘d2 b6 9.f4 ♗b7 10.0-0 und das Spiel ist in die Variante nach 7.♘bd2 zurückgekehrt.)

7...0-0

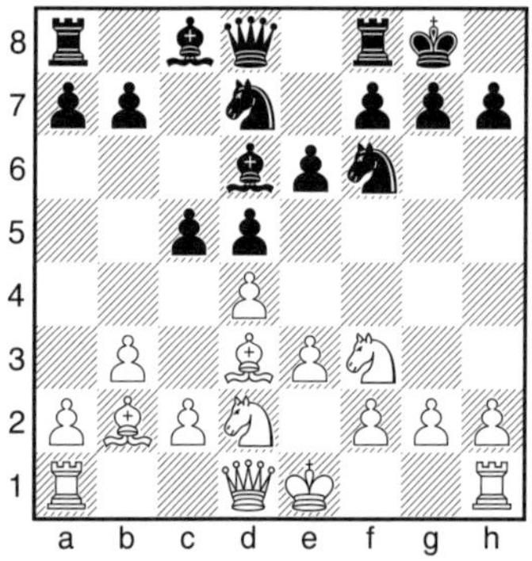

Nach 8.0-0 zeigt eine Momentaufnahme, dass Schwarz nur noch *eine* gravierende Baustelle zur Aktivierung seiner Kräfte hat. Und diese betrifft den ♗c8. Nach 8...b6 und als Antwort auf beispielsweise 9.♘e5 über 9...♗b7 ist das Problem nach den aktuellen Gegebenheiten bestmöglich gelöst.

Wenn es plausibel mit 10.f4 cxd4 11.exd4 ♘e4= weitergeht, biegen die Kontrahenten mit gleichwertigen Chancen ins Mittelspiel ein. Auf die mögliche Fortsetzung mit 12.♕e2 hat Schwarz die energische Antwort 12...f5 parat. Er ist stark und flexibel aufgestellt. Für sein weiteres Vorgehen steht ihm ein Plan mit ♔g8–h8 und g7–g5 zur Verfügung.

B) 6...♗e7 geht auch. Sehr oft ist daraufhin die aus natürlichen Zügen bestehende Variante 7.0-0 0-0 8.♘bd2 b6 9.♘e5 ♗b7 10.f4 entstanden, wobei auch hier Zugumstellungen zu beachten sind. Diese Stellung ist inzwischen Hunderte Male und mit einer auffällig niedrigen Remisquote ausgespielt worden.

Wir empfehlen Schwarz hier 10...cxd4 zu spielen.

(Am häufigsten ist bisher 10...♘e4 versucht worden, worauf die Variante 11.♘xe4 dxe4 12.♗c4 für Weiß günstig ist, was sich auch sehr deutlich der Ergebnisstatistik entnehmen lässt.)

Nach 11.exd4 sollte Schwarz mit 11...♘e4 ∞ fortsetzen. Mit seinem bisherigen Eröffnungserfolg sollte er zufrieden sein können und auch die Statistik hält akzeptable Werte für ihn bereit.

6.♗b2

Der Läufer nimmt frühestmöglich die ihm systematisch zugedachte Position ein.

6.0-0 führt in der Regel nur zu einer Zugumstellung im Rahmen der Hauptvariante.

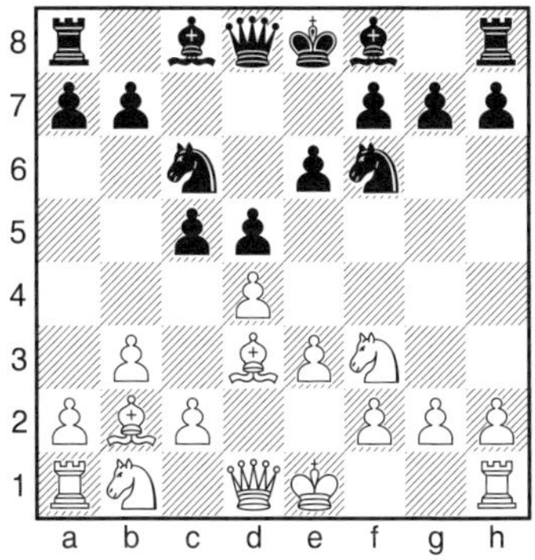

6...♗d6

Mit dieser Entscheidung zur Entwicklung des Läufers reserviert Schwarz das Feld e7 für seine Dame.

Neben den Alternativen 6...b6 und 6...cxd4 wird aber auch 6...♗e7 gespielt, das Feld e7 also nicht für die Dame frei gehalten. Auf die drei genannten abweichenden Möglichkeiten gehen wir in der Folge etwas genauer ein. Vorab jedoch weisen wir darauf hin, dass es an vielen Stellen zu Übergängen unter Zugumstellungen zwischen den Varianten kommen kann.

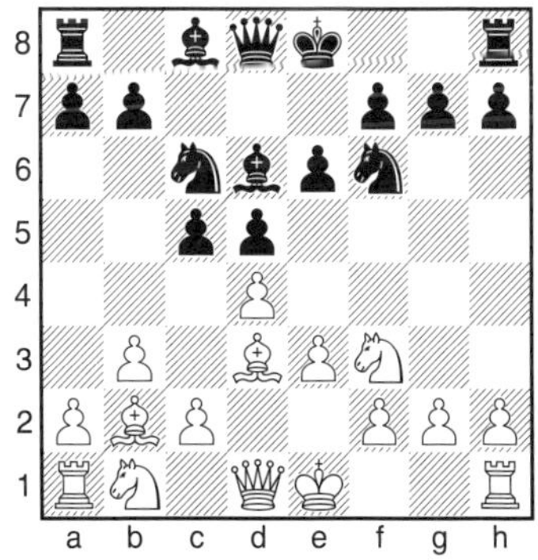

I. Die Entwicklung 6...b6 nebst ♗c8–b7 ist ein Standardweg, der, wenn er denn beschritten werden soll, dann eben auch sofort eingeschlagen werden kann. Es wird sich dann eine Entwicklung über natürliche Züge ergeben, beispielsweise nach dem Muster 7.0-0 ♗b7 8.♘bd2 ♗e7 9.♘e5 0-0 und hier mit Übergang in die Variante nach 6...♗e7.

II. 6...cxd4 7.exd4 ♗d6

Wenn Schwarz zur Vorbereitung der Rochade seinen Läufer nach d6 spielt, so verbindet er dies mit der Hoffnung, dass dieser so mehr Aktivität als von e7 aus entfaltet, insbesondere auch Einfluss auf das Feld e5 nimmt. Zudem bleibt eben auch hier das Feld e7 für die Dame frei.

(Mit einer guten Erfolgsstatistik im Rücken steht zur Vorbereitung der Rochade aber auch 7...♗e7 zur Verfügung. Nach den weiteren natürlichen Entwicklungszügen 8.♘bd2 0-0 kann sich Weiß mit 9.a3 vor jedweden gegnerischen Störaktionen von b4 aus schützen.

Mit den Elementarzügen 9...b6 10.0-0 ♗b7 können beide Parteien ihre Entwicklungsarbeit bis auf Restaufgaben abschließen, um im Anschluss etwa auf Augenhöhe ins Mittelspiel einzubiegen.

Weiß kann beispielsweise einen weiteren Aufbau mit der Dame auf e2, ♖a1–c1 und dem Springer auf e5 anstreben. Er kann dann auf c2–c4 spielen.

Für Schwarz bietet sich ein Vorgehen mit ♖a8–c8 und ♕d8–c7 an. Wenn Weiß seinen Springer auf e5 platziert, kann der ♘c6 dort schlagen und der andere Springer nach ♘f6–d7 den auf e5 erscheinenden Bauern sofort aufs Korn nehmen.)

8.0-0 0-0 9.♘bd2

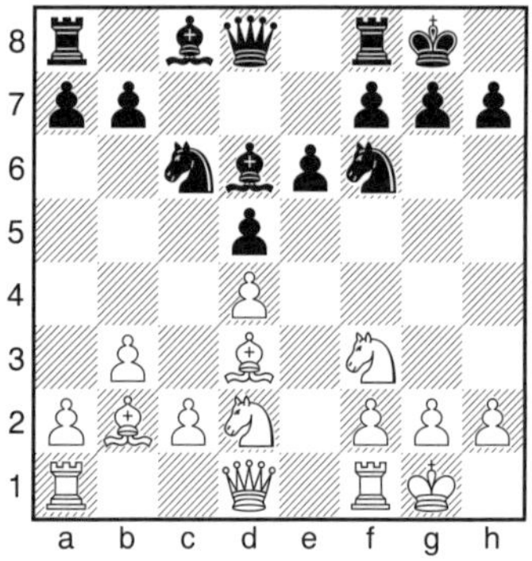

Auch wenn noch nicht klar ist, wohin der Weg dieses Springers später führt, kann seine Entwicklung nur über d2 laufen. Auf c3 wäre er deplatziert und würde das Zusammenspiel stören. Schwarz sollte sich weiter auf seine Entwicklung konzentrieren, wofür sich plangerecht 9...♕e7 anbietet.

(Beispielsweise wäre die Aktion 9...♘b4 Δ10.♗e2 ♕c7 verfrüht. Nach 11.a3 darf Schwarz nicht auf c2 schlagen, weil er in der Folge materiell ins Hintertreffen kommen würde. Der Fortgang mit 11...♘c6 12.♗d3± zeigt, dass sich der Springerausflug nicht gelohnt hat.)

Nach 10.♘e5 ist der Plan am leichtesten zu spielen, mit 10...♘d7 den f-Bauern frei zu machen, damit dieser im Anschluss den ♘e5 vertreiben kann.

(Eine interessante Idee ist auch 10...♗a3, mit der Schwarz den Gegner zu einer sofortigen Reaktion zwingt. Nach 11.♗xa3 ♕xa3 muss sich dieser um die Deckung seines ♙d4 kümmern, die er mit 12.c3 erreicht. Beide Seiten können sich beispielsweise nach dem Muster 12...♗d7 13.f4 ♖fc8 14.♖f3 ♗e8 15.♖h3 g6 ∞ weiter aufbauen.)

Ein natürlicher Verlauf wäre nun 11.f4 f6 12.♘xc6 bxc6. Weiß könnte nun mit 13.♕h5 und Angriff auf den ♙h7 mit Dame und Läufer aktiv werden, Schwarz könnte die akute Bedrohung mit 13...f5 abwehren und dann nach dem Plan ♘d7–f6–e4 mit guten Aussichten fortsetzen.

III. Nach 6...♗e7 ist eine weitere Entwicklung über die Züge 7.0-0 0-0 8.♘bd2 b6 9.♘e5 typisch. Nun sollte Schwarz den Kampf nicht mittels 9...♘xe5 forcieren, sondern seine Kräfte über 9...♗b7 weiter mobilisieren.

(Mit 9...♘xe5 würde er zu früh losschlagen. Nach 10.dxe5 ♘d7 und nun 11.f4 verschafft sich Weiß die besseren Perspektiven. Den Konter 11...f5 beantwortet er mit 12.c4 und kann in der Folge mit g2–g4 seinen Königsangriff vorantreiben.)

Mit der logischen Fortsetzung 10.f4 stützt Weiß seine Lage in der Mitte. Einen Zug wie diesen sollte man nie sorglos ausführen und immer auch die Schwächung der weißen Felder einkalkulieren. Hier allerdings ist bis auf weiteres alles gut abgedeckt. Wenn Weiß nach 10...♘b4 seinen Läufer behalten will, was ratsam ist, muss er ihn von der Deckung des Feldes e4 abziehen.

(10...cxd4 11.exd4 ♘b4 12.♗e2 wäre nur eine Zugumstellung.)

Nach 11.♗e2 cxd4 12.exd4 ist 12...♘e4 möglich.

(Es wird auch 12...♖c8 mit der Folge 13.c3 ♘c6 14.♗d3 gespielt. Nun aber führt 14...♘xe5 15.fxe5 ♘e4 zu für Weiß bequemeren Verhältnissen. Er tauscht über 16.♘xe4 dxe4 ab und hält die Drohung seines Läufers gegen den ♙e4 mit 17.♗c2 aufrecht. Der Bauer bleibt schwach und kann mit ♕d1–e2 weiter angegriffen werden.)

Nach 13.a3 ♘c6 steht Schwarz gut.

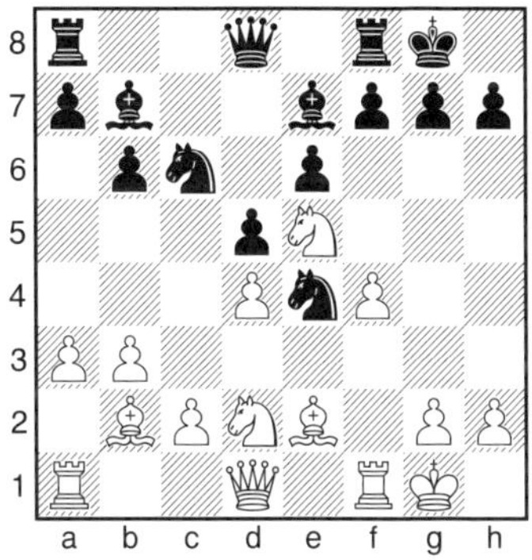

A) Der eventuell über 14.♘xe4 entstehende Doppelbauer muss ihn nicht sorgen, denn nach 14...dxe4 kann der ♙e4 gut über f7–f5 gestützt werden. Er engt das weiße Spiel ein und ggf. kann er später sogar einen Vorwärtsdrang entwickeln. Die kurze Variante 15.c3 ♖c8 16.a4 f5 veranschaulicht, wie es beispielsweise weitergehen kann.

B) Wenn Weiß seinen Läufer mit 14.♗d3 in seine vorherige Position zurückkehren lässt, ist 14...♘xe5 gut und lädt Weiß zugleich zu einem Fehler ein, der bei einem Mangel an Aufmerksamkeit leicht passieren kann.

(14...f5 mit der natürlichen Fortsetzung 15.♘df3 ♖c8 ∞ führt zu einer recht komplizierten Lage auf dem Brett.)

Mit 15.fxe5 schlägt Weiß die gegnerische Einladung aus.

(15.dxe5? würde Schwarz den Weg für 15...♗c5+ öffnen. Nach 16.♔h1 könnte er entweder mit 16...♕h4 und Angriff antworten oder auch einfach mit 16...♘f2+ einen Qualitätsgewinn einsacken.)

Nach 15...♗g5 sind die Chancen etwa gleich. Unsere intensive Betrachtung schließen wir an dieser Stelle ab, möchten aber noch anhand einer Beispielvariante das dynamische Potenzial der Stellung veranschaulichen.

Nach 16.♗xe4 dxe4 17.♕e2 e3 18.♘f3 ♗h6 19.a4 ♕d5 20.c4 ♕e4 schränkt der ♙e3 die Aktivität der weißen Figuren ein, kann gleichzeitig aber auch zum Angriffsobjekt werden.

7.0-0

Die Rochade ist hier ein solider Entwicklungszug.

I. 7.♘e5 kann Schwarz ebenfalls mit 7...0-0 beantworten und sich zeigen lassen, wie Weiß weiter vorzugehen gedenkt.

8.f4

(8.0-0 ♕c7 verspricht Weiß keinen Vorteil.)

Wir greifen nun das schon bekannte Motiv 8...♘b4 mit Verdrängung des ♗d3 wieder auf.

(Dies ist – wie oben – auch hier im Anschluss an 8...cxd4 9.exd4 möglich und löst die Variante 9...♘b4 10.♗e2 ♘e4 aus. Nach 11.0-0 f6 12.♘d3 kann

Schwarz mit 12...♕c7 und nach 13.♘xb4 ♗xb4 14.c4 mit 14...b6 nebst ♗c8–b7 usw. und guten Chancen sein Gegenspiel organisieren.)

9.♗e2 ♘e4 10.0-0 f6

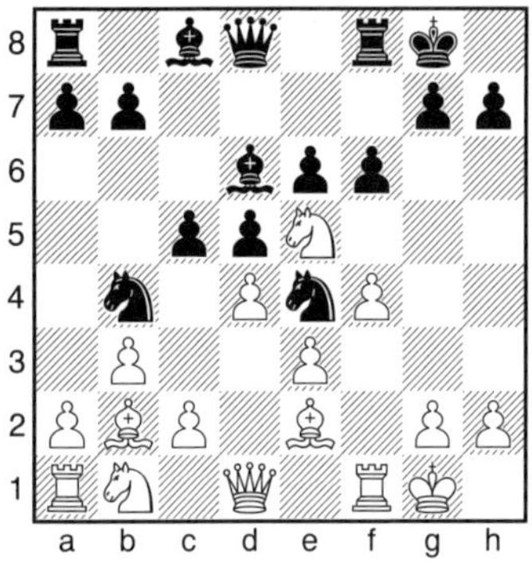

Diesen Angriff auf seinen Springer sollte Weiß mit dem Gegenangriff 11.a3 beantworten.

(Der Rückzug 11.♘f3 mit der Absicht, auf 11...cxd4 mit 12.♘xd4 zu reagieren, wird nach 12...e5∓ schnell als wenig ratsam erkennbar.)

Die taktisch geprägte Variante 11...cxd4 12.axb4 fxe5 13.fxe5 ♖xf1+ 14.♗xf1 ♗xe5 15.♗xd4 führt zu einem weitgehend ausgeglichenen Spiel, ohne dass eine Seite aus einem guten Grund vom beschrittenen Weg hätte abweichen können. Schwarz kann nun gut 15...♗d6 spielen, um den Läufertausch zu vermeiden.

II. Es wird auch 7.a3 gespielt, um den Springerausfall ♘c6–b4 mit Angriff auf den ♗d3 zu verhindern. Dieser Bauernzug ist vergleichbar in vielen Varianten anzutreffen. In der Regel werden beide Parteien dann zunächst auf eine ruhige Fortsetzung ihrer Entwicklung spielen, ohne sich dabei besonders zu beharken.

So kann der beispielhafte Verlauf 7...0-0 8.♘bd2 b6 9.0-0 ♗b7 10.♘e5 ♖c8 11.f4 ♘e7= als Muster für ein beiderseits sinnvolles Vorgehen fungieren. Zugumstellungen sind dabei allerdings gut möglich.

7...0-0

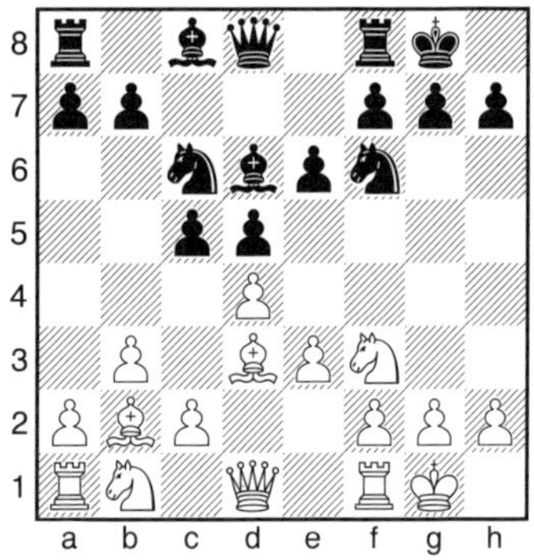

8.♘bd2

Weiß orientiert sich weiter an der allgemeinen Eröffnungsempfehlung, zunächst auf eine gute Entwicklung hinzuarbeiten, um auf der Basis einer möglichst starken Aufstellung der Kräfte konkrete Aktivitäten zu entfalten.

I. Ein sofortiges 8.♘e5 kann Schwarz gut mit 8...♕c7 beantworten. Wenn Weiß seinen Springer dort halten will, muss er ihn mit 9.f4 stützen.

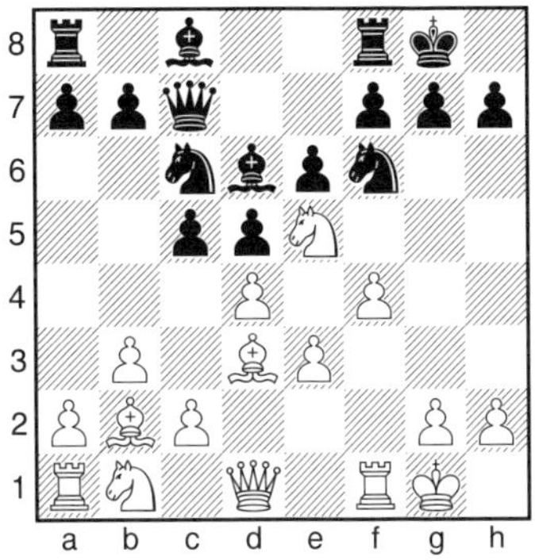

Schwarz hat nun zwei gute Alternativen.

A) Am einfachsten ist 9...cxd4, worüber er Profit auch aus der guten Aufstellung seiner Dame ziehen kann. Nach 10.exd4 kommt er mit 10...♘b4 zum Tausch Springer gegen Läufer, weil sich dieser angesichts der doppelten Bedrohung des ♙c2 dem Springerangriff nicht entziehen kann.

Nach 11.♘c3 ♘xd3 12.♕xd3 kann 12...a6 folgen und Schwarz behält alles unter Kontrolle. Für Weiß bietet sich der Königsflügel als Terrain für Angriffsambitionen an, für Schwarz der Damenflügel.

Der beispielhafte Verlauf 13.♖f3 b5 14.♖h3 g6 15.a3 ♗b7 16.♕g3 ♖fc8= veranschaulicht, wie beide Seiten dabei vorgehen und eine gute Balance zwischen der Entwicklung ihrer Angriffsstellung und der Verteidigung gegen die gegnerischen Absichten erreichen können.

B) 9...♘b4 geht ebenfalls, weil Weiß seinen Läufer auch hier wegen der sonst eintretenden Folge c5xd4 nicht zurückziehen kann. Nach einem plausiblen Fortgang mit 10.♘d2 ♘xd3 11.cxd3 cxd4 muss er aufpassen und mittels 12.♗xd4 zurückschlagen.

(Nach 12.exd4? würde Schwarz ihn mit 12...♘e8 beginnend in eine schlechtere Stellung manövrieren können. Den ♘e5 erwartet nun der Angriff mit f7–f6, ohne dass er nach f3 ausweichen könnte. Das Intermezzo 13.♖c1 ♕a5 14.a4 kann daran nichts ändern, denn es folgt 14...f6 15.♘g4 ♗d7∓ usw.)

12...♘e8

In dieser Variante wird der ♙f4 vom Kollegen auf e3 gestützt, so dass die gerade von Schwarz aufgestellte Drohung f7–f6 weniger wirksam ist. Weitergehen kann es mit 13.♖c1 ♕d8 14.♗c5 f6 15.♘ef3 ♗d7= und weitgehend ausgeglichenen Verhältnissen.

II. Weiß kann (neben den Hauptvarianten 8.♘bd2 und 8.♘e5) auch 8.a3 spielen.

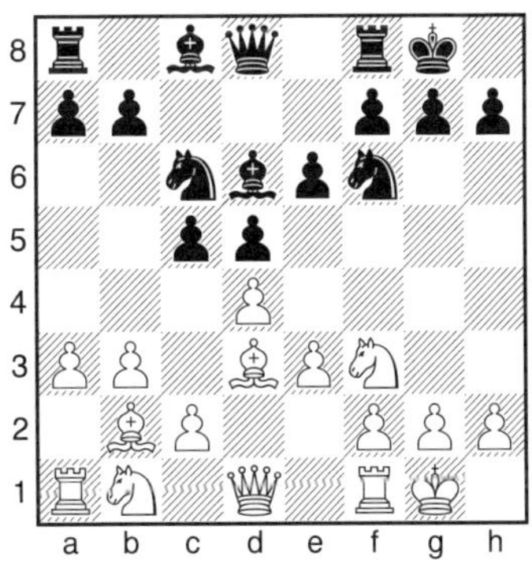

Schwarz kann sich dann an der Entwicklung orientieren, die wir nach

7...0-0 in der Hauptvariante gefolgt von baldigem a2–a3 vorgestellt haben.

Die folgende Beispielvariante skizziert für beide Seiten ein probates Vorgehen: 8...b6 9.♘bd2 ♗b7 10.♘e5 ♖c8 11.f4 ♘e7= usw.

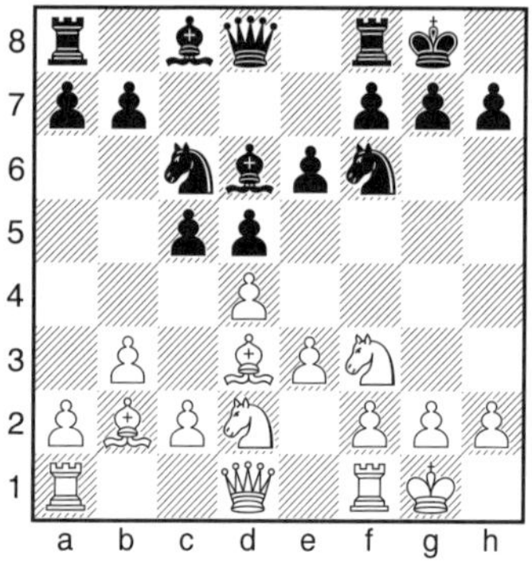

In unserer Hauptvariante eröffnet sich Schwarz hier die Wahl zwischen verschiedenen Fortsetzungen, die ihm jeweils gleichwertige Chancen in Aussicht stellen.

8...♕e7

Hiermit bleibt er in der Hauptvariante, die aus der Warte des noch wenig erfahrenen Spielers am besten zu spielen sein dürfte. Er setzt die Entwicklung unter einer Aktivierung seiner Dame fort, stärkt dabei die Kontrolle über c5 und hält den Kontakt der Dame zum ♘f6 aufrecht.

Wenig ratsam ist 8...♕c7, denn mit 9.dxc5 ♗xc5 10.c4± kann sich Weiß umgehend ein Übergewicht verschaffen.

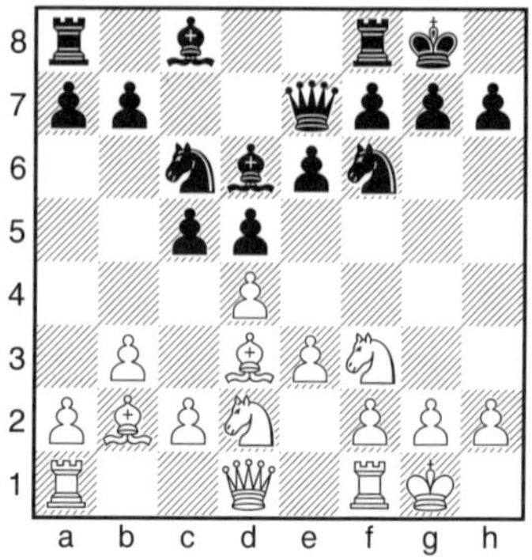

9.♘e5

Weiß hat seine Entwicklungsaufgaben so gut wie erfüllt und macht sich an die Umsetzung eines Plans, der ihm Angriffsmöglichkeiten auf dem Königsflügel einbringen soll. Seine zentrale Idee ist dabei die Fortsetzung mit f2–f4 und ♖f1–f3.

Mit 9.a3 und 9.dxc5 stehen ihm wichtige Alternativen zur Verfügung.

I. 9.a3

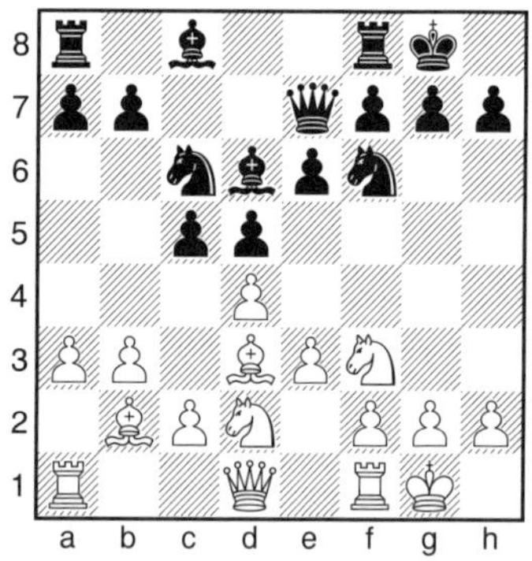

Damit wird dem ♘c6 bis auf weiteres der Zutritt zum Feld b4 versagt. Allerdings muss Weiß auf einen hinreichenden Schutz seines ♙a3 achten, der nach einem Wegzug des ♙c5 plötzlich von Läufer und Turm angegriffen wäre.

Mit 9...cxd4 schwächt Schwarz die gegnerische Mitte, bindet den ♖a1 und den ♗b2 an die Deckung des ♙a3 und verschafft sich vor allem die Gelegenheit, im Nachgang zu einer schnellen weiteren Entwicklung zu kommen.

(9...e5!? ist eine ernst zu nehmende Alternative. Die nach 10.dxc5 ♗xc5 entstandene Stellung ist einige Male in der Praxis ausgespielt worden. Soweit es dabei zu der scharfen Variante 11.b4 ♗b6 12.b5 e4 13.bxc6 bxc6 14.♗xf6 gxf6 15.♗e2 exf3 16.♘xf3 kam, in deren Verlauf wir für beide Seiten keine Möglichkeiten für Verbesserungen erkennen können, ergaben sich etwa gleichwertige Perspektiven, auch wenn der Computer Weiß leicht im Vorteil sieht.)

Nach 10.exd4 wird der typische Fortgang mit 10...b6 11.♘e5 ♗b7 12.f4 möglich. Schwarz hat den gewünschten Fortschritt in der Aktivierung seiner Kräfte erreicht, Weiß hat seinen Springer in die Vorpostenstellung auf e5 gebracht und abgesichert.

Der Zug 12...g6 hat sowohl einen prophylaktischen Charakter, indem er dem gegnerischen f-Bauern das Weiterlaufen verwehrt und die Diagonale b1–h7 schließt, als auch ein aktives Potenzial. Weitergehen kann es beispielsweise mit 13.♕e2 ♘h5 und es wird deutlich, mit welcher weiteren Absicht Schwarz seinen g-Bauern nach vorne gerückt hat.

Weiß steht aktuell etwas aktiver. Die mögliche Entwicklung mit 14.g3 f6 15.♘g4 f5 16.♘e5 ♖ac8 veranschaulicht, dass sich aber auch Schwarz gute Chancen ausrechnen kann. Die Stellung ist recht kompliziert. Als Idee möchten wir Schwarz ♘h5–f6 mit einem anschließenden Weiterziehen nach e4 vorschlagen.

II. Nach 9.dxc5 ♗xc5 hat Schwarz nichts zu befürchten.

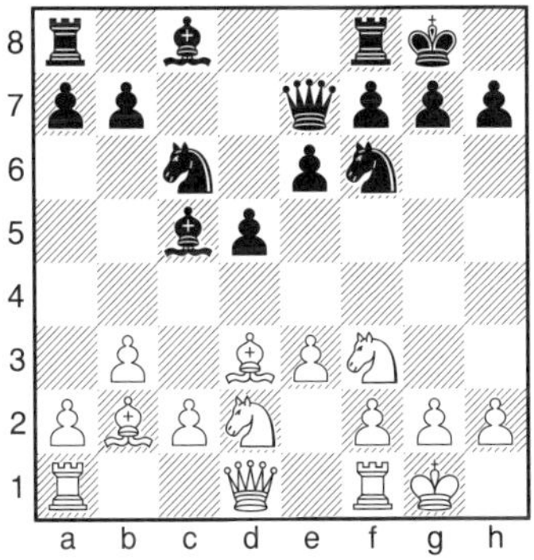

10.c4

(Als Antwort auf 10.a3 kann Schwarz zu 10...e5!? greifen und das Spiel so in die Variante nach 9.a3 überleiten – siehe dort 9...e5!? 10.dxc5 ♗xc5.)

Mit 10...h6 kann Schwarz seine Position absichern und sich im Anschluss von Weiß zeigen lassen, wie er weiter vorzugehen gedenkt. Für diesen bietet sich 11.a3 mit der Idee b3–b4 an, deren Umsetzung Schwarz aber mit 11...a5 zumindest zunächst mal unterbinden kann.

Beide Seiten sollten nun ihre Entwicklung abschließen, um dann aus einer Position auf Augenhöhe heraus fortfahren zu können. Für Weiß kommt ein Fortgang mit ♕d1–c2, ♖f1–e1 usw. in Betracht. Schwarz kann sinnvoll mit ♖f8–d8 und b7–b6 fortsetzen, um im

Anschluss zu entscheiden, auf welchem Weg er seinen ♗c8 aktivieren soll.

Wenn Weiß alsbald c4xd5 spielen sollte, antwortet Schwarz mit e6xd5 und kann das Feld e6 anschließend mit seinem Läufer besetzen. Andernfalls kann er ihn auch gut in die andere Richtung entwickeln.

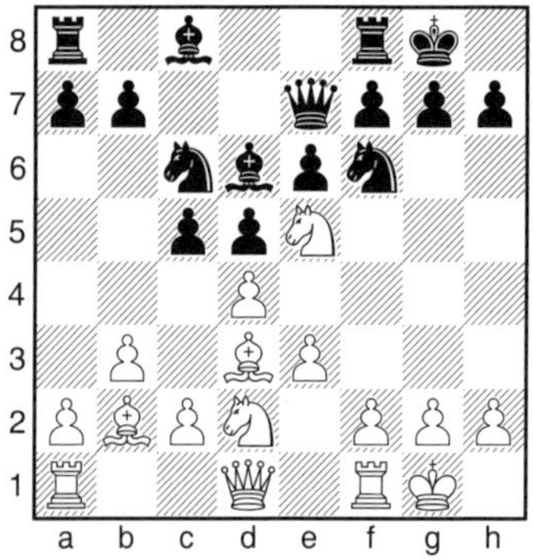

9...cxd4

Auf diese Weise stabilisiert Schwarz die Lage im Zentrum.

Er kann aber auch die Bauernspannung halten und 9...♘d7 spielen, worauf Weiß 10.f4 als beste Option zu empfehlen ist. Der zentrale Effekt dieses Zuges liegt in der Verstärkung des Springerstützpunktes auf e5.

(10.♘xd7 führt dazu, dass die Stellung viel an Komplexität einbüßt, was eher für Schwarz die Aufgaben erleichtert. Nach 10...♗xd7 ist ein Fortgang mit 11.dxc5 ♗xc5 12.c4 dxc4 13.♘xc4 ♘b4= plausibel.

Wenn Weiß seinen Läufer behalten und weiter nach h7 zielen lassen und ihn daneben vor weiteren Anrempelungen schützen will, kann er dies mit 14.♗b1 erreichen. Die Entwicklung mit 14...♘d5 15.♕h5 und 15...f5 zur Entschärfung der Mattdrohung auf h7 führt zu einer zweischneidigen Stellung mit beiderseitigen Möglichkeiten.

Schwarz behält alles unter Kontrolle, auch wenn Weiß nun das Feld e5 für seinen Springer hat. Ein eventuelles 16.a3 sollte Schwarz auch hier sofort mit 16...a5 beantworten, um Weiß nicht die Herrschaft über das Feld b4 zu überlassen.)

Nun führt das Manöver 10...♘b4 11.♗e2 f6 zu einer Zurückdrängung der weißen Kräfte. Weiß sollte den Weg 12.a3 ♘c6 13.♘xc6 bxc6 14.♗d3 ansteuern, womit er die Aufgabe des Stützpunktes e5 so teuer wie möglich verkauft. Der mögliche Fortgang mit 14...a5 15.c4 ♗a6 ∞ führt zu einer Stellung, die kein klares Urteil zu den beiderseitigen Perspektiven ermöglicht.

10.exd4

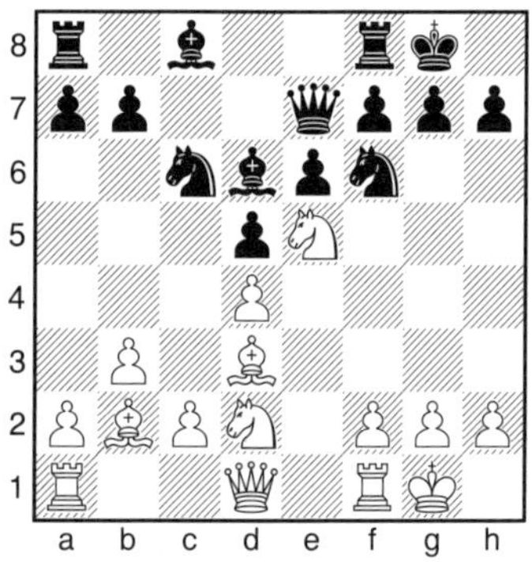

10...♕c7

Mit dieser Fortsetzung hat Schwarz in der Turnierpraxis bisher am erfolgreichsten gespielt.

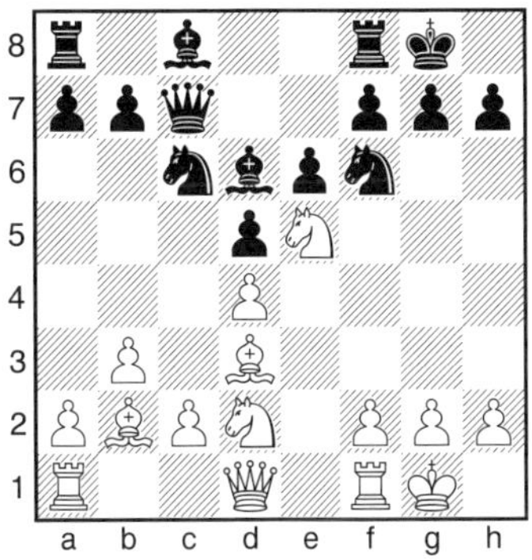

10...♗a3 provoziert den Läuferabtausch, der einiges an Spannung aus der Stellung entweichen lässt, aber zu Komplikationen führen kann. Nach 11.♗xa3 ♕xa3 muss sich Weiß um seinen ♙d4 kümmern, wozu 12.c3 die beste Wahl ist. Nach 12...♗d7 und der natürlichen Fortsetzung mit 13.f4 ♖fc8 sind die gerade noch an die Wand gemalten Komplikationen da.

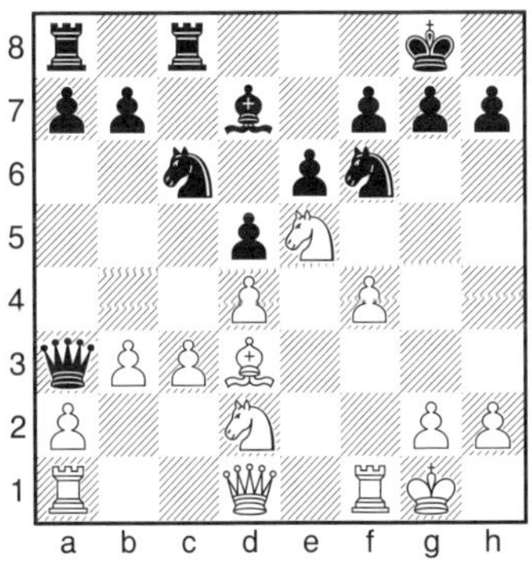

Weiß kann sich nun insbesondere zwischen den Alternativen 14.♖f3 und 14.g4 entscheiden.

A) 14.♖f3

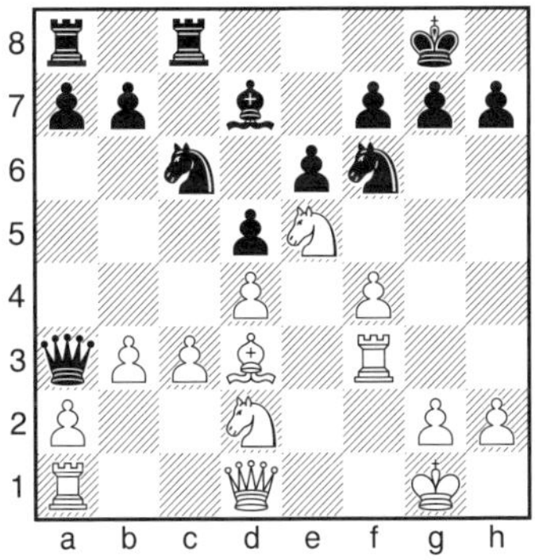

Das Feld f3 dient dem Transfer des Turms auf den Königsflügel. Mit 14...♗e8 zieht Schwarz das Feld d7 für seinen ♘f6 frei und bewahrt seinen Läufer vor einem möglichen Abtausch.

Mit 15.♕e1 bringt sich die Dame in Position für einen Satz nach h4. Auf der h-Linie winkt ihr ein erhebliches Angriffspotenzial, insbesondere mit dem Turm auf h3 im Rücken, der sich hierfür bereits vorbereitet hat.

(Weiß kann auch eine andere Reihenfolge wählen, um seine Schwerfiguren auf die h-Linie zu führen. Auf ein entsprechendes Vorgehen mit 15.♖h3 ist die prophylaktische Reaktion 15...g6 gut, die dem ♘f6 ein anschließendes Ziehen nach h5 erlaubt. Die mögliche Entwicklung mit 16.♕e1 ♕e7 17.♕h4 ♘h5 ∞ führt in nicht klar abschätzbare Verhältnisse.)

Nach 15...♘e7 ist die Stellung weitgehend ausgeglichen, auch wenn Weiß optisch als leicht im Vorteil erscheinen mag, weil er die momentan etwas aktivere Partei ist. Schwarz verfügt über genügend Verteidigungsressourcen, sollte aber darauf achten, dass er sich nicht zu passiv verhält. Sein aktives Potenzial ergibt sich in erster Linie auf dem Damenflügel.

Von hier aus kann das Duell verschiedene Richtungen nehmen, die wir nicht alle darstellen können. Wir beschränken uns auf die folgende Beispielvariante, die einen Eindruck von der Dynamik des Spiels vermittelt und zudem veranschaulicht, welchen Ideen die Kontrahenten jeweils folgen können.

16.g4 a5 17.g5 ♘d7 18.♖h3 ♘f8 19.♗xh7+ ♘xh7 20.♕h4 ♔f8 21.♕xh7 ♕b2 22.♕h8+ ♘g8 usw.

B) Die Einleitung eines Bauernsturms mit 14.g4 kann Schwarz gut mit dem Konter 14...♕b2 beantworten, so dass Weiß zunächst zu Verteidigungsüberlegungen veranlasst wird.

(In eine etwas abenteuerliche Variante führt 14...♘xe5 15.fxe5 ♖xc3. Schwarz ist dabei bereit, die Qualität gegen zwei Mehrbauern herzugeben. Es folgt 16.♘b1 ♖xd3 und nun kann Weiß mit 17.♘xa3 ♖xd1 18.♖fxd1 ♘xg4 in das gerade schon skizzierte Stellungsbild abwickeln.

Unseres Erachtens sind die weißen Aussichten als etwas besser zu veranschlagen, weil das Turmpaar in der gegebenen Situation eine mächtige Waffe ist. Dass Schwarz allerdings ordentliche Verteidigungschancen besitzt, veranschaulicht die Beispielvariante 19.♖ac1 ♗c6 20.♘c2 a5 21.h3 ♘h6 22.♘e3 ♔f8 Δg7–g6 nebst ♘h6–f5.)

Nach einem plausiblen weiteren Verlauf mit 15.♘xd7 ♘xd7 16.♕c1 ♕xc1 17.♖axc1 kann Schwarz mit 17...♖c7 und anschließend ♖a8–c8 fortsetzen, verbunden mit einem mit gutem Spiel.

11.♘xc6

Weiß eliminiert den Springer, um dessen Satz nach b4 vorzubeugen.

Auf 11.f4 wäre 11...♘b4! eine starke Antwort, mit der Schwarz es schafft, den starken weißfeldrigen Läufer seines Gegners aus dem Spiel zu nehmen. Dessen Wegziehen ist nicht möglich, weil dann der ♙c2 fallen würde.

12.♖f3 ♘xd3 13.cxd3

(Auf 13.♖xd3 empfiehlt sich 13...b5! als Auftakt zur Entwicklung eines aktiven Spiels. Anschließen kann sich beispielsweise 14.a4 b4 15.c4 bxc3 16.♖xc3 ♕b7 17.♖ac1 ♗d7 und Schwarz kann mit dem bis hier schon Erreichten sehr zufrieden sein.)

Mit 13...♕e7 entzieht sich die Dame einem möglichen Angriff auf der c-Linie und stärkt die Verteidigung des Königsflügels. Schwarz hat sich bereits eine gute Basis erarbeitet, aus der heraus er sein Spiel weiter ausbauen kann.

14.♖h3 (14.a3 ♘e8!) 14...g6

Der Bauer entlastet den ♘f6 von der Deckung des Feldes h5. Es ist für Weiß schwer, seinen Angriff zu verstärken. Seine aktivste Möglichkeit ist 15.g4, worauf Schwarz mit 15...♘e8 zur Vorbereitung von f7–f6 alle Gefahren abfangen kann. Nach 16.g5 f6 17.gxf6 ♘xf6 ist der ♖h3 außer Spiel und Weiß mit seinem Angriffs-Latein zunächst mal am Ende. Schwarz steht gut.

11...bxc6

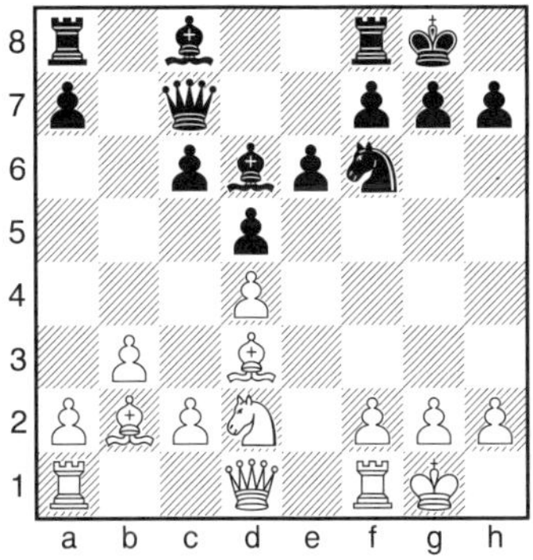

12.♘f3

Mit dieser Form des Schutzes des ♙h2 verhindert Weiß zugleich e6–e5.

Nach 12.g3 wäre der bedrohte Bauer ebenfalls gesichert, aber Schwarz könnte den Vorstoß 12...e5 ausführen, über den er zu einem angenehm freien Spiel käme. Folgen könnte 13.dxe5 ♗xe5 14.♗xe5 ♕xe5 15.♖e1 ♕d6 und Schwarz wäre voll im Spiel. Weitergehen könnte es beispielsweise mit 16.♕e2 c5 17.♕e5 ♕b6 usw.

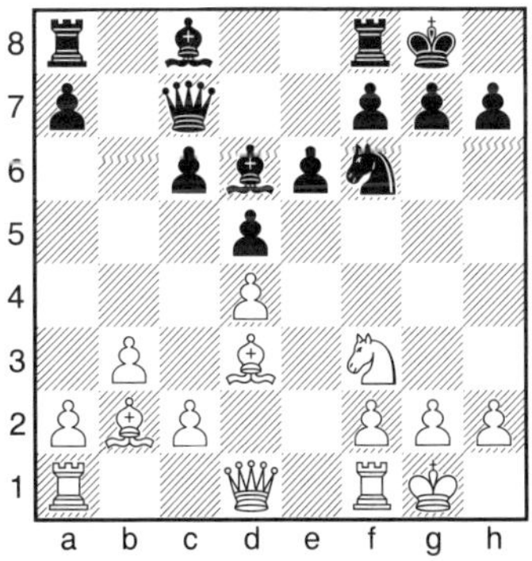

12...a5

Damit kann Schwarz seine Ansprüche auf ein aktives Spiel forcieren.

Mit einer identischen Absicht könnte er auch in der Mitte vorgehen. 12...c5!? wäre entsprechend eine gute Alternative. Weitergehen kann es beispielsweise mit 13.dxc5 ♗xc5 14.a3.

(Weiß sollte sein Läuferpaar behalten und von 14.♗xf6 die Finger lassen. Die Variante 14...gxf6 15.c4 dxc4 16.♗xc4 ♗b7 zeigt, dass Schwarz mit seinen beiden starken Läufern von der gegnerischen Entscheidung profitieren würde. Der ihm beigebrachte Doppelbauer spielt hier nur eine Nebenrolle.)

14...a5 usw.

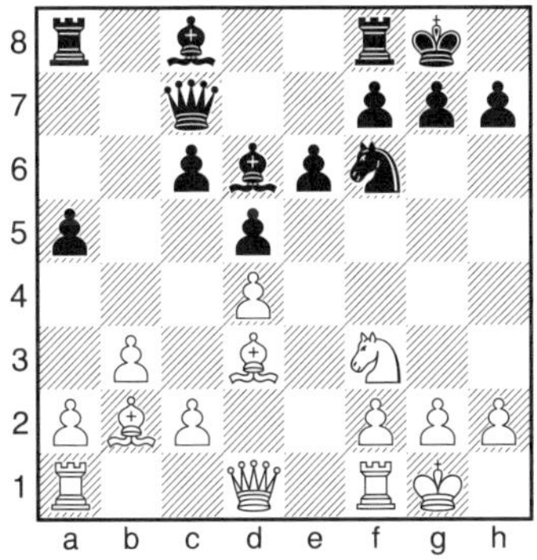

13.c4

Dies ist die zielstrebigste Möglichkeit für Weiß im Kampf um eine Initiative. Schwarz kann sich diesem Streben aber widersetzen und seinerseits energisch dagegenhalten.

Mit 13.♕e2 steht Weiß eine ruhigere Alternative zur Verfügung, bei deren Wahl er auf die Kraft seines Springers setzt, wenn dieser auf e5 etabliert werden kann. Nach 13...♗b7 14.♘e5 kann Schwarz allerdings den Kampf mit 14...c5 eskalieren. Es kann dann zur Fortsetzung 15.dxc5 ♗xc5 16.♘g4 ♘xg4 17.♕xg4 e5 kommen. Mit einem Dauerschach über 18.♕h5 e4 19.♗xg7

♔xg7 20.♕g5+ kann Weiß dann remisieren.

13...♗a6 14.♖e1 ♗b4

Schwarz steht aktiv und nach der Entwicklung ...

15.♖e2 a4 16.♕c2 ♖fd8 17.♘e5 c5=

... kann es zu einer Stellung kommen, die ein spannendes weiteres Spiel mit etwa gleichen Aussichten verspricht.

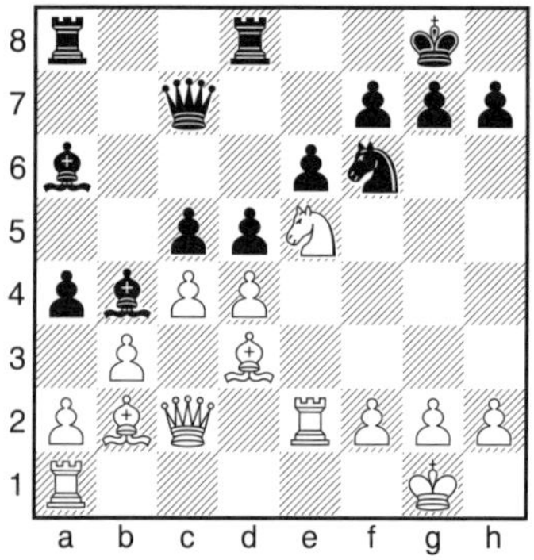

Zusammenfassung: Die Entwicklung des Läufers auf die lange Diagonale a1–h8 gehört zum Zukertort-System wie der Eiffelturm zu Paris. Da dieser zu einem starken weißen Faustpfand im Angriff auf den gegnerischen König werden kann, versucht Schwarz dessen Wirkung zu schwächen. So kommt es oft zu einem komplizierten Spiel mit gegenseitigen Möglichkeiten.

Insgesamt hat Schwarz gute Chancen auf ein ausgeglichenes Eröffnungsergebnis.

Kapitel 9

Blackmar–Diemer–Gambit

1.d4 d5 2.e4

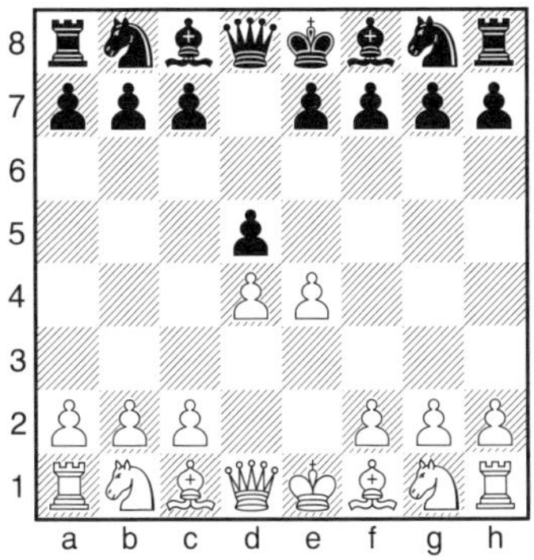

Das Blackmar-Diemer-Gambit, oft auch kurz als BDG bezeichnet, ist nach dem US-amerikanischen Spieler Armand Edward Blackmar (1826-1888) und Emil Joseph Diemer (1908-1990) aus Deutschland benannt. Das BDG bietet eine Fülle an taktisch hochkomplizierten Varianten. Sehr oft erlangt Weiß auf – leicht passierende – schwarze Ungenauigkeiten einen erfolgreichen Mattangriff. Gelingt dies nicht, ist mitunter ein Dauerschach in Reserve; scheitert Weiß aber mit seinem aggressiven Vorgehen, so ist er üblicherweise materiell so weit im Hintertreffen, dass er vor dem Endspiel aufgeben kann. Das Remis ist eher die Ausnahme.

Das Bauernopfer führt zu einem scharfen Spiel und zu schwer durchschaubaren Komplikationen. Möglich ist auch die Zugfolge 1.d4 d5 2.♘c3 ♘f6 3.e4 usw. Die Anfangszüge 1.e4 d5 2.d4 dxe4 3.♘c3 ♘f6 4.f3 usw. leiten die Partie an der „Skandinavischen Verteidigung“ vorbei ins BDG über. Diese haben wir in unserem Buch „Eröffnungen, Halboffene Spiele, lesen – verstehen – spielen“ (Joachim Beyer Verlag 2018) erörtert.

Derzeit kommt dieses Gambit eher selten auf hoher Spielebene zum Einsatz. Im Klubspiel aber sowie in Fernschachkreisen erfreut es sich einer bleibenden Beliebtheit. Schwarz muss sich bewusst sein, dass Weiß etwas Initiative für den angebotenen Bauern bekommt und daher ein präzises Spiel erforderlich ist.

2...dxe4

Wenn Schwarz ein scharfes Spiel vermeiden möchte, kann er mittels 2...e6 in die Französische Verteidigung überleiten. Daneben kann er eine solche Absicht auch mit 2...c6 verwirklichen, worüber die Caro-Kann-Verteidigung entsteht. Auch diese beiden Eröffnungen haben wir im o.g. Buch „Halboffene Spiele“ behandelt.

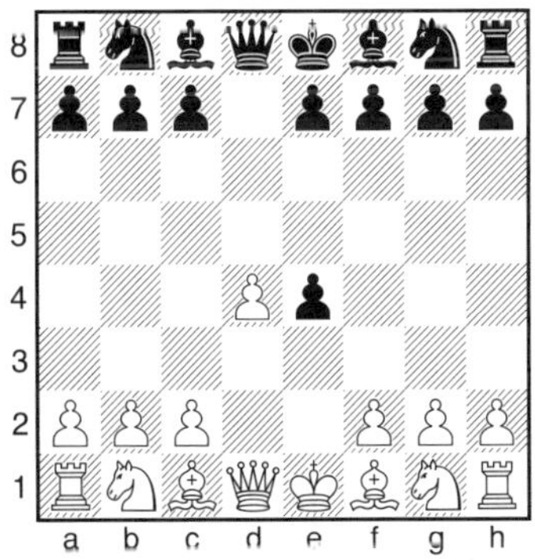

3.♘c3

In aller Regel entscheidet sich Weiß für dieses Vorgehen.

Auf die ultrascharfe Fortsetzung 3.f3 kann Schwarz nicht minder energisch mit 3...e5! antworten.

(Lässt er sich aber mit 3...exf3 auf einen Abtausch auf f3 ein, befeuert dies die weißen aktiven Möglichkeiten. So kommt Weiß beispielsweise über einen natürlichen Fortgang mit 4.♘xf3 ♘f6 5.♗c4 e6 6.0-0 ♗e7 7.c3 0-0 8.♕e1 Δ♕e1–h4 zu guten Angriffsmöglichkeiten am Königsflügel.)

Nach dem resoluten gegnerischen Konter ist es nun Weiß, der eine akute Entscheidung zum weiteren Vorgehen treffen muss. Auf einen ersten Blick liegen drei Möglichkeiten für eine Reaktion auf der Hand. So kann der d-Bauer mit 4.d5 einfach durchziehen oder auch mit 4.dxe5 auf e5 nehmen. Daneben ist 4.fxe4 theoretisch denkbar, allerdings erteilen wir dieser Möglichkeit hiermit sofort eine Absage. Der Grund hierfür wird ersichtlich, wenn wir uns nun den genannten drei Fortsetzungen genauer widmen.

A) Mit 4.d5 bleibt der Bauer auf seiner Linie und lässt damit einen Damentausch nicht zu.

4...♘f6

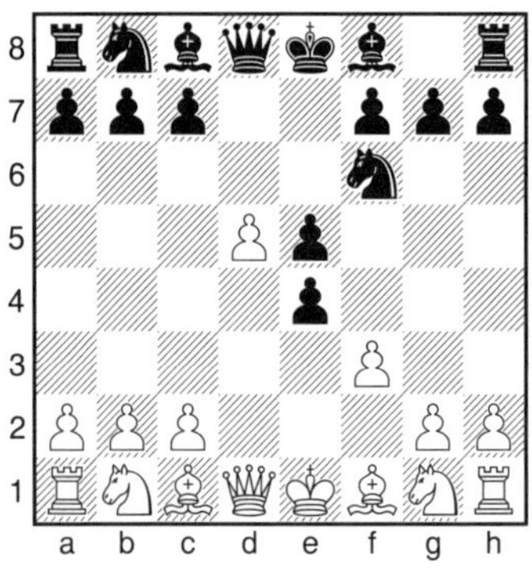

5.c4

(Wenn Weiß seinen d-Bauern mit 5.♘c3 stützt, ist die Fesselung des Springers mit 5...♗b4! stark. Aber 5...exf3 ist ebenfalls spielbar.)

Nach 5...exf3 6.♘xf3 ist 6...♗c5 universell gut, denn dies bringt die eigene Entwicklung voran und ist für Weiß in dessen Aufbauarbeit lästig. Weitergehen kann es nach dem Beispiel 7.♗g5 h6 8.♗xf6 ♕xf6 9.♘c3 0-0, und während Schwarz seinem Ziel einer elastischen Entwicklung seiner Kräfte bereits ordentlich nähergekommen ist, mangelt es Weiß an Wirksamkeit und Harmonie in der Aufstellung, und dies bei einem Minderbauern.

Auf 10.a3, womit dem Läufer das Feld b4 verwehrt wird, kann Schwarz mit 10...♗f5 fortsetzen und seine Vormachtstellung untermauern. Auf 11.♘a4 geht bereits 11...e4!, wonach die Fortsetzung 12.♘xc5 exf3 13.♕xf3 ♕xb2–+ Schwarz schon eine klare Gewinnstellung einbringen würde.

B) Zum Thema Damentausch anders ist es nach 4.dxe5, woraufhin Schwarz mit 4...♕xd1+ 5.♔xd1 für eine Vereinfachung sorgen und dem weißen König frühzeitig die Fantasie nehmen kann, ggf. zu rochieren. Schwarz kann nun einfach auf eine schnelle Entwicklung seiner Kräfte spielen und kommt dann relativ geordnet zu einem guten Spiel. Weitergehen kann es beispielsweise mit 5...♘c6.

B1) Nach 6.♗b5 ♗d7 veranschaulicht die aus natürlichen Zügen bestehende Variante 7.♗f4 0-0-0 8.♗xc6 ♗xc6+ 9.♔e2 ♘e7 10.♘c3 ♘g6, wie beide Parteien effektiv an ihrer Entwicklung arbeiten können, Schwarz aber im Ergebnis aktiver steht und bessere dynamische Möglichkeiten hat.

Um zum Beleg einen beispielhaften Eindruck zu vermitteln, folgen wir einer exemplarischen Variante etwas tiefer in die Partie hinein: 11.♗g5 ♖e8 12.fxe4 ♗b4 13.♘f3 ♗xc3 14.bxc3 ♘xe5 15.♘xe5 ♖xe5 16.♗e3 ♗xe4 17.♗d4 ♖e6 18.♔f2 b6.

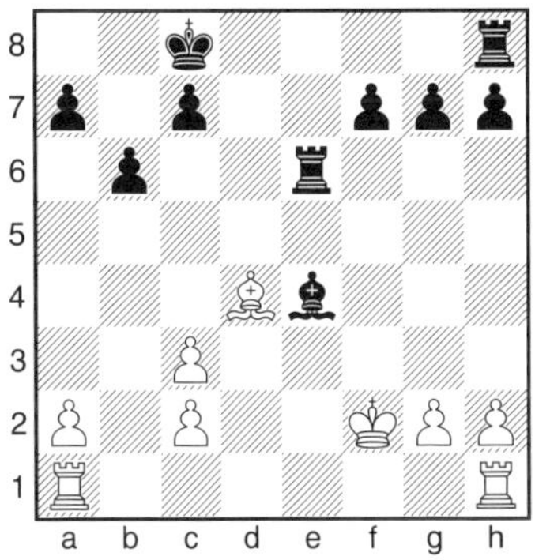

Auch wenn ungleichfarbige Läufer, die im Endspiel eher die um ein Remis kämpfende Partei unterstützen, auf dem Brett verblieben sind, ist der Vorteil für Schwarz groß genug, um mit Aussicht auf Erfolg auf Sieg spielen zu können.

B2) Auf 6.♗f4 ist 6...♘ge7 mit der Absicht ♘e7–g6 stark. Nach dem natürlichen Zug 7.♗b5 kann er diese sogleich umsetzen. Eine eventuelle Furcht vor dem Entstehen eines Doppelbauern auf der c-Linie, wenn Weiß auf c6 schlagen sollte, muss ihn nicht davon abhalten, denn diese wäre unbegründet.

7...♘g6

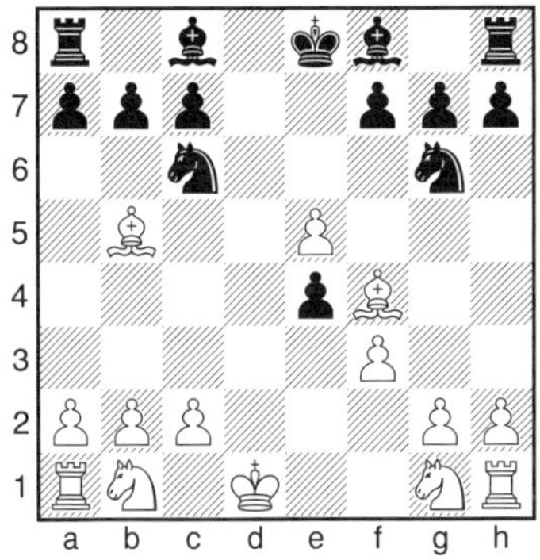

B2a) Nun sollte sich der weiße Läufer mit 8.♗g3 dem Angriff durch den Springer entziehen. Nach 8...♗d7 9.fxe4 0-0-0 verfügt Schwarz über ein aktives Spiel, das den weißen Mehrbauern, der zudem eher schwach in der Formation eines Doppelbauern steht, mehr als aufwiegt.

B2b) 8.♗xc6+ bxc6 würde zu einem klaren Vorteil für Schwarz führen, auch wenn der entstandene Doppelbauer nicht schön aussieht. Er kommt zu einem dynamischen Spiel, so etwa nach 9.♗g3 über 9...♗a6 Δ♗a6–f1 usw. oder auch mit 9...e3 und dann weiter mit beispielsweise 10.♘c3 ♗a6 11.♘h3 0-0-0+∓.

C) Vor 4.fxe4?? haben wir bereits oben gewarnt, als wir dieses Schlagen als denkbare Möglichkeit erwähnt haben. Nach dieser schlechten Wahl gerät Weiß taktisch unter die Räder, und zwar wie folgt: 4...♕h4+ 5.♔d2 (5.g3 ♕xe4+ 6.♕e2 ♕xh1 7.♘f3 ♗g4–+) 5...♘f6 6.dxe5 ♘xe4+ 7.♔d3 ♘f2+ –+ mit Damenverlust.

3...♘f6

Mit dieser rational besten Möglichkeit für Schwarz wird der Springer aktiviert, übernimmt die Deckung des Bauern und leistet seinen Beitrag zur Vorbereitung der Rochade.

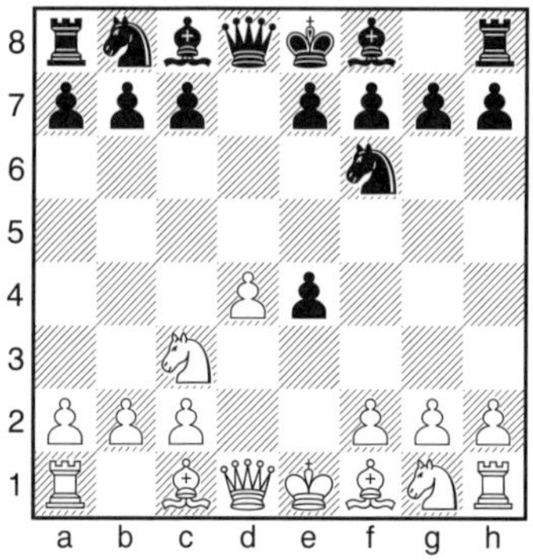

4.f3

Es ist nicht übertrieben, dieses Bauernopfer mit zum Herzstück des BDG zu zählen. Nur mit dieser Verschärfung des Spiels hält Weiß sein aggressives Vorhaben auf Kurs.

4.♗g5 muss Schwarz keine Sorgen bereiten. Er spielt einfach auf Deckung seines Mehrbauern und setzt dabei automatisch seine Entwicklung fort. Nach 4...♗f5 hat 5.f3 nicht mehr die Kraft wie bei einem unverzögerten Einsatz und kann gut mit 5...♘bd7 beantwortet werden.

Wenn Weiß mit 6.♕e2 den Druck auf den ♙e4 verstärkt, kann sich dieser mit 6...exf3 entlasten und den schwarzen Materialvorteil festhalten. Unabhängig davon, mit welcher Figur Weiß nun zurückschlägt, kann er eine für ihn nachteilige Stellung nicht verhindern.

Nach 7.♕xf3 greift die Dame gleichzeitig den Läufer und den ♙b7 an.

(Als Antwort auf 7.♘xf3 ist 7...c6 stark. Der Bauer nimmt die Felder b5 und d5 unter Kontrolle, öffnet vor allem aber der Dame den Weg nach draußen. Bei der Bewältigung seiner Entwicklungsaufgabe steht sich Weiß selbst im Wege. Mit 8.0-0-0 und dem Plan, auf dem Königsflügel aktiv zu werden, macht er das wohl Beste aus der Situation.

8...♕a5

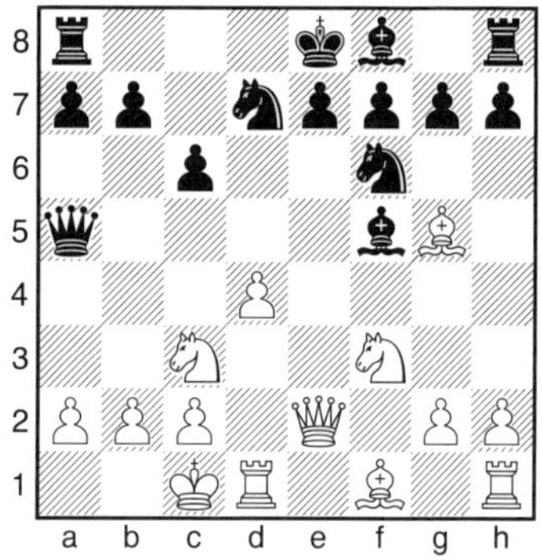

Im Gegensatz zu seinem Gegner kann Schwarz seine Kräfte harmonisch weiter entwickeln. Er bastelt an einem Gegenspiel auf dem Damenflügel. Mit 9.h3 leitet Weiß einen Sturm seiner beiden Bauern auf dem Königsflügel ein, die Schwächen in der schwarzen Königsstellung provozieren und den Weg für einen Figureneinsatz in ihrem Rücken frei machen sollen.

9...e6 10.g4 ♗g6 11.h4 h6 12.♗f4 ♗b4∓

Die kritische Stellung dieser Variante ist erreicht. Weiß attackiert am Königsflügel, Schwarz kontert mit einem konzentrierten Gegenspiel auf der anderen Seite. Die diffusen weißen Angriffschancen gegen eine starke schwarze Verteidigungsstellung reichen – auch angesichts des starken schwarzen Offensivspiels – keinesfalls als Kompensation aus.)

Die solide Fortführung der Entwicklung des Königsflügels mit 7...e6 ist eine gute Entscheidung.

(Allerdings ist auch 7...♗xc2!? durchaus erwägenswert, was unseres Wissens bisher noch nicht in einer überlieferten Partie ausprobiert worden ist.)

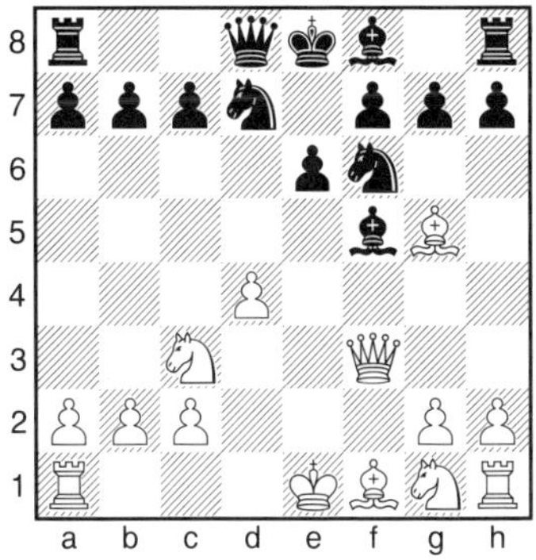

A) 8.♕xb7 ♖b8 9.♗xf6 gxf6

(Nach 9...♘xf6? 10.♗b5+ wäre Weiß wieder im Spiel.)

10.♕c6

(Die nach dem Prinzip „wie du mir, so ich dir" mit 10.♕xa7 ♖xb2 11.♗b5 ♗b4 eingeleitete Variante führt über 12.♘ge2 0-0 13.0-0 ♘b6–+ zu einem entscheidenden schwarzen Vorteil.)

10...♖b6

Bevor sich der Turm auf b2 bedient, verjagt er zunächst die Dame.

11.♕f3 ♖xb2 12.♗d3 ♗g6 13.♘ge2

Weiß scheint die gravierendsten Löcher gestopft zu haben und dem Abschluss seiner Entwicklung nahegekommen zu sein. Mit 13...c5!∓ führt Schwarz ihm jedoch vor Augen, dass es keine beruhigende Sicherheit für seinen König geben wird, während den schwarzen König ein sicheres Bollwerk vor Angriffen schützt.

B) Als sinnlos erweist sich der Versuch 8.d5?, den Schwarz solide mit 8...♗e7 abfangen kann. Nach 9.dxe6 ♗xe6 bleibt die schwarze Formation ohne Schwächen. 10.♗f4

(Aber nicht 10.♕xb7? ♖b8 11.♕xa7, denn nach 11...♗c5–+ ist Weiß wie ein Boxer, dessen Deckung zusammengebrochen ist, dem gegnerischen Angriff beinahe schutzlos ausgeliefert.)

Nach 10...c6 11.♗d3 0-0 hat Schwarz seinen Mehrbauern behauptet, verbunden mit einer Stellung ohne nennenswerte Schwächen.

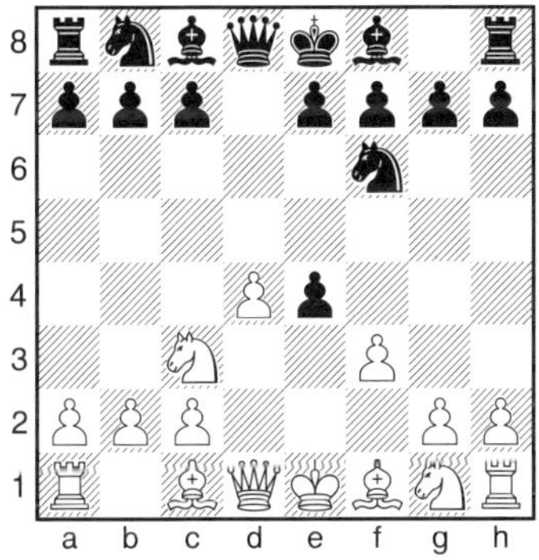

4...exf3

Dies ist die einfachste Methode, dieses Gambit als inkorrekt zu entlarven, auch wenn Schwarz in der Folge sehr vorsichtig spielen muss.

Die Alternativen 4...c6 und 4...♗f5 lassen wir in unseren Betrachtungen außen vor, weil sie zu Komplikationen führen, die einen noch wenig erfahrenen Spieler schnell überfordern können.

5.♘xf3

Mit 5.♕xf3 würde Weiß einen weiteren Bauern opfern. Er erreicht allerdings im Anschluss keine ausreichende Kompensation, was die schlichte Variante 5...♕xd4 6.♗e3 ♕g4 7.♕f2 e5∓ deutlich macht.

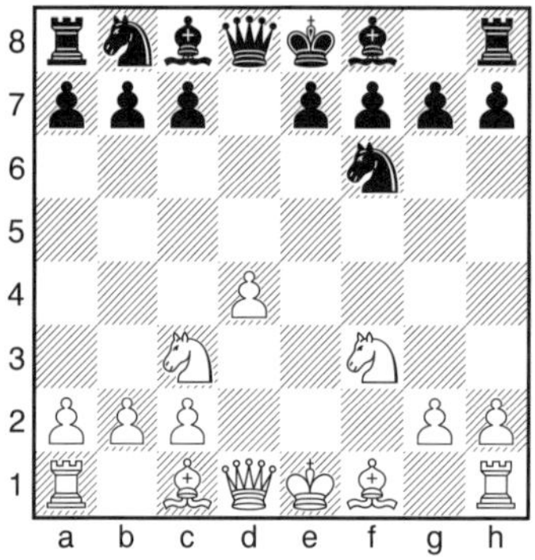

Schwarz stehen an dieser Stelle mehrere gute Antworten zur Verfügung.

5...c6

Dieser elastische und noch etwas abwartende Zug ist unsere Hauptempfehlung, weil sich die Partie im Anschluss recht ruhig und solide führen lässt und er sich gut in die Reihe unserer Empfehlungen allgemein einpasst.

Als Alternative schlagen wir 5...♗f5 vor, womit Schwarz die Spannung im Kampf um die Mitte erhöhen kann. Weitergehen kann es dann beispielsweise mit 6.♗c4. Weiß nimmt die Einladung an und erinnert Schwarz zugleich daran, dass er auf f7 eine Schwäche hat.

6...e6

(6...c6 führt unter Zugumstellung in die Hauptvariante zurück.)

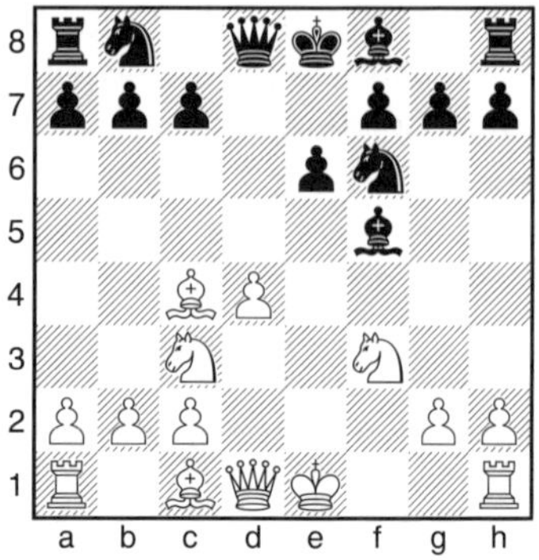

Zu den wichtigsten Alternativen für Weiß zählen nun 7.♗g5, 7.♘e5 und 7.0-0. Nachfolgend gehen wir auf die daraus jeweils resultierenden Möglichkeiten genauer ein.

A) Nach 7.♗g5 hofft Weiß darauf, mit diesem Zug beginnend seine Figuren schnell in Angriffspositionen bringen und den Gegner attackieren zu können, bevor dieser sich richtig entwickelt hat.

Nach 7...♗e7 wird mit 8.♕e2 die Dame aktiviert und die lange Rochade vorbereitet. Die Bauernentwicklung 8...c6 haben wir bereits in anderem Zusammenhang beleuchtet. Hier erfüllt sie einen neuen Zweck: Sie unterstützt die Überführung des ♘f6 nach d5.

9.0-0-0 ♘d5

(Mit 9...♘bd7!? kann Schwarz aber auch eine ruhigere Gangart einschlagen, die ihm ebenfalls einen Vorteil verspricht. Wir können in unserem Buch nicht alle sich daraus ergebenden Möglichkeiten darstellen und gehen deshalb exemplarisch auf die Folgen von 10.♗xf6 ein, was wir als die beste weiße Option ansehen.

Nach 10...♘xf6 11.♘e5 ♘d5 12.♘xd5 exd5 hat Schwarz sich eine feste Stellung mit einem gesunden Mehrbauern als Sahnehäubchen gesichert. Folgen kann beispielsweise 13.♖hf1 ♗e6 14.♗d3 0-0 usw.)

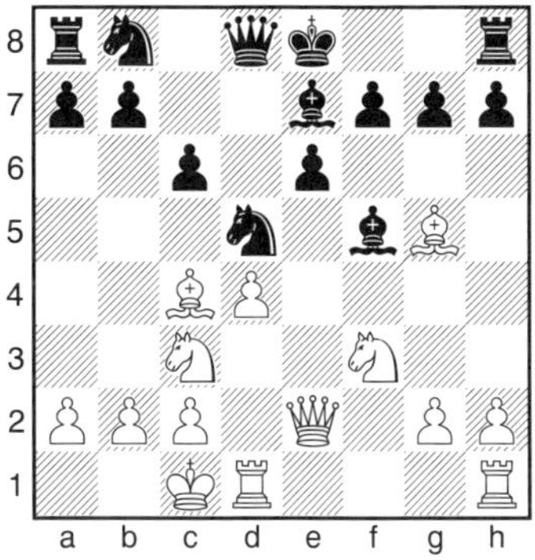

Mit 9...♘d5 kann Schwarz eine Variante einleiten, die ihm ein starkes Gegenspiel oder – je nach der Reaktion seines Gegners – andere Vorteile einbringen wird. Sie ist allerdings sehr scharf und man sollte sie sich auch einprägen, wenn man sie mal zu spielen gedenkt.

Nach 10.♗xe7 wird die angekündigte scharfe Variante nun mit 10...♘xc3 eingeleitet. Schwarz ignoriert den Angriff auf die eigene Dame und kontert mit einem Gegenangriff auf die weiße. Weiß will seine Bauernstellung nicht beschädigen und schlägt deshalb nicht zurück, sondern startet stattdessen mit 11.♕e5 selbst einen Gegenangriff.

Der sich mit 11...♘d7 entwickelnde Springer zwingt die Dame zur sofortigen Fortsetzung ihres Angriffs. Nach 12.♕xg7 ♔xe7 ist Weiß zu 13.bxc3 gezwungen, um einen entscheidenden materiellen Nachteil zu vermeiden.

Nach 13...♖g8 14.♕h6 ♕a5 hat Schwarz das angestrebte starke Gegenspiel erreicht. In Abhängigkeit von der gegnerischen Reaktion wird sich kurzfristig ein materieller Vorteil hinzugesellen oder aber das schwarze Spiel weiter an Wucht gewinnen.

B) Auch mit 7.♘e5 kann Weiß seinen Angriffsdruck erhöhen. Wer sich etwas davon verspricht, mit einem Bauern auf e5 spielen zu können, kann mit dieser Alternative auf diese Möglichkeit hinarbeiten.

7...♘bd7 8.♕f3

Die Dame besetzt das Feld, das ihr die größte Aktivität verleiht. Zugleich bereitet sie die beabsichtigte lange Rochade vor.

8...♘xe5 9.dxe5 ♘d7

Der lästige weiße Springer ist abgetauscht, an dessen Stelle aber nun ein Bauer e5 eingenommen hat, mit dem sich ebenfalls Angriffsmotive verbinden.

10.♗f4

(10.♕xb7?? kostet Material; z.B. 10...♖b8 11.♕a6 ♖b6 12.♕a4 ♖b4–+ gefolgt von ♕d8–h4+.)

Zwei Effekte des Bauernzuges 10...c6 – der eine passiver, der andere aktiver Natur – sind hervorzuheben. Weiß hat die Möglichkeit eingebüßt, das Feld b5 mit seinen Figuren zu betreten, und die schwarze Dame kann Richtung Damenflügel entwickelt werden.

11.0-0-0 ♕a5

(Es geht auch 11...♕c7!? mit der möglichen Folge 12.♖he1 0-0-0 usw. Weiß hat seine Kräfte aktiv aufgestellt, trifft aber auf eine solide schwarze Stellung ohne besondere Schwächen, die zudem genügend Potenzial für ein eigenes Gegenspiel hat. Bei einem genauen Spiel sollte Schwarz die besseren Aussichten haben.)

Wenn Schwarz seine Dame nach a5 entwickelt, ist der erste der zu 10...c6 genannten Effekte dahin. Es geht dann nämlich 12.♘b5.

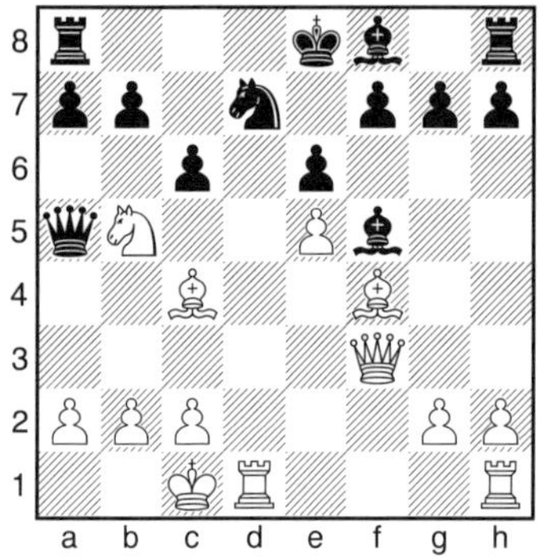

Weiß kann mit der Idee spielen, auf d7 die Qualität zu opfern und im Anschluss über d6 ins schwarze Lager einzudringen. Schwarz kann aber unbeirrt weiter seine Entwicklungsziele verfolgen – u.a. mit der Wahl der soliden Fortsetzung 12...♗c5 – und sich vom Gegner dessen Vorhaben zeigen lassen.

(12...cxb5? wäre sorglos und würde es Weiß ermöglichen, das Blatt mittels 13.♕xb7± zu wenden.)

Nach 13.♖xd7 ♔xd7 14.♕d1+ ♔c8 15.♘d6+ ♗xd6 16.exd6 ♖d8–+ hat Weiß sein Pulver verschossen.

(Zu den Alternativen, mit denen Schwarz den gegnerischen Bemühungen ein Ende setzen kann, zählt auch 16...♔d7. Wem das Spiel in einer plombierten Stellung mehr behagt, kann diese also entsprechend herstellen. Nach beispielsweise 17.♕h5 ♖hf8 hat Schwarz alles unter Kontrolle und ausgezeichnete Gewinnaussichten.)

C) 7.0-0 ♘c6

(Spielbar ist auch 7...♗d6 8.♗g5 h6 9.♗xf6 ♕xf6 10.♕e1 0-0 mit vielversprechendem Spiel.)

8.♗g5 ♗e7 9.♗b5 0-0 10.♗xc6 bxc6 11.♘e5 ♕e8 12.♕d2 ♖b8 13.♖ab1 h6 14.♗xf6 ♗xf6 15.b4 ♗xe5 16.dxe5 ♕e7 17.a3 c5 und Schwarz steht ausgezeichnet.

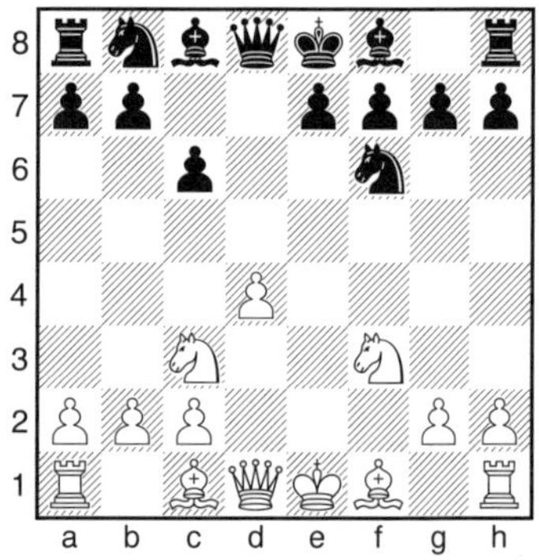

6.♗c4

Diese aktive Fortsetzung, mit der Weiß die Achillesverse f7 ins Visier nimmt, ist in der Praxis sehr populär. Daneben verdienen insbesondere die Alternativen 6.♗d3 und 6.♘e5 Beachtung.

I. Die Entwicklung mit 6.♗d3 hindert Schwarz daran, seinen Läufer auf die Diagonale b1–h7 zu spielen. Allerdings unterbricht sie den Kontakt zwischen der Dame und dem ♙d4. Mit 6...♗g4 und Angriff gegen den einzigen Verteidiger des Bauern legt Schwarz sofort seinen Finger in die Wunde.

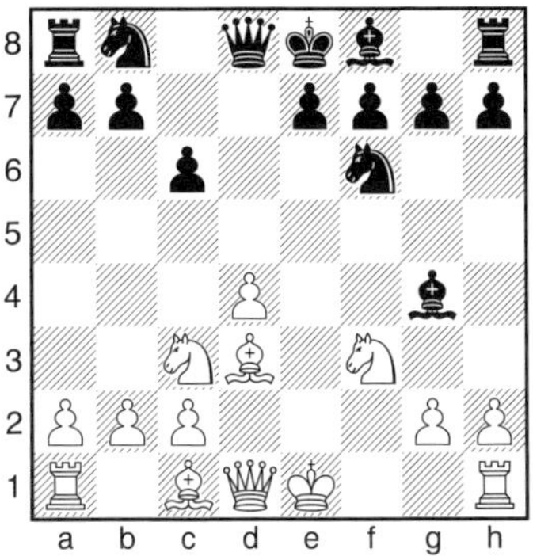

A) Mit 7.h3 investiert Weiß einen weiteren Bauern in der Hoffnung, dass er seinen resultierenden enormen Entwicklungsvorsprung in einen entscheidenden Angriff ummünzen kann.

Nach 7...♗xf3 8.♕xf3 ♕xd4 kann Weiß versuchen, die angreifbare Lage der schwarzen Dame für einen weiteren Ausbau seiner Stellung zu nutzen.

9.♗e3

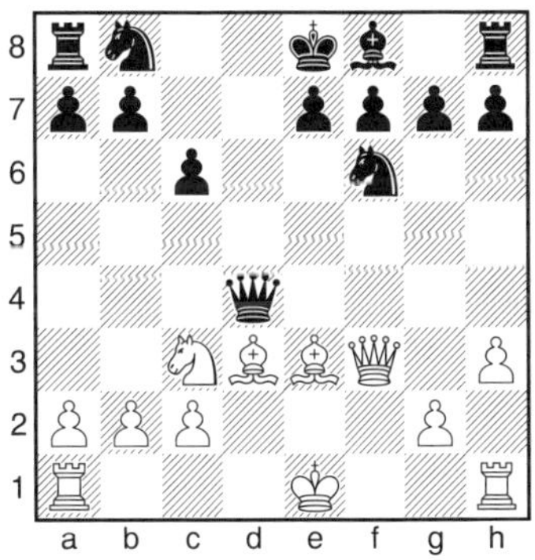

9...♕h4+

(Es geht auch 9...♕e5 z.B. mit der Folge 10.0-0-0 ♘bd7 11.g4 h6 12.♖hc1 ♕a5 13.♔b1 0-0-0∓. Schwarz hat seinen materiellen Vorteil konserviert. Er wird sich voraussichtlich noch eine Weile weißen Angriffsversuchen widersetzen und somit eine passivere Rolle als sein Gegner einnehmen müssen. Bei genauem Spiel sollte er das Duell aber für sich entscheiden können, auch wenn dies noch nicht als gesichert angenommen werden kann.)

Nach 10.g3 ♕b4 11.0-0-0 sollte Schwarz konsequent auf den Abschluss seiner Entwicklung spielen. Die Variante 11...♘bd7 12.g4 e6 13.g5 ♘e5 veranschaulicht, nach welchem Muster er dabei vorgehen kann.

Durch den Angriff auf die Dame verschafft sich Schwarz die Zeit für einen Rollentausch der Springer auf d7, worüber der ♘f6 galant aus der Bedrohung durch den ♙g5 geführt werden kann. 14.♕e2 ♘fd7 mit der Absicht 0-0-0 und schwarzem Vorteil.

B) Alternativ kann Weiß mit 7.♗e3 seinem Bauern zu neuem Schutz verhelfen. Damit spart er den Bauern ein, erlaubt Schwarz allerdings einen effektiven weiteren Ausbau seiner Stellung, was die Bedeutung seines bisher erreichten Entwicklungsvorsprungs mindert.

Die Stellung nach 7...e6 ist insbesondere im Fernschach auf Herz und Nieren getestet worden. Im Ergebnis zeigte sich die Befragung des Läufers bzw. dessen Vertreibung von g4 mittels 8.h3 im Vergleich mit 8.0-0 als erfolgversprechender, wenn auch auf einem insgesamt eher bescheidenen Niveau.

(Nach 8.0-0 kann Schwarz einen Plan verfolgen, der seine lange Rochade und bedarfsweise den Abtausch des ♘f3 gegen seinen Läufer vorsieht.

8...♘bd7

Mit seiner kurzen Rochade hat Weiß seinem Springer zu einer neuen Deckung verholfen, so dass sich die Dame nun mit 9.♕e1 der lästigen Fesselung entziehen kann. Dies ist der richtige Zeitpunkt für 9...♗xf3.

Nach 10.♖xf3 ♕c7 und nun beispielsweise 11.♕h4 ist der weiße Angriff auf den Königsflügel konzentriert, den das schwarze Oberhaupt jedoch mit 11...0-0-0 verlassen kann. Die aktiven aufgestellten weißen Kräfte treffen auf eine solide und kompakte schwarze Verteidigungsstellung. Die aktuell besseren dynamischen Chancen reichen für Weiß nicht aus, um den Materialnachteil vollständig zu kompensieren.)

Mit 8...♗h5 hält der Läufer die Springerfesselung aufrecht und verschafft sich die Option, seinem weißen Kontrahenten auf g6 entgegenzutreten. Nach den möglichen Entwicklungszügen 9.♕e2 ♗b4 10.0-0 sind die Konturen des weiteren Kampfes erkennbar.

Weiß wird versuchen, die Offensivkraft seiner Figuren zu nutzen und sich dabei auf den Königsflügel konzentrieren. Schwarz wird dagegenhalten, indem er dem weißen Angriff beispielsweise durch Abtausch von Figuren die Kraft nimmt und den Gegner mit einem Gegenspiel beschäftigt, wofür sich der Damenflügel anbietet. Wenn es ihm gelingt, die nächste Phase möglichst unbeschadet zu überstehen, hat er letztendlich die besseren Erfolgsaussichten.

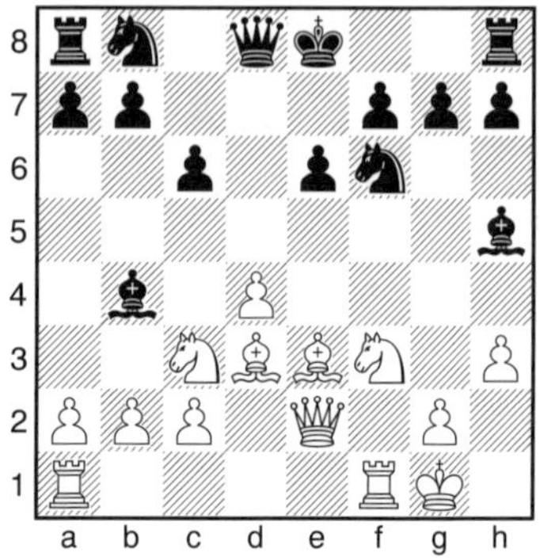

10...♘bd7

(Möglich ist auch sofort 10...0-0 Δ♘b8–d7.)

Exemplarisch kann es wie folgt weitergehen: 11.♕f2 ♗g6 12.♗xg6 hxg6 13.♘g5 ♗xc3 14.bxc3 ♕a5∓ usw.

II. Mit der Wahl der Fortsetzung 6.♘e5 schafft Weiß die Voraussetzungen für das Entstehen von Stellungsbildern, die zum Teil deutlich vom bisher Behandelten abweichen. Wir gehen deshalb separat im **Abspiel 1** darauf ein.

6...♗f5

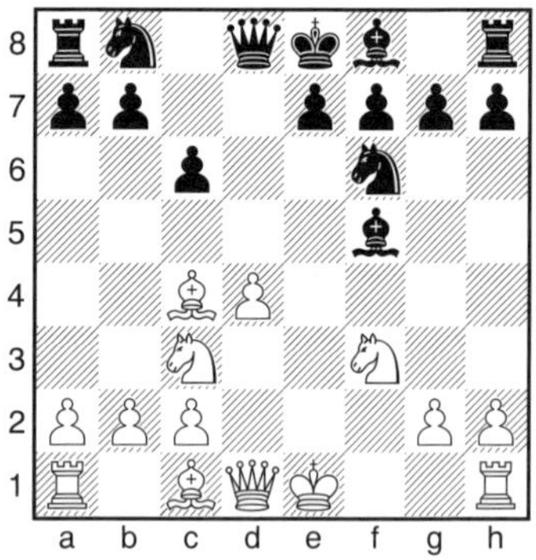

7.♘e5

Weiß hat stattdessen auch die Möglichkeit, sich mit 7.0-0 eine Portion

Flexibilität zu erhalten und Schwarz noch nicht zu offenbaren, nach welchem Plan er weiter vorgehen wird. So kann er nach 7...e6 beispielsweise mit 8.♘e5 unter Zugumstellung weiter nach der Hauptvariante spielen.

Stattdessen kann er aber auch mit 8.♘g5 einen ganz anderen Weg einschlagen, worauf Schwarz prophylaktisch mit 8...♗g6 reagieren sollte.

(Von 8...♗xc2? sollte er die Finger lassen, denn die Variante 9.♕xc2 ♕xd4+ 10.♔h1 ♕xc4± bleibt ein Luftschloss.

Tatsächlich kontert Weiß nämlich einfach mit 9.♘xf7! und entwickelt eine starke Initiative.)

Mit 9.♘e2 strebt der Springer nach f4. Um ihn dort eliminieren zu können, beordert Schwarz mit 9...♗d6 seinen Läufer in Schlagposition.

10.♘f4 ♗xf4 11.♗xf4

(Nach 11.♖xf4 geht 11...0-0!.)

Nach 11...0-0 hat Schwarz die ersten Verteidigungsaufgaben gut gelöst und seine Stellung unter Bewahrung seines Mehrbauern ohne besondere Schwächen gehalten.

12.c3

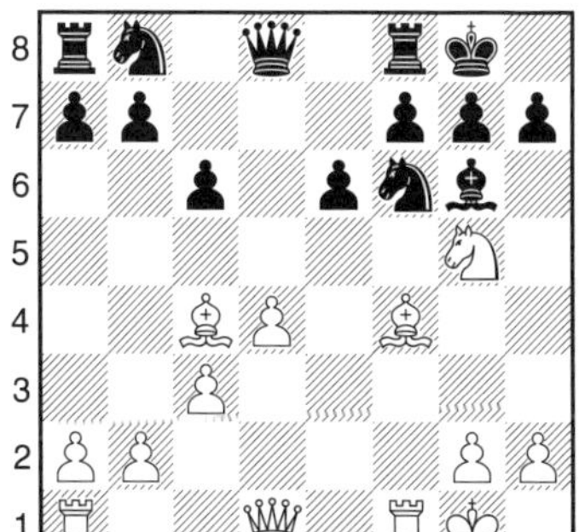

Der c-Bauer stützt seinen Kollegen auf d4 und entlässt damit die Dame aus ihrer Deckungspflicht.

(Auf 12.a4 steht Schwarz die starke Antwort 12...♘d5! zur Verfügung. Es gibt verschiedene Varianten, in denen Weiß ein Opfereinschlag auf e6 möglich ist, weshalb wir diese Gelegenheit für einen allgemeinen Hinweis darauf nutzen.

Hier allerdings wäre 12.♗xe6? schlecht, weil Schwarz einfach mit 12...h6! die zweite Figur angreift und Weiß somit nicht ohne Schaden aus der Situation herauskommt.)

A) Indem Schwarz mit 12...♘bd7 zunächst den Damenspringer entwickelt, bevor der ♘f6 nach d5 geführt wird, behält er das Feld g4 unter Kontrolle, das entsprechend für die weiße Dame unzugänglich bleibt.

13.♕e2

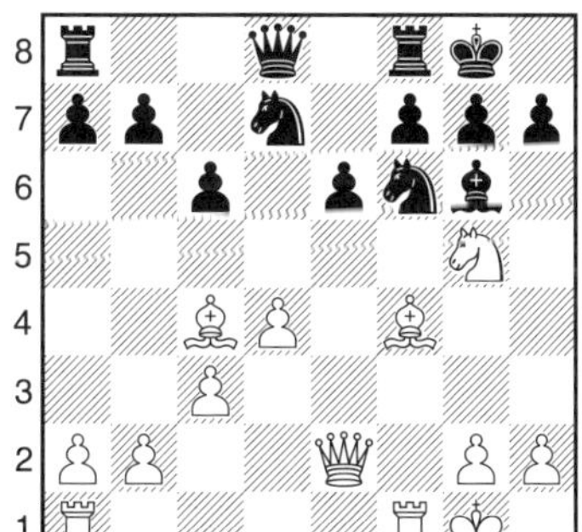

13...♘d5

(Nun droht 14...♘xf4 15.♖xf4 ♕xg5.)

14.♘h3 ♕b6 15.a4 a5 16.♗g3 e5∓

Schwarz hat die Situation weiter unter Kontrolle gehalten. Die Stellung ist kompliziert, allerdings für beide Seiten.

Entsprechend wird beiden auch weiterhin Vorsicht und Sorgfalt abverlangt.

B) Nach 12...♘d5 wird 13.♕g4 möglich.

(13.♕f3 ist wenig ratsam, weil sich die Dame zwischen den ♖f1 und den ♗f4 stellt. Dies führt dazu, dass Weiß im Falle von ♘d5xf4 nicht mit dem Turm zurückschlagen kann.

Die mögliche Variante 13...♘d7 14.♖ae1 ♘xf4 15.♕xf4 c5∓ veranschaulicht die für Weiß nachteilige Wirkung dieser Entwicklung.)

13...♘d7 14.♕g3

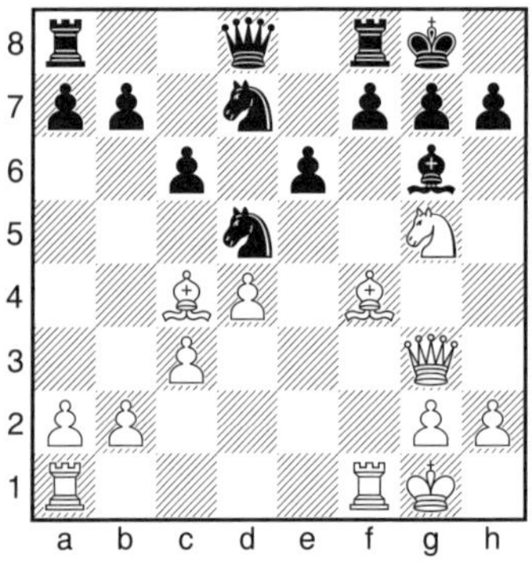

Mit 14...♘7f6! muss Schwarz umsichtig spielen, um seine Königsstellung verteidigungsfähig zu halten.

(In dieser Variante könnte Weiß 14...♘xf4 mit 15.♖xf4 beantworten und nach 15...♘f6 seinen Turm mittels 16.♖h4 effektiv in den Angriff einbinden. Wie gefährlich diese Situation für Schwarz ist, verdeutlicht die Variante nach 16...♕b8.

Der Damentausch würde die schwarze Verteidigung immens vereinfachen, aber nach stattdessen 17.♕e3 ♕d6 18.♖f1 steht Weiß für die Eskalation seines Angriffs bereit. Notwendig ist nun 18...♘d5!.

Welches Angriffsmanöver in der Luft liegt, zeigt der Fehlgriff 18...♖ae8?, wonach sich Weiß mit 19.♖xf6! gxf6 20.♘xh7! ♗xh7 21.♕h6 den Sieg holt.)

Nach 15.♕h4 nutzt Schwarz mit 15...♕b6 die Gelegenheit, seine passive Verteidigung um aktive Gegenmaßnahmen zu ergänzen. Die Dame schafft die Option zu c6–c5.

16.♖f2 ♘xf4 17.♕xf4 ♖ad8 18.♖e1 c5 19.dxc5 ♕xc5∓ und Weiß hat keinen ausreichenden Ersatz für den Minderbauern.

7...e6 8.0-0

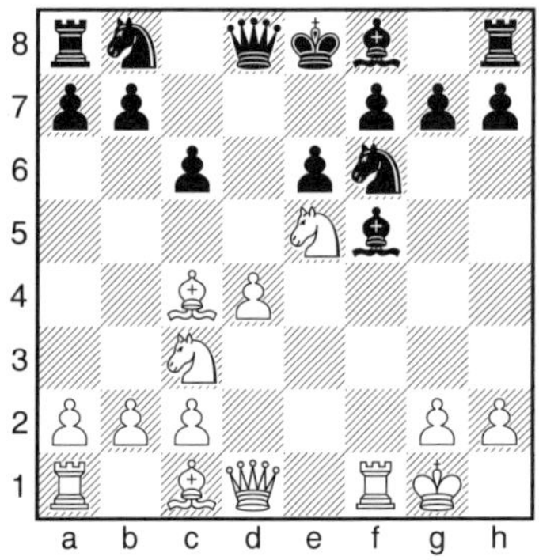

8...♗g6!

Dies ist die bewährte und auch beste Verteidigung.

Das Motiv 8...♗xc2?! haben wir bereits oben kennen gelernt. Auch hier wäre sein Einsatz fehlerhaft. Die Antwort 9.♘xf7! führt unvermittelt zu besseren Perspektiven für Weiß.

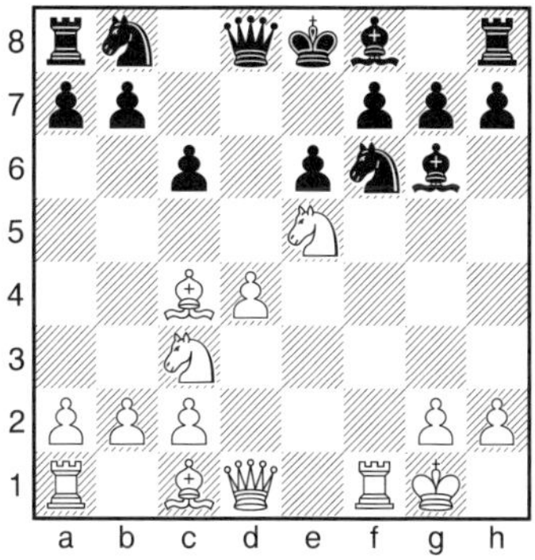

9.♗g5

Dies ist der Hauptzug. Verstärkt rechnen muss Schwarz aber auch mit den Alternativen 9.g4, 9.♘xg6 und 9.♗e3, auf die wir in der Folge eingehen.

I. 9.g4 behandeln wir separat im **Abspiel 2.**

II. Mit der Fortsetzung 9.♘xg6 ist für Weiß nicht allzu viel zu holen. Die Statistik legt die Einschätzung nahe, dass er fast vollständig auf verlorenem Posten steht. Doch wie stellte Savielly Tartakower, der auch für seine pointierten Kommentare berühmte französisch-polnische Schachmeister, fest: „Die Fehler sind alle da, sie müssen nur noch gemacht werden.“

Und davor schützt ein frühzeitiger Blick in die Theorie!

Nach 9...hxg6 wird in der Praxis nur ausnahmsweise auf den prophylaktischen Zug 10.h3 verzichtet.

(Gegen 10.♗g5 usw. kann sich Schwarz ohne große Probleme verteidigen. Dabei steht ihm auch die Möglichkeit offen, seinen König auf den Damenflügel rochieren zu lassen. Ein aus natürlichen Zügen bestehendes Beispiel für eine solche Umsetzung ist 10...♘bd7 11.♕d3 ♗e7 12.♖ae1 ♕c7 gefolgt von 0-0-0 mit schwarzem Vorteil.)

Nach 10...♘bd7 11.♗f4 bietet sich das Manöver 11...♘b6 zur Vertreibung des Läufers und auf 12.♗b3 folgend 12...♗d6 an, woraufhin Weiß weitere Zugeständnisse machen muss. Mit 13.♗g5 kann er versuchen, seine Offensivkraft zu erhalten.

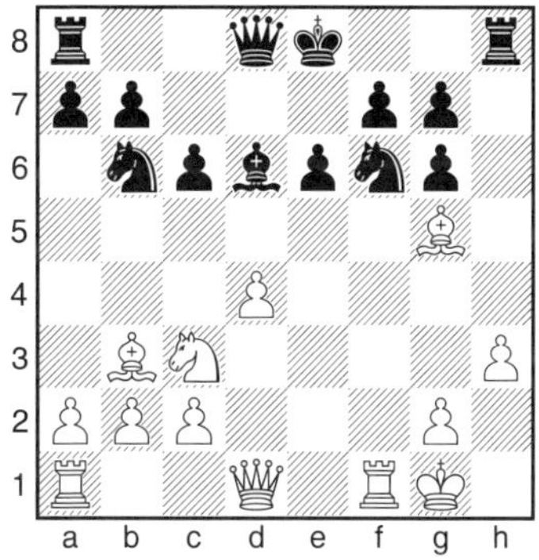

Nun aber steht Schwarz mit 13...♖h5! eine sehr starke Riposte zur Verfügung. Er nutzt dabei die halboffene h-Linie, um seinen Turm zu aktivieren. Sein Plan sieht weiter vor, dass sich sein König auf dem Weg ♔e8–f8–g8 zu Fuß in den Schutz seiner Kräfte auf dem Königsflügel begibt.

Weiß kann seinen Läufer sowohl mit 14.♘e4 als auch mit 14.♕d2 decken. Beide Möglichkeiten schauen wir uns nachstehend etwas genauer an.

A) 14.♘e4 ♗e7 15.♘xf6+ gxf6 16.♗c1

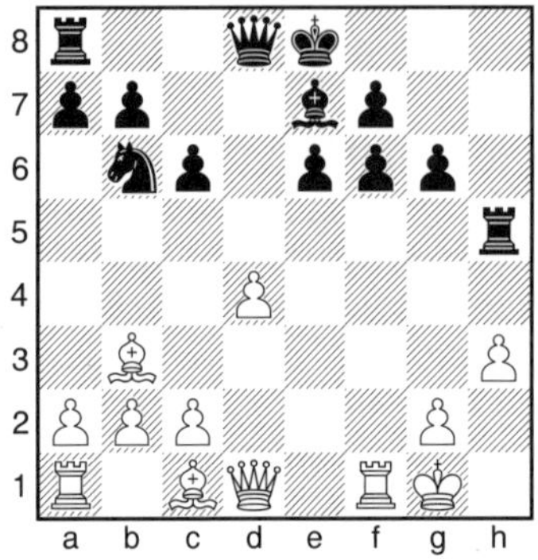

Nach 16...f5∓ ist vom weißen Angriffsdruck nicht mehr viel übrig. Geblieben aber ist der schwarze Mehrbauer. Grundsätzlich könnten wir hier die Erörterung ganz im Sinne unseres Buches abschließen. Ausnahmsweise aber bilden wir eine natürliche Variante weiter in die Tiefe der Partie ab. Sie zeigt recht anschaulich, wie sich das Blatt wenden kann, sobald Weiß sein Pulver im Angriff verschossen hat.

17.a4 ♘d5 18.c4 ♘f6 19.a5 g5

(Zu prüfen ist 19...♔f8!? nebst ♔f8–g7 usw.)

20.a6 b6 21.♗a4 ♕c7 22.♕f3 ♖c8 23.♗c2 g4 und nun ist Schwarz der Angreifer und Weiß kämpft um seine Existenz.

B) Auf 14.♕d2 ist 14...♗e7 eine elastische Reaktion. Die Springerfesselung wird aufgehoben und die Dame erhält einen Ausblick bis zum ♙d4, ohne dass damit eine längerfristige Veränderung verbunden sein muss.

15.♖ad1

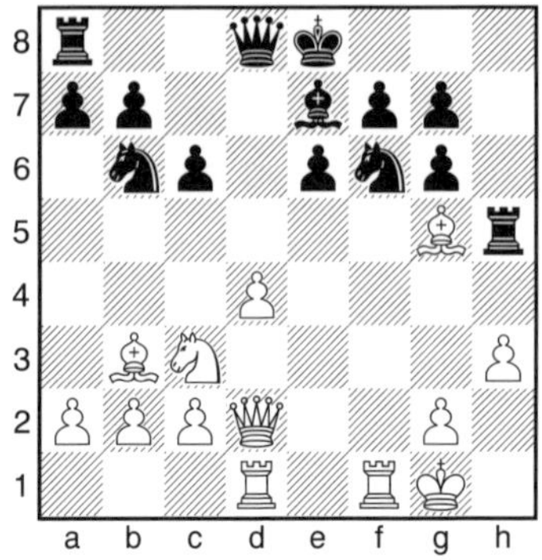

Auch hier ist die mit 15...c5 verbundene Destabilisierung der weißen Stellung ein gutes Ziel. So stellt sich nicht die Frage, ob Schwarz von der angestoßenen Entwicklung profitiert, sondern nur auf welche Weise.

Es kann zu Abtauschhandlungen kommen, die Schwarz die Verteidigungsaufgaben erleichtern, oder auch zu Schwächungen, z.B. auf der für Weiß kritischen Diagonale a7–g1.

(Zu überlegen ist aber auch eine Planänderung in Richtung 15...♕d7!? mit der Absicht 0-0-0.)

Es fogt 16.♕e3, denn einem möglichen Abtausch der Damen kann Weiß nicht zustimmen. Mit 16...c4 erzwingt Schwarz das Abtauschmanöver 17.♗a4+ ♘xa4 18.♘xa4 und danach nötigt 18...♕a5 mit Angriff auf ♘a4 und ♗g5 den Gegner zu 19.♘c5.

Nach 19...♕c7∓ hat Schwarz weiterhin alles unter Kontrolle und seinen Mehrbauern behauptet. Sobald er die Zeit dafür findet, kann er seinen König auf die rechte Seite führen und damit auch den letzten noch offenen Schritt seines ursprünglichen Plans umsetzen.

III. 9.♗e3 ♘bd7

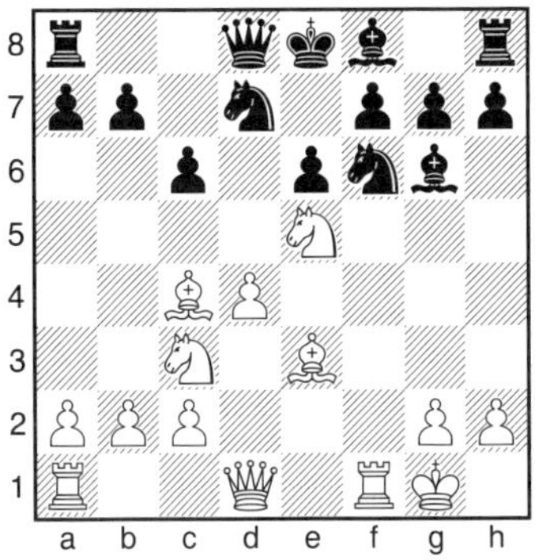

Diese Stellung ist bisher recht selten ausgespielt worden. Zumeist hat Weiß mit 10.♘xg6 fortgesetzt, nach Anzahl gefolgt von 10.♕f3. In beiden Fällen steht Weiß vor einem schwierigen Unterfangen.

A) 10.♘xg6 hxg6

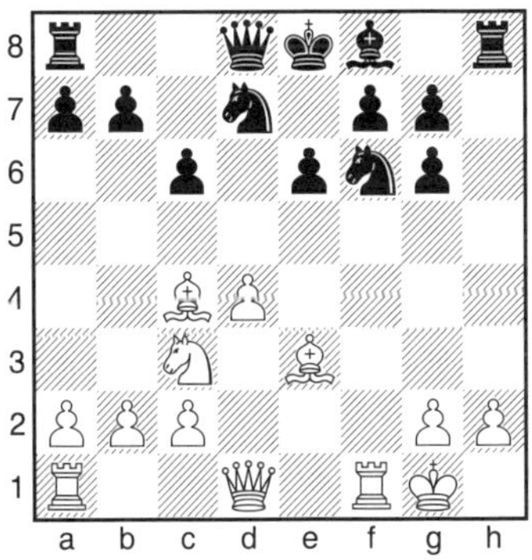

11.♕f3

Auf f3 erlangt die Dame den zurzeit größtmöglichen Einfluss. Schwarz darf auch nicht deren Fernwirkung auf f7 übersehen, wo ohne den ♘f6 ein einzügiges Matt drohen würde.

Mit der starken Antwort 11...♗d6 setzt Schwarz seine Entwicklung mit einem Angriff auf den ♙h2 fort, der nach der Öffnung der h-Linie durch h7xg6 nun akut bedroht ist. Auf 12.h3 setzt Schwarz seine aktive Verteidigung mit 12...♘b6 fort und nach 13.♗b3 ♕c7∓ ist nicht mehr viel vom weißen Entwicklungsvorsprung übrig geblieben.

Schwarz kann seinen Aufbau beispielsweise nach einem Plan 0-0, ♘bd5 und c6–c5 fortsetzen, von guten Erfolgsaussichten begleitet.

B) Auch in dieser Variante muss Schwarz nach 10.♕f3 die Fernwirkung der weißen Dame gegen f7 im Auge behalten. Wenn Weiß darauf verzichtet, den ♗g6 zu schlagen, ist dies mit erheblichen Unterschieden im Stellungsbild verbunden.

So bleibt die h-Linie geschlossen und der ♙h2 besser geschützt. Dafür bleibt die schwarze Bauernstellung am Königsflügel intakt und der ♘e5 kann selbst als Angriffsziel genutzt werden. Dies passiert bereits unmittelbar, wenn Schwarz mit dem – auch hier wieder guten – Entwicklungszug 10...♗d6 fortsetzt.

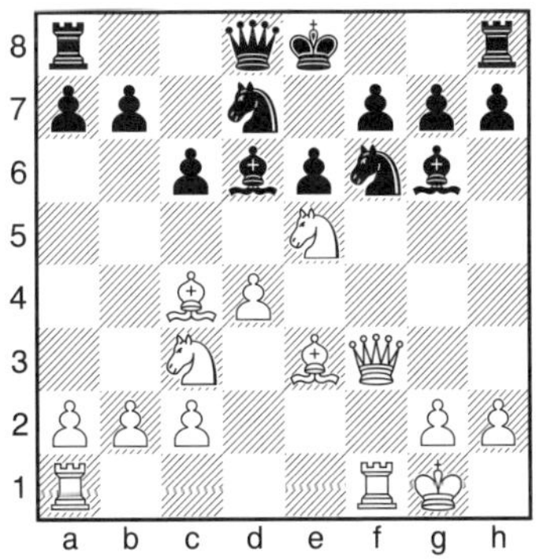

Weiß muss sich nun entscheiden, ob er doch noch auf g6 schlägt und damit in die Parallelvariante wechselt, oder ob er den Springer wegziehen bzw. decken soll. Sofern er weiterhin auf das Schlagen verzichtet, kann sich die Partie beispielsweise mit 11.♘d3 weiterentwickeln.

(Auch nach dem Deckungszug 11.♗f4 ist 11...♕c7 eine gute Entscheidung. Es droht nun ♘f6–h5 mit Unterminierung des weißen Springerschutzes.

Nach 12.♕e2 mit der möglichen natürlichen Folge 12...♘h5 13.♘xg6 hxg6 14.♗xd6 ♕xd6∓ ist das weiße Angriffspotenzial entschärft und Schwarz hat den Mehrbauern behauptet.)

11...♕c7 12.g3 0-0

Mit der Sicherung seines Königs hat Schwarz ein wichtiges Etappenziel erreicht. Er steht bereit, um ein Gegenspiel auf dem Damenflügel zu inszenieren, indem er zunächst seine beiden äußeren Bauern vorstößt. Entsprechend weitergehen kann es beispielsweise mit 13.♖ae1 b5 14.♗b3 a5∓ usw. mit den klar besseren Chancen auf der Seite von Schwarz.

9...♗e7

9...♘bd7 hat wenig eigenständigen Charakter und ist in erster Linie auf Zugumstellungen zu prüfen.

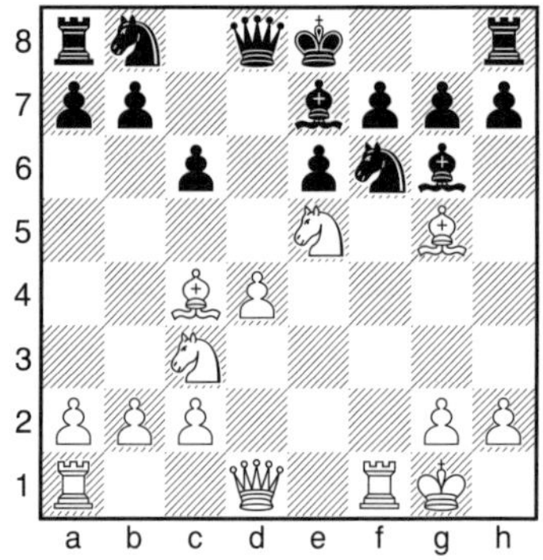

10.h4

Mit diesem aktiven Zug beabsichtigt Weiß, die Stellung des gegnerischen Königs mittels h4–h5–h6 zu schwächen, sobald sich eine passende Gelegenheit für dieses Vorgehen ergibt.

Beachtenswert sind aber auch die Alternativen 10.♘xg6, 10.♔h1 und 10.♘e2, die wir uns deshalb etwas genauer anschauen wollen.

I. Das Motiv 10.♘xg6 hxg6 haben wir bereits in einer zumindest ähnlichen Stellung erörtert (siehe oben in der Variante 9.♗e3 zum Hauptzug 9.♗g5). Es gibt natürlich Unterschiede, auf die wir hier unser Augenmerk richten.

Mit 11.♕d3 macht die Dame den Weg für den ♖a1 in die Mitte frei, ohne dabei die Deckung des ♙d4 zu vernachlässigen. Nach 11...♘bd7 12.♖ae1 erzwingt der Damenzug 12...♕c7 eine Vorkehrung zum Schutz des ♙h2.

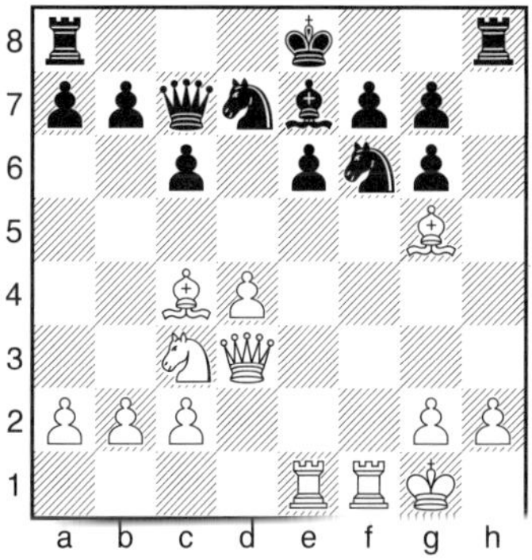

13.h3

(13.♗f4 wird am besten mit 13...♗d6 pariert, worauf Weiß sich zunächst um seinen Läufer kümmern muss. Nach 14.♕g3 ist ein Abtausch der Läufer über 14...♗xf4 15.♕xf4 für Schwarz grundsätzlich von Vorteil, weil er ihm als verteidigender Partei Entlastung verspricht. Vor diesem Hintergrund ist nun 15...♕xf4!? eine wichtige, aber vielleicht nicht die beste Option.

Kämpferischer ist auf jeden Fall 15...0-0-0!?, denn nach einer rationalen weiteren Entwicklung über 16.♘e4 ♘xe4 17.♖xe4 ♘f6 18.♖e5 kann Schwarz mit 18...♕b6 den Schalter, der Weiß zum Verteidiger macht, umlegen.

Weiß kann nicht zugleich seine Bauern auf b2 und d4 decken. Nach 19.c3 ♕xb2 20.♕g3 ♖h5–+ steht Schwarz auf Gewinn.)

Während Weiß seine Kräfte zum Angriff auf dem Königsflügel ausgerichtet hat, entschwindet der schwarze König mit 13...0-0-0 auf die andere Seite. Dort liegen auch vorrangig seine Chancen auf ein Gegenspiel, das er beispielsweise nach dem Muster in der Variante 14.a4 a6 15.♕e3 ♘b6 16.♗b3 c5∓ aufziehen kann.

II. 10.♔h1 kommt in der Praxis immer wieder mal vor, stellt Schwarz aber kaum vor Probleme. Der Erfolg dieses Zuges liegt vorrangig darin, dass der König prophylaktisch von der Diagonale a7–g1 kommt. Demgegenüber lässt er Schwarz mehr Zeit zum Ausbau seiner Stellung.

10...♘bd7

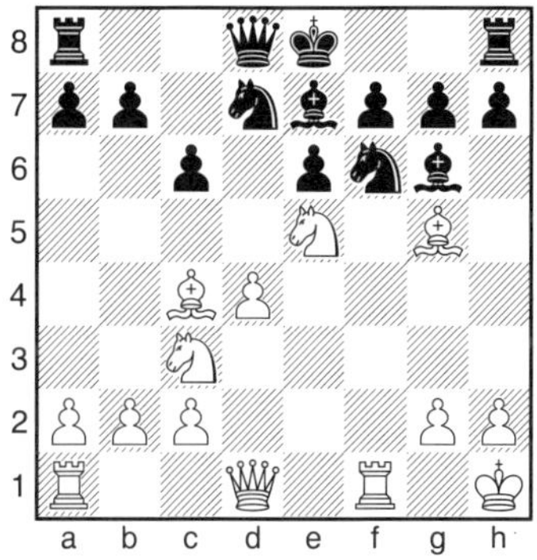

11.♕f3

(11.♘xg6 hxg6 12.♕f3 bringt Weiß nichts ein. Schwarz kann wieder das verletzliche Feld h2 nutzen, um seine Entwicklung unter Aufbau einer starken Stellung auf der Diagonale b8–h2 effektiv fortzusetzen.

Nach 12...♕c7 und dann beispielsweise 13.♗f4 ♗d6 14.♖ae1 0-0-0∓ hat Weiß keine Kompensation.)

Nach 11...♘b6 muss Weiß dem Abtausch seines ♗c4 zustimmen, wenn er noch halbwegs im Spiel bleiben will. Mit seinem Zug nach b6 hat der Springer seiner Dame einen freien Blick bis zum ♙d4 eingeräumt, der entsprechend akut bedroht ist. Mit 12.♕d1 muss Weiß zur Deckung seine Dame einsetzen.

(12.♗b3? ♕xd4 13.♖ae1 0-0∓)

Nach 12...♘xc4 13.♘xc4 h6 mit der möglichen Folge 14.♗h4 0-0 15.♘e5 ♗h7∓ verfügt Schwarz über ein klares Chancenplus.

III. 10.♘e2 mit der Idee einer baldigen Ergänzung um c2–c3 stellt Schwarz ebenfalls kaum vor Herausforderungen. Ein natürlicher Fortgang ist nun 10...♘bd7 11.♘xg6 hxg6.

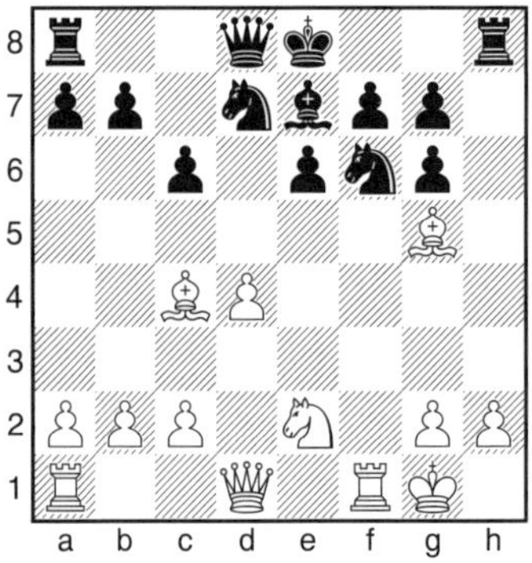

Nach 12.c3 kann Schwarz mit der typischen Entwicklung seiner Dame 12...♕c7 forciert die lange Rochade vorbereiten und nach 13.h3 auch sogleich mit 13...0-0-0 realisieren. Es ist nicht erkennbar, worin jetzt noch eine gewisse Kompensation für den weißen Minderbauern liegen könnte. Nach einem denkbaren weiteren Verlauf mit 14.b4 ♘b6 15.♗d3 ♘bd5 16.♕d2 e5∓ steht Schwarz ausgezeichnet.

10...♘bd7 11.♕e2

In mehreren Nebenvarianten ist uns das weiße Vorgehen mit ♘e5xg6 begegnet. Hier aber würde es nicht zu dem Plan passen, den h-Bauern zur Destabilisierung der schwarzen Stellung nach vorne zu treiben.

11...♘xe5

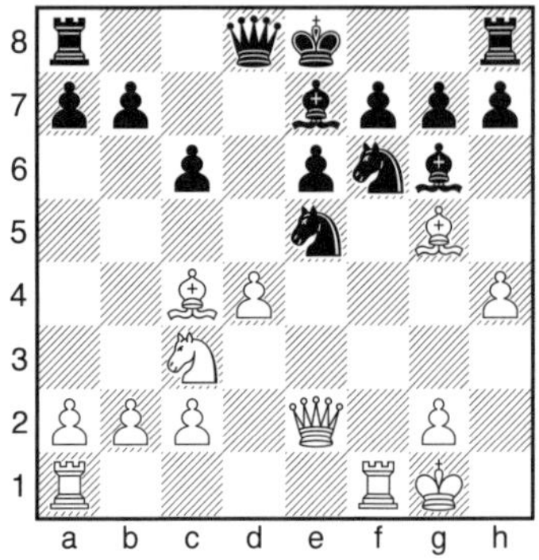

12.dxe5

12.♕xe5? ist nicht zu empfehlen, denn nach 12...h6 13.♗f4 ♗xc2 hat Schwarz zwei Bauern mehr.

12...♘d5

Dies ist die von dem deutschen Spieler und Theoretiker Gerhart Gunderam (1904–1992) berücksichtigte Fortsetzung.

Im Fernschach wurde erfolgreich 12...♕d4+!? ausprobiert und unter Bezugnahme darauf von dem deutschen Spieler und Buchautor Christoph Scheerer aufgegriffen und empfohlen. Die der Beurteilung zugrunde liegende Variante 13.♔h1 ♘e4 14.♘xe4 ♕xe4 15.♕xe4 ♗xe4 16.♗xe7 ♔xe7∓ unterstützt diese Empfehlung.

Es sind jedoch noch einige Fragen zu dieser Variante offen, woran wir in diesem Buch auch nicht umfassend etwas ändern können. Vor dem konzeptionellen Hintergrund unserer Arbeit machen wir deshalb „nur“ auf die Alternative 12...♕d4+!? aufmerksam und empfehlen sie einer weiteren Untersuchung.

13.♗xe7 ♕xe7

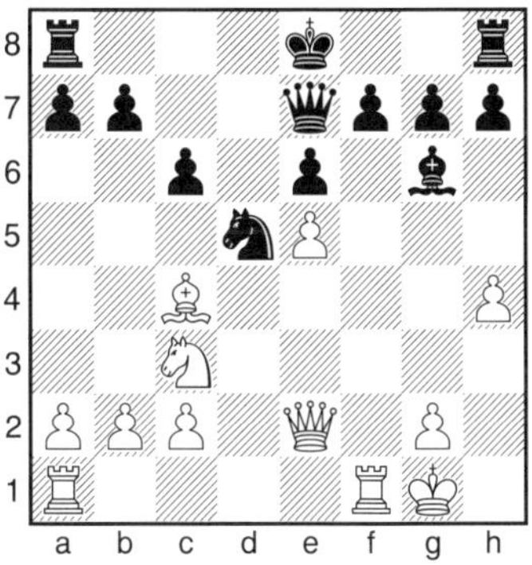

14.h5

Der vorherige Abtausch 14.♗xd5 exd5 bringt Weiß nichts ein, auch wenn es auf den ersten Blick so aussehen mag, als würde 15.h5 Schwarz nun den Läufer kosten. Er hat aber die taktische Ressource 15...♕c5+ 16.♔h1 d4 an der Hand, die Weiß quasi in eine Zwickmühle bringt. Er muss seinen Springer aus der Bedrohung des ♙d4 führen.

17.♘a4

(Nach 17.hxg6? würde 17...hxg6+ den Weißen wegen des Schachgebotes durch den Turm zwingen, den ♘c3 am Ort zu belassen und den König auf die verminte Diagonale a7–g1 zu führen. Nach 18.♔g1 dxc3+ usw. wäre der Sieg für Schwarz beinahe nur noch Formsache.)

Nach 17...♕xc2 hat Weiß keine Zeit, sich auf g6 zu bedienen. Nach 18.♕xc2 ♗xc2 19.♘c5 b6 20.♖ac1 d3 ist das Endspiel für Schwarz gewonnen.

14...♘xc3 15.bxc3 ♗f5

Es ist nicht einfach für Weiß, seinen Angriff aufrecht zu erhalten bzw. zu verstärken.

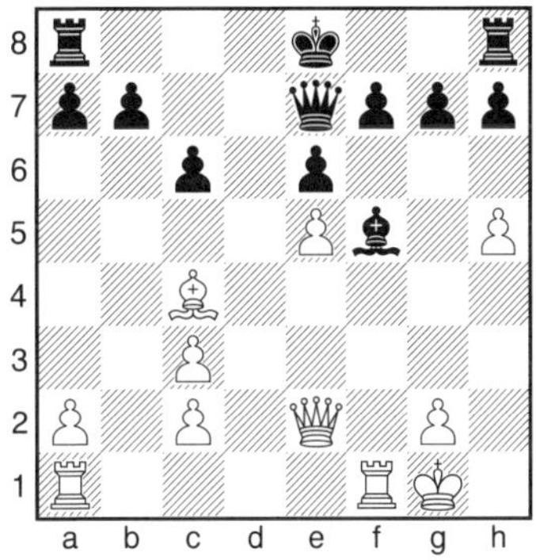

16.♖ad1

Den Versuch 16.g4 kontert Schwarz mit 16...♕g5! – und 16.h6 mit 16...gxh6! in beiden Fällen mit besseren eigenen Chancen.

16...0-0

Folgen kann beispielsweise ...

17.♖d6 ♖ad8 18.♕d2 h6∓

... mit den besseren Aussichten für Schwarz.

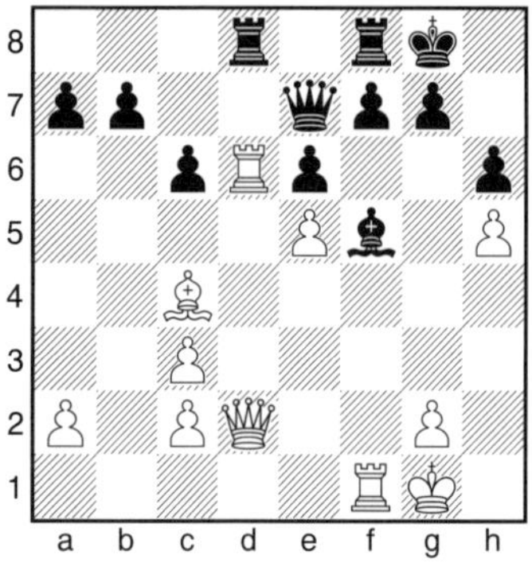

Er hat einen Bauern mehr und im Lager von Weiß gibt es viele Bauernschwächen. Allerdings ist es noch ein weiter Weg bis zum eventuellen Sieg, denn Weiß steht auf der d-Linie sehr aktiv. Es sollte sich lohnen, die von uns empfohlene Variante in der Turnierpraxis zu überprüfen.

Zusammenfassung: Das BDG bietet Weiß große Möglichkeiten zum Angriff auf den schwarzen König. Ungeachtet der damit verbundenen praktischen Chancen gilt es dennoch zu Recht als „nicht ganz“ korrekt.

Schwarz muss umsichtig und genau spielen und darf sich vom teilweise überfallartigen Angriff nicht beeindrucken lassen. Gelingt ihm der nüchterne Umgang mit der Bedrohungslage, hat er alle Aussicht auf den Partieerfolg. Dabei hilft eine hinreichende häusliche Vorbereitung, damit nicht alle Züge bei beschränkter Bedenkzeit am Brett gefunden werden müssen.

So ist es beispielsweise hilfreich, von vornherein zu wissen, dass in unserer Hauptvariante 8...♗g6! und nicht 8...♗xc2?! gespielt werden sollte.

Unabhängig von der Frage nach seiner Korrektheit ist das BDG das Eintrittstor für interessante und spannend geführte Partien.

Wir möchten unsere Ausführungen um die folgende Anmerkung ergänzen: Im Wesentlichen stützen wir uns auf die sogenannte Ziegler-Verteidigung im BDG. Der Name resultiert allerdings daraus, dass Diemer einzelne Linien nach dem jeweiligen Gegner zu benennen pflegte, der sie erstmals gegen ihn angewandt hat.

Den größten Beitrag zur Entwicklung der Theorie dieses Kapitels hat Gerhart Gunderam geleistet, den wir oben bereits kurz vorgestellt haben. Wir vermeiden den Namen „Gunderam-Verteidigung“, weil dieser allgemein für eine anders eingeleitete Verteidigung gegen das BDG fest vergeben ist.

Abspiel 1

1.d4 d5 2.e4 dxe4 3.♘c3 ♘f6 4.f3 exf3 5.♘xf3 c6

Fortsetzung 6.♘e5

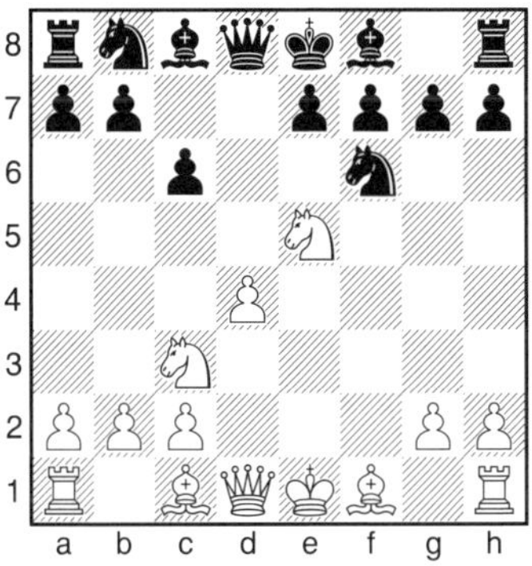

Diese Fortsetzung markiert das Abspiel 1.

6...♗f5

Damit geht das Spiel in die Gunderam-Verteidigung über, was für uns Anlass für die Aufnahme eines eigenen Abspiels ist.

7.g4

Im Kampf um die Initiative führt nach Ansicht der Theorie an diesem Zug kein Weg vorbei.

7.♗c4 würde in die Grundvariante zurückführen.

7...♗e6

Die Position des Läufers auf e6 und damit vor dem e-Bauern sieht natürlich verdächtig aus, ist hier aber tatsächlich gesund. Sie ist Bestandteil eines grundsoliden schwarzen Aufbaus.

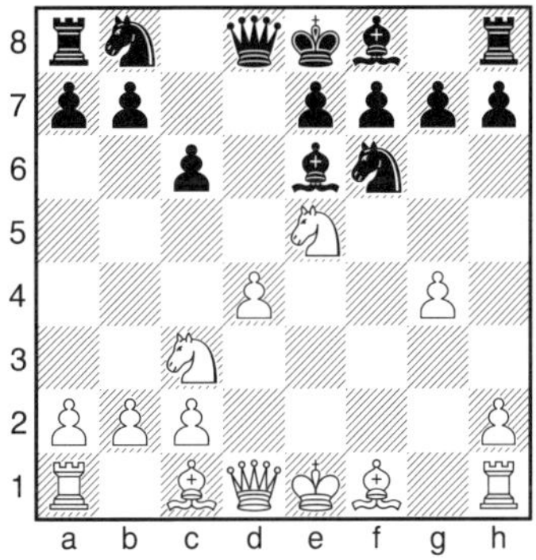

8.g5

Diese Fortsetzung bildet die Hauptvariante. Das Vorrücken des Bauern ist folgerichtig, Schwarz wird weiter unter Druck gesetzt.

Allerdings verdienen auch die Fortsetzungen 8.♗c4 und 8.♗e2 Beachtung, auf die wir deshalb nachstehend etwas genauer eingehen.

I. 8.♗c4 gibt Schwarz die Möglichkeit zum entlastenden Läufertausch. Das Tempo, das Weiß für das Zurückschlagen einsetzt, kann für die weitere Entwicklung genutzt werden.

8...♗xc4

(8...♘d5!? geht allerdings auch, z.B. gefolgt von 9.♕e2 nebst 9...♘d7 usw.)

9.♘xc4

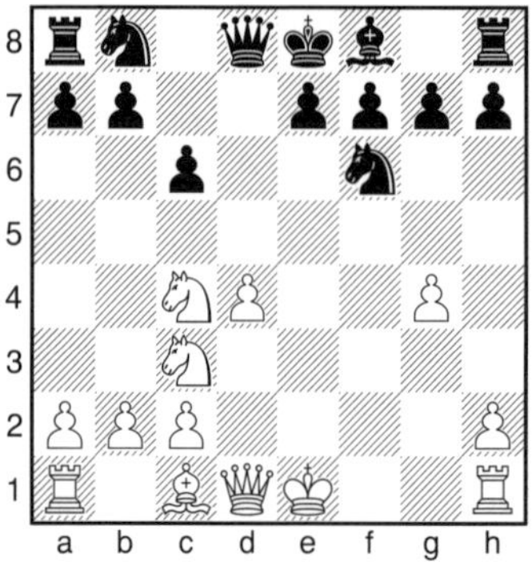

A) Nach 9...g6 leitet das Fianchetto des Läufers auf die Diagonale a1–h8 die Umsetzung eines zuverlässig spielbaren Plans ein, der auch den noch unerfahrenen Spieler nicht überfordert.

10.g5 ♘d5 11.♕f3

Die Dame wird aktiviert und nimmt die Achillesverse f7 ins Visier. Sobald Weiß kurz rochiert, kann sich daraus eine akute Bedrohung ergeben.

11...♘xc3

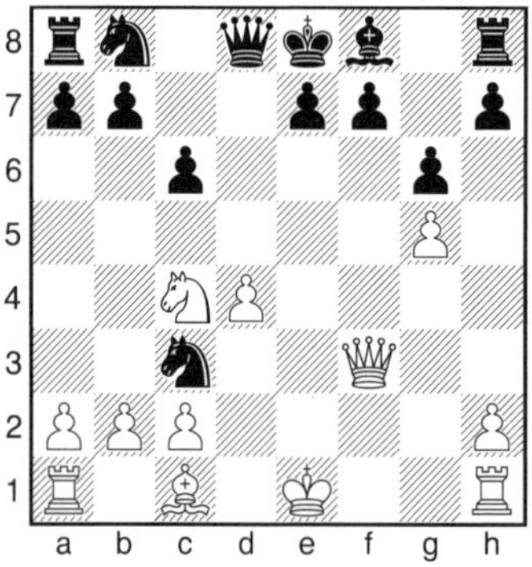

Damit verfolgt Schwarz nicht nur eine Erleichterung seiner Verteidigung durch Figurenabtausch, sondern auch eine weiße Schwächung auf der Diagonale a1–h8, die bald vom eigenen Läufer betreten werden soll.

12.bxc3

(12.♕xc3 ♕d5 nebst ♗f8–g7 würde zu einem klaren schwarzen Vorteil führen.)

12...♕d5

Schwarz gibt seinem Gegner keine Chance, selbst eine Initiative zu entwickeln.

13.♘e5 ♗g7 14.♕xd5 cxd5 15.♘g4 ♘c6∓

Damit ist der meiste Druck vom Kessel. Schwarz kann in der Folge sowohl kurz als auch lang rochieren und behält alles im Griff. Mit Fortdauer der Partie kommt sein Mehrbauer zunehmend zum Tragen.

B) Ein kompliziertes Spiel entsteht im Falle von 9...e6 10.g5 ♘d5 11.0-0.

(Im Unterschied zur Variante nach 9...g6 wäre hier die Dame nach 11.♕f3 in mehreren der nun möglichen Folgevarianten deplatziert. Um sich dies deutlich zu machen, lohnt es sich, das Spiel wie in der Parallelvariante fortzusetzen. Nach 11...♗e7 12.♘e4 0-0 13.♘e5 und nun beispielsweise 13...♘b4 bestätigt sich die zu prüfende Einschätzung.)

Nach 11...♗e7 deckt 12.♘e4 den ♙g5, was aber nicht der einzige Effekt dieses Zuges ist. Weiß plant ♘c4–e5, worauf dann schon c2–c4 zur Vertreibung des ♘d5 möglich würde.

12...0-0 13.♘e5 ♘d7 14.♘xd7 ♕xd7 15.c4 ♘c7

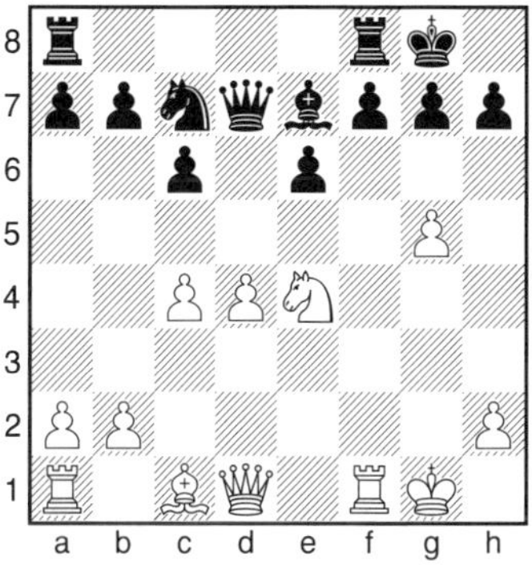

Es mag den Anschein haben, als seien die weißen Angriffschancen ausgereizt, aber das Gegenteil ist der Fall. Mit 16.♘f6+ steht Weiß ein sehr scharfes Schwert zur Verfügung. Nach 16...gxf6 17.gxf6 kann Schwarz seinen Läufer nicht wegziehen, um materiell mit einem Vorteil aus der Situation zu kommen. Er würde mit ♕d1–g4+ mit anschließendem Matt bestraft.

Nach 17...♗xf6 18.♖xf6 ist das bisherige Materialverhältnis wieder hergestellt, allerdings hat der schwarze König viel von seinem bisherigen Schutz eingebüßt. Ein möglicher Fortgang ist 18...♘e8 19.♖f2 ♔h8 20.b3 (um den König auch über die Diagonale a1–h8 angreifen zu können) 20...f6 21.♗b2 ♖g8+ 22.♔h1 ♖g6.

Der starke Angriffsspieler mit den weißen Steinen dürfte Geschmack an dieser Stellung finden. Nach beispielsweise 23.♕e2 ♘g7 hat Schwarz seinen Mehrbauern behauptet, jedoch sind die Chancen von Weiß nicht zu unterschätzen. Sein starker Läufer auf b2 kann noch eine große Rolle spielen.

II. Mit 8.♗e2 beteiligt sich der Läufer an der Deckung des ♙g4 und entlastet damit den ♘e5. Dieser kann sich nunmehr mit 8...♘bd7 einem Abtausch entziehen.

9.♘d3

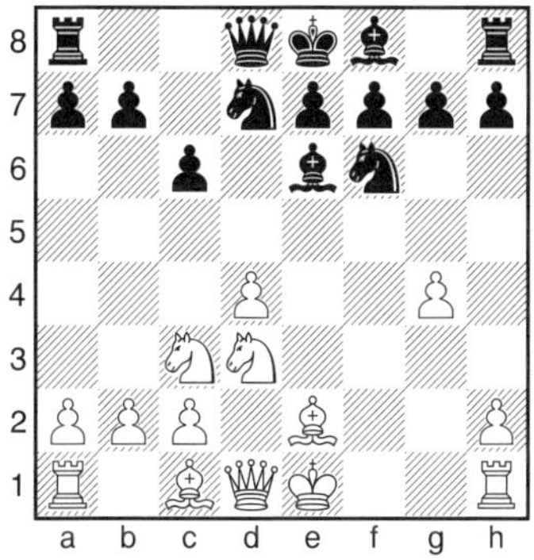

Schwarz steht nun vor der Frage, ob er die ungewöhnliche Konstellation ♙e7/♗e6 auflösen oder er den eingeschlagenen Weg erst mal weiter beschreiten soll.

9...♗c4 ist die eine Auflösung verfolgende Antwort.

(Die zweite Möglichkeit zur weiteren Entwicklung des Königsflügels liegt grundsätzlich im Fianchetto, das hier auch tatsächlich eine echte Alternative ist. Als natürlicher Fortgang der Partie kommt nun 9...g6!? 10.♘f4 ♗d5 11.0-0 ♗g7 in Betracht, woraufhin der von Schwarz angestrebte Aufbau Konturen angenommen hat.

Mit 12.g5 kann Weiß weiter um eine Initiative kämpfen. Allerdings zeigt der plausible Fortgang mit 12...♘e4 13.♘cxd5 cxd5 14.♘xd5 e6 15.♘c3 ♘xc3 16.bxc3 deutlich auf, dass seine Möglichkeiten limitiert sind.

Nach 16...0-0∓ sind Schwarz bessere Chancen einzuräumen, weil die weiße Stellung mehrere Schwächen aufweist und auch der König nicht sicher steht.)

Mit 10.g5 wird die Entwicklung 10...♘d5 11.♘xd5 ♗xd5 ausgelöst, und nun kann Weiß mit 12.0-0 darauf spielen, zu einer Initiative zu kommen.

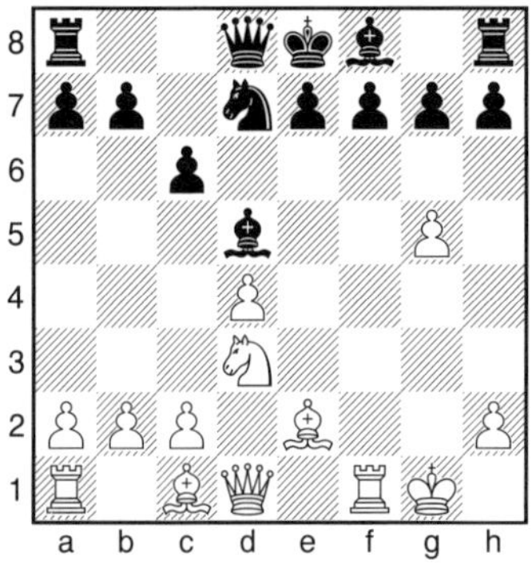

Hier aber steht Schwarz die starke Antwort 12...e5! zur Verfügung. Er investiert seinen Mehrbauern zugunsten eines positionellen Ertrags.

13.dxe5 ♗e7 14.♗f3 ♗c4

(Nach 14...♗xg5?? 15.♗xd5 fällt die schwarze Stellung wie ein Kartenhaus in sich zusammen.)

Nach 15.h4 hat Weiß seine materielle Situation abgesichert, aber zum Preis einer unsicheren Königsstellung, was Schwarz mit 15...♕b6+ beginnend ausnutzen kann.

Nach beispielsweise 16.♔g2 kann er 16...0-0 spielen und ist damit gut vorbereitet, um aus einer sicheren und durchaus bereits aktiven Stellung heraus die Initiative zu übernehmen.

8...♘d5

8...♘fd7!? ist grundsätzlich auch möglich.

9.♘e4

Weiß vermeidet einen Abtausch auf c3 und setzt seinen Springer ein, um den Druck auf die schwarze Stellung zu erhöhen.

9...♘d7 10.♘xd7

Im Falle von 10.♘d3 ist Schwarz das Fianchetto auf dem Königsflügel über 10...g6!? 11.♗g2 ♗g7 usw. zu empfehlen.

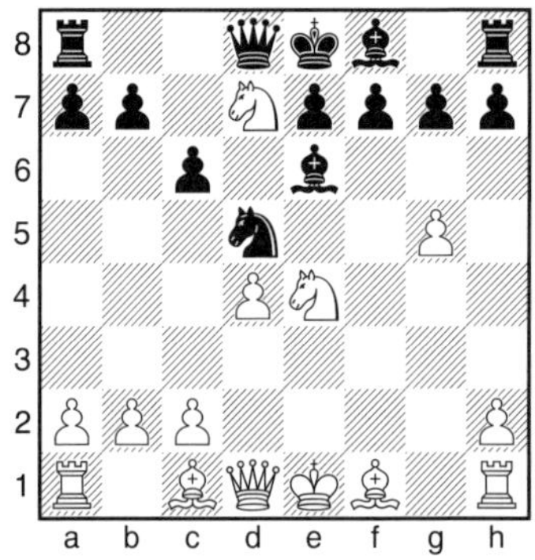

10...♕xd7

10...♗xd7 ist ebenfalls möglich. Schwarz muss dann insbesondere mit 11.♗g2 und 11.c4 als Antwort rechnen.

Mit 11.♗g2 zeigt Weiß an, dass er seine Kräfte zunächst weiter in Position bringen will, bevor er den Kampf forciert.

(Mit 11.c4 verfolgt er hingegen den Weg einer sofortigen Konfrontation. Nach 11...♘b6 können beide Seiten über beispielsweise 12.♗e3 ♗f5 13.♕f3 g6 14.0-0-0 ihre Stellungen ausbauen.

Schwarz sollte sich nicht auf seinem Vorteil im Materialverhältnis ausruhen, sondern energisch um aktive Spielanteile streiten. Zu diesem Zweck kann er 14...h5 spielen. Wenn sich Weiß seine Angriffschancen erhalten und Schwarz kein sehr sicheres Versteck auf dem Königsflügel einräumen will, wird er mit 15.gxh6 antworten.

Nach 15...♗xh6 16.♗xh6 ♖xh6 sind die Perspektiven für Schwarz gut. Weitergehen kann es beispielsweise mit 17.h4 e6 18.c5 ♗xe4 19.♕xe4 ♘d5 20.♗c4 ♕d7 nebst 0-0-0 usw.)

Mit 11...♕a5+ kann Schwarz versuchen, die gegnerischen Pläne zu durchkreuzen, indem er Weiß durch Ablenkung beschäftigt und zu Schwächungen zwingt. In dieser Zeit kommt er allerdings in seiner eigenen Entwicklung nicht richtig voran.

(Eine Möglichkeit, einen wenig ausgetretenen Pfad zu betreten, bietet die Alternative 11...g6!?. Das Spiel kann sich dann beispielsweise mit 12.c4 ♘b6 13.b3 ♗g7 usw. weiter entwickeln.)

Nach 12.♗d2 nimmt Schwarz in der Zugfolge 12...♕b5 13.b3 ♕b6 verschiedene Schwächen aufs Korn und veranlasst Weiß zu Reaktionen.

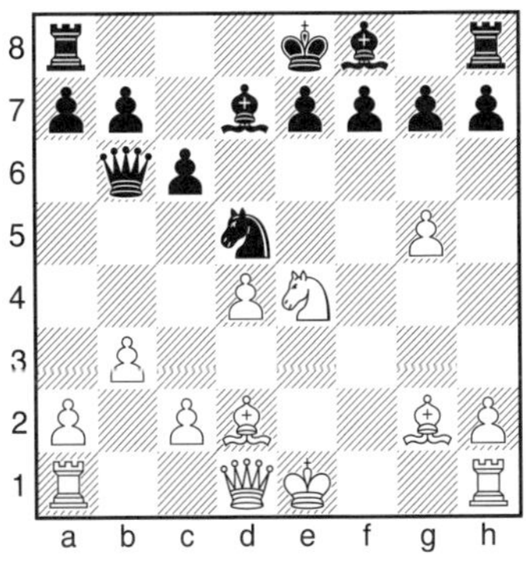

Nach 14.♘c5 kann er mit 14...0-0-0 erstmals wieder etwas für seine Entwicklung tun. Verbunden ist damit allerdings ein erheblicher Wandel der Stellung. Weiß kann seine offensiven Bemühungen nun verstärkt auf den Damenflügel verlegen.

Nach 15.c4 ♘c7 16.a4 gefolgt von 16...♘e6 17.a5 ♕c7 18.♘xe6 ♗xe6 steht Schwarz beengt, aber solide. Um seine Figuren am Königsflügel ins Spiel zu bringen, sollte er g7–g6 und ♗f8–g7 ins Auge fassen. Insgesamt ist die Situation kompliziert.

11.♘c5 ♕d6

Die Dame kann sich auch mit 11...♕c8!? zurückziehen. Nach 12.c4 zur Vertreibung des Springers und der Reaktion 12...♘b6 bieten sich Weiß 13.b3 und auch 13.♕b3 als Fortsetzung an. In beiden Fällen ist Schwarz die Vorbereitung des Fianchettos auf dem Königsflügel mit 13...g6!? zu empfehlen.

12.♗g2

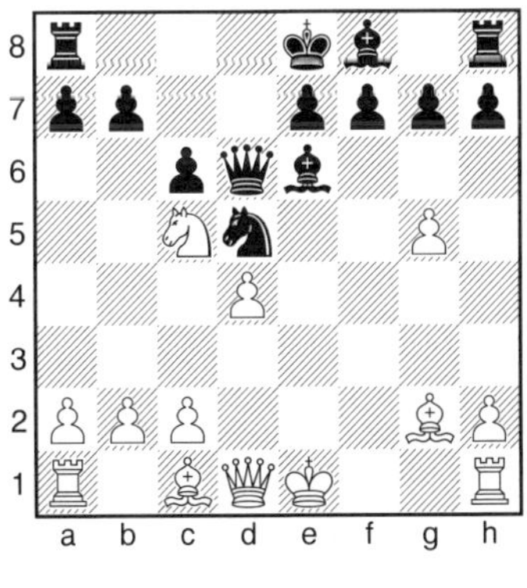

12...g6

Für Schwarz stellt sich die aktuelle Situation wie folgt dar:

1. Der ♗e6 stört die weitere Entwicklung, sollte aber nach Möglichkeit erhalten werden.

2. Es wird Zeit, dass der Königsläufer nach g7 aktiviert wird.

3. Der König sollte in eine sichere Rochadestellung gebracht werden.

Es hängt auch vom Gegner ab, wie und wann Schwarz Fortschritte erzielen kann.

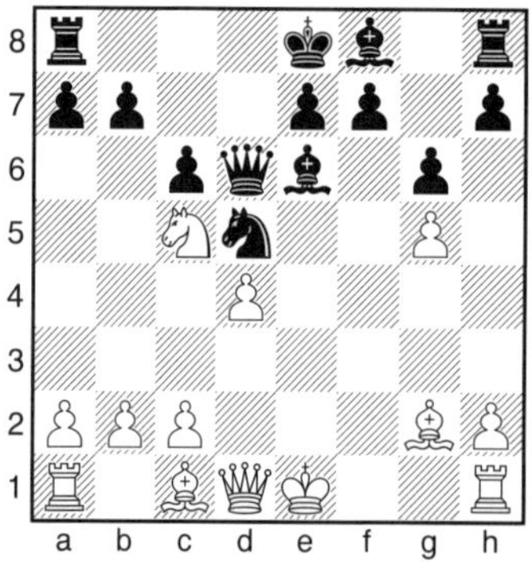

13.c3

Auf c3 ist der Bauer gut postiert. Er stärkt frühzeitig den Kollegen auf d4, begrenzt den Einfluss des auf g7 zu erwartendem schwarzen Läufers und sperrt dazu auch noch das Feld b4 für Schwarz.

Die energische Springervertreibung mit 13.c4 macht die Variante 13...♘f4 14.♗xf4 ♕xf4 15.♘xe6 ♕h4+ 16.♔e2 fxe6 möglich. Nach 17.♕d2 zum Schutz des ♙g5 hat Schwarz die Wahl zwischen den beiden guten Fortsetzungen 17...♗g7 und 17...0-0-0. In beiden Fällen sichert er sich ein gutes Spiel.

13...♗c8

Damit hat die Läuferproblematik zumindest eine Zwischenlösung gefunden.

14.♘e4 ♕c7 15.♕f3

Schwarz hat nun die Zeit für die Entwicklung seines zweiten Läufers.

15...♗g7 16.♗d2 h5 17.♕f2 0-0∓

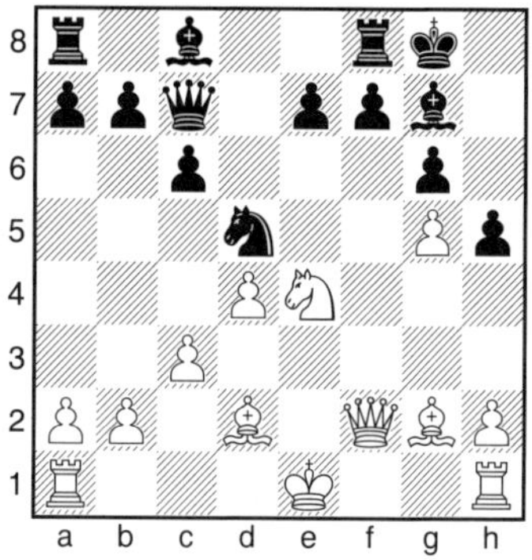

Schwarz steht gut.

Zusammenfassung: Die Fortsetzung 6.♘e5 erlaubt Schwarz den Übergang in die Gunderam-Verteidigung mit 6...♗f5. Schwarz muss dann mit dem forschen Vorstoß 7.g4 rechnen. Diesen und die sich anschließenden Versuche von Weiß, eine Initiative zu entwickeln, kann er aber mit einer wirkungsvollen, wenn auch nicht ästhetischen, Positionierung seines Läufers auf e6 abfangen. Er kann dann mit der guten Aussicht auf einen klaren Eröffnungsvorteil kontinuierlich seine Stellung ausbauen.

!

Abspiel 2

1.d4 d5 2.e4 dxe4 3.♘c3 ♘f6 4.f3 exf3 5.♘xf3 c6 6.♗c4 ♗f5 7.♘e5 e6 8.0-0 ♗g6!

Fortsetzung 9.g4

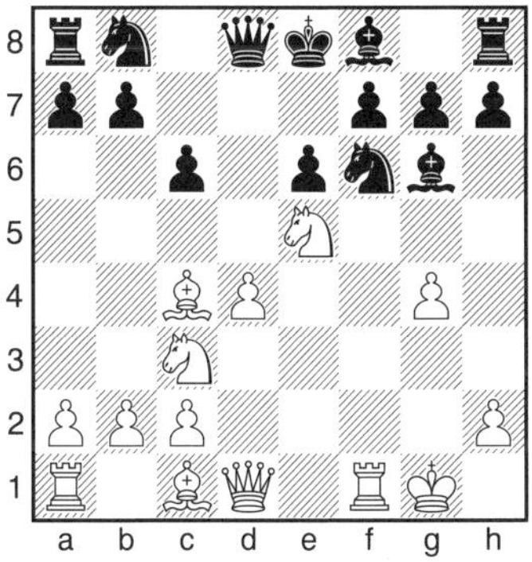

Mit dieser Fortsetzung ist unser Abspiel 2 erreicht. Der Vorstoß des g-Bauern ist die Methode, mit der Weiß ultimativ forciert gegen die schwarze Stellung anrennen kann. Dies ist für uns Grund genug, ihr ein eigenes Abspiel zu widmen.

Wenn Schwarz sich richtig verteidigt, hält er dem Angriff stand und kommt mit besseren Chancen aus dem unmittelbaren Kampf heraus. Darum bewertet die Theorie 9.g4 mit „?!“, also als Zug mit einem zweifelhaften Wert.

9...♘bd7

Dies ist der Hauptzug. Daneben ist auch 9...♗d6 interessant.

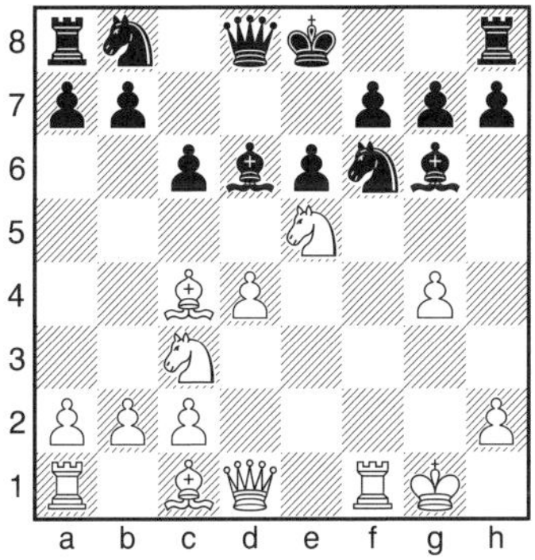

Wer möchte, kann sich mit relativ wenig Aufwand ein zweites Standbein verschaffen. Wenn Weiß keine Vorkehrungen dagegen trifft, könnte Schwarz nach einem Abtausch auf e5 den Damentausch forcieren und sich damit die Verteidigungsaufgaben erleichtern sowie seinen Mehrbauern in der Bedeutung aufwerten.

Neben 10.♗f4 muss Schwarz daraufhin insbesondere mit der Antwort 10.♘xg6 rechnen. Andere Möglichkeiten sind weniger empfehlenswert.

A) Nach 10.♗f4 gefolgt von dem Abtausch 10...♗xe5 11.♗xe5 und nun 11...♘bd7 wird Weiß seinen Läufer auf dem Brett behalten wollen. Zu diesem Zweck kann er ihn sowohl zurück nach f4 als auch weiter nach g3 ausweichen lassen.

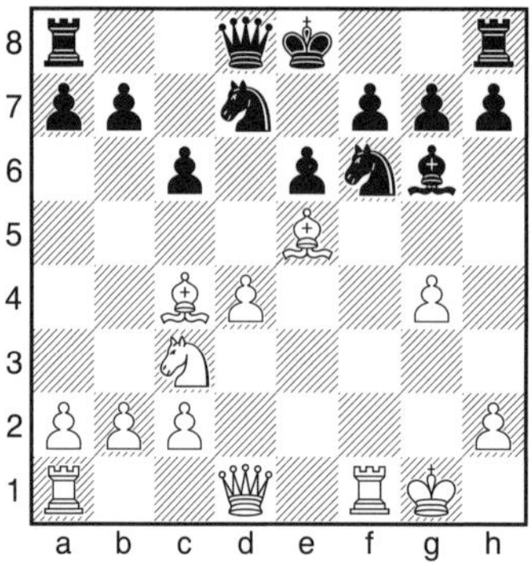

A1) Nach 12.♗f4 0-0 sollte Weiß weiter seinen Anspruch auf Initiative verfolgen, was ihm insbesondere mit 13.g5 möglich ist. Es kann dann 13...♘d5 14.♘xd5 cxd5 folgen.

Diese Stellung markiert allerdings einen gewissen Wendepunkt im Spiel, denn nach 15.♗b3 kann Schwarz mit 15...f6 beginnend dem Kampf zunehmend seinen Stempel aufdrücken. Möglich ist dann ein Fortgang über die Variante 16.♕g4 ♗f5 17.♕g3 fxg5 18.♗xg5 ♕b6 mit Vorteil für Schwarz.

A2) 12.♗g3 lässt Schwarz die Wahl zwischen zwei guten Fortsetzungen, und zwar 12...♘b6 mit Angriff auf den Läufer und dem energischen Vorstoß 12...h5!?.

12...♘b6

(Nach 12...h5!? wird Weiß seinen Bauern mangels einer gleichwertigen Alternative voraussichtlich mit 13.g5 weiter laufen lassen, worauf Schwarz das Ausweichen des Springers mit 13...♘d5 ins Zentrum gute Perspektiven einbringt. Anhaltspunkte für die weitere Spielführung bietet die Fortführung in der Variante nach 12.♗g3 ♘b6 etc.)

Nach 13.♗b3 stimmt die Situation auf dem Königsflügel exakt mit jener in der vorhergehenden Variante überein, in der Schwarz anstelle von 12...♘b6 die Alternative 12...h5 gespielt hat. Und dieser Zug ist auch hier wieder die beste Wahl, nur eben leicht verzögert gespielt.

13...h5!? 14.g5 ♘fd5 15.♘xd5 ♘xd5

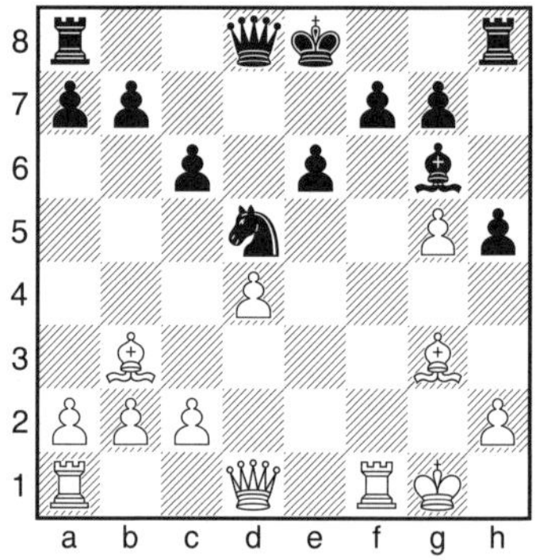

Weiß muss nun zwei Drohungen zugleich parieren, nämlich ♘d5–e3 und h4–h5. Der Versuch 16.♗xd5 ist die einzige Möglichkeit, noch halbwegs ungeschoren aus der Situation zu kommen.

(16.♕d2? wäre untauglich wegen 16...h4 17.♗e5 ♖h5–+ usw.)

Nach 16...♕xd5 17.h4 0-0∓ hat Schwarz einen Mehrbauern und damit die klar besseren Karten in der Hand. Allerdings sind ungleichfarbige Läufer auf dem Brett, so dass die Verwertung des materiellen Vorteils grundsätzlich erschwert ist.

B) Nach 10.♘xg6 hxg6 hängt der Bauer auf h2. Dies sollte Weiß aber ignorieren und mit 11.g5 fortsetzen.

(Wenn er den Bauern mittels 11.♖f2? zu verteidigen versucht, kommt er nach

11...♖h4! usw. im schwarzen Angriffswirbel unter die Räder.)

Nach 11...♗xh2+ 12.♔g2 ♘d5 steht Schwarz ausgezeichnet. Ein möglicher Fortgang ist 13.♕f3 ♕c7 14.♘e4 ♖h4 und Weiß ist ohne Kompensation für den Materialnachteil.

10.♘xg6 hxg6 11.g5 ♕c7

Hier darf Weiß nicht übersehen, dass ein einzügiges Matt auf h2 droht. Der ♘f6 ist also aktuell unantastbar.

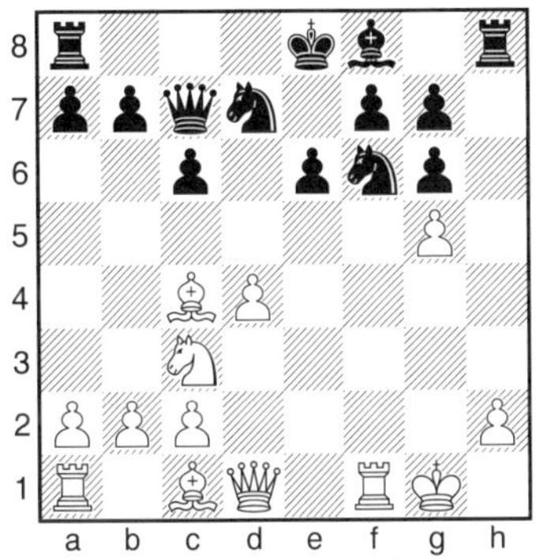

12.♗f4 ♗d6 13.♗xd6

13.♕f3? zur Deckung des ♗f4 funktioniert nicht.

(Eine Schussfahrt in die Niederlage würde 13.gxf6? mit der möglichen Folge 13...♗xf4 14.fxg7 ♗e3+ 15.♔g2 ♖xh2+ 16.♔f3 ♕f4# auslösen.)

Schwarz spielt darauf 13...♖h4 und eskaliert damit die Situation.

(Die Abwicklung 13...♗xf4 14.♕xf4 ♕xf4 15.♖xf4 ist zwar deutlich schlechter, belässt Schwarz aber auch alle Hoffnung auf einen Sieg. Nach 15...♘d5 16.♘xd5 cxd5 wäre die Fortsetzung des Kampfes mit 17.♗b5 ♖d8 18.♖af1 a6 19.♗d3 0-0 plausibel. Schwarz steht besser, der Weg zu einem eventuellen Sieg wäre aber noch weit.)

Anschließen kann sich beispielsweise 14.♘e2 ♗xf4 15.♘xf4 ♘h5 16.♘h3 0-0-0∓ mit einem klaren Vorteil für Schwarz.

13...♕xd6

Nun droht auch in dieser Situation das Matt auf h2.

14.♖f2 ♘d5

14...♖h4!? wäre einen Versuch wert, mit etwas mehr Risiko auf einen vollen Punkt zu spielen. Nach 15.gxf6 gxf6 steht der weiße König unsicher und in Verbindung mit der langen Rochade kann Schwarz auf die Entwicklung eines starken Angriffs spielen.

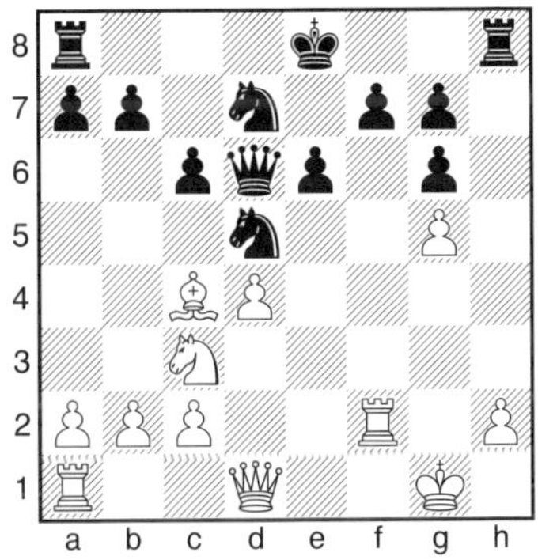

15.♘e4 ♕c7 16.♕f3

Die starke Präsenz auf der f-Linie mit Druck gegen f7 bringt Schwarz in Gefahr.

16...0-0-0

Damit macht Schwarz ein materielles Zugeständnis, um den König aus der unmittelbaren Bedrohung zu führen.

Nach 16...0-0 könnte Weiß mit 17.h4 Δh4–h5 einen heftigen Angriff gegen den König führen.

17.♕xf7

Weiß muss sich praktisch damit zufrieden geben, eine ausgeglichene Variante zu spielen.

Der Versuch einer Verstärkung mit 17.♖af1 würde sich nach 17...♖h4 als Schuss in den Ofen erweisen. Nun ist die Dame zunächst an die Deckung des ♘e4 gebunden. Weitergehen könnte es beispielsweise mit 18.♗xd5 exd5 19.♘c3 f5 20.♘e2 ♖e4 21.♘f4 ♕d6∓ und Schwarz einen Mehrbauern behalten.

17...♖df8

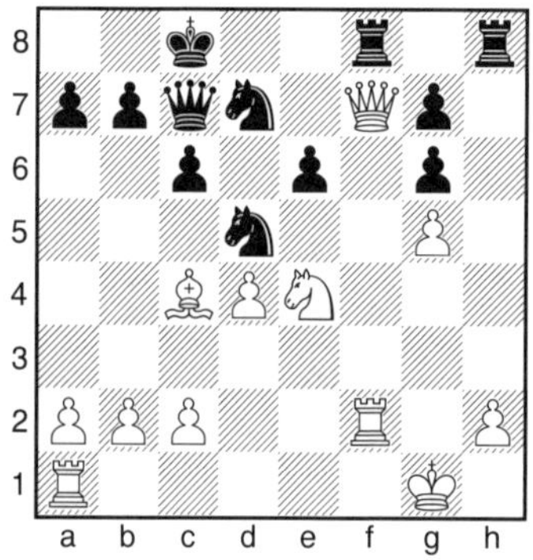

18.♕xg7

18.♕xe6?? ♘f4–+

18...♖fg8 19.♕f7 ♖f8 mit Zugwiederholung.

Zusammenfassung: Die Fortsetzung 9.g4 sieht gefährlicher aus als sie ist. Mit unserer Empfehlung 9...♘bd7 und der Alternative 9...♗d6 stellen wir zwei gute Antworten vor, die Schwarz die Wahl sowie Flexibilität ermöglichen. Ein – natürlich – genaues Spiel vorausgesetzt, kann sich Schwarz sicher gegen das weiße Anrennen behaupten.

Kapitel 10

Pseudo–Trompowsky–Angriff

1.d4 d5 2.♗g5

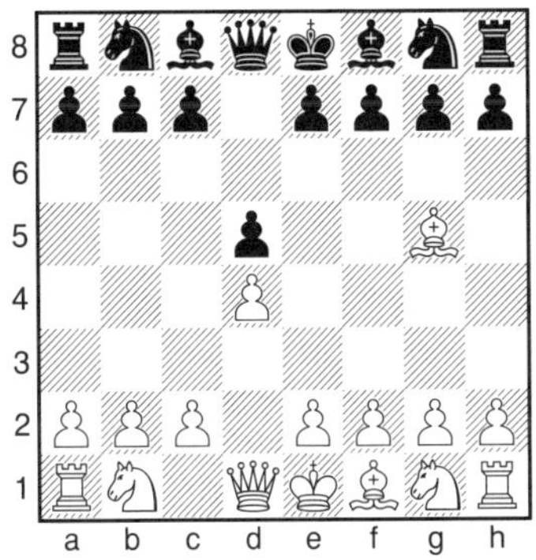

Diese Spielweise wird als Pseudo-Trompowsky-Angriff oder Hodgson-Angriff bezeichnet. Sie wird durch die schnelle Läuferentwicklung ♗c1–g5 charakterisiert.

Der eigentliche oder *klassische* Trompowsky-Angriff entsteht über die Züge 1.d4 ♘f6 2.♗g5. Ihm widmen wir uns im **Kapitel 1.**

2...h6

So will Schwarz die Situation um den Läufer sofort klären. Im Falle von 2...♘f6 3.♗xf6 geht das Spiel in den Trompowsky-Angriff über.

3.♗h4

Diese Fortsetzung leitet die Hauptvariante ein.

Die Alternative 3.♗f4 wird selten gespielt. Der weiße Aufbau kann dann eine Richtung nehmen, die an das Londoner System erinnert (vgl. hierzu unser **Kapitel 6**). Weitergehen kann es beispielsweise mit 3...♘f6 4.e3 ♗f5 und nun mit dem Manöver 5.♗d3 ♗xd3 6.♕xd3, das wir zum Londoner System in ähnlicher Weise gesehen haben.

(6.cxd3 kann Weiß nicht viel versprechen. Nach beispielsweise 6...e6 7.♕b3 ♕c8 8.♘f3 ♗d6= hat Schwarz den Stellungsausgleich bereits sichergestellt.)

Nach 6...c6 verwehrt der Bauer Weiß das Betreten des Feldes b5. Zugleich verschafft er der Dame die Option, sich auf den Damenflügel zu entwickeln. Die Stellung ist nun so beschaffen, dass beide Seiten in einem eher ruhigen Fahrwasser ihre Entwicklung voranbringen können.

Die Beispielvariante 7.♘f3 e6 8.0-0 ♗d6 9.♗xd6 ♕xd6 10.♘bd2 0-0 kann vom Verlauf als natürlich angesehen werden. Mit 11.c4 c5 entsteht eine Bauernstruktur, wie sie im Wesentlichen für die Tarrasch-Verteidigung im Damengambit typisch ist.

Die Stellung liegt im Bereich des Ausgleichs. Eine von mehreren guten Fortsetzungen ist nun 12.dxc5. Nach 12...♕xc5 können beide Seiten ihre Entwicklung beenden, z.B. über die Zugfolge 13.♖ac1 ♕e7 14.cxd5 ♘xd5 15.a3 ♘c6=. Für die schwarzen Türme bieten sich die c- und die d-Linie an.

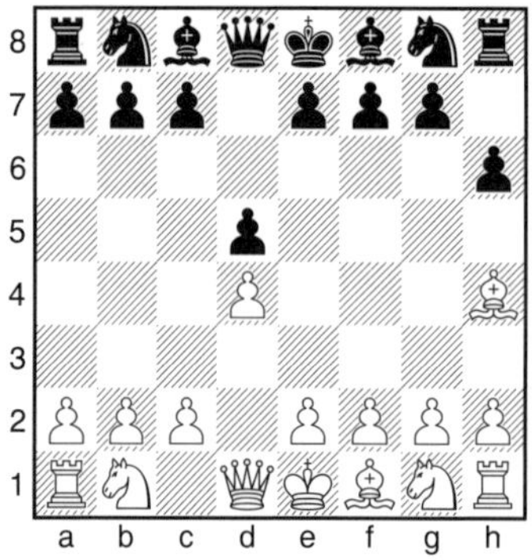

3...c6

Der Bauer macht den Weg für einen Ausfall der Dame nach b6 mit Angriff auf den ♙b2 frei.

Wenn Schwarz besonders energisch vorgehen will, kann er 3...c5!? versuchen. In der Wahl seiner Antwort ist Weiß ein weiter Spielraum gegeben. Die mögliche weitere Entwicklung können wir deshalb nur exemplarisch behandeln.

Mit 4.dxc5 behält Weiß wohl noch am ehesten den Hut auf. Einen möglichen Fortgang leitet daraufhin 4...♕a5+ ein. Schwarz hat damit allerdings nicht unbedingt eine sofortige Rückeroberung des Bauern im Auge, sondern ggf. eine rasche weitere Entwicklung und eine Destabilisierung der weißen Stellung auf dem Damenflügel.

So folgt auf 5.♘c3 am besten 5...g5 und auf 6.♗g3 dann 6...♗g7.

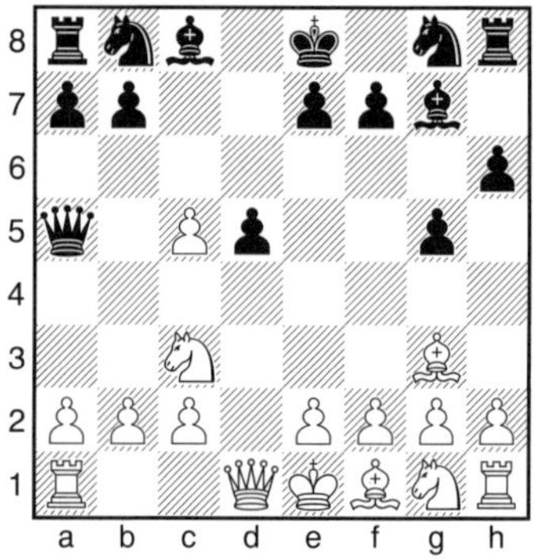

Weiß muss sich nun um die Situation seines ♘c3 kümmern. In der Aktivierung seiner Kräfte am Königsflügel kommt er deshalb zunächst mal nicht weiter. Nach 7.♕d2 legt Schwarz mit 7...d4!? den Finger in die Wunde. Die weißen Stellungsprobleme werden noch deutlicher.

(Die Alternative 7...♗xc3 führt nach 8.♕xc3 ♕xc3+ 9.bxc3 zu einer sehr schwachen weißen Bauernstellung am Damenflügel. Sie bietet sich also demjenigen an, der sich in solchen Stellungsbildern mit den schwarzen Steinen wohlfühlt. Mehr als eine ausgeglichene Stellung kann er bei einem solchen Vorgehen objektiv allerdings nicht erwarten.

Die Beispielvariante 9...♘d7 10.c4 ♘gf6 11.cxd5 ♘xd5 12.c6 bxc6= bestätigt diese Einschätzung und zeigt, dass Weiß seinem Gegner ebenfalls die Bauernstellung demolieren kann.)

Eine bessere Möglichkeit als 8.♘d5 bietet sich nicht an. Daraufhin wird die folgende und über die alternativlose Fortsetzung 8...♕xd2+ eingeleitete weitere Entwicklung möglich.

9.♔xd2 ♘a6 10.e3 dxe3+ 11.♔xe3 mit einer verworrenen, aber in etwa ausgeglichenen Stellung, die im weiteren Verlauf ein interessantes Duell verspricht. Die beiderseitigen Möglichkeiten für die Fortsetzung des Spiels sind offen.

Dem Konzept für unser Buch entsprechend können wir diese nur an einer beispielhaften Entwicklung aufzeigen. So kann Schwarz etwa nach 11...♗e6 12.♗b5+ (12.♖d1 0-0-0!) 12...♔f8 13.♖d1 ♘xc5 14.♘c7 ♖c8 15.♘xe6+ ♘xe6 16.c3 f5 17.f4 mit seiner Stellung vollauf zufrieden sein.

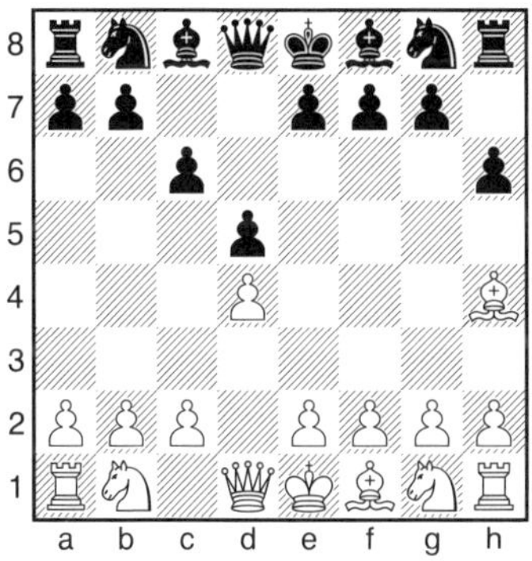

4.e3

Weiß will seinen Königsläufer so schnell wie möglich ins Spiel bringen.

Auf die alternative Wahl 4.♘f3 empfiehlt sich 4...♕b6 als Antwort, woraufhin Weiß sich um seinen b-Bauern kümmern muss.

(4...♗f5 5.e3 hat praktisch nur als Zugumstellung Bedeutung.)

A) 5.♕c1

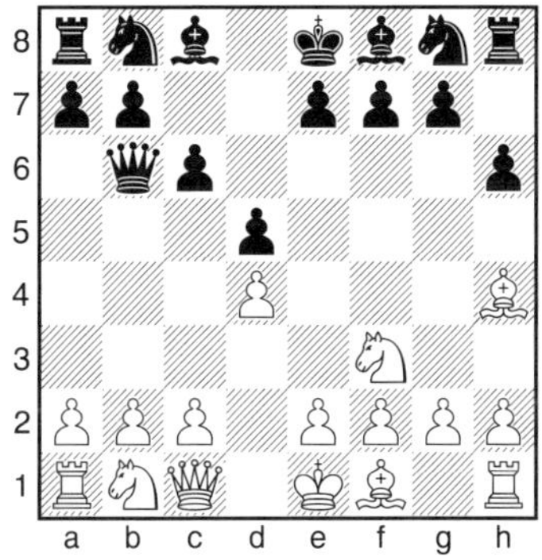

A1) 5...g5

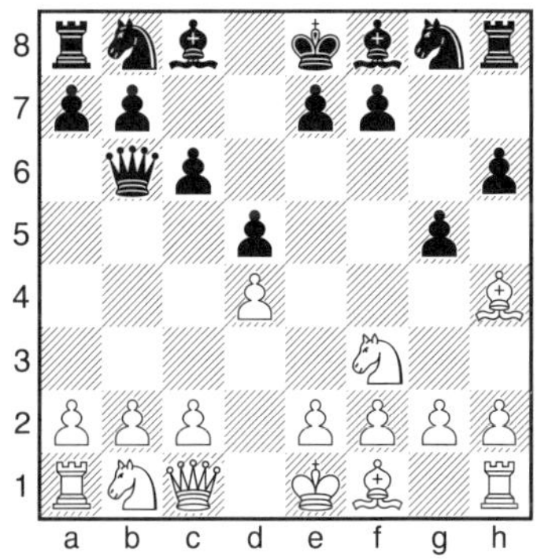

Dieser Vorstoß ist besonders elanvoll, schwächt allerdings die Königsstellung nach einer eventuellen kurzen Rochade. Dies sollte man vor einer Ausführung immer bedenken. Es hängt natürlich auch vom eigenen Naturell ab, ob man die damit verbundenen Risiken in Kauf nimmt oder vielleicht doch lieber eher positionell die Entwicklung fortsetzt.

Nach 6.♗g3 boxt Schwarz mit 6...g4 den einzigen Verteidiger des ♙d4 weg, so dass dieser nach 7.♘e5 mit 7...♕xd4 geschlagen werden kann.

Dieses konsequente Vorgehen gibt dem Vorpreschen des g-Bauern einen spezifischen Sinn.

Nach 8.e3 ♕b6 9.c4 bekommt Weiß allerdings ein aktives Spiel für den Bauern, z.B. über die Zugfolge 9...♘d7 10.cxd5 ♗g7 11.♘d3 cxd5 12.♘c3 ♘gf6 13.♗e2 0-0 14.0-0.

Weiß hat seine Kräfte elastisch und auch harmonisch aufgestellt. Schwarz hingegen hat eine geschwächte Königsstellung und noch Zeit in die Entwicklung seines Damenflügels zu investieren. Deshalb verdient unseres Erachtens 5...♗f5 gegenüber 5...g5 der Vorzug.

A2) Unsere Empfehlung ist also die ruhige Läuferentwicklung 5...♗f5. Mit der Dame im Rücken kann Weiß sofort mit 6.c4 das gegnerische Zentrum attackieren, was Schwarz aber nicht von seinem gewählten Entwicklungsplan abbringen muss.

6...e6 7.♘c3

(7.c5 bringt Weiß keinen Vorteil ein. Folgen kann 7...♕a5+ 8.♘c3 b6= mit Ausgleich.)

7...♗e7 8.♗g3 (8.♗xe7 ♘xe7=) 8...♘f6

Schwarz hat den Fuß zum Ausgleich in der Tür. Weitergehen kann es beispielsweise mit 9.c5 ♕d8 10.e3 0-0 11.h3 ♘bd7 12.b4 und die beiderseitigen Perspektiven sind ausgeglichen.

Eine sichere Alternative, um dieses Ergebnis zu fixieren, ist nun 12...♘e4 mit der möglichen Folge 13.♘xe4 ♗xe4=. Der weiße Masterplan sollte jetzt den Abschluss der Entwicklung und auch eine Verbesserung der Position der Dame umfassen, beginnend mit 14.♘d2.

Der Läufer kann nach d3 mit dem Angebot eines Abtausches geführt werden, im Anschluss ist die Rochade möglich. Schwarz kann beispielsweise seinen Turm nach e8 und den Läufer nach f6 führen, um darüber e6–e5 durchzudrücken.

B) Der Bauer kann sich auch selbst helfen, indem er mit 5.b3 voranschreitet. Damit der ♗c8 in Sachen Entwicklung nicht zu einem Problemfall wird, ist 5...♗f5 eine gute Entscheidung. Der Läufer nimmt den Weg ins Freie, bevor ihm eventuell durch den e-Bauern diese Möglichkeit genommen wird. Dieser wird sich bald bewegen wollen, damit der ♗f8 aktiviert und die kurze Rochade vorbereitet werden kann.

Nach 6.e3 e6 beraubt Weiß seinen Gegner mit der typischen Aktion 7.♗d3 um den Einfluss seines Läufers und bereitet die eigene baldige Rochade weiter vor.

7...♗xd3 8.♕xd3 ♗e7 9.♗xe7 ♘xe7 10.0-0 ♘d7

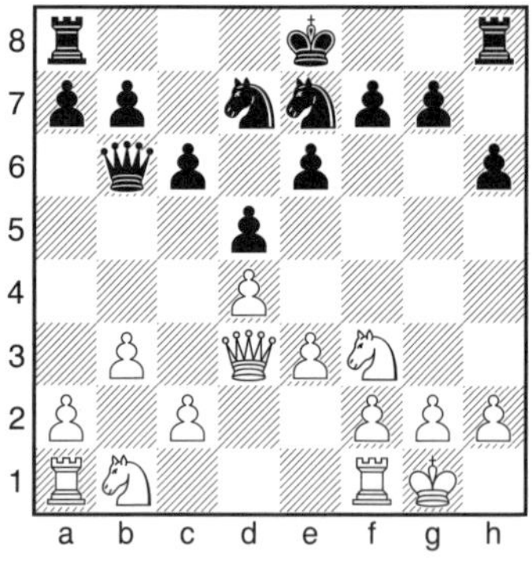

Die Entwicklungsphase ist beinahe abgeschlossen. Mit 11.c4 kann Weiß versuchen, im weiteren Kampf zumindest leise den Ton anzugeben.

Es gibt nun mehrere etwa gleich gute Antworten für Schwarz, zu denen 11...dxc4 u.a. wegen der damit verbundenen Aufgabe des Zentrums nicht gehört.

Wenn Schwarz hingegen die gut nachvollziehbare Entscheidung trifft, mit 11...0-0 seinen König in Sicherheit zu bringen, empfehlen wir als Erwiderung 12.c5. Weiß sichert sich Raum und zwingt die Dame zu einer sofortigen und das Zugrecht bindenden Reaktion.

(Nicht klar abzuschätzen sind die Konsequenzen von 12.♘bd2, wenn Schwarz nun mit 12...c5 auch hier eine der Bauernstellung in der Tarrasch-Verteidigung des Damengambits ähnliche Struktur schafft. Eine natürliche Zugfolge könnte 13.cxd5 ♘xd5 14.♘c4 ♕a6 sein.)

Nach 12...♕c7 13.♘bd2 kann Schwarz mit 13...e5 einen Hebel gegen die weiße Bauernstellung ansetzen, sein Spiel damit befreien und sich eine ausgeglichene Stellung sichern.

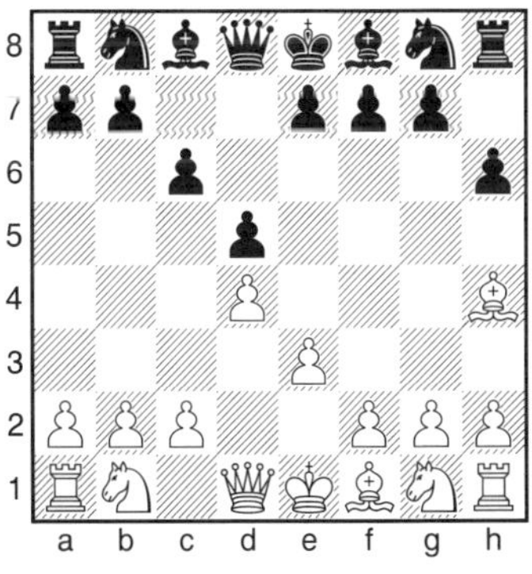

4...♕b6

Diese Reaktion ist typisch und soll Weiß bei seiner weiteren Entwicklung des Damenflügels stören.

Immer rechnen muss Weiß auch mit 4...♗f5, und zwar auch ohne die Folge ♕d8–b6.

A) Er kann dann auf die in Situationen dieser Natur bewährte Methode 5.♗d3 zurückgreifen, seinen Läufer also ebenfalls zu aktivieren und dem ♗f5 damit Paroli zu bieten.

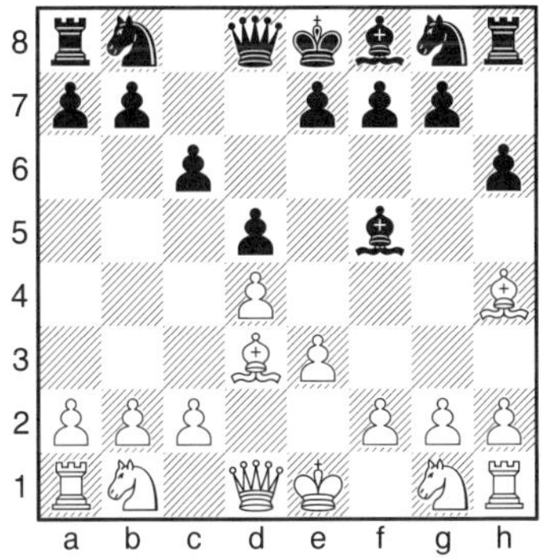

5...♗xd3

(Zum Stellungsausgleich führt auch 5...♕a5+. Nach 6.♘c3 ♗xd3 kann Weiß neben 7.♕xd3 auch mit 7.cxd3 antworten. Der entstehende Doppelbauer ist keine Schwächung und wird beim Fortschreiten der Partie vermutlich ohnehin aufgelöst. Anschließen kann sich beispielsweise eine natürliche Entwicklung mit 7...♘d7 8.♘f3 e6 9.0-0 ♗e7 10.♗xe7 ♘xe7 11.♕c2 0-0= usw.)

6.♕xd3

(Nach 6.cxd3 ♘d7 7.♘c3 stimmt die weiße Stellung exakt mit jener überein, die in der vorhergehenden Variante 5...♕a5+ 6.♘c3 ♗xd3 nach 7.cxd3 entstanden ist.

Die Fortsetzung 7...♘gf6 8.♘f3 e6 9.0-0 ♗e7 bestätigt, dass Weiß sich in der Folge identisch weiter entwickeln kann. Nach 10.♘e5 0-0 hat Schwarz allerdings eine vollauf zufriedenstellende Position.)

6...♘d7

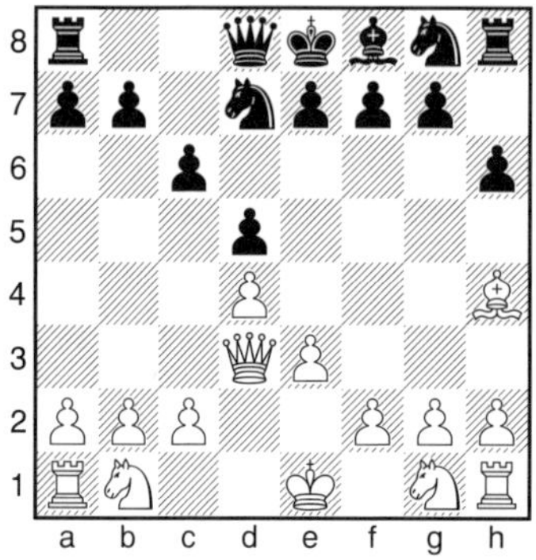

Nun kann der ♘f8 ins Feld geschickt werden, ohne dass Schwarz mit einem Doppelbauern rechnen muss, wenn der weiße Läufer auf f6 zuschlägt.

Mit 7.♘d2 verfolgt Weiß einen interessanten Aufbauplan. Er will den f-Bauern nach vorne beordern, so dass er die Felder e5 und g5 kontrolliert. Im Anschluss kann er einen Springer auf e5 postieren, der zusätzlich von seinem Kollegen von f3 aus unterstützt wird. Während er damit seine eigene aktive Aufstellung verbessert, erschwert er zugleich Schwarz die Entwicklung eines Gegenspiels.

7...♘gf6 8.f4 e6 9.♘gf3 ♗e7 10.0-0 0-0 11.♘e5

Beide Seiten haben deutliche Fortschritte in der Aktivierung ihrer Kräfte erzielt. Schwarz kann nun gut mit 11...c5 und auf 12.c3 mit 12...♖c8 sein aktives Potenzial auf der linken Bretthälfte zur Geltung bringen. Die Stellung ist völlig ausgeglichen.

B) Die Alternative 5.c4 mit der Idee, die schwarze Dame herauszulocken und 5...♕b6 mit 6.♕b3 zu beantworten, schenkt Schwarz die Möglichkeit zur Entscheidung, entweder mit 6...e6 vielleicht zu einem Vorteil zu kommen oder mit 6...♕xb3 den sicheren Ausgleich zu wählen.

6...e6

(6...♕xb3 7.axb3 e6 8.♘c3 ♘d7=)

7.c5

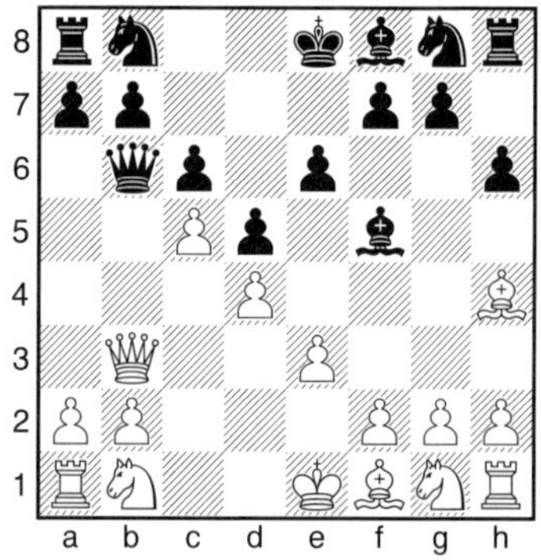

7...♕c7

(Auch hier kann Schwarz mit 7...♕xb3 reagieren. Nach 8.axb3 wird schon 8...e5 möglich. Weil sein ♙c5 dadurch seine Deckung verlieren würde, darf Weiß nicht auf e5 schlagen. Auf die natürliche Fortsetzung mit 9.b4 wird die Variante 9...exd4 10.exd4 g5 11.♗g3 ♗g7 12.♘f3 ♘d7= möglich.)

Auf h4 ist die Zukunft des Läufers nicht gesichert, so dass er gut mit 8.♗g3 auf die Diagonale b1–h2 geführt werden kann, die ihm bis auf weiteres einigen Einfluss verspricht. Der gegnerische schwarzfeldrige Läufer kann nicht gut opponiert werden. Zudem muss Schwarz nun erst einmal mit dem

Wegzug 8...♕c8 reagieren. Nun können beide Seiten auf schon bekannten Wegen ihre Entwicklung fortsetzen, etwa mit 9.♘d2 ♘f6 10.♗d3 ♗xd3 11.♕xd3 ♘bd7. Schwarz kann nun ♗f8–e7 und 0-0 folgen lassen, um anschließend mit b7–b6 ein aktives Gegenspiel am Damenflügel zu organisieren.

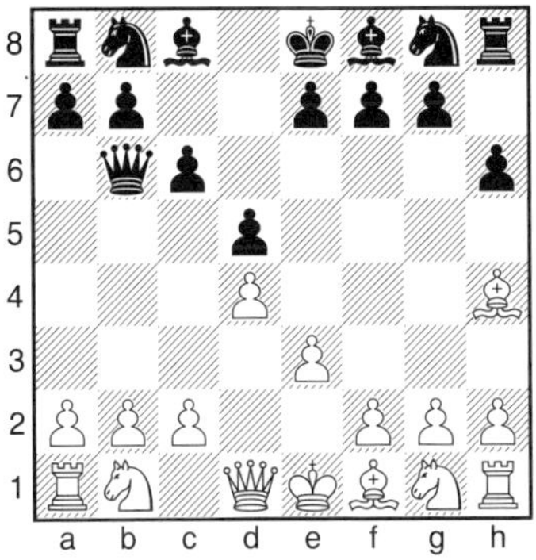

5.b3

Der ♙b2 sollte auf jeden Fall verteidigt werden.

Wie oben in der Nebenvariante nach 4.♘f3 zum Hauptzug 4.e3 kann Weiß seinen b-Bauern natürlich auch hier mit 5.♕c1 decken, worauf die Theorie 5...♗f5! empfiehlt. Schwarz kommt grundsätzlich ohne besondere Probleme zu einem guten Spiel.

Von den weißen Antwortalternativen sind 6.c4 und 6.♘f3 hervorzuheben. Sie können dem Duell unterschiedliche Richtungen geben, aber auch nur zu Zugumstellungen führen. Die folgenden Varianten geben ausschnittsweise einen Überblick über die denkbaren Entwicklungen.

A) 6.c4

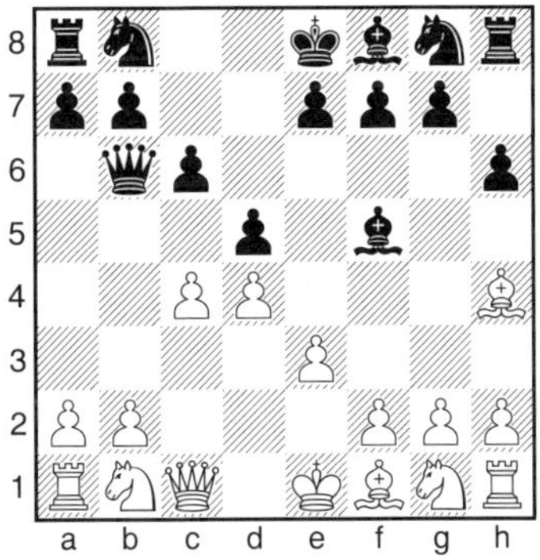

Damit führt Weiß eine Bauernstellung herbei, die stark an die Slawische Verteidigung im Damengambit erinnert. Nach 6...e6 charakterisiert der Dreiecksaufbau der Bauern auf c6, d5 und e6 in der Slawischen Verteidigung das Triangel-System.

7.♘c3

(7.♘f3 führt in die zuvor betrachtete Variante nach 6.♘f3 e6 7.c4.)

7...♗e7 8.♗g3

(Nach 8.♗xe7 ♘xe7 kommt Schwarz problemlos zum Ausgleich. Es kann sich eine natürliche beiderseitige Entwicklung über 9.♘f3 0-0 10.♗e2 ♘d7 11.0-0 ♖ac8 anschließen.

Inzwischen sind die schwarzfeldrigen Läufer vom Brett, so dass Schwarz auf die mögliche Entscheidung 12.c5 mit 12...♕c7 reagieren kann. Auch hier hat er e6–e5 im Sinn. Nach beispielsweise 13.b4 e5= ist er am Ziel.)

Die Kontrahenten können nun auf natürliche Entwicklungszüge zurückgreifen, um ihre Stellungen weiter auszubauen. So können sie beispielsweise mit 8...♘d7 9.♘f3 ♘gf6 10.c5 ♕d8 fortsetzen.

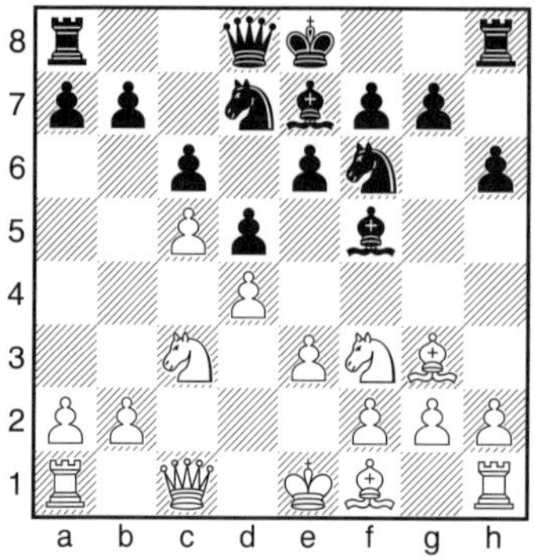

Weiß steht nun eine breite Auswahl an Möglichkeiten zur Verfügung. Der Fortgang der Partie ist entsprechend nicht vorgezeichnet. Wir müssen uns für unsere weiteren Betrachtungen für eine Alternative entscheiden, um an dieser exemplarisch die mögliche weitere Entwicklung aufzuzeigen.

Hierfür wählen wir 11.h3 aus, weil sich die mit diesem Zug verbundene Spielweise besonders auch für den lernenden Spieler eignet. Der Bauer verschafft dem Läufer ein Fluchtfeld auf h2, das er nach einem eventuellen ♘f6–h5 gut gebrauchen kann. Zugleich verwehrt er Schwarz das Betreten des Feldes g4 mit einer Figur.

Nach 11...0-0 12.b4 haben sich die Parteien etwa gleich gute Perspektiven erarbeitet. Weiß muss sich noch um seinen Königsflügel kümmern und zur Rochade kommen. Dafür aber hat er einen leichten Raumvorteil, der sich mit einer Dominanz auf dem Damenflügel verbindet.

Weitergehen kann es beispielsweise mit 12...♘e4 13.♘xe4 ♗xe4 14.♘d2 ♗g6=. Weiß kann seine Ziele nun mit 15.♗e2 oder auch 15.♕c3 und der Absicht ♗f1–d3 weiter verfolgen, Schwarz kann auf die Durchsetzung von e6–e5 spielen.

B) 6.♘f3

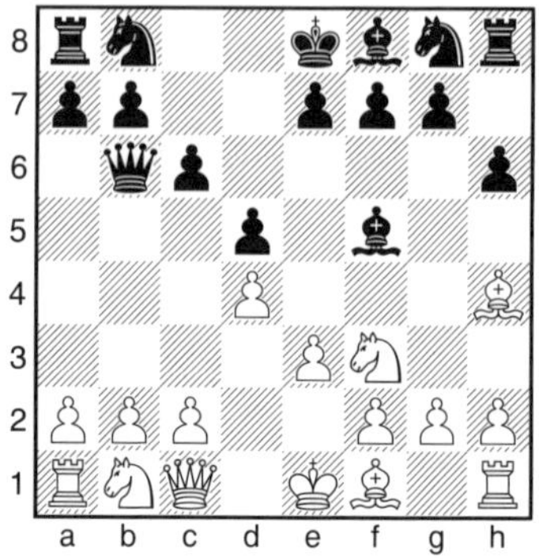

6...♘d7 ist eine von zwei Möglichkeiten, die in der Praxis anzutreffen sind.

(Die Alternative 6...e6 führt nach 7.c4 quasi eine Schwestervariante zu jener nach 6.c4 herbei. Üblich sind nun die Fortsetzungen 7...♗e7 und 7...♘d7, woraufhin sich Stellungsmuster ergeben können, die wir in weiteren Varianten dieses Bereichs sehen.

Wer beispielsweise einer möglichen Einengung mit c4–c5 vorbeugen möchte, kann der Partie mit 7...dxc4 eine andere Richtung zum Stellungsausgleich geben. Nach 8.♗xc4 kann sich nun eine Phase anschließen, in der sich beide Seiten um die weitere Entwicklung ihrer Kräfte bemühen, etwa nach dem Muster 8...♘d7 9.0-0 ♘gf6 10.♘c3 ♗d6.

Die Stellung ist ausgeglichen. Schwarz sollte bald rochieren und kann mit dem Ergebnis seiner Wahl 7...dxc4 sehr zufrieden sein.)

Nach der flexiblen Springerentwicklung 7.♘bd2 läuft auch diese Variante tendenziell in das Bauernmuster des Triangel-Systems der Slawischen Verteidigung. Der Springer wird bewegt, ohne dass der ♙c2 verstellt wird. Auf d2 ist er zunächst gut geparkt, denn er kann je nach kommendem Bedarf eingesetzt werden und stört die weitere Aktivierung der Kräfte nicht.

Schwarz wird seinen ♗f8 Richtung Mitte entwickeln, auch um seine Bauernstellung am Königsflügel intakt zu halten. Der Vorstoß c2–c4 ist eine wichtige Option für Weiß, um zu einem aktiven Spiel zu kommen. Vor diesem Hintergrund kann es beispielsweise wie folgt weitergehen: 7...e6 8.♗e2 ♘gf6 9.0-0 ♗e7 10.c4 0-0 mit Gleichstand.

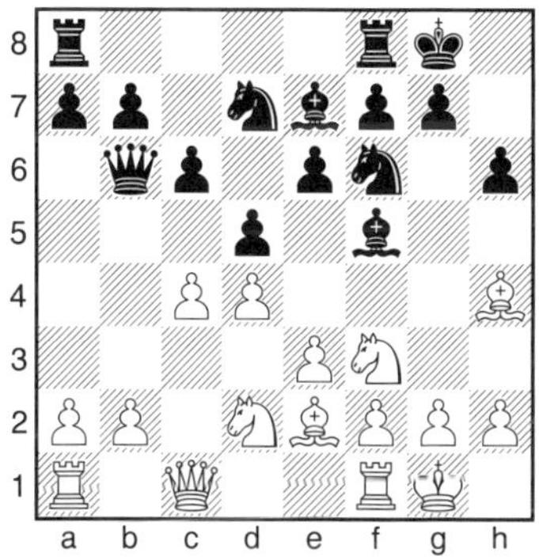

Den Prinzipien unseres Buches folgend könnten wir die Betrachtung hier abschließen. Wir möchten jedoch die Möglichkeit nutzen, die Folgen eines Vorrückens des c-Bauern exemplarisch zu veranschaulichen, zu dem es auch in anderen Varianten dieses Bereichs kommen kann.

Nach 11.c5 ♕d8 ist die Dame auf d8 vor weiteren Anrempelungen sicher und kann bei Bedarf schnell und flexibel neu eingesetzt werden. Mit 12.b4 stützt Weiß seinen c-Bauern und baut zugleich seine Dominanz auf dem Damenflügel aus.

Den Zug 12...♘e4! versehen wir mit einem Ausrufezeichen, weil er wie ein Türöffner zu einem freien Spiel wirkt. Nach 13.♗xe7 ♕xe7 14.♘b3 kann Schwarz mit dem typischen Schlag 14...e5 im Zentrum das Duell weiter auf Augenhöhe halten.

5...♗f5

Der Läufer kommt ins Feld, so dass nun e7–e6 folgen kann, ohne dass er eingesperrt wird.

6.♗d3

Der Läufer bietet sich zum Abtausch und trägt so zur weißen Entwicklung bei, während er den Einfluss seines schwarzen Gegenübers sofort beseitigt.

6...♗xd3 7.♕xd3

Wie wir weiter oben schon festgestellt haben, geht in diesem Stellungsmuster auch 7.cxd3. Folgen kann dann beispielsweise 7...e6 8.♘f3 ♘d7 9.0-0 ♘gf6 10.♘c3 ♗d6 mit der Absicht e6–e5.

7...e6 8.♘f3 ♘d7

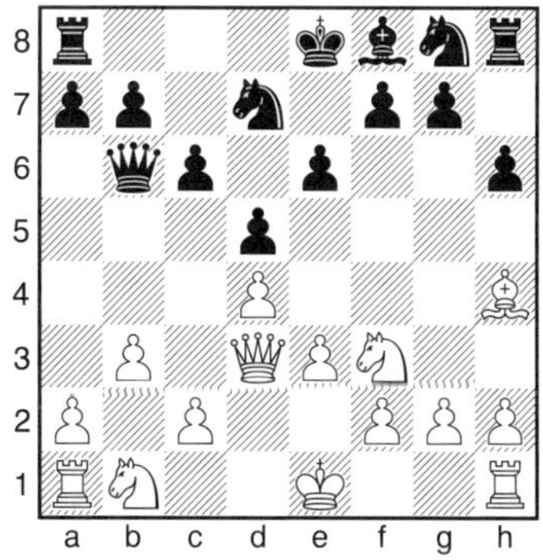

9.0-0

Eine weitere Möglichkeit ist 9.c4. Wenn Schwarz mit 9...♗e7 antwortet, läuft das Duell in die Hauptvariante zurück.

Interessant ist allerdings auch ein Aufbau mit 9...♘e7. Schwarz kann sich dann von seinem Gegner zeigen lassen, wie er mit den Konsequenzen dieser Wahl umzugehen gedenkt. Zu rechnen ist insbesondere mit 10.c5 und 10.0-0.

10.c5

(10.0-0 kann Schwarz mit 10...♘f5 beantworten, womit er die im vorherigen Zug geschaffene Option sofort nutzt. Nach 11.♗g3 ♘xg3 12.hxg3 und nun etwa 12...♗e7 13.♘bd2 0-0= hat er problemlos eine ausgeglichene Stellung erreicht.)

Über 10...♕a5+ 11.♘c3 b6 kommt Schwarz zu einem aktiven Spiel am Damenflügel.

9...♗e7

Bis auf Restarbeiten haben beide Seiten ihre Entwicklungsaufgaben erfüllt. Die Chancen halten sich in etwa die Waage. Der Übergang zum Mittelspiel kann beispielsweise wie folgt aussehen:

10.♗xe7 ♘xe7 11.c4 0-0 12.♘c3=

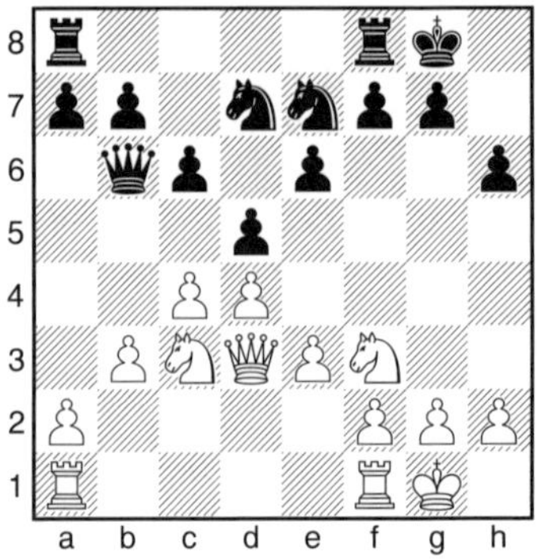

Schwarz hat nun die Wahl zwischen einigen guten Fortsetzungen wie etwa 12...♖ad8, 12...♖fd8 und 12...♘g6, je nach weiterem Plan, vielleicht sogar 12...♕a6 mit der Idee zu einem Aufbau mit ♖f8–d8 und nachfolgend ♖a8–c8.

Zusammenfassung: Die Fortsetzung 2.♗g5 bietet Weiß eine große Auswahl an Eröffnungen, in die er das Duell zu dirigieren versuchen kann.

- Nach 2...♘f6 3.♗xf6 geht das Spiel in den Trompowsky-Angriff über.
- Die Fortsetzung 3.♘c3 ♘bd7 leitet ins Richter-Weressow-System über.
- Und 3...e6 4.c4 führt ins Damengambit.

Schwarz kann diese Entwicklungen verhindern und unserer Empfehlung 2...h6 folgen. Anstelle des Hauptzuges 3...c6 verdient auch 3...c5!? Beachtung. Unsere Ausführungen zeigen, dass Schwarz erfolgreich um ein gleiches Spiel kämpfen kann.

Kapitel 11

Torre–Angriff mit d7-d5

1.d4 d5 2.♘f3 ♘f6 3.♗g5

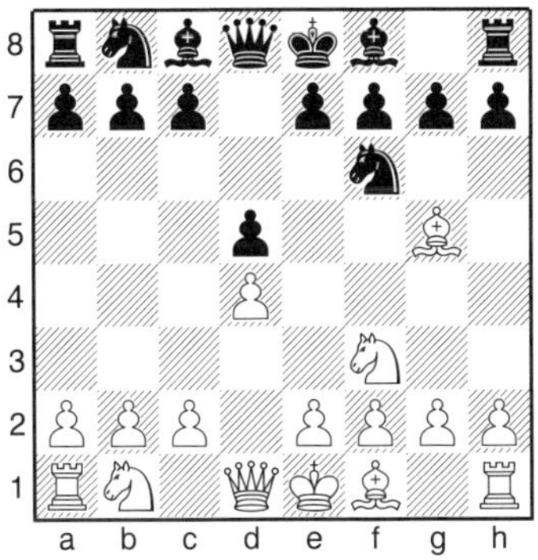

Die Spielweise ist nach dem mexikanischen Spieler Carlos Torre Repetto (1904–1978) benannt.

3...♘e4

Dieser Gegenangriff auf den ♗g5 ist die Hauptreaktion.

3...e6 ist ebenfalls eine natürliche Antwort. Zumeist führt sie zu Varianten des Damengambits, das wir in unserem Buch „Eröffnungen, Damengambit, lesen – verstehen – spielen“, Joachim Beyer Verlag 2020, behandelt haben.

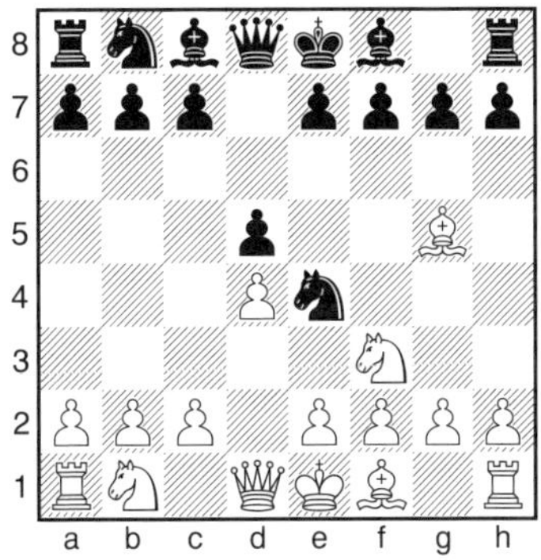

In der Diagrammstellung stehen Weiß zwei Hauptalternativen zur Verfügung.

4.♗h4 **(Abspiel 1)**

4.♗f4 **(Abspiel 2)**

Abspiel 1

1.d4 d5 2.♘f3 ♘f6 3.♗g5 ♘e4

Fortsetzung 4.♗h4

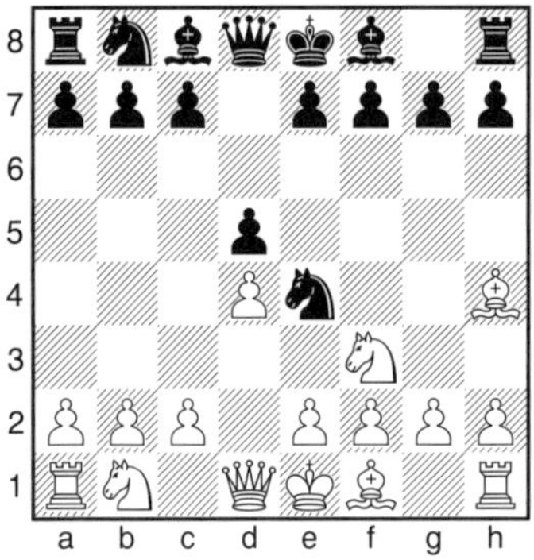

Der Läufer bleibt auf der Diagonale h4–d8 und hält damit die Fesselung des ♙e7 aufrecht.

4...c5

Diese energische Fortsetzung gibt Schwarz die besten Chancen. Er greift das weiße Bauernzentrum bei dieser ersten guten Gelegenheit an.

Seltener gespielt werden die Alternativen 4...c6, 4...♕d6 und 4...g6. Die folgenden beispielhaften Ausführungen zeigen, welche Richtung das Duell daraufhin jeweils nehmen kann.

I. 4...c6 5.e3

(5.c3 mit der Idee einer Entwicklung der Dame nach b3 geht auch. Schwarz kann mit 5...♕b6 und Angriff auf den ♙b2 diesem Ablauf Schub verleihen. Nach 6.♕b3 und dann etwa 6...♗f5 7.♘bd2 ♘d7= steht beiden Seiten zwar noch einige Entwicklungsarbeit bevor, aber den Ausgleich hat Schwarz bereits so gut wie in der Tasche.

Der noch wenig erfahrene Spieler mag sich fragen, warum beide Spieler die Gelegenheit ungenutzt lassen sollen, im 6. bzw. 7. Zug die gegnerische Dame zu schlagen und dem anderen damit einen Doppelbauern zuzufügen. Dieser Doppelbauer wäre jeweils keine markante Schwäche, zumal er ohnehin im weiteren Verlauf die Möglichkeit zur Auflösung erhalten wird.

Er übernimmt, je nach Partei, die Kontrolle über das Feld c4 bzw. c5 und kann so den c-Bauern bei einem beabsichtigten Vorrücken unterstützen. Es gibt aber auch Szenarien, in denen der vordere Bauer weiter nach vorne strebt. Weiter zu berücksichtigen ist, dass bei einem Damentausch der zurückschlagende Gegner die halboffene a-Linie erhält.)

5...♕b6

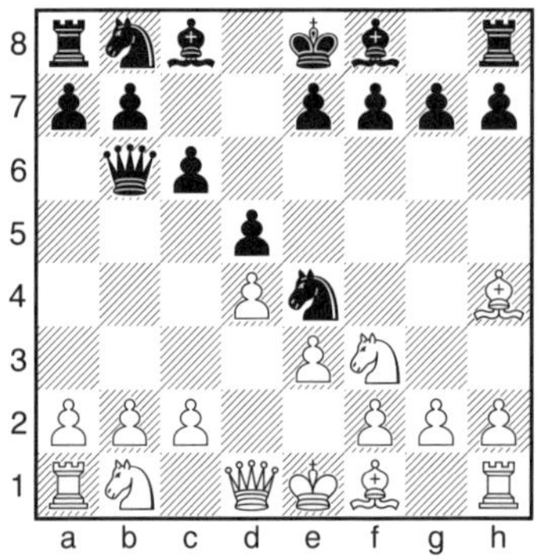

A) 6.♕c1 ♗f5 7.♗e2 ♘d7 8.c4 e6 9.0-0 f6 10.♘c3 ♗e7 11.a3 a5 12.♘xe4 ♗xe4 13.♘d2 ♗g6 14.c5 ♕d8 15.b4 0-0 mit Vorbereitung von e6–e5 und Ausgleichsmöglichkeiten.

B) 6.b3?! wäre eine Schwächung, die Schwarz beispielsweise mit dem kraftvollen Vorstoß 6...e5 beantworten könnte. Weiß sollte nun mit 7.c3 die Diagonale a5–e1 schließen und zugleich das Zentrum stützen.

(– Die Erwiderung 7.dxe5 müsste Schwarz nicht fürchten, da er sie mit 7...♕a5+ zu seinem Vorteil nutzen könnte. Nach 8.♘fd2 g5 9.♗g3 h5 entwickelt Schwarz eine gefährliche Initiative.

– Und 7.♘xe5?? ♗b4+! würde sogar schnurstracks in die Niederlage führen.)

Nach 7...exd4 8.exd4 kann sich eine Phase anschließen, in der beide Seiten ihre Entwicklung vorantreiben. Nach der beispielhaften Zugfolge 8...♗d6 9.♗d3 0-0 10.0-0 ♗g4= usw. hat Schwarz sich ein gutes Spiel gesichert.

II. 4...♕d6

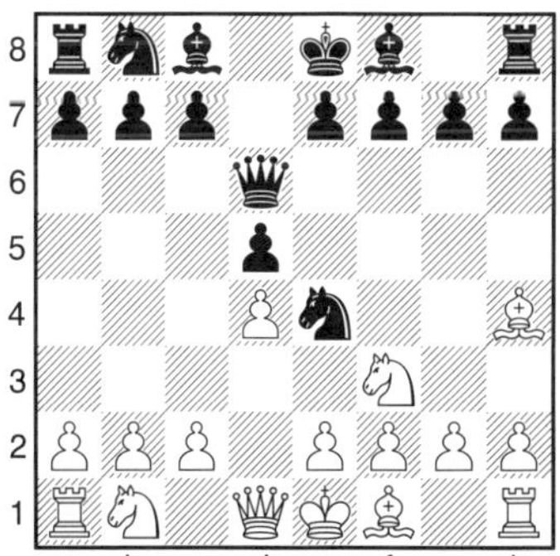

Damit löst Schwarz zwar die Fesselung auf, verliert zugleich aber auch Zeit, die er für eine effektive Entwicklung seiner Kräfte benötigt.

5.♘bd2

(Nach 5.c3 ist 5...♕h6 mit der Absicht g7–g5! stark.)

5...♕h6 6.♕c1

Der Sinn dieses Zuges liegt darin, dass Weiß mit g7–g5 rechnet und seinen Einfluss auf das Feld g5 erhöhen will.

6...♘c6

(– Zum Ausgleich reicht auch 6...♘xd2 7.♕xd2 ♕xd2+ 8.♔xd2 und nun beispielsweise 8...♗f5= aus. Allerdings sollte sich Schwarz nichts davon versprechen, dass er seinem Gegner das Rochaderecht genommen hat. Angesichts des reduzierten Materials, insbesondere bereits der vom Brett genommenen Damen, steht der König auch in der Mitte hinreichend sicher.

Je nach weiterem Verlauf kann sich diese Situation sogar vorteilhaft für Weiß auswirken. So wäre dies der Fall, wenn er z.B. im Endspiel zentral gebraucht wird und nicht erst dorthin geführt werden muss.

– Hingegen wäre 6...g5 schwach wegen 7.♘xe4 dxe4 8.♗xg5± usw.)

Da der ♘f3 nicht zugleich den ♙d4 und den ♗h4 verteidigen kann, verhindert Weiß mit 7.c3 dessen Überlastung. Mit dem Manöver 7...♘xd2 8.♕xd2 ♕xd2+ 9.♔xd2 ♗f5=, das wir bereits in einer ähnlichen Stellung (mit dem Unterschied ♙c3 und ♘c6) ausgeführt haben, kann Schwarz auch hier den Ausgleich sicherstellen.

III. 4...g6 ist in jüngerer Zeit mehrfach und auch mit Erfolg versucht worden.

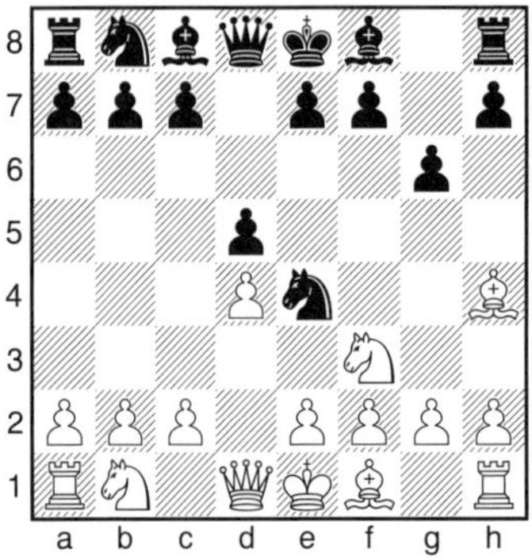

Dennoch ist die Fortsetzung mit Vorsicht zu betrachten. Einen Stellungsausgleich kann sie Schwarz nicht garantieren. Sie verspricht allerdings ein Duell, in dem beide Seiten ohne viel Theorie im Gepäck und somit auf sich allein gestellt bestehen müssen. Insgesamt gibt es hierzu noch viel zu entdecken, zu erforschen und auszuprobieren. Wir beschränken unsere Darstellung auf einige Beispielvarianten, die sowohl einen plausiblen Verlauf veranschaulichen als auch wesentliche Aspekte der Spielführung erkennbar machen.

A) 5.♘bd2 ♗g7

Der Aufbau mit ♗f8–g7 und c7–c5 kann auch in der umgekehrten Reihenfolge der Züge sowie unter der Einschaltung von Zwischenzügen realisiert werden.

Nach 6.e3 c5 ist der typische Stützungszug 7.c3 auch hier die beste Wahl für Weiß. Weitergehen kann es nun mit 7...♘xd2 8.♕xd2 ♘d7 9.♗d3 0-0 10.0-0 c4 11.♗c2 ♘f6±.

Weiß verfügt über das bessere Spiel, Schwarz behält aber Konterchancen, z.B. mit der Idee eines Vorrückens seiner Bauern am Damenflügel.

B) 5.e3 führt nach 5...♗g7 6.♘bd2 (6.♗d3 c5!?) in die vorige Variante zurück und löst insoweit nur eine Zugumstellung aus.

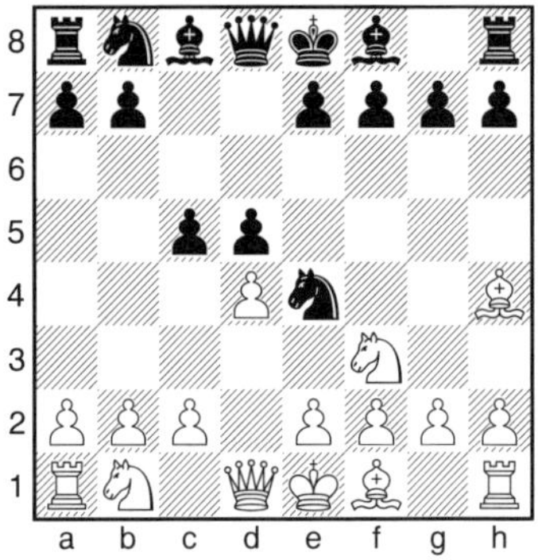

5.e3

So wird am häufigsten gespielt. Anzutreffen sind aber auch insbesondere 5.dxc5 und 5.c3.

A) Mit 5.dxc5 gibt Weiß das Zentrums und kann seinem Gegner keine Probleme bereiten. Schwarz kann sich Zeit mit dem Rückgewinn des Bauern lassen, der ihm ohnehin sicher ist, und mit 5...♘c6 gleich mehrere Fliegen mit einer Klappe schlagen.

Dieser Zug nimmt die durch das gegnerische Vorgehen geschwächten schwarzen Felder auf der Diagonale a1–h8 ins Visier, verhindert den Deckungszug b2–b4 und erzielt auch allgemein einen Entwicklungsvorsprung. Für den weiteren schwarzen Aufbau wird nun auch ein Fianchetto auf dem Königsflügel interessant, weil der Läufer von g7 aus einen mächtigen Einfluss gewinnen kann.

6.e3 g6 7.♘bd2 ♘xc5

Bereits nach diesen wenigen Anfangszügen ist es weitgehend absehbar, dass die Eröffnung mit einer ausgeglichenen Stellung enden dürfte. Ein interessanter Zugverlauf wird nach 8.♘b3 möglich. Schwarz muss sich nicht um seinen ♘c5 kümmern, sondern kann ganz nach Plan mit 8...♗g7 fortfahren. Im Falle von 9.♘xc5 kann er nämlich mit 9...♕a5+ und nach 10.c3 mit 10...♕xc5 den materiellen Gleichstand und mit einer aussichtsreichen Position wiederherstellen.

Beide Seiten können nun ihre Entwicklung abschließen, z.B. mit der Zugfolge 11.♗e2 0-0 12.0-0 ♗g4 13.h3 ♗xf3 14.♗xf3 e6=, und ihren Kampf auf Augenhöhe im Mittelspiel fortsetzen.

B) Von 5.c3 möchten wir dem unerfahrenen Spieler abraten.

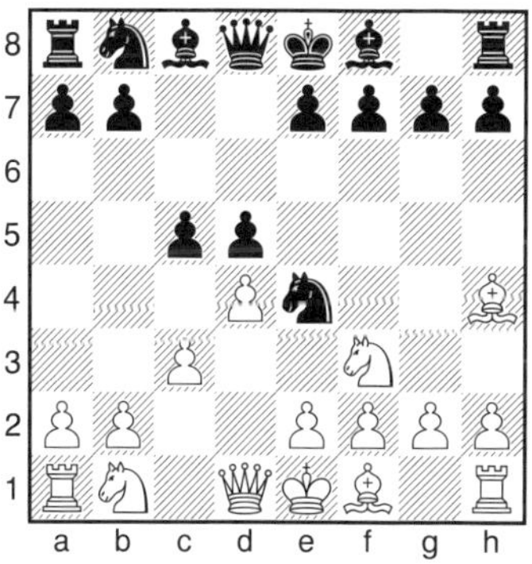

Schwarz kann in der Folge Stellungen herbeiführen, die selbst einem erfahrenen Spieler viel abverlangen, um das Spiel in der Waage zu halten. Einen Eröffnungsvorteil kann sich Weiß ohnehin hier nicht versprechen.

Schwarz kann sich nun vor allem zwischen 5...cxd4, das wir für kritischer halten, und 5...♕b6 entscheiden, während 5...♘c6 in der Regel nur zu Zugumstellungen führt.

B1) 5...cxd4 6.cxd4

(Schwach ist 6.♘xd4? wegen 6...♕b6!.)

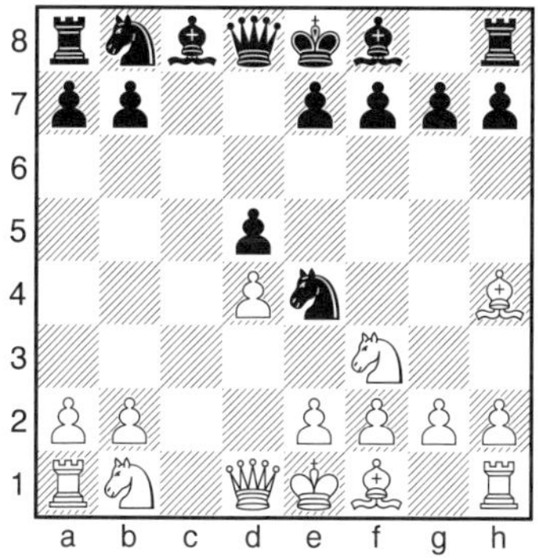

6...♘c6

(Im Fernschach wurde die Zugfolge 6...♕b6 7.♕b3 ♕xb3 8.axb3 ♘c6 9.e3 ausprobiert, die aber in die Variante nach 6...♘c6 zurückführt.)

7.e3 (7.♘c3 ♕b6∓) 7...♕b6

Auf diesen Standardzug kann Schwarz in diesen Stellungsbildern beinahe regelmäßig zurückgreifen.

Nach 8.♕b3 ♕xb3 9.axb3 stellt die weitere Spielführung mit dem isolierten Doppelbauern Weiß vor Herausforderungen, die sich ggf. bis ins Endspiel hinein erstrecken werden.

9...e6 10.♗b5 ♗d7 11.0-0 ♗e7

(11...f6!? ist zu überlegen.)

Nach 12.♗xe7 ♔xe7= müssen die Kontrahenten noch ihre Türme in bessere Positionen bringen, Weiß nach Vorbereitung durch ♘b1–c3. Für die Entwicklung des ♖f1 und des ♖h8 bietet sich vor allem die c-Linie an. Die beiderseitigen Perspektiven sind als ausgeglichen einzuschätzen, das leichtere Leben aber erwartet Schwarz.

B2) 5...♕b6 6.♕b3

Mit Ausnahme des hier auf c5 statt auf c6 stehenden schwarzen c-Bauern ist die Stellung identisch mit jener nach 4...c6 (als Alternative zum Hauptzug 4...c5) 5.c3 ♕b6 6.♕b3. Unsere Anmerkungen dort lassen sich auf die aktuelle Situation übertragen.

Hier allerdings ist nun 6...♘c6 möglich, womit Schwarz den Druck auf den ♙d4 verstärkt. Wir ziehen hier 7.dxc5 mit der Folge 7...♕xc5 8.♘bd2 für Weiß der Alternative 7.e3 vor, die verhaltener ist und mit der er in der Vergangenheit, wenn auch außerhalb der höheren Leistungsbereiche, überwiegend weniger gute Erfahrungen gemacht hat. Es gibt in dieser Variante noch einiges zu entdecken.

Weitergehen kann es beispielsweise mit 8...♘xd2 9.♘xd2 g6 10.e3 ♗g7 11.♘f3 0-0=.

Der Fächer der möglichen Abweichungen auf diesem Weg ist breit. So etwa ist Schwarz natürlich nicht zu 8...♘xd2 und auch nicht zum Fianchetto auf dem Königsflügel gezwungen. In unserer Abschlussstellung nimmt er allerdings eine feste und hinreichend aktive Position ein.

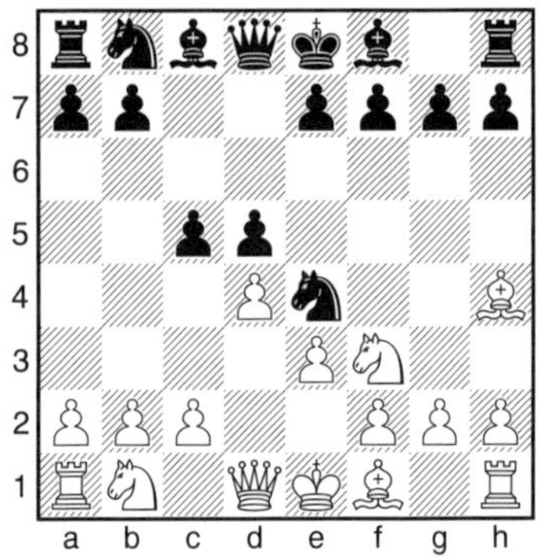

5...♕b6

Dieser typische Damenausfall ist uns schon mehrfach begegnet und kommt auch hier in der Hauptvariante zum Tragen. Schwarz bringt seine Entwicklung voran und versucht zugleich, Weiß in seinem Bemühen um einen elastischen Aufbau zu behindern.

Gut möglich ist auch 5...♘c6 mit der Idee, die Dame erst verzögert nach vorne zu spielen. Mit 6.c3 macht Weiß den Weg für ♕d1–b3 frei.

(6.♘bd2 6...♕b6 7.♖b1 geht auch. Schwarz kann gut mit 7...♗f5= antworten und stellt frühzeitig die Weichen auf den Stellungsausgleich.)

6...♕b6

(Es geht auch 6...♗g4!?, woraufhin Weiß Vorsorge gegen die Wirkung von ♗g4xf3 treffen sollte. Nach 7.♗e2 ♕b6 ist die Dame für eine Aktion zum Schutze des ♙b2 frei. In den wenigen Fällen, in denen diese Stellung ausgespielt worden ist, hat Weiß zumeist mit 8.♕b3 fortgesetzt. Die insgesamt besseren Turnierresultate konnte in der Folge aber Schwarz erzielen.

Mit dem Hinweis, dass unsere Ausführungen zu ♕d1–b3 an anderen Stellen dieses Kapitels auch hier zu Rate gezogen werden können, stellen wir 8.♕c1 als Alternative vor. Schwarz steht etwas freier, was aber allenfalls ein fragiler Vorteil ist, weil Weiß kompakt steht und schnell kontern kann.

Mit beispielsweise 8...e6 9.0-0 ♗d6 10.♘bd2 0-0= können beide Seiten die Gelegenheit nutzen, um ihre Entwicklung effektiv voranzubringen. Die beiderseitigen Perspektiven sind weitgehend ausgeglichen.)

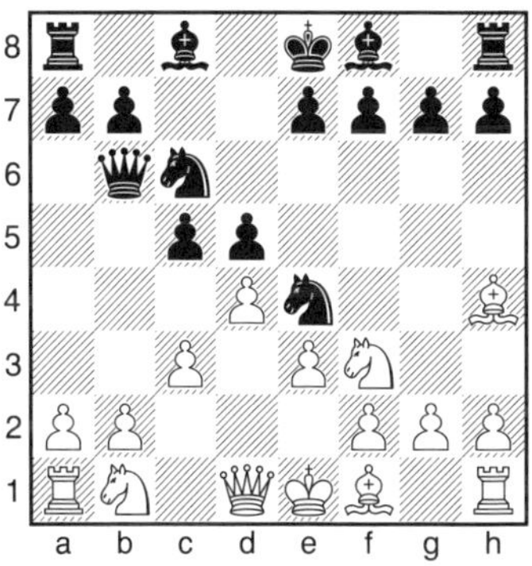

Nach 7.♕b3 wird zumeist 7...c4 gespielt, um den Gegner weiter zu bedrängen und die Folge 8.♕xb6 axb6 zu provozieren, woraufhin Schwarz am Damenflügel dominiert. Den Bauern b6 kann er nach b5 und bei Gelegenheit auch weiter nach vorne beordern.

Die weiße Bauernformation auf der linken Seite wird auf absehbare Zeit festgelegt bleiben. Weiß kann Gegendruck im Zentrum organisieren, wobei der Durchsetzung von e3–e4 eine besondere Rolle zukommt.

Mit 9.♘bd2 ♘xd2 10.♘xd2 b5 11.e4 kann es nun beispielsweise nach den beschrieben Plänen weitergehen. Damit sind die jeweiligen strategischen Kernideen verwirklicht. Ihre Entwicklung können die Kontrahenten beispielsweise über die Zugfolge 11...e6 12.♗e2 b4 13.0-0 ♗e7 14.♗xe7 ♔xe7= weitgehend abschließen.

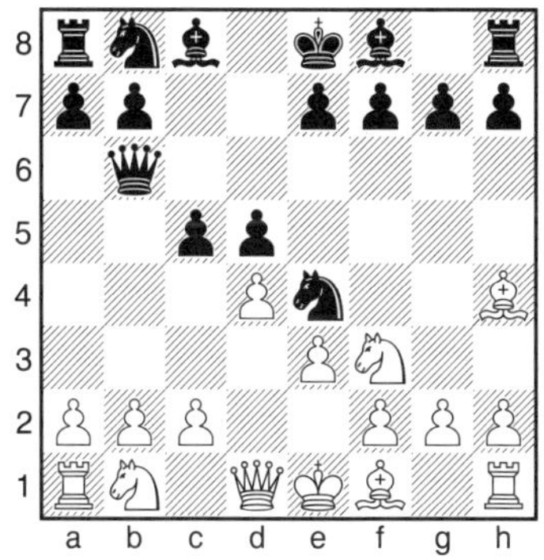

6.♘c3!

Dieser Springerzug ist nicht die häufigste, wohl aber die beste Wahl für Schwarz.

Öfter vertraut er auf 6.♕c1, was aber ebenso wie 6.b3 schwächer ist.

I. 6.♕c1 kann Schwarz taktisch zum eigenen Vorteil ausnutzen. Soweit Weiß in der Folge Alternativen bei einer Antwort bleiben, sind diese allesamt unzureichend. Nach 6...cxd4 7.exd4 strickt Schwarz mit 7...g5! ein Netz, in dem er Weiß fängt. Eine besondere Rolle spielt dabei der ♗f8, der jetzt plötzlich den Weg bis h6 geöffnet bekommt, von wo aus er die gegnerische Dame ins Visier nehmen kann.

A) 8.♗xg5 ♘xg5 9.♘xg5

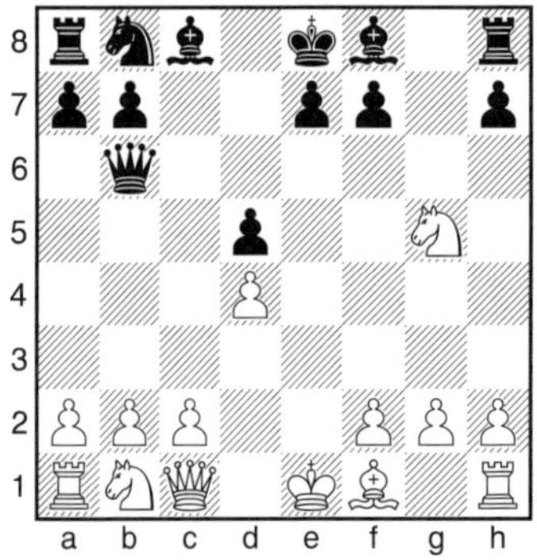

Nach 9...♗h6 bekommt Weiß die mit der Fesselung des ♘g5 verbundenen Konsequenzen nicht mehr in den Griff. Er kann den Springer zwar mit 10.f4 decken und damit zugleich auch einen Sperrstein zwischen seine Dame und den Läufer bringen, nach 10...f6 aber bricht die Wunde erneut auf.

Nur mit 11.♘f3 kann Weiß den Schaden noch etwas begrenzen, doch die Variante 11...e5 12.dxe5 fxe5∓ veranschaulicht den Weg zu einem klaren schwarzen Vorteil.

Ganz schlecht wäre jetzt 13.♘xe5?, denn nach 13...0-0 ist die weiße Stellung bereits so gut wie aufgabereif, z.B. 14.♘d3 ♘c6 15.♗e2 ♗f5–+ usw.

B) Nach 8.♘xg5 kann Schwarz forciert eine Gewinnstellung erreichen.

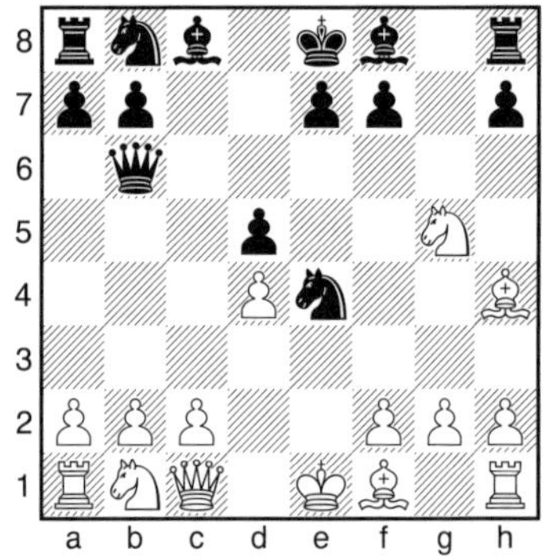

Er greift zunächst mit 8...♕h6 den ungedeckten Läufer an und macht sich in der Folge die ebenfalls ungeschützte Position der weißen Dame auf der Diagonale c1–h6 zunutze.

9.♕f4 (9.g3 f6–+) 9...f6 10.♘h3

Damit scheint Weiß notdürftig alle Löcher geflickt zu haben, doch mit 10...♗xh3 wird er aus dieser Illusion gerissen. Nach 11.♕xh6 ♗xh6 12.gxh3 ♗c1–+ steht er schon so gut wie auf verlorenem Posten.

II. 6.b3 wäre eine Schwächung (wie wir sie in ähnlicher Stellung oben bereits in der Variante 4...c6 5.e3 ♕b6 6.b3 betrachtet haben). Anders als an der genannten Stelle kann Schwarz hier das freie Feld mit dem Springer besetzen, so dass nach 6...♘c6 die folgende Entwicklung möglich wird.

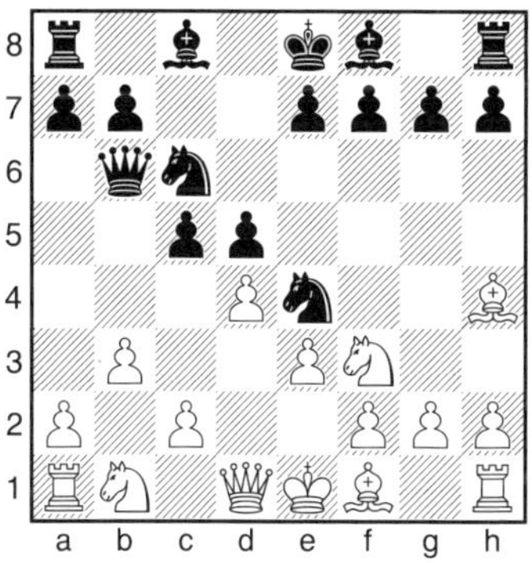

Mit 7.c3 stützt Weiß den Punkt d4, schließt zugleich aber auch die Diagonale a5–e1. Weiß darf nicht die Konsequenzen des möglichen gegnerischen Vorstoßes e7–e5 außer Acht lassen. Zu diesen zählt auch, dass der ♗f8 zu einer Gefahr für Weiß wird, indem er nach b4 gespielt werden kann.

7...cxd4 8.♘xd4

(Auf 8.exd4 bzw. 8.cxd4 ist 8...e5! stark.)

Mit 8...g5 nutzt Schwarz die gegnerischen Probleme konsequent für sich aus. Der ♗h4 wird verdrängt und zugleich wird dem ♗f8 der Weg nach draußen geebnet. Zum schwarzen Aufbauplan gehört ein energisches Vorgehen seiner Kräfte auf dem Königsflügel. Insbesondere über die lange Diagonale a1–h8 soll zudem Druck auf die geschwächte weiße Stellung auf dem Damenflügel ausgeübt werden. Die Option e7–e5 steht weiterhin im Raum.

Nach 9.♘xc6 bxc6 10.♗g3 gerät Weiß über 10...♗g7 11.♕c1 h5 immer mehr in die Defensive. Auch jetzt kann er wieder nur reagieren, um dem Verlust seines Läufers nach h5–h4 vorzubeugen.

12.f3 h4 13.♗f2 ♘xf2 14.♔xf2 g4∓

Die Lage für Weiß ist inzwischen schon als sehr kritisch einzuschätzen.

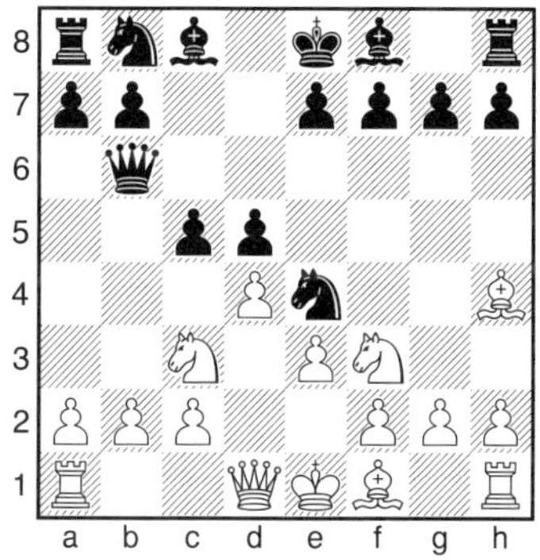

6...♘xc3

Dieses Schlagen mit dem Springer leitet ein Vorgehen ein, mit dem ein unerfahrener Spieler nach unserer Einschätzung am einfachsten um Ausgleich kämpfen kann. Es ist allerdings ratsam, sich die folgenden Züge der Hauptvariante sorgfältig einzuprägen, da die Variante bei einem ungenauen Spiel schnell zu einem weißen Vorteil führen kann.

Die Hauptalternativen sind 6...♕b4, 6...♕a5 und 6...♕xb2, die wir entsprechend ebenfalls über ein paar Varianten vorstellen wollen.

I. Nach der Einleitung 6...♕b4 kann es zu einer sehr scharfen Variante kommen.

7.♗b5+ ♘c6 8.a3

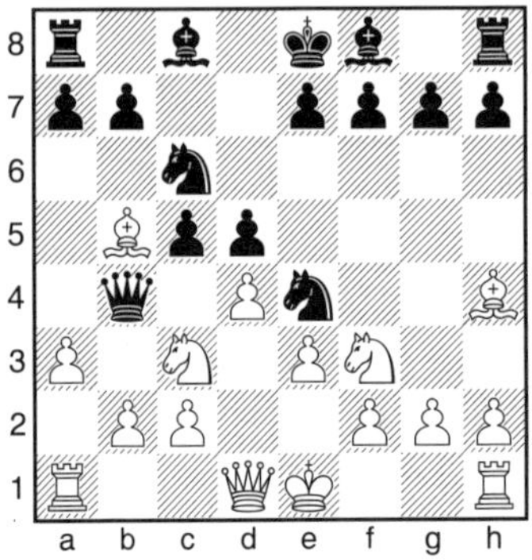

Schwarz muss sich nun entscheiden, ob seine Dame zurückweichen soll oder er mit dem Springer auf c3 schlägt und so mit einem Gegenangriff auf die weiße Dame kontert.

Anzuraten ist die Reaktion mit 8...♕a5

(Die Variante nach 8...♘xc3 beantwortet Weiß mit 9.axb4 und löst damit den weiteren Schlagabtausch 9...♘xd1 10.♔xd1 aus. Die Stellung ist bereits günstig für Weiß, was leicht an der deutlich besseren Entwicklung zu erkennen ist. Nach beispielsweise 10...cxb4 11.e4 dxe4 12.♘e5± verfügt er über einen klaren Vorteil.)

Nach 9.b4 cxb4 ist Weiß zu 10.♗xc6+ gezwungen und nach 10...bxc6 hat er erneut Weiß keine Wahl und muss 11.♘xe4 folgen lassen. Schwarz hat nun keine Gelegenheit, einen Vorteil daraus zu ziehen, dass sein ♙b4 mit Abzugsschach ziehen könnte, sondern muss den Gleichstand der Figurenanzahl wiederherstellen.

11...dxe4 12.♘d2 bxa3

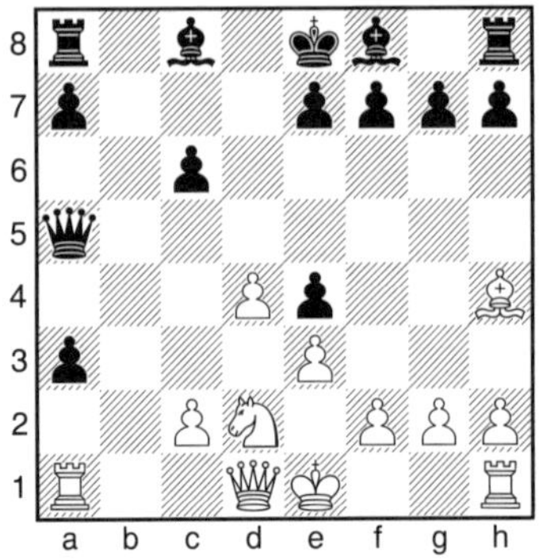

Die schnelle Zwischenbilanz ergibt, dass Schwarz zwei Mehrbauern hat, von denen einer aber wird zurückgegeben werden müssen. Nachteilig für ihn ist jedoch, dass seine Bauernstellung insgesamt deutliche Schwächen aufweist und er noch viel Entwicklungsarbeit zu leisten hat.

Weiß sollte nun mit 13.0-0 den König aus der Mitte bringen, bevor ihm Schwarz mit seinem Damenläufer einen Strich durch die Rechnung machen kann. Nun ist auf 13...♗a6 die Antwort 14.♖e1 möglich.

Weitergehen kann es beispielsweise mit 14...e6 15.♘xe4 f6 und mit seinem guten Spiel hat Weiß ausreichend Kompensation für den Minderbauern.

II. 6...♕a5 7.♗e2

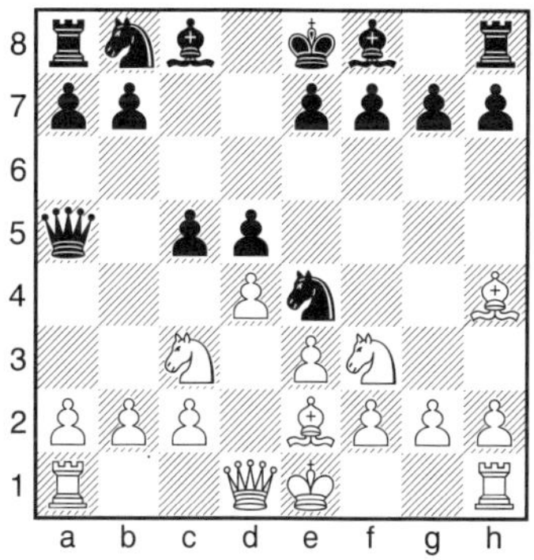

Nach 7...♘xc3 kann sich Weiß die ungeschützte Position der schwarzen Dame zunutze machen und seine eigene unter dessen Fesselung an den ♘c3 heranführen.

Nach 8.♕d2 ist der materielle Gleichstand gesichert und es kann beispielsweise mit 8...♘c6 9.♕xc3 und nun 9...♕xc3+ 10.bxc3 weitergehen. Nach dem Abtausch der Damen ist viel Spannung aus der Stellung gewichen. Beide Seiten können sich nun der Fortsetzung ihrer Entwicklung widmen, zum Beispiel über 10...e6 (10...♗f5 11.♖b1!) 11.0-0 ♗e7 12.♗xe7 ♔xe7 13.♖ab1 b6= usw.

III. 6...♕xb2

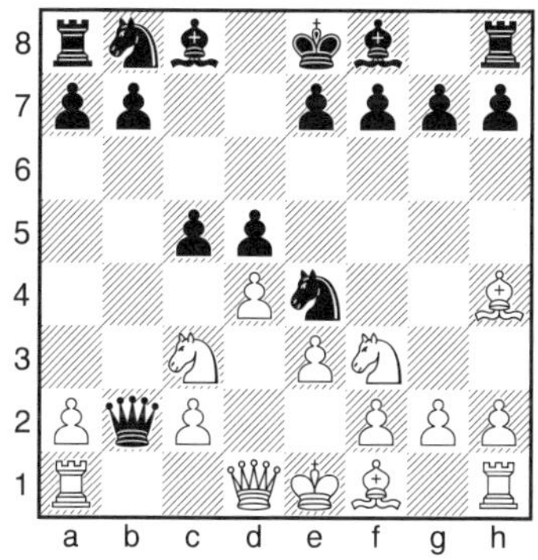

Dieses Schlagen mit der Dame kann die natürliche und in sich gut nachvollziehbare Variante 7.♘xe4 dxe4 8.♘d2 cxd4 9.♖b1 ♕c3 entstehen lassen.

(Zu gefährlich wäre 9...♕xa2?, denn daraufhin kommt Weiß quasi wie mit 7–Meilen-Stiefeln über 10.♗c4 ♕a5 11.0-0 und dann etwa nach 11...dxe3 12.fxe3 zu einer erfolgversprechenden Initiative für das geopferte Material.)

Weiß kann nun versuchen, die angreifbare Situation der schwarzen Dame zu nutzen, um seine Kräfte unter Zeitgewinn weiter zu aktivieren. Weitergehen kann es entsprechend mit 10.♖b3 ♕c7 11.exd4 e6 12.♗g3 ♕d8 13.♘xe4 ♗e7.

In Sachen Entwicklung hat Weiß leicht die Nase vorn, aber Schwarz behält den Fuß zum Ausgleich in der Tür. Als Gegengewicht kann er seine etwas bessere Bauerstruktur reklamieren, die sich auf nur zwei statt auf drei Inseln wie bei Weiß verteilt.

7.bxc3 ♕b2

Die Dame greift zugleich den ♙c3 und den ♖a1 an, so dass der Bauer nicht mit ♕d1–d2 gedeckt werden kann.

8.♔d2

Die Variante 8.♖b1 ♕xc3+ 9.♘d2 cxd4∓ führt zu einem schwarzen Vorteil.

8...♘c6

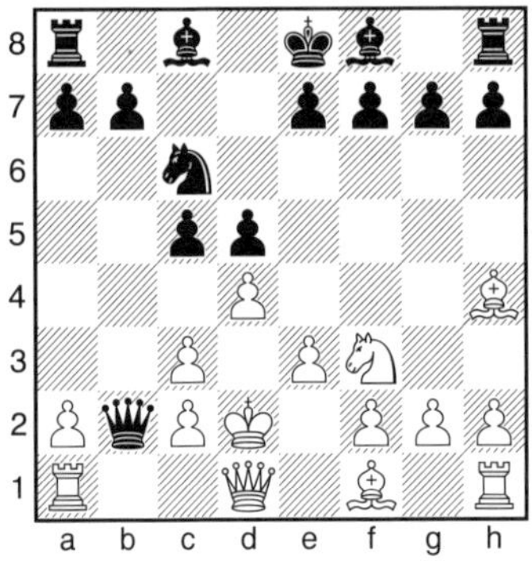

9.♖b1

Nur so kann Weiß das Eröffnungsergebnis noch etwas offen halten.

Nach 9.♕b1 ♕xb1 10.♖xb1 c4 wäre auch die letzte Fantasie auf einen zumindest kleinen Vorteil aus der Stellung gewichen.

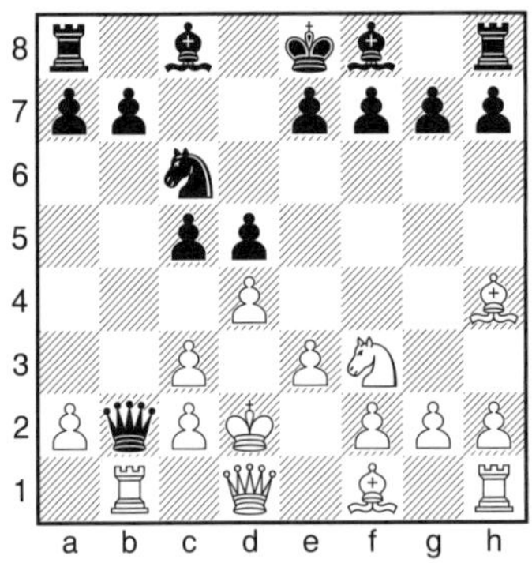

9...♕a3

Schwarz darf nicht unvorsichtig werden. Deshalb ist diese Fortsetzung richtig.

Fehlerhaft wäre 9...♕xa2? wegen 10.♗b5! und Weiß übernähme die Initiative als Ersatz für den Bauern. Die schwarze Dame wäre nun aus dem Spiel geraten.

10.♗b5 f6

Damit wird die Drohung ♘f3–e5 entschärft.

11.♖b3

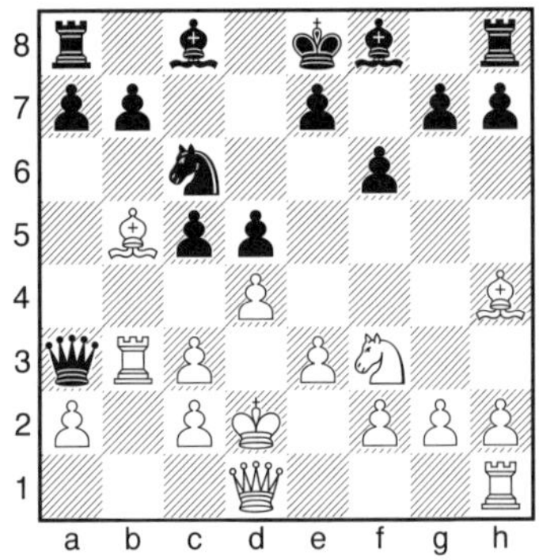

11...♕a5!

Die Dame wird bei der Verteidigung des Königs gebraucht und sollte deshalb schnell ins eigene Lager zurückgeführt werden.

Nach 11...♕xa2?? 12.dxc5 käme Schwarz auf taktischen Wegen in große Schwierigkeiten; z.B. 12...e5 13.♘xe5! fxe5 14.♗xc6+ bxc6 15.♕h5+ ♔d7

(15...g6 16.♕xe5+ ♔f7 17.♕xh8+–)

16.♕f7+ ♗e7 17.♕xe7#.

12.dxc5 ♗d7

Den Ausgleich dürfte auch 12...a6 z.B. mit der plausiblen Folge 13.♗xc6+ bxc6 14.♘d4 ♕xc5= halten.

13.♘d4

Der wesentliche Effekt dieses Springerzuges liegt in der Räumung des Feldes f3 für die Dame. Der schwarze König steht gefährdet in der Mitte. Weiß ist bereit, Material für den Ausbau seiner dynamischen Werte zu opfern.

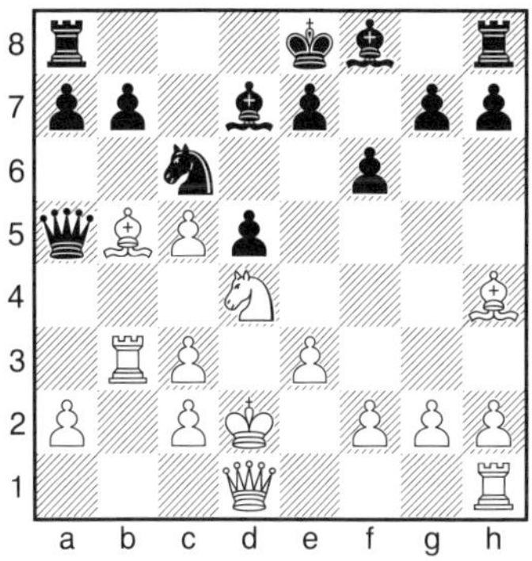

13...e5

An diesem Vorstoß kommt Schwarz nicht vorbei, denn alle denkbaren Alternativen bringen ihn in existenzielle Schwierigkeiten.

14.♕f3

Damit bringt Weiß auch die Kraft seiner Dame in den Angriff ein. Er ist bereit, für den Ausbau seiner dynamischen Werte seinen Springer herzugeben. Er wird auf diese Weise das Feld f4 für seine Dame erhalten, von wo aus sie bis auf die schwarze Grundreihe schauen wird. Die e-Linie wird geöffnet.

14...exd4

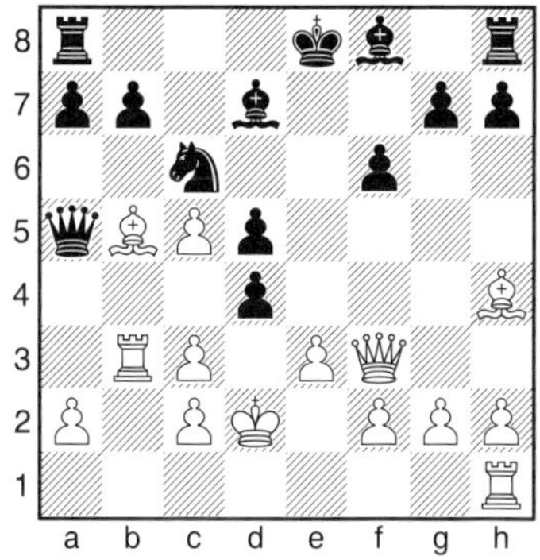

15.exd4

Nun muss sofort der König aus der Mitte gebracht werden, auch wenn er sich mit der langen Rochade dem weiteren Angriff nicht entziehen kann. Ohne die Flucht in die Rochade kann Schwarz die Niederlage nicht verhindern.

15...0-0-0 16.♗xc6

Weiß eliminiert einen wichtigen Verteidiger.

16...♗xc6 17.♗g3 ♖e8

Aber nicht 17...♖d7? wegen 18.♕f4 ♕c7 19.♕g4 ♕d8 20.♕e6+–.

18.♕f4 ♔d7

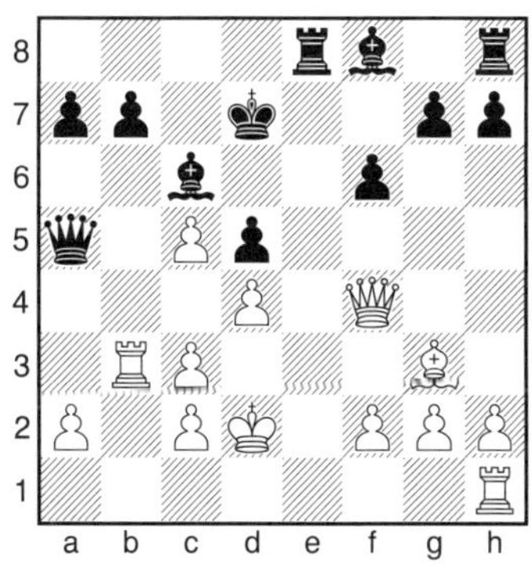

Nur so kann Schwarz die Drohung ♕f4–b8+ entschärfen. Der Rettungsversuch 18...♕d8 würde durch 19.♖hb1 mit durchschlagendem Angriff widerlegt.

Nach dem Textzug bleibt das Duell in einem dynamischen Gleichgewicht. Beide Seiten müssen immens aufpassen, dass sie sich in dieser scharfen Konstellation nicht durch eine einzige Sorglosigkeit um alle Chancen bringen.

Zusammenfassung: Nach einem typischen Ausfall der Dame nach b6 im fünften Zug muss Weiß sehr genau spielen, um das Gleichgewicht zu halten. Wir denken, dass 6.♘c3! die stärkste Antwort ist. Im weiteren Verlauf muss auch Schwarz vorsichtig sein.

Erst mit 11...♕a5! stellt er endgültig die Weichen auf ein ausgeglichenes Spiel. 11...♕a2?? hingegen wäre ein großer Fehler, denn die Dame würde sich von ihrem König entfernen, was vom Gegner effektiv ausgenutzt werden könnte. Das Ringen führt in eine dynamische Situation mit Chancengleichheit.

Abspiel 2

1.d4 d5 2.♘f3 ♘f6 3.♗g5 ♘e4

Fortsetzung 4.♗f4

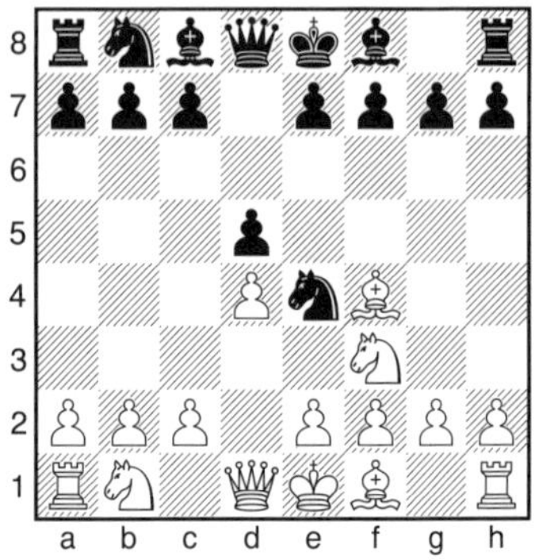

Allgemein wird es als vorteilhaft angesehen, wenn der Läufer wie hier in eine zentrale Position wegzieht. Anders als nach 4.♗h4 gibt Weiß damit allerdings die Fesselung des ♙e7 auf.

4...c5

Dieser Schlag gegen das Zentrum gilt als die beste Reaktion.

Gute Chancen auf einen Ausgleich verschafft sich Schwarz aber auch mit 4...♗f5. Es ist noch nicht viel los auf dem Brett, so dass sich beide Seiten zunächst auf die Fortsetzung ihrer Entwicklung konzentrieren können.

5.e3 e6

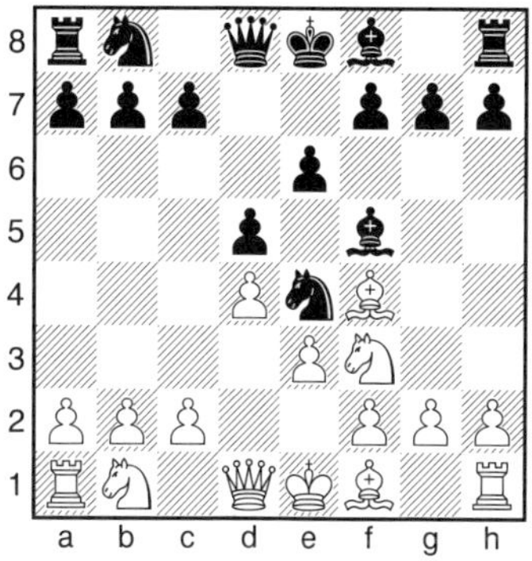

Nach 6.♘bd2 soll der Springer im geeigneten Moment den ♘e4 beseitigen und bei seiner Aktivierung den c-Bauern nicht verstellen.

(Die Bauernformation nach 6.♗d3 ♗d6 7.♗xd6 ♕xd6 8.0-0 0-0 9.c4 c6 ist für das „Triangel-System“ der Slawischen Verteidigung typisch. Sie kann auch im Abgelehnten Damengambit entstehen. Ein wesentlicher Unterschied in der vorliegenden Stellung gegenüber jenen in den genannten Eröffnungen liegt darin, dass Schwarz hier keine Entwicklungsprobleme mit seinem weißfeldrigen Läufer hat.

10.♘c3 ♘xc3 11.bxc3 ♗xd3 12.♕xd3 ♘d7 13.♖ab1 b6=)

Das typische Vorgehen mit 6...♗d6 kennen wir in ähnlicher Form auch aus anderen Eröffnungen, z.B. dem Londoner System. Der aktive weiße Läufer soll früh eliminiert werden.

7.♗xd6 ♕xd6 8.c3

Die Bauernentwicklung c2–c3 kann je nach Stellung verschiedene Absichten verfolgen; sie ist entsprechend flexibel. Sie kann das Zentrum stützen, der Dame den Weg auf den Damenflügel öffnen und auch das Feld b4 für Schwarz sperren, was Weiß hier erreichen will.

8...0-0

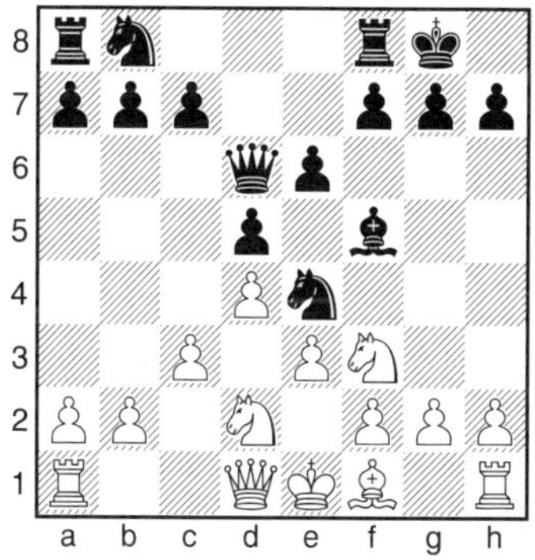

Mit der Wahl 9.♗e2 zeigt Weiß an, dass er zunächst ruhig seine Entwicklung fortsetzen und den König rochieren lassen will, bevor er sich um die Klärung der Situation im Zentrum kümmern wird. Weniger empfehlenswert wäre dieser Zug, wenn Weiß seinen Läufer dem schwarzen Konkurrenten auf der Diagonale b1–h7 entgegenstellen will, denn dann würde ♗f1–e2 zum Zeitverlust.

(Alternativ kann Weiß mit 9.♘xe4 sofort im Zentrum losschlagen. Es kann dann zu 9...♗xe4 10.♗d3 ♗xd3 11.♕xd3 kommen, womit die Figurenspannung vollständig aufgelöst wird.

Schwarz kann dann sofort mit 11...c5 den Hebel gegen das weiße Zentrum ansetzen. Nach beispielsweise 12.dxc5 ♕xc5 13.0-0 ♘c6= ist das Spiel komplett ausgeglichen.)

Mit 9...c5 nutzt Schwarz die Situation, in der Weiß seine Prioritäten zugunsten der Entwicklung und des Königsschutzes festlegt, um sich Gegenspiel am Damenflügel zu verschaffen.

Der energische Vorstoß des c-Bauern ist das beste Mittel zu diesem Zweck.

10.0-0

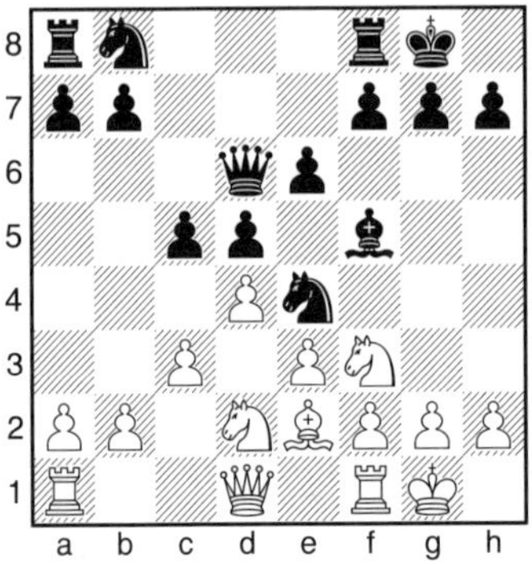

Nachdem der c-Bauer vorbei ist, kann mit 10...♘c6 der Springer Richtung Damenflügel aktiviert werden. Zugleich treten die Türme in Kontakt, die den Weg in die Mitte nehmen können. Damit hat Schwarz seine Entwicklung beinahe abgeschlossen.

Weiß kann nun den störenden ♘e4 mit 11.♘xe4 beseitigen und nach 11...♗xe4 mit 12.♕d2 einen etwa gleichen Entwicklungsstand erreichen. Schwarz hat es allerdings etwas leichter, ein aktives Spiel aufzuziehen, weil die weißen Kräfte noch leicht beengt stehen.

Weitergehen kann es beispielsweise mit 12...♖fd8 13.♖fd1 h6 (um das Feld g5 zu sperren und die weißen Möglichkeiten auf Aktivität zu beschränken) 14.♖ac1 c4 15.♕e1 b5 und Schwarz hat sein Ziel, ein aktives Gegenspiel aufzubauen, erreicht.

Weiß kann versuchen, mit ♘f3–d2, ♗e2–f3 und e3–e4 besser ins Spiel zu kommen. Seine Bestrebungen richtet er damit auf die Mitte.

Eine andere Möglichkeit ist der Versuch, mittels b2–b3 die schwarze Bauernkette zu sprengen. Die Stellung ist zweischneidig, aber weiterhin von Schwarz leichter zu spielen.

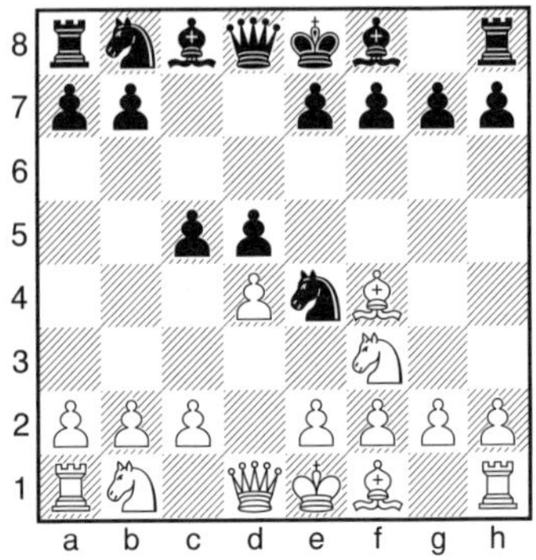

5.e3

So wird heutzutage am meisten gespielt.

Die Stärkung des Zentrums mit 5.c3 kommt ebenfalls häufiger vor, wird aber als schwächer eingeschätzt. Wenn Weiß diesen Weg einschlägt, kann es beispielsweise zu den folgenden Entwicklungen kommen.

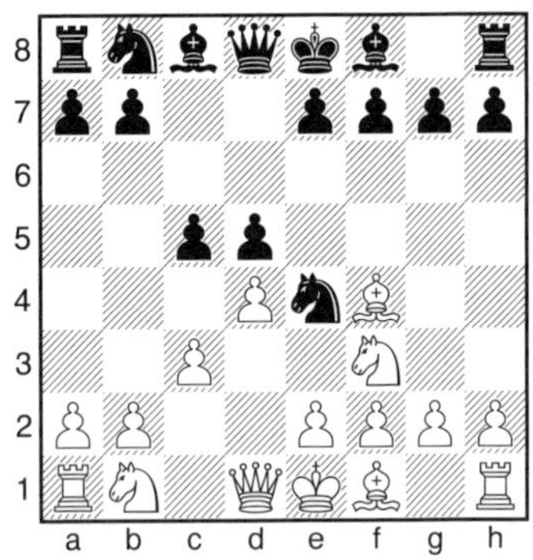

A) 5...cxd4! ist die von der Theorie empfohlene Fortsetzung.

6.cxd4

(Nach 6.♘xd4?! ♘d7 müsste Weiß auf die Drohung e7–e5 reagieren und käme bereits unter Druck.)

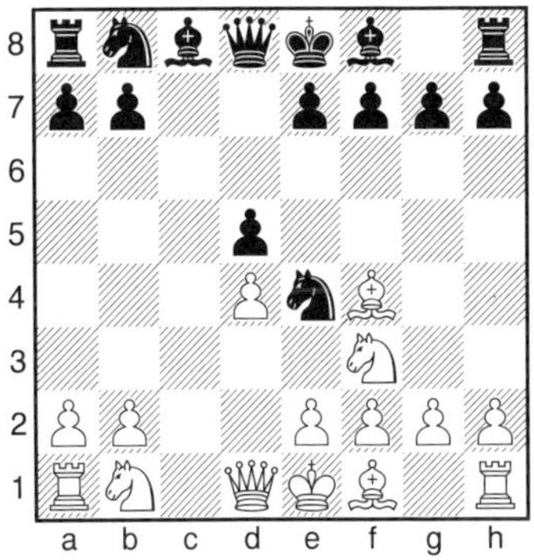

A1) Mit seinem Standardzug 6...♕b6 kann Schwarz nun ein kurzes Ping-Pong-Intermezzo nach dem Prinzip „bedrohst du meinen Stein, dann bedrohe ich als Antwort deinen" auslösen.

Nach 7.♕c1 ♘c6 8.e3 bringt Schwarz mit 8...♗f5 seinen Läufer ins Spiel, bevor Weiß den ♙d5 angreift. Denn auf diese Weise führt der absehbare Verteidigungszug e7–e6 nicht zur Einsperrung dieses Läufers.

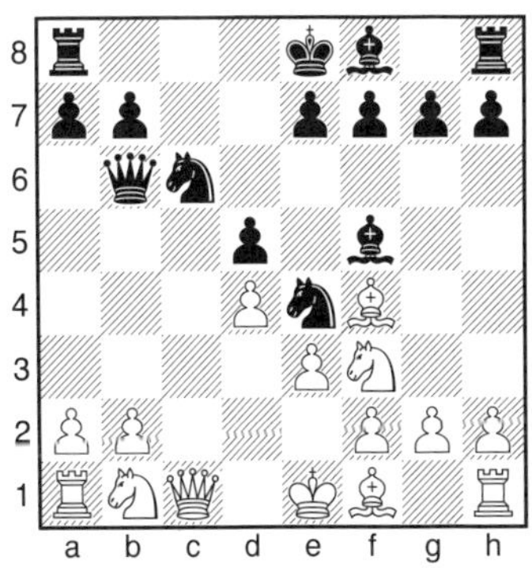

Nach 9.♘c3 (9.♘h4 ♗d7!) 9...e6 und den weiteren Entwicklungszügen 10.♗e2 ♗e7 11.0-0 hat Schwarz die Wahl zwischen zwei grundlegend unterschiedlichen Spielweisen. Er kann mit 11...g5 forciert auf Angriff umschalten oder mit 11...0-0 auf eine kontinuierliche weitere Entwicklung spielen. Es hängt von den eigenen Vorlieben und Fähigkeiten ab, für welches Vorgehen man sich entscheiden sollte.

Werfen wir einen kurzen Blick darauf, was je nach Wahl folgen kann.

– Auf 11...g5!? bietet sich dem Läufer keine echte Alternative zu dem Ausweichen mit 12.♗g3. Nach 12...h5 hat Schwarz sich ein aktives Spiel am Königsflügel verschafft. Sein König steht allerdings weiter luftig in der Mitte.

– Nach 11...0-0 behält das Spiel einen eher positionellen Charakter. Weiß ist nun natürlich nicht zu einer bestimmten Reaktion verpflichtet. Eine gute Möglichkeit zur Verbesserung seiner Situation liegt darin, den ♘e4 zu beseitigen und im Anschluss daran die für die Dame neu gewonnene Freiheit für deren bessere Aufstellung zu nutzen, auch damit sie die Türme nicht mehr stört.

Wenn dann auch noch die Türme aktiver aufgestellt sind, kann Weiß mit seinem Fortschritt zufrieden sein. Entsprechend weitergehen kann es beispielsweise mit 12.♘d2 ♖ac8 13.♘dxe4 ♗xe4 14.♕d2 ♗g6 15.♖ac1 a6=.

A2) 6...♘c6 verschafft Schwarz ebenfalls gute Möglichkeiten. Mit 7.♘c3 kann Weiß den Deckungszug e7–e6 provozieren, bevor der ♗c8 entwickelt ist.

(7.e3 erlaubt 7...♕a5+ mit der Folge 8.♘fd2 g5 9.♗g3 h5 und Schwarz entwickelt eine Initiative. Mit beispielsweise 10.f3 ♘xg3 11.hxg3 e5 12.dxe5 d4 kann sich diese bereits zu einem Angriff mausern.)

7...e6 8.e3

(Im Anschluss an 8.♘d2 kann Weiß zu Entwicklungsproblemen auf dem Königsflügel kommen. Nach dem kraftvollen Vorstoß 8...g5! führen alle anderen Versuche als 9.♗e3 ins Verderben. Auf e3 steht der Läufer sehr hinderlich. Mit 9...♘xc3 10.bxc3 ♗d6 kann Schwarz die Probleme seines Gegners aufdecken.)

Mit 8...♗b4 bringt Schwarz seinen Läufer mit Angriff auf den nun gefesselten und unzureichend geschützten ♘c3 ins Spiel. Weiß ist gezwungen, diesen beispielsweise mit 9.♖c1 zu decken, was Schwarz mit 9...g5 beantworten kann.

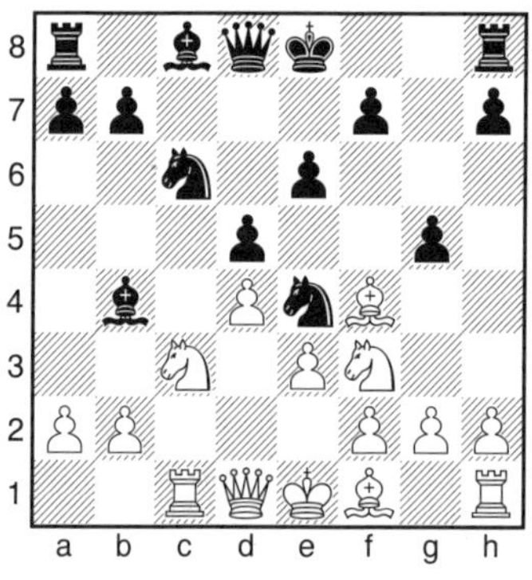

Damit beschäftigt er seinen Gegner unter Ausbau seiner eigenen Möglichkeiten. Weiß kommt deshalb nicht dazu, weiter effektiv an seiner Entwicklung zu arbeiten.

Nach 10.♗g3 h5 verhindert Weiß mit 11.h3 den Vorstoß g5–g4, schwächt damit aber die Bauernstellung, die dann mit 11...♘xg3 12.fxg3 noch weiter in Mitleidenschaft gezogen wird. Nach 12...♗d6∓ hat Weiß erhebliche Probleme.

B) Die Alternative 5...♕b6 und 6.♕b3 als Antwort darauf haben wir bereits im **Abspiel 1** genauer betrachtet. Die dortigen Ausführungen können an dieser Stelle hilfreich beigezogen werden. Mit 6...♘c6 erhöhter Springer den Druck auf den ♙d4, so dass Weiß umgehend reagieren muss.

B1) Nach 7.♕xb6 axb6 kann Weiß sich mit 8.e3 exakt nach der Grundstellung des Londoner Systems (siehe **Kapitel 6**) aufstellen. So kann die weitere Partie eine Richtung annehmen, die eben an dieses System erinnert. Weitergehen kann es beispielsweise mit 8...c4 9.♘bd2 ♘xd2 10.♘xd2 b5.

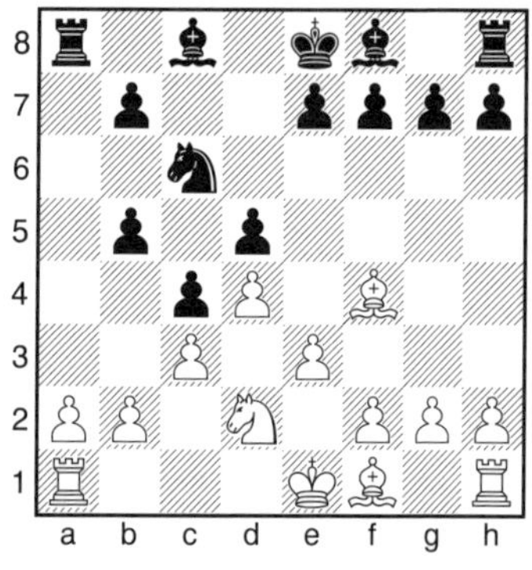

Nun kann Weiß mit dem für diesen Aufbau typischen Durchbruch 11.e4 aktiv werden. Nach 11...dxe4 12.♘xe4 sollte Schwarz 12...♗e6 mit der Absicht spielen, den Läufer auf d5 zu platzieren, wo er eine starke Rolle spielen kann. Nach beispielsweise 13.♗e2

♗d5 14.♗f3 e6 15.a3 ♗e7 und mit dem Plan f7–f6 und ♔e8–d7 kann Schwarz eine solide Position einnehmen.

B2) Auf die Verstärkung des ♙d4 mit 7.e3 kann Schwarz mit 7...c4 antworten. Weitergehen kann es dann beispielsweise mit 8.♕xb6 axb6 9.♘bd2 ♘xd2.

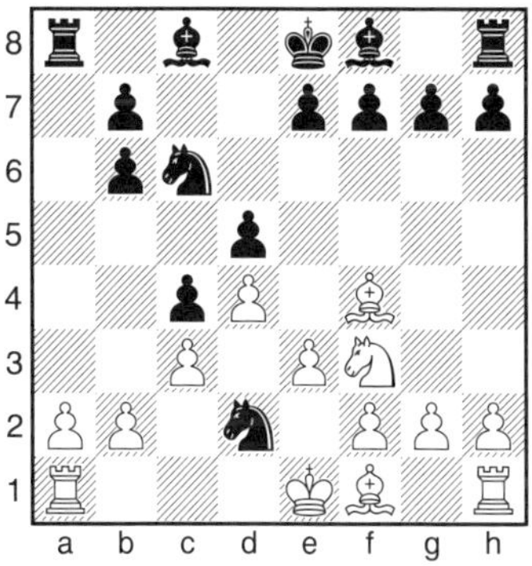

10.♘xd2

(Weiß kann auch überlegen, mit 10.♔xd2 zurückzuschlagen und den König in der Folge in der Mitte zu belassen. Weil die Damen vom Brett sind, ist auch hier seine Situation relativ sicher, zumal er hinter einer intakten Bauernformation steht. Für das Endspiel könnte sich daraus ein Vorteil entwickeln, weil der König bei Bedarf schnell aktiv eingreifen kann und nicht erst vom Rand herangeführt werden muss.

Danach wird die Variante 10...b5 11.♗e2 e6 12.a3 h5 13.♖ae1 f6= nebst ♔e8–f7 möglich, mit der beide Seiten ihre Entwicklung abschließen und ihre Stellung absichern können.)

10...b5 11.e4 e6 12.♗e2 ♗e7

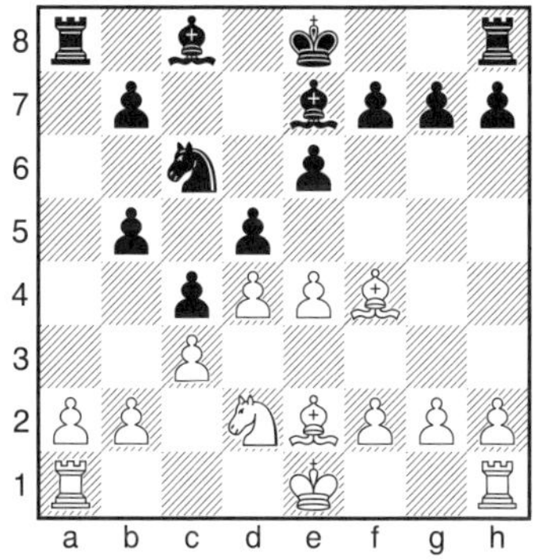

Die Stellung ist weitgehend ausgeglichen, enthält aber viel Gift. Weiß kann hier zwar auf eine ruhige Fortsetzung seiner Entwicklung setzen, indem er rochiert, ist aber besser beraten, wenn er das Spiel verschärft.

Dies kann er mit 13.♗f3 erreichen, womit er den Druck gegen den ♙d5 erhöht. Mit 13...g5 verschärft Schwarz das Spiel seinerseits, der Läufer muss fliehen. Nach 14.♗g3 wird mit 14...dxe4 eine Figur nach e4 gelockt, die dann sofort mit dem f-Bauern angegriffen werden kann.

Es kann also mit 15.♘xe4 f5 auf der Rasierklinge weitergehen. Die Praxis bestätigt, dass die anschließende Variante 16.♘d6+ ♔d7 17.♘f7 ♖f8 Schwarz ein gutes Spiel einbringt.

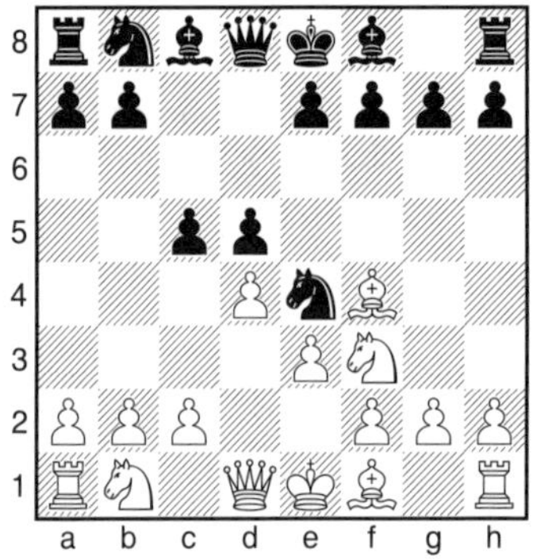

5...♕b6

Bei der Wahl dieser Fortsetzung muss Schwarz die Folgen insbesondere der beiden Antworten 6.♕c1 und 6.♘c3 kalkulieren.

6.♕c1

Mit diesem Hauptzug verteidigt Weiß schlicht seinen ♙b2.

Mit 6.♘c3 würde Weiß mit einem Konter auf den ungedeckten ♙d5 reagieren, was zu unklaren Komplikationen führt. Schwarz sollte den Springer nun mit 6...♕a5 fesseln und seinen Bauern damit indirekt verteidigen.

Die Läuferentwicklung mit 7.♗b5+ kann er mit dem eigenen Entwicklungszug 7...♘c6 abfangen. Weiß kann nun mit 8.0-0 seinen König aus der Schusslinie bringen und zugleich den ♘c3 entfesseln, worauf an der natürlichen Variante 8...♘xc3 9.♗xc6+ bxc6 10.bxc3 ♕xc3 kein gangbarer Weg vorbeiführt.

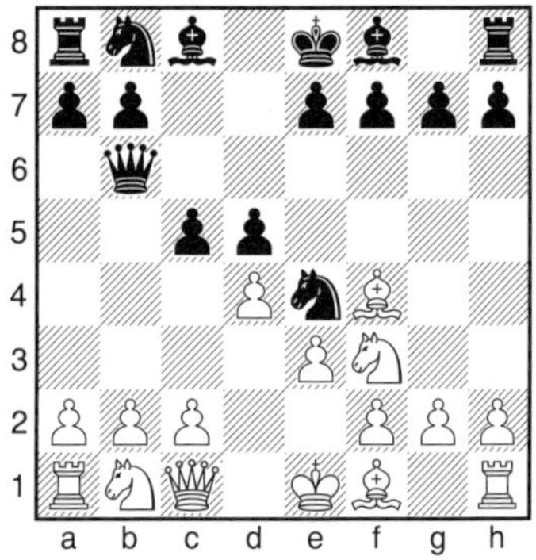

6...♘c6

Dies ist die empfohlene Fortsetzung. Mit ihrer Wahl kann sich die Hoffnung für Schwarz verbinden, eventuell sogar mit einem Vorteil aus der Eröffnung herauszukommen.

Weniger ratsam, für das Spiel auf den Stellungsausgleich allerdings ausreichend, ist vor diesem Hintergrund der Abtausch auf d4, womit Schwarz die Spannung in der Mitte aufgibt. Nach 6...cxd4 7.exd4 und einem plausiblen Fortgang mit 7...♘c6 8.c3 ♗f5 9.♗e2 läuft die Begegnung einem weitgehend ungefährdeten Ausgleich entgegen.

Nach beispielsweise 9...♖c8 (9...e6 10.0-0 ♗d6 usw.) kann sich etwa folgendes Szenario ergeben: 10.♘bd2 e6 11.0-0 ♗e7 nebst 0-0 usw. Da wir uns hier von der empfohlenen Route entfernt haben, gehen wir mit unseren Betrachtungen nicht mehr weiter in die Tiefe. Ideen für eine gelungene weitere Spielführung lassen sich aber wegen der Ähnlichkeit der Stellungsbilder sowohl zuvor betrachteten Nebenvarianten als auch den noch folgenden Ausführungen entnehmen.

7.c3

Wie oben in der mit 5.c3 eingeleiteten

Nebenvariante zum Hauptzug 5.e3 hat Weiß nun auch hier die Grundstellung des Londoner Systems eingenommen.

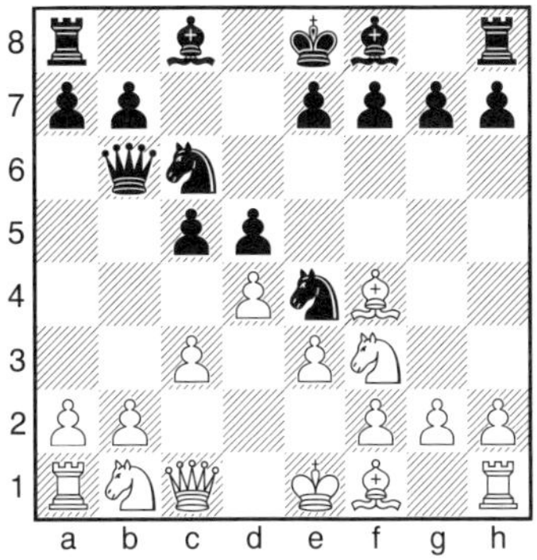

7...f6

Der Sinn dieser Fortsetzung besteht darin, den weißen Leichtfiguren das Betreten des Feldes e5 zu verwehren, aber auch einen möglichen eigenen Vorstoß mit e7–e5 zu unterstützen.

Eine gute Alternative ist auch hier wieder 7...♗f5, ohne dass Schwarz damit rechnen müsste, dass sein Gegner nun sofort das Feld e5 betritt. Beide Seiten können nun ruhig und auf schon bekannten Wegen ihre Entwicklung fortsetzen.

Nach beispielsweise 8.♘bd2 e6 9.♗e2 ♗e7 10.0-0 0-0 bewegt sich die Stellung im Bereich des Ausgleichs. Mit 11.♘xe4 ♗xe4 12.♕d2 kann Weiß jetzt die schwarze Präsenz in der Mitte beschneiden und die Position seiner Dame verbessern.

Möglich ist nun 12...♖ac8 und daraufhin mit 13.♘e5 die Besetzung des Feldes e5, ohne dass dies von einer besonderen Bedeutung wäre. Nach 13...♘xe5 14.♗xe5 und nun 14...c4 steht Schwarz gut. Möglich ist hier 15.f3 ♗g6, woraufhin er nach dem Plan ♕b6–c6, b7–b5 und a7–a5 weiter vorgehen kann, um ein Gegenspiel am Damenflügel aufzuziehen.

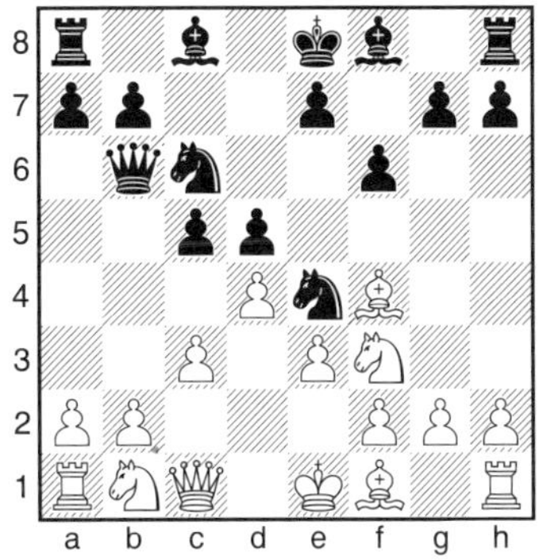

8.h3

Ein logischer Zug, damit der Läufer im Falle von g7–g5 Zuflucht auf h2 finden kann.

Wenn Weiß unvorsichtig mit 8.♘bd2 oder 8.♗e2 nur auf eine schnelle Fortsetzung seiner Entwicklung abzielt, kann Schwarz ihn die Wucht seines Vorstoßes mit dem g-Bauern spüren lassen. Sowohl nach 8.♘bd2 g5 9.♗g3 h5 als auch nach 8.♗e2 g5 9.♗g3 h5 entwickelt er eine starke Initiative am Königsflügel.

8...cxd4

Wenn jetzt 8...g5 kommt, kann der Läufer sofort das Refugium auf h2 nutzen. Die Fortsetzung mit 9.♗h2 h5 führt zu einem scharfen Spiel mit beiderseitigen Möglichkeiten.

Weitergehen kann es beispielsweise mit 10.♘fd2.

Der Springer macht sich nützlich, indem er die Beseitigung des ♘e4 vorbereitet, und entzieht sich einer möglichen Attacke seitens des g-Bauern.

Nach 10...♗f5 11.♘xe4 ♗xe4 12.♘d2 ♗g6 und dann beispielsweise 13.♗e2 e5 haben beide Seiten alle Voraussetzungen für einen heißen Kampf auf Augenhöhe geschaffen.

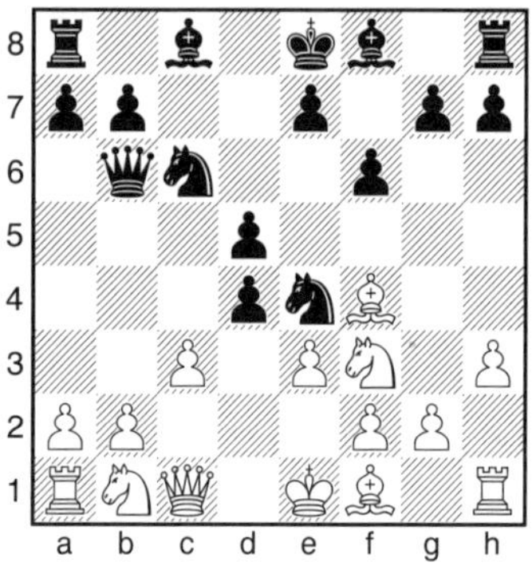

9.exd4 e5

Die besten Möglichkeiten für Schwarz verbinden sich mit diesem Vorstoß des e-Bauern. Am direktesten geht er vor, wenn er ihn sofort spielt.

10.♗e3 exd4

Dieser Abtausch ist am konsequentesten, denn mit dem isolierten d-Bauern kann Schwarz gut zurechtkommen.

11.♘xd4

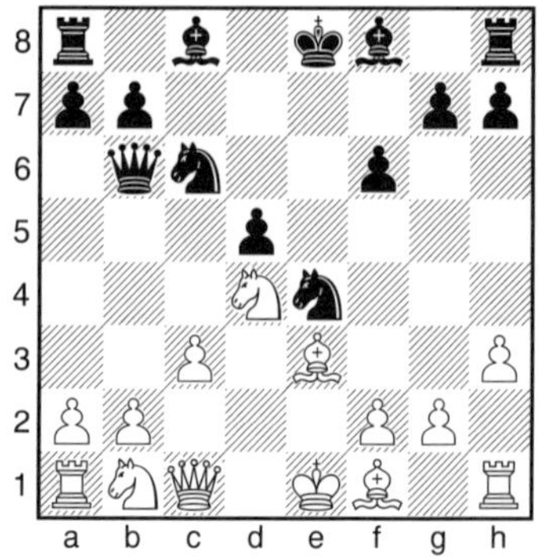

11...♗c5

Damit kann Schwarz die Spannung in der Mitte halten.

Die mit 11...♘xd4 eingeläutete Abtauschvariante gilt als weniger aussichtsreich für ihn, ist aber ebenfalls gut spielbar. Nach 12.♗xd4 ♗c5 13.♗xc5 hat er die Wahl zwischen 13...♕xd5 und 13...♘xd5.

Beides ist spielbar und die Entscheidung kann nach eigenen Vorlieben wie auch danach getroffen werden, womit der Gegner möglicherweise weniger gut zurechtkommen wird.

A) 13...♕xc5

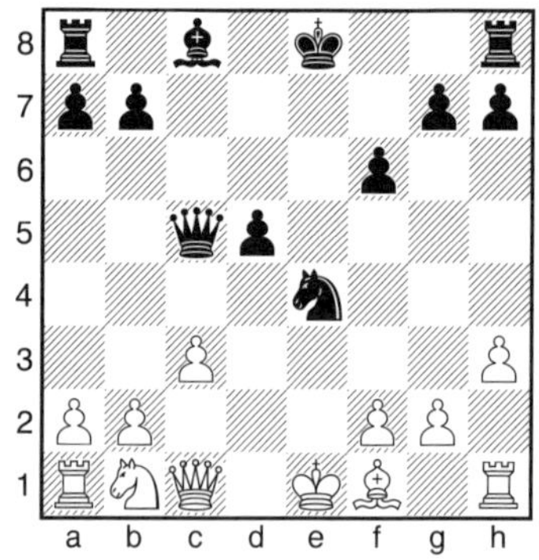

Mit dieser Wahl schafft Schwarz die Voraussetzungen für das Entstehen einer recht wilden Variante, mit der er seinem Gegner wie auch sich selbst einiges zumutet.

Jetzt droht der Einschlag auf f2, den Weiß am besten mit 14.♕e3 pariert, was ihn im Anschluss über 14...♕xe3+ 15.fxe3 eine Schwächung seiner Bauernstellung kostet. Nach 15...♘g3 16.♖g1= haben beide Seiten Bauernschwächen.

Unsere intensive Besprechung schließen wir an dieser Stelle ab, weil unser Ziel, für beide Seiten ein möglichst gutes Resultat auf ihre Eröffnungsbemühungen herauszuarbeiten, erreicht ist. Wir sehen aber, dass einige Probleme in der Stellung stecken, für deren Lösung wir eine Beispielvariante geben möchten.

Sie gibt Hinweise darauf, wie die Parteien jeweils ihre Bauernschwächen decken und ihren Figuren mehr Aktivität verleihen können. Zugleich veranschaulicht sie mögliche Wege, um mehr Harmonie in die jeweils eigene Stellung zu bekommen.

16...h5 17.♗d3 ♗f5 18.♗xf5 ♘xf5 19.♔f2 ♔f7 20.♖d1 ♖he8 21.♖d3 ♖e7 22.♘a3 g5 23.♘c2 ♖ae8 mit weiterhin ausgeglichenen Chancen.

B) Nach 13...♘xc5 und den weiteren Entwicklungszügen 14.♗e2 0-0 15.0-0 ...

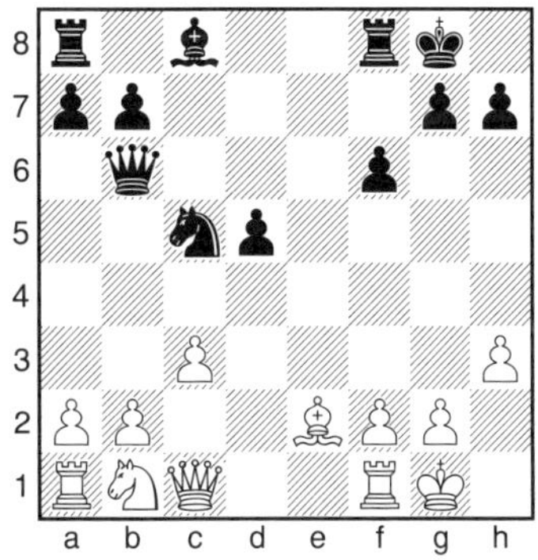

... kann Schwarz mit 15...♗f5 (15...♖e8 16.♗f3 ♘e4=) eine Variante ansteuern, in der ein wenig erfahrener Gegner leicht straucheln oder zumindest stolpern kann. Zum Beleg gehen wir ausnahmsweise noch einige Züge weiter in die Partie hinein.

Nach dem natürlichen Entwicklungszug 16.♘d2 kann Schwarz den Gegner mit 16...♖fe8 und nach 17.♖e1 mit 17...♗d3 etwas unter Druck setzen.

18.♗f3

(Natürlich würde 18.♗xd3?? wegen 18...♘xd3 mit Angriff auf Dame und Turm zugleich so gut wie die Partie kosten.)

18...♘e4 19.♗xe4

(19.♘xe4 dxe4 20.♗d1 könnte Schwarz mit beispielsweise 21...♖ad8 oder 21...f5, verbunden jeweils mit einem leichten Vorteil, beantworten.)

Nach 19...dxe4 20.♘b3 ♖ad8= kann Weiß mit 21.♕e3 beweisen, dass er die Stellung im Ausgleich gehalten hat, was allerdings ein wenig ambitioniertes Ziel gewesen wäre, wenn dem von Beginn an sein Streben gegolten hätte.

12.♘d2

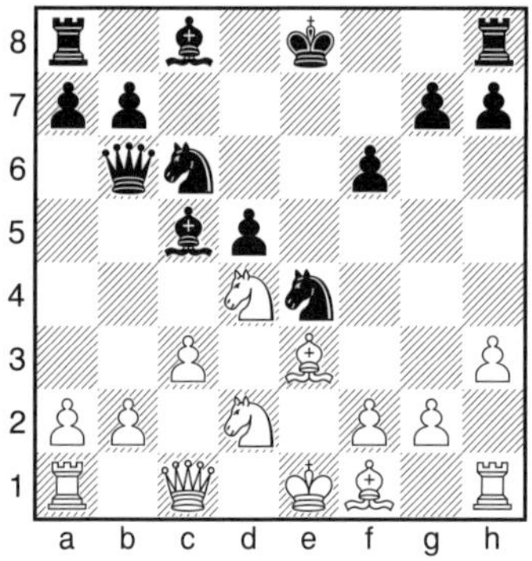

12...♘xd4

Mit diesem Zug kann Schwarz nun eine Entwicklung einleiten, die ihm mindestens den vollen Ausgleich garantiert.

13.♘xe4 dxe4 14.cxd4 ♗xd4 15.♗xd4 ♕xd4

Im Verlauf der vorangegangenen Zugfolge ist keine gute Möglichkeit für Weiß zu einer Abweichung zu erkennen. Damit hat Schwarz den Stellungsausgleich in der Tasche.

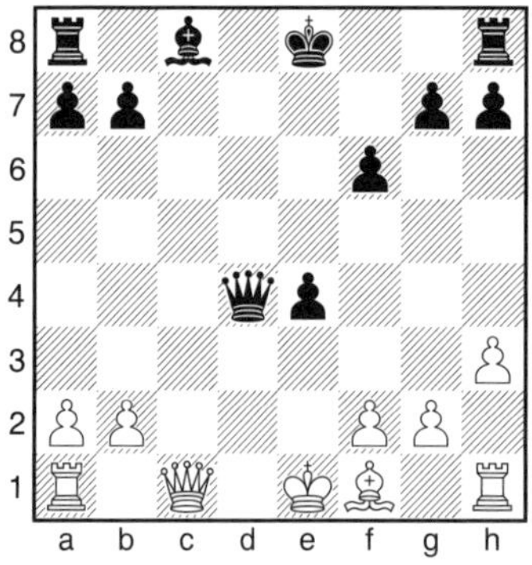

Es ist Weiß, der aufpassen muss, dass er schnell zum Abschluss seiner Entwicklung kommt. Eine Möglichkeit dazu bietet ihm …

16.♗b5+

… mit der Folge …

16...♗d7 17.♗xd7+ ♕xd7 18.0-0

... und es ist so gut wie vollbracht.

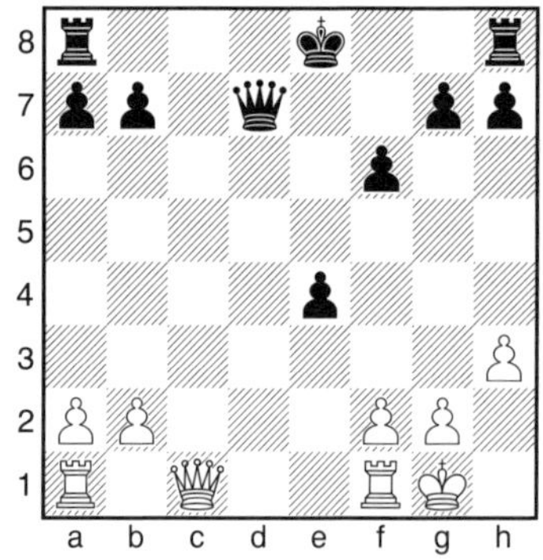

18...♕e6

Schwarz sichert seinen Mehrbauern ab.

Nach 18...0-0 würde der Bauer über das Manöver 19.♕c4+ ♔h8 20.♕xe4= verloren gehen.

Folgen kann beispielsweise ...

19.♕c5 b6 20.♕h5+ g6 21.♕h6 ♔f7=

...

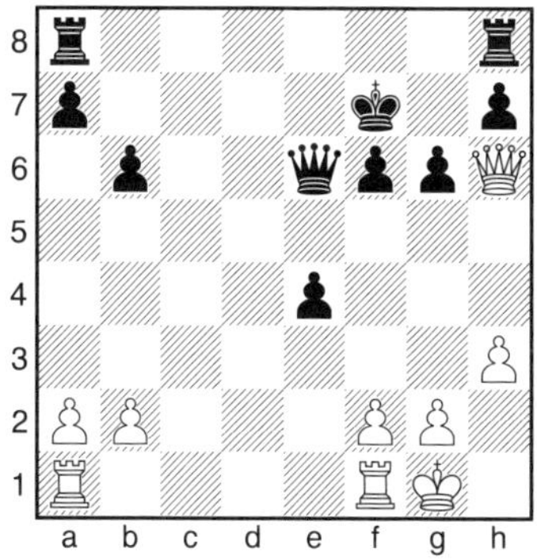

... und in dieser offenen Stellung hat der schwarze Mehrbauer keine nennenswerte Bedeutung.

Zusammenfassung: Auch in dieser Variante kommt es zu erheblichen Komplikationen, die beiden Seiten ein präzises Spielen abverlangen.

Weichenstellungen hat Schwarz besonders mittels 4...c5, 5...♕b6, 7...f6 und 11...♗c5 in der Hand. Wer mit Weiß gerne das Londoner System anwendet, kann auch an verschiedenen Stellen in diesem System auf diesen Aufbau zurückgreifen.

Quellenverzeichnis

Bücher:

Gunderam, G.: *Blackmar-Diemer-Gambit*, Edition Mädler im Walter Rau Verlag (2.Auflage) 1993

Davies, N.: *The Veresov*, Everyman Chess 2003

Cox, J.: *Dealing with d4 Deviations*, Everyman Chess 2005

Palliser, R.: *Starting out: the Colle*, Everyman Chess 2007

Dembo, Y.: *Fighting the anti-King's Indians*, Everyman Chess 2008

Palliser, R.: *Starting out: d-pawn attacks*, Everyman Chess 2008

Palliser, R.: *Der Trompowsky-Angriff*, Everyman Chess 2009

Schmücker, M.: *Das Londoner System – richtig gespielt*, Joachim Beyer Verlag 2019

Lakdawala, C.: *Play the London System*, Everyman Chess 2010

Bogdanovich, G.: *The Zukertort System*, Mongoose Press 2010

Lakdawala, C.: *A ferocius opening repertoire*, Everyman Chess 2010

Scheerer, C.: *The Blackmar-Diemer gambit*, Everyman Chess 2011

Palliser, R.: *The Torre attack move by move*, Everyman Chess 2012

Aveskulov, V.: *Attack with Black*, Gambit 2012

Awruch, B.: *Beating 1.d4 Sidelines*, Quality Chess 2012

Pert, R.: *Playing the Trompowsky*, Quality Chess 2013

Konikowski, J.: *Damengambit – richtig gespielt*, Joachim Beyer Verlag, 3. überarbeitete und ergänzte Auflage 2016

Konikowski, J./Bekemann, U.: *Eröffnungen – Halboffene Spiele (lesen – verstehen – spielen)*, Joachim Beyer Verlag 2020

Konikowski, J./Bekemann, U.: *Eröffnungen – Damengambit (lesen – verstehen – spielen)*, Joachim Beyer Verlag 2020

Kotronias, V.: *Fight 1.d4 with the Tarrasch!*, Russell Enterprises 2019

Datenbanken und elektronische Bücher:

Mega Database 2021: ChessBase 16

Fernschach-CD (Herbert Bellmann) 2022

Periodika:

Rochade Europa

Fernschachpost

ChessBase Magazin

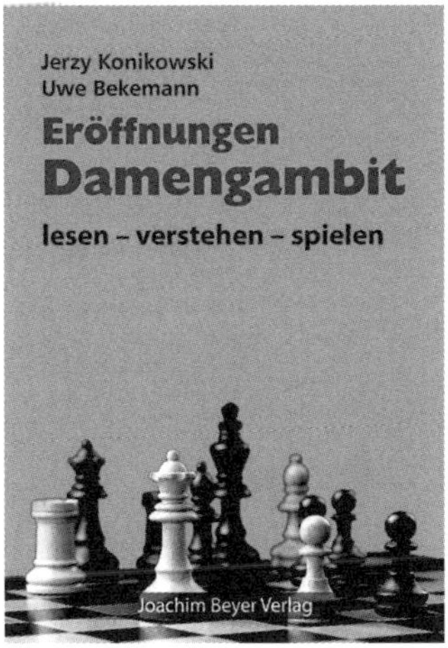

Jerzy Konikowski / Uwe Bekemann

Eröffnungen – Damengambit

lesen – verstehen – spielen

320 Seiten, gebunden, Leseband

Was braucht der Schachspieler, wenn er die Spielregeln beherrscht, aber in zu vielen Partien bereits in der Eröffnungsphase in Schwierigkeiten gerät? Diese Frage stand im Mittelpunkt, als unsere Autoren dieses Buch über das Damengambit geschrieben haben.

Herausgekommen ist ein Werk, das nach 1.d4 d5 2.c4 ein facettenreiches System sehr unterschiedlicher Spielweisen, die teilweise zu den beliebtesten im Turniergeschehen zählen, von Grund auf erklärt. Selbst der einzelne Zug wird nach Sinn und Zweck erläutert, soweit dies nicht ganz offensichtlich ist. Der Leser erhält die Chance, die Theorie des Damengambits ohne besondere Vorkenntnisse richtig zu verstehen, um so gut in seine praktische Partie zu kommen und erfolgreich ein interessantes und unterhaltsames Schach zu spielen.

Zugleich geben unsere Autoren dem Leser ein Grundrepertoire für Weiß und für Schwarz an die Hand, das die wichtigsten Linien des Damengambits inklusive der Slawischen Verteidigung enthält.

Sie haben dieses Buch mit dem Ehrgeiz geschrieben, Ratgeber für beide Seiten zu sein. Auf ihre Empfehlungen gestützt finden deshalb Weiß und Schwarz in gleicher Qualität ihre Wege ins Mittelspiel.

Jerzy Konikowski ist FIDE-Meister und als Autor einer großen Zahl exzellenter Eröffnungsbücher bekannt.

Uwe Bekemann ist Nationaler Fernschachmeister (Bronze), Correspondence Chess Master (ICCF) und ebenfalls mehrfacher Buchautor.

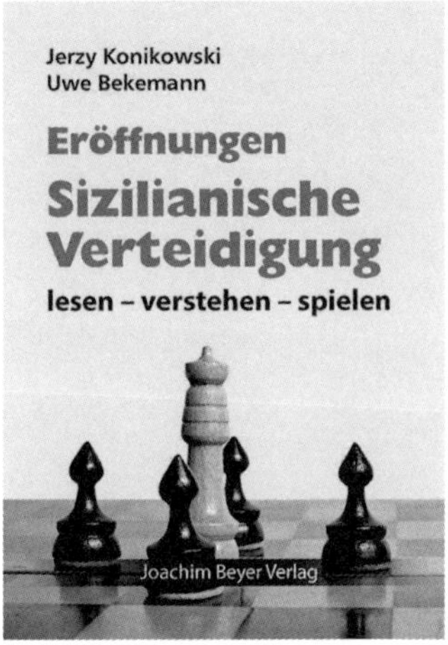

Jerzy Konikowski / Uwe Bekemann

Eröffnungen – Sizilianische Verteidigung

lesen – verstehen – spielen

160 Seiten, gebunden, Leseband

Was braucht der Schachspieler, wenn er die Spielregeln beherrscht, aber in zu vielen Partien bereits in der Eröffnungsphase in Schwierigkeiten gerät? Diese Frage stand im Mittelpunkt, als unsere Autoren das Material für dieses Buch zusammengestellt und ihre Arbeit begonnen haben. Herausgekommen ist ein Buch, das für den Bereich der mit 1.e4 c5 beginnenden Sizilianischen Verteidigung Erklärungen und Anleitungen gibt und nicht auf ein Studium von Varianten setzt.

Mit diesem Buch erhält der Schachfreund ein Werk, das einen auf ihn zugeschnittenen leichten Einstieg in das schwierige und umfassende Umfeld der Eröffnungstheorie ermöglicht. Dabei ist es ohne Bedeutung, ob er sich wenig oder noch gar nicht mit der Eröffnungstheorie des Schachspiels befasst hat.

Die hinter den einzelnen Systemen der Sizilianischen Verteidigung stehenden Ideen und Pläne werden ausführlich erklärt. Der Leser soll die Chance erhalten, die jeweilige Spielweise richtig zu verstehen und diese nicht nur mit auswendig gelernten Zugfolgen abzuspulen. Selbst der einzelne Zug wird nach Sinn und Zweck erläutert, soweit dies nicht ganz offensichtlich ist.

Mit den Kenntnissen, die sich der Leser mit diesem Buch verschafft, wird es ihm leichtfallen, gut in seine praktische Partie zu kommen und ein interessantes, unterhaltsames wie auch den Erfolg versprechendes Schach zu spielen.

Zugleich geben die Autoren dem Leser ein Grundrepertoire für Weiß und für Schwarz an die Hand, das die wichtigsten Linien der Sizilianischen Verteidigung enthält.

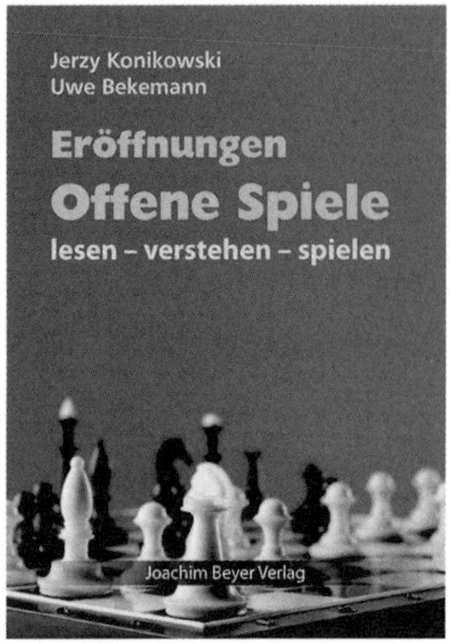

Jerzy Konikowski/Uwe Bekemann

Eröffnungen –
Offene Spiele

lesen – verstehen – spielen

168 Seiten, gebunden, Leseband

Was braucht der Schachspieler, wenn er die Spielregeln beherrscht, aber in zu vielen Partien bereits in der Eröffnungsphase in Schwierigkeiten gerät? Diese Frage stand im Mittelpunkt, als unsere Autoren das Material für dieses Buch zusammengestellt und ihre Arbeit begonnen haben. Herausgekommen ist ein Buch, das für den Bereich der mit 1.e4 e5 beginnenden Spiele Erklärungen und Anleitungen gibt und nicht auf ein Studium von Varianten setzt.

Mit diesem Buch erhält der Schachfreund ein Werk, das einen auf ihn zugeschnittenen leichten Einstieg in das schwierige und umfassende Umfeld der Eröffnungstheorie ermöglicht. Dabei ist es ohne Bedeutung, ob er sich wenig oder noch gar nicht mit der Eröffnungstheorie des Schachspiels befasst hat.

Die hinter den einzelnen Eröffnungen und Spielweisen stehenden Ideen und Pläne werden ausführlich erklärt. Der Leser soll die Chance erhalten, die jeweilige Eröffnung richtig zu verstehen und diese nicht nur mit auswendig gelernten Zugfolgen abzuspulen. Selbst der einzelne Zug wird nach Sinn und Zweck erläutert, wenn diese nicht ganz offensichtlich ist.

Mit den Kenntnissen, die sich sicher der Leser mit diesem Buch verschafft, wird es ihm ein Leichtes gut in seine praktische Partie zu kommen und ein interessantes, unterhaltsames wie auch den Erfolg versprechendes Schach spielen zu können.

Das zugleich vorgestellte Repertoire deckt die anerkannten bzw. als spielbar geltenden Eröffnungen im Bereich der „Offenen Spiele“ ab.

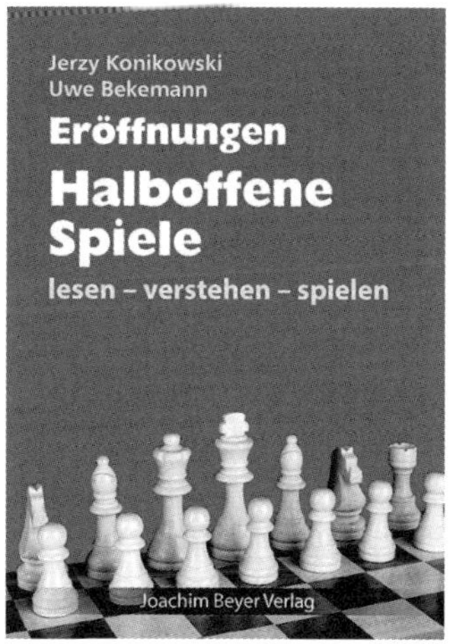

Jerzy Konikowski/Uwe Bekemann

Eröffnungen – Halboffene Spiele

lesen – verstehen – spielen

258 Seiten, gebunden, Leseband

Was braucht der Schachspieler, wenn er die Spielregeln beherrscht, aber in zu vielen Partien bereits in der Eröffnungsphase in Schwierigkeiten gerät? Diese Frage stand im Mittelpunkt, als unsere Autoren das Material für dieses Buch zusammengestellt und ihre Arbeit begonnen haben. Herausgekommen ist ein Buch, das für den Bereich der Halboffenen Spiele wie beispielsweise die Französische Verteidigung und die Caro-Kann-Verteidigung Erklärungen und Anleitungen gibt und nicht auf ein Studium von Varianten setzt.

Mit diesem Buch erhält der Schachfreund ein Werk, das einen auf ihn zugeschnittenen leichten Einstieg in das schwierige und umfassende Umfeld der Eröffnungstheorie ermöglicht. Dabei ist es ohne Bedeutung, ob er sich wenig oder noch gar nicht mit der Eröffnungstheorie des Schachspiels befasst hat.

Die hinter den einzelnen Eröffnungen und Spielweisen stehenden Ideen und Pläne werden ausführlich erklärt. Der Leser soll die Chance erhalten, die jeweilige Eröffnung richtig zu verstehen und diese nicht nur mit auswendig gelernten Zugfolgen abzuspulen. Selbst der einzelne Zug wird nach Sinn und Zweck erläutert, soweit er für das Verständnis wichtig ist.

Das zugleich vorgestellte Repertoire deckt die anerkannten bzw. als spielbar geltenden Eröffnungen im Bereich der „Halboffenen Spiele" (ohne die Sizilianische Verteidigung, die in einem eigenen Band behandelt wird) ab und bietet zugleich die eine oder andere neue Idee an, die auch einen erfahrenen Spielpartner überraschen kann.